全国船舶工业职业教育教学指导委员会推荐教材
交 通 运 输 类 “ 十 四 五 ” 创 新 教 材

船舶机舱自动化

主　编　刘　学
副主编　师光飞　张　瑜　李　军　陈新梅
主　审　罗红英

哈尔滨工程大学出版社
Harbin Engineering University Press

内容简介

为适应国家"双高计划"——轮机工程技术专业群方案和课程改革需要,提高人才培养质量,本书内容覆盖了《海船船员培训大纲(2021版)》中"750 kW及以上船舶电子电气员"岗位职能里对"船舶机舱自动化"适任考试科目所需掌握的内容,其广度、深度遵循培训大纲达标标准。本书按照职能内容学习规律分5个学习驱动项目,分别为项目1船舶自动控制基础、项目2船舶自动控制工具、项目3船舶机舱监视报警系统、项目4船舶主机自动控制系统、项目5船舶辅机自动控制系统。该教材结合线上课程,附加可视化教学资源,整理并编写了2 000余道参考试题,按照船员标准化统考汇总学习要点,便于培训和学员学习。

本书可作为海船电子电气员、轮机员适任证考试和培训的参考教材,也可作为船舶电子电气技术、轮机工程技术等专业学生及工程技术人员学习船舶自动化的参考用书。

图书在版编目(CIP)数据

船舶机舱自动化 / 刘学主编. -- 哈尔滨 : 哈尔滨工程大学出版社, 2023. 11

ISBN 978-7-5661-4177-4

Ⅰ. ①船… Ⅱ. ①刘… Ⅲ. ①船舶-机舱-自动化 Ⅳ. ①U664. 82

中国国家版本馆 CIP 数据核字(2023)第 222666 号

船舶机舱自动化

CHUANBO JICANG ZIDONGHUA

选题策划 史大伟
责任编辑 唐欢欢　刘海霞
封面设计 李海波

出版发行 哈尔滨工程大学出版社
社　　址 哈尔滨市南岗区南通大街 145 号
邮政编码 150001
发行电话 0451-82519328
传　　真 0451-82519699
经　　销 新华书店
印　　刷 哈尔滨午阳印刷有限公司
开　　本 787 mm×1 092 mm　1/16
印　　张 29. 25
彩　　插 1
字　　数 766 千字
版　　次 2023 年 11 月第 1 版
印　　次 2023 年 11 月第 1 次印刷
定　　价 ISBN 978-7-5661-4177-4
定　　价 98. 00 元
http://www. hrbeupress. com
E-mail:heupress@ hrbeu. edu. cn

前　言

本书深入贯彻二十大关于“交通强国”“海洋强国”重要精神，落实《国家职业教育改革实施方案》（简称“职教 20 条”）指导思想，实施数字化教材和课程改革，结合船舶电子电气技术、轮机工程技术专业教学标准以及《海船船员培训大纲（2021 版）》编撰而成。为了更好地帮助学习者提升船舶机舱自动化适任能力，教材设计上，对接船员岗位真实任务，遵循学生对项目化知识、技能和素养的认知规律，按照“船舶机舱自动化”课程标准，系统地将船舶机舱设备的自动控制知识、技能与典型控制实例相结合，浸润育人元素，辅以数字可视化线上教学资源。结合船舶发展新技术、新标准及课证融通教改成果，在学以致用中重构教材内容，系统地阐述了船舶机舱设备及系统的基本控制理论、控制工具、机舱监视报警系统实例、主机遥控系统实例和机舱辅机控制系统实例，使学生具有适任机舱设备及系统认知、实践和维护的能力。本教材在编写过程中，形成了以下特色：

1. 岗位职能标准为依据，项目任务驱动，培养职业能力

围绕《海船船员培训大纲（2021 版）》电子电气员三大职能，剖析职能任务，细化为知识点、技能点等，将细化知识点和技能点按照项目任务逻辑归类，将理论知识、实践技能、典型实例、拓展强化以及思政元素等模块优化组合，注重引入反映船舶设备控制方面的新技术、新工艺和新标准，以培养学习者的岗位适任能力。

2. 数字化可视教学资源为辅，体现工学结合、课证融通特色

适应“AI+教育”数字化改革，编者协同线上课程，精心设计岗位任务学习辅助资源，着眼于学习者难理解的要点，附加线上 150 个教学资源，含岗位及课程标准、35 个演示课件、300 分钟的视频资源，40 个模拟动画仿真、40 份自测试题及拥有 2 000 多道试题的试题库。构建数字化教材、碎片化资源和在线课程立体化学习空间，学习者通过扫描二维码在线学习、训练与自测，达到课证融通学习成效。

3. 产教融合，浸润思政案例，实现立德树人

以育德润心案例为主题，浸润爱国教育、职业素质教育、安全教育、自励进取等育人元素，培养学习者的家国情怀、劳动精神、工匠精神，增强其职业使命与安全规范意识，激发其交通强国、海洋强国梦想。

全书共分 5 个项目，由武汉船舶职业技术学院、武汉交通职业学院、天津海运职业学院、（北京）华洋海事中心有限公司等共同编写，刘学副教授任主编，师光飞副教授、李军副教授、陈新梅副教授、张瑜讲师任副主编。项目 1 由刘学老师编写，项目 2 由陈新梅老师编写，

项目3由师光飞老师、陈安定工程师编写,项目4由张瑜老师、刘学老师、李军老师编写;项目5由刘学老师、师光飞老师、刘磊老师编写。

武汉船舶职业技术学院罗红英教授担任本书主审,提出了宝贵的意见。本书在编写和出版过程中得到了全国船舶工业职业教育教学指导委员会、哈尔滨工程大学出版社的大力支持与帮助,在此特别致谢。

限于编者水平与经历,衷心地期望使用本教材的专家学者、教师、工程技术人员及学生阅读本书之后,批评指正不当之处,以修订完善,我们将不胜感激!

编　者

2023年10月

目　　录

项目1　船舶自动控制基础

项目描述

船舶机舱自动控制是以反馈控制理论为基础，运用各种控制技术工具，进行的船舶机舱设备及系统的运行、监测和管理。本项目介绍了反馈控制系统基本知识，围绕“元件→仪表→单元→系统”的构成逻辑，着重阐述了应用于船舶机舱设备控制的反馈控制系统及方框图，以及构成系统方框图的四个基本组成单元、构成每个单元的各种仪表、构成各种仪表的常用元件。本项目的主要任务是掌握反馈控制系统方框图及其概念，了解反馈控制常用的五类基本元件，掌握调节单元调节规律、测量单元中的传感器、变送器以及常用执行机构，了解反馈控制系统参数整定等要点。

通过本项目的学习，应达到以下学习目标：

知识目标：

- 了解反馈控制系统基本概念；
- 掌握反馈控制系统“元件→仪表→单元→系统”之构成，理解反馈控制系统方框图的意义；
- 掌握反馈控制系统之调节单元、执行机构、测量单元的具体组成与应用原理；
- 了解反馈控制系统的参数整定方法。

能力目标：

- 能正确分析反馈控制系统实例，描述控制实例方框图；
- 能正确分析反馈控制系统参数与控制强弱间的关系；
- 会根据常用传感器的结构与原理诊断控制系统常见测量故障；
- 会正确调整反馈控制系统参数。

素质目标：

- 培养笃学求实、严谨致用、精益求精的工匠精神；
- 增强职业安全、规范与环保意识；
- 提升良好沟通协作能力、数智化素养与创新能力；
- 厚植家国情怀，涵养进取品格，践行使命担当。

项目实施

项目实施遵循岗位工作内容与适任能力培养，按由浅入深、由表及里、循序渐进规律，将船舶自动控制基础项目按反馈控制系统方框图组成逻辑分成以下5个任务完成。

任务1.1 反馈控制系统认知

任务描述

在没有人直接参与的情况下，控制器使机器运行参数或设备生产过程自动地按预定的规律运行，称为自动控制。船舶机舱自动化是指船舶机舱动力装置及辅助设备系统的控制、监测和管理自动化，它是由常用控制元件、自动化仪表、基本单元，辅以计算机、可编程逻辑控制器（PLC）及网络技术等，组成的各种监测和控制系统，能代替管理人员对机舱中各种设备的运行参数进行自动检测、记录、控制、监视和报警。本任务目标是认识反馈控制系统的基本概念、系统组成和各组成环节特性，掌握反馈控制系统方框图及传递函数，明确反馈控制系统响应曲线与后续调节器输入输出特性曲线的区别，了解控制系统的基本要求；了解自动控制系统的传递函数概念；会分析反馈控制系统实例中各基本组成单元，能正确画出反馈控制系统方框图。

任务实施

一、反馈控制系统的组成

微课 1.1 反馈控制系统

反馈控制系统对机器设备或生产过程参数的控制过程实际上是直接模仿人的手动操作过程，如图 1-1 所示，以柴油机气缸冷却水温度手动控制和自动控制为例。

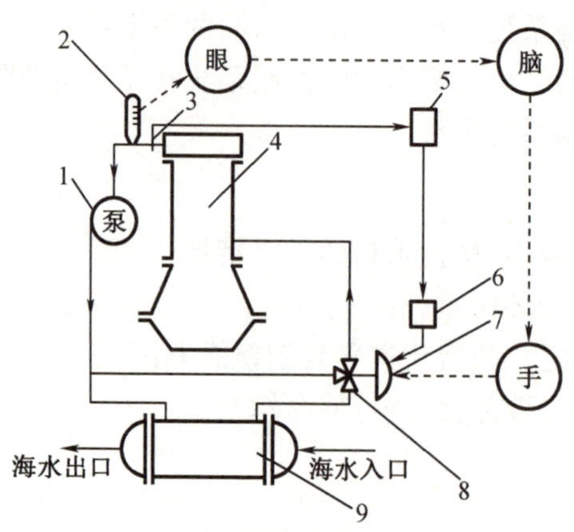

1—淡水泵；2—温度表；3—感温元件；4—柴油机；5—温度变送器；6—调节器；7—执行机构；8—三通电磁阀；9—淡水冷却器。

图 1-1 柴油机气缸冷却水温度手动控制和自动控制示意图

柴油机在运行过程中需要保持一个最佳的冷却水温度，假如冷却水出口温度预设应为 80 ℃，则在手动控制时，操作人员要用眼睛观察温度表，并把观察到的冷却水实际温度值传递给大脑，大脑对这一个温度值进行分析（温度的实际值是否偏离了最佳值）、判断（实际水温值是高于最佳值还是低于最佳值）和计算（实际水温值离开最佳值的偏差值），然后发出一个控制指令给双手，用双手来改变三通调节阀的开度，即改变旁通水量和经冷却器冷却后的低温水量，从而可改变气缸冷却水的冷却温度，使冷却水的实际温度值逐渐恢复到预设的最佳温度值。

在自动控制时，由于将人从某些重复、繁重的生产环节中解放出来，因此必须采用相应的自动化仪表及元件来代替人的功能器官。譬如，可用温度传感器和变送器来代替人的眼睛，随时测量冷却水的实际温度并把该温度值发送给调节器。用调节器代替人的大脑，并对冷却水实际温度值进行分析和计算，然后输出控制信号给执行机构。执行机构代替人的双手，改变三通调节阀的开度，从而实现实际水温达到设定水温。不论是手动控制，还是自动控制，反馈的作用都是存在的。我们把包含反馈作用的控制过程称为反馈控制过程。

其实，对任何其他运行参数进行控制也都具有相似过程。分析上述实例不难发现，组成一个完整反馈控制系统，必须具备四个最基本的环节，即控制对象、测量单元、调节单元和执行机构。

1. 控制对象

控制对象也称被控对象，是指所要控制的机器、设备或装置。所要控制的运行参数则被称为被控量。例如，在柴油机气缸冷却水温度自动控制系统中，柴油机是控制对象，冷却水温度是被控量；在锅炉水位自动控制系统中，锅炉是控制对象，水位是被控量；在锅炉蒸汽压力控制系统中，锅炉是控制对象，蒸汽压力是被控量；在燃油黏度自动控制系统中，燃油加热器是控制对象，燃油黏度是被控量；在柴油机转速控制系统中，柴油机是控制对象，转速是被控量等。

2. 测量单元

测量单元的作用是检测被控量的实际值，并把它转换成统一的标准信号，该信号称为被控量的测量值。测量单元一般包括两部分，即传感器和变送器，传感器用于对物理量进行检测，变送器则将传感器输出信号转换为统一标准信号。对应被控量满量程下，在气动控制系统中，统一的标准气压信号为0.02~0.1 MPa；在电动控制系统中，统一的标准电流信号为0~10 mA或4~20 mA，国际上一般使用4~20 mA居多。

3. 调节单元

调节单元（也称控制单元），是指具有某种调节作用规律的调节器。调节单元接收测量单元送来的被控量实测值，并与被控量的期望值相比较得到偏差信号，再根据偏差信号的大小和方向（正、负偏差），按照某种调节作用规律输出控制信号，送至执行机构，对控制对象施加调节作用，直到偏差为零或接近零为止。

在反馈控制系统中，一般把被控量的期望值称为给定值，被控量的测量值与给定值之间的差值称为偏差值 $e(t)$，若给定值表示为 $r(t)$，被控量的测量值表示为 $z(t)$，则偏差值 $e(t)=r(t)-z(t)$。$e(t)>0$，说明测量值低于给定值，称为正偏差；$e(t)<0$，称为负偏差；$e(t)=0$，称为无偏差。

4. 执行机构

执行机构的输入量是调节单元输出的控制信号；执行机构的输出量通常是调节阀的开

度。调节单元输出的控制信号经执行机构直接改变调节阀的开度,从而改变流入控制对象的物质或能量,使之能适应控制对象的负荷变化,进而使被控量保持在给定值或给定值附近。实际的执行机构主要有气动薄膜调节阀、三相伺服电机等,执行机构通常为比例环节。

以上四个基本环节是组成反馈控制系统必不可少的基本单元。但对于一个完整的控制系统,一般还会有若干辅助装置。例如,对气动控制系统来说,还应设有气源装置;对电动控制系统来说,还应有稳压电源等。

二、反馈控制系统传递方框图

微课 1.2　系统构成及概念

为了方便分析反馈控制系统工作过程,可把组成反馈控制系统的四个基本环节分别用一个方框来表示,并用带箭头的信号线来表示各环节之间的信号传递关系。这样就构成了如图 1-2 所示的反馈控制系统传递方框图。

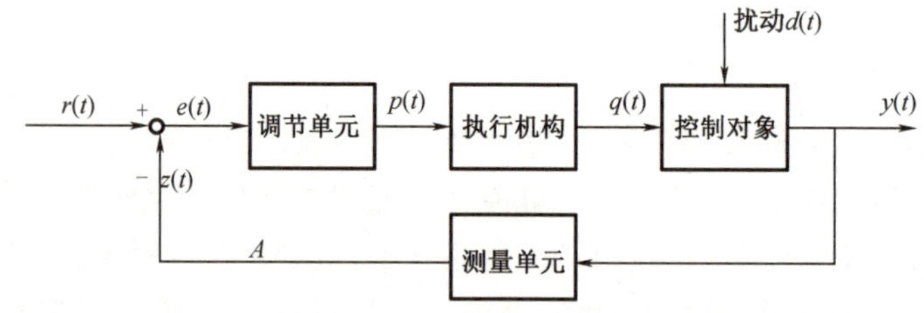

动画 1.1　反馈方框图

r(t)—给定值;z(t)—测量值;e(t)—偏差值;p(t)—控制量;
q(t)—执行量;d(t)—外部扰动;y(t)—被控量。

图 1-2　反馈控制系统传递方框图

根据反馈控制系统传递方框图,需要明确以下几个概念:

1. 环节

在反馈控制系统传递方框图中,代表实际单元的每个小方框称为一个环节。每个环节都有输入量和输出量,并用带箭头的信号线来表示,其中箭头指向该环节的信号线为输入量,箭头离开该环节的信号线为输出量。任何环节输出量的变化均取决于输入量的变化以及该环节的特性,而输出量的变化不会直接影响输入量,这叫信号传递的单向性。另外,如果信号线在某处出现分支,则各个分支的信号具有等值特性。

2. 扰动

控制对象作为反馈控制系统的组成环节,其输出量是被控量,而引起被控量变化的因素统称为扰动。显然,扰动量是控制对象的输入量,具体包括基本扰动和外部扰动。

基本扰动是指来自控制系统内部控制通道(调节通道)的扰动。例如,在水位控制系统中,给水调节阀开度的改变将引起水位的变化。这种扰动通过系统内部的调节通道,改变流入控制对象的物质或能量的流量,从而影响控制对象的输出。因此,基本扰动通过调节通道影响被控量。

外部扰动是指来自系统外部环境的扰动。例如,以锅炉为控制对象的水位控制系统,水位是被控量,锅炉负荷(外部用汽量)的变化将引起水位的变化;在柴油机气缸冷却水温度控制系统中,水温是被控量,柴油机负荷的变化、海水温度的变化、淡水冷却器中水管结垢的多少等都会引起冷却水温度的变化。这种扰动是由于设备负荷或外界环境的扰动变化而导致控制对象内部的能量平衡遭到破坏而引起的。因此,外部扰动通过扰动通道影响被控量。

在图 1-2 中,有两个信号线的箭头指向控制对象,分别为基本扰动 $q(t)$(执行机构的输出)和外部扰动 $d(t)$(控制对象负荷或环境因素的变化)。

3. 系统的输入与输出

前面提到的输入和输出的概念都是针对环节而言的,若从系统的角度来看,将图 1-2 所示的各个基本环节看作一个整体,则系统具有两个输入,即给定值 $r(t)$ 和外部扰动 $d(t)$,具有一个输出,即被控量 $y(t)$。

4. 反馈

系统输出的变化经测量单元送回至系统的输入端,这个过程叫反馈。反馈有正反馈和负反馈之分。正反馈是指增强系统输入效应的反馈,它使偏差值 $e(t)$ 增大;而负反馈是指减弱系统输入效应的反馈,它使偏差值 $e(t)$ 减小。显然,按偏差进行控制的系统必定是一个负反馈控制系统。

反馈

5. 前向通道与反馈通道

在反馈控制系统传递方框图中,从系统的输入端沿信号线方向到达系统的输出端的通道称为前向通道;而相反方向的通道则称为反馈通道。

6. 闭环系统

在反馈控制系统传递方框图中,前一环节的输出就是后一环节的输入,系统的输出又经反馈通道送回到系统的输入端。这样,控制系统就形成了一个封闭的控制回路,称为闭环系统,反馈控制系统必定是闭环系统。

如果在闭环系统的某处把回路断开,例如在图 1-2 中的 A 处断开,那么该系统就由闭环系统变成了开环系统。开环系统不再是反馈控制系统,无法根据偏差来实现设备参数或生产过程的自动控制。

7. 传递函数

传递函数(transform function)是指线性定常系统在零初始条件下,输出量的拉氏变换与输入量的拉氏变换之比。拉氏变换是一种线性积分变换,适用于线性微分方程,传递函数表明线性系统的零状态响应特性。通过对传递函数进行分析,可以设计出合适的控制器来实现所需的系统响应。控制器可以通过调整传递函数的参数来达到稳定性、抗干扰性、快速响应等控制要求。通过对传递函数进行频率域分析,可以得到系统的频率响应曲线,进而了解系统对不同频率的输入信号的衰减、相位延迟等特性,有助于系统的设计和调整。

三、反馈控制系统的工作过程及分类

明确反馈控制系统方框图基本概念后,反馈控制系统的工作过程描述为:处在初始平衡状态(系统被控量达到稳定值)的系统受到外部扰动时,被控量将偏离初始稳定值,测量单元将检测出的实际值送至调节器内部,与被控量的给定值进行比较,得到偏差值 $e(t)$,调节器在偏差 $e(t)$ 基础上依据自身调节规律输出一个控制信号(即控制量),通过执行机构改变流入控制对象的物质或能量,从而使被控量朝着偏差减少的方向变化,这一信号又通过测量单元送至调节器。重复上述过程,最终使被控量又回到给定值或给定值附近,系统达到一个新的平衡状态。改变给定值后，系统的工作与上述过程类似。

自动控制系统中，系统从受到扰动开始到被控量稳定在新稳态值，这一达到新平衡状态的过程，称为动态过程(也称过渡过程)。输出量(被控量)不随时间变化而是稳定在给定值上或给定值附近的平衡状态叫稳态。

自动控制系统在日益发展和完善，下面介绍常用的几种分类方法。按自动控制系统控制方式分类可分为开环控制系统、闭环控制系统和复合控制系统；按给定值信号特点分类可分为定值控制系统、随动控制系统和程序控制系统；按控制系统信号的形式分类可分为连续控制系统和离散控制系统；按照控制理论不同分支可分为最优控制系统、自适应控制系统、预测控制系统、模糊控制系统和神经元网络控制系统等。下面仅对按给定值信号特点分类做介绍。

1. 定值控制系统

自动控制系统的给定值保持不变，被控量按照给定值进行控制，直到被控量等于给定值或在给定值附近而稳定的系统，称为定值控制系统。这是生产过程中用得最多的一种控制系统，例如发电机电压控制，电动机转速控制，电力网的频率(周波)控制，各种定温、定压、定液位等控制都属于定值控制系统。

2. 随动控制系统

随动控制系统是指自动控制系统的给定值随时间的变化规律预先不能确定的控制系统。船舶随动舵控制系统等属于随动控制系统。

3. 程序控制系统

程序控制系统是指自动控制系统的给定值按事先预定规律变化的控制系统。该变化是一个已知的时间函数，控制的目的是使被控量按确定的给定值的时间函数来改变，例如船舶自动舵控制系统、锅炉燃烧时序控制系统等均属于程序控制系统。

四、反馈控制系统的品质指标

为评定控制系统动态过程品质，通常给系统施加一个阶跃输入，然后研究系统的输出量(被控量)随时间的变化曲线，即系统的动态过程。常见的输入信号主要有以下四种形式，即阶跃输入、线性输入、脉冲输入和正弦输入，如图 1-3 所示。

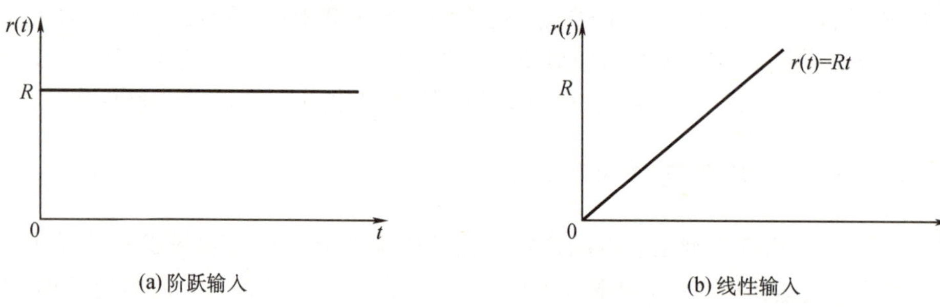

(a) 阶跃输入　　(b) 线性输入

图 1-3　控制系统典型输入信号

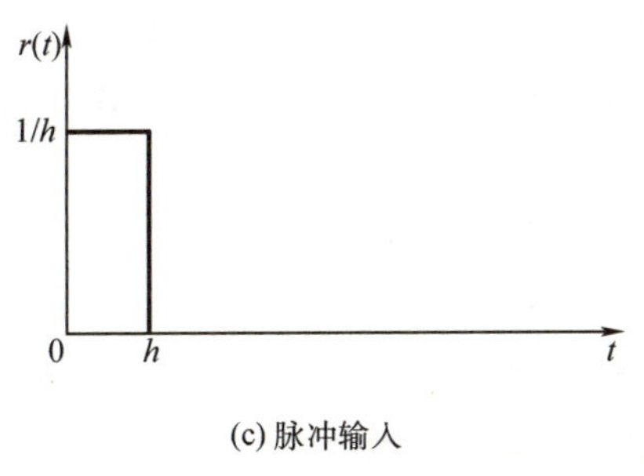

(c) 脉冲输入

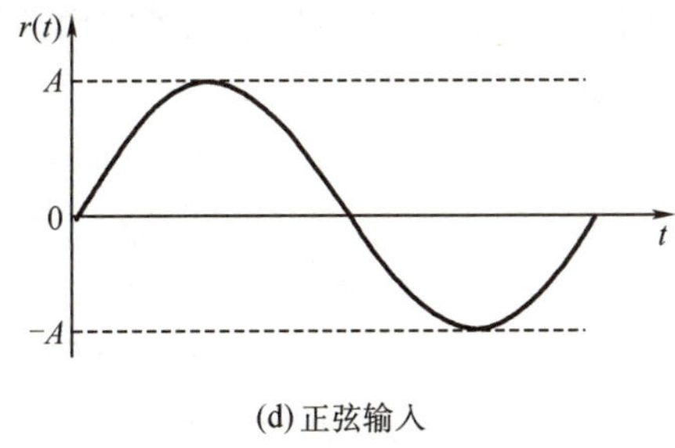

(d) 正弦输入

图 1-3(续)

在上述四种典型输入信号中,阶跃扰动对控制系统的影响是最为不利的,控制系统如果能抵御阶跃扰动,那么对其他形式的扰动也就容易克服了。另外,阶跃扰动也基本符合实际的扰动形式。因此,下面只取阶跃输入形式来研究控制系统的动态过程。

根据控制系统受到的扰动途径,可以分为两种情况:一种是外部扰动 $d(t)$ 不变,改变给定值 $r(t)$;另一种是给定值 $r(t)$ 不变,改变外部扰动 $d(t)$。控制器控制规律或系统参数的不同,使控制系统的动态过程表现为不同的形式。图 1-4 所示为控制系统在受到外部阶跃扰动后可能出现的四种不同响应曲线。

图 1-4(a)所示为振幅不断增加的发散振荡过程,图 1-4(b)所示为振幅相同的等幅振荡过程,显然这两种情况都是不稳定的过程;图 1-4(c)所示为一个波峰不断减小的非周期过程,而图 1-4(d)所示为一个振幅不断减小的衰减振荡过程,虽然这两种情况均属于稳定的过程,但非周期过程往往会出现较大的偏差,或整个调节过程所经历的时间过长,在实际应用中是不可取的。因此,一个实际可用的控制系统,基本要求是其过渡过程为衰减振荡。

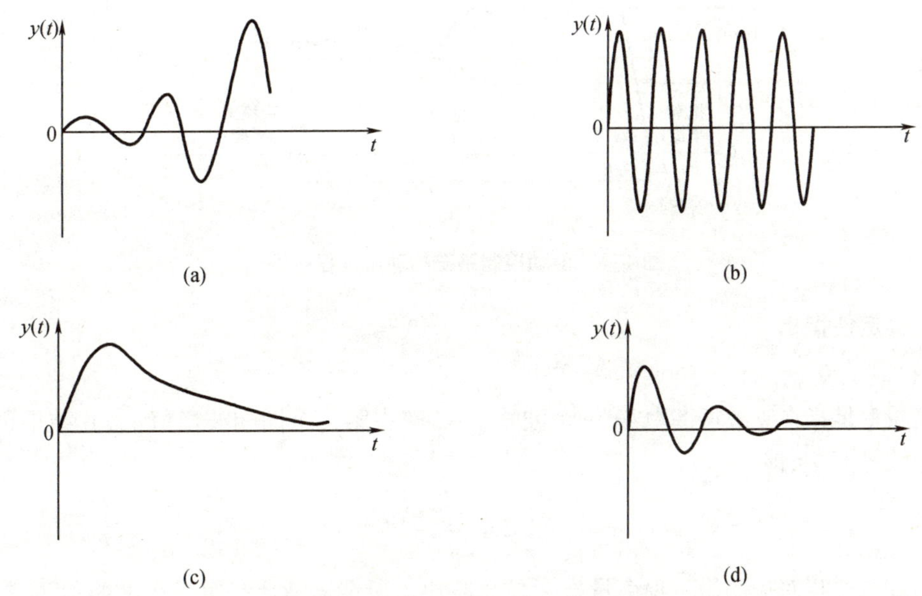

图 1-4　控制系统在受到外部阶跃扰动后可能出现的四种不同情况

但是,衰减振荡过程也存在衰减快慢的问题,并不是所有的衰减振荡过程都符合控制要求。为了解控制系统的动态过程品质,通常采用一些定量指标加以衡量。在定值控制和随动控制两种情况下,评定动态过程品质的指标有些相同,有些不同。

图 1-5 和图 1-6 分别给出了定值控制和随动控制系统在 t_0 时刻给定值阶跃变化和外部扰动阶跃变化下的动态过程曲线。归纳起来,评定控制系统动态过程品质的指标包含以下三个方面。

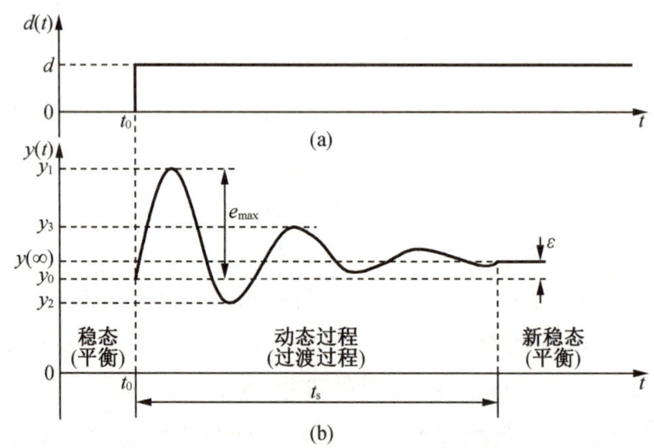

图 1-5 定值控制系统的动态过程曲线

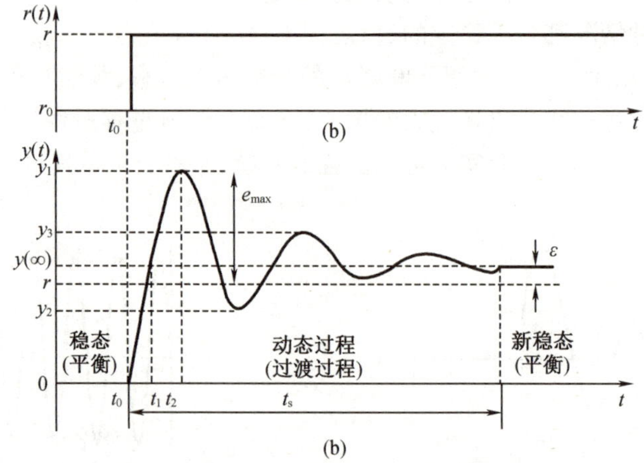

图 1-6 随动控制系统的动态过程曲线

1. 稳定性指标

(1) 衰减率 φ

衰减率是指在衰减振荡中,第一个波峰值 y_1 减去第二个同相波峰值 y_3,其结果再除以第一个波峰值 y_1,即

$$\varphi=\frac{y_1-y_3}{y_1}$$

与衰减率相对应的另一种衡量指标是衰减比。所谓衰减比是第一个波峰值 y_1 与第二个同相波峰值 y_3 的比值,即 y_1/y_3。

衰减率 φ 是衡量系统稳定性的指标,要求 $\varphi=0.75\sim0.9$。当 $\varphi=0.75$ 时,y_1 是 y_3 的 4 倍,此时衰减比为 4 : 1。φ 不能小于 0.75,否则系统动态过程的振荡倾向增加,会降低系统稳定性,过渡过程时间也因振荡不息而加长。特别是当 $\varphi=0$ 时,其动态过程是等幅振荡,系统变成不稳定系统。

(2)振荡次数 N

振荡次数是指在衰减振荡中,被控量的振荡次数。一般要求 N 为 2~3 次就应该稳定下来。

2. 精确性指标

(1)最大动态偏差 e_{max}

最大动态偏差是指在衰减振荡中第一个波峰的峰值,它是动态精度指标。e_{max} 大,说明动态精度低,要求 e_{max} 小些为好,但不是越小越好,如果 e_{max} 太小,有可能使动态过程的振荡加剧。

(2)静态偏差 ε

静态偏差是指动态过程结束后,被控量新稳态值与给定值之间的差值。ε 越小,说明控制系统的静态精度越高。在实际控制系统中,由于使用不同作用规律的调节器,其存在静态偏差的情况也不相同。有的控制系统受到扰动后,在调节器控制作用下,被控量最终不能稳定在给定值上,只能稳定在给定值附近,存在一个数值较小的静态偏差,称为有差调节。有的控制系统受到扰动后,在调节器的控制作用下,被控量能最终稳定在给定值上,当 $\varepsilon=0$ 时,称为无差调节。

(3)超调量 σ_p

对于随动控制系统,通常采用超调量 σ_p 来衡量其动态精度。所谓超调量,是指在衰减振荡中,第一个波峰值 y_1 减去最终稳态值 $y(\infty)$ 的差值与最终稳态值 $y(\infty)$ 之比的百分数,即

$$\sigma_p=\frac{y_1-|y(\infty)|}{|y(\infty)|}\times 100\%$$

超调量是评定控制系统动态精度的指标。超调量太大,说明被控量偏离规定的状态太远,对于一些要求比较严格的场合,都有允许的最大超调量要求。在实际系统的过渡过程中,一般要求 $\sigma_p<30\%$。

3. 快速性指标

(1)过渡过程时间 t_S

过渡过程时间是指从控制系统受到扰动开始到被控量重新稳定下来所需的时间。理论上讲,这个时间是无穷大的。因此,通常这样定义过渡过程时间 t_S:当 $t\geqslant t_S$ 时,满足:

$$\frac{|y(t)-y(\infty)|}{|y(\infty)|}\leqslant\delta$$

式中,$y(t)$ 是系统受到扰动后,在时间为 t 时的被控量值;$y(\infty)$ 是被控量的最终稳态值;δ 是选定的任意小的值,一般取 $\delta=0.02$ 或 $\delta=0.05$。

上式的物理意义是,当 $t\geqslant t_S$ 的所有时间内,被控量 $y(t)$ 的波动值 $|y(t)-y(\infty)|$ 均小于或等于最终稳态值 $y(\infty)$ 的 2%或 5%。

(2)上升时间 t_r

在讨论随动控制系统时,通常还用到上升时间 t_r 和峰值时间 t_p。所谓上升时间,是指在衰减振荡中,被控量从初始平衡状态第一次达到最终稳态值 $y(\infty)$ 所需时间。在图 1-6 中,$t_r=t_1-t_0$。

(3)峰值时间 t_p

所谓峰值时间，是指在衰减振荡中，被控量从初始平衡状态达到第一个波峰峰值所需要的时间。如图 1-6 中，$t_p=t_2-t_0$。

t_r 和 t_p 都是反映动态过程进行快慢的指标。t_r 和 t_p 越小，说明系统惯性越小，动态过程进行得越快。

拓展强化

任务 1.1

一、选择题(请扫码作答)

二、简答题

1. 请默画出反馈控制系统方框图。
2. 请简述反馈控制系统动态过程品质指标。
3. 分析柴油机冷却水温度控制系统原理，并画出该系统反馈控制方框图。

任务1.2　船用自动化仪表

任务描述

船舶机舱自动控制系统中，自动化仪表应用广泛。在反馈控制系统中，自动化仪表不仅能对运行参数进行监测和显示，还能进行自动调节。机舱自动控制设备及系统的运行和管理，离不开对自动化仪表及元部件的认识。通过本任务学习，掌握构成反馈控制系统各单元的船用自动化仪表及其基本元部件，了解自动化仪表的主要品质指标，掌握基本气动元件的结构、工作特性及典型应用。

任务实施

自动化仪表按用途分类，有测量仪表、调节器、执行机构和显示仪表等；按使用能源分类，有气动仪表和电动仪表；按结构形式分类，有基地式仪表和单元组合式仪表。所谓单元组合式仪表，是指控制系统的各种功能都分别用一台独立的仪表来实现，包括测量仪表、显示仪表、调节器等，各仪表之间用统一的标准信号联系起来。气动仪表的统一信号是 0.02~0.1 MPa；电动仪表的统一信号是 0~10 mA 或 4~20 mA。所谓基地式仪表，是指把测量仪表、显示仪表和调节器组装在一个壳体内，成为不可分的整体，它们之间也不用统一信号联系。

在船上所采用的气动仪表中，气动单元组合仪表应用得更多一些。因此，本任务除介绍气动仪表的基础知识外，重点还介绍各种气动单元组合仪表的元件结构、工作特性及管理中应注意的问题。

一、自动化仪表的主要品质指标

在自动控制和监视系统中，我们希望仪表所检测的参数值能完全反映出该参数的实际值，但是不论品质多么好的仪表，所测结果与参数的真值之间总有一定的差别，这一差别习惯上称为“误差”。对自动化仪表品质的要求，主要是看它能以多大的准确度来反映被测量参数的真值。测量值与真值越接近，仪表的误差就越小，测量精度也就越高。但仅用误差来衡量仪表的好坏是不够的，还必须从多方面来鉴别仪表的品质。

1. 基本误差与附加误差

基本误差是由于仪表结构中的间隙、摩擦、刻度不均或分度不准等原因所造成的误差，即为仪表本身缺陷所造成的误差。因此，一台好的仪表在加工制造时，就应制作得很精密，尽量减小基本误差。

附加误差是仪表在使用中，由于外界条件的影响，如环境温度、湿度、振动等所引起的误差。一般在仪表设计中预先都采取了一些补偿措施来减小附加误差，但不可能彻底消除。在仪表的说明书中，规定了使用方法和使用条件，以免带来过大的附加误差。

2. 绝对误差与相对误差

绝对误差又称指示误差，是指被测参数的测量值与真值之差的绝对值。若仪表表示的被测参数值为 A，而被测参数的真值是 A_0，则绝对误差 $\Delta A=|A-A_0|$。被测参数的绝对真值是很难得到的，一般是用精度高的标准仪表所测得的平均值作为被测参数的真值 A，绝对误差是不能完全反映仪表的精度的，譬如 $\Delta p=0.01$ MPa，若测量范围是 0~10 MPa，该误差可忽略不计；但若测量范围是 0.02~0.1 MPa，则这个误差已大到该仪表不能再使用了。

相对误差 δ 是指仪表的绝对误差所占该仪表指示值的百分数，即

$$\delta=\frac{\Delta A}{A}\times 100\%$$

相对误差能反映测量仪表的精确度。

3. 仪表的精度和精度等级

仪表的精度 δ_0 是指测量中的最大指示误差 ΔA 占仪表的最大测量范围（量程）A'的百分数，即

$$\delta_0=\frac{\Delta A_{\max}}{A'}\times 100\%$$

通常用去掉百分号的数字表示仪表精度的等级。仪表盘或说明书中常见的等级有 0.1 级、0.2 级、0.35 级、0.5 级、1.0 级、1.5 级、2.0 级、2.5 级等，其中 0.1 级、0.2 级和 0.35 级多用于标准仪表。

4. 仪表的灵敏度、不灵敏区、灵敏限、变差

仪表的灵敏度是指仪表对输入信号开始有反应的灵敏程度，若仪表的输入量变化为 Δx，相对应的输出量变化为 Δy，则仪表的灵敏度 S 为

$$S=\frac{\Delta y}{\Delta x}$$

可见，仪表的灵敏度越大，越能测出微小的输入变化。一般小量程仪表的灵敏度比大量程仪表的灵敏度高。

不灵敏区是指由于仪表活动部件的摩擦、间隙、弹性元件滞后现象的存在，不能引起输出变化的被测信号的最大变化范围。如当输入信号有一微小变化时，仪表输出仍然不变。

灵敏限是指引起仪表输出有一微小变化时，所需输入量的最小变化值，一般认为不灵敏限等于1/2不灵敏区。

仪表的变差是指在外界条件不变的情况下，多次由不同方向使仪表输入为同一真值时，仪表指示值之间的最大误差。即仪表在同一测量点，其正行程和反行程指示值之差。可见，仪表的不灵敏区是由输入量的变化来表示的，而变差是以输出量的指示变化来表示的，它们都是仪表结构不完善程度的标志。

二、气动仪表的元部件及组成原理

气动仪表的种类繁多，功能相同仪表的结构也是千差万别的。但是，构成这些仪表的元部件数量并不多，主要有弹性元件、节流元件、气体容室、喷嘴挡板机构和气动功率放大器等。

1. 弹性元件

弹性元件有弹性支承元件和弹性敏感元件两类，螺旋弹簧和片簧属于弹性支承元件，用于支承、平衡或增强弹性敏感元件的刚度。弹性敏感元件的作用是将承受的压力或轴向推力转变成位移信号。弹性敏感元件的刚度较小、灵敏度（刚度的倒数）δ 较大，当对弹性敏感元件施加一定的轴向推力时，其变形位移量较大，也就是说，它们对轴向推力的变化反应是敏感的。螺旋弹簧刚度较大，通常与弹性敏感元件组合使用，以增加其刚度，也多用于调整弹性敏感元件的初始位置，如图1-7所示。

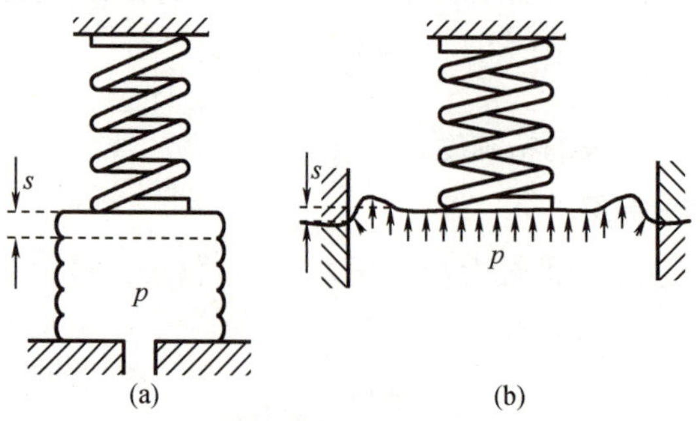

图1-7 弹性元件组合示意图

弹性敏感元件有弹簧管、波纹管、橡胶膜片、金属膜片和金属膜盒等，如图1-8所示。假定送入波纹管的气压信号为 p，它是弹性敏感元件的输入量，波纹管的位移量 s 是弹性敏感元件的输出量，显然输出量与输入量的关系是

$$s=\frac{pF_e}{E}$$

式中，F_e 是波纹管的有效面积，这个有效面积要大于波纹管顶部的几何面积 $\pi d^2/4$；E 是波纹管和支承弹簧的总刚度。

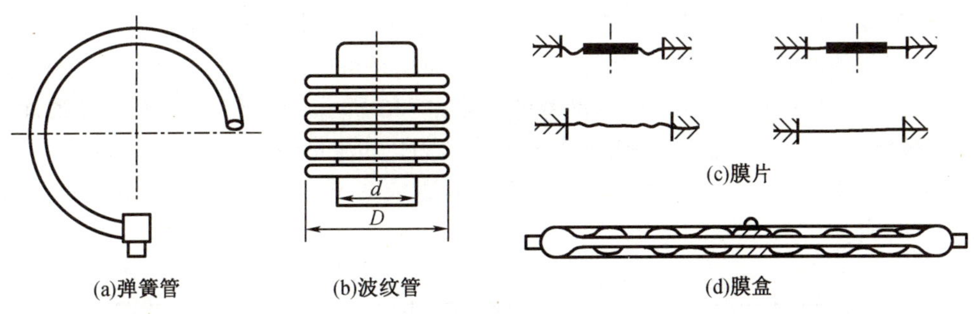

图 1-8　弹性敏感元件

从上面的式子可以看出,弹性元件在弹性变形范围内,其刚度 E 和波纹管的有效面积 F_e 为常数,则弹性元件的输出量 s 与输入量 p 之间是成比例关系的。试验结果表明,对波纹管的压缩变形比拉伸变形具有更好的线性关系,且处于压缩状态能承受较大的压力。如果一开始让波纹管处于自由状态,其工作过程中处于拉伸变形,则它在变形量不大时就进入了非弹性变形区。为此,在实际安装波纹管时,常采用预压缩的办法来提高波纹管的线性使用范围。

金属膜片在弹性变形范围内的变形量很小。为增加它的线性使用范围,常将其制成波纹状,且与水平面成一定角度。弹簧管有单圈弹簧管和多圈弹簧管。单圈弹簧管自由端位移量较小,如果在弹性变形范围内要得到较大的变形,可采用多圈弹簧管。

橡胶膜片很软,在小的工作范围内,其刚度可近似看成零。在实际使用中,往往将其制成波纹状且中间加硬芯。

2. 节流元件

在气动仪表中,节流元件起着阻碍气体流动的作用,它能产生压降和改变气体的流量。节流元件按其工作特点可分为恒节流孔和变节流孔两种类型。

常用的恒节流孔节流元件有两种:毛细管式和小孔式,如图 1-9 所示。毛细管式可用不锈钢或玻璃管制成,直径 d 为 0.18~0.3 mm。小孔式恒节流孔的内径有几种规格,即 0.25 mm、0.30 mm、0.50 mm,长度为 4 mm。

图 1-9　恒节流孔

衡量节流元件特性的参数是气阻。通常把气体流过节流元件在两端产生的压降,与气体流量之间的对应关系称为节流孔的流量特性。显然,节流孔内径越小,产生的压降就越大。我们常用气阻 R 来表示节流元件对气体流动阻碍作用的大小,当气体在节流孔中处于层流状态时,气阻 R、压降 Δp 和流量 G 之间的关系为

$$R=\frac{\Delta p}{G}\text{或 }\Delta p=G\cdot R$$

由于恒节流孔内径不能改变,气阻不能调整,所以气阻常称为恒气阻或固定气阻。

变节流孔是指气体经过节流孔流通时的流通面积是可以调整和改变的,其结构形式有圆锥-圆锥型、圆柱-圆锥型、圆球-圆锥型等,如图 1-10 所示。由于变节流孔的流通面积是可调的,故在气体流过节流孔产生相同压降的情况下,其流量是不同的,即气阻 R 不同,所以变节流孔的气阻 R 叫可调气阻。常用变节流孔组成变节流阀,用于调整比例带、积分时间和微分时间。

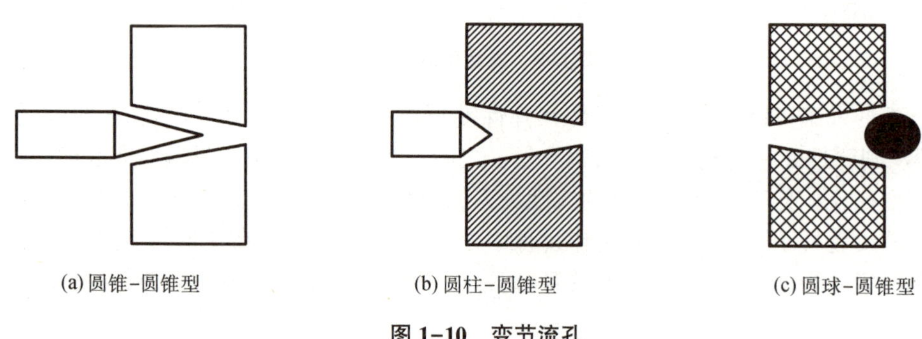

(a) 圆锥-圆锥型　(b) 圆柱-圆锥型　(c) 圆球-圆锥型

图 1-10　变节流孔

3. 气体容室

气体容室简称气容,在气动仪表或气路中,能贮存或放出气体,对压力变化起惯性作用。目前,所采用的气体容室有定容气室和弹性气室,如图 1-11 所示。

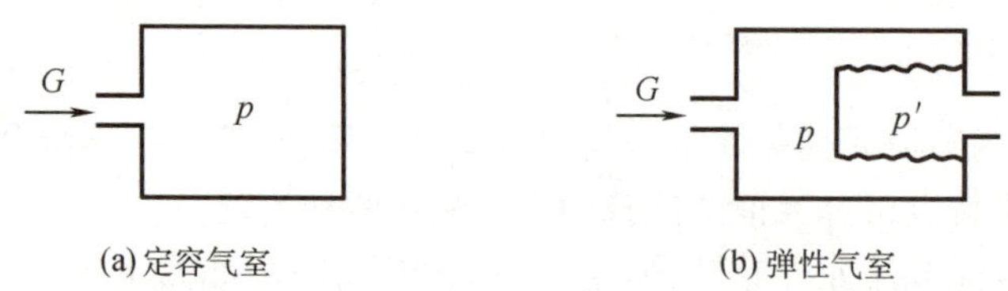

(a) 定容气室　(b) 弹性气室

图 1-11　气体容室

定容气室是连接在气动管路上的一个能贮存气体或放出气体的空腔,其特点是它的体积不变。一个气体容室贮存空气量的能力,常用气容 C 来表示,气容 C 的物理意义是,气体容室内,每升高单位压力所需增加的空气量,即

$$C=\frac{\mathrm{d}m}{\mathrm{d}p}$$

式中,$\mathrm{d}m$ 是气体容室内空气贮存量的增量;$\mathrm{d}p$ 是空气压力的增量。

可见,气容 C 的大小是由气体容室的体积决定的。体积越大,压力每升高一个单位,气室内就需要增加越多的空气贮存量,说明它贮存空气的能力越大,即气容 C 越大。对定容气室来说,由于气室的体积不变,故气容是个常数,其贮存特性如图 1-12(a)所示。

弹性气室是在空腔中加装了一个波纹管,其容室的体积(空腔与波纹管之间的体积)是随压力 p 的变化而变化的。因此,弹性气室在充、放气过程中,气容是变化的。它的贮存特性如图 1-12(b)所示。

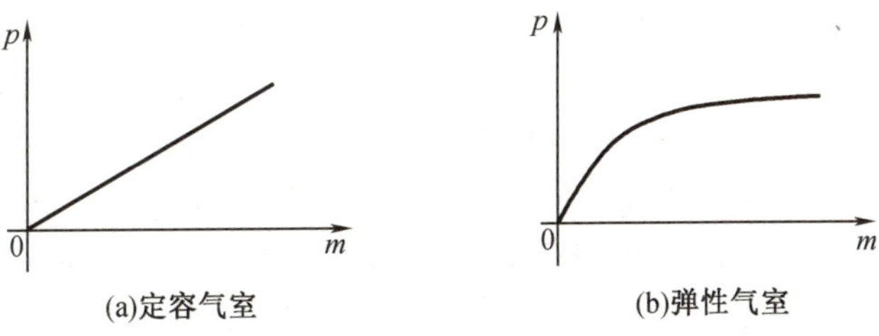

图 1-12　气体容室贮存特性

4. 喷嘴挡板机构

喷嘴挡板机构是气动仪表最基本,也是最精密的元件,它的作用是把挡板微小的位移转换成相应的气压信号。喷嘴挡板机构的结构如图 1-13 所示。它由恒节流孔 1、背压室 2(恒节流孔与喷嘴之间的气室)、喷嘴 3 及挡板 4 组成。

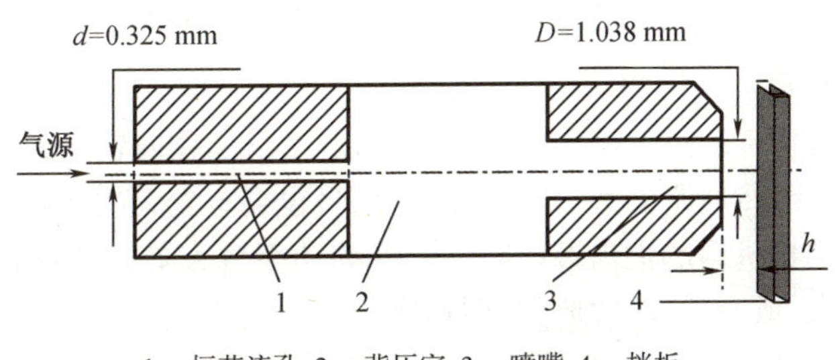

1 —恒节流孔;2 —背压室;3 —喷嘴;4 —挡板。

图 1-13　喷嘴挡板机构示意图

与恒节流孔相比较,喷嘴的孔径 D 要大得多,以保证挡板全开(远离喷嘴)时,背压室的压力能降低到接近大气压力。同时,喷嘴的轴心线必须与挡板垂直,以保证挡板全关(靠上喷嘴)时,具有良好的密封性,这时背压室的压力接近气源压力 0.14 MPa。显然,挡板开度 h 越小(挡板离喷嘴越近),气体从喷嘴流出的气阻越大,背压室中的压力越高。若挡板开度 h 增大(挡板离喷嘴远),气阻越小,背压室中的压力越低。实际上,喷嘴挡板起到变气阻的作用。不同的挡板开度对应不同的背压室压力。在稳定工况下(恒节流孔与喷嘴流量相等),背压室中压力不变,背压室压力 p(输出量)与挡板开度 h(输入量)之间的一一对应关系曲线称为喷嘴挡板机构的静特性曲线,如图 1-14 所示。

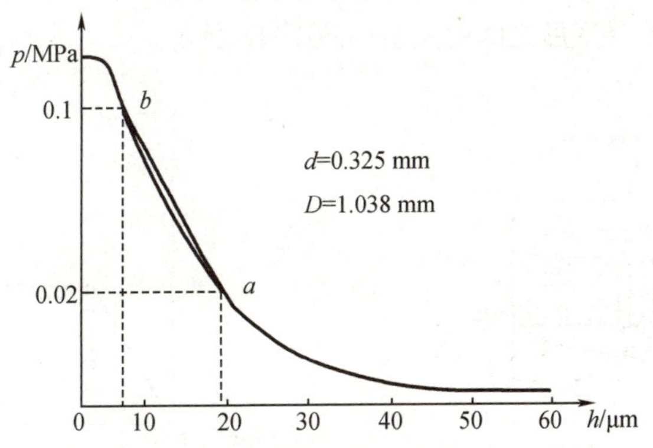

图 1-14　喷嘴挡板机构静特性曲线

当挡板处于全关($h=0$)状态时,由于喷嘴挡板的加工和装配精度所限,难免有一点漏气,这样背压室的压力会略低于气源压力 0.14 MPa。在挡板全开时,由于喷嘴孔径远大于恒节流孔的孔径,使背压室压力接近大气压力。挡板从全关逐渐移到全开时,背压室中的压力 p 将从接近气源压力逐渐降低到接近大气压力。从静特性曲线图上还可看到,各点的斜率是不相同的。换言之,背压室的压力与挡板开度之间不是严格的线性关系,特别是静特性曲线上、下两头,是明显的非线性关系。但是,在 a、b 两点之间,随挡板开度 h 的变化,背压室压力变化很快,静特性曲线很陡。这时用 a、b 两点间的直线来代替 a、b 两点间的曲线,其误差是不大的。这样,在喷嘴挡板机构的工作范围(背压室压力为 0.02~0.1 MPa)内,可把它看成是线性元件。这样,喷嘴挡板机构背压室中压力的变化量 Δp 与挡板开度 Δh 之间的变化量可表示为

$$\Delta p = K_1 \cdot \Delta h$$

式中,$K_1=\tan\varphi$,是比例系数,实际上它是 a、b 两点间的平均斜率。喷嘴挡板机构通常工作在 a、b 段上。a、b 段称为工作段,由于工作段线性度好,故能保证仪表的精度和灵敏度。

5. 气动功率放大器

由于喷嘴挡板机构中的恒节流孔的流通面积很小,故工作时输出的空气量很少,很难直接当作执行机构。甚至传送距离远一点,其压力信号也会有较大的衰减。为此,几乎所有的气动仪表都在喷嘴挡板机构的输出端串联一个气动功率放大器,对喷嘴挡板机构输出的压力信号进行流量放大,或流量、压力放大,即功率放大。

气动功率放大器结构形式很多,但基本上有两种:一是对喷嘴挡板机构输出的气压信号,不放大压力,只放大流量;二是流量、压力都放大。图 1-15 给出了耗气型气动功率放大器结构原理图,它属于后一种类型的放大器。

两个变节流阀构成了放大气路。一个是球阀 4,另一个是锥阀 1,它们起着不同的作用。球阀控制来自 0.14 MPa 气源的进气量,只要球阀有一微小的位移,就能引起进气量的很大变化,从而起到流量放大的作用。锥阀 1 控制排气量,当输入压力信号增大时,克服金属膜片 2 和弹簧片 3 的张力使阀杆下移,开大球阀关小锥阀,这样由 A 室进入 B 室的空气量增加,而由 B 室经锥阀排入的空气量减少,B 室的压力即放大器输出压力增大,且输出的空气流量大大增加。反之,输入压力下降时,阀杆上移经球阀由 A 室进入 B 室的空气流量减少,而 B 室经锥阀的排气量增大,则放大器输出压力会降低。因此,阀杆的位移 s 就决定了放大器输出压力的大小。设输入压力为 p_d,金属膜片的有效面积为 F,金属膜片承受的轴向推力为 p_dF,其与金属膜片位移变形之间的关系如图 1-16 所示。

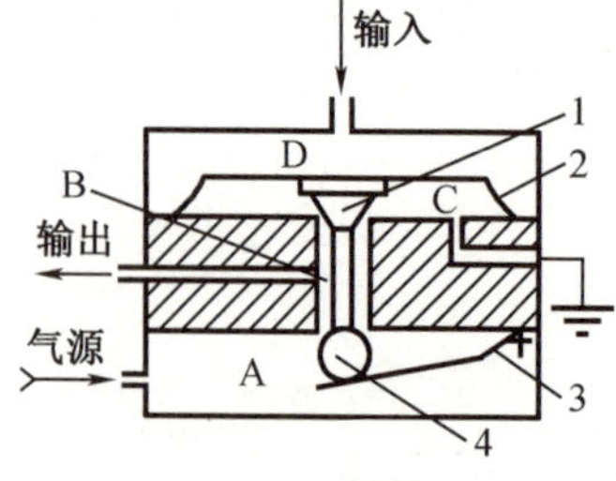

1—锥阀;2—金属膜片;3—弹簧片;4—球阀。

图 1-15　耗气型气动功率放大器结构原理图

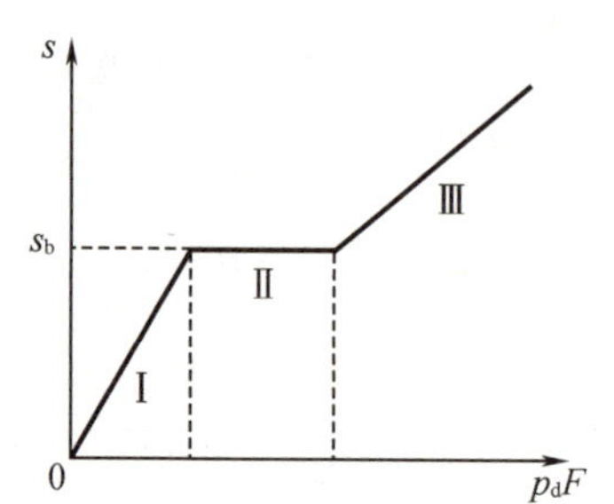

图 1-16　耗气型功率放大器推力与位移关系图

当输入信号 p_d 等于大气压力时，金属膜片与阀杆之间存在一个间隙 s_b。输入信号开始增大时，金属膜片的位移使间隙逐渐减小。当 p_d 增加到 p_0 时，间隙为零，就是图中斜线Ⅰ的情况。当 p_d 由 p_0 继续增大时，由于金属膜片承受的轴向推力 p_dF 不足以克服弹簧片的预紧力及气源对球阀的作用力，金属膜片与阀杆均无位移，这是水平线Ⅱ的情况。只有 p_d 增加到 p_a 后，阀杆开始有位移，放大器才开始有输出，我们把此时的 p_a 称为放大器的起步压力。当输入压力 p_d 由 p_a 继续上升时，放大器工作在斜线Ⅲ（放大器的工作段）上。

在放大器的工作段上，阀杆位移量 Δs 与输入压力的变化量 Δp_d 成比例，放大器输出压力的变化量 $\Delta p_{出}$ 与阀杆位移的变化量 Δs 成比例。因此可得到

$$\Delta p_{出}=K_2\cdot\Delta p_d$$

式中，K_2 称为气动功率放大器的放大倍数。它与金属膜片的有效面积、弹性组件的刚度及放大器的结构因素有关，当金属膜片及弹簧片选定后，可以近似把 K_2 看作常数，所以气动功率放大器是一个放大倍数为 K_2 的比例环节。

拓展强化

一、选择题（请扫码作答）

任务1.2

二、简答题

1. 请简述弹性敏感元件与喷嘴挡板机构的作用。

2. 喷嘴挡板机构在挡板全开（h 为 ∞）和全关（$h=0$）时，背压室压力是多少？

3. 请画出喷嘴挡板机构与耗气型功率放大器构成二级气动功率放大器连接图。

任务1.3　调节器基本作用规律

任务描述

反馈控制系统中，调节器是重要的组成单元。当控制对象确定后，反映控制对象特性的各种参数也是既定的，因此调节器就对控制系统的动态过程品质起着决定性的影响。通过本任务学习，掌握调节器的基本作用规律、调节特性和参数调整，掌握常用调节规律的典型应用实例；会分析反馈控制系统响应曲线、控制参数及强弱变化关系。

任务实施

调节器的输入是被控量的偏差值 $e(t)$，调节器的输出是控制量 $p(t)$，用于改变执行机构的位置（如调节阀的开度），最终作用在控制对象上。调节器的作用规律是指输出量 $p(t)$ 与输入量 $e(t)$ 之间的函数关系，即 $p(t)=f[e(t)]$，也就是说给调节器施加一个输入信号后，其输出量按何种方式进行变化。根据调节器输出的变化方向，可将其分为两种类型：一种是

随着测量值的增加,调节器的输出也增加,称为正作用式调节器;另一种是随着测量值的增加,调节器的输出减小,成为反作用式调节器。

在船舶机舱中广泛应用的调节器作用规律有双位作用规律、比例(P)作用规律、比例积分(PI)作用规律、比例微分(PD)作用规律、比例积分微分(PID)作用规律等五种。这些作用规律中,除了双位作用规律之外,都存在作用强度的问题。例如,比例系数的大小反映比例作用的强弱,积分时间的大小反映积分作用的强弱等。

一、双位作用规律

微课 1.31 双位、比例调节

双位作用规律的特点是对应被控量的低限和高限,调节器只有两个输出状态(逻辑 0 和逻辑 1),如图 1-17 所示为双位作用规律。这种作用规律不能使被控量稳定在某个值上,而是使被控量在上限值和下限值之间波动。当被控量下降到下限值时,调节器的输出通过执行机构使被控量上升;当到达上限值时,调节器的输出状态改变,被控量下降,如此周而复始。当被控量在上、下限之间变化时,调节器输出状态不变。

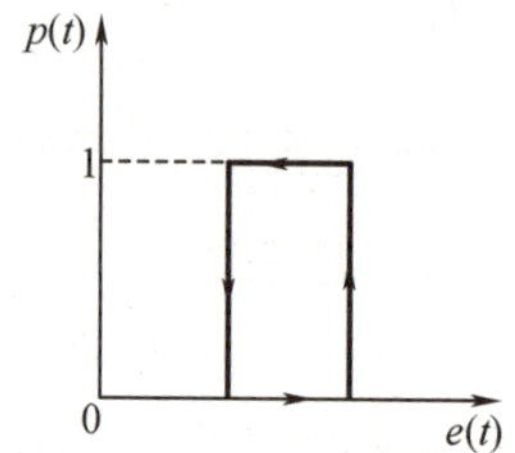

图 1-17 双位作用规律

双位控制广泛应用于允许被控量在一定范围内波动的控制系统中,例如各种液位、压力和温度等的双位控制。下面以浮子式液位双位控制系统和双位式压力调节器为例说明。

1. 浮子式液位双位控制系统

在机舱中,浮子式液位双位控制的例子很多,如热水井的水位控制、主机日用燃油柜的液位控制以及小型辅锅炉的水位自动控制等。如图 1-18 所示为采用浮子对辅锅炉水位进行双位控制的原理图。

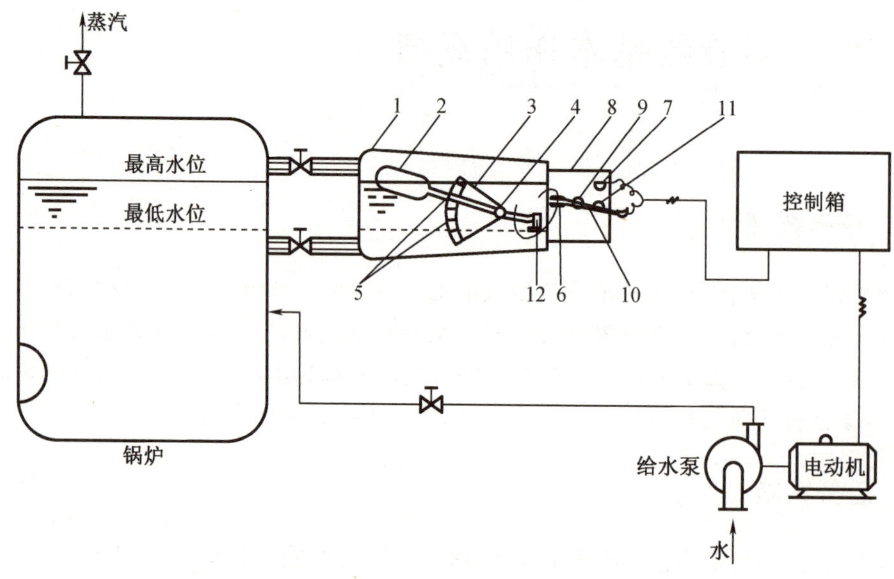

1—浮子室;2—浮子;3—扇形调节板;4—枢轴;5—上、下限销钉;6、12—同极性永久磁铁;7—静触点;8—开关箱;9—转轴;10—转杆;11—动触点。

图 1-18 辅锅炉浮子式液位双位调节原理图

在锅炉外面的浮子室有汽管和水管分别与锅炉的汽空间和水空间相通，故浮子室内水位与锅炉水位一致。浮子与水位同步变化，浮子杆绕枢轴 4 转动，通过上、下限销钉 5 带动扇形调节板 3 绕枢轴 4 转动，调节板 3 右边的同极性永久磁铁 12 也跟着转动。当水位上升至接近上限值时，浮子杆与上面的销钉 5 相接触，并带动扇形调节板 3 和同极性永久磁铁 12 绕枢轴 4 顺时针转动，当同极性永久磁铁 12 转至与同极性永久磁铁 6 相同高度时，由于同极性互相排斥，同极性永久磁铁 6 立即被向上弹开，动触点 11 立即与静触点 7 断开，切断电动机电源，给水泵停转，停止向锅炉供水。随着外界负荷不断消耗蒸汽，水位会不断降低，浮子 2 连同浮子杆绕枢轴 4 逆时针转动，但调节板 3 暂时不动。当水位下降到接近下限水位时，浮子杆与下面的销钉 5 相碰，并带动调节板 3 一起转动。当水位下降到下限值时，两个同极性永久磁铁 6 和 12 又正好相遇并互相排斥，动触点 11 立即与静触点 7 相接触，接通电动机电源，并带动给水泵向锅炉供水。随着水位的上升，浮子 2 连同浮子杆绕枢轴 4 顺时针转动，重复前面的过程。可见，只有水位处在上、下限值时，调节器的输出状态才发生改变，而水位在上、下限之间变化时，调节器的输出状态不变。例如水位从上限值下降时，电动机保持断电；水位从下限值上升时，电动机保持通电。

在调节板上对应浮子杆的上、下限位置各有三个销钉孔，通过调整上、下限销钉 5 的位置，可分别调整锅炉水位的上、下限值，如果把上、下限销钉之间的距离调整得太小，虽然可以减小水位的波动范围，但将导致电动机启、停频繁，这对电动机的维护保养是不利的。

2. 双位式压力调节器

双位式压力调节器也叫压力开关。它的种类较多，原理也不尽相同，但其主要的外在功能都是一样的，即根据测量压力的上限值和下限值输出不同的开关量信号，用于船舶辅锅炉的蒸汽压力和日用海、淡水压力等的双位控制。下面以 YT-1226 型压力调节器为例说明。图 1-19 所示为 YT-1226 型压力调节器的结构原理图。被测量的压力信号 p 接至测量室，通过波纹管转换为力信号作用于比较杠杆，产生测量力矩。此外，杠杆上还作用着由设定弹簧产生的设定力矩和由幅差弹簧产生的幅差力矩。

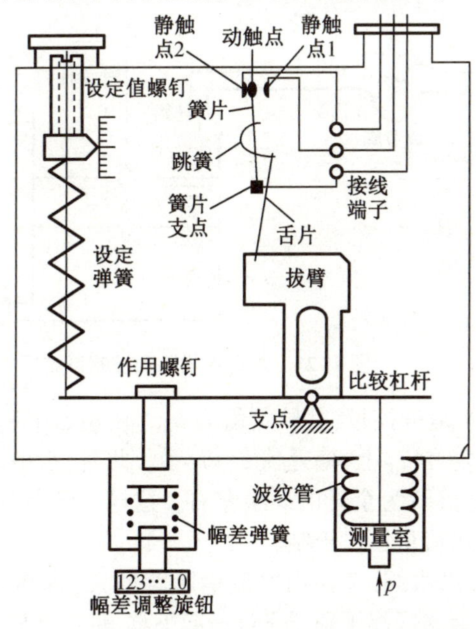

图 1-19 YT-1226 型压力调节器的结构原理图

动画 1. 31 双位 YT-1226 型压力调节器原理

当输入信号 p 处在压力的下限值时，比较杠杆处于水平位置。这时动触点离开静触点1闭合于静触点2。此时，作用螺钉与幅差弹簧盘之间存在一定的间隙，幅差弹簧对比较杠杆不起作用。当 p 增大时，比较杠杆绕支点逆时针转动，通过拨臂使舌片的下边框左移，通过舌片使跳簧压缩，储存弹性能。同时，作用螺钉与幅差弹簧盘的间隙逐渐消失，当比较杠杆继续转动时，不仅要克服设定力矩，还要克服幅差力矩。当比较杠杆转过某个角度，即被测量压力 p 达到上限值时，舌片正好与簧片处在同一平面，跳簧有了释放能量的机会，迅速把簧片弹开，使动触点离开静触点2而与静触点1闭合。当压力 p 降低时，比较杠杆绕支点顺时针转动，当比较杠杆回到水平位置时，舌片又与簧片处在同一平面，跳簧再次把簧片弹开，使动触点离开静触点1合到静触点2。当压力 p 在上限值和下限值之间变化时，跳簧保持原状态不变，也就是调节器的输出状态不变。

二、比例作用规律

比例作用规律是指调节器的输出量 $p(t)$ 与输入量 $e(t)$ 成比例变化，即

$$p(t)=K \cdot e(t)$$

式中，K 称为比例系数。K 越大，在输入相同的偏差值 $e(t)$ 时，调节器输出量 $p(t)$ 也越大，比例作用越强；反之，K 越小，比例作用越弱。采用比例作用规律的调节器，称为比例调节器。比例作用规律开环阶跃输出特性如图1-20所示。

1. 比例作用规律介绍

图1-21给出了一个对单容水柜的水位进行比例规律控制的简单例子。它虽然不能直接用于实际的控制系统，但它所揭示的比例作用规律和特点却具有普遍意义。

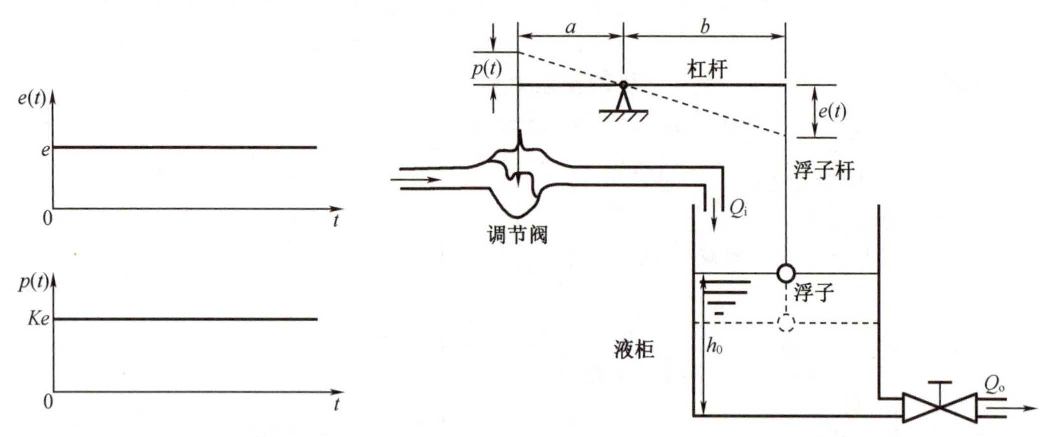

图1-20　比例开环阶跃输出特性

图1-21　水柜水位比例控制系统图

在图1-21中，水柜中的实际水位 h 是被控量，其给定值为 h_0。在初始平衡状态下，给水流量 Q_i 与出水流量 Q_o 相等，水位稳定在 h_0 上，偏差值 $e(t)=0$。此时，水柜的出水流量 Q_o 对应水柜的额定负荷，其调节阀开度 $p(t)$ 为全开的一半左右。这样不论负荷怎样变化，调节阀开度都有变化的余地，都能对给水流量加以控制。

如果在初始平衡状态下，突然开大出水阀，会使出水流量阶跃增大(即增大水柜的负荷)。由于给水流量 Q_i 暂时未变，水位会连同浮子和浮子杆一起下移，带动杠杆绕支点顺时针转动，开大给水调节阀，增加对水柜的给水流量 Q_i，直到 $Q_i=Q_o$，水位才会稳定在比给定

水位 h_0 略低的值上。相反，若突然关小出水阀，出水流量阶跃减少（即减少水柜的负荷），水位连同浮子和浮子杆一起上移，通过杠杆作用使调节阀关小，减少给水流量 Q_i，直到 $Q_i=Q_o$，水位又会稳定在比给定值 h_0 略高的值上。在对水柜施加扰动（出水阀开度变化）后，水位的实际值（浮子的位置）h 偏离给定水位 h_0 的数值就是偏差值 $e(t)$。

对照反馈控制系统组成，不难看出，在上述水位控制系统中，控制对象为水柜，杠杆起到调节器的作用，浮子是测量单元，而给水调节阀就是执行机构，被控量是水位高度 h，被控量的设定值实际上就是浮子杆的长度 l。

从图 1-21 可见，$p(t)$ 与 $e(t)$ 的关系是

$$p(t)=\frac{a}{b}\cdot e(t)=K\cdot e(t)$$

式中，$K=a/b$，是比例调节器放大倍数。改变杠杆长度比 a/b，可改变 K 值。

左移可调支点，a 减小，b 增大，则 K 减小；反之，则 K 增大。K 是衡量比例作用强弱的参数，K 若大，则系统被控量出现一个较小的偏差值 $e(t)$，调节器（本例中是杠杆）就能使调节阀开度 $p(t)$ 有一个较大的变化，给水流量的变化量也比较大，克服扰动的能力强，其比例作用强。K 若小，控制与之相反。

比例作用规律的优点是，调节阀的开度能较及时地反映控制对象负荷的大小。负荷变化大，偏差值 $e(t)$ 就大，调节阀开度能够及时地成比例变化，对被控量控制比较及时。正因为如此，比例调节器的应用比较广泛，它也是其他作用规律（位式作用除外）的基础。但比例作用规律存在的缺点也是明显的。当控制对象受到扰动后，在比例调节器的控制下，被控量不能完全回到给定值上，只能恢复到给定值附近。被控量的稳态值与给定值之间必定存在一个较小的静态偏差 ε，这是比例作用存在的固有的、不可克服的缺点。

比例作用之所以存在静态偏差是由于调节器的输出与输入之间存在一一对应的硬性关系，从 $p(t)$ 与 $e(t)$ 的关系式可以清楚地看出，调节器的输出变化将依赖于偏差的存在而存在。结合系统的工作过程，也不难理解这点。设想在初始平衡状态下突然开大出水阀时，由于 $Q_i<Q_o$，水位下降，导致出现偏差值 $e(t)$，在调节器的作用下，给水阀开度增大，给水流量 Q_i 增大，限制了水位的降低并使水位逐渐向给定值靠近，直至 $Q_i=Q_o$，此时的水位必然要比原来略有降低。因为假如水位又回到了原来的设定值，那么偏差将不再存在，调节器又回到原来的输出，给水阀的开度又将回到原来的开度，最终又将导致 $Q_i<Q_o$，系统无法平衡。

显然，在比例作用规律中，如果放大倍数 K 较大（比例作用越强），那么稳态时只要有一个较小的静态偏差，调节阀就会有一个较大的开度变化以适应负荷的要求。因此，K 越大，稳态时静态偏差越小；反之亦然。但不可能通过无限制地增加比例系数的方法来达到消除静态偏差的目的，而且当比例系数大到一定程度时，将导致系统发生振荡。

比例控制系统虽然存在静态偏差，但这个偏差值是不大的，与自平衡对象受到扰动后，靠自平衡能力使被控量自行稳定在新稳态值上的变化量相比较要小得多，动态过程进行也要快得多。因此，比例调节器广泛应用于对被控量稳态精度要求不是很高的场合。

2. 比例带 PB

比例系数 K 虽然可以衡量比例作用的强弱，但 K 通常是一个带量纲的量，不同控制系统之间，其比例作用的强弱不便于比较。因此，在实际控制系统中，更多地采用一个无量纲的参数来衡量比例作用的强弱，这个无量纲的参数就是比例带 PB，有时也叫比例度 δ。

比例带 PB（或比例度 δ）是指调节器的相对输入量与相对输出量之比的百分数，即

$$PB(\delta)=\frac{e/X_{\text{imax}}}{p/X_{\text{omax}}}\times100\%=\frac{e}{p}\cdot\frac{X_{\text{omax}}}{X_{\text{imax}}}\times100\%=\frac{R}{K}\times100\%$$

式中,e 是被控量的变化量(偏差值);X_{imax} 是被控量允许变化的最大范围,叫全量程;被控量的变化量与全量程的比值 e/X_{imax} 是调节器的相对输入量;p 是调节器的输出量;X_{omax} 是输出量的最大变化范围;p/X_{omax} 是调节器的相对输出量;$R=X_{\text{omax}}/X_{\text{imax}}$,称为量程系数。

比例带 PB 的物理意义可以这样理解,即假定调节器指挥执行机构变化全行程(例如,调节阀从全关到全开或从全开到全关),需要被控量的变化量占其全量程的百分数就是比例带。例如,PB=50%,说明只需被控量变化全量程的一半,调节器就能使调节阀开度变化全行程。若 PB=200%,则说明被控量变化了全量程,调节阀的开度只变化了全行程的一半。可见,比例带 PB 越小,在被控量偏差占全量程百分数相同的情况下,调节器的输出变化越大,克服扰动能力越强,比例作用也就越强;反之,比例带 PB 越大,比例作用越弱。比例带 PB 的大小,对控制系统动态过程品质好坏起着决定性的作用。比例带 PB 选得越大,比例作用越弱,克服扰动的能力就越弱。动态过程虽然很稳定,没有波动,但是最大动态偏差 $e_{\max}$ 大,过渡过程时间 T_s 或许会拖得很长,稳态时静态偏差 ε 也比较大。如果 PB 选得过小,则比例作用很强,稍微出现一点偏差就会使执行机构的动作大幅度变化,容易造成被控量的大起大落,系统的稳定性变差,也会加长过渡过程时间 t_S。因此,对一个实际控制系统来说,要根据控制对象的特性,调定合适的比例带 PB,以保证一个控制系统具有最佳的动态过程。一般情况下,控制对象惯性大的控制系统,可使比例带 PB 小一点,如温度、黏度等控制系统,其控制对象惯性比较大,可选定 PB 在 50%左右。反之,对于控制对象惯性小的控制系统,比例带 PB 可适当选大一点,如液位控制系统,可选定 PB 为 70%~80%。在调节器上设有比例带调整旋钮,用来设定比例带值,根据不同类型调节器,比例带可调范围一般在 5%~300%之内。

三、比例积分作用规律

比例积分作用规律是指调节器的输出量随输入量做比例积分变化。采用这种作用规律的调节器叫比例积分调节器,简称 PI(proportion integration)调节器。显然,PI 调节器含积分作用。

1. 积分作用规律

所谓积分作用规律是指调节器的输出与输入的积分成比例,也就是说调节器是一个积分单元,即

$$p(t)=S_{\text{i}}\int e(t)\,\text{d}t$$

式中,S_{i} 是积分系数。可以看出,积分输出取决于偏差 $e(t)$ 的大小和偏差存在时间的长短,只要存在偏差,偏差随时间的积累就不会停止,调节器输出 $p(t)$ 就会发生变化,直到偏差等于零,执行机构才能稳定在某一位置而不再变化。换言之,拥有积分作用规律的调节器具有消除静态偏差的能力,属无差调节,这也是积分作用规律的突出优点。但是,积分作用规律对于偏差的及时响应能力差。在积分作用规律中,即使偏差的瞬时值很大,调节器的输出也只能逐步根据积分进行增大,随着偏差存在时间的延长,积分的输出才越来越大。而当偏差有所减小时,积分的输出仍然在增大,由于不能及时减小调节器的输出,因而会导致调节过头,造成被控量的大起大落。因此积分作用规律对于被控量的控制不够及时。

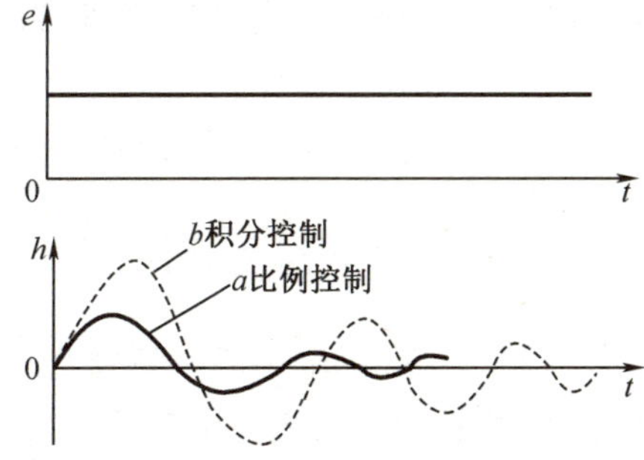

图 1-22　比例控制与积分控制的比较

图 1-22 所示为比例控制与积分控制的比较，其示意性地画出了控制系统在相同扰动情况下，采用比例调节器和积分调节器的控制系统动态过程曲线。图 1-22 中曲线 b 是积分控制过程，曲线 a 为比例控制过程。在出现偏差的初期，由于积分作用控制很不及时，所以最大动态偏差 e_{max} 较大。后期由于积分作用越来越强，调节过头，造成被控量振荡，系统稳定性降低。正因为积分作用存在这些缺点，在实际控制系统中，极少采用纯积分作用的调节器，而是将积分作用与比例作用相结合，形成比例积分作用规律的调节器，即 PI 调节器。

2. 比例积分作用规律

比例积分作用规律是指在比例作用的基础上加入积分作用而得到的一种作用规律，即

$$p(t)=Ke(t)+S_i\int e(t)\mathrm{d}t=K\left[e(t)+\frac{1}{T_i}\int e(t)\mathrm{d}t\right]$$

式中，K 是 PI 调节器的比例系数；$T_i=K/S_i$，称为积分时间。

衡量比例积分作用强弱的参数有比例系数 K 和积分时间 T_i。其中，比例系数 K 是衡量比例作用强弱的参数，实际控制中，常采用无量纲的百分数比例带 PB 来衡量。积分时间 T_i 是衡量积分作用强弱的参数，它具有时间的量纲（s 或 min）。从比例积分作用规律表达式可以看出，若 T_i 小，则积分输出部分大，即积分作用强；反之，若 T_i 大，则积分输出部分小，积分作用弱。

在 PI 调节器中，比例作用能使调节器的输出及时响应偏差的变化，起着主导作用，而积分作用是辅助的，只用来消除静态偏差。PI 调节器是在实际控制系统中应用最广泛的一种调节器。

如给比例积分调节器人为地施加一个阶跃输入偏差信号，其阶跃量为常数 e，则

$$p(t)=K\left(e+\frac{1}{T_i}\int e\mathrm{d}t\right)=K\left(e+\frac{e}{T_i}\int \mathrm{d}t\right)=ke+\frac{ket}{T_i}$$

式中，第一项为比例输出，在阶跃输入瞬间，即 $t=0$ 时，比例作用把输入量 e 放大到 K 倍得阶跃输出为 Ke。由于此时时间 $t=0$，故没有积分输出；第二项 Ket/T_i 是积分输出，它与时间 t 保持线性关系，其斜率为 Ke/T_i。据此，可画出比例积分作用规律的开环阶跃输出特性曲线，如图 1-23 所示。

从图 1-23 可以看出，在输入阶跃偏差信号的瞬间（$t=0$），先有一个阶跃的比例输出 Ke。此时不论偏差多大，其积分输出为零。以后随着时间的增长，积分呈线性关系输出。当时间进行到 $t=T_i$ 时，$p(t)=2Ke$，即调节器的积分输出部分等于比例输出（$BC=AB$）。由此得到 PI 调节器中积分时间 T_i 的物理意义为：积分时间 T_i 是在给 PI 调节器输入一个阶跃的偏差信号时，其积分输出达到比例输出所需的时间。在工程上，标定或测定调节器积分时间时，一般规定在比例带为 100%的条件下进行。

在 PI 调节器上设有两个旋钮，一个用于整定比例带，另一个用于整定积分时间 T_i，T_i 的整定一定要合适，保障控制系统稳定性，同时，要能在较短时间使系统消除静态偏差。如果

T_i 不能进行准确的整定,那么选取 T_i 时,可以采用宁大勿小的策略,一般在 3 s~20 min 之内。对于控制对象惯性大的控制系统,选取 T_i 值要大一些;反之,可以小一些。如果把积分时间 T_i 设定为∞,则相当于切除积分作用,而成为纯比例调节器。

四、比例微分作用规律

比例调节器的输出能够与偏差同步变化,对系统的控制比较及时,但当控制对象的惯性比较大时,在扰动出现的初期,被控量不可能在短时间内出现较大的偏差,而比例控制又是根据偏差大小来改变调节器输出的。因此,在这种情况下,比例控制作用就显得不够及时。控制对象惯性越大,这种现象越严重。为了克服这种控制不及时的现象,需要在比例调节器的基础上增加微分作用。

1. 微分作用规律

微分作用规律是指调节器的内部采用了一个微分环节,其输出与偏差对时间的微分 $de(t)/dt$,即偏差变化速度成比例,表达式为

$$p(t)=S_d \cdot \frac{de(t)}{dt}$$

式中,S_d 为微分系数。

显然,微分作用的输出与偏差的绝对值没有关系,能在偏差绝对值还很小时就根据其变化速度提前输出一个控制量,及时抵御扰动。从这个意义上说,微分作用具有超前控制的能力,或者说微分作用有抵制偏差出现的能力。上述表达式表示的是理想的微分作用,但这种理想的微分作用在实际中是难以实现的,因此,在调节器中微分作用都采用实际微分环节。图 1-24 所示为实际微分作用开环阶跃输出特性,$p(t)$ 输出表明,给实际微分环节施加一个阶跃的偏差输入信号后,它先有一个较大的阶跃输出,起到超前控制作用,尽管偏差依然存在时,微分输出随即按指数规律逐渐减小,最后消失为零。因此,微分作用不能单独应用于调节器系统,只能与比例作用或比例积分作用一起,组成比例微分调节器或比例积分微分调节器。

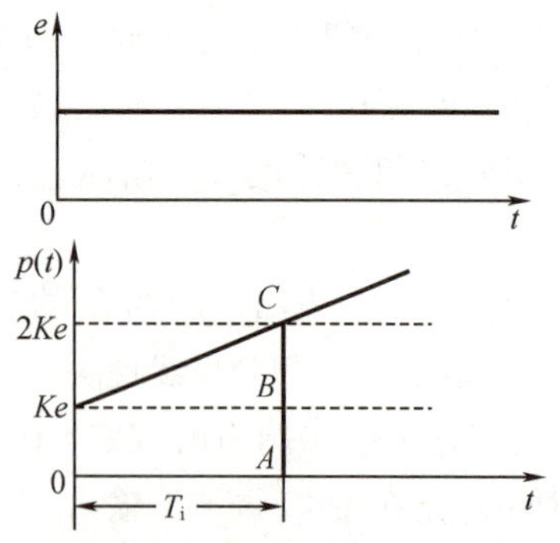

图 1-23 比例积分调节器开环阶跃输出特性曲线

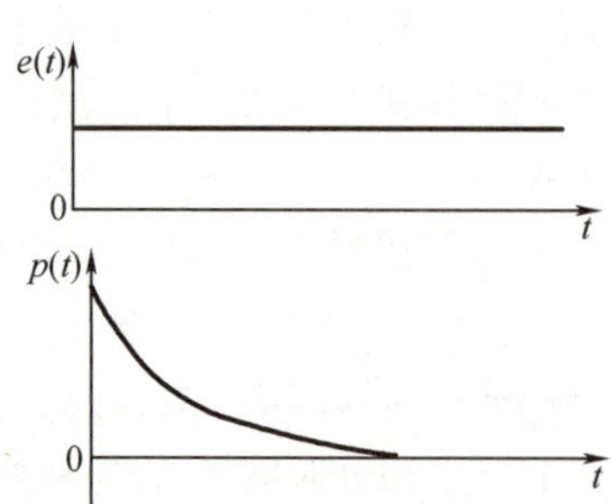

图 1-24 实际微分作用的开环阶跃输出特性

2. 比例微分作用规律

比例微分作用是指在比例作用的基础上加入微分作用而得到的一种作用规律,运用这

种作用规律的调节器叫比例微分调节器，简称 PD（proportion differentiation）调节器，即

$$p(t)=Ke(t)+S_d\cdot\frac{de(t)}{dt}=K\left[e(t)+T_d\frac{de(t)}{dt}\right]$$

式中，K 是比例微分作用规律中的比例系数，$T_d=S_d/K$，称为微分时间。

在实际调节器中，不是用 K 而是用 PB 来表示 PD 调节器比例作用强弱，比例作用是主要的，它决定调节器的最终输出变化量。微分作用只起超前控制的辅助作用。

上述 PD 作用规律表达式中的微分部分仍然只是理想的微分作用，在实际 PD 调节器中采用实际的微分环节，图 1-25 所示为 PD 调节器的开环阶跃输出特性。

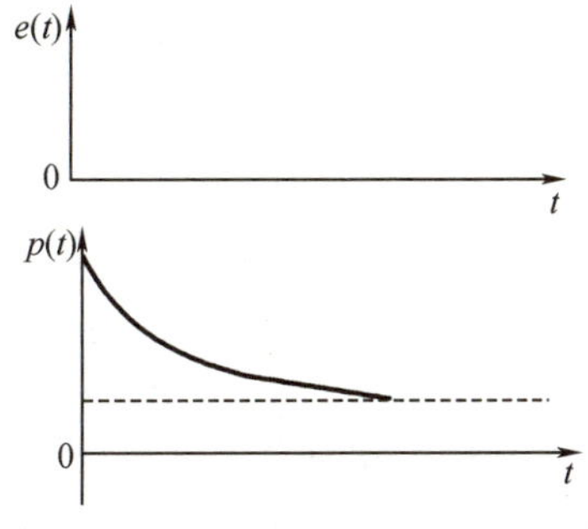

图 1-25　PD 调节器的开环阶跃输出特性

特性曲线表明，给 PD 调节器施加一个阶跃的偏差输入信号后，它首先有一个阶跃的比例加微分的复合输出，然后微分输出逐渐消失，最后消失在比例输出上。微分时间 T_d 衡量微分输出消失的快慢，或微分输出保留的时间长短。若 T_d 大，微分作用强，则微分作用消失慢；若 T_d 小，微分作用弱，则说明微分作用消失得快。如果令微分时间 $T_d=0$，则相当于切除微分作用，这时调节器就成为纯比例调节器。因此，微分时间 T_d 的大小是衡量微分作用强弱的参数。

一般来说，控制对象惯性很小的控制系统，其所采用的调节器可不加微分作用。而控制对象惯性大的控制系统，加入微分作用，可有效改善控制系统的动态过程。在 PD 调节器中加入微分作用后，其比例带 PB 比纯比例控制时略小些。因为微分作用能实现超前控制，具有抵制偏差出现的能力。尽管 PB 小一些也能保证系统动态过程的稳定性，而且较小的 PB 有利于减小静态偏差，但跟比例调节器一样，是不能消除静态偏差的。

五、比例积分微分作用规律

1. 比例积分微分作用规律

把比例、积分和微分作用组合在一起，则构成比例积分微分作用规律，即 PID（proportion integration differentiation）作用规律。在 PID 作用规律中，仍以比例作用为主，吸收积分作用能消除静态偏差，以及微分作用能实现超前控制的优点，控制功能最为完善。基于这种作用规律的调节器，称为 PID 调节器。PID 作用规律输出与输入之间关系为

微课 1.32　PID 调节

$$p(t)=Ke(t)+S_i\int e(t)dt+S_d\frac{de(t)}{dt}=K\left[e(t)+\frac{1}{T_i}\int e(t)dt+T_d\frac{de(t)}{dt}\right]$$

式中，K 为比例系数；T_i 为积分时间；T_d 为微分时间。

K、T_i 和 T_d 的大小与相应的作用强度之间的关系与 PI 和 PD 调节器相同。

若给 PID 调节器输入一个阶跃的偏差信号，并记录其输出响应，则可得到 PID 调节器的开环阶跃输出特性曲线，如图 1-26 所示。输出特性曲线表明，当对调节器施加一个阶跃偏差输入信号后，它首先有一个较大的比例加微分的阶跃输出（$OA+AB$），然后微分输出逐

渐消失。当微分输出消失到接近比例输出时,积分输出才不断地显现出来,使调节器输出不断增加,使得静态偏差减小为零。

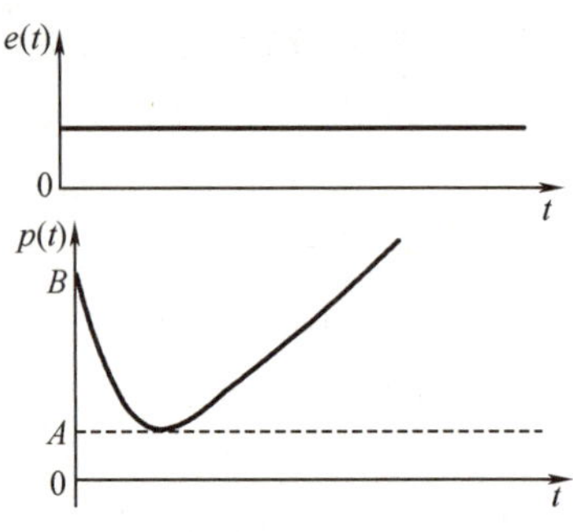

图 1-26 PID 调节器输出特性

PID 调节器综合了比例、积分和微分三种作用规律。在实际使用中,若对被控量的稳态精度要求较高,则调节器中应加入积分作用;若控制系统中控制对象惯性较大,则调节器中应加入微分作用;若控制对象惯性较大且要求较高的静态指标,则调节器中应加入积分和微分作用。对于 PID 调节器,往往把积分时间 T_i 整定得比微分时间 T_d 长,它们之间关系大致为 $T_i=4T_d\sim5T_d$。加入微分作用后,原来整定的比例带 PB 和积分时间 T_i 都可以减小一点,这样既能减小最大动态偏差,保证系统的稳定性,又能加快系统的反应速度,使过渡过程时间进一步缩短。

在船舶机舱中,根据被控对象的特点,有些控制系统尽量避免采用微分作用。如机舱中的锅炉水位等液位控制系统就不宜采用 PD 调节器或 PID 调节器。这是因为微分作用对干扰信号比较敏感,随船舶的摇摆,微分作用会使给水调节阀的开度忽而大开、忽而关小,造成水位的大起大落,不利于对水位控制的稳定。

2. 气动 PID 调节器

将以上介绍的比例(P)、积分(I)和微分(D)作用的实现方法在同一个调节器里进行适当组合,便可以得到气动比例积分微分(PID)调节器。其组合形式主要有两类,一是将三种反馈并行地叠加在一起形成调节器内部的综合反馈,二是在 PI 调节器前串联一个微分器来实现。下面以船上比较常用的 NAKAKITA 气动 PID 调节器实例加以说明。

NAKAKITA 气动 PID 调节器在船舶机舱中常用于燃油黏度控制系统和冷却水温度控制系统,其三种作用规律通过内部综合反馈实现,其结构原理如图 1-27 所示。

在 NAKAKITA 气动 PID 调节器中,比较环节是通过位移平衡原理实现的。测量值被送至弹簧管,测量压力的大小决定着弹簧管的张度大小,弹簧管张度的变化通过连接杆件一方面改变测量指针(黑色)的偏转角度,指示当前测量值的大小;另一方面推动比例杆 OO'绕 O 点左右偏转,通过销钉和拨杆改变挡板和喷嘴之间的距离,引起调节器输出变化。而调节器的输出变化将通过波纹管组合引起 OO'杆的上下浮动,影响挡板和喷嘴之间的距离,实现位移反馈。

在初始平衡状态下,被控量测量值与给定值相等,黑色的测量指针与红色的给定指针重合。喷嘴挡板之间的开度不变,调节器有一个稳定的输出。比例波纹管、积分波纹管、积分气室及微分气室压力都相等,并等于调节器的输出压力。

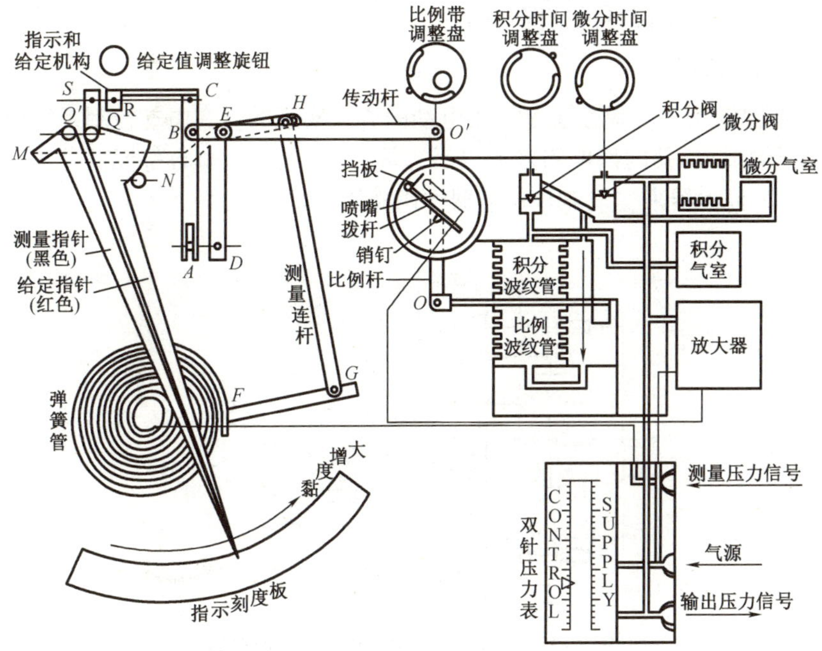

图 1-27 NAKAKITA 气动 PID 调节器结构原理图

当系统受到扰动时,测量值会离开给定值出现偏差。假设测量值降低,则弹簧管收缩,*FG* 杆带动 *GH* 下移,*HENM* 杆和 *HED* 杆将绕 *E* 轴顺时针转动。一方面,*MN* 杆左移使黑色测量指针朝测量值刻度减小的方向转动;另一方面,*D* 点左移使 *AC* 杆绕 *C* 点顺时针转动,传动杆 *BO′*左移,挡板靠近喷嘴,其背压增大,经放大器使调节器输出压力增大。可见,这是一个反作用式调节器。调节器输出压力增大的同时,将使微分气室中的弹性波纹管立即伸长,挤压微分气室使其压力略有增大。这一增大的压力分为两路,一路直接送至比例波纹管,另一路经积分阀送至积分气室和积分波纹管。比例波纹管内部压力增大而略有伸长,阻止挡板继续靠近喷嘴,但这一负反馈很弱,挡板会大大靠近喷嘴,调节器的输出会大大增加,这就是调节器的微分输出。随着增大的调节器输出经微分阀不断向微分气室充气,负反馈逐渐增强,输出将逐渐减小,最后微分输出将消失在比例输出上。随着积分气室的不断充气,积分波纹管压力不断升高。这一附加的正反馈,又将使挡板靠近喷嘴,调节器输出增大,这就是调节器的积分输出过程。测量值增加的情况在原理上完全相同,只是动作过程相反。

在调节器上有三个调整盘,分别用来调整比例带 PB、积分时间 T_i 和微分时间 T_d,改变积分阀和微分阀的开度可分别调整 T_i 和 T_d。开大积分阀,可缩短积分时间,增强积分作用;关小微分阀,可增加微分时间,加强微分作用;反之亦然。比例带调整盘是一个偏心机构,转动比例带调整盘可使喷嘴和挡板一起沿着比例杆上下移动。上移时,传动杆 *BO′*左右移动相同的距离,即输入偏差相同的情况下,挡板开度变化要大,比例作用增强,比例带减小;反之,下移时,比例作用减弱,比例带将增大。

给定值由给定旋钮确定,一方面,通过连接杆件改变给定指针的偏转角度,指示当前给定值的大小;另一方面,通过连接杆件带动比例杆 *OO′*绕 *O* 点左右偏转,引起调节器输出变化。例如,顺时针旋转给定旋钮将使给定值增大,此时 *QS* 杆将绕 *Q* 轴逆时针转动,*RC* 杆左移。由于测量值暂时未变,*A* 和 *D* 点不动,故 *BO′*杆左移,挡板靠近喷嘴,调节器输出压力增大,其工作过程与测量值降低的情况相同。

3. 电动 PID 调节器

在船舶机舱中,有些控制系统是采用电动的方式实现的。在电动控制系统中,调节器一般做成电路板的形式,其内部电路多数以运算放大器、电阻和电容等元器件组成。图 1-28 给出了采用运算放大器来实现 PID 调节器作用规律的基本原理。

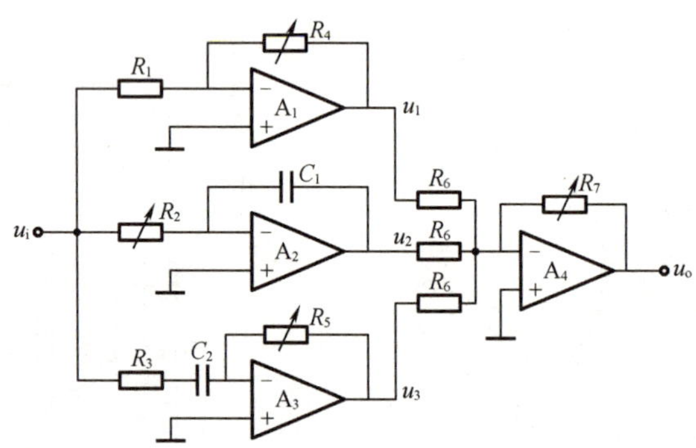

图 1-28　运算放大器构成的 PID 调节器

图中,u_i 为调节器的输入信号,即测量值电压与设定值电压相比较获得的偏差电压。u_o 为调节器的输出电压,一般要经过进一步处理之后才能送至执行机构。运算放大器 A_1、A_2 和 A_3 分别实现比例、比例积分和微分作用,A_4 起加法器的作用,并使调节器的输出 u_o 与输入 u_i 在符号上相一致。

由于 $U_1(s)=-\dfrac{R_4}{R_1}U_i(s)$,$U_2(s)=-\dfrac{1}{R_2C_1s}U_i(s)$,$U_3(s)=-\dfrac{R_5C_2s}{R_3C_2s+1}U_i(s)$,因此

$$U_o(s)=-\frac{R_7}{R_6}\left(\frac{R_4}{R_1}+\frac{1}{R_2C_1s}+\frac{R_5C_2s}{R_3C_2s+1}\right)U_i(s)$$

上式表明,调节器的输出在整体上对输入具有比例、积分和微分的作用。调整 R_4、R_2 和 R_5 的阻值可以分别调整比例、积分和微分的作用强度。

在实际中,调节器电路往往会因具体的控制系统而异。例如,积分环节和微分环节可能分别采用比例积分和比例微分环节代替,作用规律之间也可能是串联关系。此外,从电路设计的角度,往往还会加上一些抗干扰措施。

4. 数字 PID 调节器

除了气动和常规电动控制系统之外,船舶机舱中越来越多的参数控制系统都采用微型计算机进行控制。在计算机控制系统中,调节器的作用规律是采用软件编程来实现的,称为调节器作用规律的数字实现。

图 1-29 所示是一个由单片机组成的反馈控制系统,与气动或常规电动系统的最大区别是其控制单元采用了单片机系统。被控对象输出的被控量由测量单元和信号处理电路转换成标准电压信号,再经过单片机系统的模/数(A/D)转换电路转换成数字量。设定值在单片机系统上通过键盘与显示装置进行数字设定。单片机将设定值与测量值比较获得偏差,调用控制算法程序计算出控制量,并由数/模(D/A)转换电路转换成模拟量输出,经放大后驱动执行机构动作,作用于被控对象,形成闭环控制。

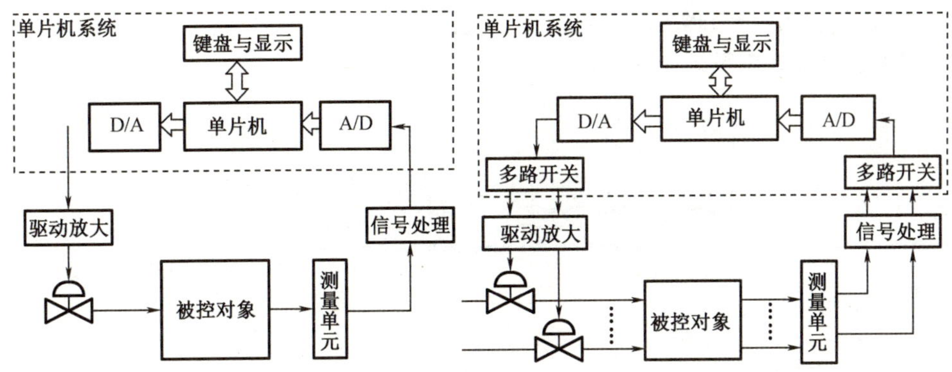

图 1-29　数字式(多输入多输出)反馈控制系统结构框图

计算机执行上述控制过程时并不是像模拟仪表那样连续进行,而是每隔一定的周期(称为采样周期,用 T 表示)进行一次测量采样和控制量输出计算,称为采样控制。由于计算机只能根据采样时刻的偏差值计算控制量,因此控制规律中的积分项和微分项不能直接进行准确计算,只能用数值计算的方法逼近。在采样时刻 $t=kT$(T 为采样周期),调节器的 PID 控制规律可写成以下数值表示形式:

$$u_k = K\left[e_k + \frac{T}{T_i}\sum_{j=0}^{k} e_j + \frac{T_d}{T}(e_k - e_{k-1})\right] + u_o$$

式中,u_k 为 k 时刻的控制量输出;e_k 为 k 时刻的偏差;T 为采样周期;K 为比例系数;T_i 为积分时间;T_d 为微分时间;u_o 为控制器的初始输出。

只要采样周期 T 选择合适,这种数值逼近所实现的控制过程就会与连续控制十分接近,称为“准连续控制”。上式表示的控制量输出 u_k 实际上代表的是执行机构的位置(例如阀门的开度),所以称为位置式 PID 控制算法。若将 $t=kT$ 时刻位置式控制量减去 $t=(k-1)T$ 时刻的位置式控制量,则得到增量式 PID 控制算法,有利于简化编程和避免累计误差,在实际中应用更为广泛。

与常规的气动或电动系统相比,采用计算机控制的反馈控制系统具有更高的控制精度和丰富的附加功能,例如通过键盘(实际上往往只是几个功能按钮)操作,可以在显示器(通常为数码显示器或者液晶显示器)上方便地查看和修改被控量的设定值,查看和修改比例带、积分时间、微分时间和采样周期等调节器参数以及查看被控量的测量值。此外,通过软件编程,还易于实现调节器的参数自整定以及模糊控制和神经网络控制等智能控制算法。

有些控制对象往往会有多个被控量和多个执行机构,这种系统称为多输入多输出系统。计算机为了对各个测量值进行分别采样和对各个控制量分别输出,要在系统中设置多路开关切换电路,如图 1-29 所示。此类控制系统在控制算法上往往比较复杂,若被控量之间存在耦合现象,则还需采取解耦措施。

拓展强化

任务 1.3

一、选择题(请扫码作答)

二、简答题

1. 反馈控制系统中,调节器常用调节规律有哪几种?

2. 请默写出 PID 调节器的输入输出作用规律(函数)。

3. 请简述反馈控制系统中调节器的作用参数及其强弱关系。

任务1.4　传感器、变送器和执行机构

任务描述

在反馈控制系统中,测量单元和执行机构都是不可缺少的组成部分,测量单元对被控量的实际值进行测量,并输出测量信号至调节器及显示仪表。传感器和变送器是测量单元的主要组成。执行机构的输入是调节器输出的控制信号,执行机构的输出直接改变流入控制对象的物质或能量,用以克服扰动、消除偏差,使被控量恢复到给定值或给定值附近。通过本任务学习,了解传感器的分类及性能参数;掌握船舶常用温度传感器、压力传感器、液位传感器、流量传感器、转速传感器、转矩传感器及智能传感器的种类、结构原理、工作特点及应用;掌握电动差压变送器结构、原理及使用。了解常用电动执行机构的构成与原理。

任务实施

根据中华人民共和国国家标准《传感器通用术语》(GB/T 7665—2005),传感器(sensor/transducer)的定义是:能感受规定的被测量并按照一定的规律转换成可用输出信号的器件或装置。传感器的作用是将被测量的物理量变化转化为位移变化、压力变化或电阻、电容、电感和电压等电参数的变化,而变送器则把这些变化进一步转换为标准的气信号或者电信号。

一、传感器的分类及相关参数

传感器又称换能器或变换器,通常由敏感元件和转换元件组成。敏感元件指传感器中能直接感受(或响应)被测量的部分,如应变式压力传感器的弹性膜片就是敏感元件,作用是将压力转换成弹性膜片的变形。转换元件指传感器中能将直接感受(或响应)的被测量转换成适于传输和测量的电信号部分,一般情况下是不直接感受(响应)被测量的部分。如应变式压力传感器中的应变片就是转换元件,作用是将弹性膜片的变形转换成电阻值的变化。值得注意的是,并不是所有的传感器都能够明显地区分敏感元件和转换元件。如果敏感元件直接输出的是电信号,它就同时兼为转换元件。敏感元件和转换元件合二为一的传感器很多,如压电传感器、热电偶、热敏电阻、光电器件等。

传感器在船舶上的应用广泛,船舶设备的正常运行、船舶航行等都离不开传感器,如机舱内各种设备运行的温度、压力、液位、流量、转速、黏度、火灾等信号都是通过不同的传感器获得的。

1. 传感器的分类

传感器的种类繁多,千差万别。一种传感器可用来测量多种被测量,例如,热电阻式传

感器的电阻值随着温度增加而增加，因而可以用来测量温度；气体的压力和流速会影响到散热效果，进而影响到温度，因此热电阻传感器还可用来测量气体压力、流量乃至气体含量等。一种被测量也可用多种不同的传感器来测量，例如，温度可以用热电阻传感器、热电偶传感器等测量。因此，传感器的分类也有多种方法，常用的有以下三种。

（1）按工作原理分类

以传感器的工作原理为分类依据见表1-1。电阻式传感器是将非电量（如力、位移、形变等）的变化转换成有一定关系的电阻值变化，通过对电阻值的检测达到上述非电量的测量，如常见的电位器式、应变式电阻传感器。电感式传感器是根据电磁感应原理将被测量（如位移、压力、振动、流量等）的变化转换成线圈自感系数 L 或互感系数 M 的变化，再经测量电路转换为相应电压或电流的变化量输出，从而实现非电量到电量的转换和测量，如常见的自感式、互感式电感传感器。这种分类方法有利于传感器专业技术人员从原理和设计上做归纳性的分析研究，也是目前绝大多数传感器技术类书籍介绍传感器时采用的方法。

表1-1　按工作原理分类的传感器

序号	工作原理	序号	工作原理
1	电阻式	8	光电式（红外式、光纤式）
2	压电式	9	霍尔式（电磁式）
3	电容式	10	超声式
4	电感式	11	谐振式
5	磁电式	12	微波式
6	热电式	13	电化学式
7	阻抗式（电涡流式）	14	同位素式

（2）按能量传递方式分类

按能量传递方式分类，传感器可分为两大类：能量变换式传感器和能量控制式传感器。能量变换式传感器将非电能量转换为电能量，是一个换能器，如压电式压力传感器、热电偶式温度传感器等。热电偶式温度传感器利用两种不同金属的温差而产生电势。能量控制式传感器是指仅对传感器中被测非电量的能量起控制或调制作用，自身并不是换能器，必须具有辅助能源（电源），一般为不可逆。按能量传递方式分类的传感器见表1-2。

表1-2　按能量传递方式分类的传感器

能量变换	能量控制（或调制）
压电式、电动式、电磁式、热电偶、光电式、静电式、磁致伸缩式、电致伸缩式、电化学式	电阻式、电容式、电感式、热敏电阻式、光敏电阻式、磁敏电阻式、湿敏电阻式、放射性吸收式、光游离式

（3）按被测物理量分类

按传感器的用途分类，即将原理互不相同但作用相同的传感器归为一类，如测量温度量的温度传感器、测量压力值的压力传感器、转速传感器等。这种分类方法方便，也常用。

2. 传感器的相关参数

传感器测量的参数随时间变化具有一定变动性，常用动态特性和静态特性来反映被测量的基本特性。动态特性，生产厂家常给出响应时间来表征。静态特性一般用数学表达式、特性曲线或表格来表征。这里主要介绍传感器的静态特性（也称静态参数）指标，它是生产和选择传感器的首选依据。

（1）线性度

线性度是用来表征传感器的输出与输入能否像理想系统那样保持比例关系（线性关系）的一种度量。图 1-30 所示为传感器的静态特性，大多数情况下传感器输出与输入之间都是非线性关系，因而又称非线性误差，通常用相对误差来表示：

$$E=\pm\frac{\Delta y_{\max}}{y_{\mathrm{FS}}}$$

（2）灵敏度

灵敏度是指传感器稳态下输出增量 Δy 与输入变化量 Δx 之比，常用 S_{e} 表示：

$$S_{\mathrm{e}}=\frac{\Delta y}{\Delta x}$$

对于线性传感器，其灵敏度为静态特性曲线的斜率；对于非线性传感器，其灵敏度随输入量不同而变化，常用微分 $\mathrm{d}y/\mathrm{d}x$ 来表示它在某工作点的灵敏度。

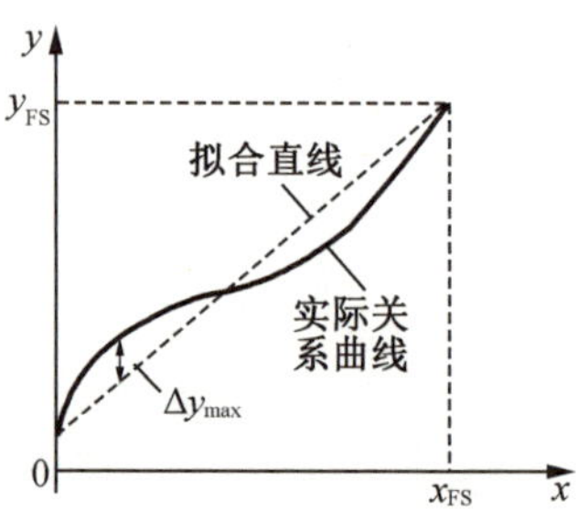

图 1-30　传感器的静态特性

在实际应用中，因无源传感器的输出量与供给传感器的电源电压有关，其灵敏度的表示还可能包含电压因素。例如位移传感器，当电压为 1 V 时，每 1 mm 的位移变化引起输出电压变化 100 mV，其灵敏度 S_{e} 就表示为 100 mV/(mm · V)。

（3）分辨率（力）

分辨率（力）是指在规定的测量范围和条件下，传感器所能检测输入量最小变化值的能力。

（4）重复性

重复性表示传感器对输入量按同一方向做全量程多次测量时所得特性曲线之间不一致性的程度，图 1-31 所示为传感器的重复性，图中 $y_{\max}$ 为输出最大不重复误差。

（5）准确度/精度

准确度反映了测量结果与被测量真实值之间的一致程度，在我国工程领域中俗称精确度（精度）。就误差分析而言，非线性误差、重复性误差及迟滞误差这 3 项指标决定传感器的精确度，它是反映系统误差和随机误差的综合指标。一般来说，若已知这 3 项误差，则可以通过误差合成（均方根偏差）方法求出精确度。精确度也是正确度和精密度的综合。

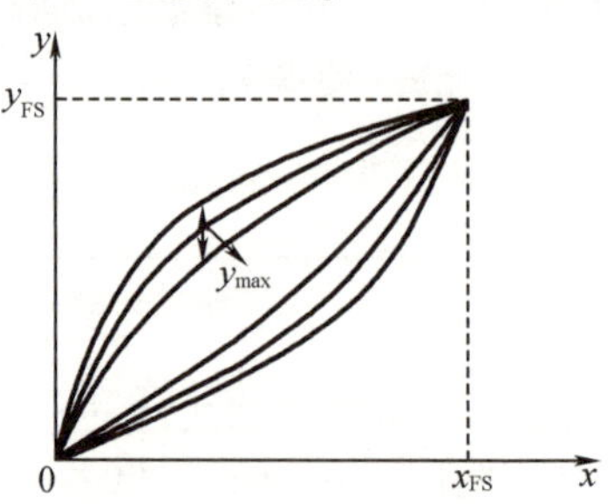

图 1-31　传感器的重复性

（6）正确度

正确度是测量结果与真实值的偏离程度。正确度反映了系统误差的大小。正确度高意味着系统误差小，但不一定精密。

(7)精密度

精密度是指测量中所测数值重复一致的程度,它说明了在一个测量过程中,在同一条件下进行重复测量时,所得结果彼此之间符合到什么程度。精密度反映了偶然(随机)误差的大小。如图 1-32 所示为精度、正确度和精密度示意图,比较直观地表示了三者之间的关系。

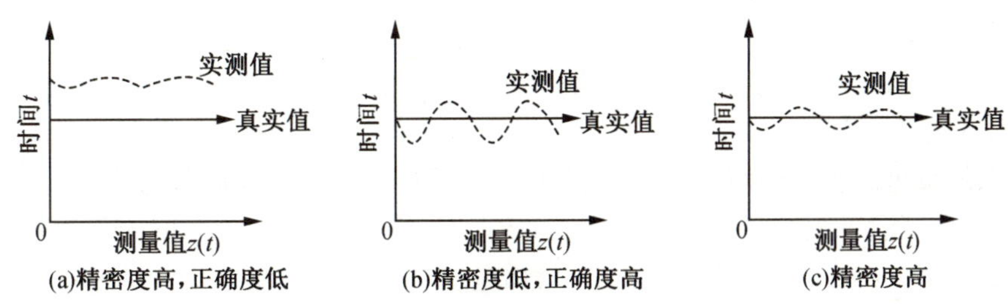

图 1-32　精度、正确度和精密度示意图

二、船舶常用传感器

在船舶机舱中,传感器的类型多种多样,其原理也各不相同。这里从传感器的用途出发,介绍船舶机舱最常见的几类传感器及其信号转换电路。

(一)温度传感器

温度传感器主要用于检测机舱中的各种温度信号,例如各种水温、油温、轴承温度和排气温度等。常用的温度传感器有热电阻式、热敏电阻式及热电偶式三种。

1. 热电阻式温度传感器

微课 1.41　船用传感器之温度传感器

热电阻式温度传感器是利用金属电阻阻值随温度升高而增大的热电阻效应制成的。它由电阻体、绝缘体、保护套管和接线盒四部分组成,常用铜丝或铂丝双线并绕在绝缘骨架上,再把它插入陶瓷绝缘套管内,装在要检测的管路或设备中,如图 1-33 所示。

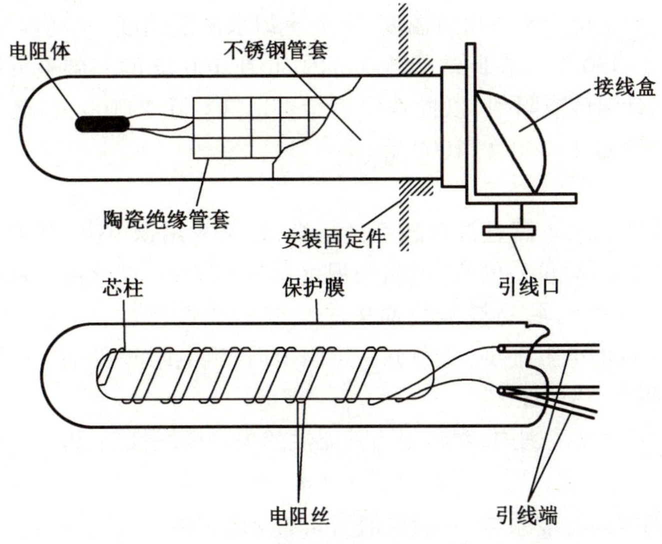

图 1-33　热电阻式温度传感器结构示意图

常见的热电阻有铜热电阻和铂热电阻两种，其电阻值和测量温度一一对应，且具有较好的线性关系。例如，PT100 是船舶机舱常用的铂热电阻，当测量温度为 0 ℃时，电阻值为 100 Ω，而在 100 ℃时的电阻值为 138.51 Ω。详细的对应关系可通过公式计算或查阅热电阻分度表。此外，现在已开始采用镍、锰和铑等材料制造热电阻，可以直接测量各种生产过程中-200～+850 ℃范围内的液体、蒸汽、气体介质以及固体表面的温度。其受热部分（感温元件）是用细金属丝均匀地缠绕在绝缘材料制成的骨架上制成的，所测得的温度是感温元件所在范围内介质中的平均温度。热电阻的优点是输出信号大，测量准确。

（1）铂电阻

金属铂是贵重金属，在氧化介质中，其在高温下的物理化学性质都非常稳定，但在还原性介质中，其在高温下很容易被污染，并影响温度与电阻的关系。根据国际温标 IPTS-68 规定，在-29.34～+630.74 ℃温度范围内，以铂电阻温度计作为测温装置的基准器。一般来说，铂电阻的测温范围是-200～+800 ℃。

在-200～+800 ℃温度范围内，铂电阻与温度的关系可用下式表示：

$$R_t=R_0(Bt^2+At+1)$$

式中，R_t 为温度为 t（℃）时的电阻值；R_0 为温度为 0 ℃时的电阻值；A、B 为与铂金纯度有关的常数。

在-200～0 ℃温度范围内，铂电阻与温度的关系则为

$$R_t=R_0[C(t-100)t^3+Bt^2+At+1]$$

式中，C 为与铂金纯度有关的常数。

要确定 R_t 与 t 的关系，首先应确定 R_0 的大小，不同的 R_0，其 R_t 与 t 曲线是不一样的。这种关系称为分度表，并用相应的分度号表示。

铂的纯度常用 R_{100}/R_0 表示，R_{100} 表示在水的沸点（100 ℃）时的阻值，纯度越高，则该比值越大。作为基准仪器的铂电阻，其 R_{100}/R_0 不得低于 1.392 5，工业上用的铂电阻，对其纯度要求是 R_{100}/R_0 不得低于 1.385。

船上用得最多的铂电阻是 PT100，“PT100”即分度号的一种，表示 R_0（温度为 0 ℃时的阻值）为 100.00 Ω，其具体的阻值-温度国际上有统一规定。PT100 常用于检测船舶机舱内各种油、水温度等，如主机滑油进出口温度、中央冷却水系统温度、燃油温度、分油机系统温度等，温度范围为 0～150 ℃。在此常见温度范围内，在 100 Ω 的基础上可用每增加 1 Ω 对应 2.5 ℃来粗略估计温度或阻值，以检查仪表是否正常。除 PT100 外，还有其他分度号的铂电阻，如 PT10、PT200、PT500、PT1000 等。

（2）铜电阻

在一些测量精度要求不高且温度较低的场合，通常采用铜电阻，其测温范围为-50～+150 ℃。铜加工提纯容易，价格便宜，电阻与温度呈线性关系，在低温范围内稳定性好。但其缺点是温度超过 150 ℃后易被氧化而失去良好的线性特性，因此其最高温度限制为 150 ℃。另外，由于铜的电阻率小，要做成一定阻值时，铜电阻丝要细，导致机械强度不高；或者要长，导致体积大、热惯性大。

在-50～+150 ℃温度范围内，铜电阻与其温度的关系是线性的，即

$$R_t=R_0[\alpha(t-t_0)+1]$$

式中，α 为铜电阻的电阻温度系数，一般取值为 4.25×10^3/℃。

工业上用的铜电阻有两种：一种是 $R_0=50\ \Omega$，对应的分度号为 Cu50；另一种是 $R_0=$

100 Ω,对应的分度号为 Cu100。

(3)热电阻测温电路

热电阻式温度传感器常采用电桥电路将被测温度的变化转换成相应的电压输出。热电阻测量电路通常有 3 种连接方式,即两线制、三线制、四线制。但热电阻安装在所要检测的管路或设备中,若与转换电桥之间有一定的距离,则由于连接导线的电阻值也会随环境温度的变化而变化,引起一定的测量误差,为此,热电阻测温通常采用三线制接法来实现对环境温度变化的补偿,如图 1-34 所示为热电阻的三线制连接法。

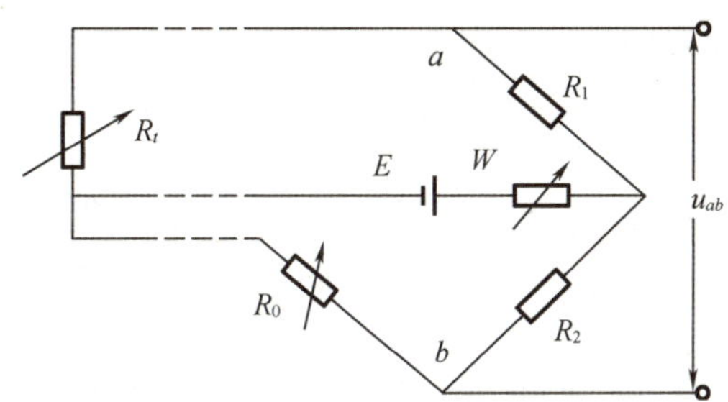

图 1-34　热电阻温度传感器接线原理图

三线制接法采用两根材料、长度和截面积相同的导线分别接在测量桥臂和调零桥臂,以保证导线的电阻值相等。当环境温度变化时,两根导线阻值的变化量相等而抵消,使电桥输出 u_{ab} 保持不变。热电阻式传感器在船上常用于测量油温、冷却水温度和轴承温度等。

四线制就是从热电阻两端引出 4 根线,接线时电流回路和电压测量回路独立分开接线,测量精度高,需要导线多;三线制就是引出 3 根线,PT100 铂电阻接线时电流回路的参考端和电压测量回路的参考端为一条线,精度稍好;两线制就是引出 2 根线,PT100 铂电阻接线时电流回路和电压测量回路合二为一,测量精度差。

在使用热电阻测温时,需注意以下问题:

①应尽量减少自热的影响,通常流过的电流不得超过 6 mA。

②应注意现场安装热电阻传感器与测量显示装置时,勿使导线距离过长,因为过长会带来中间导线电阻的影响和导线电阻本身随温度的变化,影响测量精度。譬如 PT50,1 Ω 的导线电阻会导致 5 ℃的误差,因此通常采用三线制或四线制的办法解决。

③应注意不同热电阻的分度号及相关要求。对于应用最广泛的三线制接法,在实际接线时,一定要注意标示为“B”的是补偿端,应引出 2 根线分别接到测量端(仪表)的两个 B 端;否则无法消除引线的误差。

④热电阻与仪表间通常由带屏蔽线的电缆连接,注意电缆的屏蔽线两端接地,以避免因地电位不同而干扰电流,影响测量结果。其他类型的传感器的连接也存在类似问题。

⑤应注意测温电阻应与被测物体充分接触,并在达到其时间常数的 5~7 倍后再开始测量,热电阻带有金属保护管时,要有足够的插入深度(气体介质为 25 倍管径以上,液体介质为 15 倍管径以上)。

⑥应注意热电阻的防护,避免引线和绝缘体表面上附着水滴或灰尘。

2. 热敏电阻式温度传感器

热敏电阻式温度传感器是利用半导体材料电阻值随温度变化的原理制成的。其一般适用于-100~+300 ℃的温度及相关参量的测量,也被广泛地应用在控制和电子线路热补偿电路中,如电子温度继电器、电动机及发电机的过热保护等。

半导体热敏电阻种类繁多,按阻值温度系数可以分为正温度系数(positive temperature coefficient,PTC)热敏电阻、负温度系数(negative temperature coefficient,NTC)热敏电阻和临界温度系数(critical temperature resistor,CTR)热敏电阻。

PTC 热敏电阻是电阻值随温度升高而增大的热敏电阻,常用作小功率的加热元件,具有自动恒温、限流、只发热不发火等特殊功能,日常生活中,电热毯、电蚊香加热盘就可采用 PTC 元件制成。NTC 热敏电阻是电阻值随温度升高而变小的热敏电阻,应用于 MR-Ⅱ型冷却水温度控制系统的测温,如 T_{802},其阻值随温度升高而减小,在 20 ℃时的阻值为 802 Ω。而 CTR 热敏电阻是具有开关特性的热敏电阻,常作为温控开关使用。各类热敏电阻的电阻温度特性如图 1-35 所示。

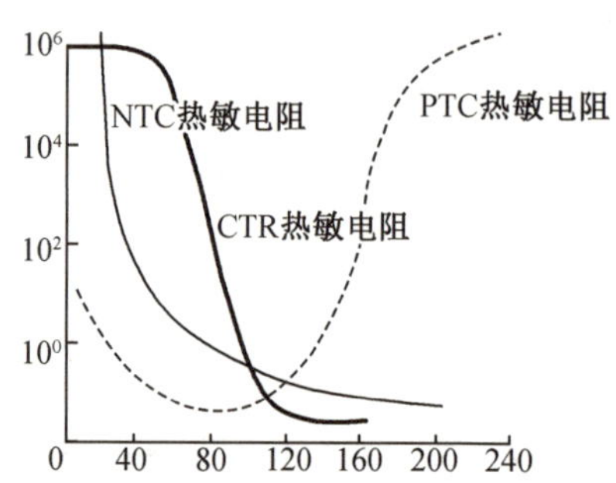

图 1-35　三类热敏电阻的电阻温度特性

热敏电阻有很多的优良特性,如电阻温度系数大、灵敏度高,因此引线电阻对它的影响小,它与简单的二次仪表结合就能检测出 0.001 ℃的温度变化,与电子仪表组成的测温计可精确地完成温度测量;热敏电阻的工作温度范围宽;结构简单、体积小、热惯性小;稳定性好、过载能力强、寿命长。但热敏电阻的线性度非常差,需进行线性化处理。

近年来,随着工艺水平的提高,产品性能得到很大改善,已有精度优于热电偶并具有互换性的热敏电阻问世,并且 300 ℃下的老化问题可忽略。但不同生产厂家的产品质量差异较大,使用时仍需认真选择。热敏电阻的主要特殊参数有:标称阻值,即 25 ℃时测得的电阻值;温度系数,指 20 ℃附近时电阻随温度变化的系数,其单位为 1/℃;耗散系数,指自身发热时使热敏电阻温度高于环境温度 1 ℃时所需的功率,单位为 W/℃;时间常数,指从温度为 t_0 的介质移入温度为 t 的介质中,温度升高 $\Delta t=0.632(t-t_0)$ 所需的时间。

3. 热电偶式温度传感器

(1)热电效应

在两种不同的导体或半导体所组成的闭合回路中,当两个接触处的温度不同时,回路中就会产生热电势(也称塞贝克电势),这种现象称为热电效应。热电效应由德国物理学家塞贝克于 1823 年发现。

如图 1-36 所示为热电偶闭合回路。两种不同材料的导体或半导体,连接在一起的 C 端为热端(又称工作端或测量端),放置于被测介质温度 t 中。A、B 两端连接毫伏表为冷端(又称为自由端或参考端),置于环境温度 t_0 中,这时在这个回路中就会产生一个与温度 t、t_0 以及导体材料性质有关的电动势,称为热电势,用 $e_t(t,t_0)$ 来表示。

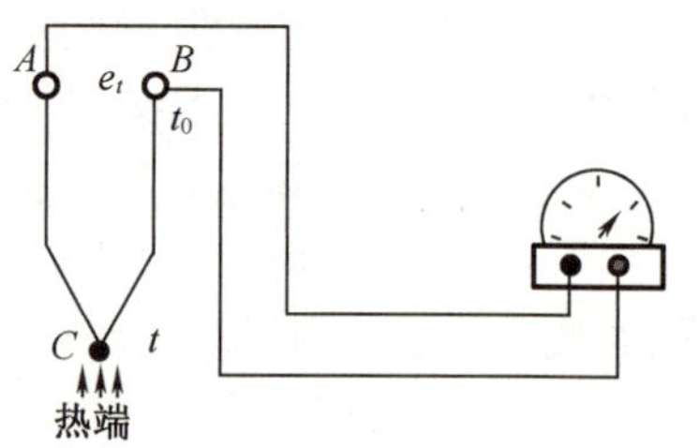

图 1-36　热电偶闭合回路

热电效应是由珀尔帖效应和汤姆逊效应引起的,热电势是珀尔帖电势和汤姆逊电势之和。

①珀尔帖效应(又称接触效应)

将相同温度的两种不同的金属材料互相接触,设 A 的电子密度为 n_A,B 的电子密度为

n_B，且 $n_A>n_B$。那么，在两种金属 A 和 B 的接触面处会发生自由电子的扩散现象，由金属 A 扩散到金属 B 的电子数必定会比由金属 B 扩散到金属 A 的电子数多。于是，金属 A 失去电子带正电荷，而金属 B 则会得到电子带负电荷。扩散现象一直持续到在接触面处建立充分强的静电场，从而阻止电子扩散达到动态平衡，此时两种不同金属的接触面处产生的电势叫接触电势（又称为珀尔帖电势），如图 1-37 所示，用 $E_{AB}(t)$ 来表示，其大小由两种金属材料的特性和接触面处的温度决定。

②汤姆逊效应（又称温差效应）

设在一个均质棒状导体的一端加热，则此棒状导体会形成温度差，导体内的自由电子会从温度高(t)的一端向温度低(t_0)的一端扩散，即高温端失去电子带正电荷，低温端得到电子带负电荷，并在温度低(t_0)的一端积累，这是因为温度高(t)的一端电子的动能大，致使棒内建立一个静电场，当达到动态平衡时，电场对电子的作用力与扩散力相平衡，用 $E_A(t,t_0)$ 表示。此时电场产生的电势叫汤姆逊电势或温差电势，如图 1-38 所示。

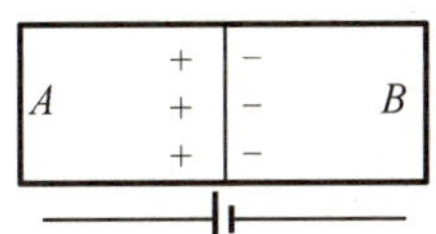

图 1-37　珀尔帖电势（接触电势）

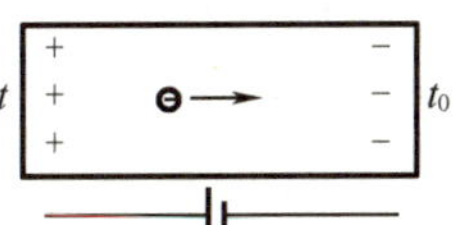

图 1-38　汤姆逊电势（温差电势）

(2)热电偶测温电路

热电偶是基于热电效应将温度变化转换为电势大小的热电式温度传感器。它将两种不同的金属导体的一端焊接在一起，并插入护套制成。焊接端称为热端，与导线连接端称为冷端。热端插入需要测温的测量点，冷端置于环境温度中，若热、冷两端温度不同，则在热电偶回路中产生热电势 e。当冷端温度不变时，其热电势随热端温度的升高而增大。由于冷端温度是随室温变化的，若热端测量温度不变而环境温度升高，则因热、冷端之间的温差减小使热电势 e 也减小，影响测量精度。为了消除冷端温度变化对测量精度的影响，可采用冷端温度补偿。冷端温度补偿的方法很多，如计算修正法、冷端恒温法、补偿电桥法，其中补偿电桥法是一种常用方法。如图 1-39 所示为补偿电桥法原理图，图中 R_0、R_1 和 R_2 是锰铜丝绕制的电阻，它们的电阻值基本不随温度变化。R_{Cu} 是铜丝绕制的补偿电阻，其电阻值随温度升高而增大。补偿原理是温度补偿电桥的输出 u_{ab} 与热电偶输出电势 e 串联，补偿电桥输出的不平衡电压 u_{ab} 作为补偿信号，来抵消测量过程中由于冷端温度变化而引起的测量误差。

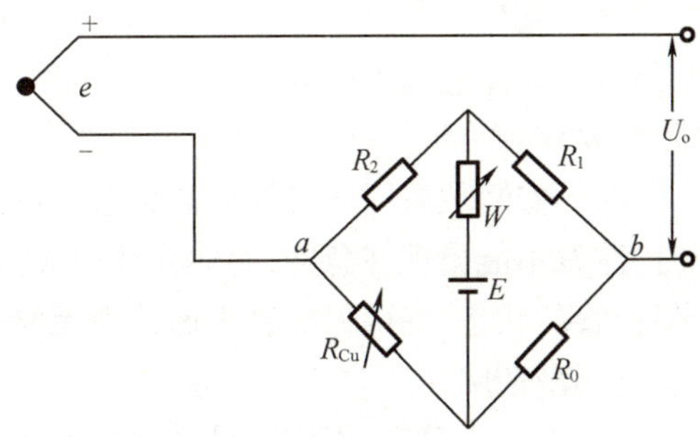

图 1-39　热电偶的冷端温度补偿电桥原理图

热电偶式温度传感器适用于检测高温的场合,例如船上主机、辅机的排烟温度等。常用的热电偶有:铂铑 10-铂热电偶,测温范围为 0~1 600 ℃;铂铑 30-铂铑 6 热电偶,测温范围为 0~1 800 ℃;镍铬-镍硅热电偶,测温范围为 0~1 300 ℃。热电偶具有结构简单、使用方便、精度高、热惯性小、互换性好、可测局部温度和便于远距离传送与集中检测、自动记录等特点。

工程上用于热电偶的材料应满足以下条件:热电势变化尽量大,热电势与温度的关系尽量接近线性关系,物理、化学性能稳定,易于加工,复现性好(准确性好),便于成批生产。对于热电偶使用可得出以下结论:

①如果热电偶两种电极材料相同,两个接触面处温度不同,回路不会产生热电势;

②如果热电偶两种电极材料不同,两个接触面处温度相同,回路不会产生热电势;

③如果热电偶两种电极材料不同,两个接触面处温度不同,回路就会产生热电势;

④如果热电偶一端温度 t_0 保持不变,即 $e_{ab}(t_0)$ 为常数 C,则热电偶的热电势 $e_{ab}(t,t_0)$ 为热端温度 t 的函数,即 $e_{ab}(t,t_0)= e_{ab}(t)-C$,工程上即采用这种方法进行测量。

(3)热电偶种类及使用注意事项

我国常用的热电偶可分为标准热电偶和非标准热电偶两大类。所谓的标准热电偶是指国家标准规定了其热电势与温度的关系、允许误差等,并有统一的标准分度表的热电偶。标准热电偶有与其配套的显示仪表可供选用。非标准热电偶在使用范围或数量级上均不及标准热电偶,一般也没有统一的分度表,主要用于某些特殊场合的测量。常见的标准热电偶为铂铑 10-铂热电偶(S 型)、镍铬-镍硅热电偶(K 型)。非标准型热电偶包括铂铑系列、铱铑系列、铼钨系列等,某些国家还开发了 L、U 等分度号的热电偶。

热电偶根据用途和安装位置不同,其外形也不同。按结构形式不同,热电偶一般可分为普通型、铠装型、表面型和快速型 4 种。

①普通型热电偶:通常由热电极、绝缘管、保护套管和接线盒等几个主要部分组成,是工业上使用最多的热电偶。

②铠装型热电偶:将热电极、绝缘材料和保护套管一起经过复合拉制而成的坚实组合体。铠装型热电偶具有反应速度快、使用方便、可弯曲、气密性好、不怕震、耐高压等优点。

③表面型热电偶:通常利用真空镀膜法把两种热敏材料蒸镀在绝缘基底上,专门用来测量物体表面的温度,其特点是反应速度极快、热惯性极小。

④快速型热电偶:测量高温熔融物体的一种专用热电偶,整个热电偶元件的尺寸很小,称为消耗式热电偶。

在使用热电偶测量温度时,必须注意以下问题:

①热电偶的分度号必须与要求相一致。

②为减少电磁干扰,热电偶的安装位置应尽可能远离强电磁场,避开动力电缆。

③取出或插入热电偶时,注意不能出现在急冷、急热介质中,防止保护管断裂。

④应定期检查电极和保护管的状态,确保保护管表面洁净无腐蚀。定期检查密封情况,防止冷空气进入保护管而影响测量精度。

⑤热电偶不能长期工作在最高允许温度,否则容易造成热电偶材质变化,引起过大的测量误差。

⑥热电偶应定期校验以保证测量精度。

4. 温度传感器的测试

温度变化的工作环境比较容易模拟,因而温度传感器可以通过以下几种方法进行功能测试。

(1)实效测试法

实效测试法检测温度是实验室常用的一种检测方法。温度的实效测试法要求配置必需的检测设备,如电热容器(俗称电热槽)、标准温度计等。在电热槽中盛以水或油,把温度计及被拆卸的温度传感器安装在电热槽内,逐步加温,并使电热槽内的温度比较均匀。加温到传感器输出信号达到报警值,读取报警时的温度值。同时读取标准温度计的读数,就可以对测试结果进行比较,得出准确结论。在测试过程中,应特别注意:必须等到电热容器内的温度达到稳定状态,否则测试的结果可能会造成明显的温度偏差。该方法适用于温度检测范围在 0~800 ℃的任何模拟量和开关量传感器,对该检测通道的各相关功能环节均能进行有效的测试,但测试时间比较长,工作量比较大。

(2)直接测试法

对于热电偶温度传感器,其输出信号为毫伏级电压信号,因此可直接用直流电位差计测量各种温度下的输出电压,然后再与该型传感器的“温度-毫伏”特性曲线(分度表)进行比较,进而判断该传感器的测量是否准确。

(3)可变电阻或电位器的取代测试法

对于 PT100 温度传感器或热敏电阻式温度传感器,可以采用替代的办法,即以可调电阻器来替代温度传感器,把原先接在 PT100 的接线连到可调电阻器上去,然后根据电阻值与温度之间的对应关系做出记录,据此查看该通道的温度显示值,直至系统发出警报。然后通过查分度表得出测试结论,找出对应的报警温度准确值,并记入周期表中。

(4)暂时改变警报设定值的相对测试法

在传感器进入正常状态以后,把传感器的报警设定值暂时调低(对高限报警)或暂时调高(对低限报警),使系统发出报警信号,以试验报警系统的可靠性。但此法无法测得报警时的准确值,测试后务必把报警设定值调回到原先位置。

(5)开关量温度传感器的模拟测试法

对于开关量温度传感器,可以采取断开或短接温度开关线接头,或者直接拨动温度开关使其发出报警信号,以试验传感器以外的测试通道是否正常。此法只用于以上方法难以实现的场合。

(二)压力传感器

压力是指垂直作用在单位面积上的力,即物理学中的压强。在国际单位制中,压力的单位为帕斯卡,简称帕(Pa),1 N 的力垂直作用在 1 m^2 的面积上的压力即为 1 Pa。工程上还有其他单位,如工程大气压(9.8×10^4 Pa)、英制的 psi(6.89×10^3 Pa)、标准大气压(1.01×10^5 Pa)、bar(1.0×10^5 Pa)、mbar(1.0×10^2 Pa)等。

由于参考点不同,压力的表示方式通常有三种:绝对压力、表压力、真空度或负压力。如图 1-40 所示,以绝对真空作为基准所表示的压力称为绝对压力;以大气压力作为基准所表示的压力称为相对压力,相对压力是大多数测压仪表所测得的压力,故称为表压力。

绝对压力与相对压力的关系为:绝对压力=相对压力+大气压力。

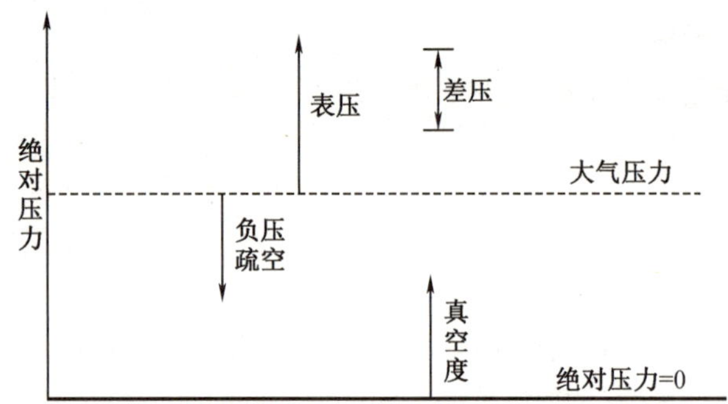

图 1-40　绝对压力、表压力和真空度之间的关系

绝对压力小于大气压力时，负的相对压力数值部分叫真空度，即：真空度 = 大气压力 - 绝对压力。任意两个压力的差值称为差压。

压力传感器用于将压力信号转换为监视报警系统能够接收的电信号。船舶机舱需要检测的压力信号很多，例如控制空气压力，启动空气压力，主机各缸冷却水入口压力，主机燃油、滑油入口压力以及各种泵浦的出口压力等。

根据不同的测压原理，压力传感器可分为多种。例如，常见的压力传感器有滑动电阻式压力传感器、应变式压力传感器、压阻式压力传感器、压电式压力传感器、霍尔式压力传感器、电感式压力传感器、电容式压力传感器和电涡流式压力传感器等。

1. 滑动电阻式压力传感器

滑动电阻式压力传感器是由弹簧管、传动机构、电位器及测量电桥组成的，它的结构和工作原理如图 1-41 所示。滑针把电位器电阻分成两部分，一部分串联在 R_4 的桥臂上，另一部分串联在 R_3 的桥臂上。当所测量的压力变化时，通过弹簧管和位移传动机构使滑针绕轴转动，改变两个相邻桥臂的电阻值，使测量电桥输出的电压信号与输入压力变化成比例。

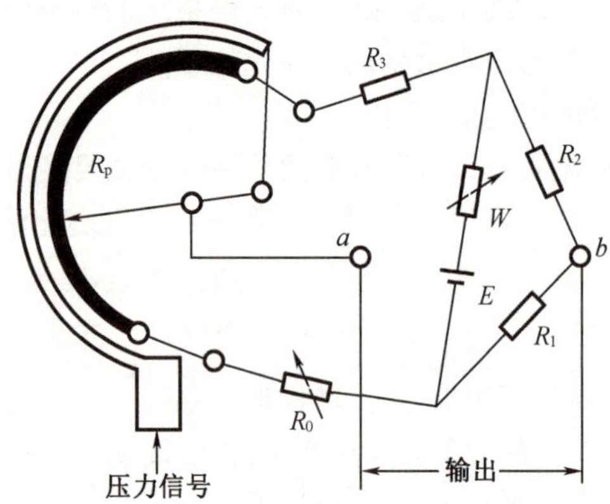

图 1-41　滑动电阻式压力传感器原理图

2. 应变式压力传感器

(1)应变效应

金属导体在外界力的作用下，会产生机械形变，其电阻值也将随之发生变化，这种现象称为金属电阻的应变效应。

(2)应变式压力传感器

微课 1.42　船用传感器之压力传感器

通过金属电阻应变片将形变转换为电阻的变化可以制成应变式压力传感器。金属应变片常见的有丝式、箔式、薄膜式三种,图1-42(a)和(b)给出了丝式和箔式两种。应变片都已标准化,常见的标准名义电阻值有60 Ω、120 Ω、350 Ω、500 Ω等,材料有康铜、铜镍合金、镍铬合金、镍铬铝合金等。

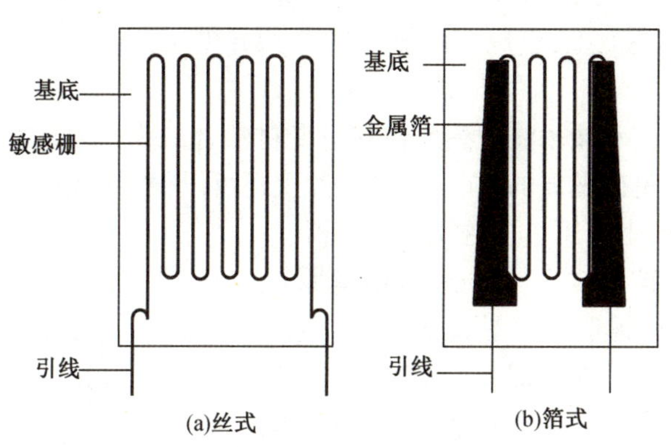

图 1-42　金属应变片

应变式压力传感器通常采用如图1-43所示桥式测量电路,金属应变片是用铜镍或镍铬等金属丝绕成栅状,并用黏结剂贴在基底上,两端焊接镀银或镀锡铜线作为引线而制成的。当压力发生变化时,基底上的应变片敏感栅随同一起发生形变,应变敏感栅作为测量电桥的一个桥臂,具有一定的电阻值,在测量压力为零时,调整 R_4 的电阻值使电桥处于平衡状态,输出电压为零。当测量压力增大时,应变片敏感栅弯曲变形,栅状金属丝被拉长,使其电阻值增大,电桥失去平衡并输出一个与测量压力成比例的电压信号 u。

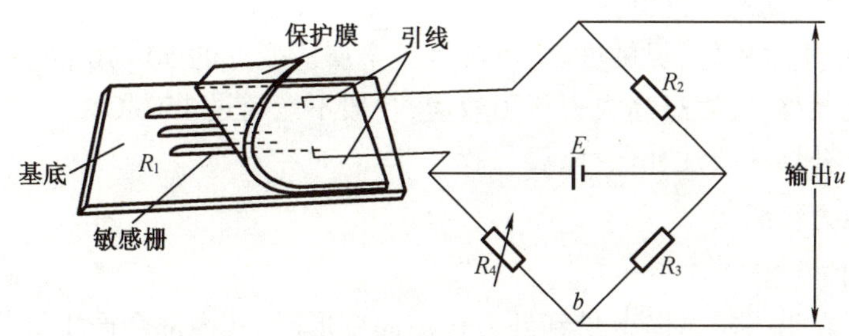

图 1-43　应变式压力传感器原理图

应变式压力传感器的优点是结构简单、使用方便、工艺成熟、价格低、性能稳定、可靠性高、测量速度快,适合动态和静态测量。其缺点是应变电阻易受温度影响,测量时需进行温度补偿修正。另外,由于应变片需粘贴在弹性元件上,因此可能会存在敏感层与基片形变传递、零点漂移、机械滞后、蠕变等问题。

3. 压阻式压力传感器

(1)压阻效应

半导体受外界力作用时,电阻率将会随之发生变化,这种现象称为半导体的压阻效应。

(2)压阻式压力传感器

通常利用半导体应变片压阻效应制成压阻式压力传感器。半导体应变片有体型、薄膜型和扩散型三种。因硅的压阻效应较大,半导体常采用硅材料,故通常又称为硅压力传感器。

采用体型半导体应变片时,需将其粘贴在弹性元件上,容易产生蠕变和断裂。薄膜型半导体应变片是利用真空沉积技术将半导体材料沉积在带有绝缘层的试件上而制成的。薄膜压力传感器的敏感元件直接镀在弹性基片上,相对粘贴式而言,应变传递性能得到改善,几乎没有蠕变,具有稳定性好、可靠性高、成本低等优点。扩散型半导体应变片是将 P 型杂质扩散到 N 型硅单晶体基底上,形成一层极薄的 P 型导电层,再通过超声波和热压焊接法引出线制成的。

利用半导体的工艺和技术将敏感元件和应变材料合二为一制成扩散型压阻式传感器。其应变电阻和基底都是硅做成的,在半导体基片上还可以很方便地将温度补偿、信号调理电路制成一体,是目前船上应用最多的压力传感器。

图 1-44 所示为扩散硅压力传感器结构原理图,其核心部分是一块圆形的单晶硅膜片,它既是力敏元件又是弹性元件。在硅膜上,用半导体制造工艺中的扩散掺杂法做成 4 个阻值相等的电阻,构成平衡桥。膜片用硅环固定,将高、低压腔分开。当膜片两端存在压差时,膜片产生应力和形变,从而使扩散阻值发生变化,电桥不平衡,产生不平衡电压输出。如果忽略材料几何尺寸对扩散电阻阻值的影响,则不平衡电压与膜片两边的压力差成正比。为了补偿温度效应的影响,一般还在膜片上沿对压力不敏感的径向方向生成电阻。

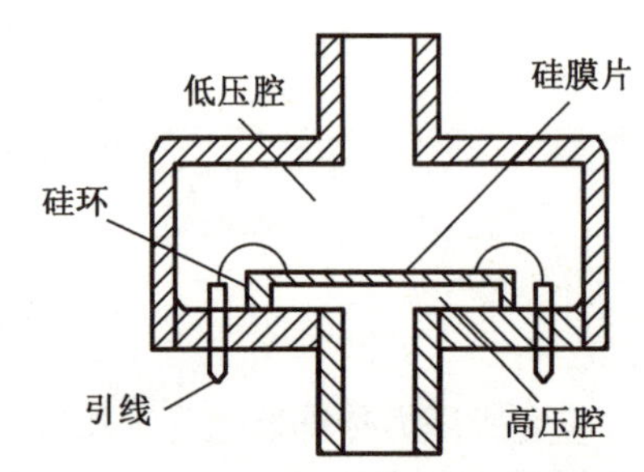

图 1-44 扩散硅压力传感器结构原理图

压阻式压力传感器的特点有:

①体积小、结构简单、工作可靠。

②测量范围宽、动态特性好。

③准确度高、重复性好,灵敏度高,灵敏度是金属应变片的 50~70 倍。

④存在温度漂移,温度过高失去压阻效应,一般不能超过 150 ℃。

⑤具有温度补偿和线性补偿特点。

4. 压电式压力传感器

(1)压电效应

某些电介质在沿一定方向上受到外力作用而变形时,其内部会产生极化现象,同时在它的两个相对表面上出现正、负相反的电荷。当外力去掉后,它又会恢复到不带电的状态,这种现象称为正压电效应。当作用力的方向改变时,电荷的极性也随之改变;相反,当在电介质的极化方向上施加电场时,这些电介质也会发生变形,电场去掉后,电介质的变形随之消失,这种现象称为逆压电效应,或称为电致伸缩现象。

具有压电效应的物质称为压电元件或压电材料,它是压电式压力传感器的核心部件。目前,压电式压力传感器中常见的压电材料有石英晶体、铌酸钾等单压电晶体,经极化处理后的多晶体(钛酸钡等压电陶瓷)、压电半导体等,它们各有特点。除在校准用的标准压力传感器中采用石英晶体外,一般的压电传感器中多用压电陶瓷,也有用半导体的。

(2)压电式压力传感器

利用压电效应制成压电式压力传感器。压电材料产生的电荷很小,容易泄漏,一般应用电荷放大器放大后转换为电压或电流输出。压电式压力传感器的主要特点是:

①体积小、结构简单、质量轻、工作可靠,温度可达 250 ℃以上。

②测量范围宽,可测量压力值为 100 MPa 以下所有压力;动态响应频带宽,可达 30 kHz,动态误差小。

③灵敏度高、线性度好,测量准确度多为 0.5 和 1.0 级。

④电荷小,消失快,只能测动态和脉冲压力,不宜测量缓慢变化的压力。

⑤压电式传感器是有源传感器,可避免外加电源带来的噪声。

⑥压电元件内阻高,要求二次仪表的输入阻抗高。

压电式压力传感器在船上的应用可能有柴油机示功器中的压力测量、进气及排气管的动态压力显示等。

5. 霍尔式压力传感器

(1)霍尔效应

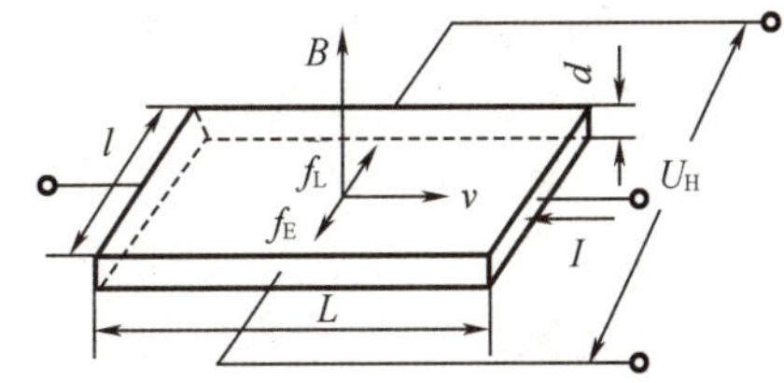

图 1-45　霍尔效应原理图

如图 1-45 所示为霍尔效应原理图,在一个半导体相对应的两侧通以控制电流 I,在薄片的垂直方向加以磁场 B,则在半导体的另外两侧面就会产生一个大小与控制电流 I 和磁场 B 的乘积成正比的电势 U_H,这一现象叫霍尔效应,所产生的电势为霍尔电势,所用的薄片叫霍尔元件。霍尔效应是 1879 年由霍尔首先发现的。

霍尔电势的输出为

$$U_H = K_H IB$$

式中,K_H 为霍尔元件的灵敏度,它是霍尔元件的重要参数。霍尔电势一般为几十到几百毫伏。如果进一步分析,还可以得出:

$$U_H = \frac{R_H IB}{d}$$

式中,R_H 称为霍尔系数,它反映了元件霍尔效应的强弱,由元件本身的性质决定。

半导体材料中,锗(Ge)、硅(Si)、锑化铟(InSb)、砷化铟(InAs)、砷化镓(GaAs)等都可用来制作霍尔元件。

(2)霍尔元件

霍尔元件可用图 1-46 给出的霍尔元件符号来表示。

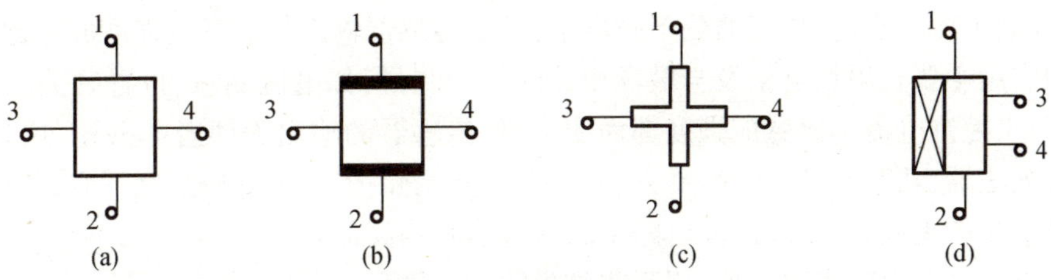

图 1-46　霍尔元件符号

霍尔元件外形有很多种,但结构类似,一般由霍尔片、四根引线(也可接成三根和五根的)和壳体组成。在它的长度方向的两端面上焊有1、2两根引线,称为控制电流端引线,通常用红色导线。其焊接处称为控制电流极(或称激励电极),要求焊接处接触电阻很小,并呈纯电阻,即欧姆接触(无PN结特性)。在薄片的另两侧端面的中间以点的形式对称地焊有3、4两根霍尔输出引线,通常用绿色导线。其焊接处称为霍尔电极,要求欧姆接触,且电极宽度与基片长度之比要小于0.1;否则影响输出。霍尔元件的壳体是用非导磁金属、陶瓷或环氧树脂封装而成的。

目前,最常用的霍尔元件材料是锗、硅、锑化铟、砷化铟和不同比例亚砷酸铟和磷酸铟组成的$In(As_yP_{1-y})$型固熔体(其中y表示百分比)等半导体材料。其中N型锗容易加工制造,其霍尔系数、温度性能和线性度都较好。N型硅的线性度最好,其霍尔系数、温度性能同N型锗,但其电子迁移率比较低,带负载能力较差,通常不用作单个霍尔元件。锑化铟对温度最敏感,尤其在低温范围内温度系数大,但在室温时其霍尔系数较大。砷化铟的霍尔系数较小,温度系数也较小,输出特性线性度好。$In(As_yP_{1-y})$型固熔体的热稳定性最好。

霍尔元件的主要参数有:

①霍尔系数R_H(又称霍尔常数)。

②霍尔灵敏度K_H(又称霍尔乘积灵敏度)。

③额定激励电流:当霍尔元件自身温升10 ℃时所流过的激励电流称为额定激励电流。

④输入电阻:霍尔激励电极间的电阻值称为输入电阻。

⑤输出电阻:霍尔输出电极间的电阻值称为输出电阻。

⑥不等位电势(又称霍尔偏移零点):在没有外加磁场和霍尔激励电流为额定的情况下,在输出端空载测得的霍尔电势差称为不等位电势。

⑦输出电压:在外加磁场和霍尔激励电流为额定的情况下,在输出端空载测得的霍尔电势差称为霍尔输出电压。

⑧寄生直流电势:在外加磁场为零、霍尔元件用交流激励时,霍尔电极输出除了交流不等位电势外,还有一个直流电势,称寄生直流电势。

⑨最大磁感应强度:超过此值,霍尔电势的非线性误差将明显加大。

霍尔元件因为半导体本身特性和制造时不可避免的缺陷,使其在实际使用时,存在温差电势和不等位电势,这是影响霍尔元件转换精度的主要原因,因此必须对其加以补偿。目前,通常将霍尔元件与相关的电源、补偿电路、放大电路、整形电路等集成在一起,形成霍尔集成电路,如线性霍尔集成电路、开关型霍尔传感器。

(3)霍尔传感器的应用及霍尔式压力传感器

霍尔元件因为结构简单、工艺成熟、体积小、寿命长、频带宽(霍尔效应建立的时间为$10^{-14} \sim 10^{-12}$ s),所以得到广泛的应用。根据$Ug = KnIB$,霍尔传感器主要有以下三个方面的应用:当控制电流不变时,传感器处于磁场中,霍尔传感器输出与磁感应强度成正比的电压。这方面的应用主要有磁场测量及与磁场相关的量的测量,如电流测量、位置开关测量、微位移测量等;当控制电流与磁感应强度都为变量时,传感器的输出为两者的乘积,这方面的应用主要有乘法器,功率计及乘、除、平方、开方等计算元件;保持磁感应强度不变,利用霍尔电压与控制电流的关系,可组成微波电路中的环行器和隔离器等。

如果再经过二次或多次转换,用于非磁量的测量,霍尔元件的应用领域就更广泛了,如转速、加速度、压力、振动、流量、液位测量等。本处介绍霍尔式压力传感器,就是通过测量弹性压力元件的位移来得到压力，实际上就是利用霍尔元件测量微位移。

图 1-47 所示为霍尔压力传感器结构原理图，将霍尔元件固定在弹性元件上。当弹性元件因压力产生位移时，将带动霍尔元件在均匀梯度的磁场中移动，霍尔元件的输出随位移量大小变化，由此实现将压力转换成电量的目的。用霍尔元件测量位移有惯性小、频率响应快、工作可靠、寿命长等优点。

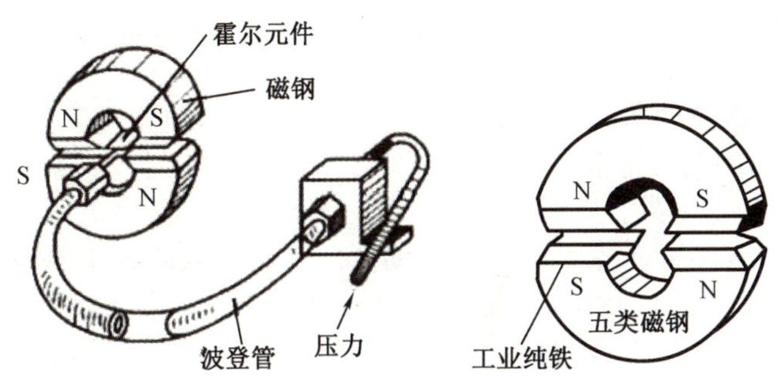

图 1-47　霍尔压力传感器结构原理图

6. 电感式压力传感器

(1)电感式压力传感器的工作原理

电感式压力传感器是利用电磁感应原理，将压力产生的位移变换成电感量的变化，从而测量压力，如自感式压力传感器、互感式压力传感器。在此只介绍互感式压力传感器。

互感式压力传感器在实际中应用较多，它将被测量的变化转换为线圈互感系数的变化。变压器的初级线圈输入交流电压，次级线圈通常接成差动形式，故通常又称为差动变压器(linear variable differential transformer，LVDT)式传感器。

差动变压器有变间隙式、变截面积式和螺线管式三种，具体的结构形式有很多，但其基本工作原理是一样的。应用最多的是螺线管式，螺线管式差动变压器结构及等效电路如图 1-48 所示。

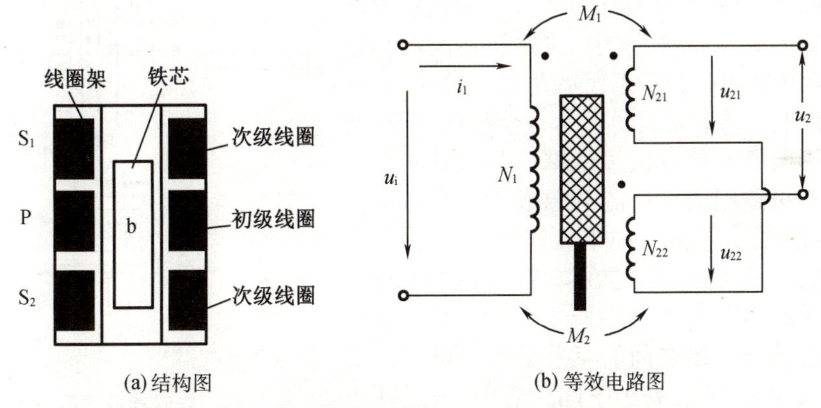

图 1-48　螺线管式差动变压器结构及等效电路图

从图 1-48 中可以看出，当铁芯处于螺线管中间时，两个次级绕组互感相同，即 $M_1=M_2$，因而由初级线圈激励的感应电动势相同。由于两个次级绕组反向串接，所以输出电动势为零。

当衔铁不在中间位置时，互感系数 M_1、M_2 不同，因而输出电动势不为零，在传感器的量程范围内,铁芯移动距离越大,则输出电动势越大,而且输出电动势的相位与互感系数大的绕组输出相同,即与衔铁移动方向相关。螺线管式差动变压器的输出特性如图 1-49 所示。

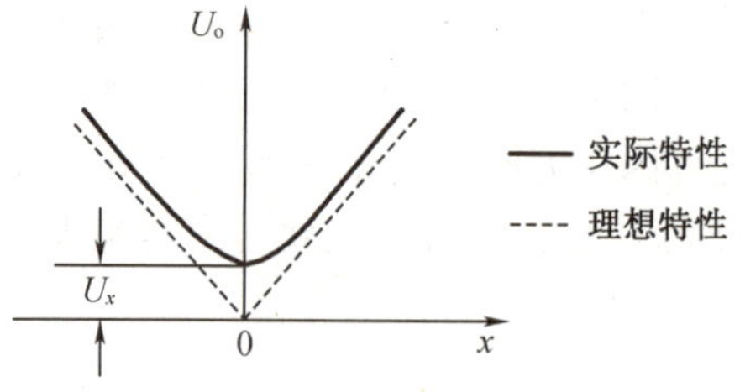

图 1-49　螺线管式差动变压器输出特性

电感式传感器主要特点有:结构简单、工作可靠;灵敏度高,能分辨 0.01 μm 的位移变化;测量精度高、零点稳定、输出功率较大。其主要缺点有:灵敏度、线性度和测量范围相互制约;传感器自身频率响应低,不适用于快速动态测量。

(2)差动变压器的输出特性

①灵敏度。差动变压器的灵敏度是指差动变压器在单位激励电压下,铁芯移动单位距离时的输出电压,以 V/mm/V 表示。一般差动变压器的灵敏度大于 50 mV/mm/V,高精度差动变压器的灵敏度可达 1 000 mV/mm/V 以上。可采取下列办法提高灵敏度:选择合适的激磁频率;在线圈不致过热的情况下,可适当提高激磁电压;铁芯采用磁导率高、涡流损失小的材料。

②线性范围。理想的差动变压器次级输出电压与铁芯位移呈线性关系。实际上,铁芯的直径、长度、材质和线圈骨架的形状、大小等均对线性有直接影响,这使得差动变压器的一半线性范围为线圈骨架长度的 1/10~1/4。由于差动变压器的中间部分磁场是均匀且较强的,所以只是中间这部分线性较好。

③频率特性。差动变压器的激磁频率一般在 10~50 kHz 为合适。频率太低则灵敏度显著降低,温度误差和频率误差增加。频率太高则铁损和耦合电容的影响增加。激磁频率只有在某频率附近时才能使其输出电压最大且灵敏度变化最小。

④零点残余电压及消除。理想情况下,当铁芯位于中间位置(零点)时,输出电压应为零。实际上差动变压器在零点的输出并不为零,这主要是因为两个次级线圈不能做到结构上完全对称以及消除谐波影响等。可从结构和测量电路等方面加以补偿。

(3)电磁感应式压力传感器应用及测量电路

图 1-50 所示是电磁感应式压力传感器原理图,它由弹性元件和差动变压器组成。常用的弹性元件有波纹管和弹簧管,其中,波纹管适用的测量范围为 0~0.3 MPa,弹簧管适用的检测压力在 0.6 MPa 以上。差动变压器是由一个初级线圈、两个线径和圈数都相等的次级线圈以及活动铁芯等组成的。初级线圈加上交流电源成为一个激磁绕组。次级线圈之间采用反向串联连接,它们分别安排在支架的上下两侧。铁芯在弹性元件控制下,在线圈骨架内产生与压力大小成正比的位移。差动变压器的初级与次级之间的互感系数将随铁芯的位移变化而变化,铁芯处于中间位置时,通过两个次级线圈的磁力线是相等的,其感应电势是等量的,由于两个次级线圈采用反相连接,因此差动变压器的输出电势 U_{out} 为零。如果铁芯离开中间位置,它可以使一个次级线圈的互感系数增大,另一个互感系数减小,致使它们的感应电势一个加大,另一个减小,于是差动变压器输出电势 U_{out} 随之按比例增大。

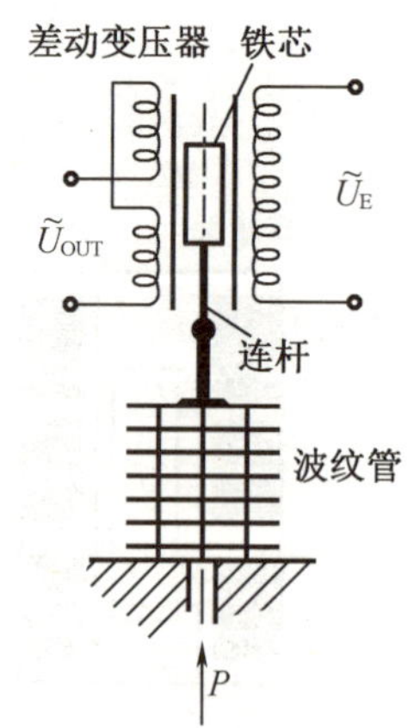

图 1-50　电磁感应式压力传感器原理图

差动变压器是利用电感反映位移进而测量压力的，其输出是交流信号，幅值大小与铁芯位移成正比，相位与位移方向相关。因此要获得反映位移的直流信号，需经过相敏整流电路。

7. 电容式压力传感器

两平行极板组成的电容，如不考虑边缘效应，其电容量为

$$C=\frac{\varepsilon A}{d}$$

式中，C 为平行极板的电容量（F）；d 为平行极板间的距离（m）；A 为极板面积（m^2）；ε 为平行极板间的介电常数（F/m）。

当被测量（如压力导致的位移）的变化使式中 d、A 或 ε 任意一个参数发生变化时，电容量也随之发生变化。因此电容传感器有三种基本类型，即变极距型、变面积型、变介电常数型。用空气作为电介质，其在极宽的频率范围内介电常数几乎不变，温度稳定性好，损耗极小，因而压力传感器中多用变极距型和变面积型。电极形状通常有平板、圆柱和球面三种。

用电容做压力传感器，具有很多优点，它具有需要的能量低、测量范围大、在恶劣条件下工作可靠耐用、本身发热小、动态响应快、灵敏度高、测量精度高、抗震性好等优点，但也有输出特性非线性、分散电容的影响等缺点。

下面介绍常用的电容式压力传感器。

(1)变极距电容式压力传感器

图 1-51 所示为变极距单电容式压力传感器，属于圆形固定电极和弹性膜片组成的平板电容。弹性膜片在均匀压力 p 的作用下产生位移，此时固定极板与膜片即构成了变极距单电容式压力传感器。单电容式压力传感器在压力的作用下，电容量的相对变化量为

$$\frac{\Delta C}{C_0}=\frac{(1-\mu)R^4}{16EdT^3}p^6$$

式中，C_0 为起始电容量；T 为厚度；d 为弹性膜片与固定极板间的起始距离；E 为弹性膜片的弹性模量；R 为弹性膜片的半径；μ 为弹性泊松比；p 为压力。

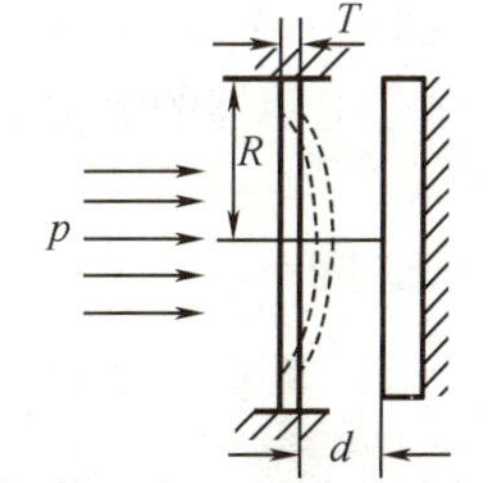

图 1-51　变极距单电容式压力传感器

由上式可知，只要通过适当的电容检测电路就可获得压力值。

如果将弹性元件的位移直接变成平板电容的极距的变化（此时弹性膜片两端为活动的），则有

$$\Delta C=\frac{\varepsilon S}{d-\Delta d}-\frac{\varepsilon S}{d}=C_0\frac{\dfrac{\Delta d}{d}}{1-\dfrac{\Delta d}{d}}$$

当 $\Delta d/d\ll 1$ 时，上式可变为

$$\Delta C=C_0\frac{\Delta d}{d}\left(1+\frac{\Delta d}{d}+\cdots\right)$$

由此可见，当极板面积和介电常数一定时，极距的变化量可通过检测电容的变化量获得。但电容的变化量与极距的变化量之间是非线性的，且极板间距越小，灵敏度越高。为了提高灵敏度，改善非线性，减少电源电压、环境温度等外界影响，一般采用差动形式。

图 1-52 所示为电容式差压变送器结构示意图。对称的不锈钢基座左、右两边外侧焊

上了波纹密封隔离膜片，不锈钢基座内有玻璃绝缘层，不锈钢基座和玻璃绝缘层中心开有小孔。玻璃层内侧的凹形球面上除边缘部分外镀有金属膜作为固定电极，中间被夹紧的弹性膜片作为可动测量电极，左、右固定电极和测量电极组成了两个电容器，其信号经引出线引出。测量电极将空间分隔成左、右两个腔室，其中充满硅油。当隔离膜片感受两侧压力的作用时，通过具有不可压缩性和流动性的硅油将压差传递到弹性测量膜片的两侧，从而使膜片产生位移 Δd，如图 1-52 中的虚线所示，此时，$p_H>p_L$。

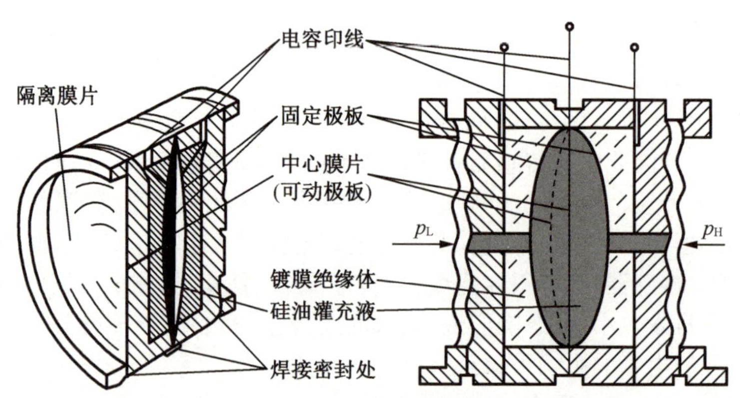

图 1-52　电容式差压变送器结构示意图

因此，一个电容器的极距变小，则电容量增大；而另一个电容器的极距变大，则电容量减小。每个电容器的电容变化量分别为

$$\Delta C_H=\frac{\varepsilon S}{d+\Delta d}-\frac{\varepsilon S}{d}=C_0\frac{\Delta d}{d+\Delta d}$$

$$\Delta C_L=\frac{\varepsilon S}{d-\Delta d}-\frac{\varepsilon S}{d}=C_0\frac{\Delta d}{d-\Delta d}$$

故差动电容的变化量为

$$\Delta C=\Delta C_L-\Delta C_H=2C_0\frac{\Delta d}{d}\left[1+\left(\frac{\Delta d}{d}\right)^2+\cdots\right]$$

由上式可以看出，差动电容式压力传感器与单电容式压力传感器相比，非线性得到很大改善，灵敏度也提高近 1 倍。这种传感器不仅可测量压差，还可测量真空度和微小绝对压力。

(2)变面积电容式压力传感器

图 1-53 所示为变面积电容式压力传感器的结构原理图。外界压力作用于膜片上使膜片发生位移(一般不超过 0.3 mm)，带动金属同心多层圆筒，使交错的两个电极重叠部分面积发生变化，因而电容发生变化。该传感器不仅可用于一般压力测量，还可用于敞口容器的液位测量。

(3)电容式压力传感器的注意事项

①加云母片提高灵敏度。从电容量的表达式中可以看出，当极板距离 d 变小时可以使电容量加大，灵敏度增加，但 d 过小容易引起电容击穿，一般可以在极板间放置云母片来改善，图 1-54 所示为极板间加云母片的电容结构图。云母的介电系数为空气的 7 倍，云母的击穿电压大于 10^3 kV/mm(空气的击穿电压仅为 3 kV/mm)。因此，在云母片的作用下，极板的起始距离可大大减少，还可使得电容的输出特性得到改善。

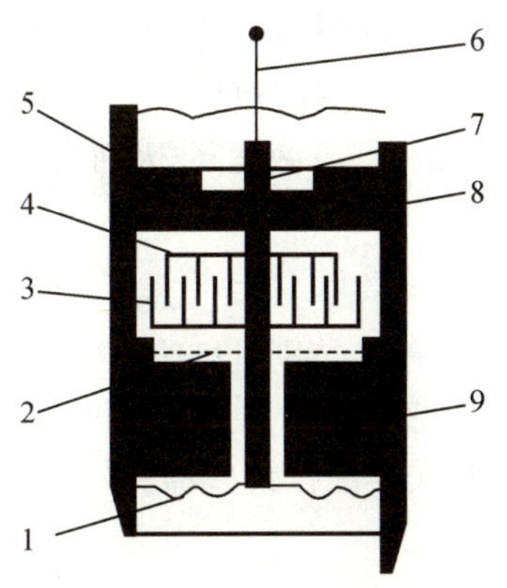

1—膜片；2—支撑弹簧片；3—可动电极；4—固定电极；
5—外壳；6—引线；7—中心柱；8—绝缘支架；9—挡块。

图 1-53　变面积电容式压力传感器的结构原理图

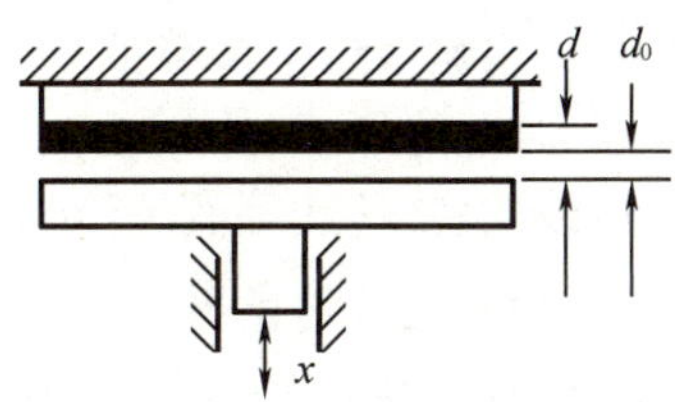

图 1-54　极板间加云母片的电容结构图

②传感器受分布电容影响比较大，必须采取相应措施减少影响。

③电容值的测量有很多种方法，如电桥法、振荡器法、移相器法、谐振法、C/T 法等。

8. 电涡流式压力传感器

成块的金属在变化的磁场中或在磁场中运动时会产生电涡流，电涡流的大小与金属的电阻率、磁导率、厚度及金属与线圈的距离、线圈的激磁电流频率等参数有关。固定其中的若干参数就可以测量另外的参数。电涡流式压力传感器有高频反射和低频穿透两类，这里只介绍检测位移常用的高频反射电涡流传感器。图 1-55 所示为高频反射电涡流传感器原理图和等效电路图。

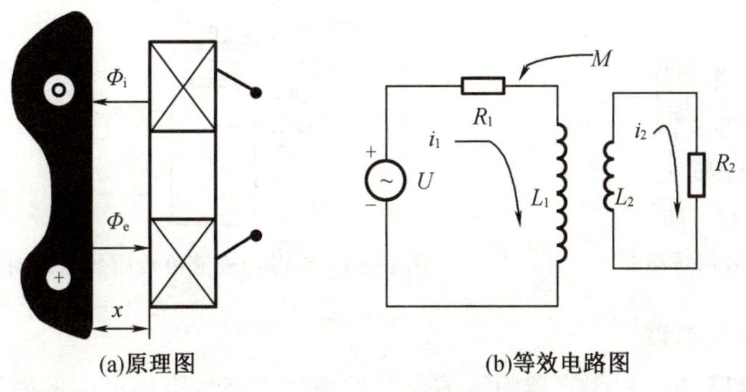

(a)原理图　　(b)等效电路图

图 1-55　高频反射电涡流传感器原理图和等效电路图

高频反射电涡流传感器的主要部件是一只扁平线圈，通入高频交流电流 i，线圈就产生高频交变磁场 Φ_i。当被测导电体靠近传感器时，其表面就感应产生了与交变磁场相交的电涡流，电涡流的作用范围一般为线圈外径的 1.4 倍。此涡流又将产生反作用磁场 Φ_e。电涡流效应会产生热消耗，此外，传感器的交变磁场还会产生磁滞损耗，这两部分是交变磁场的能量损失。如果激磁电源的频率较高，那么磁滞损耗通常可忽略。

当传感器与被测导体靠近时，传感器的等效阻抗 Z 将发生变化。经理论计算，Z 可用下式表示：

$$Z=\frac{U}{I}=R_1+\frac{\omega^2M^2}{R_2^2+(\omega L_2)^2}R_2+\mathrm{j}\omega\left[L_1-\frac{\omega^2M^2}{R_2^2+(\omega L_2)^2}L_2\right]$$

回路阻抗 Z 与被测物体材料的电阻率 ρ、磁导率 μ、激磁频率 f、传感器与被测导体距离 x 相关，当其他参量固定时，阻抗将取决于距离 x，因此可用于测量位移。

电涡流式压力传感器的最大特点是可进行非接触式测量，灵敏度高，因而在工业领域应用比较广泛。

（三）液位传感器

液体介质在容器中的高低称为液位，液位传感器在船舶上特别是机舱中应用比较广泛，如测量油舱、水舱液位。按与被测介质是否接触，液位传感器通常可以分为两类：一类是接触式，如浮力式、静压式（吹气式）、电极式、电阻式、电容式等液位传感器；另一类是非接触式，如超声波式、雷达式等液位传感器。

1. 变浮力式液位传感器

图 1-56 所示为变浮力式液位传感器检测原理图，其主体是由浮筒、平衡弹簧和差动变压器组成的。浮筒的浮力、平衡弹簧的弹力和浮筒自身所受重力形成力的平衡关系，当液位发生变化时，浮力的变化必然导致浮筒位移的变化，带动差动变压器的铁芯产生位移，差动变压器的输出电压 U_{out} 发生改变，经过整流，输出与液位变化成比例的直流信号。

微课 1.43 船用传感器之液位传感器

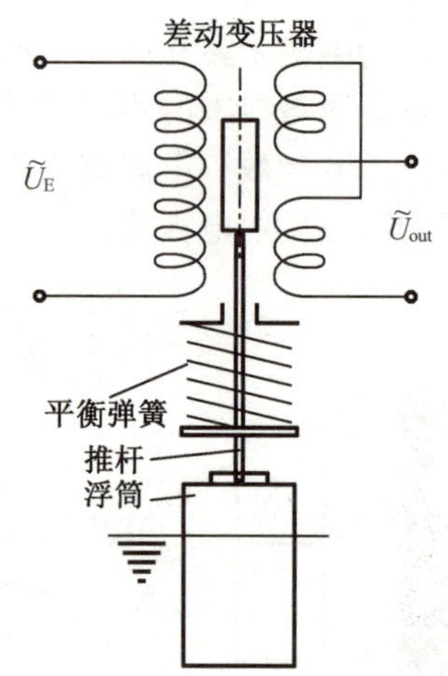

图 1-56 变浮力式液位传感器原理图

2. 静压式液位传感器

静压式液位传感器是利用容器内液体介质的液位与液柱高度产生的静压力成正比的原理来测量液位的。首先采用压力传感器测量静压，然后根据液位与静压的关系得到液位。容器不同，测量液位的方法也有所不同。

（1）吹气式液位传感器

吹气式液位传感器属于静压式液位传感器，其结构原理如图 1-57 所示。它是由过滤减压阀、节流阀、导管、平衡气室及差压变送器等元件组成的。调整节流阀使液位在最高位置时，平衡气室中有微量气泡逸出，使得导管中压力始终与平衡气室压力相等。平衡气室的压力就是液位的静压力，即与液位高度成比例，因此，液位变化时，导管内的压力也随之变化。导管内的压力信号经变送器转换为与液位高度成比例的标准压力信号（对于气动变送器）或标准电流信号（对于电动变送器）。

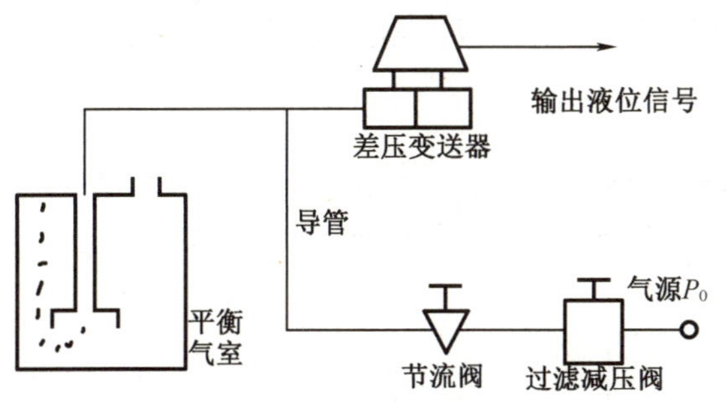

图 1-57　吹气式液位传感器原理图

动画 1.33　吹气式液位传感器原理

(2)敞口容器液位测量

敞口容器上端与大气连通,压力传感器位于容器底部。根据安装方式的不同,常用的敞口容器液位测量又可分为投入式和法兰式。图 1-58 所示为敞口容器液位测量方法。

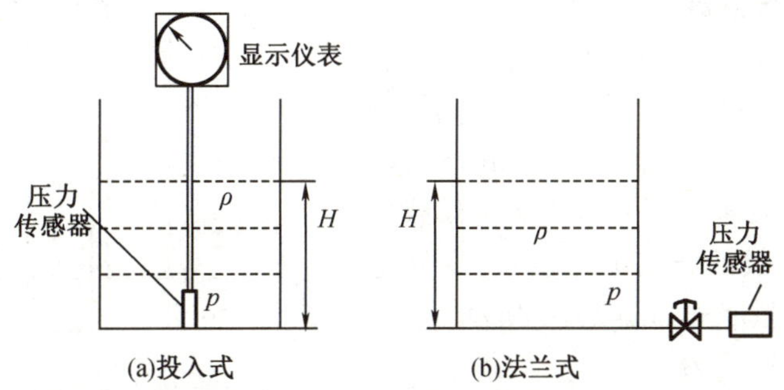

图 1-58　敞口容器液位测量方法

根据流体静力学原理,所测静压力与液位的关系为

$$H=\frac{p}{\rho g}$$

式中,H 为液位高度;p 为液柱产生的静压力;ρ 为液体介质的密度;g 为重力加速度。

通过合适的压力传感器,如硅压力传感器测得液柱静压力后,经计算就可以得到液位高度 H。在实际应用中,压力传感器取压面与容器底部不在同一平面时,会导致零点迁移,产生测量误差,应注意对导致误差的因素予以消除。

(3)密闭容器液位测量

密闭容器上端与大气隔绝,容器上部空间压力可能是变化的,并且一般与大气压力不等,所以采用压差传感器来测量密闭容器液位。密闭容器液位测量方法如图 1-59 所示。

假定容器上部空间为干燥气体,压力为 p_0,则差压传感器高、低压侧所受到的压力分别为

$$p_H=p_0+\rho gH$$

$$p_L=p_0$$

压差传感器所受压差为

$$\Delta p=p_H-p_L=\rho gH$$

由此可知,压差传感器所测压差和液位成正比。通过合适的差压传感器测得压差后,经计算就可以得到液位高度 H。若容器上部空间为非干燥气体,那么在压差传感器低压侧导压管中可能会形成冷凝液。这部分冷凝液产生的压力会导致零点迁移,产生测量误差,压差

传感器高压侧与容器底部不在同一水平面上时也会导致零点迁移，产生测量误差，在实际应用中应对导致误差的因素予以消除。

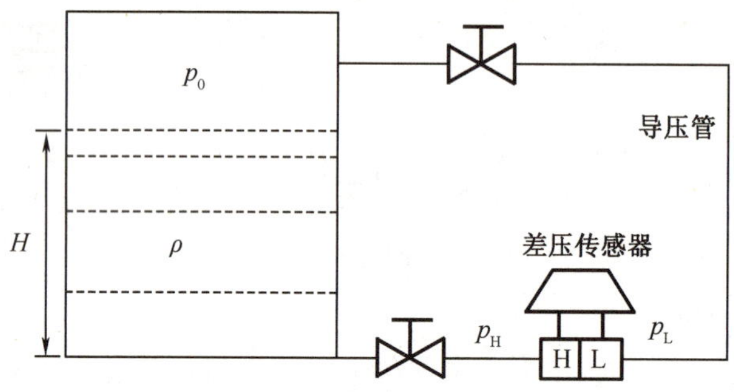

图 1-59　密闭容器液位测量方法

3. 电容式液位传感器

电容式液位传感器是利用液位高度变化影响电容器电容量大小的原理来测量液位的。改变电容器电容量大小可以通过改变电容器极距、面积、介电常数来实现。电容式液位传感器主要采用变介电常数的方式测量液位，变介电常数电容器液位测量原理如图 1-60 所示。

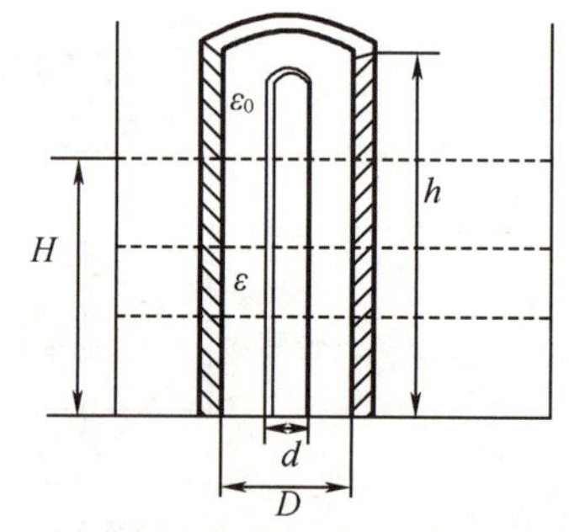

图 1-60　变介电常数电容器液位测量原理

电容器的电容量 C 为

$$C=\frac{2\pi\varepsilon H}{\ln(D/d)}+\frac{2\pi(h-H)\varepsilon_0}{\ln(D/d)}$$

式中，ε 为被测液体的介电常数；ε_0 为空气的介电常数；H 为被测液体的液位高度；h 为电容器圆筒形电极的高度；D 为外筒内径；d 为内筒外径。

当液体液位为 0 时，传感器的初始电容量 C_0 可表示为

$$C_0=\frac{2\pi\varepsilon_0 h}{\ln(D/d)}$$

那么电容器的电容量 C 可表示为

$$C=C_0+\frac{2\pi H(\varepsilon-\varepsilon_0)}{\ln(D/d)}$$

电容器的电容变化量 ΔC 可表示为

$$\Delta C=\frac{2\pi H(\varepsilon-\varepsilon_0)}{\ln(D/d)}$$

由此可知，当液位变化时，电容器的电容变化量正比于被测液体液位的高度。因此，只需要测量出电容变化量就可以测得液体液位。在实际应用中，若被测介质黏度过大，液位降低时，电极表面仍会附着被测介质，影响介电常数，产生测量误差。

4. 超声波式液位传感器

超声波是频率超过 20 kHz 的声波。它的传播需要介质，在环境温度为 20 ℃时，其传播速度大约为 344 m/s。超声波具有定向、波长短、反射、聚束等特性，当其从一种介质传播到另一种介质时，在两种介质的分界面上会产生反射。

超声波式液位传感器发射探头利用逆压电效应将高频电振动转换成机械振动产生超声波，接收探头利用正压电效应将超声波机械振动转换成电信号。测出发射探头发射超声波经液面反射被接收探头接收所用的时间，便可测得液位高度，超声波液位测量方法如图1-61所示。图1-61(a)中超声波探头安装在容器的上部，方便日常维护管理，但超声波在空气中衰减严重，因此有时也会将超声波探头安装在容器的底部，如图1-61(b)所示。此外，超声波式液位传感器的发射、接收探头有时也会组合在一起，形成单探头结构。

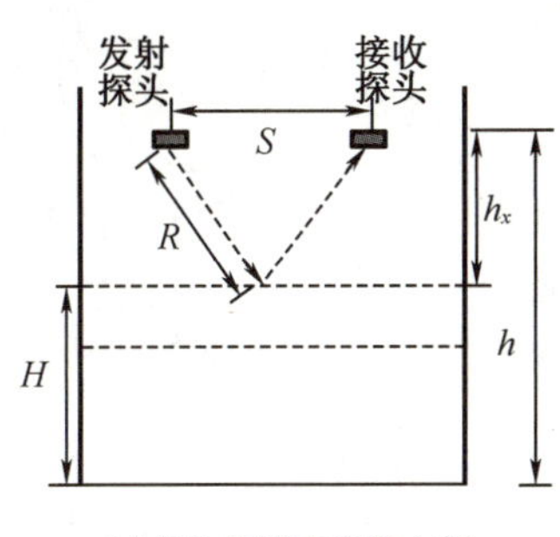

(a) 探头安装在容器上部

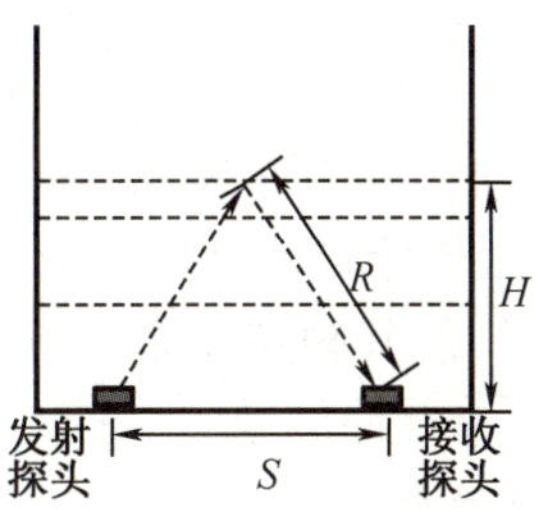

(b) 探头安装在容器底部

图1-61　超声波液位测量方法

以图1-61(a)为例，超声波从发射到接收所经过的路径长度为$2R$，所用时间为Δt，传播速度为v，两个探头之间的距离为S，则

$$h_x=\frac{1}{2}\sqrt{\Delta t^2 v^2-S^2}$$

进而可得液位高度H为

$$H=h-h_x=h-\frac{1}{2}\sqrt{\Delta t^2 v^2-S^2}$$

由此可知，只要测得超声波发射、接收的时间间隔以及其在介质中的传播速度，便可以得到液位高度H。超声波液位传感器与介质不接触，适合有腐蚀性、高黏度应用场合的液位测量，具有使用寿命长的特点。但当传播介质温度等因素改变时，超声波的传播速度也将发生改变。在实际应用中，可采用温度补偿方法进行校正，如在探头附近加装温度传感器，实时进行超声波传播速度的校正。

雷达式液位传感器采用电磁波对液位进行测量，其测量原理和超声波式液位传感器测量原理类似，如液舱遥测系统多采用雷达测液位，在此不再展开讲述。

(四)流量传感器

流量是指单位时间内流过某一截面的流体数量(质量或体积)，又称瞬时流量。当流量以体积表示时称为体积流量；当流量以质量表示时称为质量流量。总流量是指在某一时间段内流过某一截面的流体数量，又称累积流量。

船舶上需要用到流量的场合很多，譬如，加油船给船舶加油时，加油量的多少可以根据加油管路上的总流量来确定；船舶柴油机轻、重油转换是否完成，可以根据操作转换阀后的总流量来确定；根据进油瞬时流量，可以判断锅炉负荷是否正常、风油比是否合适。因此，流量的测量是船舶正常运营必不可少的环节。

不同的流体，其黏度、导电性、工作状态等可能是不同的，那么就需要选用不同的流量测量方法来进行测量。一般来说，流量传感器可以分为速度式、容积式和质量式。速度式流量传感器主要是测量流体在已知截面的速度大小,进而实现流量测量的目的。根据测量流体速度的方式不同,速度式流量传感器又可分为压差式流量传感器、电磁式流量传感器、超声波式流量传感器等。下面就容积式、电磁式、差压式和超声波式流量传感器进行介绍。

1. 容积式流量传感器

容积式流量传感器在船上主要用来检测流体的流量。它由检测齿轮、转轴、永久磁铁和干簧继电器组成,如图 1-62 所示。当流体自下向上流过时,由于有摩擦力存在,因此有压力损失,使进口流体压力 p_1 大于出口流体压力 p_2,检测齿轮在压力差的作用下,产生作用力矩而转动,通过的流量越大,齿轮转速越快。齿轮转动经转轴上端的永久磁铁驱动干簧继电器,使其触点闭合或断开,从而输出反映流量大小的电脉冲信号。

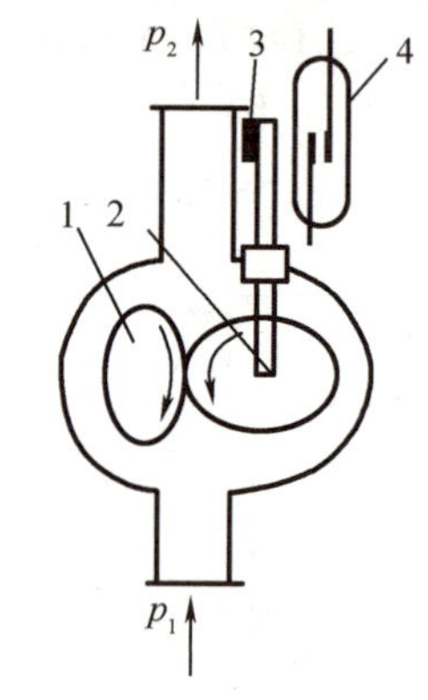

1—检测齿轮;2—转轴;3—永久磁铁;4—干簧继电器。

图 1-62　容积式流量传感器原理图

2. 电磁式流量传感器

电磁式流量传感器是根据电磁感应原理来检测流量的,所以只适用于测量可导电液体的流量。它主要由一对磁极、一对电极和检测放大电路组成,如图 1-63 所示。一对磁极置于管道两侧,以产生一磁场,导电液体在磁场中垂直于磁通方向流动时,切割磁力线,于是在两个电极上产生感应电势,其电势的大小与液体的体积流量成比例。感应电势经检测放大电路处理和放大后输出。

3. 差压式流量传感器

当被测液体流经管道内的节流元件(常见的有孔板、喷嘴等)时,会形成局部收缩,导致流速增加,压力减小,进而在节流元件前后形成压差。流量越大,所产生的压差越大。差压变送器通过测量节流元件前后压差实现对液体流量的测量。以孔板作为节流元件为例,差压式流量传感器原理图如图 1-64 所示。

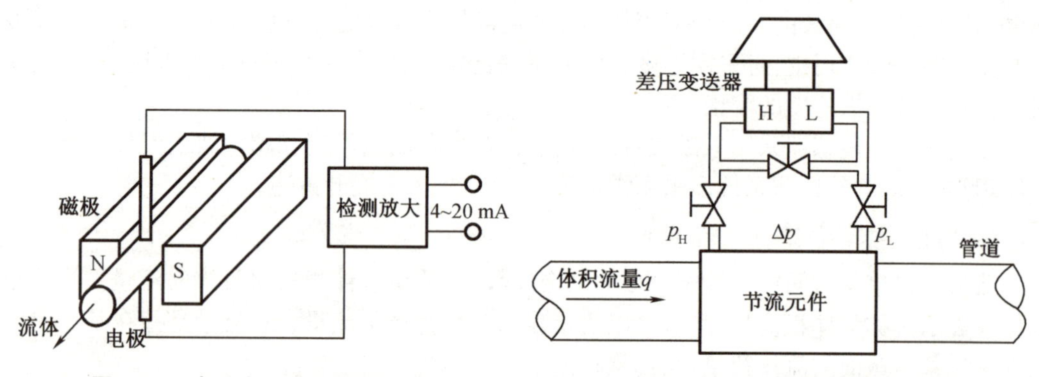

图 1-63　电磁式流量传感器原理图

图 1-64　差压式流量传感器原理图

根据质量守恒定律(流动连续性方程)和能量守恒定律(伯努利方程),再经过修正后可得

$$q=\alpha S_0\sqrt{\frac{2\Delta p}{\rho}}$$

式中，q 为体积流量；α 为流量系数；S_0 为节流元件开孔截面积；Δp 为节流元件前后压差；ρ 为液体密度。

由此可知，被测液体流量与压差平方成比例，测出节流元件的前后压差便可得到液体流量。

4. 超声波式流量传感器

利用超声波不仅可以实现前文所讲的对液位的测量，还可以实现对流量的测量。基于超声波测量流量的方法有很多，比较常见的是传播速度差法和多普勒法。传播速度差法又分为时差法、相应差法和频差法，这里仅对传播速度时差法展开介绍。

在静止的液体中，超声波的传播速度不同于其在流动液体中的传播速度，即在固定坐标系中，超声波的传播速度与液体流速有关。因此，可以通过测量超声波的传播速度，测得液体的流速，进而得到液体流量大小。

图 1-65 所示为超声波式流量传感器原理图，它由两套超声波发射、接收探头组成。从发射探头发射超声波到接收探头接收到超声波所用时间分别为 t_1、t_2，即

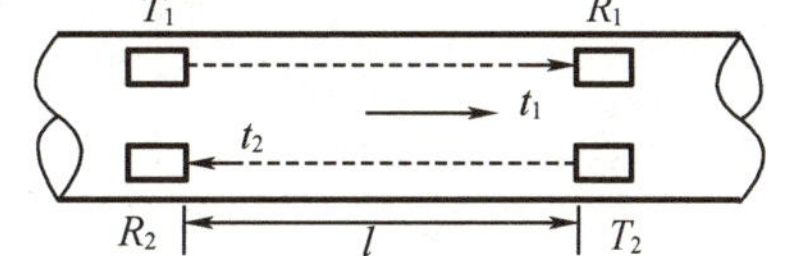

图 1-65　超声波式流量传感器原理图

$$t_1=\frac{l}{v_0+v}$$

$$t_2=\frac{l}{v_0-v}$$

式中，l 为发射探头与接收探头之间的距离；v_0 为超声波在静止液体中的传播速度；v 为液体的流动速度。

考虑到一般情况下超声波在静止液体中的传播速度远大于液体的流动速度，则时间差 Δt 为

$$\Delta t=t_2-t_1\approx\frac{2lv}{v_0^2}$$

从而

$$v\approx\frac{v_0^2\Delta t}{2l}$$

由此可知，液体的流动速度与时间差成正比。因此，只需要测得时间差，便能够测得液体的流速，知道管道的截面积就可以得到液体流量大小。但需要注意的是，测量方法中用到了超声波在液体中的传播速度 v_0，而其大小易受介质温度等因素影响，因此需要对传播速度进行校正。

（五）转速传感器

船上很多设备需要检测转速，如柴油机、增压器等需要转速测量。转速传感器多种多样，船上常用的转速传感器为磁脉冲式转速传感器，它是利用电磁感应定律制成的，还有测速发电机。此外，还有利用霍尔效应的霍尔式转速传感器、利用光电效应的光电式转速传感器、利用电涡流效应的电涡流式转速传感器等。转速传感器主要用来检测设备的转速和转向，下面分别介绍 5 种转速传感器。

1. 测速发电机

测速发电机利用导体切割磁力线所产生的感应电势与转速成比例的原理，把转速变换

成相应的感应电势。测速发电机有直流和交流两种形式。

直流测速发电机输出的是直流电压,其电压大小 U 与转速 n 成正比,即 $U=k\cdot n$,式中 k 为比例系数。U 的大小反映了主机转速的高低,U 的极性反映了主机的转向。

由于直流测速发电机存在电刷等部件易引起故障,故在新型船舶中越来越多地采用交流测速发电机。交流测速发电机输出的电压信号是交变的,需要对它进行相敏整流和滤波后将其变成直流电压信号。同直流测速发电机一样,该电压信号可反映主机的转速和转向。

测速发电机测得的转速信号可送至转速表来指示主机的转速和转向,但作为控制系统中的转速反馈和转速逻辑鉴别信号,因不能使用负电压的转速信号,故必须经过整流把倒车负极性电压信号转换成正极性电压信号,如图 1-66 所示。

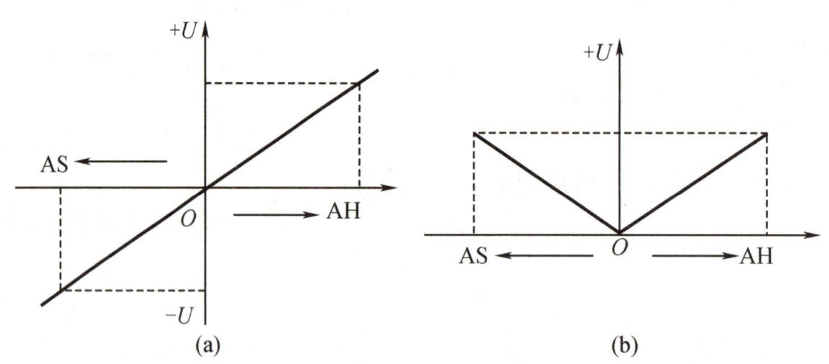

图 1-66　整流后正、倒车转速对应的电压值

2. 磁脉冲式转速传感器

磁脉冲式转速传感器属于非接触式测速装置,它没有运动部件,不会发生磨损,具有使用寿命长、检测精度高的特点。如图 1-67 所示,它由永久磁铁、软磁芯、线圈及非导磁性外壳组成,图左边是一个安装在主机主轴上的铁磁材料齿轮(通常是盘车机齿轮),传感器靠近齿轮安装,与齿顶之间保持一个较小的间隙。主机转动时,齿顶和齿谷交替经过,引起线圈内的磁通交替变化,使线圈感应出一系列脉冲信号。脉冲频率 f 取决于齿数 Z 和转速 n,即 $f=Z\cdot n/60$(Hz),从而可得出被测转速为 $n=\dfrac{60f}{Z}$。

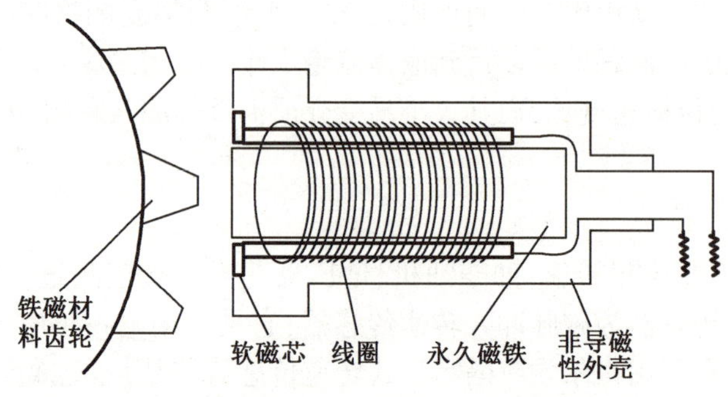

图 1-67　磁脉冲式转速传感器结构原理图

传感器输出的感应电势脉冲信号较弱,其波形也不理想,所以要把脉冲信号送入整形放大电路,使其转换成同频率的有较大幅值的矩形波。然后,矩形波再经频率/电压转换电路变换成电压信号,也就是把转速按比例转换成相应的电压信号,该电压信号的大小反映了转速的高低。

为了检测主机的转向，须安装两个磁头，且它们之间错位 1/4 齿距，使两个磁头所产生的脉冲信号在相位上相差 1/4 周期。这两个磁头输出的脉冲信号经整形放大后分别送至 D 型触发器的 D 端和 CP 端，根据其输出端 Q 是 1 或 0 来判别主机是正转或反转，其原理图如图 1-68 所示。

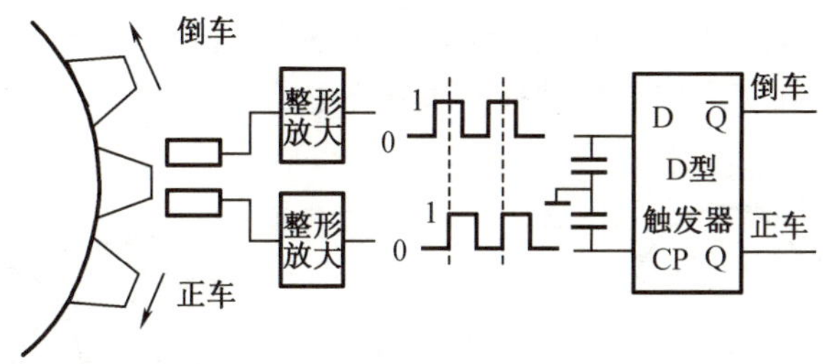

图 1-68　磁脉冲式转速传感器转向检测原理图

当齿轮沿正车方向转动时，D 型触发器 D 端的正脉冲总比 CP 端超前 1/4 周期，即 CP 端在脉冲上升沿时，D 端总是 1 信号，所以输出端 Q 保持 1 信号，表示主机在正车方向运转。当齿轮沿倒车方向转动时，D 型触发器 CP 端的正脉冲总比 D 端超前 1/4 周期，即 CP 端在脉冲上升沿时，D 端总是 0 信号，所以输出端 Q 保持 0 信号，表示主机在倒车运转。

3. 霍尔式转速传感器

利用霍尔效应还能制成霍尔式转速传感器。根据前述霍尔式压力传感器的介绍可知，霍尔电势的输出为

$$U_H = K_H IB$$

当控制电流 I 不变时，使传感器处于磁场中，霍尔传感器输出与磁感应强度成正比的电压。图 1-69 所示为霍尔式转速传感器结构图，它主要由磁性转盘、永久磁铁、霍尔元件和输入轴组成。霍尔元件固定在磁性转盘附近，永久磁铁安装在磁性转盘上，输入轴与被测转轴相连。当被测转轴转动时，磁性转盘以及永久磁铁也随之转动。每当永久磁铁经过霍尔元件时，霍尔元件上的磁场就发生改变，霍尔电势也就随之变化，形成脉冲信号。因此只要检测出单位时间内的脉冲数，便可知道被测转轴的转速。增加磁性转盘上永久磁铁的个数，能够提高霍尔式转速传感器测速的分辨率。

4. 光电式转速传感器

(1)光电效应

光电效应分为内光电效应和外光电效应。内光电效应又分为光生伏特效应和光电导效应两类。光生伏特效应是指在光照作用下，物体中产生一定方向电动势的现象，基于此效应的典型器件有光电池、光敏二极管和光敏晶体管等。光电导效应是指在光照作用下，物体电阻率发生改变的现象，基于此效应的典型器件是光敏电阻。外光电效应又称光电子发射效应，是指在光照作用下，物体内的电子从物体表面逸出的现象。常见的外光电效应的光电器件有光电管和光电倍增管等。

(2)光电式转速传感器

图 1-70 所示为光电式转速传感器结构图。它主要由光源、光学通路、光电器件三部分组成。转盘与被测转轴相连，转盘上有一个或多个测量孔，光源和光电器件分别固定在转盘

两侧，且位于同一条直线上，保证光电器件能够接收到光源发射的光。测量时，转盘随转轴一起转动，测量孔周期性地将光源的光照射到光电器件上。当测量孔与光源、光电器件在同一条直线上时，光路通畅，为“1”状态；当测量孔与光源、光电器件不在同一条直线上时，光路被切断，为“0”状态。所形成的电脉冲信号频率 f 与被测量转速 n 之间的关系为

$$n=\frac{60f}{Z}$$

式中，Z 为测量孔的个数。可以看出，若能够测得电脉冲信号频率便可得到被测转轴的旋转速度。值得注意的是，在实际应用中选择光源和光电器件时，需确保两者光谱特性相一致。

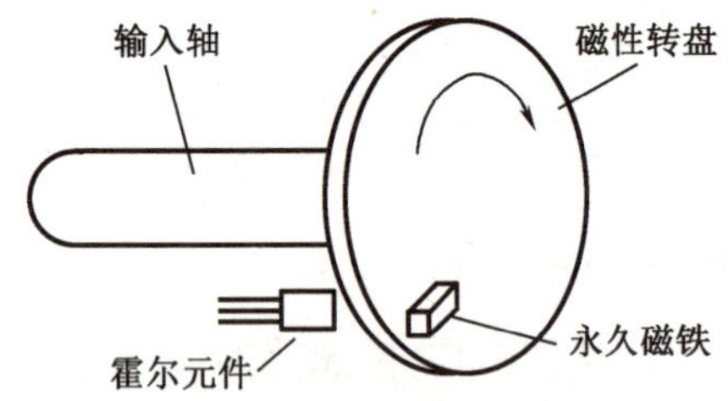

图 1-69　霍尔式转速传感器结构图

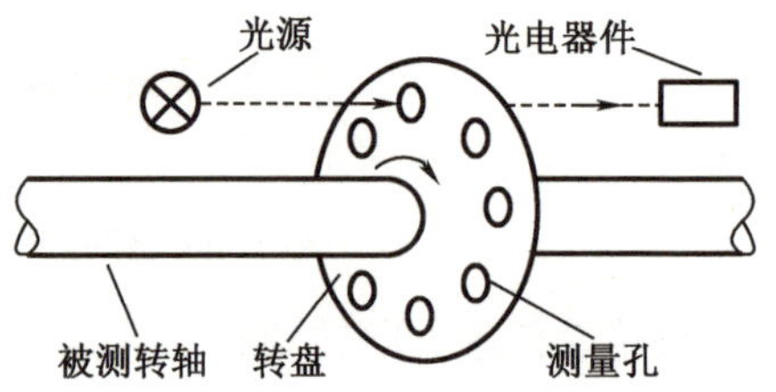

图 1-70　光电式转速传感器结构图

5. 电涡流式转速传感器

(1)电涡流效应

电涡流效应是指块状金属导体在变化的磁场中或在恒定的磁场中运动时，金属导体内部会产生闭合的电流的现象。利用电涡流效应不仅可以构成电涡流式压力传感器测量压力(实质为位移测量，然后转换成压力)，还能构成电涡流式转速传感器测量转速。

(2)电涡流式转速传感器

图 1-71 所示为电涡流式转速传感器结构图，转盘与被测转轴相连，转盘上有一个或多个键槽，电涡流式转速传感器固定在转盘附近。当被测转轴旋转时，转盘的键槽与传感器间的距离发生周期性变化。由于电涡流效应，电涡流式转速传感器线圈的阻抗也周期性地变化，其变化频率与被测转轴的旋转速度成正比。线圈阻抗的变化频率 f 与被测转速 n 的关系为

$$n=\frac{60f}{Z}$$

式中，Z 为键槽的个数。可以看出，若能够测得线圈阻抗变化频率便可得到被测转轴的旋转速度。由高频振荡器、高频放大器、检波器、整形电路、计算电路等组合而成的测量转换电路可以测出线圈阻抗变化频率。

(六)转矩传感器

转矩传感器是用于测量物体转动时所受到的力矩的传感器。它可以将机械能转换为电信号输出，从而实现对物体转动状态的监测和控制。转矩传感器根据工作原理分为扭应力式转矩传感器和扭转角式转矩传感器。扭应力式又分为电阻应变式和压磁式；扭转角式又分为相位差式、光电式和振弦式。图 1-72 所示为相位差式转矩传感器测量原理图，其结构由扭转轴、两个齿轮圆盘(1、2)和一对磁电传感器组成。它的测量原理是当转轴扭转时，两个磁电传感器的输出电动势存在相位差，相位差与扭转轴的扭转角成比例，扭转角大小与扭

矩大小对应,通过测量相位差得到扭矩值大小。

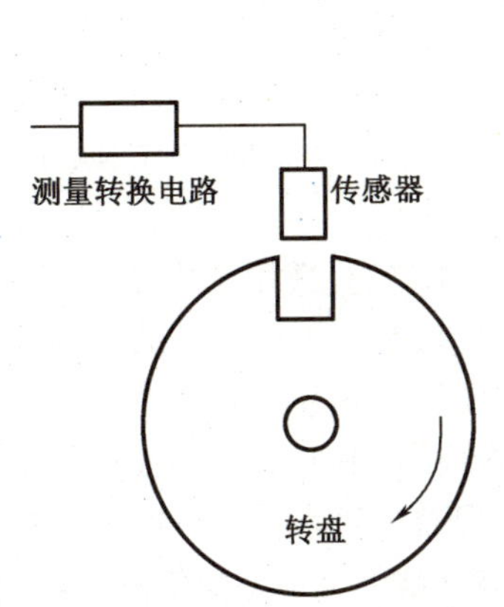

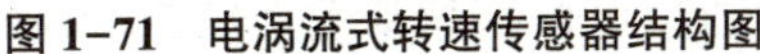
图 1-71　电涡流式转速传感器结构图

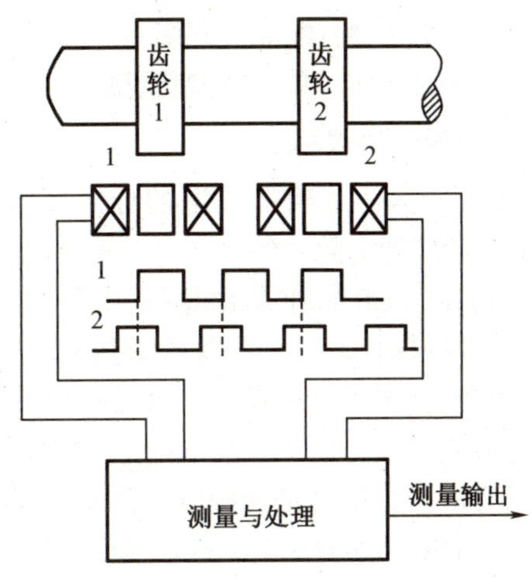

图 1-72　相位差式转矩传感器测量原理图

船舶上,转矩传感器常用于测量电动机、柴油机等旋转动力设备的输出扭矩。其特点是可靠性高、响应速度快、精度高、适应性强,但易受干扰影响、安装维护不易、价格高。

(七)智能传感器

随着传感器向智能化、网络化、集成化方向发展,应用于工业智能等领域的新型传感器加速涌现。区别于传统传感器,智能传感器指将传感器与微处理单元结合在一起,具有信息采集、处理、存储、交换以及判断决策能力的传感器,通常由传感器、信号调理电路、微处理器、通信接口、存储单元、输出接口电路等组成。图 1-73 所示为智能传感器基本结构框图,传感器将采集的被测量转换为电信号,经信号调理电路处理后送入微处理器中。微处理器能够对数据进行分析、处理和储存,通过输出接口电路进行输出,通过通信接口进行数据传输。

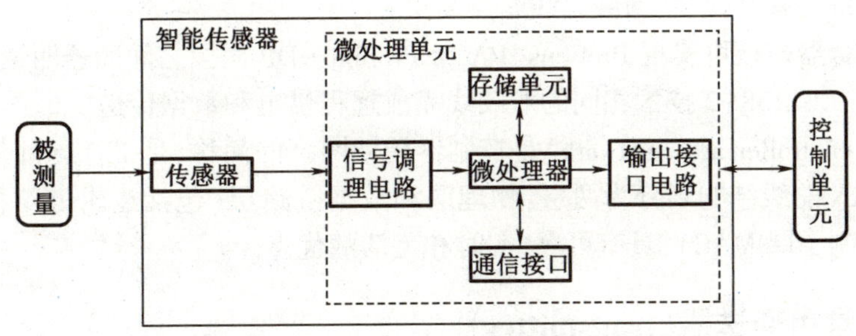

图 1-73　智能传感器基本结构框图

1. 智能传感器的主要功能

(1)具有自选量程、自动调零、自动标定、自动校正、自动诊断和自动决策处理功能。

(2)能够自动采集数据,具有自动补偿、信息处理、数据存储和记忆功能。

(3)具有双向通信、标准化数字输出功能。

2. 智能传感器的主要特点

(1)高精度:可以通过软件修正系统误差,降低随机误差和噪声,进而提高传感器测量精度。

(2)高可靠性:其集成化能够提高系统抗干扰性。

(3)多功能化:能够实现多传感器多参数的复合测量。

(4)高性价比:具有微型化、微功耗、高信噪比等特点。

3. 常用的协议标准

传感器信号需满足一定的标准才能被系统识别,常见的协议标准有 NAMUR 标准、HART 协议、现场总线等。

(1)NAMUR 标准是由德国测量与控制标准委员会制定的,适用于安全栅厂家和 PLC 厂家的 I/O 模块。其开关量检测基本原理为:给传感器提供一个大约 8 V 的直流电压,通过电流的变化(电流变化范围为 1. 2~2. 1 mA)来检测金属物与传感器间的距离。一般情况下,当电流增大,大于 1. 75 mA 时,输出“1”信号;当电流减小,小于 1. 55 mA 时,输出“0”信号,以此检测金属物是否接近。开关信号可以送入微处理器中对系统进行监视控制。

(2)HART(highway addressable remote transducer)协议是可寻址远程传感器高速通道的通信协议,是用于现场智能仪表和控制室设备之间的通信协议。其基于贝尔 202 频移键控(freguency-shift keying,FSK)标准,将低电平的数字量信号叠加在 4~20 mA 模拟量信号之上。4~20 mA 模拟量信号用来传输测量值,HART 利用叠加在模拟量信号之上的数字量信号来传输,诸如设备状态、是否诊断等设备信息。HART 协议能够提供一种易于使用和配置的低成本、高可靠性的现场通信解决方案,已成为智能仪表的工业标准。

(3)现场总线(FieldBus)是一种应用于生产现场,在现场设备之间、现场设备和控制装置之间实行双向、串行、多点的数字通信技术,是自动化领域中底层数据通信网络。现场总线具有多个类型,如 Control Net 现场总线、Profibus 现场总线。Profibus(process fieldbus)是一种用于工厂自动化车间级监控和现场设备层数据通信与控制的现场总线技术,其由三部分组成:Profibus - DP(decentralized periphery,应用于现场级)、Profibus - PA(process automation,应用于过程自动化)、Profibus - FMS(fieldbus message specification,应用于车间级)。Profibus-PA 可使传感器和执行器连接在一根共用的总线上,具有如下特点:

①现场设备具有互换性,增减总线站点简单。

②通过耦合器连接可实现 Profibus-PA 与 Profibus-DP 两段之间的透明通信。

③使用与 IEC1158-2 技术相同的双绞线完成远程供电和数据传送。

(4)CAN(controller area metwork)是控制器局域网络的简称,是 ISO 国际标准化的串行通信协议。CAN 总线结构划分为两层:物理层和数据链路层(包括逻辑链路控制子层 LLC 和媒体访问控制子层 MAC),具有可靠、实时和灵活的优点。

三、船舶常用变送器(transmitter)

反馈控制系统测量单元通常由传感器构成,但偶有传感器输出的电信号的形式各样、大小不一,不便于显示和处理,因此,将检测和调节电路输出的信号转换为规定标准信号的装置称为变送器。变送器按照被测物理量分为温度变送器、压力变送器、差压变送器等;按照转换的能量信号分为电动变送器、气动变送器。按我国国家标准《过程控制系统用模拟信号》(GB/T 33691—2008)和 IEC60381 的标准,通常的标准电信号有直流电流信号和直流电压信号。

(一)标准信号类型

1. 直流电流信号

标准的直流电流信号为4~20 mA,过去曾用的直流标准信号0~10 mA将逐渐被淘汰。当模拟信号需要传输较远的距离时,一般采用电流信号而不是电压信号,因为电流信号抗干扰能力强,信号线电阻不会导致信号损失。

2. 直流电压信号

标准的直流电压信号有0~5 V、1~5 V、0~10 V、-10~+10 V等。直流电压信号又可分为单极性信号和双极性信号。如果输入信号相对于模拟地电位来讲,只偏向一侧,如输入电压为0~10 V,则称为单极性信号;如果输入信号相对于模拟地电位来讲,可高可低,如输入电压为-10~+10 V,则称为双极性信号。当模拟信号需要传输给多个仪器仪表或控制对象时,一般采用直流电压信号而不是直流电流信号。需要注意的是,直流电压传导只适用于传输距离较近的场合。

对于采用4~20 mA电流传导的系统,只需采用250 Ω电阻就可将其变换为直流电压信号1~5 V。所以1~5 V直流电压信号也是常用的模拟信号形式之一,1 V以下的电压值表示信号电路或供电有故障。随着工业控制网络和现场总线的发展,越来越多的变送器可输出数字信号,直接与通信总线相连。

(二)变送器的构成原理

图1-74所示为变送器的构成原理图,它主要由测量部分、放大器和反馈部分组成。测量部分的作用是检测被控量x,并把变量x转换成电压、电流、位移、作用力或力矩等物理量,作为放大器的输入信号z_i。反馈部分则把变送器的输出信号转换成反馈信号z_f,将输入信号z_i与调零信号z_0的代数和同反馈信号进行比较,其差值ε送给放大器进行放大,并转换成标准的气压或直流电流输出信号y。

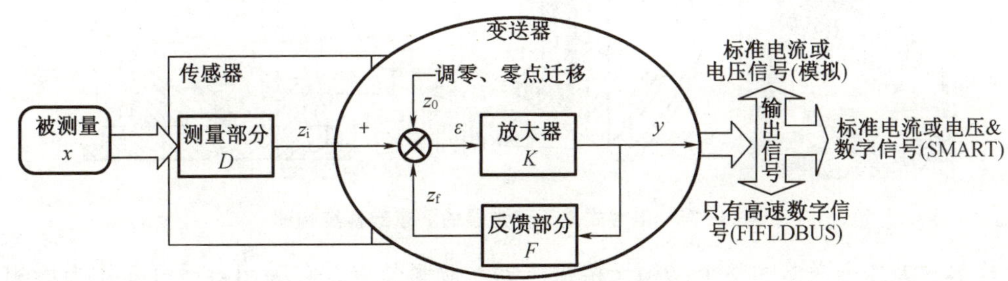

图1-74　变送器的构成原理图

机舱设备控制中,常用电动差压变送器来测量压力、流量、黏度等参量。电动差压变送器是指将被测物理量的压力差信号转化为4~20 mA的标准电流信号输出,目前在船舶机舱中主要以电容式电动差压变送器为主。

(三)电容差压变送器

微课1.44　船用传感器之变送器

如图1-75所示,电容式差压变送器的基本组成有测量部件和转换放大电路两部分。输入差压Δp作用于测量部件的感压膜片,使其产生位移,从而使感压膜片(即可动电极)与两固定电极所组成的差动电容器之电容量发生变化。此电容变化量由电容-电流转换电路转换成直流电流信号,将电流信号与调零信号的代数和同反馈信号进行比较,其差值送入放大电路,经放大得到变送器的输出电流 I_o(4~20 mA)。

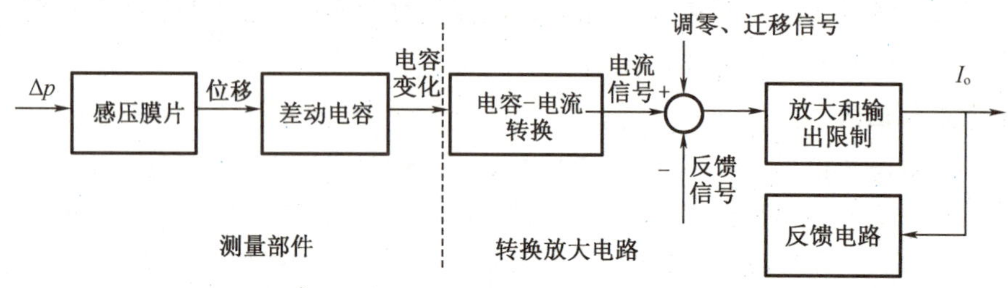

图 1-75　电容式差压变送器的基本组成图

1. 测量部件

测量部件的作用是把被测差压 $p_H-p_L=\Delta p$ 转换成电容量的变化,其核心是差动电容敏感元件。差动电容敏感元件包括中心感压膜片(可动电极),正、负压侧弧形电极(固定电极),电极引线,正压侧、负压侧隔离膜片和基体等,如图 1-76 所示。在差动电容敏感元件的空腔内填充有硅油,用以传递压力。中心感压膜片和其两边的正、负压侧弧形电极形成电容 C_H 和 C_L,当作用在正、负压侧隔离膜片上的压力相等时,$C_H=C_L$。

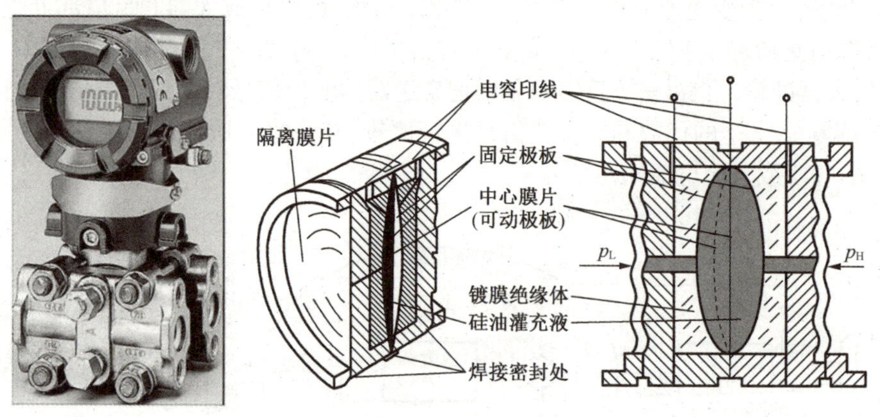

图 1-76　电容式差压变送器的测量部件结构图

电容式差压变送器的整个结构无机械传动与调整装置。它采用差动电容作为检测元件,并用全封闭焊接的方式将测量部分进行固体化,因此仪表结构简单,整机性能稳定可靠,且具有较高的精度。

2. 转换放大电路

转换放大电路的作用是将上述差动电容的相对变化值,转换成标准的电流输出信号。此外,其还具有零点调整、量程调整、正负迁移和阻尼调整等功能。图 1-77 所示为电容式差压变送器转换放大电路原理框图。

该电路包括电容-电流转换电路及放大电路两部分。电容-电流转换部分主要有振荡器、解调器、振荡控制放大器,它的作用是将差动电容的相对变化值 $(C_H-C_L)/(C_H+C_L)$ 成比例地转换成差动电流信号 I_i,并实现非线性补偿功能。放大电路部分主要由前置放大器、调零与零点迁移电路、量程调整电路、功放与输出限制电路等组成,该部分电路的作用是将差动电流 I_i 进行放大,并输出 4~20 mA 的直流电流。具体的电路原理比较复杂,在这里不进行详细分析。

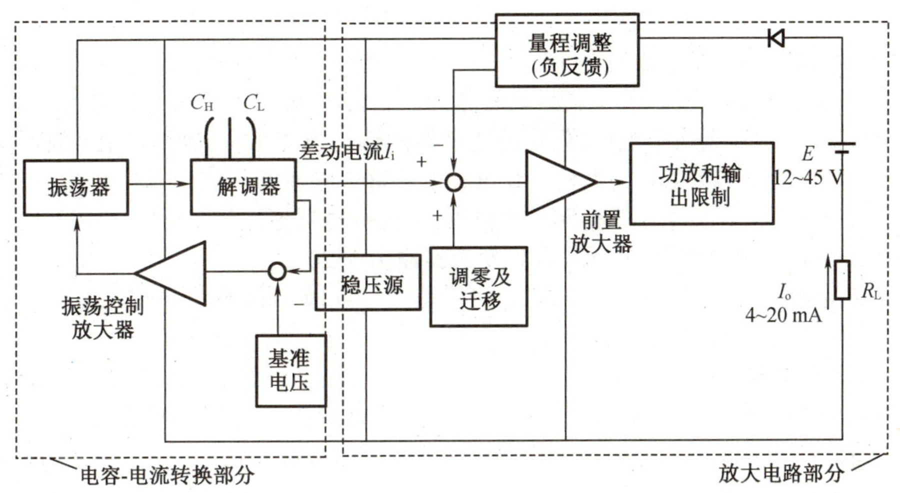

图 1-77　电容式差压变送器转换放大电路原理框图

3. 电容式差压变送器零点和量程的调整

典型的电容式差压变送器是 1151 系列变送器,下面将以此为例说明电容式差压变送器零点和量程的调整方法。

(1)气路与电路连接

图 1-78(a)所示为差压变送器的气路与电路连接图。气路连接的目的是给变送器提供被测信号,信号的大小由气动定值器调定。气路连接时,为保护差压变送器膜片,差压输入端需接入三个截止阀。在使用测量时,须先开中间平衡阀,再开高、低压端截止阀,最后关平衡阀进行测量;变送器电气壳体上有 4 个接线端子,上部两个标有"Signal"字样,接电源,下部两个标有"Test"字样,接内阻小于 8 Ω 的电流表,也可不接。切勿将电源接到"Test"端子,否则将会损坏仪表。

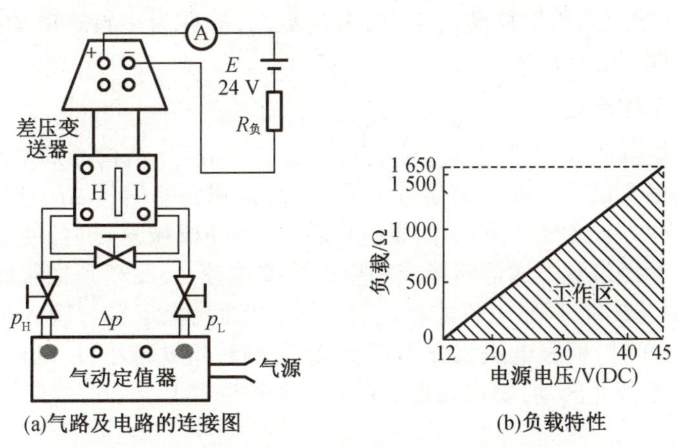

(a)气路及电路的连接图　　(b)负载特性

图 1-78　差压变送器的气路与电路连接

变送器电源要根据负载特性进行选择,1151 电容式变送器的负载特性如图 1-78(b)所示。由负载特性可知,变送器的电源电压为 12~45 V(DC),对应不同的电源电压,负载范围为 0~1 650 Ω。若电源电压为 24 V(DC),则负载电阻应为 500 Ω。

(2)零点和量程的调整方法

在变送器的转换电路中设有两个电位器,分别用于调整零点和量程,它们位于电气壳体的铭牌后面,移开铭牌即可调整。调零电位器旁标有“Z”;量程电位器旁标有“R”。当输入信号不变时,顺时针转动两个电位器,均使变送器的输出电流增大,逆时针转动则使输出减小。设量程范围为 $\Delta p_{\min}\sim\Delta p_{\max}$,则零点和量程的调整步骤如下:

①使 $\Delta p=\Delta p_{\min}$(下限值),调整调零电位器,直到变送器输出为 4 mA;

②使 $\Delta p=p_{\max}$,调整量程电位器,直到变送器输出为 20 mA;

③重复步骤①和②,直到 $\Delta p_{\min}\sim\Delta p_{\max}$ 测量范围与 4~20 mA 标准输出相对应。

(3)线性调整和阻尼调整

除零点和量程调整外,放大器板的焊接面还有一个线性调整电位器和阻尼调整电位器。线性调整电位器已在出厂调到了最佳状态,一般不在现场调整。阻尼调整电位器用来抑制由被测压力的高频变化而引起的输出快速波动。其时间常数在 0.2 s(正常值)和 1.67 s 之间,出厂时,阻尼器调整到逆时针极限的位置上,时间常数为 0.2 s。最好选择最短的时间常数,时间常数调节不影响变送器的零点和量程,可在现场进行阻尼调整。

四、船舶常用执行机构

自动控制系统中,执行机构按其所使用的能源形式可分为气动、电动和液压三大类。气动执行机构是将调节器输出的气动控制信号转换为机械位移。在船舶机舱中,气动执行机构主要以气动薄膜调节阀为主。液压执行机构主要用于调距桨的桨叶角控制和柴油机油门拉杆的位置控制等,这里只介绍比较通用的电动执行机构。

电动执行机构接收的是调节器输出的 0~10 mA 或 4~20 mA 直流信号,并将其转换成相应的机械位移,以实现自动调节。

电动执行机构主要分为两大类:直行程式与角行程式。前者用于操纵直行程调节机构,后者用于操纵转角式调节机构,两者都是以伺服电机为动力的位置伺服机构。角行程式执行机构又可分为单转式和多转式。单转式输出的角位移一般小于 360°,通常简称为角行程式执行机构;多转式输出的角位移超过 360°,可达数圈,故称为多转式电动执行机构,它与闸阀等多转式调节阀配套使用。

1. 基本结构和工作原理

电动执行机构由伺服放大器和执行单元两大部分组成,其结构原理框图如图 1-79 所示。伺服放大器将输入信号 I_i 和反馈信号 I_f 相比较,得到偏差信号 ΔI。当偏差信号 $\Delta I>0$ 时,ΔI 经伺服放大器功率放大后,驱动伺服电机转动,再经机械减速后,使输出轴转角 θ 增大。输出轴转角位置经位置发送器转换成相应的反馈电流 I_f,反馈到伺服放大器的输入端使 ΔI 减小,直至 $\Delta I=0$ 时,伺服电机才停止转动,输出轴就稳定在与输入信号相对应的位置上。反之,当 $\Delta I<0$ 时,伺服电机反方向转动,输出轴转角 θ 减小,I_f 也相应减小,直至使 $\Delta I=0$ 时,伺服电机才停止转动,输出轴稳定在另一新的位置上。

2. 伺服放大器

伺服放大器主要由前置磁放大器、触发器和可控硅交流开关等构成。它与电机配合工作的伺服驱动电路如图 1-80 所示。

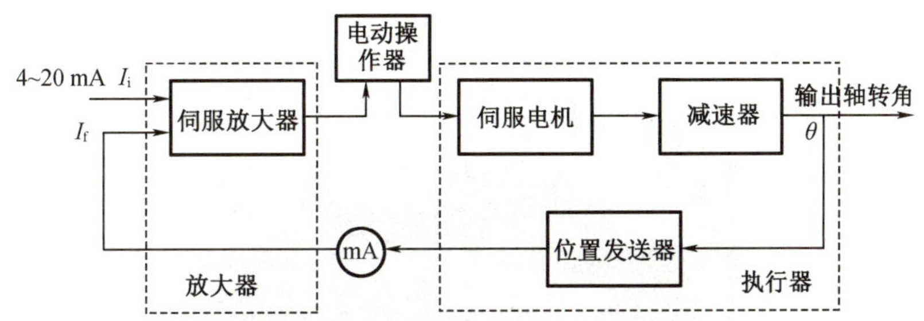

图 1-79　电动执行机构的结构原理框图

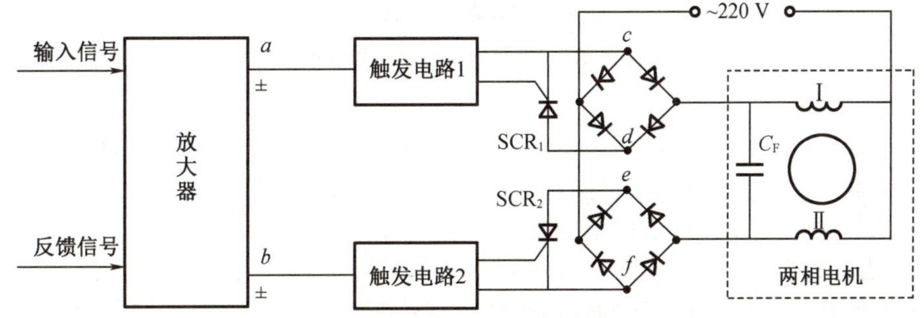

图 1-80　伺服驱动电路图

前置放大器是一个增益很高的放大器,根据输入信号与反馈信号相减所得的偏差极性,在 a、b 两端输出不同极性的电压。当前置放大器输出电压的极性为 $a(+)$、$b(-)$时,触发电路 1 使可控硅 SCR_1 导通,桥式整流器的 c、d 两端接通,220 V 的交流电压直接接到伺服电机的绕组Ⅰ,并经分相电容 C_F 加到绕组Ⅱ上。这样,绕组Ⅱ中的电流相位比绕组Ⅰ超前 90°,形成旋转磁场,使电机朝一个方向转动。若前置放大器的输出电压极性和上述相反,即 $a(-)$、$b(+)$时,则触发电路 2 使可控硅 SCR_2 导通,使另一桥式整流器的两端 e、f 接通,电源电压直接加于电机绕组Ⅱ,并经分相电容 C_F 供电给绕组Ⅰ,电机朝相反的方向转动。由于前置放大器的增益很高,只要偏差信号大于不灵敏区,触发电路便可使可控硅导通,电机以全速转动,这里可控硅起的是无触点开关的作用。当 SCR_1 和 SCR_2 都不导通时,伺服电机停止转动。

3. 执行器

执行单元由伺服电机、机械减速器和位置发送器三部分组成。执行单元接收伺服放大器或电动操作器的输出信号,控制伺服电机的正、反转,经机械减速器减速后输出力矩推动调节机构动作。与此同时,位置发送器将调节机构的角位移转换成相对应的 0~10 mA(DC)信号,作为阀位指示,并反馈到前置放大器的输入端作为位置反馈信号以平衡输入信号。

(1)伺服电机

图 1-81 表示的是一个两相电容异步伺服电机的结构原理,它将伺服放大器输出的电功率转换成机械转矩,作为执行器的动力部件。伺服电机由一个用冲槽硅钢片叠成的定子和鼠笼式转子组成。定子上均布着两个匝数、线径相同而相隔 90°电角度的定子绕组Ⅰ和Ⅱ。由于分相电容 C_F 的作用,定子绕组Ⅰ和Ⅱ的电流相位总是相差 90°,其合成向量产生定子旋转磁场,定子旋转磁场又在转子内产生感应电流并构成转子磁场,两个磁场相互作

用,使转子旋转。转子旋转方向取决于定子绕组Ⅰ和Ⅱ中的电流相位差,即取决于分相电容 C_F 串接在哪一个定子绕组中。

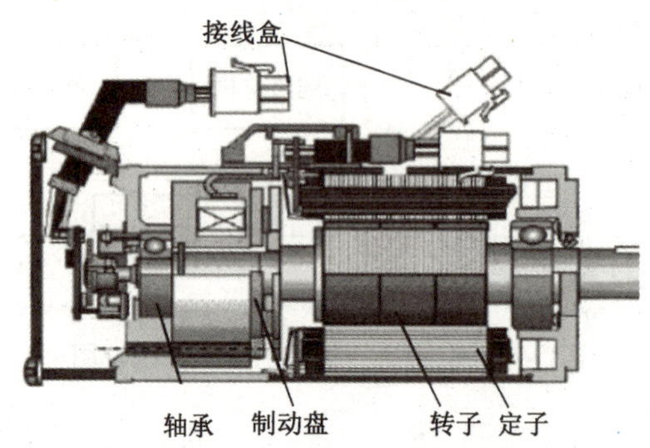

图 1-81　伺服电机的结构原理图

(2)减速器

由于交流伺服电机的转速高、力矩小,因此必须经过减速才能获得较大的推动力矩。常用的减速器有行星齿轮和蜗轮蜗杆两种,其中行星齿轮减速器由于体积小、传动效率高、承载能力大,单级速比可达 100 倍以上,获得广泛的应用。

(3)位置发送器

位置发送器是将电动执行机构输出轴的位移转变为 0~10 mA(DC)反馈信号的装置。其主要部分是差动变压器,如图 1-82 所示。差动变压器的铁芯与凸轮斜面靠弹簧相互压紧,当输出轴转动时带动凸轮使铁芯左右移动,凸轮斜面在设计上能保证铁芯位置与输出轴的转角呈线性关系,因此,变压器副边的输出电压将与输出轴的转角呈线性关系。这一交流信号经进一步处理获得 0~10 mA 的直流信号。

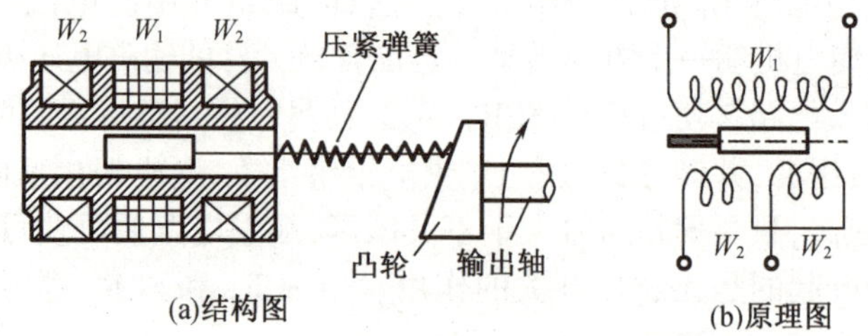

图 1-82　执行机构的位置反馈原理图

拓展强化

任务 1.4

一、选择题(请扫码作答)

二、简答题

1. 依据机舱常用传感器分类,请列表描述它们的种类、原理、特点及应用场合。
2. 如何进行电动差压变送器的零点和量程调整?
3. 根据所学内容及资源,试列举机舱传感器的常见故障案例。

任务1.5　反馈控制系统的参数整定

任务描述

反馈控制系统中，测量单元、执行机构等各组成环节一旦安装并调试完毕，则可通过整定调节器参数来获得理想的控制效果，譬如调整调节器的比例带 PB、积分时间 T_i 和微分时间 T_d。因此，在对调节器进行更换或维修之后，或由于长期运行导致系统性能降低时，需要对调节器的参数进行调整，以获得满意的控制效果。常把确定调节器参数值的过程称为自动控制系统的整定或调节器参数的整定。调节器的参数整定方法有理论计算和工程整定两种。理论计算涉及控制系统的模型辨识问题，难度较大，不适宜在现场进行，因此，在实际中通常采用工程整定的方法。在工程整定之前，需确保测量单元和执行机构能正常工作。通过本任务学习，知晓调节器参数的整定方法。

任务实施

一、调节器参数对控制系统动态过程的影响

在反馈控制系统的控制方案已经确定，组成该控制系统的单元仪表已经安装并调校以后，为了能使控制系统符合动态过程品质指标的要求，唯一可改变的只有调节器整定的参数值，即调节器的比例带 PB、积分时间 T_i 和微分时间 T_d。因此，在控制系统安装好准备投入工作的时候，或该系统已经运行了一段时间，各台仪表性能有所降低的时候，都需要对调节器参数进行整定，以便确定或恢复为获得满意的控制效果的调节器的最佳参数值。但是，调节器参数的整定只能在一定范围内起作用。如果控制方案不合理，各种仪表的选型和安装不当，单台仪表没有调校好等，单靠调整调节器的参数值是不能达到控制系统动态品质指标要求的。因此不能片面强调调节器参数的整定。

前面曾分别讨论过调节器的比例带 PB、积分时间 T_i 和微分时间 T_d 对控制过程的影响，但在实际使用中，往往是两个或两个以上参数的联合作用。在这种情况下，调节器参数对控制系统的动态过程影响要复杂一些。目前，PI 调节器应用比较广泛，下面着重分析比例带 PB 和积分时间 T_i 联合运用时对控制过程的影响，并掌握参数整定的一般原则。

图 1-83 给出在一个实际控制系统中，通过改变 PB 和 T_i 所得到的控制过程曲线图谱。图中曲线(e)表示 PB 和 T_i 已经整定合适时，其动态过程进行的情况；其他曲线表示 PB 和 T_i 这两个参数在最佳 PB_0 和 T_{iD} 附近改变之后控制过程的变化情况。图中，从右到左 PB 逐渐增大，从上到下 T_i 值逐渐增大。比较这些曲线，可得出如下结论：

(1) PB 和 T_i 都增大意味着控制作用弱，控制过程更加稳定，但被控量的最大动态偏差增大。在这方面 PB 要比 T_i 的影响强烈得多，T_i 偏大，在控制作用开始阶段，积分作用几乎不起作用，只有在比例作用基本结束时，才慢慢显出消除静态偏差的积分作用，整个动态过程拖得很长，如图中曲线(g)(h)(i)所示。

(2)PB 和 T_i 都减小意味着控制作用强。减小 PB 可显著减小最大动态偏差,而减小 T_i 对减小最大动态偏差作用不明显。

(3)由于 PB 的影响比 T_i 大,因此要求对 PB 值整定得要准确一些,而 T_i 值的准确度可稍差一点。其中,T_i 值宁可偏大一点,不要偏小,因为 T_i 值小对减小最大动态偏差的作用不大,且动态过程的稳定性会明显降低。T_i 偏大一点,可达到对动态稳定性的要求,只是消除静态偏差所需时间稍长点。

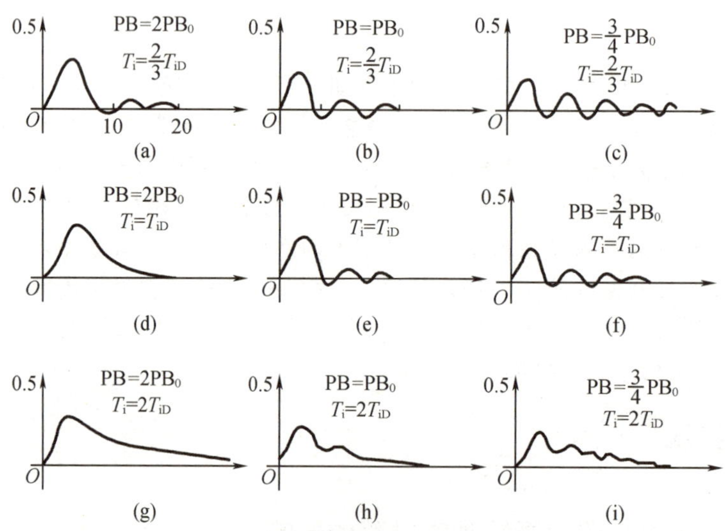

图 1-83 PB 和 T_i 改变时控制过程响应曲线图谱

二、PID 调节器参数的工程整定方法

整定方法是指确定调节器 PB、T_i 和 T_d 的方法。目前,应用最多的工程整定法主要包括经验法、衰减曲线法、临界比例带法和反应曲线法。

1. 经验法

经验法也叫现场凑试法,指先确定一个调节器的参数值 PB 和 T_i,通过改变给定值对控制系统施加一个扰动,现场观察判断控制曲线形状。若曲线不够理想,可改变 PB 和 T_i 再画控制过程曲线,经反复试凑直到控制系统符合动态过程品质要求为止,这时的 PB 和 T_i 就是最佳值。如果调节器是 PID 三作用式的,那么要在整定好 PB 和 T_i 的基础上加入微分作用。由于微分作用有抵制偏差变化的能力,所以确定一个 T_d 值后,可把整定好的 PB 和 T_i 值减小一点再进行现场凑试,直到 PB、T_i 和 T_d 取得最佳值为止。显然用经验法整定的参数是准确的,但花时间较多,为缩短整定时间,应注意以下几点。

(1)根据控制对象特性确定好初始的参数值 PB、T_i 和 T_d。可参照在实际运行中的同类控制系统的参数值,或参照表 1-3 所给的参数值,使确定的初始参数尽量接近整定的理想值。这样可大大减少现场试凑的次数。

(2)在凑试过程中,若出现被控量变化缓慢,不能尽快达到稳定值,则是由于 PB 过大或 T_i 过长引起的,但两者是有区别的。PB 过大,曲线漂浮较大,变化不规则;T_i 过长,曲线带有振荡分量,接近给定值很缓慢。这样可根据曲线形状来改变 PB 和 T_i。

表 1-3　经验法经验参数值

被控量	控制对象特点及 PID 使用要点	PB/%	T_i/min	T_d/min
流量	控制对象 T 小，PB 应较大，T_i 较短，不用 D	40~100	0.1~1.0	
温度	控制对象 T 小，τ 不太大，通常用 D	20~60	3.0~10	0.5~3
压力	控制对象 T、τ 都不大，不用 D	30~70	0.4~3.0	
液位	在允许有静差时，不用 I 和 D	20~80		
备注	(1)τ 为时间常数，是衡量控制对象惯性大小的一个参数； (2)τ 为控制对象的迟延，是从控制量发生变化到被控量开始发生变化所需的时间			

(3)PB 过小、T_i 过短、T_d 太长都会导致振荡衰减得慢，甚至不衰减，其区别是 PB 过小，振荡周期较短；T_i 过短，振荡周期较长；T_d 太长，振荡周期较短。

(4)如果整定过程中出现等幅振荡，并且通过改变调节器参数而不能消除这一现象，则可能是阀门定位器调校不准、调节器或变送器的放大器调校不准、调节阀传动部分有间隙(或调节阀尺寸过大)或控制对象受到等幅波动的干扰等造成的。这时就不能只注意调节器参数的整定，而是要检查与调校其他仪表和环节。

2. 衰减曲线法

衰减曲线法以 4∶1衰减比作为整定要求。先切除调节器的积分和微分作用，用凑试法整定纯比例控制作用的比例带 PB，使之符合 4∶1衰减比的要求，记下此时的比例带 PB_K 和振荡周期 T_K。随后加入积分和微分作用，可按表 1-4 给出的衰减曲线法经验公式计算。若按这种方式整定的参数在运行过程中，其动态过程曲线还不够理想，可根据曲线形状，对整定的参数做适当的调整。对有些控制对象，控制过程进行较快，难以从记录曲线上找出衰减比。这时，只要被控量波动 2 次就能达到稳定状态，可近似认为是 4∶1的衰减过程，其波动一次的时间即为 T_K。

表 1-4　衰减曲线法经验公式表

控制规律	PB/%	T_i/min	T_d/min
P	PB_K		
PI	1.2PB_K	0.5T_K	
PID	0.8 PB_K	0.3 T_K	0.1 T_S

3. 临界比例带法

用临界比例带法整定调节器参数时，先切除积分和微分作用，让控制系统以较大的比例带在纯比例控制作用下运行，然后逐渐减小 PB，每减小一次都需认真观察过程曲线，直到达到等幅振荡，记下此时的比例带 PB_S(称为临界比例带)和波动周期 T_S，然后按表 1-5 中给出的临界比例带法经验公式求出调节器的参数值。按该表算出参数值后，要把比例带放在比计算值稍大一点的值上，把 T_i 和 T_d 放在计算值上，进行现场运行观察，如果比例带可以减小，再将比例带放在计算值上。这种方法简单，应用比较广泛。但对 PB_S 很小的控制系统不适用，对被控参数不允许振荡的系统也不适用。

表 1-5 临界比例带法经验公式表

控制规律	PB/%	T_i/min	T_d/min
P	2 PB_S		
PI	2.2 PB_S	0.85 T_S	
PID	1.7 PB_S	0.5 T_S	0.125 T_S

4. 反应曲线法

前三种整定调节器参数的方法，都是在预先不知道控制对象特性的情况下进行的。如果知道控制对象的特性参数，即时间常数 T、时间迟延 τ 和放大系数 K，则可按表 1-6 给出的经验公式计算出调节器的参数。利用这种方法整定的结果可达到衰减率 $\varphi=0.75$ 的要求。

表 1-6 中公式只适用于有自平衡能力的控制对象。所谓控制对象的自平衡能力是指控制对象在受到扰动后不需要人为干预，经过足够长时间能够自动恢复到平衡状态的能力。

表 1-6 反应曲线法经验公式

控制规律	PB/%	T_i/min	T_d/min
P	$\frac{K\cdot\tau}{T}\times100\%$		
PI	$1.1\frac{K\cdot\tau}{T}\times100\%$	3.5τ	
PID	$0.85\frac{K\cdot\tau}{T}\times100\%$	2τ	0.5τ

拓展强化

任务 1.5

一、选择题（请扫码作答）

二、简答题

1. 请简述反馈控制系统中调节器参数的工程整定法。

育德润心

“中国自动化控制之父”“两弹一星”元勋钱学森

项目2 船舶自动控制工具

项目描述

随着智能化的发展，船舶智能程度越来越高，但仍以运用到的微型计算机、单片机、可编程序控制器（PLC）及网络等技术工具作为主要控制手段。微机技术已经渗透到船舶自动化领域的方方面面，从单台设备的自动控制，到机舱设备的分布式监控，再到全船的网络化管理，都已经离不开微型计算机。本项目介绍微型计算机的硬件结构、系统原理以及各组成环节的作用，MCS-51 系列单片机内部总体结构，可编程序控制器硬件结构和工作原理，PLC 软件基本知识和指令系统，以及船舶网络相关技术。通过本项目学习，学生可以掌握船舶自动控制中的微型计算机、单片机、PLC 及网络技术知识；能正确进行计算机硬件拆装和接口识别，进行微型计算机的基本维护；能识别 MCS-51 系列单片机外部引脚及功能，并说出单片机的特点；能进行 PLC 模块的连接、使用及维护；能进行局域网调试和维护。

通过本项目学习，应达到以下学习目标：

知识目标：

- 掌握微型计算机基本硬件组成、接口及工作原理；
- 了解 MCS-51 系列单片微型计算机的总体结构、引脚功能及特点；
- 掌握 PLC 硬件结构和工作原理，知悉 PLC 的编程语言、编程规则、基本指令和程序系统；
- 掌握船舶网络的基础概念与数据通信基础，了解 Modbus 通信、USS 通信和以太网（Ethernet）通信原理及使用。

能力目标：

- 能正确拆装微型计算机硬件与接口识别，正确使用计算机软件；
- 能识别 MCS-51 系列单片机外部引脚及功能，说出其特点。
- 能进行 PLC 模块识别与连接使用，会选用梯形图语言指令实现基本功能；
- 能阐述通信类别，会组建简单局域网，进行船舶局域网基本维护。

素质目标：

- 培养笃学求实、严谨致用、精益求精的工匠精神；
- 增强职业安全、规范与环保意识；
- 提升良好沟通协作能力、数智化素养与创新能力；
- 厚植家国情怀，涵养进取品格，践行使命担当。

项目实施

项目实施遵循岗位工作过程与适任能力培养，按由浅入深、由表及里、循序渐进规律，将船舶自动控制技术工具项目按在船应用技术分成以下 4 个任务完成。

任务2.1 微型计算机基本知识

任务描述

20世纪70年代中期,微型计算机开始应用于船舶机舱的集中监测系统。如今,微机技术已经渗透到船舶自动化领域的方方面面,从单台设备的自动控制,到机舱设备的分布式监控,再到全船的网络化管理,都已经离不开微型计算机。通过本任务学习,学生能够掌握微型计算机的硬件结构、系统原理和各组成环节的作用,能正确进行硬件拆装和接口识别,会计算机软件的基本使用,能进行微型计算机的基本维护。

任务实施

自1946年第一台电子计算机在宾夕法尼亚大学诞生以来,计算机已经历了电子管计算机、晶体管计算机、集成电路计算机和大规模及超大规模集成电路计算机的发展过程。微型计算机(简称微机)于20世纪70年代初研制成功,已由第一代发展到了第五代,由4位微处理器发展到今天的64位微处理器,地址总线为36位,工作频率已达到2 000 MHz以上。随着微处理器多核技术的进一步成熟,以及配套软件的开发及优化,多核微处理器已成为市场主流。

一、微型计算机的组成

微课2.1　微机组成

微型计算机的基本硬件结构由运算器、控制器、存储器、输入设备和输出设备五部分组成。其中,微处理器包含运算器和控制器。微型计算机体系结构的主要特点就是采用总线结构,通过总线将微处理器(通常把微型计算机的中央处理器(central processing unit)芯片称为微处理器,简称CPU)、内存储器(RAM和ROM)、输入/输出接口(称为I/O接口)电路连接起来,而输入/输出设备则通过I/O接口实现与微处理器的信息交换,如图2-1所示为微型计算机的结构框图。

总线是指微型计算机中各功能部件间传送信息的公共通道,是微型计算机的重要组成部分。它们可以是带状的扁平线,也可以是印刷电路板上的一层极薄的金属连线,系统中各部件都是“挂”在总线上的,所有的信息都通过总线传送。根据所传送信息的内容与作用不同,总线分为数据总线、控制总线和地址总线三类。

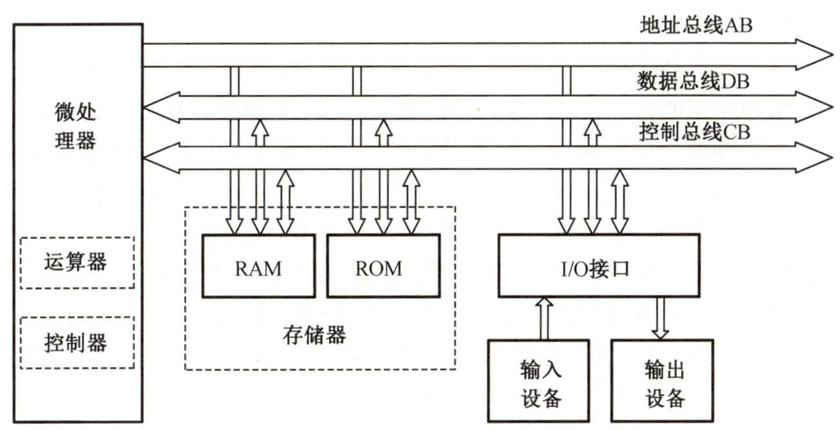

图 2-1 微型计算机的结构框图

数据总线(data bus,DB):双向传输数据信息,指令码或数据信息通过数据总线送往CPU 或由 CPU 送出。其宽度(根数)与 CPU 提供的数据线的引脚数有关,宽度越宽,传输数据的能力越强。

控制总线(control bus,CB):各种控制或状态信息通过控制总线由 CPU 送往有关部件,或者从有关部件送往 CPU。对于每一根控制总线来说是单向传送的,图 2-1 中 CB 作为一个整体,用双向表示。

地址总线(address bus,AB):CPU 执行指令时,用于单向传送地址信息,以便选中要访问的存储单元或 I/O 端口。地址信息包括两种:指令代码在存储器中的地址信息和操作数在存储器中的地址信息。AB 的宽度决定了微机系统的最大寻址能力(寻址空间)。最大寻址空间为 2^N,其中 N 为 AB 的宽度。譬如 8086/8088 机型的 CPU 的 $N=20$,则最大寻址空间为 $2^{20}=1$ MB。

总线结构中,系统中各部件均挂在总线上,可使微机系统的结构简单,易于维护,并具有更好的可扩展性。一个部件(插件)只要符合总线标准就可以直接插入系统,为用户扩充或升级系统功能提供很大的灵活性。

1. 微处理器

微处理器是微型计算机的运算和控制中心。不同型号的微型计算机,其性能的差别主要体现在其微处理器性能的不同。而微处理器性能又与它的内部结构、硬件配置有关。每种微处理器都有其特有的指令系统。但无论哪种微处理器,其内部基本结构都是相似的。概括起来说,它们都有以下基本结构。

(1)运算器

运算器在控制器控制下,对二进制数进行算术和逻辑运算。运算器通常由算术逻辑单元(arithmetic logic unit,ALU)、累加器(accumulator,A)、通用寄存器和标志寄存器等部件组成。其中,ALU 是运算器的核心,在控制信号的作用下可完成加、减、乘、除四则运算和各种逻辑运算;A 配合 ALU 工作,它寄存参与运算的一个操作数,送给 ALU 进行运算,并寄存ALU 的中间结果;通用寄存器可寄存参与运算的一个操作数,或寄存 ALU 运算的中间结果,或寄存参与运算的一个操作数所在存贮单元的地址;标志寄存器用于记录运算结果的状态特征。

(2)控制器

控制器是发送操作命令的机构和计算机的指挥中心,协调整个微型计算机有序工作。计算机程序和原始数据的输入、CPU 内部对信息的处理、对处理结果的输出、外部设备与主机之间的信息交换等都是在控制器控制下实现的。控制器主要包括指令寄存器(instruction register,IR)、指令译码器(instruction decoder,ID)和操作控制器(operation controller,OC)。譬如计算机执行 PID 控制过程,PID 控制是由一条一条有序的指令组成的程序。当计算机执行程序时,控制器依次从存储器中取出各条指令,放在指令寄存器 IR 中,通过指令译码(分析)确定应该进行什么操作,然后通过操作控制器 OC,按确定的时序,向相应的部件发出控制信号。为了完成上述功能,控制器由取指令部件、分析和执行指令部件及时序控制部件组成。

①取指令部件:包括程序计数器(program counter,PC)、地址寄存器(address register,AR)、数据缓冲寄存器(data register,DR)及指令寄存器(instruction register,IR)。

a. PC:给出所要执行指令的地址。

b. AR:寄存地址码。

c. DR:用于暂存由存储单元取出的内容,或 CPU 要把数据存入某个存储单元的内容。

d. IR:存放当前要执行指令的操作码。

②分析和执行指令部件:包括指令译码器(instruction decoder,ID)及可编程序逻辑阵列(programmable logicarray,PLA)。

a. ID:前面提到,一条指令包括操作码和操作数两部分,而指令的第一个字节必定是操作码,这个操作码从存储器中取出后,经 DR、内部总线一定送入 IR,IR 再把这个操作码送至分析指令的部件,即 ID。

b. PLA:它根据指令译码器所译出的 256 种状态,具体指挥 CPU 内部各种部件完成规定的操作,它能定时地向计算机各组成部件发出所需要的控制信号,如读、写、响应中断、暂停程序运行指令,等等。

③时序控制部件:计算机是在统一的时钟脉冲控制下,一个节拍一个节拍工作的。执行一条指令所需要的时间称为指令周期。由于一条指令的字节数不同,有的一条指令是一个字节,有的是两个字节,还有三个甚至是四个字节的指令。这样,执行不同指令所需要的时间也是不同的。我们可以把指令周期划分为一个一个机器周期。一个机器周期是指 CPU 要在存储器或输入输出接口存取一个字节的时间,一般一个指令周期是由 1~6 个机器周期组成的。显然,所有指令周期的第一个机器周期必定是取指令(操作码)周期。每个机器周期需要 3~6 个时钟脉冲来完成,时钟脉冲就是 CPU 中处理各种动作的最小时间单位。如在 Intel80586 型的 CPU 中,其时钟频率为 66 MHz,即每个时钟脉冲大约为 15 ns。可见,从取指令、分析指令到执行指令等一系列操作的顺序都需要严格定时,时序部件就是完成这个程序的。

2. 存储器

(1)存储器的基本概念

存储器是计算机很重要的组成部分,其又叫内存或主存,是微型计算机的存储和记忆功能部件,用以存放数据和程序。微型机的内存是半导体存储器。

存储器的容量越大,它所能记忆的信息越多,计算机的功能也就越强。存储器从使用功能可分为读、写存储器(也叫随机存储器)(random access memory,RAM)及只读存储器(read

-only memory,ROM)两类。读、写存储器 RAM 可用于存放现场输入数据、中间运算数据和处理结果,并与外部存储器交换信息及用于堆栈。RAM 的内容可随机读出,读出后其内容不变,也可以写入新的内容。写入新的内容后,原内容被冲掉。只读存储器的内容只能读出,读出后内容不变,且在使用中是不能往里写新数据的,原内容也不能改写。因其内容只能读而不能写,故叫只读存储器。只读存储器一般用来存放固定的程序或常数类数据,如对数表、三角函数表等。

(2)内存单元的地址和内容

内存中存放的数据和程序从形式上看都是二进制数。内存是由一个个内存单元组成的,每一个内存单元中一般存放一个若干位的二进制信息。

在计算机中,8 位二进制数称为 1 个字节(byte,B);2 个字节,即 16 位二进制数称为字(word,W);2 个字,即 32 位二进制数称为双字(double word,DW)。

内存单元的总个数称为内存的容量。2^{10}(即 1 024)个字节称为 1 千字节,记作 1 KB;2^{10} KB 称为 1 兆字节,记作 1 MB;2^{10} MB 称为 1 GB;2^{10} GB 称为 1 TB。

微型机通过给各个内存单元规定不同地址来管理内存。这样,CPU 便能识别不同的内存单元,正确地对它们进行操作。注意,内存单元的地址和内存单元的内容是两个完全不同的概念。

(3)存储器种类与功能

按工作方式不同,内存可分为两大类,即 RAM 和 ROM。

①RAM:微型计算机普遍采用 MOS 存储器。用 MOS 器件构成的 RAM 又分静态 RAM 和动态 RAM 两种。静态 RAM 是用场效应管构成双稳态电路的。它可长期保存所存储的信息,断电后信息丢失。动态 RAM 是用场效应管栅极寄生电容存储电荷的原理所构成的存储单元。由于动态 RAM 存在漏电现象,寄生电容上存放的电荷会逐渐漏掉,从而使信息丢失。所以,每隔 2 ms 左右要对它重新充一次电,这一充电过程叫刷新或再生。刷新前,要先将它所存储的数据读出来,然后重新写入,这需要较复杂的外加刷新电路。动态 RAM 功耗低,集成度高。

②ROM:对 ROM 来说,存入信息以后,只能读出它所存的信息,而不能写入新的信息,且它也是一种非易失性存储器,即断电后,存储单元的信息仍能保留。

ROM 也是由存储体和外围电路组成的。存储体中基本存储单元电路与 RAM 不同,而外围电路大同小异,一般地址译码器仍采用双译码方式,只是在控制线中,可只设读控制信号而不设写控制信号。具体电路这里不再介绍。ROM 按存储信息的方式,可分为以下四种。

a. 掩模型 ROM:掩模型 ROM 是制造厂根据 ROM 要存储的信息,对芯片图形(掩模)通过二次光刻生产出来的。一旦制造完毕,存储器所存的信息就被固定,用户可以读出,但不能修改。

b. 可编程只读存储器(PROM):PROM 允许用户根据需要来编写 ROM 中的内容,但只允许编程一次。它通过编程时熔断相应的可熔金属丝写入程序,PROM 一旦写入信息,就具有永久固定的内容,只能读出,不能重写。

c. 可擦除可编程只读存储器(EPROM):EPROM 可以多次改写,所以也称为可改写只读存储器。它可通过紫外线照射擦除存储器的原来信息,并可重新写入。

d. 电改写的只读存储器(EEPROM,E^2PROM):EEPROM 是用电来擦除存储器中原来的信息的,而不需要紫外线光源,使用起来很方便。需要擦除或修改时,可通过加入相应的电压及控制信号来改写某一个字节的内容或擦除全部内容。

e. 闪速只读存储器(闪存,Flash ROM):Flash ROM 可以快速地用电擦除存储器的全部信息,并可按字节重新编程。由于 Flash ROM 编程速度快,因此得到了广泛的应用,主要用来构成存储卡,已大量用于笔记本电脑、数码相机、MP3 播放器等设备中。Flash ROM 用作内存,可存放程序或微机的 BIOS、显卡的 BI-OS 等。

3. 输入/输出(I/O)接口

I/O 接口是微型计算机系统与外部设备之间的桥梁,外部输入设备和输出设备(均称为外设)通过 I/O 接口才能与计算机进行信息交换,完成实际工作任务。与微处理器(CPU)相比,外设工作速度较低。外设处理的信息有数字量、模拟量、开关量等,而微型计算机只能处理数字量。另外,外设与微型计算机工作的逻辑时序也可能不一致。鉴于上述原因,微型计算机不能直接与外设连接及交换信息,需设计一个"接口电路"作为微型计算机与外设之间的桥梁,这种接口电路又叫作输入/输出(I/O)接口或"I/O 适配器"。常用输入设备有键盘、鼠标器、扫描仪等;常用输出设备有显示器、打印机、绘图仪等。磁盘和光驱是输入设备,又是输出设备。

微机 I/O 接口技术是采用硬件与软件相结合的方法,研究 CPU 如何与外界进行最佳耦合与匹配,以便在 CPU 与外界之间实现高效、可靠的信息交换的一门技术。接口的内部电路有些是比较简单的,也有些是非常复杂的,复杂者往往不亚于 CPU。目前,微机中大量采用的是由大规模集成电路制成的接口芯片。

在机舱中,用微型计算机组成的监视与控制系统中,轮机人员经常打交道的是接口电路。实际统计表明,计算机系统故障的 90%左右发生在接口电路中。因此,对轮机人员来说,管理好接口电路是十分重要的。

(1)CPU 与外设之间交换信息的分类

①数据信息:这是 CPU 与外设交换的最基本信息。数据信息又有数字量、开关量、模拟量三种形式。

a. 数字量:即按一定的编码标准(如二进制格式或 ASCII 码标准),由若干位数(如 8 位、16 位、32 位)组合表示的数或字符。其中的每一位可以为 0 或 1,每 8 位(或 16 位、32 位)的组合表示一个数或字符。这是 CPU 与外设交换最多的数据信息。

b. 开关量:即用一位二进制数表示两种状态的量。如用 1 表示"开""通""启",用 0 表示"关""断""停"等。开关量也可理解为数字量的一个特例(1 位数字量)。

c. 模拟量:即能连续变化的量,如温度、压力、速度、位移、电流、电压等物理量。由于微机是数字计算机,因此,对于模拟量输入,要经过 A/D 转换;对于模拟量输出,要经过 D/A 转换。对于非电量输入,可先通过相应的传感器转换成电量。

②状态信息:这是 CPU 与外设交换数据信息过程中的联络信息(也称"握手"信号)。CPU 通过对外设状态信息的读取,可掌握其工作状态,从而决定自身的工作节奏。如 CPU 要向打印机输出设备传送数据,若 CPU 通过读取打印机的状态信息得知其尚未准备好,则暂缓送数据,而去处理别的任务,待打印机准备好后再送数据。因此,了解状态信息是 CPU 与外设之间正确进行数据信息交换的重要前提。

③控制信息:这是 CPU 发给外设的命令信息,如设置外设的工作模式的信息、控制外设开始信息等。

(2)接口电路的功能

①速度匹配:前面提到快速的CPU与慢速的外部设备在传送数据方面是存在矛盾的,比如,CPU输出一组数据是微秒级的,在数据线上这个信息稍纵即逝。换言之,如控制的打印机电磁系统或所控制的电磁阀还未动作,信息便已消失。为此,在接口电路中都设有锁存器,它把数据总线瞬间出现的信息锁存起来。这样,慢速的输出设备就有充足的时间来完成这个信息的操作。

②有地址译码和设备选择能力:所有的I/O接口电路都是通过三组总线与CPU连在一起的。如果所有的输入接口都把数据放到总线上,而所有的输出接口都从数据总线上读取数据,就会造成数据总线上的数据混乱。因此,I/O接口电路必须要有地址译码功能,CPU发出地址信息后,各I/O接口都将进行地址译码,哪个I/O接口地址与CPU发出的地址一致,哪个接口才会被选中,CPU就与该接口进行数据传送。同时,CPU通过控制总线发读(RD)信号或写(WR)信号,决定被选中的I/O接口是把数据放在数据总线上还是从数据总线上读取数据。其他I/O接口则处于高阻抗状态,即与数据总线脱离。

③电平和功率的匹配:CPU工作电压是5 V,而外部设备工作电压与CPU是不同的,有的输出设备要求有较大的功率,因此,绝大多数外部设备是不能直接与CPU进行数据传送的。必须经I/O接口电路,把输入信号的电压转换成CPU能接受的电压。对输出设备来说,经输出接口电路接收到CPU送来的信息,要转换成输出设备的工作电压并进行功率放大。

④要有模拟量和数字量转换的功能:在由微型计算机组成的控制和监视系统中,现场采集的数据除开关量可用0或1来表示开关状态外,较多情形的运行参数是连续变化的量,其参数值的大小一般是用电压或电流这一模拟量形式表示的。这样的量CPU是不认识的。它必须通过接口电路把这一模拟量转变成CPU能接受的数字量。另外,CPU输出的信息是数字量,用二进制的数字量来显示这个参数值是很不方便的。同时,如果CPU要控制一个调节阀的开度变化,用数字量是无法实现控制的,必须把CPU输出的数字量经I/O接口电路转变成模拟量。我们把模拟量转换成数字量的电路A/D转换电路;把数字量转换成模拟量的电路叫D/A转换电路。

⑤具有信息串并行传送的转换功能:有些输入/输出设备与CPU之间用串行通信,但CPU是并行地一次处理8位二进制数。这样,接口电路必须使这两种信息传送的格式相匹配。当外部设备以串行方式送来数据时,该接口电路能一位一位地接收,然后转成并行的数据送给CPU。当CPU要把数据写到外部设备时,该接口电路能并行接收CPU送来的数据,然后再一位一位向外部设备发送。这种数据传送方式在远距离通信中采用得比较多。

⑥能为CPU提供外部设备的状态:由于CPU对数据传送和数据运算的速度极高,而外部设备比较慢,因此,CPU要从某个外部设备读取数据时,这个外部设备必须准备好;否则CPU就不能读这个外部设备的数据。当CPU要把数据写到外部设备时,该外部设备必须是空闲的,如果该外部设备正在工作,处在忙的状态,或锁存器、缓冲器已有待执行的数据,即满数据状态,那么CPU是不能向该外部设备写数据的,这种“准备好”“闲”“忙”“满”等状态信息也必须由接口电路提供。

(3)I/O接口的分类

I/O接口按编程方式可分为不可编程接口和可编程接口两大类。

①不可编程接口:所谓不可编程接口是指该接口的电路的功能由硬件电路加以固定,

CPU 不能通过程序软件加以改变。该接口电路可锁存 8 位二进制数,CPU 可以并行从该接口电路一次读或写 8 位二进制数。

通常用三态门缓冲器(如 74LS244 和 74LS245)作输入接口,用锁存器(74LS273 和 74LS373)作输出接口。

②可编程接口:可编程接口是指其功能可由 CPU 的指令来加以改变的接口设备。可编程接口利用编程序的方法,使同一接口芯片执行不同的接口功能,使用十分灵活。

常用的典型可编程并行接口有 8255A、8155A、8253A、8237A 等,典型的可编程串行接口有 INS8250 和 8251 等。

(4)CPU 与外设间的接口电路

图 2-2 所示为典型 I/O 的接口结构,由图中可见,CPU 与外设不是直接相连的,中间必不经过 I/O 接口。CPU 通过数据总线(data bus,DB)、地址总线(address bus,AB)和控制总线(control bus,CB)与 I/O 接口连接,以实现与外设交换数据信息、状态信息和控制信息。

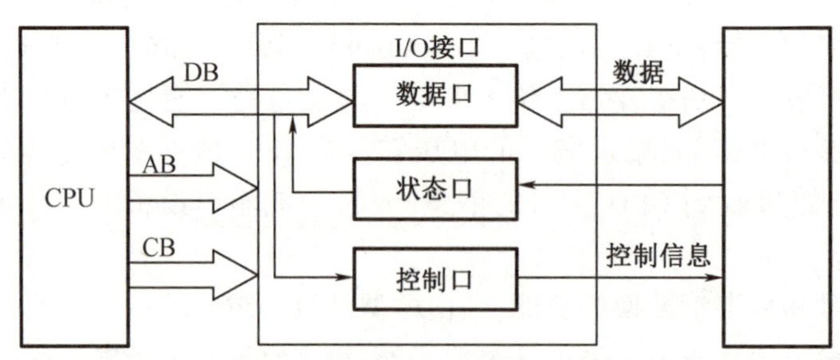

图 2-2　典型 I/O 的接口结构

需要强调的是,状态信息和控制信息通常也是通过数据总线传送的。在接口电路中,一般都设有数据寄存器、状态寄存器和控制寄存器,分别对这 3 种不同性质的信息进行锁存和处理。因此,一个外设往往要占用几个端口,如数据端口、状态端口、控制端口等。CPU 对外设的控制或 CPU 与外设间的信息交换,实际上就转换成 CPU 通过输入/输出指令读/写外部设备各端口的数据,只是对不同的端口,读/写的数据性质也不同。在状态端口,读入的数据表示外部设备的状态信息;在控制端口,写出的数据表示 CPU 对外设的控制信息;只有在数据端口,才能真正地进行数据信息的交换。

在微型计算机中所采用的接口电路种类非常多,不胜枚举,这里仅就常用的主要接口电路加以介绍,以期读者对其基本功能有一个大概的了解。

4. 模拟量输入/输出接口电路

在微型计算机的实时控制系统中,被测量和被控制的有关变量,往往是一些连续变化的模拟量,我们所测量的参数,如温度、压力、黏度、速度等都是连续变化的模拟量,必须把它们转变成数字量才能送入计算机进行处理。计算机处理的结果输出的是数字量,数字量不能直接用于驱动执行机构,以实现对控制对象的控制,而是必须把计算机输出的数字量转换成模拟量。实现把模拟量转换成数字量的接口叫模/数(A/D)转换器;把数字量转换成模拟量的接口叫数/模(D/A)转换器。图 2-3 所示为微型计算机实时控制系统框图。

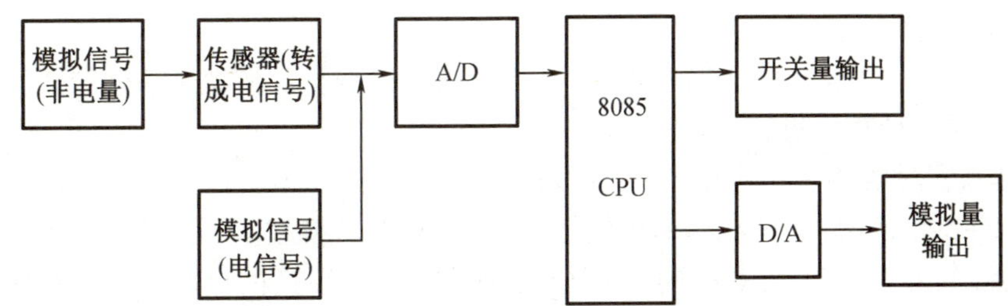

图 2-3　微型计算机实时控制系统框图

(1)D/A 转换器的工作原理

D/A 转换器完成的是数字量对模拟量的转换,实现 D/A 转换的基本思路是采用“权电阻解码网络”或“梯形解码网络”。这一电阻网络的作用是将输入的二进制数按照其每位的权数(前一位是后一位的 2 倍),将数字量转变为与相应位对应的模拟量(例如,变为相应的电流大小),然后对每一位所转变成的模拟量求和即可,这一总的模拟量(电流)就与输入的数字量成正比。

为了把解码网络输出的总电流(即模拟量)变换成实际需要的电压和电流输出,通常在网络后面接入运算放大器。图 2-4 所示为 8 位 D/A 转换器原理图。

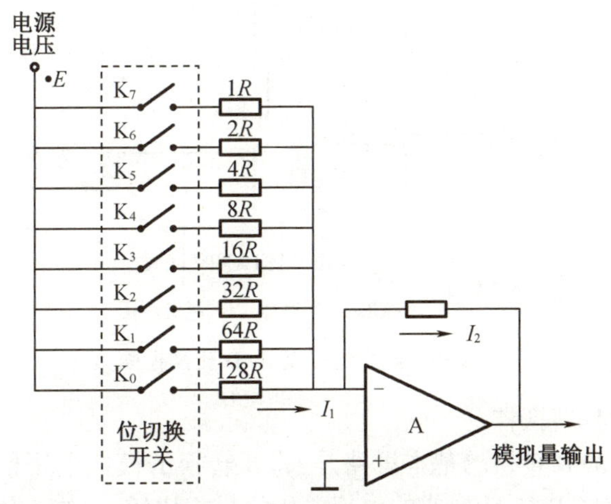

图 2-4　D/A 转换器原理图

图 2-4 中的转换器有 8 个权电阻,即 $1R$、$2R$、$4R$、$8R$、$16R$、$32R$、$64R$、$128R$。通过 8 位二进制数字量控制 8 个电子开关 $K_7 \sim K_0$,这 8 个开关接到同一标准电源电压上。解码网络输出端(也是公共端)接到运算放大器的反相端,运算放大器接比例放大器。D/A 转换器输出的总电压 V 为

$$V_{\text{out}} = \frac{E \cdot R_{\text{f}}}{2^{i-1}R} \sum_{i=0}^{7} D_{i-1} \cdot 2^{i-1}$$

式中,开关 K_i 接通相应的电阻时,$D_{\text{k}}=1$;开关 K_i 断开电阻时,$D_{\text{k}}=0$。

由此可见,利用一个受数字量控制的权电阻解码网络和一个运算放大器,就可以得到与输入二进制数成正比的输出电压,这就实现了从数字量到模拟量的转换。

根据上述原理,目前已生产出单片的 8 位、10 位和 12 位 D/A 转换器。位数越多,转换精度越高。

(2)A/D 转换器的工作原理

A/D 转换器的功能与 D/A 转换器相反,它是将连续变化的模拟量信号转换为二进制的数字量信号,送入计算机进行处理。

A/D 转换器种类很多。常用的 A/D 转换器按其工作原理可分为四种类型:一是逐次逼近型;二是 Z-Δ 转换型;三是双斜率双积分型;四是 V/F 转换型。不管采用哪种原理构成的 A/D 转换器,其外部特征基本相同,都需要有时钟信号、转换的启动信号、转换的结束信号等。

在选用 A/D 转换器芯片时,既要考虑精度,又要考虑转换速度。A/D 转换器转换成数字量位数越多,其精度越高,现以 10 位的数据利用逐次逼近法进行 A/D 转换为例,说明其基本工作原理。如图 2-5 所示为逐次逼近型 A/D 转换框图。

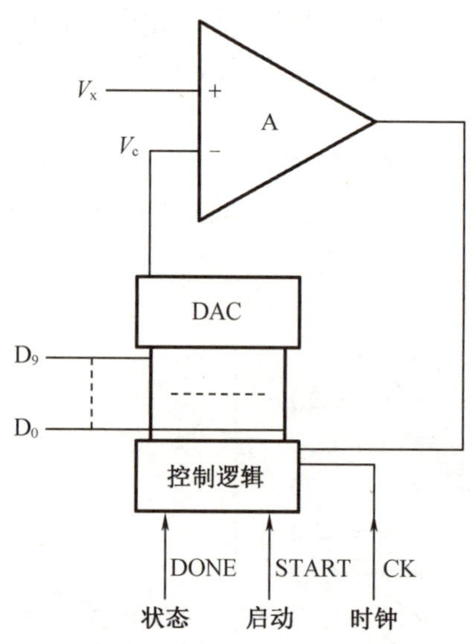

图 2-5 逐次逼近型 A/D 转换框图

①逐次逼近型 A/D 转换器

逐次逼近法进行 A/D 转换的基本思路是,将要转换的模拟电压信号 V_x 与控制逻辑输出的数字量,从最高位经 D/A 转换成的模拟电压信号相比较,一位一位地进行下去,直到比较到最低位。D/A 转换器要有电源电压 E_0,比如 $E_0=10$ V。这个电压值是固定不变的,一个模拟量转换成数字量的最高位是 1,它所代表的电压值为电源电压 E_0 的一半,即为 5 V,当模拟量电压信号 V_x 送到比较器后,CPU 要发出一个对 A/D 转换的启动信号,然后逻辑控制回路首先将 D_8 置 1,而 $D_8 \sim D_0$ 全保持 0。D_9 这个 1 经 D/A 转换,将 $V_c=5$ V 送至比较器 A 的反相端。若 $V_x>V_c$,则 D_9 位保留 1;若 $V_x<V_c$,则撤销 D_9 位的 1,把它置 0。D_9 位比较完毕后,逻辑控制回路再把 D_8 置 1,使 $D_7 \sim D_0$ 位保持 0,这时再把 D/A 转换器输出的 V_c(D_8 位为 1 代表 2.5 V 电压,若 $D_9=1$,则 $V_c=7.5$ V)与 V_x 相比较。$V_x>V_c$,D_8 位保留 1;否则将 D_8 置 0。如此这样一位一位比较下去,直到最低位。比如 $V_x=3.75$ V,经逐次比较的结果所转换成的 10 位数字量应为 0110000000(384)。当 10 位均比较完毕,通过状态控制端停止 A/D 转换器的转换,这时 10 位二进制数正好与输入的模拟量电压信号 V_x 相对应。

② Σ—Δ 型 A/D 转换器

Σ—Δ 型 A/D 转换器是一种高精度转换器,图 2-6 所示为 Σ—Δ 型 A/D 转换器原理框图，它由模拟和数字电路两大部分组成。该类型的转换器主要通过模拟信号的数字化和量化噪声的处理来实现 A/D 转换。

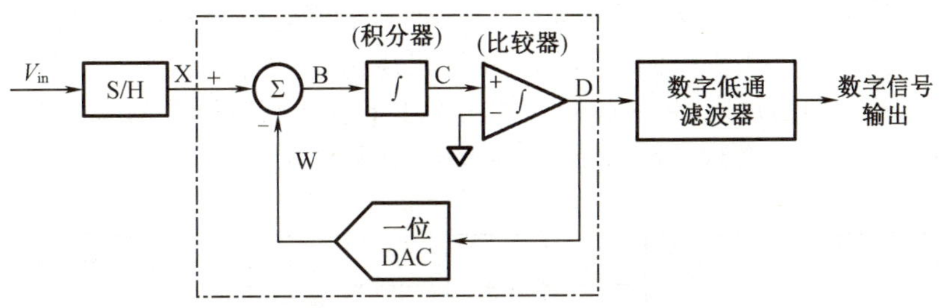

图 2-6　Σ—Δ 型 A/D 转换器原理框图

模拟信号的量化过程为：输入信号 X 与反馈信号 W 反相求和，得到量化的误差信号 B，经积分器积分，输出的信号 C 输入至量化器进行量化，得到由 0 和 1 组成的数字序列 D，数字序列 D 又经过一位的 DAC 转换器反馈至求和节点，形成闭合的反馈环路。反馈环路将强迫输出数字序列 D 对应的模拟平均值等于输入信号的采样 X 的平均值。量化过程可能带来量化噪声，量化噪声的引入制约了转换精度。Σ—Δ 型 A/D 转换器对量化噪声的处理是由数字低通滤波器完成的，其作用是实现低通滤波和减取样的功能。

Σ—Δ 型 A/D 转换器属于过采样转换器，是目前精度最高的一种转换器，具有高分辨率、高性价比和低功耗等优点。另外，采样集成化的数字滤波，兼容 DSP 技术，便于实现系统集成。

③双积分型 A/D 转换器

双积分型 A/D 转换器由积分器、检零比较器、计数器、控制逻辑和时钟信号等组成。双积分型的 A/D 转换器有两个输入电压：一个是被测模拟量输入电压，一个是标准电压。

A/D 转换器首先对未知的输入电压进行固定时间的积分，然后转换为标准电压进行反向积分，直至积分输出返回到初始值。对标准电压进行积分的时间正比于输入模拟电压，输入电压越大，则反向积分时间越长，图 2-7 所示为双积分型 A/D 转换器的工作曲线。用高频率标准时钟脉冲来测量这个时间，反向积分过程中对脉冲的计数值就对应于输入模拟电压的数字量。

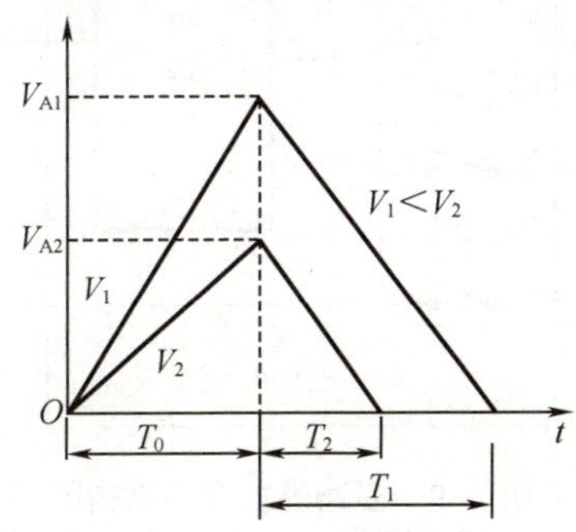

图 2-7　双积分型 A/D 转换器的工作曲线

双积分型 A/D 转换器电路简单，抗干扰能力强，精度高，但转换速度比较慢，常用的 A/D 转换芯片的转换时间为毫秒级，因此适用于模拟信号变化缓慢，采样速率要求较低，而对精度要求较高或现场干扰较严重的场合,如数字电压表。

④V/F 型 A/D 转换器

V/F 型 A/D 转换器用作 A/D 转换,具有良好的精度、线性和积分输入特性,能提供其他类型转换器无法达到的性能。采用 V/F 型 A/D 转换器与计算机接口的优点是:接口简单,占用计算机接口少、频率信号输入灵活、抗干扰性能好、便于远距离传输等。因此,在一些非快速过程的前向通道中,越来越倾向使用 V/F 转换来代替通常的 A/D 转换。由 V/F 型 A/D 转换器构成的转换频率输入通道结构如图 2-8 所示。

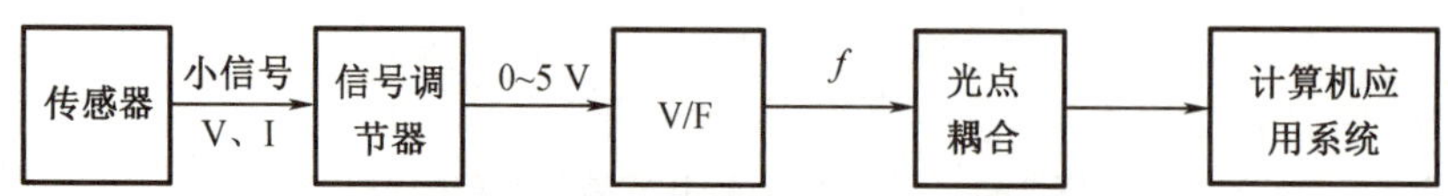

图 2-8　V/F 转换频率输入通道结构

传感器一般输出模拟量小的信号电流或电压,经过信号调节器调节成满足 V/F 转换器输入要求的电压信号。V/F 转换器把这些模拟电压转换成相应的 TFL 频率信号,经光电耦合后送入计算机,也可以送入 I/O 接口、计数器输入端或中断源输入端。

目前,实际使用的 A/D 转换器芯片种类繁多。在一块 A/D 转换器电路板中,往往会接几个甚至几十个模拟量,但是在同一时间 A/D 转换器只能对一个模拟量进行 A/D 转换。这样 CPU 就要向该电路板写一个信息来选通某一个模拟量输入通道。因此,在电路中就要设一个多路转换开关。图 2-9 所示为多路转换开关结构图。

图 2-9 中 $IN_7 \sim IN_0$ 是 8 个模拟量输入通道。EN 是多路转换开关的片选端,高电平有效,$A_2 \sim A_0$ 是 CPU 发出的选通输入通道信息的低 3 位,经译码器可译出 8 种状态,若 $A_2\ A_1\ A_0=000$,经译码器使电子开关 K_0 闭合,选通 0 号通道的模拟量输入并进行 A/D 转换;若 $A_2\ A_1\ A_0=101$,经译码器使电子开关 K_5 闭合,选通 5 号通道的模拟量输入并进行 A/D 转换;等等。从多路转换开关输出的模拟量通常要送到数据放大器,把模拟量放大到与 A/D 转换器工作相适应的电压级别。

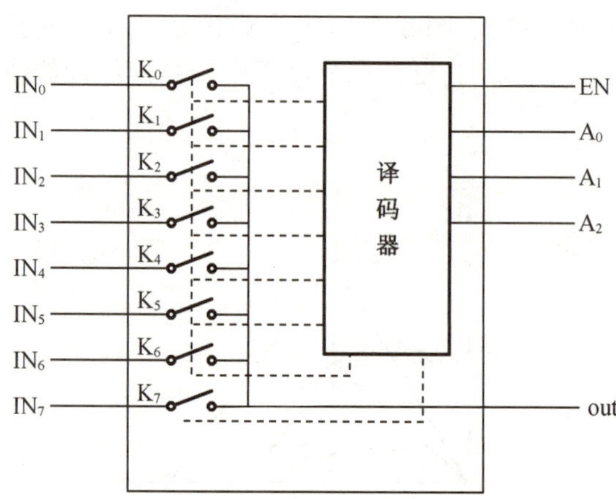

图 2-9　多路转换开关结构图

二、微型计算机系统

微型计算机系统是以微型计算机为核心,再配以相应的外围设备、电源、辅助电路和控制微型计算机工作的软件而构成的完整的计算机系统。

在计算机中，数据和程序均以二进制代码的形式不加区别地存放在存储器中，存放位置由地址指定，地址码本身也为二进制。控制器是根据存放在存储器中的指令序列即程序来工作的，并由一个程序计数器（即指令地址计数器）控制指令的执行。控制器具有判断能力，能以计算结果为基础，选择不同的动作流程。

计算机软件分为系统软件和应用软件两大类。系统软件是用来支持应用软件的开发与运行的，它包括操作系统、标准实用程序和各种语言处理程序等。应用软件用来为用户解决具体应用问题的程序及有关的文档和资料。

拓展强化

一、选择题（请扫码作答）

任务 2.1

二、简答题

1. 微型计算机的基本硬件组成是什么？
2. 微型计算机的接口电路功能有哪些？
3. 请描述微处理器的构成及工作原理。

任务2.2 单片微型计算机

任务描述

单片微型计算机即单片机，是最简单的微型计算机，目前在智能化仪器仪表、船用设备和其他各种嵌入式系统中获得广泛应用。随着船舶智能化的发展，船舶机舱设备的控制系统也较多使用了单片机技术。本任务通过介绍 MCS-51 系列单片机内部总体结构，使学习者能了解 MCS-51 系列单片机总体结构、引脚功能及特点；能识别 MCS-51 系列单片机外部引脚及功能，阐述单片微型计算机的特点。

任务实施

一、MCS-51 系列单片机内部总体结构

MCS-51 系列单片机是最简单的微型计算机，它在一块芯片上集成了 CPU、RAM 和 ROM、定时器/计数器和各种 I/O 接口（如并行 I/O 口、串行 I/O 口 和 A/D 转换器）等，单片机也因此得名。由于单片机通常是为实时控制应用而设计制造的，因此又称为微控制器（micro controller unit，MCU）。

单片机在智能化仪器仪表、家用电器和其他各种嵌入式系统中获得了广泛的应用。船舶机舱的很多控制和检测仪表都采用了单片机技术。单片机的类型很多，但其工作原理大致相同，这里以 Intel 公司的 MCS-51 系列单片机为例简要阐述单片机的相关基础知识。

1. MCS-51 系列单片机及其外部引脚

MCS-51 系列单片机内部集成了 CPU、存储器、I/O 接口、定时器/计数器和中断系统等功能部件，其基本型号为 8031、8051 和 8751。它们在内部结构及应用特性方面存在一些差异，如 8051 和 8751 包含内部程序存储器，对于小型应用系统，无须外挂程序存储器。但它们的引脚与指令系统完全兼容，图 2-10 给出了其双列直插式封装的引脚名称及分配情况。下面以 8031 为例，介绍其主要引脚的功能。

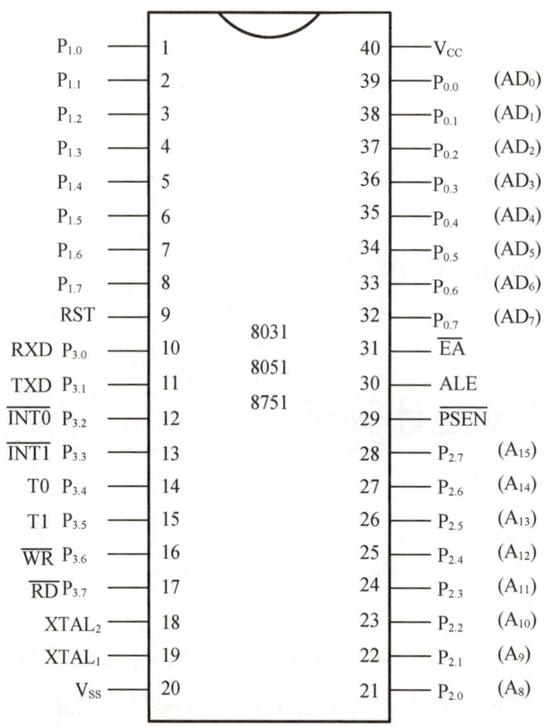

图 2-10 MCS-51 双列直插式封装和引脚分配

(1)电源及时钟引脚

8031 的工作电源是 5 V(DC)。V_{CC}(40 脚)和 V_{SS}(20 脚)为电源引脚，用于接入工作电源，其中 V_{CC} 接电源+5 V(DC)，V_{SS} 接地。

计算机的工作是在时钟脉冲控制下有序进行的。$XTAL_1$ 和 $XTAL_2$ 为时钟引脚，它们外接振荡晶体与片内的电路构成振荡器，为单片机提供时钟控制信号。

(2)控制引脚

此类引脚提供控制信号，有的还具有复用功能，即在不同情况下具有不同的功能。

①RST(9 脚)：复位信号引脚。当振荡器运行时，在此引脚上加上一定时长的高电平将使单片机复位(RESET)，即恢复到出厂时的默认状态。

②ALE(30 脚)：地址锁存允许。当访问单片机外部存储器时，ALE 输出脉冲的下跳沿用于地址锁存控制。

③$\overline{PSEN}$(29 脚):外部程序存储器的读选通信号。当 CPU 从外部程序存储器取指令或数据时,$\overline{PSEN}$ 有效(低电平),以实现对外部程序的读操作。

④$\overline{EA}$(31 脚):当 EA 保持低电平时,CPU 只访问外部程序存储器。对于 8031 来说,因其无内部程序存储器,所以该引脚必须接地。

(3)I/O 接口引脚

MCS-51 系列单片机共有 4 个 8 位的 I/O 接口,分别为 P_0、P_1、P_2 和 P_3。从图 2-11 中可以看出,每个 I/O 接口都占用了 8 根引脚。每根引脚上出现的电平可以是高电平(代表二进制数“1”),也可以是低电平(代表二进制数“0”),因此每个 I/O 接口各引脚状态组合在一起就表示一个 8 位的二进制数。$P_{x.7}$($X=0\sim3$)代表 8 位二进制数的最高位,$P_{x.0}$($X=0\sim3$)代表最低位。

①P_0 接口($P_{0.7}\sim P_{0.0}$)

MCS-51 系列单片机具有 16 位外部地址的寻址能力,即可以同时输出 16 位二进制数作为地址信息,用于确定某个具体地址。每个不同的 16 位二进制数都对应一个唯一的地址,因此,共有 2^{16}(64 K)个地址。这 16 位地址信息中的低 8 位由 P_0 接口输出。

另外,MCS-51 系列单片机如果要和片外的存储器或设备进行并行数据传输,那么数据只能从 P_0 接口进行输入或输出。这里提到的并行传输,是指同时进行多位二进制数(如 8 位)传输,区别于串行传输(逐位传输)。

可见,P_0 接口既要传送地址信息,又要传送数据信息。为避免信息冲突,只能采用分时传送的办法,也就是说在不同的时刻传送不同的信息类型(地址或数据),称为分时复用。当 P_0 接口输出地址信息时,单片机的 ALE 引脚会输出一个正脉冲信号,利用这个脉冲信号的下跳沿可以将地址信息通过锁存器锁存起来,实现地址和数据的分离。

在 8031 中,由于没有内部程序存储器,程序代码必须存储在外部存储器中,CPU 必然要通过 P_0 接口输出地址信息,找到相应的地址单元,并将其中的程序代码(二进制数)通过 P_0 接口输入。

因此,在 8031 中,P_0 接口被用作地址总线(低 8 位)及数据总线的分时复用接口,在访问(读或写,即输入或输出)外部存储器或外部设备时,分时地切换为地址总线低 8 位和数据总线。正因为这个缘故,$P_{0.7}\sim P_{0.0}$ 通常记作 $AD_7\sim AD_0$(address data)。

②P_1 接口($P_{1.7}\sim P_{1.0}$)

P_1 接口为通用 I/O 接口。在 8031 中,P_1 接口是 4 个 I/O 接口中唯一一个可以直接使用的输入/输出口。它的每根引脚都可直接接入反映外部状态的 0~5 V 电平信号,如开关状态等;也可以用作输出直接驱动小功率负载,如发光二极管等。若要驱动大功率负载,则需要通过驱动放大电路连接。

③P_2 接口($P_{2.7}\sim P_{2.0}$)

P_2 接口被用做作 8 位地址接口。它输出高 8 位地址 $A_{15}\sim A_8$,$A_{15}\sim A_8$ 与 P_0 接口输出的经锁存分离的低 8 位地址 $A_7\sim A_0$ 一起形成 16 位地址信息 $A_{15}\sim A_0$。

④P_3 接口($P_{3.7}\sim P_{3.0}$)

P_3 接口被用作多用途端口,其每一位的功能都不相同,引脚的具体功能见表 2-1。

表 2-1　8031 单片机 P_3 接口引脚功能表

引脚	功能
$P_{3.0}$	RxD——串行输入(数据接收)接口
$P_{3.1}$	TxD——串行输出(数据发送)接口
$P_{3.2}$	$\overline{INT0}$——外部中断 0 输入线
$P_{3.3}$	$\overline{INT1}$——外部中断 1 输入线
$P_{3.4}$	T_0——定时器 0 外部输入
$P_{3.5}$	T_1——定时器 1 外部输入
$P_{3.6}$	$\overline{WR}$——外部数据存储器写选通信号输出
$P_{3.7}$	$\overline{RD}$——外部数据存储器读选通信号输入

2. 地址锁存与地址译码

(1)地址锁存

上面提到 8031 单片机 P_0 接口是一个地址和数据的分时复用接口,地址锁存的目的是把其中的地址信息分离出来。常用的地址锁存器是 74LS373 锁存器,其外部引脚如图 2-11 所示。图中,引脚 $D_7 \sim D_0$ 为 8 个输入端,引脚 $Q_7 \sim Q_0$ 为对应的 8 个输出端,引脚 C 为锁存端,引脚$\overline{OC}$ 为输出允许端。

单片机 P_0 接口的地址和数据信息 $AD_7 \sim AD_0$ 送至锁存器的输入端,ALE 信号接到锁存端 C。当 P_0 口输出的是地址信息时,单片机会同时在 ALE 引脚上输出一个正脉冲作用到 C 端,并在脉冲的上升沿将输入端的地址信息送入锁存器内部。输出允许端 $\overline{OC}$的作用是控制锁存器内部信息的输出,当它为低电平时,允许输出。在图 2-11 中,$\overline{OC}$ 直接接地,一直处于低电平状态,因此进入锁存器的地址信息将直接送至输出端 $Q_7 \sim Q_0$。当脉冲信号消失,在 C 端出现低电平时,锁存器的内部状态不再随输入的变化而变化,其输出也不再变化。随后,P_0 接口上出现的是数据信息,但由于 ALE 的下降沿已过,数据信息不会影响锁存器的输出状态。

由此可见,地址锁存器在 ALE 信号的时序配合下,能够把来自单片机 P_0 接口分时复用总线的地址和数据信息进行分离。应特别注意到,锁存器输入端的信号是 $AD_7 \sim AD_0$,而输出端则是 $AD_7 \sim AD_0$,为地址信息。这个地址信息可以和来自单片机 P_2 接口的高 8 位地址一起形成 16 位地址。

(2)地址译码

计算机送出的地址信息实际上是一个二进制编码,例如某个 8 位地址为 10001101B(以 B 结尾表示这个数是一个二进制数),它表示的地址号为 141,这个地址号要么对应存储器的某个存储单元,要么对应一个外部器件。但如何才能找到这个存储单元或外部器件呢?其方法是对这个地址编码进行翻译,翻译成相应的逻辑操作,这个过程称为地址译码。

对于存储器,存储器内部都有自身的译码电路,只要把来自计算机的地址线和存储器的地址线按位连接即可。对于外部器件,则通常采用译码器进行译码,由译码器的输出线找到相应器件。

图 2-12 所示是一个最简单的译码器,它有 2 个输入,4 个输出,所以称为二四译码器。

芯片 139 是一种专门的集成芯片，它包含 2 个二四译码器，图中只画出其中一个。

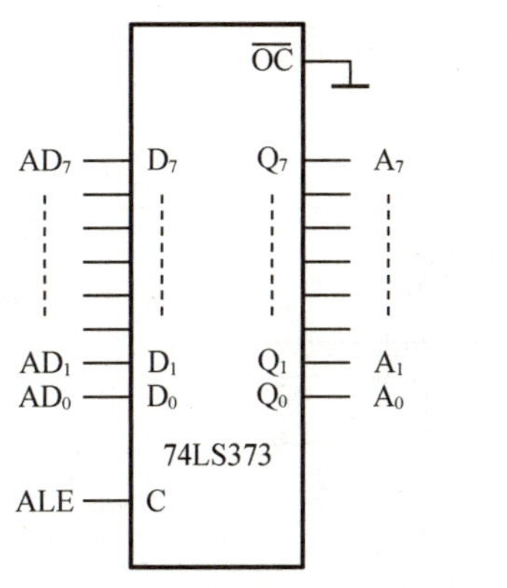

图 2-11 74LS373 锁存器引脚图

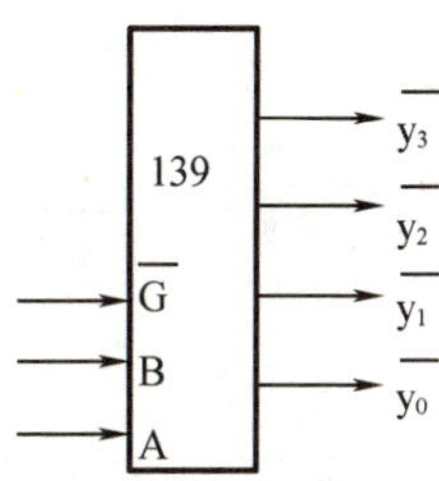

图 2-12 二四译码器

图 2-12 中，$\overline{G}$ 是 139 译码器的使能端，低电平有效，即只有在 $\overline{G}$ 端接入低电平时，译码器才能工作。A 和 B 是地址信息的输入引脚，$\overline{y_3}$ ~ $\overline{y_0}$ 是译码输出，低电平有效。表 2-2 给出了输入与输出之间的关系，数字逻辑电路的这种输入输出关系表习惯上被称为真值表。

表 2-2 二四译码器真值表

输入			输出			
使能$\overline{G}$	选择					
	B	A	$\overline{y_3}$	$\overline{y_2}$	$\overline{y_1}$	$\overline{y_0}$
1	X	X	1	1	1	1
0	0	0	1	1	1	0
0	0	1	1	1	0	1
0	1	0	1	0	1	1
0	1	1	0	1	1	1

从表 2-2 中可以看出，如果 $\overline{G}$ 端为高电平（逻辑 1），那么不论 B 和 A 的状态是什么（X 表示任意状态），译码器的输出都全部为 1，只有当 $\overline{G}$ 端为低电平（逻辑 0）时，输出端的状态才能随输入端的变化而变化。B 和 A 两位地址信息的变化组合共有 4 个，即 00、01、10 和 11，对应的有效输出分别为 $\overline{y_0}$、$\overline{y_1}$、$\overline{y_2}$ 和 $\overline{y_3}$。若将输出 $\overline{y_0}$ 接到某个芯片的使能端（通常也叫片选端，低电平有效），则只要 B 和 A 的状态为 00，就能使该芯片进入可工作状态，而 B 和 A 的其他任何状态都不可能。假设 CPU 只有 2 根地址线，那么就可以说该芯片的地址是 00B。以此类推，与 $\overline{y_1}$、$\overline{y_2}$ 和 $\overline{y_3}$ 连接的器件地址分别为 01B、10B 和 11B。

3. 8051 单片机系统

MCS-51 系列单片机 8051 是在一块芯片中集成了 CPU、RAM、ROM、I/O 接口、系统总线等基本部件构成微型计算机基本部件的 8 位单片机。MCS-51 系列单片机内部结构框图如图 2-13 所示，主要包括：针对控制应用而优化的 8 位 CPU、128 个字节的片上数据 RAM、

64 KB 的数据存储器寻址空间、64 KB 的程序存储器寻址空间、4 KB 的片上程序存储器(8031 无)、2 个 16 位定时器/计数器、32 根双向和单独可寻址的 I/O 线、2 个优先级的 5 向量中断结构、广泛的布尔处理(单位逻辑)能力、片上时钟振荡器。

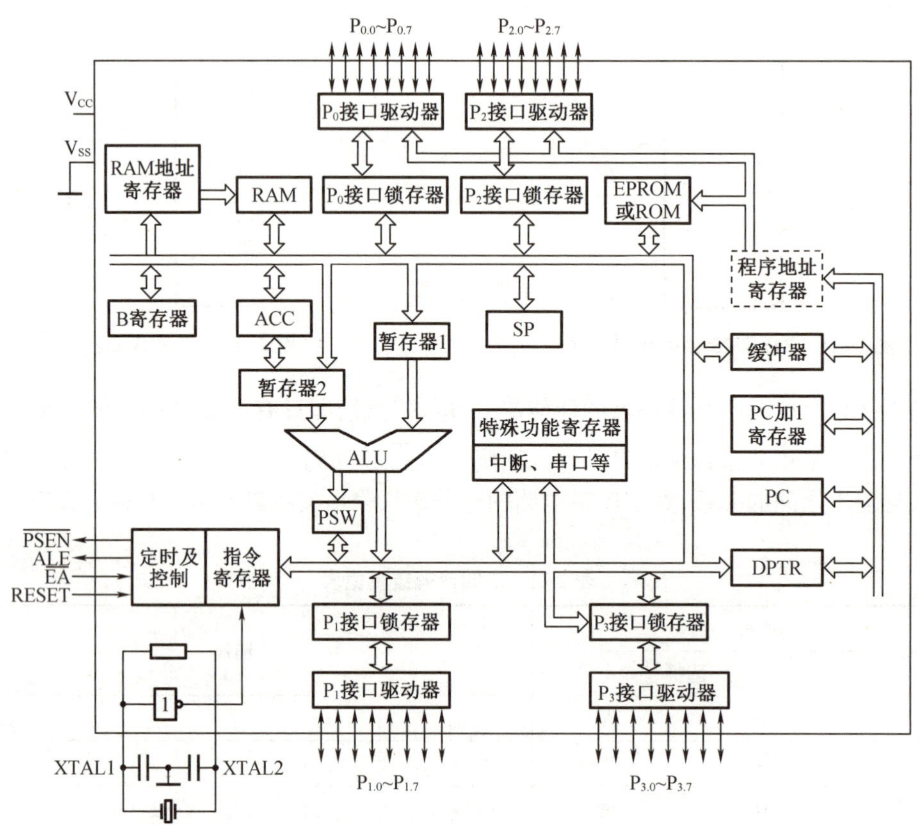

图 2-13　MCS-51 系列单片机内部结构框图

MCS-51 系列单片机中 8051 单片机硬件结构要点如下：

(1)CPU

MCS-51 系列单片机中有一个 8 位 CPU,是单片机的核心,由运算器和控制器构成。运算器包括算术逻辑单元(ALU)、累加器(ACC)、B 寄存器、程序状态字(PSW)、十进制调整电路等部件,实现数据的算术逻辑运算、位变量处理和数据传送等操作。控制器包括定时控制逻辑(时钟电路、复位电路)、指令寄存器、指令译码器、PC、堆栈指针(SP)、数据指针寄存器(DPTR)以及信息传送控制等部件,其主要功能是对指令码进行译码,然后在时钟信号的作用下,使单片机的内、外电路能够按一定的时序协调有序地工作,执行译码后的指令。

(2)内部 RAM

8051 单片机内部有 128 个字节(8052 子系列有 256 个字节),用来存放程序在运行期间的工作变量、运算的中间结果、数据暂存和缓冲及标志位等。

(3)内部 ROM/EPROM

8031 单片机无此部件;8051 单片机片内有 4 KB 的掩膜 ROM;8751 单片机则为 4 KB 的 EPROM,用来存放程序、原始数据或表格。如果片内只读存储器容量不够,则需扩展片外只读存储器。片外只读存储器最多可扩展至 64 KB。

(4)定时器/计数器

8051 单片机内部有 2 个 16 位定时器/计数器 T_0、T_1,有 4 种工作方式,通过编程,T_0、T_1 还可用作 13 位或 8 位定时器。

(5)并行口和串行口

8051 单片机内部共有 4 个 I/O 接口,一般称为并行 I/O 接口,即 P_0、P_1、P_2、P_3 接口,每个接口都是 8 位。对于没有程序存储器的 8031 单片机,需用 P_0 接口作为低 8 位地址/数据线分时复用,即相当于计算机的 AD_0~AD_7,而 P_2 接口作为高 8 位地址 A_8~A_{15}。P3 接口各个管脚又有不同的第二功能,例如,读、写控制信号等,所以只有 P_1 接口可作为通用 I/O 接口使用。

8051 单片机有一个全双工的串行 I/O 接口,以完成单片机和其他计算机或通信设备之间的串行数据通信,单片机只用 P_3 接口的 RxD 和 TxD 两个管脚进行串行通信。

(6)中断系统

8051 单片机内部有很强的中断功能,以满足控制应用的需要。它共有 5 个中断源,即外部中断源 2 个、定时器/计数器中断源 2 个、串行中断源 1 个。

(7)CPU 内部总线和外部总线

CPU 通过内部的 8 位总线与各个部件连接,并通过 P_0 接口和 P_2 接口形成内部 16 位地址总线连接到内部 ROM 区。从图 2-14 可看到外部三总线:由 P_0 接口组成的数据总线(与低 8 位地址总线分时复用);由 P_0 接口和 P_2 接口组成的 16 位地址总线(P_0 接口分时复用);由 PSEN、EA、ALE 和 P_3 接口部分管脚(读信号及写信号)组成的控制总线。

(8)布尔处理器

由片内 RAM 的 20H~2FH 共 16 个单元的 128 位,11 个 SFR 中的 83 位组成的 211 位布尔处理器,可完成位运算等任务。

二、单片机的特点

1. 可靠性高、控制性能好

单片机的实时控制功能强大,其 CPU 可以对 I/O 接口直接进行操作,位操作能力强。有些单片机内部集成有高速 I/O 接口、数模转换器 ADC、脉冲宽度调制 PWM、看门狗 WDT 等部件,并在低电压、低功耗、串行扩展总线、控制网络总线和开发方式(如在线编程 ISP)等方面都有了进一步的增强。另外,由于 CPU、存储器及 I/O 接口集成在同一个芯片内,各部件间的连接紧凑,数据在传送时受干扰的影响较小,且不易受环境条件的影响,可靠性较高。

2. 体积小、价格低、易于产品化

单片机实际上就是一台完整的微型计算机,对于批量大的专用场合,既可以在众多的单片机品种间进行匹配选择,同时还可以专门进行芯片设计,使芯片的功能与应用具有良好的对应关系。在单片机产品的引脚封装方面,有的单片机引脚已减少到 8 个或更少,从而使应用系统的印制电路板减小、接插件减少,安装简单方便。

3. 存储器结构上,多数单片机的存储器采用哈佛(Harvard)结构

采用哈佛结构的单片机其 ROM 和 RAM 是严格分开的。ROM 称为程序存储器,只存放程序、固定常数和数据表格;RAM 则为数据存储器,用作工作区及存放数据。两者的访问方式也有所不同,即使用不同的寻址方式,通过不同的地址指针访问。程序存储器的存储空间较大,

数据存储器的存储空间较小,这主要是考虑单片机用于控制系统中时体现的特点。程序存储器和数据存储器又有片内和片外之分,而且访问方式也不相同。所以,单片机的存储器在操作时可分为片内程序存储器、片外程序存储器、片内数据存储器和片外数据存储器。

4. 芯片引脚上,大部分采用分时复用技术

单片机芯片内集成了较多的功能部件,需要的引脚信号较多,但由于工艺和应用场合的限制,芯片上引脚数目又不能太多。为解决实际的引脚数与需要的引脚数之间的矛盾,一条引脚往往设计两或多个功能。每条引脚在当前起什么作用,由指令和当前机器的状态来决定。

5. 内部资源访问上,采用特殊功能寄存器(SFR)的形式

单片机中集成了微型计算机的微处理器、存储器、I/O 接口、定时/计数器、串行接口、中断系统等功能部件。用户对这些资源的访问是通过对相应的特殊功能寄存器(SFR)进行访问来实现的。

6. 指令系统上,采用面向控制的指令系统

为了满足控制系统的要求,单片机有很强的逻辑控制能力。在单片机内部一般都设置有一个独立的位处理器,又称为布尔处理器,专门用于位运算。

7. 内部一般都集成一个全双工的串行接口

通过这个串行接口,可以很方便地与其他外设进行通信,也可以与另外的单片机或微型计算机进行通信,组成计算机分布式控制系统。

8. 单片机有很强的外部扩展能力

在内部的各种功能部件不能满足应用系统要求时,单片机可以很方便地在外部扩展各种电路来满足要求,并且能与许多通用的微机接口芯片兼容。

拓展强化

任务 2.2

一、选择题(请扫码作答)

二、简答题

1. 请描述 8051 单片机硬件结构要点。
2. 请简述单片微型计算机的特点。

任务2.3 可编程序控制器

任务描述

可编程序控制器(programmable logic controller,PLC)是一种应用广泛的计算机控制装置。通过本任务的学习,学生可了解可编程序控制器硬件结构和工作原理,熟悉 PLC 软件基本知识以及编程原理,掌握可编程序控制器基本指令和程序系统;能描述可编程序控制器的结构组成;会选用梯形图语言指令实现功能。

任务实施

PLC 是一种专门为在工业环境应用而设计的计算机控制装置。它采用可编制程序的存储器,在其内部存储执行逻辑运算、顺序运算、计时、计数和算术运算等操作的指令,并能进行数字量或模拟量的输入和输出,控制各种类型的机械或生产过程,主要用来代替继电器实现逻辑控制。随着技术的发展,计算机厂家在设计生产 PLC 时,在硬件和软件方面做了大量的共性工作,这样用户在使用 PLC 组成某一控制系统时,只需针对具体控制任务做少量的专门工作,就可以简化控制系统的设计和生产。PLC 除了具有工业控制微机的优点外,还具有自身的一些特点。在硬件方面,PLC 采用模块化结构,而且能方便地增加或更换模块,使 PLC 的功能扩展和维修变得十分简单。在软件方面,可采用通俗易懂的符号语言,用户可方便灵活地编制和修改控制程序。正是由于这种软、硬件上的高度灵活性,PLC 具有通用性强、使用方便、适应面广、可靠性高、抗干扰能力强、编程简单等特点。这些特点使 PLC 在工业自动化控制中能适应各种控制对象,从而得到了越来越广泛的应用。

一、PLC 的结构与工作原理

PLC 的结构实际上与计算机结构是一致的,通常有六大部分:CPU、存储单元、输入接口单元、输出接口单元、外围设备以及电源。如图 2-14 所示为 PLC 的结构框图。

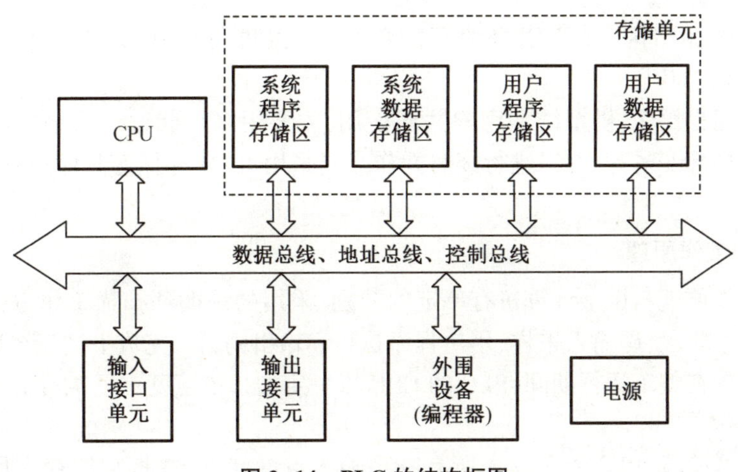

图 2-14 PLC 的结构框图

1. PLC 的结构

(1)CPU

CPU 是 PLC 的核心部件,它由大规模或超大规模的集成电路微处理芯片构成,主要完成逻辑或算术运算任务。早期的 CPU 处理器内核是 8 位的,目前已发展到 32 位。每个 PLC 至少有一个 CPU。

(2)电源

电源用于为 PLC 内部各模块的集成电路提供工作电源,一般不提供给外围的输入/输出电路,但是有个别厂家的PLC也可以给输入电路提供24 V的工作电源。

(3)外围设备

PLC的外围设备主要有编程器、文本显示器、操作面板、人机界面、打印机等。编程器是众多PLC外围设备当中最基本的设备。

(4)输入接口单元

输入接口单元用于处理输入信号,对输入信号进行滤波、隔离、电平转换等,把输入信号的逻辑值传递到可编程序控制器内部。

(5)输出接口单元

输出接口单元用于把用户程序的逻辑运算结果输出到可编程序控制器外部,输出接口单元具有隔离PLC内部电路和外部执行元件的作用,还具有功率放大的作用。

(6)存储单元

目前,大多数PLC采用的存储芯片是RAM(随机存取存储器,断电后数据会丢失)和EEPROM(电可擦只读存储器,断电后数据不会丢失);中大型PLC则采用大容量的MMC(多媒体存储卡,断电后数据不会丢失)。存储单元一部分是给系统用的,另外一部分是给用户使用的。

①系统程序存储区:存放着相当于微型计算机操作系统的系统程序,包括监控程序、管理程序、命令解释程序、功能子程序、系统诊断子程序等。由制造厂商将其固化在EEPROM中,不对用户开放,其内容也不可更改。

②系统数据存储区:这是操作系统与用户程序之间交换信息的一个特殊存储区域。采用RAM存储芯片。操作系统在管理、系统监控以及程序执行时的一些执行结果、故障状态,通常存放在该区域,用户程序可以访问该区域。

③用户程序存储区:存放用户编写的程序,可以进行读写操作。大多数PLC采用EEPROM的存储芯片。

④用户数据存储区:供系统和用户共同使用,主要用来存储输入及输出状态、计数、计时、全局变量、局部变量等,可以进行读写操作。当采用RAM存储芯片时,可采用后备电池进行数据保护。

2. PLC的工作原理

PLC的工作原理与微型计算机有一定的差别,采用的是循环扫描工作方式。其工作过程一般分为三个阶段,即输入采样、用户程序执行和输出刷新。完成上述三个阶段称作完成一个扫描周期。在整个运行期间,PLC的CPU以一定的扫描速度重复执行上述三个阶段。

(1)输入采样

在输入采样阶段,PLC依次读入所有物理输入点的状态,并将它们存入用户程序存储区中的专用区域I/O区(取名为“输入过程映象寄存器”)的相应单元内。输入采样结束后,转入用户程序执行和输出刷新阶段,在后两个阶段中,即使外围输入状态发生变化,I/O区中的相应单元的状态也不会改变。因此,如果输入是脉冲信号,则该脉冲信号的宽度必须大于一个扫描周期,才能保证在任何情况下,该输入均能被读入。

(2)用户程序执行

用户程序执行阶段,PLC总是按由上而下、由左至右的顺序依次地扫描用户程序(梯形图),然后将运算的最终输出结果送至用户程序存储区中的I/O区(取名为“输出过程映象寄存器”),但没有送至实际的物理输出点,那是输出刷新阶段所要做的工作。

(3)输出刷新

当扫描用户程序结束后,PLC 进入输出刷新阶段。在此期间,CPU 按照 I/O 区(输出过程映象寄存器)内对应的状态刷新至所有的输出锁存电路,再经输出电路驱动相应的外设。

PLC 采用的这种循环扫描工作方式,实际上就是重复循环地执行以上的三个过程(每三个过程为一个扫描周期)。

PLC 在输入/输出处理方面遵循以下几点:

①输入过程映象寄存器的数据取决于本扫描周期的第一阶段"输入采样"时输入端子上当时的实际物理状态,且一直维持到下个周期的输入采样阶段。

②输出过程映象寄存器的数据由输出指令决定。

③输出锁存器的数据由上一个扫描周期的第三阶段"输出刷新"时输出过程映象寄存器的数据来确定。

④输出端子板上的输出端的状态由输出锁存器确定。

二、PLC 的硬件

1. PLC 的接口电路

PLC 最常用的接口电路分为两种:输入接口电路和输出接口电路。

(1)开关量输入接口电路

开关量输入接口电路有两种:直流输入接口电路、交流输入接口电路。

图 2-15 中虚线内的部分就是 PLC 内部的直流输入接口电路,由于图中 T 处采用的是双向光耦,所以外接电源的方向任意;公用端子 COM (Siemens PLC 将公用端标记为 M)并非一定要接在电源的负极上。一个 PLC 模块上可能有多个 COM 端子,在 PLC 内部并没有将这些 COM 端子连在一起。电阻 R_1 起限流作用,与电容 C 又构成低通滤波电路。LED 就是我们平时所看到的 PLC 模块上对应于输入端子的指示灯,外部开关接通,灯亮;开关断开,灯灭。

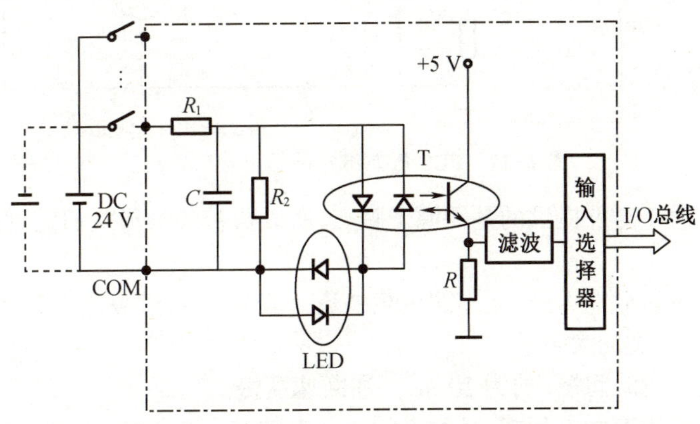

图 2-15 PLC 的直流输入接口电路

图 2-16 所示为 PLC 的交流输入接口电路,其基本电路与直流类似,只不过电容的接入方式有所变化,形成一个高通滤波电路。

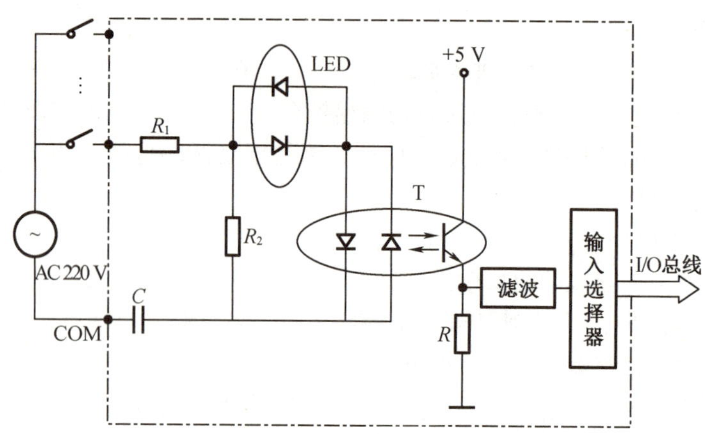

图 2-16　PLC 的交流输入接口电路

(2)开关量输出接口电路

开关量输出接口电路有三种:继电器输出接口电路、晶体管输出接口电路、可控硅输出接口电路。它们具有一个共同的特点,即与I/O总线之间是光电隔离的,所以输出电路线路接错后,通常只损坏接口模块,对CPU部分影响不大。

①继电器输出接口电路:继电器输出接口电路适用于驱动交、直流供电,低速通断的大容量负载,是应用最多的一种输出电路形式。图2-17所示为PLC控制继电器输出接口电路。

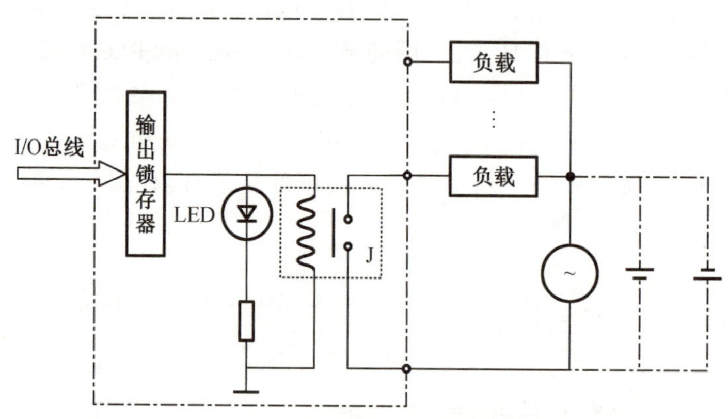

图 2-17　PLC 控制继电器输出接口电路

a. 外接电源:由于对外提供的是无源干触点,所以可带各种形式的交、直流负载,且直流电源的方向任意。

b. 负载能力:带负载能力强,允许的负载电流一般为2 A;过载能力强;可直接驱动继电器、接触器、电磁阀之类的大负载。

c. 响应时间:响应时间慢(约为10 ms),通断速度慢。

d. 使用寿命:属于有触点形式,且触点的通断次数有寿命限制。

②晶体管输出接口电路:晶体管输出接口电路适用于驱动高速通断的小容量负载。图2-18所示为PLC控制晶体管输出接口电路。

a. 外接电源:只能带直流负载(只能使用直流电源),且电源的方向是唯一的。

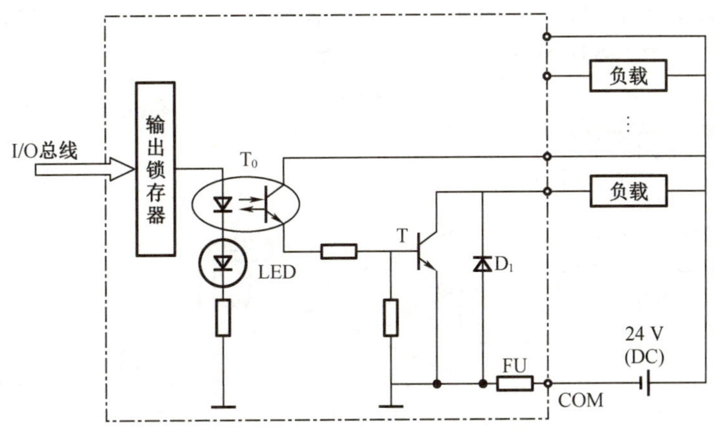

图 2-18　PLC 控制晶体管输出接口电路

b. 负载能力:带负载能力弱,允许的负载电流一般都小于 1 A,防冲击电流的过载能力小,一般不用于直接驱动继电器、接触器、电磁阀这种大负载。

c. 响应时间:响应时间快(约为 0.2 ms),通断速度快。

d. 使用寿命:属于无触点形式,使用寿命长。

③可控硅输出接口电路:可控硅输出接口电路适用于驱动交流大容量负载。图 2-19 所示为 PLC 控制晶闸管输出接口电路。

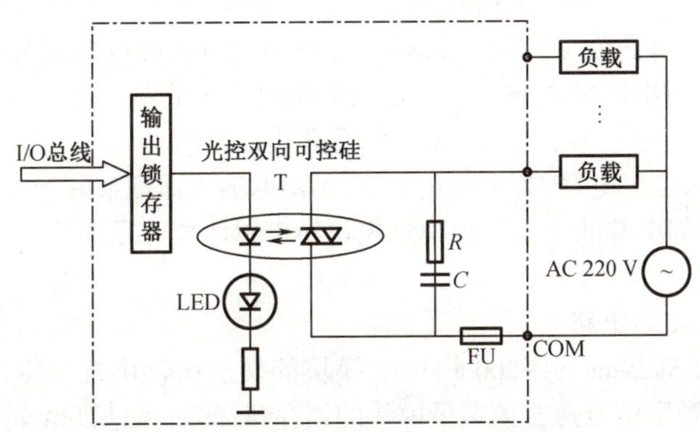

图 2-19　PLC 控制晶闸管输出接口电路

a. 外接电源:带交流负载(使用交流电源),适用的电压范围较宽。

b. 负载能力:带负载能力强,允许的负载电流一般为 2 A,个别型号允许最大可达 8 A。有一定的过载能力;可直接驱动各种大容量交流负载。

c. 响应时间:响应时间较快(约为 1 ms)。

d. 使用寿命:属于无触点形式,使用寿命长。

(3)模拟量输入接口电路

图 2-20 所示为模拟量输入接口电路。以 1 号输入通道为例,电压信号加在 A+和 A-端子上,经过由 R、C 组成的硬件滤波电路,送至 4 选 1 的多路转换器;模拟量模块的内部电路接通($A=1$)一对开关,从而使得 1 号输入通道的电压可以送至用于隔离和放大用途的运算放大器,其中放大倍数可通过增益调节进行部分微调,还可以加偏置信号进行偏置调节。处

理以后的信号送至 A/D 转换,S7-200 的 A/D 转换分辨率为 12 位,将转换后的 12 位数字信号进行锁存,等待 CPU 模块通过 I/O 总线将其输出。

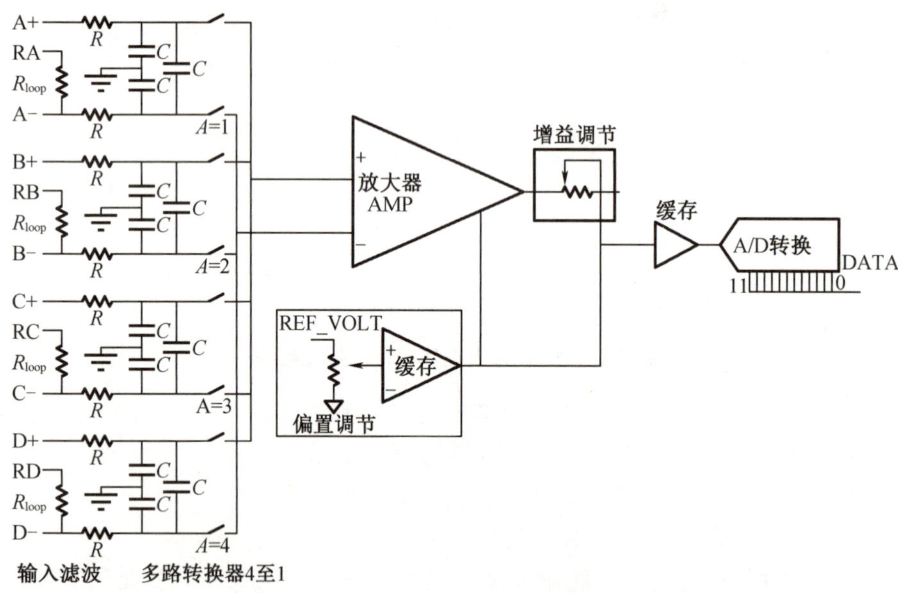

图 2-20　模拟量输入接口电路

仍然以 1 号输入通道为例,在 PLC 内部,RA 端子与 A-端子之间连接了一个 250 Ω 的标准电阻(R_{loop}),RA 端子是为了将传感器送来的 0~20 mA 的电流信号转换成标准电压信号 0~5 V 而设置的。图 2-20 的输入接口电路表明由于 4 个输入通道都有 RA 端子,因此这 4 个通道既可以接入电压信号,也可以接入电流信号。

针对模拟量输入接口电路,为了防止干扰,不用的输入通道最好短接。对于有信号输入的通道,要确保传感器电源的地线与模拟量模块的电源地线可靠连接,可有效降低共模干扰的影响。

(4)模拟量输出接口电路

图 2-21 所示为 Siemens S7-200 EM235 模块的模拟量输出接口电路。CPU 模块通过 I/O 总线将 12 位的数字信号送至模拟量模块的锁存器,然后经过 D/A 转换,变成电压信号;一路进行放大之后以-10~+10 V 电压信号的形式输出,另一路则以 0~20 mA 电流信号的形式输出,具体连接形式取决于负载的要求。

2. PLC 的模块种类

PLC 的模块种类分为 CPU 模块和扩展模块。

(1)CPU 模块

CPU 模块内部有微处理器芯片、I/O 接口、通信接口(通过编程器就可以编辑及下载程序),因此 CPU 模块本身就是一个小型控制器。

(2)扩展模块

除了 CPU 模块外,其他的 PLC 模块统称为扩展模块。Siemens S7-200 的扩展方式是 10 针扁平电缆(实际上就是扩展的 I/O 总线)。图 2-22 所示为 Siemens S7-200 扩展模块与 CPU 模块的连接方式(包括扩展模块相互之间的连接方式)。

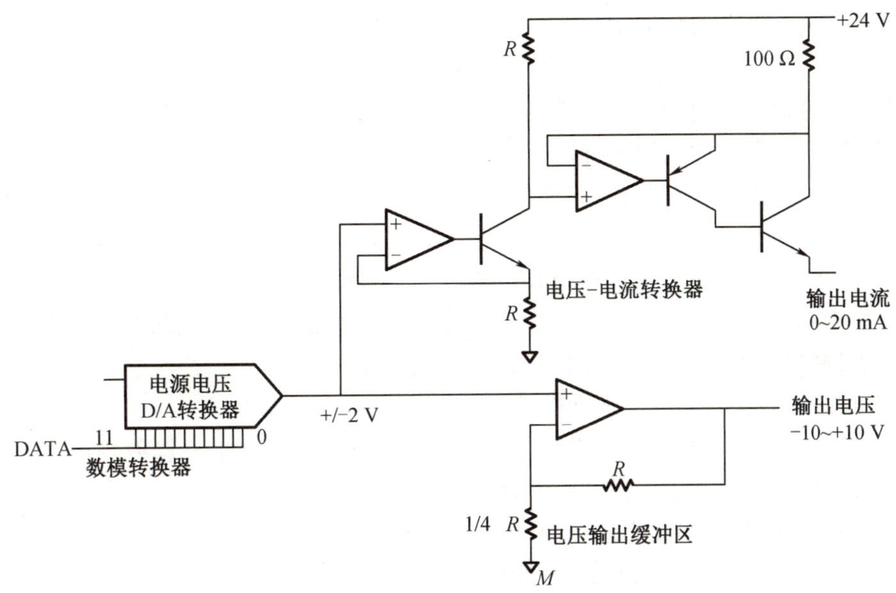

图 2-21　Siemens S7-200 EM235 模块的模拟量输出接口电路

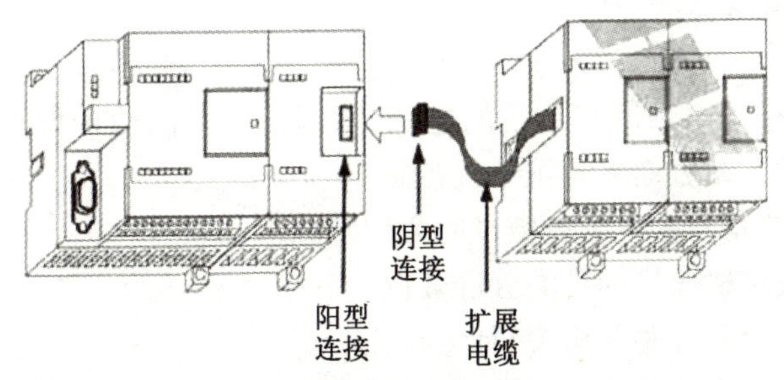

图 2-22　Siemens S7-200 扩展模块与 CPU 模块的连接方式

PLC 的扩展模块种类多,一般可分为三大类:I/O 模块、功能模块、通信模块。

①I/O 模块:常见的 I/O 模块包括数字量 I/O 模块、模拟量 I/O 模块、测温模块三种。

②功能模块:PLC 生产厂家提供一些特殊的功能模块来完成需要高速或实时处理的任务。一般比较常见的功能模块包括位置控制模块、称重模块、高速计数器模块、闭环控制模块等。

③通信模块:在 PLC 系统中,通信模块的种类是最多、最复杂的,而且由于协议的不同,各个厂家的通信模块形式上差异较大,使用起来也是千差万别。Siemens S7-200 PLC 的通信模块包括 Ethernet 模块、ProfibusDP 模块、AS-i 模块、Modem 模块等。

3. 可编程序控制器的抗干扰

(1)干扰的产生

在 PLC 的测量信号(主要指模拟量信号)传输过程中,由于内部和外部干扰的影响,会在测量信号上又叠加干扰电压或电流,通常把这种干扰称为噪声。当噪声电压影响到系统的正常工作时,该噪声电压就称为干扰电压,根据干扰电压进入测量电路的方式不同,可将干扰分为串模干扰(又称为差模干扰)和共模干扰(又称为并联干扰)两种。

①串模干扰:在被测信号两端与被测信号串联的干扰电压称为串模干扰电压,串模干扰属于对称性干扰。由于这种干扰是叠加在信号上的,所以直接影响测量的结果。

串模干扰产生的原因主要有三种:

a. 外部线路的交变磁场通过分布电容耦合进线路。交变磁场通常来自高压输电线、与信号线平行铺设的电源线以及大电流控制线所产生的空间电磁场。

b. 电源交变磁场漏电流的耦合作用。

c. 信号输入通路中的接触不良。

抑制串模干扰的方法有两种：一种是用双绞线传输信号，可有效减少干扰介入的途径；另外一种是对干扰已经产生的结果进行处理。由于串模干扰的主要成分是 50 Hz 交流电及其谐波，当被测信号缓慢变化时，利用 RC 滤波器进行滤波，可以较好地抑制串模干扰噪声。

②共模干扰：出现在信号的任一输入端和公共端（大地或机壳）之间的干扰电压称为共模干扰电压，共模干扰属于非对称性干扰。虽然它不直接影响测量结果，但是当信号输入电路参数不对称时，它会转化成串模干扰，对测量产生影响。

在信号的传输过程中，接地点之间的电位差、静电感应、空间电磁辐射均可以在传输线上形成共模干扰电压。共模干扰电压可能是直流电，也可能是交流电。

通常，串模干扰信号幅度小，所造成的干扰相对较小。共模干扰信号的幅度大（有时可达数百伏），并可经过导线产生辐射，所造成的干扰较大，对系统的影响更为严重。

抑制共模干扰的方法通常包括：采用屏蔽线并将屏蔽层有效接地；强电场的地方采用镀锌管屏蔽；布线时远离高压线、动力电源线等。

（2）抗干扰措施

首先，PLC 系统应考虑采用高品质的电源，抑制来自电网的传导干扰。然后再考虑从电缆敷设和工作接地两个方面展开抗干扰措施。

①电缆敷设：传输信号的电缆在敷设时要注意以下几点。

a. 信号电缆应按传输信号的种类分层敷设。

b. 信号电缆要用一根完整的电缆，杜绝接头。

c. 信号电缆要远离大功率的电器设备。

d. 信号电缆和动力电缆应避免近距离平行敷设。

②工作接地：PLC 控制系统的接地有两种方式，即并联一点接地和串联一点接地。集中布置的 PLC 系统适于并联一点接地方式，各装置的柜体中心接地点以单独的接地线引向接地极。分散布置的 PLC 系统，由于装置间距较大，通常采用串联一点接地方式，用一根铜母线连接各装置的柜体中心接地点，然后将接地母线直接连接至接地极。

三、PLC 的软件基本知识

PLC 就是专门为在工业环境应用而设计的计算机控制装置，所以它的使用方法和编程思路在本质上与单片机、微机的区别不大，但也有自己的特点。

1. PLC 的数据格式

（1）数制

数制是指用一组固定的符号和统一的规则来表示数值的方法。常用的数制有三种：十进制、二进制和十六进制。与计算机相同，在 PLC 中，任何数据信息都必须最终转换成二进制形式的数据后才能由 CPU 进行处理、存储和传输。

①二进制：二进制用 0 和 1 两个数字及其组合来表示任何数。进位规则是“逢 2 进 1”。二进制数的位权是以 2 为底的幂，数字 1 在不同的位上代表不同的值，按从右至左的次序，

这个值以2倍递增。

在PLC S7-200中，通常需要在二进制数的前面加上2#作为与其他数制之间的区别。

②十六进制：用二进制数表示较大的数时非常不方便，如果用十六进制数来表示则可以很好地解决这一问题。十六进制数的进位规则是“逢16进1”。十六进制数的位权是以16为底的幂。十六进制缩短了二进制数，但保持了二进制数的表达特点。

在PLC S7-200中，通常需要在十六进制数的前面加上16#作为与其他数制之间的区别。

(2)数据的其他形式

在PLC中，数据除了可以按照上述的二进制数或十六进制数的形式出现外，还可以以其他的形式出现，常见的情况有两种：BCD码、ASCII码。

①BCD码：用4位二进制数来表示1位十进制数中的0~9这10个数码，简称BCD码(binary coded decimal)，也可称为二进码十进数——用二进制编码的十进制数。

这种编码形式利用了4个位来储存一个十进制的数码，使二进制和十进制之间转换的数以8421的形式展开成二进制。

②ASCII码：ASCII码使用指定的7位或8位二进制数组合来表示128或256种可能的字符。前128个编码称为标准ASCII码，使用7位二进制数来表示所有的大写和小写字母、数字0到9、标点符号以及特殊控制字符。后面128个称为扩展ASCII码，使用8位二进制数表示特殊符号字符、外来语字母和图形符号。

(3)数据类型

如表2-3所示为PLC的数据类型，显示的是按照数据占用的位数以及数据是否带符号等特点进行的分类。PLC数据常见的二进制位数有4种：1位、8位、16位、32位。

表2-3　PLC的数据类型

数据位数	数据类型	数据说明	数据可表示的范围
1位	布尔	布尔	0~1
8位	字节	不带符号	0~255
		带符号	-128~+127
16位	字	不带符号	0~65535
	整数	带符号	-32768~+32767
32位	双字	不带符号	0~4294967295
	双整数	带符号	-2147483648~+2147483647
	实数	IEEE32位浮点	$+1.175495\times10^{-38}$~$+3.402823\times10^{38}$(正数)
			-1.175495×10^{-38}~-3.402823×10^{38}(负数)

1位的二进制数据通常称作BOOL(布尔)量，只有0和1两个选择，通常用来表示开关量信号的通和断两种状态。8位的二进制数据通常称作字节(byte，简记为B)。16位的二进制数据通常称作字(word，简记为W)，带符号的字通常称为整数。32位的二进制数据通常称作双字(double word，简记为D)，带符号的双字通常称为双整数。

在二进制格式中，带符号整数和双整数是用二进制补码来表示的，其最高位为符号位，符号位为 0 表示正数,为 1 表示负数,其表示的值的范围为-2^{n-1}至$2^{n-1}-1$(式中 n 为二进制数的位数,取值为 8 或 16 或 32)。正数的补码就是其自身,负数的补码可以通过对其绝对值部分逐位求反,并在最低位加 1 求得。

实数(又称为浮点数)也是 32 位的二进制数据。PLC 的实数格式遵循 ANSI/IEEE754-1985 的二进制浮点数算术标准,并采用该标准中的 32 位单精确度浮点数的数据格式。

(4)常数的格式标识符

在 PLC 的大多数指令中,指令的输入操作数可以直接使用常数值。十进制数字不需要格式标识符,可直接输入,如果是实数,直接带标点符号和正、负号。二进制数在前面加 2#;十六进制数在前面加 16#;ASCII 码需要给字符或数字加上单引号。

2. PLC 的存储空间

PLC S7-200 存储空间的基本存储单元是由一个字节(8 位)组成的。这就意味着:一是如果存放不同类型或大小的数据,可能使用的基本存储单元的个数是不一样的;二是每个基本存储单元都有一个 32 位的地址指针。

(1)PLC S7-200 的存取方式

①位存取、字节、字或双字存取

若要存取存储区的某一位,则必须指定相应的位址,位址由存储区域标识符、字节地址和位号三个部分组成,也称为“字节 · 位”寻址。0 是所有数据区的第一个地址(以 0 为基址);字节号后面的小数点用于区别字节号和位号;位址是从 0 至 7 的十进制数字。

若要存取一个字节、字或双字数据,则必须以类似位寻址的方式给出地址,包括存储区域标识符、数据大小以及该字节、字或双字的起始字节地址。

(2)PLC S7-200 的存储区域

按照存放数据性质的不同,PLC S7-200 将存储空间又划分成 13 个区域:I、Q、AI、AQ、M、V、L、AC、SM、T、C、HC、S。

①输入过程映象寄存器 I:在每次扫描周期的开始,CPU 对物理输入点进行采样,并将采样值写入输入过程映象寄存器中。

②输出过程映象寄存器 Q:在每次扫描周期的结尾,CPU 将输出过程映象寄存器中的数值复制到物理输出点上。

③模拟量输入 AI:PLC S7-200 将模拟量值转换成 1 个字长(16 位)的数字量。用区域标识符 AI、数据长度 W 及字节的起始地址来存取这些值,必须用偶数字节地址来存取这些值。

④模拟量输出 AQ:PLC S7-200 把 1 个字长(16 位)数字值按比例转换为电流或电压。可以用区域标识符 AQ、数据长度 W 及字节的起始地址来存取这些值,必须用偶数字节地址来存取这些值。

⑤位存储区 M:可以用位存储区作为控制继电器来存储中间操作状态和控制信息。

⑥变量存储区 V:变量存储区 V 用于存储程序执行过程中控制逻辑操作的中间结果,也可以用它来保存与工序或任务相关的其他数据。变量存储器是全局有效的,同一个存储器可以被任何程序存取(包括主程序、子程序和中断服务程序)。变量存储区是编程时应用得最多的存储区。

⑦局部存储区 L:局部存储区 L 和变量存储区 V 非常相似,但只有一点区别:变量存储区是全局有效的,而局部存储区只在局部有效,局部是指存储器区和特定的程序相关联。

⑧累加器 AC:累加器是可以像存储器一样使用的读写设备。PLC S7-200 提供 4 个 32 位累加器:AC0、AC1、AC2 和 AC3。可以按字节、字或双字的形式来存取累加器中的数值,但是在地址格式中不标明数据的大小,仍采用 AC0、AC1、AC2 和 AC3 的形式。被访问的数据长度取决于存取累加器时所使用的指令。

⑨特殊存储区 SM:SM 位为 CPU 与用户程序之间传递信息提供了一种手段。可以用这些位选择和控制 PLC S7-200 CPU 的一些特殊功能。

⑩定时器存储区 T:定时器可用于时间的累计。每个定时器都对应有两个变量:一个字变量和一个位变量。如果使用位操作指令,则是存取定时器位;如果使用字操作指令,则是存取定时器当前值。

⑪计数器存储区 C:计数器可以用于累计其输入端脉冲电平由低到高的次数。每个计数器都对应有两个变量:一个字变量和一个位变量。如果使用位操作指令,则是存取计数器位;如果使用字操作指令,则是存取计数器当前值。

⑫高速计数器 HC:高速计数器对高速事件计数,它独立于 CPU 的扫描周期。高速计数器有一个 32 位的有符号整数计数值(或当前值)。

⑬顺控继电器存储器 S:顺控继电器存储器 S 用于组织机器操作或者进入等效程序段的步骤。SCR 提供控制程序的逻辑分段。

3. PLC 的寻址方式

在 PLC S7-200 的 13 个存储区域中,有 4 个存储区域(I、Q、AI、AQ)与 I/O 点所处的通道位置有关。

四、PLC 的编程基础

在学习 PLC 的编程语言时,首先需要解决两个问题:一是建立计算机与 PLC 的连接通道;二是通过选定的连接通道,实现编程软件与 PLC 的通信,进而完成用户程序的上、下载以及对 PLC 的一些特殊配置等任务。

1. 计算机与 PLC 的连接

PLC 的编程有两种方法:一是通过编程器编程;二是将 PLC 通过通信口和连接电缆与 PC 机连接,在 PC 机上运行,通过编程软件窗口进行编程。PC 机与 PLC S7-200 的连接方式有三种:

①PC/PPI 电缆。PC/PPI 电缆将计算机的串口 RS232 与 CPU 模块的 RS485 通信端口相连。通信协议为 PPI,传输速率为 9.6~187.5 Kbit/s。

②以太网通信卡。利用交换机和网线,将计算机的以太网接口与 PLC 的以太网模块 CP243-1 相连。通信协议为 TCP/IP,传输速率为 10~100 Mbit/s(自动感测)。

③CP 通信卡。利用屏蔽双绞线,将安装在计算机内部的 CP 通信卡与 PLC 的 Profibus 模块 EM277 相连。通信协议为 Profibus,传输速率为 9.6 Kbit/s~12 Mbit/s。

以上三种连接方式中,PC/PPI 电缆的方式使用起来成本最低,所以其应用最为广泛,但是传输速率也最低。PLC S7 的编程软件是 STEP7-MicroWIN32,在 STEP7 的编程窗口中可以很方便地进行梯形图设计,调试好后下载到 PLC 即可运行。如图 2-23 所示为用 PC/PPI 电缆将 PLC 与 PC 机连接。

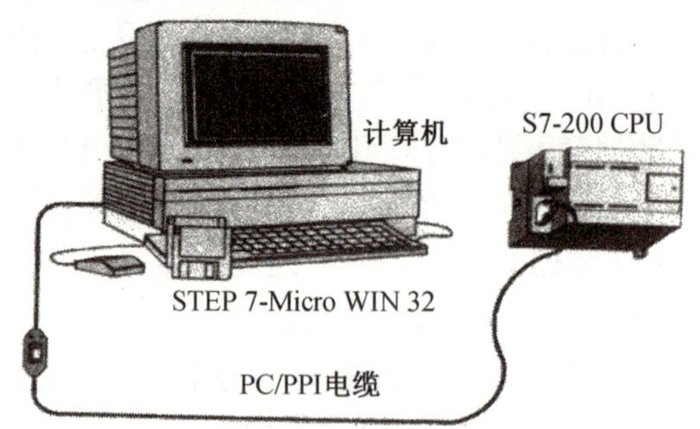

图 2-23　通过 PC/PPI 电缆将 PLC 与计算机连接示意图

2. PLC 的用户程序

用户程序主要包括以下几个部分：程序块、数据块、系统块。

(1)程序块

一个程序块由可执行代码和注释两部分组成。可执行代码被编译并下载到 PLC 中，而程序注释不会被下载。可执行代码由主程序、子程序、中断服务程序组成。

①主程序：程序的主体(称为 OBI)。主程序中的指令按顺序执行，每次 CPU 扫描周期中 OBI 均要完整地被执行一次。

②子程序：程序块中的可选组件。只有被主程序、中断服务程序或者其他子程序调用时，子程序才会执行。

③中断服务程序：程序块中的可选组件。中断服务程序不会被其他程序调用，只有当中断服务程序与一个中断事件相关联，且在该中断事件发生时，才会执行中断服务程序。

(2)数据块

数据块只用于为变量存储区 V 指定初始值。可以以字节、字或者双字的形式来分配，注释是可选的。

(3)系统块

系统块允许用户为 PLC S7-200 配置不同的硬件参数，设置的参数必须在系统块下载到 PLC 之后才能生效。

①通信端口：允许用户调整 PLC 的通信参数。

②断电数据保持：允许用户定义在 PLC 断电期间需要保持其内容的存储区范围。

③输出表：允许用户设置 CPU 由 RUN 转入 STOP 模式时，数字量输出点和模拟量输出点的状态。PLC S7-200 输出表的输出状态有两种：一种是输出保持 STOP 模式之前的状态，也称为“冻结”；另一种是将具体数值传送到输出点。

④输入滤波：分为数字量输入滤波和模拟量输入滤波两种。

PLC S7-200 允许为 CPU 模块自带的本机数字量输入点选择输入滤波器，并为滤波器定义延迟时间。该延迟时间有助于滤除输入杂波，但是也会对读输入指令、输入中断和脉冲捕捉产生影响。扩展模块的数字量输入点没有此功能。

PLC S7-200 允许对所有模拟量输入选择软件滤波器。滤波值是多个模拟量输入采样值的平均值。滤波器参数(采样次数和死区)对于允许滤波的所有模拟量输入是相同的。

3. PLC 的编程语言

目前 PLC 常用的编程语言有四种，包括梯形图编程语言(ladder diagram，LAD)、功能块图

(function block diagram,FBD)、指令语句表(statement list,STL)和高级语言(如C、C++等)。

梯形图编程语言以图形的方式来显示程序,程序的流程模仿了电气接线图的原理,是PLC最为常用的编程语言。梯形图的左侧有一根能量线,梯形图允许程序仿真来自能量线的能流通过一系列的逻辑输入条件,最终使能逻辑输出。各个输入条件之间的“与”“或”逻辑关系是由连接线来完成的。

(1)梯形图的表示形式

图2-24所示是SIEMENS S7系列PLC的一个简单梯形图,它由线圈、触点和功能块(盒)等基本要素组成。最左边的竖线称为起始母线或左母线,简称母线(某些PLC的梯形图还在最右边加上一条竖线,称为右母线)。触点、线圈及功能块按照控制要求和一个完整电路的形式连接起来形成一个个程序段,称为梯级或网络,例如图中包含了网络1和网络2两个网络(注意,这里提到的网络和计算机网络没什么关系)。母线可以被理解为能量线或继电器电路中的电源线。每个程序段从左母线开始,从左到右依次连接各个触点,最后以线圈或功能块结束(对于有右母线的梯形图,则以右母线结束),形成一个逻辑行或一个梯级,使得整个程序呈阶梯形,梯形图因此得名。

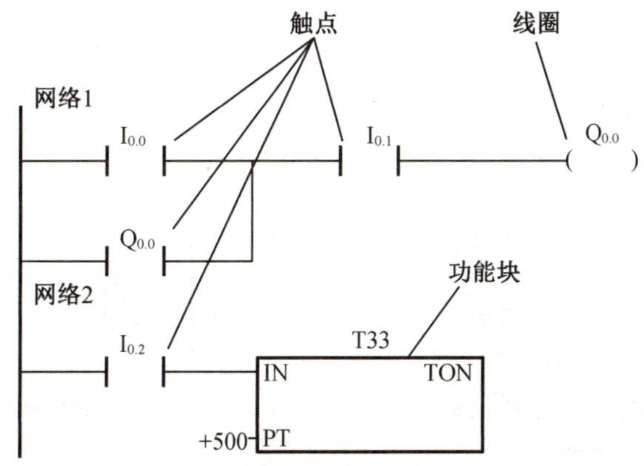

图2-24 梯形图基本要素

梯形图中,所谓线圈和触点(有常开、常闭两种)不是物理器件,而是计算机存储单元中某个字节的某一位。相应位为“1”状态,表示继电器线圈通电、常开触点闭合或常闭触点断开;相应位为“0”状态,表示继电器线圈断电、常开触点断开或常闭触点闭合。而功能块是PLC的某个功能程序,如计时器和PID控制功能块等,图2-24中的T33是一个计时器功能块。

触点可以是来自外部输入的物理开关触点,也可以是线圈或功能块所带的触点。如图2-24中的触点$I_{0.0}$、$I_{0.1}$和$I_{0.2}$均是来自外部输入的物理触点,而$Q_{0.0}$则是线圈所带的触点。

线圈有两种:一种是具有实际输出的,它通过开关量输出点对外部设备起控制作用;另一种是出于程序设计的需要而采用的内部线圈,类似于继电器电路中的中间继电器,它们没有实际输出,但在梯形图内部起逻辑控制作用。

梯形图中的每个触点和线圈均有相应的标号,该标号实际上是地址号。对于与外部输入和输出有对应关系的触点和线圈,其地址要与PLC输入输出的端子地址一致。

图2-25所示是一个采用PLC取代继电器电路对电机进行启动控制的例子。图2-25(a)为电机的继电器启动电路,图2-25(b)是其对应的PLC梯形图,图2-25(c)是PLC的外部接线图,比继电器电路多了一个运行指示灯L。

在继电器电路中用到了 START 和 STOP 两个开关,按下 START 后,接触器 KM 得电,主触点 KM 闭合,电机通电启动,同时 KM 的辅触点闭合自锁。在 PLC 电路中,START 和 STOP 开关信号分别通过 PLC 的 $I_{0.1}$ 和 $I_{0.0}$ 输入点进行输入,输出点 $Q_{0.0}$ 控制接触器 KM,输出点 $Q_{0.1}$ 控制运行指示灯。

当 PLC 运行图 2-25(b)所示的梯形图时,由于 STOP 常闭开关是合上的,因此 $I_{0.0}$ 触点接通,若合上 START 开关,则 $I_{0.1}$ 也闭合,此时线圈 $Q_{0.0}$ 之前(左边)的所有触点都闭合,能量流到达线圈,线圈被激活,经输出端子 $Q_{0.0}$ 使 KM 得电,启动电机。同时,梯形图中的线圈触点 $Q_{0.0}$ 闭合,一方面对线圈进行自锁,另一方面使 $Q_{0.1}$ 得电,经输出端子 $Q_{0.1}$ 使指示灯 L 亮。当按下 STOP 开关时,开关断开,梯形图中的 $I_{0.0}$ 断开,线圈失电 $Q_{0.0}$,输出点 $Q_{0.0}$ 没有输出,KM 失电,电机停止。与此同时,$Q_{0.0}$ 对应触点断开,一方面解除自锁,另一方面使输出点 $Q_{0.1}$ 的输出消失,指示灯熄灭。

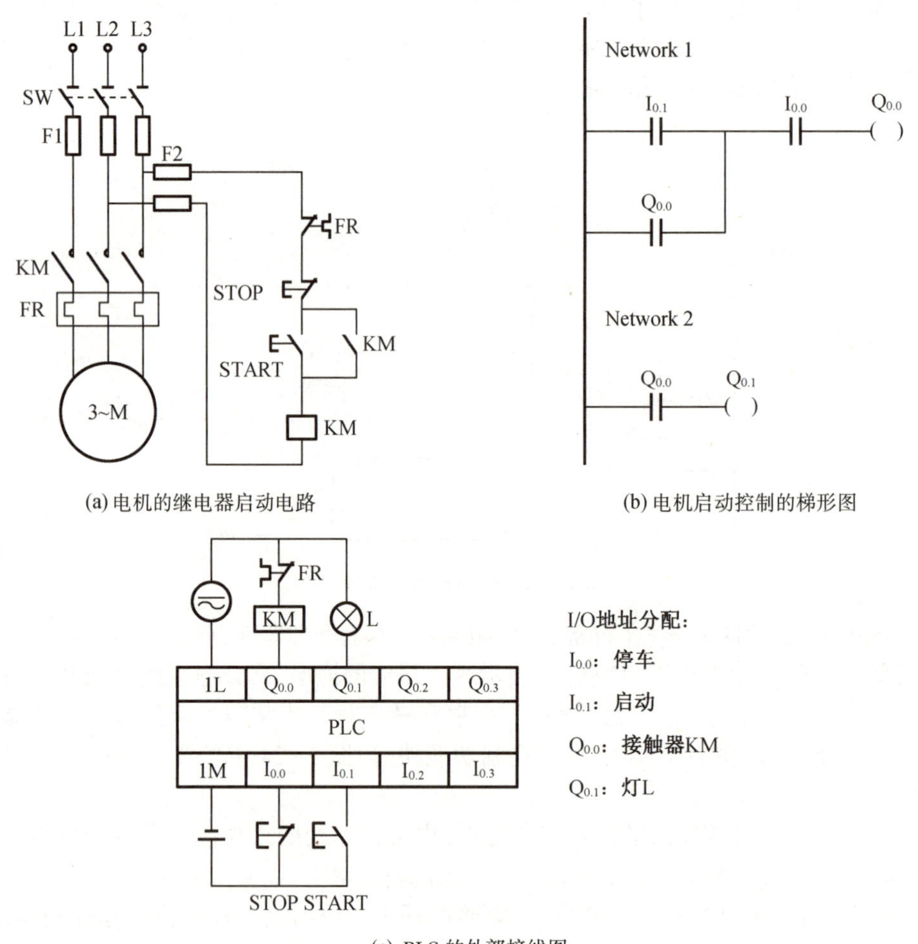

(a) 电机的继电器启动电路

(b) 电机启动控制的梯形图

(c) PLC 的外部接线图

图 2-25 电机启动控制的 PLC 接线

(2)梯形图语言的编程规则

①在梯形图的每个梯级(网络)中,能量流总是以母线为起点,以线圈或功能块为终点。PLC 执行程序时,总是按照从左到右,从上至下的顺序执行,因此能量流只能是单向流动,即从左到右,梯级的改变也只能从上到下。

②线圈及功能块必须位于一行的最右端,在它们的右边不允许再有任何触点存在,也不

允许直接与左边的母线相连,必须通过触点才能连接到能量线。

③梯形图中的线圈及其相应触点均使用同一地址,触点的数量不受限制。

④同一个触点的使用次数不受限制,而同一线圈则不能重复使用。

⑤触点可以任意串联或并联,但线圈只能并联而不能串联。

⑥梯形图中,每行串联的触点数目和沿垂直方向的并联触点数目,虽然理论上没有限制,但它们受所用编程器显示屏幕大小的限制,不同的编程器对此有不同的限定。

⑦当有几个串联支路相并联时,宜将触点最多的支路设计在最上面;当有几个并联支路相串联时,宜将含有支路最多的并联支路放在梯形图的最左面。

⑧程序结束时要有结束标志 END。

4. PLC 网络基础知识

通过串行通信连接,SIEMENS S7-200 PLC 有很强的组网能力,支持多种形式的协议通信,其支持的通信协议主要包括:PPI 通信协议、MPI 通信协议、ProfibusDP 通信协议、USS 通信协议、自由口通信协议、Modbus 通信协议和 Ethernet 通信协议。

S7-200 PLC 网络的硬件连接方式有两种:一是通过 CPU 模块本身的通信接口;二是通过扩展通信模块(EM227、CP243-1、CP243-2)的通信接口。除了通信接口之外,构成通信网络的部件通常还包括网络连接器、网络电缆和网络中继器等。

CPU 模块本身的通信接口一方面可以与编程设备进行信息交换,另一方面还支持与其他设备之间的 PPI 协议通信、MPI 协议通信、USS 协议通信、自由口协议通信和 Modbus 协议通信。

通过 EM227 通信扩展模块的通信接口能支持与其他设备之间的 Profibus DP 协议通信,同时也支持 PPI 和 MPI 协议通信。

通过 CP243-1 通信扩展模块的通信接口可使 PLC 与其他设备之间进行工业以太网连接,实现协议 Ethernet 通信。

通过 CP243-2 通信扩展模块的通信接口可构成 AS-I 主站,最多可连接 62 个 AS-I 从站,进一步扩大 I/O 点数。

图 2-26 所示是一个由多个 S7-200 系列 PLC 和上位 PC 机组成的 PPI 网络。在这个网络中,上位机和各个 PLC 都有自己的站地址,PC 机可以和各个 PLC 进行通信。这个网络中,PC 机是主站。所有的 PLC 可以是从站,也可以是主站。

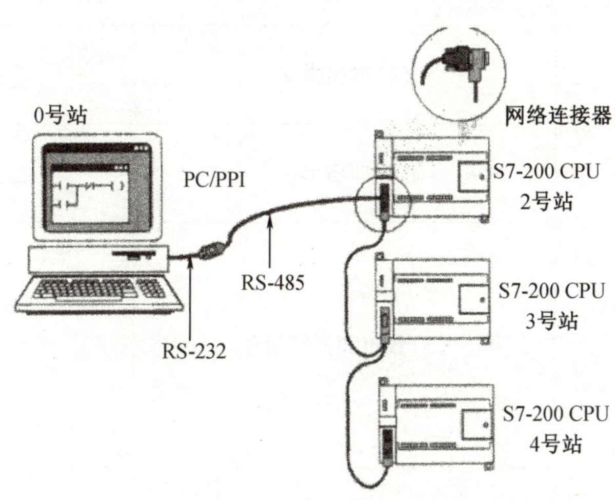

图 2-26　PLC 与 PC 机组成的网络连接

四、PLC 的基本指令

梯形图形象直观,用户容易接受和学习,因此梯形图是目前用得最多的 PLC 编程语言之一。其编程指令有基本指令和系统指令。如表 2-4 所示为 PLC 梯形图编程基本指令表。

表 2-4　PLC 编程基本指令表

类别	编程指令		指令名称	指令符号
PLC 的基本指令	1. 触点	(1)标准触点指令	常开触点	bit ─┤ ├─
			常闭触点	bit ─┤/├─
		(2)立即触点指令	常开立即触点	bit ─┤I├─
			常闭立即触点	bit ─┤/I├─
PLC 的基本指令	1. 触点	(3)取反指令		─┤NOT├─
		(4)正、负跳变指令	正跳变	─┤P├─
			负跳变	─┤N├─
	2. 线圈	(1)输出指令		bit ─( )
		(2)立即输出指令		bit ─(I)
		(3)置位和复位指令		bit ─(S) N bit ─(R) N
		(4)立即置位和立即复位指令		bit ─(SI) N

表 2-4(续)

类别	编程指令	指令名称	指令符号
PLC 的基本指令	3. 定时器	(1)接通延时定时器	Txxx TON IN PT
		(2)有记忆接通延时定时器	Txxx TONR IN PT
		(3)断开延时定时器	Txxx TOF IN PT
	4. 计数器指令	(1)增计数指令	Cxxx CU　CTU R PV
		(2)减计数指令	Cxxx CD　CTD LD PV
		(3)增/减计数指令	Cxxx CU　CTUD CD R PV

1. 触点

(1)标准触点指令

标准触点指令包括常开触点指令和常闭触点指令。常开触点指令与常闭触点指令从存储器或者过程映象寄存器中得到数值。

当触点对应的存储器(通过“bit”进行位寻址)的位值为 1 时,梯形图中的常开触点闭合(能流可以通过);位值为 0 时,常开触点断开(能流不能通过)。当触点对应的存储器(通过“bit”进行位寻址)的位值为 1 时,梯形图中的常闭触点断开(能流不能通过);位值为 0 时,常闭触点闭合(能流可以通过)。

(2)立即触点指令

立即触点指令包括常开立即触点指令和常闭立即触点指令。

立即触点指令不依赖于扫描周期的刷新。也就是说不依赖于扫描周期第一阶段“输入采样”阶段所读取的值,而是在指令执行时直接读取当前时刻物理输入点的值,但是并不更新过程映象寄存器。当物理输入点的位值为 1 时,常开立即触点闭合。当物理输入点的位值为 0 时,常闭立即触点闭合。

(3)取反指令

取反指令改变能流输入的状态。当能流到达取反指令时,停止向后传递能流;当能流未到达取反指令时,则向后提供能流。

(4)正、负跳变指令

正、负跳变指令中,正跳变触点指令每检测到一次左侧能流的正跳变(由 0 到 1),则让右侧的能流接通一个扫描周期。负跳变触点指令每检测到一次左侧能流的负跳变(由 1 到 0),则让右侧的能流接通一个扫描周期。

2. 线圈

(1)输出指令

输出指令将新值写入输出点的过程映象寄存器(通过"bit"进行位寻址)。

(2)立即输出指令

立即输出指令将新值同时写到物理输出点和相应的过程映象寄存器(通过"bit"进行位寻址)。

(3)置位和复位指令

置位和复位指令将从指定地址(通过"bit"进行位寻址)开始的 N 个点置位或者复位。可以一次置位或者复位 1~255 个点。

(4)立即置位和立即复位指令

立即置位和立即复位指令将从指定地址(通过"bit"进行位寻址)开始的 N 个点立即置位或者立即复位。可以一次置位或复位 1~128 个点。当指令执行时,新值会同时被写到物理输出点和相应的过程映象寄存器。

3. 定时器指令

定时器指令分为三种:接通延时定时器(timer on delay,TON)、有记忆接通延时定时器(retentive on-delay timer,TONR)、断开延时定时器(off-delay timer,TOF)。因为 PLC S7-200 共有 256 个定时器,所以定时器号(Txxx)的选择范围是 0~255。一旦定时器号选定,相应地也就确定了定时器的分辨率。PLC S7-200 定时器的分辨率共有三种:1 ms、10 ms 和 100 ms。

对于 1 ms 分辨率的定时器来说:①定时器位和当前值的更新与扫描周期异步。②对于扫描周期大于 1 ms 的程序,定时器位和当前值在一个扫描周期内可能被多次刷新。

对于 10 ms 分辨率的定时器来说:①定时器位和当前值在每个程序扫描周期的开始阶段被刷新。②定时器位和当前值在同一个扫描周期内不会发生变化,在每个扫描周期的开始阶段,CPU 会将一个扫描累计的时间间隔加到定时器当前值上。

对于 100 ms 分辨率的定时器来说:定时器位和当前值在指令执行时被刷新。因此,为了使定时器保持正确的定时值,要确保在一个程序扫描周期中,只执行一次 100 ms 定时器指令。

(1)接通延时定时器和有记忆接通延时定时器

①在使能输入端(IN)的能流接通时,开始计时。

②当定时器的当前值(Txxx)大于等于预设值(PT×分辨率)时,该定时器位被置位。③达到预设值后,定时器仍继续计时,一直计时到最大值为 32 767。

④当使能输入端(IN)的能流断开时,接通延时定时器的当前值被清除;有记忆接通延时定时器的当前值则保持不变,可以利用复位指令清除该当前值。

(2)断开延时定时器

①断开延时定时器用于在输入断开后延时一段时间断开输出。

②当使能输入端(IN)的能流接通时,定时器位立即接通,并把当前值设为0。

③当使能输入端(IN)的能流断开时,定时器开始定时,直到达到预设值。

④达到预设值后,定时器位断开,并且停止计时当前值。

4. 计数器指令

计数器指令分为三种:增计数指令(count up,CTU)、减计数指令(count down,CTD)、增/减计数指令(count up/down,CTUD)。由于 PLC S7-200 共有 256 个计数器,因此计数器号(Cxxx)的选择范围是 0~255。

(1)增计数指令

①增计数指令从当前计数值开始,当检测到输入端(CU)的能流从低到高的上升沿时递增计数。

②当 Cxxx 的当前值大于等于预置值 PV 时,计数器位 Cxxx 被置位。

③计数器的当前值递增到最大值(32 767)后,计数器停止计数。

④当复位端(R)接通能流,或者在程序的其他地方执行复位指令后,计数器当前值和计数器位均被复位。

(2)减计数指令

①减计数指令从当前计数值开始,当检测到输入端(CD)的能流从低到高的上升沿时递减计数。

②当 Cxxx 的当前值等于 0 时,计数器位 Cxxx 被置位,且计数器停止计数。

③当装载输入端(LD)接通时,计数器位被复位,并将计数器的当前值设为预置值 PV。

(3)增/减计数指令

①增/减计数指令,当检测到增计数输入端(CU)的能流从低到高的上升沿时进行增计数,当检测到减计数输入端(CD)的能流从低到高的上升沿时进行减计数。

②当 Cxxx 的当前值大于或等于预置值 PV 时,计数器位 Cxxx 被置位。

③当复位端(R)接通能流,或者在程序的其他地方执行复位指令后,计数器的当前值清零,计数器位则被复位。

五、PLC 的指令系统

表 2-5　PLC 的指令系统

基本指令的出现主要是为了取代传统的继电接触器,其指令符号也与继电接触器的电气符号类似,一般统称为“位逻辑”指令。

除了基本指令以外,PLC 通常还包含其他类型指令:数据运算指令、数据处理指令、程序控制指令、特殊功能指令、通信指令。表 2-5 所示为 PLC 的指令系统,这些指令有一个共同的特点就是:指令中的变量或操作数不再仅仅是 1 个逻辑位,而可能是 8 位(字节 B)、16 位(字 W、或整数 I)、32 位(双字 DW 或双整数 DI 或实数 R)的数据。

1. 数据运算指令

数据运算指令包括两大类:逻辑操作指令和数字运算指令。

(1)逻辑操作指令

逻辑操作指令不再是 1 个逻辑位,而是针对 8 位的字节 B、16 位的字 W、32 位的双字 DW,此时,操作数之间的逻辑比较不能再依赖串联和并联形式,而是采用盒指令的形式。

字节取反、字取反和双字取反指令是将 IN 端的操作数逐位取反,结果存入 OUT 中。

（2）逻辑比较指令

逻辑比较指令中，字节（字、双字）与（或、异或）指令是将 IN1 端的数据与 IN2 端的数据的对应位逐位进行“与（或、异或）”操作，结果存入 OUT 端的存储器中。

（3）数字运算指令

①递增和递减指令：递增指令或者递减指令是将 IN 端的数值加 1 或者减 1，并将结果存放到 OUT 端对应的存储器中。

②加法和减法指令：加法和减法指令中，整数（双整数、实数）加法或者整数（双整数、实数）减法指令，是将两个整数（双整数、实数）相加或者相减，产生一个 16 位的整数，结果传送到 OUT 端对应的存储器中。

③乘法和除法指令：乘法和除法指令中，整数（双整数、实数）乘法（MULI）或者整数（双整数、实数）除法（DIVI）指令是将两个整数（双整数、实数）相乘或者相除产生的整数（双整数、实数）结果传送到 OUT 端对应的存储器中（除法不保留余数）。

2. 数据处理指令

（1）数值比较指令

数值比较指令用于比较两个数值（IN1 和 IN2），满足比较表达式时，能流可以通过触点。在 PLC S7-200 中，两个字节之间的比较操作是无符号的，而整数、双整数以及实数的比较操作则是有符号的。

除了 IN1＝IN2，可选择的表达式还包括：IN1>＝IN2；INI<＝IN2；IN1>IN2；IN1<IN2；IN1<>IN2。

（2）传送指令

传送指令是将数据从一个存储区域复制到另外一个存储区域。在复制数据的过程中，数据的类型和格式将保持不变。

①字节、字、双字或者实数传送指令：字节、字、双字和实数传送指令中，字节传送、字传送、双字传送和实数传送指令在不改变数据值的情况下，将 IN 端的值复制到 OUT 端对应的存储器中。

②块传送指令：块传送指令中，字节块传送、字块传送和双字块传送指令传送指定数量的数据到一个新的存储区，数据的起始地址为 IN 端，数据长度为 N 个字节、字和双字，新块的起始地址为 OUT。

（3）移位和循环指令

①移位指令：移位指令分为右移指令和左移指令两种，移位指令将 IN 端所对应的值进行右移或左移 N 位，移位后的结果送到 OUT 端对应的存储器中。

②循环指令：循环指令分为循环右移指令和循环左移指令两种。循环指令将 IN 端所对应的值进行循环右移或左移 N 位，移位后的结果送到 OUT 端对应的存储器中。循环移位是圆形的。

（4）转换指令

转换指令包括：①字节转为整数；②整数转为字节；③整数转为双整数；④双整数转为整数；⑤双整数转为实数。

以上 5 种转换指令将 IN 端的输入值转换为指定的数据格式，并存储到 OUT 端指定的存储区中。此外，对于实数的转换处理，还有两条指令：

①四舍五入指令（ROUND）：将一个浮点数格式的实数转换为一个补码格式的双整数，

如果实数的小数部分等于或大于0.5,则需要进位。转换后的结果存入OUT端指定的存储区中。

②取整(TRUNC):将一个浮点数格式的实数转换为一个补码格式的双整数,只有实数的整数部分被转换,小数部分被丢弃。转换后的结果存入OUT端指定的存储区中。

3. 程序控制指令

(1)子程序调用指令

子程序调用指令将程序控制权交给子程序,当扫描完全部子程序以后,返回至“子程序调用指令”的下一条指令处。

(2)有条件子程序返回

正常情况下,应该是扫描完子程序的全部网络后才能返回,但是也允许在检测到某种条件的情况下,主动返回,这就是“有条件子程序返回指令(RET)”。当有能流流至“有条件子程序返回指令”处时,终止子程序,并返回至“子程序调用指令”的下一条指令处。

(3)循环指令

循环指令中,一个循环体由FOR指令开头,由NEXT指令结尾,这两条指令必须成对出现。在一个扫描周期之内,这两条指令之间的“网络”被重复执行指定次数的扫描。FOR-NEXT循环嵌套深度可达8层。

在FOR指令中,必须指定循环过程中的几个必不可少的参数:初始值(INIT)、终止值(FINAL)和当前已循环的次数(INDX)。INDX必须指向存储空间的一个字,数据格式是整数。

(4)中断指令

中断处理功能使得PLC能够对特殊的内部或外部事件进行实时响应。这些特殊的内、外部事件,在PLC中被称为“中断事件”。每个中断事件还需要指定一个有关该事件如何处理的程序,在PLC中被称为“中断程序”。在PLC进行循环扫描期间,当出现中断事件时,PLC立即暂停循环扫描工作,转而去执行与中断事件相对应的中断程序,中断程序扫描完毕后,返回到被中断的循环扫描周期处,继续执行循环扫描工作。

①中断事件:PLC的中断事件按照其产生的机制,可以划分为3种类型:通信口中断、I/O中断、时基中断。在这3种类型中,通信口中断的优先级别最高,其次是I/O中断,时基中断的优先级别最低。任何时候,只可能有一个中断程序正在执行,而且一旦中断程序开始执行,必须一直执行到结束,不会被别的中断事件,甚至是更高优先级的中断事件所打断。

a. 通信口中断:通信口中断使得PLC能够及时有效地处理串行通信端口中信息的发送与接收。

b. I/O中断:I/O中断对I/O点状态的各种变化产生中断事件。I/O中断包含I/O点的上升沿或下降沿中断、高速计数器中断和脉冲串输出(PTO)中断。

c. 时基中断:时基中断在指定的时间间隔上产生中断事件。

②中断指令:中断允许指令是全局地允许所有被连接的中断事件。中断禁止指令全局地禁止处理所有中断事件。当有能流流到中断条件返回指令时,立即终止中断程序的扫描,并返回到循环扫描周期的被中断处。中断连接指令是将中断事件与中断程序相关联,并使能该中断事件。中断分离指令是将中断事件与中断程序之间的关联切断,并禁止该中断事件。

4. PID 回路控制

(1)模拟量的数据字格式

①模拟量输入的数据字格式:模拟量的输入经 A/D 转换后变成了 12 位的数字量,存放在 PLC 存储空间(AI)的一个字中,模拟量输入的数据字格式如图 2-27 所示(图中假设模拟量的输入范围是 0~10 V 以及±10 V)。

模拟量输入的数据字格式是 12 位左对齐的,最高有效位是符号位,0 表示正值。因此,在单极性的数据格式中,最高位固定为 0,12 位的数字量存放在第 3~14 位中,数据字的最低 3 个位为 0。

在双极性的数据字格式中,因为其 12 位数字量的最高位本来就是符号位,因此,该 12 位数字量将存放在第 4~15 位中,数据字的最低 4 个位为 0。

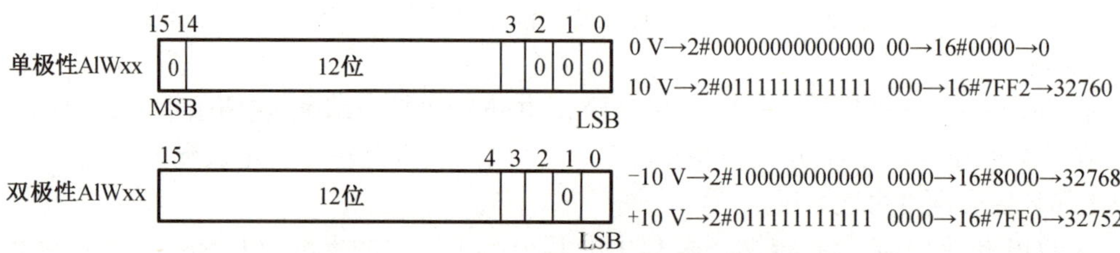

图 2-27 模拟量输入的数据字格式

②模拟量输出的数据字格式:模拟量的输出即将 12 位数字量经 D/A 转换后输出,其数据字格式也是 12 位左对齐。输出的数据字在装载到 D/A 转换时,最低的 4 个连续位将被截断。模拟量的 1 个输出端通常同时支持两路信号输出:电压形式和电流形式。电压形式的输出范围是-10~+10 V;电流形式的输出范围是 0~20 mA。模拟量输出的数据字格式如图 2-28 所示。

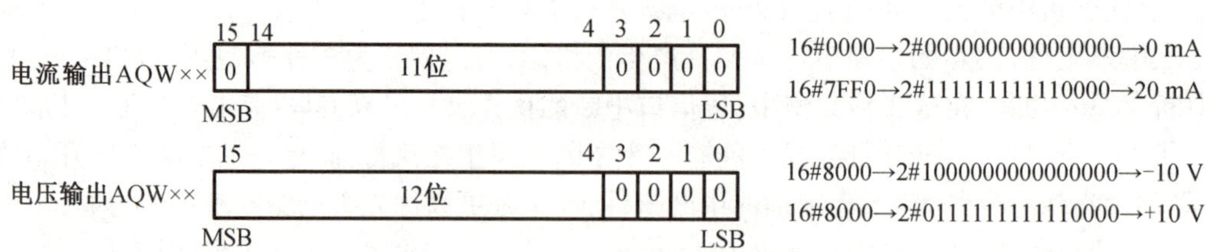

图 2-28 模拟量输出的数据字格式

(2)PID 输入、输出值的转换格式

PID 指令要求所有输入的变量必须是 0.0~1.0 无量纲的标准化数据,当然 PID 指令的输出变量也是 0.0~1.0 无量纲的标准化数据。

输入变量的标准化分为两步:①把 16 位的整数值转换成浮点数格式的实数值。②将实数值转换成 0.0~1.0 的标准化值。

输出变量的刻度化是输入变量标准化的逆过程,分为两步:①将 0.0~1.0 的标准化值转换成刻度实数。②将刻度实数转换成 16 位的整数值。

(3)PID 指令的参数调节

如表 2-5 所示为 PID 指令的参数调节,如果不想要积分作用,可以把积分时间 T 设为无穷大(或最大值)。如果不想要微分作用,可以把微分时间 T_0 设为 0。如果不想要比例作用,可以把增益 K_c 设为 0。

(4)PID 回路控制指令

当 PID 回路控制指令的使能位检测到一个能流的正跳变(从 0 到 1)时,PID 回路控制指令根据回路表(TBL)中指定的数据信息,执行 1 次对偏差的比例、积分、微分计算。该指令有两个操作数:TBL 和 LOOP。TBL 指向的是回路表的起始地址;LOOP 是回路号,可以是 0 到 7 的整数。在 PLC 的用户程序中,最多可以启用 8 条 PID 指令。

PID 指令必须确保每隔一个标准的时间间隔(采样时间 T_s)来执行 1 次比例、积分、微分运算。通常有两种使用 PID 指令的方法:

①在周期性激活的定时中断程序中使用 PID 指令;定时中断的周期时间即等于采样时间 T_s。

②对于具有大惯性环节的系统(例如温度控制系统),也可以在主程序中利用定时器来周期性地激活 PID 指令;定时器的定时时间即等于采样时间 T_s。

每条 PID 指令的回路表(TBL)需要预留 80 字节的存储空间。偏移地址从 0~35 共 36 个字节,这 9 个双字是用户可以访问的 9 个浮点型参数;偏移地址从 36~79 共 44 个字节,是留给操作系统对控制参数进行自整定的存储空间,不对用户开放。

拓展强化

任务 2.3

一、选择题(请扫码作答)

二、简答题

1. 请列举可编程序控制器的功能。
2. 请描述可编程序控制器的寻址模式。

任务2.4 船舶计算机网络基础

任务描述

随着计算机及网络技术的发展,每艘远洋船舶的控制系统都是一个独立的局域网系统,如船舶机舱监视报警系统往往采用分布式总线结构将多台计算机连接成一个网络型监视报警系统,且已成为应用主流。通过本任务学习,掌握船舶网络的基础概念与数据通信基础,了解 Modbus 通信、USS 通信和以太网(Ethernet)通信原理及使用,能说出通信类别,会进行船舶局域网基本维护。

任务实施

随着计算机及网络技术在船舶领域的广泛应用和发展,为提高系统的可靠性,增加系统配置的灵活性,船舶机舱的监视报警系统往往采用分布式总线型结构,即将多台计算机连接成一个独立的网络型监视报警系统,并广泛应用。这类系统中,对每个重要设备或区域,分别采用单独的计算机(如单片机)进行监视和控制,并用数据传输总线将各个计算机连接形成现场总线网络。现场总线网络再与由计算机组成的以太网互联,并通过以太网执行上层管理功能。因此,在现代船舶机舱监视报警系统中,计算机数据通信扮演着非常重要的角色。

在船舶机舱中采用最多的是串行通信总线。为了便于不同的计算机系统相互连接,国际上制定了一系列串行通信的总线标准。以下介绍计算机网络通信的基础知识和监视报警系统中常用的数据通信总线。

一、计算机网络的基本概念

1. 计算机网络的基本组成

计算机网络包括硬件和软件两大部分。网络硬件提供的是数据处理、数据传输和建立通信通道的物质基础,而网络软件是真正控制数据通信的。软件的各种网络功能需依赖于硬件去完成,二者缺一不可。

按照网络覆盖的地理范围的大小,网络可分为局域网、城域网和广域网三种类型。局域网(local area network,LAN)是将较小地理区域内的计算机或数据终端设备连接在一起的通信网络。局域网覆盖的地理范围比较小,一般在几十米到几千米之间。它常用于组建一个办公室、一栋楼、一个楼群、一个校园或一个企业的计算机网络。局域网可以由一个建筑物内或相邻建筑物的几百台至上千台计算机组成,也可以小到连接一个房间内的几台计算机、打印机和其他设备,适合于船舶内部计算机网络。

不论是局域网、城域网还是广域网,计算机网络的基本组成都主要包括如下四部分(常称为计算机网络的四大要素)。

(1)计算机系统

建立两台以上具有独立功能的计算机系统是计算机网络的第一个要素,计算机系统是计算机网络的重要组成部分,是计算机网络不可缺少的硬件元素。计算机网络连接的计算机可以是巨型机、大型机、小型机、工作站或微机,以及笔记本电脑或其他数据终端设备(如终端服务器)。

计算机系统是网络的基本模块,是被连接的对象。它的主要作用是负责数据信息的收集、处理、存储、传播和提供共享资源。在网络上可共享的资源包括硬件资源(如巨型计算机、高性能外围设备、大容量磁盘等)、软件资源(如各种软件系统、应用程序、数据库系统等)和信息资源。

(2)通信线路和通信设备

计算机网络的硬件部分除了计算机本身以外,还要有用于连接这些计算机的通信线路和通信设备,即数据通信系统。通信线路分有线通信线路和无线通信线路。有线通信线路指的是传输介质及其介质连接部件,包括光纤、同轴电缆、双绞线等;无线通信线路指以无线电、微波、红外线和激光等作为通信线路。通信设备指网络连接设备、网络互联设备,包括网卡、集线器(hub)、中继器(repeater)、交换机(switch)、网桥(bridge)和路由器(router)以及调制解调器(modem)等其他通信设备。使用通信线路和通信设备将计算机互联起来,在计算机之间建立一条物理通道,以传输数据。通信线路和通信设备负责控制数据的发出、传送、接收或转发,包括信号转换、路径选择、编码与解码、差错校验、通信控制管理等,以完成信息交换。通信线路和通信设备是连接计算机系统的桥梁,是数据传输的通道。

(3)网络协议

协议是指通信双方必须共同遵守的约定和通信规则,如 TCP/IP 协议、NetBEUI 协议、IPX/SPX 协议。它是通信双方关于通信如何进行所达成的协议。比如,用什么样的格式表达、组织和传输数据,如何校验和纠正信息传输中的错误,以及传输信息的时序组织与控制机制等。现代网络都是层次结构,协议规定了分层原则、层次间的关系、执行信息传递过程的方向、分解与重组等约定。在网络上通信的双方必须遵守相同的协议,才能正确地交流信息,就像人们谈话要用同一种语言一样,如果谈话时使用不同的语言,就会造成相互间谁都听不懂谁在说什么的问题,那么将无法进行交流。因此,协议在计算机网络中是至关重要的。

一般说来,协议的实现是由软件和硬件分别或配合完成的,有的部分由联网设备来承担。

(4)网络软件

网络软件是一种在网络环境下使用和运行或者控制和管理网络工作的计算机软件。根据软件的功能,计算机网络软件可分为网络系统软件和网络应用软件两大类型。

①网络系统软件是控制和管理网络运行、提供网络通信、分配和管理共享资源的网络软件,它包括网络操作系统、网络协议软件、通信控制软件和管理软件等。

网络操作系统(network operating system,NOS)是指能够对局域网范围内的资源进行统一调度和管理的程序。它是计算机网络软件的核心程序,是网络软件系统的基础。

网络协议软件(如 TCP/IP 协议软件)是实现各种网络协议的软件。它是网络软件中最重要的核心部分,任何网络软件都要通过协议软件才能发生作用。

②网络应用软件是指为某一个应用目的而开发的网络软件(如远程教学软件、电子图书馆软件、Internet 信息服务软件等)。网络应用软件为用户提供访问网络的手段、网络服务、资源共享和信息的传输。

2. 网络拓扑结构

网络拓扑结构是计算机网络节点和通信链路所组成的几何形状。计算机网络有很多种拓扑结构,最常用的网络拓扑结构有总线型结构、环形结构、星形结构、树形结构。

(1)总线型网络拓扑结构

总线型网络拓扑结构采用一条单根的通信线路(总线)作为公共的传输通道,所有的节点都通过相应的接口直接连接到总线上,并通过总线进行数据传输。例如,在一根电缆上连接了组成网络的计算机或其他共享设备(如打印机等),如图 2-29 所示。由于单根电缆仅支持一种信道,因此连接在电缆上的计算机和其他共享设备共享电缆的所有容量。连接在总线上的设备越多,网络发送和接收数据就越慢。

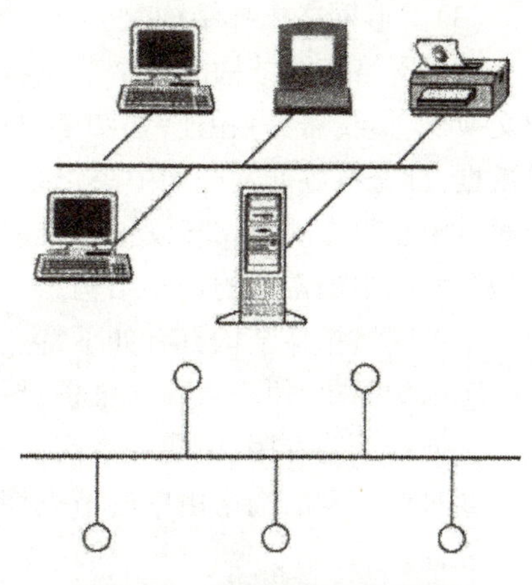

图 2-29　总线型网络拓扑结构

总线型网络使用广播式传输技术,总线上的所有节点都可以发送数据到总线上,数据沿总线传播。但是，由于所有节点共享同一条公共通道，所以在任何时候只允许一个站点发送数据。当一个节点发送数据并在总线上传播时，数据可以被总线上的其他所有节点接收。各节点在接收数据后，分析目的物理地址再决定是否接收该数据。粗、细同轴电缆以太网就是这种结构的典型代表。

总线型网络拓扑结构具有如下特点：

①结构简单、灵活，易于扩展；共享能力强，便于广播式传输。

②网络响应速度快，但负荷重时性能迅速下降；局部节点故障不影响整体，可靠性较高，但总线出现故障时，将影响整个网络。

③易于安装，费用低。

(2)环形网络拓扑结构

环形网络拓扑结构中各个网络节点通过环接口连在一条首尾相接的闭合环形通信线路中，如图 2-30 所示。每个节点设备只能与它相邻的一个或两个节点设备直接通信。如果要与网络中的其他节点通信，数据需要依次经过两个通信节点之间的每个设备。环形网络既可以是单向的，也可以是双向的。单向环形网络的数据绕着环向一个方向发送，数据所到达的环中的每个设备都将数据接收经再生放大后将其转发出去，直到数据到达目标节点为止。双向环形网络中的数据能在两个方向上进行传输，因此设备可以和两个邻近节点直接通信。如果一个方向的环中断了，数据还可以在相反的方向在环中传输，最后到达其目标节点。

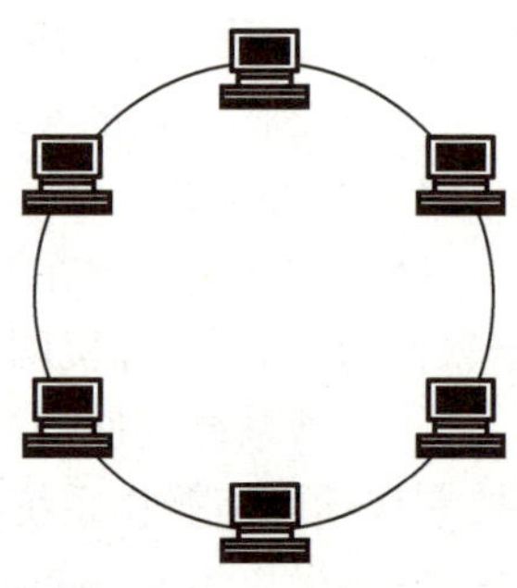

图 2-30　环形网络拓扑结构

环形结构有两种类型，即单环结构和双环结构。图 2-30 所示为网络的环形拓扑结构(token ring)，是单环结构的典型代表，光纤分布式数据接口(FDDI)是双环结构的典型代表。

环形网络拓扑结构具有如下特点：

①在环形网络中，各工作站间无主从关系，结构简单；信息流在网络中沿环单向传递，延迟固定，实时性较好。

②两个节点之间仅有唯一的路径，简化了路径选择，但可扩充性差。

③可靠性差，任何线路或节点的故障都有可能引起全网故障，且故障检测困难。

(3)星形网络拓扑结构

星形网络拓扑结构的每个节点都由一条点对点链路与中心节点(公用中心交换设备，如交换机、集线器等)相连，如图 2-31 所示。星形网络中的一个节点如果向另一个节点发送数据，首先将数据发送到中央设备，然后由中央设备将数据转发到目标节点。信息的传输是通过中心节点的存储转发技术实现的，并且只能通过中心节点与其他节点通信。星形网络是局域网中最常用的拓扑结构。

星形网络拓扑结构具有如下特点：

①结构简单，便于管理和维护；易实现结构化布线；结构易扩充，易升级。

②通信线路专用，电缆成本高。

③星形结构的网络由中心节点控制与管理，中心节点的可靠性基本上决定了整个网络的可靠性。

④中心节点负担重，易成为信息传输的瓶颈，且中心节点一旦出现故障，会导致全网瘫痪。

(4)树形网络拓扑结构

树形网络拓扑结构是从总线型和星形结构演变来的。网络中的节点设备都连接到一个中央设备(如集线器)上,但并不是所有的节点都直接连接到中央设备,大多数的节点首先连接到一个次级设备,次级设备再与中央设备连接。图 2-32 所示的是一个树形总线网络拓扑结构。

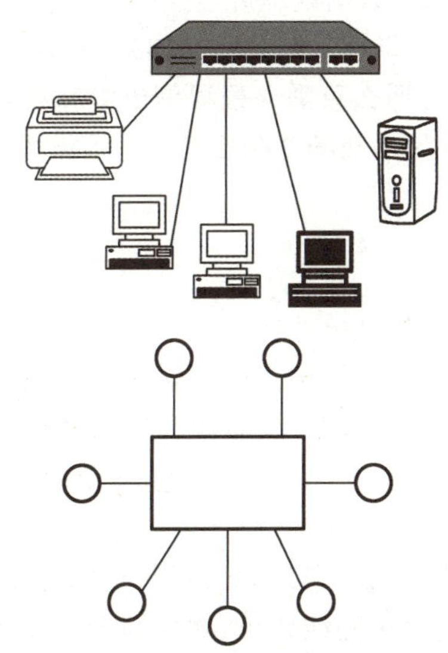

图 2-31　星形网络拓扑结构

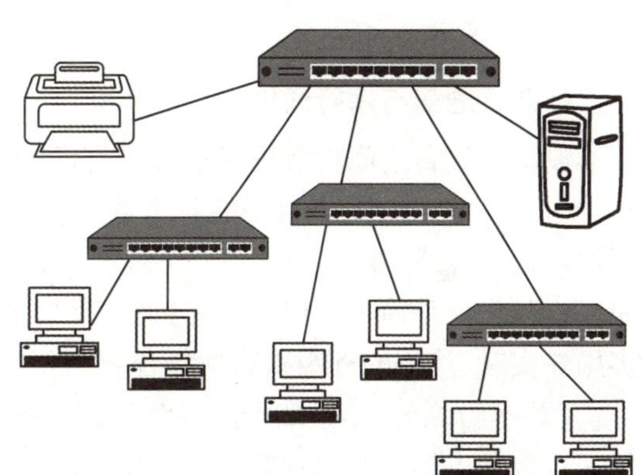

图 2-32　树形总线网络拓扑结构

树形网络拓扑结构的主要特点如下:

①易于扩展,故障易隔离,可靠性高,电缆成本高。

②对根节点的依赖性大,一旦根节点出现故障,将导致全网不能工作。

3. 网络传输介质

传输介质也称传输媒体或传输媒介,它是通信中发送方和接收方之间的物理通路。工业控制网络中最为常见的传输介质有双绞线、同轴电缆和光纤。在无线传输领域,信号可以通过电磁波的形式在自由空间中传输,从而不需要特殊的传输介质。

(1)双绞线

双绞线既可以用于传输模拟信号,也可以用于传输数字信号。双绞线可分为屏蔽双绞线和非屏蔽双绞线两大类,非屏蔽双绞线的抗干扰性能比屏蔽双绞线差。目前,绝大多数的工业现场总线的传输介质均采用屏蔽双绞线。

(2)同轴电缆

同轴电缆由外护套、外导体、绝缘层、内导体组成,其中外导体编织成网状,对内导体形成屏蔽的作用。同轴电缆比双绞线具有更高的带宽和更好的抗干扰性能。Rockwell 的 Control-Net 网络的传输介质采用同轴电缆。

(3)光纤

光纤由能传导光波的石英玻璃纤维外加保护套构成。用光纤传输信号时,在发送端先要将电信号转换成光信号,在接收端又要由光检测器还原成电信号。光纤分为两种类型:单模光纤和多模光纤。多模光纤的传输距离一般较近。单模光纤适用于远距离通信。光纤通信的传输损耗低、频带宽、不受电磁干扰的影响、数据传输速率高、传输距离可达数十千米。

二、船用现场总线的种类及其特点

从20世纪80年代开始,随着微电子技术的发展,很多现场仪表或设备中都被置入了微处理器而成为所谓的智能化仪表或智能化设备,例如智能传感器、智能变送器和智能控制器等。这些智能化设备可以直接在现场完成许多数据采集、数据处理甚至控制的功能。因此,众多现场设备与上层自动化设备之间的信息传输问题变得越来越突出。如果全部或大部分现场设备都具有串行通信接口并具有统一的通信协议,那么只需一根通信电缆就可将分散的现场设备连接起来,完成对所有现场设备的监控,这就是现场总线技术的初始想法。

(一)通信基础

1. 并行通信与串行通信

设备与设备之间的数据通信方式有两种:并行通信和串行通信。

(1)并行通信:是指数据的各个数位在多条线路上同时被传送的传输方式。通常的数据位数是8位或16位。由于数据的各个数位可以被同时传输,因而并行通信的传输速度快、效率高、处理简单。但是,并行通信需要的线路多,从而成本高,故不宜进行远距离通信,多用在实时、快速的近距离通信场合。

(2)串行通信:是指数据的各个数位被逐位地依次通过一条线路进行传送的传输方式,每一位数据占据一个固定的时间长度。由于串行通信使用的线路少,因而适合于设备间的远距离通信场合。

2. 串行通信的基本概念

(1)传输速率:是指单位时间内所能传输的信息量。传输速率通常用波特率来表示,波特率是指单位时间内传输的二进制数的位数,用bit/s来表示。

串行通信过程中,收、发双方必须确保具有相同的传输速率(波特率)。

(2)检错编码:当信号在线路中传输时,由于传输通道内、外存在着干扰与噪声,会造成信号的失真。检错编码是通过在被传输的数据单元后携带冗余信息,接收端依据该冗余信息发现数据单元中的传输错误。

常用的检错编码有奇偶校验码、信息组校验码、纵向冗余校验码、循环冗余码。奇偶校验码通常被用于1个字符的检错;BCC校验码主要应用于USS协议通信的报文中;LRC校验主要应用于ModBus通信的ASCII消息帧中;CRC校验码主要应用于ModBus通信的RTU消息帧中。

(二)通信接口

1. 串行通信接口

串行通信接口简称串口,是实现串行通信的物理层设备。常见的串行通信接口包括RS-232C、RS-422A、RS-485。

(1)RS-232C:

RS-232C是美国电子工业协会(EIA)于1962年公布,并于1969年修订而成的。其中RS是recommended standard的缩写,232是该标准的标号,C表示最后一次修订版本。RS-232C也简称为RS-232,最初是作为远程通信中连接数据终端设备(data terminal equipment，DTE）和数据通信设备（data communication equipment，DCE）之间的接口标准而制定的，但后来广泛地用于计算机与终端或外设之间的连接标准。因很多生产厂商都生产与RS-232标准相兼容的设备，只要它们都具有RS-232标准接口，则不需要任何附加转换电路就可以进行互相插接。因此，RS-232已作为一种串行通信标准在微机通信接口中广泛采用。例如，目前PC机提供的COM1和COM2串行接口就是RS-232接口。

①RS-232的信号线与物理连接：一个完整的RS-232接口有22根线，采用一种25针的标准“D”型插头DB-25。但通常采用的是9针“D”型插头DB-9，其信号线的名称、功能和引脚排列如表2-6所示。其中，数据信号线用于数据的串行发送和接收，而联络信号线是为了正确无误地传输数据而设计的联络信号。根据不同的应用场合，不是所有的信号线都要采用，尤其是在近距离传输时，只需“发送数据TxD”“接收数据RxD”和“信号地GND”三根线，称为三线制连接。最常采用传输电缆屏蔽双绞线，并把屏蔽层用作信号地线，这也是工业控制中广泛采用的方法。其连接方式参见图2-33。

表2-6　RS-232的信号线及其功能

信号类型	信号名称	信号功能	DB-9引脚（针）排列
数据信号	TxD	transmitting data，发送数据（输出）	
	RxD	receiving data，接收数据（输入）	
联络信号	RTS	request to send，请求发送数据（输出）	
	CTS	clear to send，允许发送数据（输入）	
	DSR	data set ready，对方准备好（输入）	
	DTR	data terminal ready，本地准备好（输出）	
	DCD	data carrier detect，数据载波监测信号（输入）	
	RI	ring indication，振铃呼叫信号（输入）	
地信号	SGND	signal ground，信号地（无方向）	

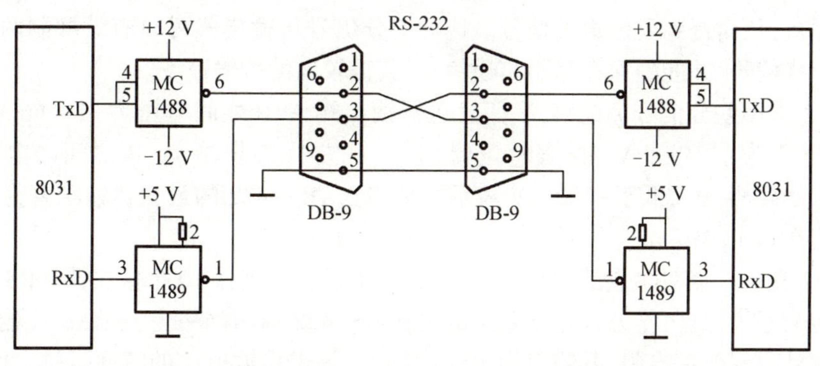

图2-33　RS-232与TTL电路之间的电平和逻辑转换原理

②RS-232的电气特性：RS-232是以电压的正、负来表示逻辑状态的。对于数据信号，规定-15～-3 V表示逻辑1，+3～+15 V表示逻辑0，这是一种负逻辑；对于控制信号，规定+3～+15 V表示有效，-15～-3 V表示无效，采用的是正逻辑；介于-3～+3 V之间的电压以及低于-15 V或高于+15 V的电压被认为无意义。在实际中，RS-232的信号电压一般在

-12～+12 V 之间。

然而，微型计算机中的信号电平通常是0～5 V的TTL电平，即高于2.4 V表示逻辑1，低于0.4 V表示逻辑0。显然，这与RS-232采用正、负电压来表示逻辑状态是不同的。因此，为了能够同计算机接口或终端的TTL器件连接，必须在RS-232与TTL电路之间进行电平和逻辑关系的变换。实现这种变换可用分立元件，也可用集成电路芯片。图2-33所示为采用一对集成芯片MC1488和MC1489来实现电平转换的电路图。

采用MC1488和MC1489集成芯片进行电平和逻辑转换的主要缺点是需要为MC1488提供正、负电源，为设计带来不便。因此，当前流行的方法是采用单电源转换芯片，例如MAXIM公司生产的MAX232等。这类芯片内部设有电压倍增电路和转换电路，只需提供5V电源即可完成RS-232电平和TTL电平之间的双向转换，应用起来非常方便。

③RS-232的不足：由于RS-232接口标准出现较早，不足之处难免有之，主要有以下几个方面：

a. 接口的信号电平值较高，易损坏接口电路的芯片，又因为与TTL电平不兼容，需使用电平转换电路方能与TTL电路连接。

b. 接口使用一根信号线和一根信号返回线而构成共地的传输形式，由于不同电源地之间存在电平差异，这种共地传输容易产生共模干扰。

c. 当信号穿过电磁干扰环境时，可能会因附加的干扰信号电平使发送的逻辑0变为逻辑1，或由逻辑1变为逻辑0，因此传输速率较低。

d. 传输距离有限。在通信速率低于20 kbit/s时，RS-232所能直接连接的最大传输距离约为15 m。虽然这只是一种保守距离，在实际中可以适当延长，但最长物理距离为50 m左右。

e. RS-232只能实现两台设备之间的点对点传输。

(2)RS-422

RS-422A是EIA于1975年公布的串行通信接口标准，简称RS-422。RS-422接口采用平衡驱动的发送器、差分输入的接收器。平衡驱动是指在发送端使用两根传输线发送同一个信号，但这两根传输线中的信号互为反相；差分输入是指在接收端对这两根传输线上的电压信号相减，从而得到要传送的信号。这种差分信号传输模式可以有效抑制两根传输线上的共模干扰信号，并能确保在远距离通信时，获得较高的传输速率。

RS-422采用差分信号负逻辑，平衡发送器输出端A、B之间电压为+2～+6 V时，表示逻辑“0”；电压为-2～-6 V时，表示逻辑“1”。在差分接收端，A、B之间的电压差高于+200 mV表示逻辑“0”，低于-200 mV表示逻辑“1”。RS-422的最大传输距离为1 200 m，最大传输速率为10 Mb/s。

RS-422支持一点对多点的通信，在其传输线上最多可连接10个接收器。RS-422有两条独立的传输通道，其工作方式是全双工的。在RS-422通信网络上，需要在传输电缆上最远的接收端处设置终端电阻，其阻值为100～120 Ω，等于传输电缆的特性阻抗。RS-422的连接方式如图2-34所示。

(3)RS-485

RS-485是EIA于1983年公布的串行通信接口标准。RS-485是在RS-422的基础上改进的，保留了RS-422的所有电气特性，同样具有良好的抗干扰性能和长距离传输能力，且允许在2条连接线上实现数据的双向传输，图2-35所示为单片机89C51采用MAX485

芯片构成的 RS-485 半双工点对点通信电路。数据的发送和接收方式与 RS-422 相同,但由于要在同一总线上实现数据的双向传输,因此增加了驱动使能(drive enable,DE)和接收使能(receiver enable,RE)两个控制信号,分别为高电平和低电平有效,在图 2-35 中采用单片机的 $P_{1.0}$ 引脚进行控制。电路采用主(master)从(slave)通信方式,即从机不主动发送信息,其 $P_{1.0}$ 为 0,被动地等待接收主机发送的指令。主机发送信息的同时使其 $P_{1.0}$ 为 1,从 TxD 端发出的数据信息经驱动器转换为 A、B 两根线的电压差,送至从机的接收端,由于从机的 $P_{1.0}$ 为 0,故接收器工作,将电压差信号转换为 TTL 电平信号由从机的 RxD 引脚接收。从机根据事先规定的通信协议判断收到的信息是数据还是指令,决定是继续接收数据还是转换为发送状态进行数据发送。如果从机发送数据,那么主机相应地转换为接收状态。

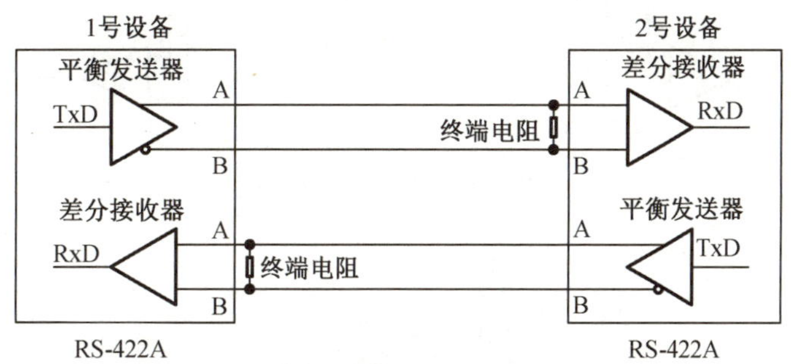

图 2-34 RS-422 的连接方式

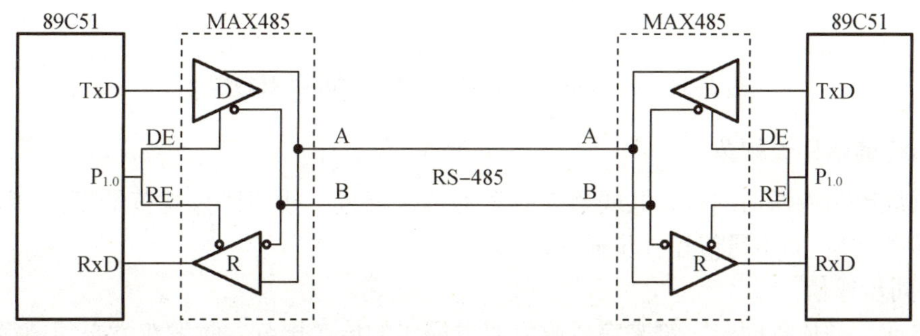

图 2-35 RS-485 的 2 总线传输原理图

以上数据传输过程表明,不论是主机还是从机,在某一时段内,要么是发送数据,要么是接收数据,无法在同一时间内既进行发送又进行接收,因此是一个半双工过程。

RS-485 还具有多站功能,允许至少多达 32 个设备并接在总线上,而且每个设备均可进行数据的发送和接收,因而可以实现真正的多点总线结构。总线上允许挂接的最大节点数取决于驱动芯片,最多可达 128 个甚至更多。因此在工业上常采用 RS-485 来组建半双工网络,如图 2-36(a)所示。网络只能以单主多从的方式进行通信,即网络中只允许存在一个主机(通常是一台 PC 机),其余全部都是从机,从机之间的互通信息必须通过主机中转才能实现。

理论上,RS-485 总线只需要两根连接线,但在实际连接中,为了抑制共模干扰,往往还要将各个设备的信号地连接起来。因此,RS-485 的连接电缆一般由 3 根线组成,最常采用的还是屏蔽双绞线,并把屏蔽层用作数字地线。电缆连接器一般采用 9 针"D"型插头,其引脚定义如图 2-36(b)所示。

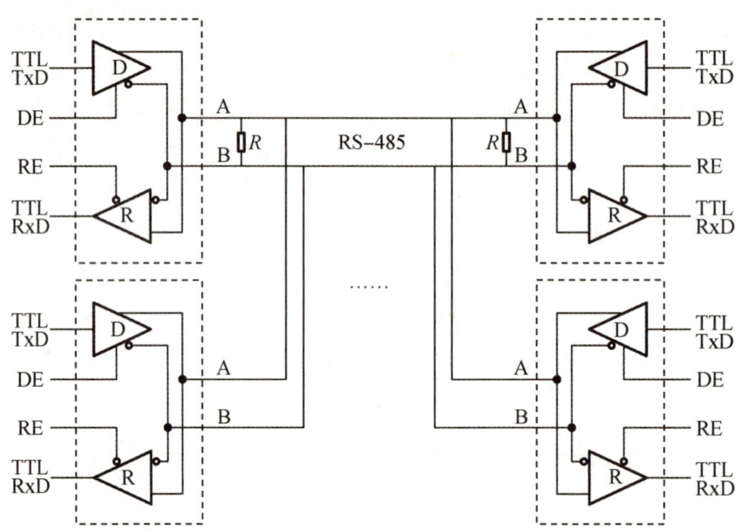

(a) RS-485 总线的网络连接

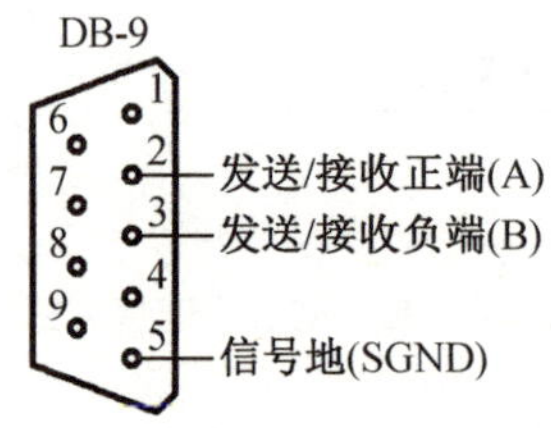

(b) RS-485 的 DB-9 引脚定义

图 2-36　RS-485 总线码网络连接和 DB-9 引脚定义

2. 串行通信协议规范

协议规范是指通信的双方共同遵守的数据传送规范。按照协议规范的不同，串行通信可分为两种类型：同步通信和异步通信。

(1)同步通信

同步通信是依靠同步字符来完成收发双方同步的传送规范。收发双方必须遵循相同的数据帧格式和传输速率。

同步通信采用以数据帧为单位的传输形式。在一个数据帧内，有若干个字符或位，字符与字符之间同步，位与位之间同步。

为了标识一个数据帧的开始，发送方先发送一个或两个同步字符，接收方利用该同步字符使内部时钟与发送方保持同步，此后收发双方在同步时钟的控制下，进行连续多个字符数据的发送与接收。发送完毕后，发送方再发送一个同步字符来标识该数据帧的结束。

(2)异步通信

异步通信是依靠附加的起始位和停止位来实现字符的界定和收发同步的传送规范。收发双方必须遵循相同的字符帧格式和传输速率。

异步通信的字符帧格式：起始位(1 位)、数据位(5～8 位)、奇偶校验位(1 位，可选)和停止位(1 或 2 位)。起始位规定为逻辑“0”，停止位规定为逻辑“1”，当线路处于空闲状态时，也规定为逻辑“1”。异步通信采用以字符帧为单位的间歇传输形式，两个字符帧之间的时间间隔是任意的，但是在同一字符帧内的相邻各位之间的时间间隔则是固定的。

（三）Modbus 通信

Modbus 通信网络采用 RS-485 接口作为物理层的链状连接结构（图 2-37），通过网络连接器将多个 CPU 模块上的 RS-485 端口连接成总线型网络（图 2-36），通常采用一个主站多个从站的形式。

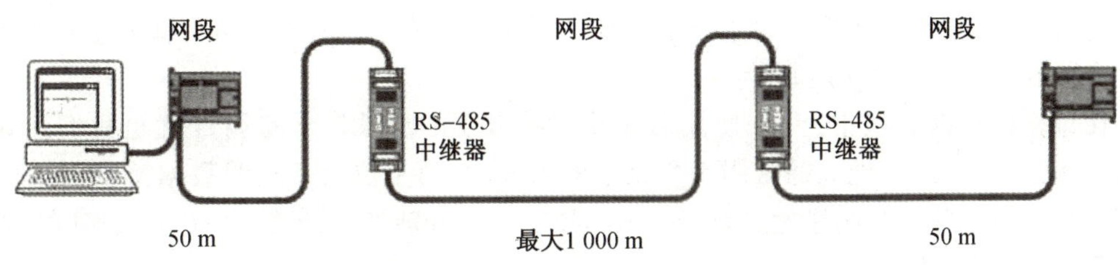

图 2-37　PPI 网络的网段长度

1. Modbus 协议概述

Modbus 协议是面向消息（message）的应用层协议。它是广泛应用于各种控制器之间进行数据交换的一种通用协议。Modbus 协议支持各种常见的物理层端口，支持各种常见的传输介质。Modbus 通信的传输速率最大可达到 115 200 bit/s，理论上可连接 1 个主站和最多 247 个从站。但受线路和设备的限制，实际上最多可接 1 个主站和 32 个从站。

Modbus 协议规定了两种通信方式：应答方式和广播方式。

（1）应答方式

主站（不需要地址）向某个从站（地址 1～247）发出命令，然后等待从站的应答；从站接到主站命令后，执行命令，并将执行结果返回给主站作为应答，然后等待下一个命令。

（2）广播方式

主站向所有从站发送命令（从站地址为 0），不需要从站应答；从站接到广播命令后，执行命令，不向主站应答。

2. Modbus 的传输模式

Modbus 协议定义了两种传输模式：ASCII（美国信息交换码）模式和 RTU（远程终端设备）模式。这两种传输模式的通信能力是等同的，但在同一个 Modbus 网络上只能采用其中的一种模式，不允许两种模式混用。

（1）ASCII 模式

ASCII 模式采用字符帧格式，通常采用如下有固定 10 个位的格式：1 个起始位；7 个数据位（标准 ASCII 码，低位先发送）；1 个奇偶校验位（无校验则无该位）；有校验时 1 个停止位，无校验时 2 个停止位。

消息中，每个 8 位的字节将被当作两个十六进制数，并分别以其对应的 ASCII 码形式发送。ASCII 模式的主要优点是字符发送的时间间隔可达到 1 s 而不产生错误。

（2）RTU 模式

RTU 模式通常采用有固定 11 个位的格式：1 个起始位；8 个数据位（2 个十六进制数，低位先发送）；1 个奇偶校验位（无校验则无该位）；有校验时 1 个停止位，无校验时 2 个停止位。

消息中，每个 8 位的字节将被直接作为两个十六进制数发送。RTU 模式的主要优点是在相同波特率下，与 ASCII 模式相比较，可以传送更多的数据。但在 RTU 模式下，每个消息必须作为连续的流传输。

3. Modbus 地址

根据控制器之间被交换数据的特点，Modbus 定义了常见的 4 种数据类型：离散输出（读写）、离散输入（只读）、输入寄存器（只读）、保持寄存器（读写）。不同的数据类型必须利用不同的功能代码来进行访问。离散输出和离散输入的对象类型是位（bit）；输入寄存器和保持寄存器的对象类型是 16 位的字。

在每一种数据类型中，允许使用若干个数据单元，数据单元的编号就是我们所说的 Modbus 地址。Modbus 地址通常用 5 个数字值来表示：第 1 位数字表明数据类型，后面的 4 位数字表明数据单元的偏移量。数据类型的数字编号分别是：离散输出-0；离散输入-1；输入寄存器-3；保持寄存器-4。

在 Modbus 主站，控制器通过不同的 Modbus 地址读取或写入数据；在 Modbus 从站，控制器则将代表不同数据类型的 Modbus 地址映射到从站相应的内存地址上。因此在 Modbus 通信过程中，主站并不知道从站的实际内存地址，从站将 Modbus 地址映射到何处，主站读写的就是何处的数值。

所有 Modbus 地址都是"以 1 为基址"的，也就是说第一个数据值都是从地址 1 开始。

（1）Modbus 主站寻址

Modbus 主站支持的 Modbus 地址：

①00001～09999 是离散输出（线圈）的地址。

②10001～19999 是离散输入（触点）的地址。

③30001～39999 是输入寄存器（通常是模拟量输入）的地址。

④40001～49999 是保持寄存器的地址。

（2）Modbus 从站寻址

Modbus 从站将 Modbus 地址映射到从站相应的内存地址上。需要注意的是：Modbus 地址以 1 为基址；PLC S7-200 的内存地址以 0 为基址。

PLC S7-200 的 Modbus 从站按照以下方式映射：

①00001～00128→Q0.0～Q15.7：离散输出映射到 PLC S7-200 从站的物理输出点。PLC S7-200 可扩展的最大开关量输出点数是 128。

例如，对于离散输出：00001→Q0.0；00002→Q0.1；00003→Q0.2；00004→Q0.3；…；00128→Q15.7。

②10001～10128→I0.0～I15.7：离散输入映射到 PLC S7-200 从站的物理输入点。PLC S7-200 可扩展的最大开关量输入点数是 128。

例如，对于离散输入：10001→I0.0；10002→I0.1；10003→I0.2；10004→I0.3；…；10128→I15.7。

③30001～30032→AIW0～AIW62：输入寄存器映射到 PLC S7-200 从站的模拟量输入点。PLC S7-200 可扩展的最大模拟量输入点数是 32。

例如，对于输入寄存器：30001→AIW0；30002→AIW2；30003→AIW4；30004→AIW6；…；30032→AIW62。

④40001～4xxxx→Hold Start～Hold Start+2×（xxxx-1）：保持寄存器映射到 PLC S7-200 从站的全局变量存储空间 V。Hold Start 为 V 存储区中由用户指定的某个起始字的地址。

例如,对于保持寄存器:首先假设从站拟向主站开放 V 存储区中 100 字的空间,且起始字地址为 VW100,则 40001→VW100;40002→VW102;40003→VW104;40004→VW106;…;40100→VW298。

4. Modbus 通信指令

PLC S7-200 采用 Modbus RTU 传输模式。

(1)MBUS_INIT 指令

图 2-38 所示为 MBUS_INIT 指令,用于初始化从站。该指令将完成通信端口的配置,实现 Modbus 地址与从站内存地址的映射。MBUS_INIT 指令通常仅在第一个循环扫描周期内被执行一次。

MBUS_INIT 指令在成功地完成了从站的初始化工作之后,完成位"Done"将输出能流。如果初始化工作失败,则错误代码将被送至"Error"所指向的内存变量中。

Mode:选择通信协议,"1"——通信端口被定义为 Modbus 协议,"0"——通信端口恢复成缺省协议。Addr:设置从站在 Modbus 网络上的地址,可选值为:1~247。Baud:设置波特率。Parity:设置奇偶校验形式,"0"——无校验,"1"——奇校验,"2"——偶校验。Delay:在标准的 Modbus 信息超时的基础上,用户可再额外增加信息的超时时间(毫秒)。可选值为 0~32767。MaxIQ:从站拟开放的离散输入 I 和离散输出 Q 的最大点数,可选值为 0~128,"0"表示禁止主站对 I 和 Q 的读写,"128"表示允许主站访问所有的 I 点和 Q 点。MaxAI:从站拟开放的输入寄存器(AI)的最大个数,可选值为 0~32,"0"表示禁止读模拟量输入,"32"表示允许主站访问所有的模拟量输入点。Max Hold:从站拟开放的保持寄存器(V 存储区)的最大个数。Hold-Start:从站拟开放的保持寄存器(V 存储区)的起始字地址。

(2)MBUS_SLAVE 指令

图 2-39 所示为 MBUS_SLAVE 指令,用于服务来自 Modbus 主站的请求,必须在每个循环扫描周期都执行,以便检查和响应 Modbus 请求。MBUS_SLAVE 指令无输入参数。

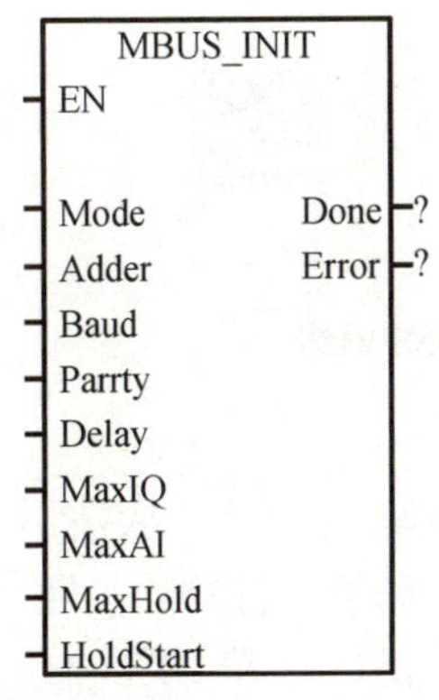

图 2-38　MBUS_INIT 指令

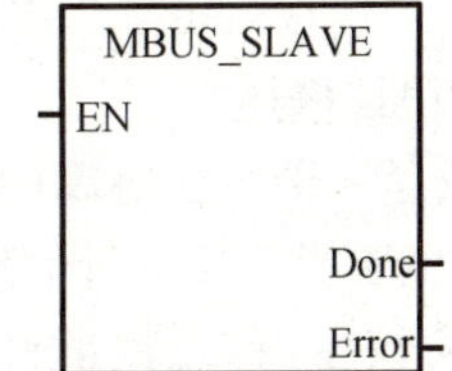

图 2-39　MBUS_SLAVE 指令

当 MBUSS_LAVE 指令响应请求时,"Done"输出能流。如果没有服务请求,"Done"不输出能流。如果出现错误,则错误代码将被送至"Error"所指向的内存变量中。

(3)Modbus 主站指令

图 2-40 所示为 MBUS_CTRL 指令,用于初始化主站以及监控或禁用 Modbus 通信。PLC 的每个扫描周期都必须调用 MBUS_CTRL 指令,才能确保连续地监控 Modbus 网络。

指令完成后，“Done”将输出能流。如执行有错误，则错误代码将被送至“Error”所指向的内存变量中。

Mode：选择通信协议，“1”——通信端口被定义为Modbus协议，“0”——通信端口恢复成缺省协议。Baud：设置波特率，必须与Modbus从站设置的波特率一致。Parity：设置奇偶校验形式，必须与Modbus从站选择的奇偶校验形式一致。Time out：设置等待从站响应的时间(ms)，可选值为1~32767。

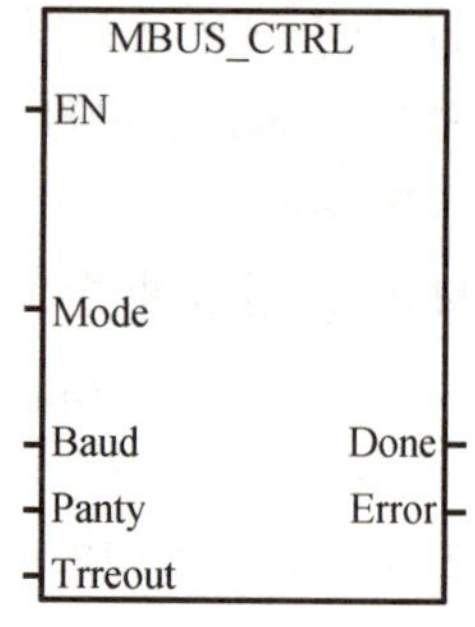

图 2-40　MBUS_CTRL 指令

（四）USS 通信

USS 协议是 SiemensPLC 通过网络来控制 SiemensMicroMaster 电机驱动器的专用通信协议。USS 通信网络将 CPU 模块上的 RS-485 端口与电机驱动器的 RS-485 端口连接成总线型网络，CPU 模块为 USS 通信网络上的主站，电机驱动器为 USS 通信网络上的从站。

1. USS 通信概述

在 USS 通信网络中，CPU 模块通过 USS 通信指令，控制电机驱动器、读/写电机驱动器的参数。USS 总线上可以连接一个主站和最多 31 个从站。图 2-41 所示为 PLC 与电机驱动器组成的 USS 网络。

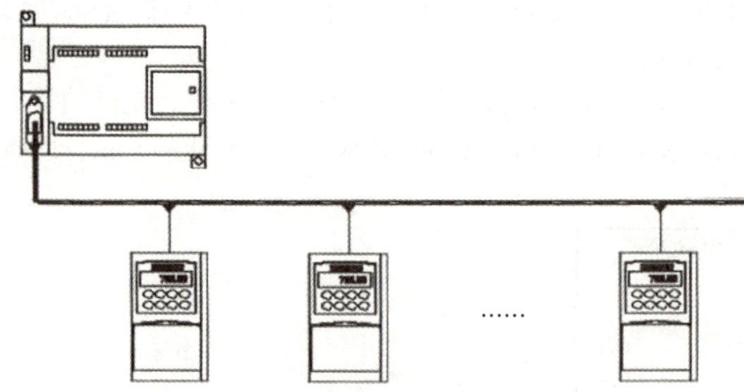

图 2-41　PLC 与电机驱动器组成的 USS 网络

（1）USS 协议概述

USS 协议是一种主从协议：主站发送请求到从站，从站响应请求。从站不主动发送信息，从站之间也不能直接进行信息的传输。USS 通信是采用基于字符的异步通信传输规范。

在 USS 协议中，信息帧被称为通信报文。每条报文都是以字符 STX(ASCII 码为 16#02)开始，接着是长度的说明(LGE)和地址字节(ADR)，然后是传送的数据字符，报文以数据块的 BCC 校验码结束。具体的报文格式如表 2-7 所示。

表 2-7　USS 具体的报文格式

起始	数据长度	地址	数据块	检错编码
STX	LGE	ADR	n 个字节	BCC

通信报文中的数据块部分又被分成两个区域:PKW 区(为参数识别 ID-数值区)和 PZD 区(为控制和监测变频器的过程数据)。

PKW 区的前两个字的信息是关于主站请求的任务(为任务识别标记 ID)或应答报文的类型(为应答识别标记 ID),PKW 区的后两个字规定报文中要访问的变频器参数号。

PZD 区通常为 2 个字。在 PLC 发送的任务报文中,PZD 区的第 1 个字是变频器的控制字,第 2 个字是频率的设定值。在电机驱动器返回的应答报文中,PZD 区的第 1 个字是变频器的状态字,第 2 个字是运行参数的实际值。处理 PZD 的优先级高于处理 PKW 的优先级。

(2)轮询时间间隔

PLC S7-200 的循环扫描工作与 USS 通信之间是异步并行的,PLC S7-200 完成一次与电机驱动器之间的数据交换,可能会持续若干个循环扫描周期。

PLC S7-200 对于 USS 网络上所有被激活的电机驱动器进行轮询访问,轮询的时间间隔与被激活的驱动个数、波特率及扫描时间有关。如果使用了读/写电机驱动器参数指令时,会使得访问该驱动器的时间变得更长。

2. USS 通信指令

(1)USS_INIT 指令

图 2-42 所示为 USS_INIT 指令,该指令用于初始化、启用或禁用与 Micro Master 驱动器的通信。USS_INIT 指令必须无错误地执行,才能够执行其他的 USS 指令。USS_INIT 指令通常仅在第一个循环扫描周期内被执行一次,或者是在需要改变网络的通信参数时才执行一次。当 USS_INIT 指令成功地被完成时,完成位“Done”将输出能流。如果初始化失败,则描述失败原因的错误代码将被送至“Error”所指向的内存变量(字节)中。

Mode:选择通信协议,“1”——通信端口被定义为 USS 协议;“0”——通信端口恢复成缺省的 PPI 协议。Baud:设置波特率。Active:在 USS 网络上,指定哪些地址的电机驱动器将被激活,被激活的驱动可以在后台被轮询访问。

(2)USS_CTRL 指令

图 2-43 所示为 USS_CTRL 指令,该指令用于控制 USS 网络上被激活的电机驱动器。对于每个电机驱动器,只能使用一条 USS_CTRL 指令。PLC 的每个扫描周期都必须调用 USS_CTRL 指令,才能确保对于电机驱动器的连续控制。

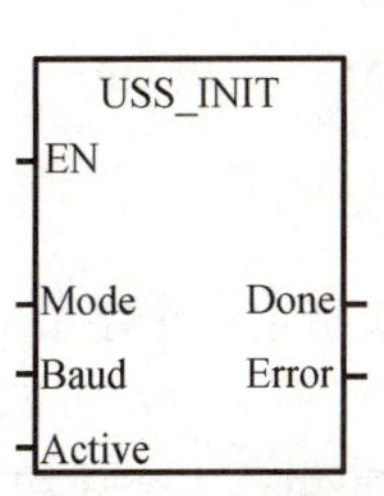

图 2-42 USS_INIT 指令

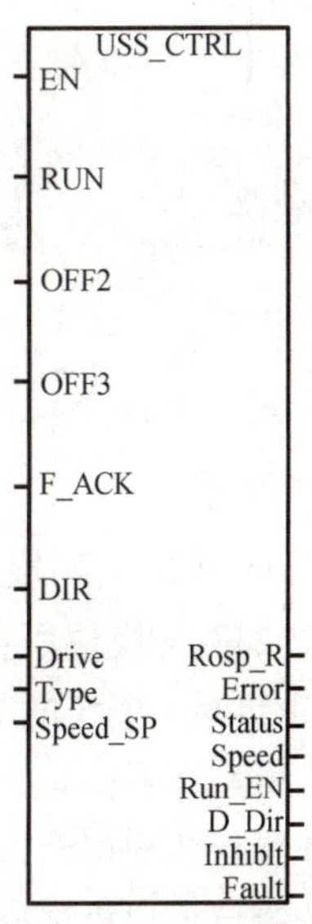

图 2-43 USS_CTRL 指令

USS_CTRL 指令的左侧是 PLC 发送到电机驱动器的控制参数；右侧是电机驱动器返回到 PLC 的运行状态参数。

①控制参数。RUN：启动或停止电机驱动器。OFF2：选择斜坡减速至停止。OFF3：选择快速停止。F_ACK：对于电机驱动器的故障进行故障确认。DIR：指定电机驱动器的旋转方向。Drive：指定被控制的电机驱动器的地址。Type：选择电机驱动器的型号。Speed_SP：指定电机的驱动速度。

②返回参数。Resp_R：电机驱动器的应答响应位。Error：错误字节。Status：电机驱动器返回的状态字。Speed：电机的实际驱动速度。Run_EN：电机驱动器的运行状态。DDir：电机的实际旋转方向。Inhibit：电机驱动器的禁止位状态。Fault：电机驱动器的故障位状态。

（五）以太网通信

PLC S7-200 的以太网协议通信需要采用 Ethernet 模块 CP243-1，物理层采用带 RJ45 的连接器。通过 CP243-1，PLC S7-200 可以接入到工业以太网络中，实现基于标准的 TCP/IP 协议的全双工以太网通信，传输速率为 10 Mbit/s 和 100 Mbit/s（自动感测），采用服务器/客户机的通信方式，每个 CP243-1 以太网模块最多支持 8 个异步并行连接。图 2-44 所示为由多台 PLC S7-200 组成的以太网络。

1. 服务器的配置

将一台 CP243-1 以太网模块配置成服务器的步骤如下：

(1)指定 CP243-1 模块所在的扩展位置。

(2)设置 CP243-1 模块的 IP 地址、子网掩码。

(3)基于扩展 I/O 点的地址分配规则，为 CP243-1 模块指定一个字节的 Q 存储空间。

(4)为服务器与客户机之间的连接配置双方的传输地址 TSAP（传输服务访问点，transport service access point）。

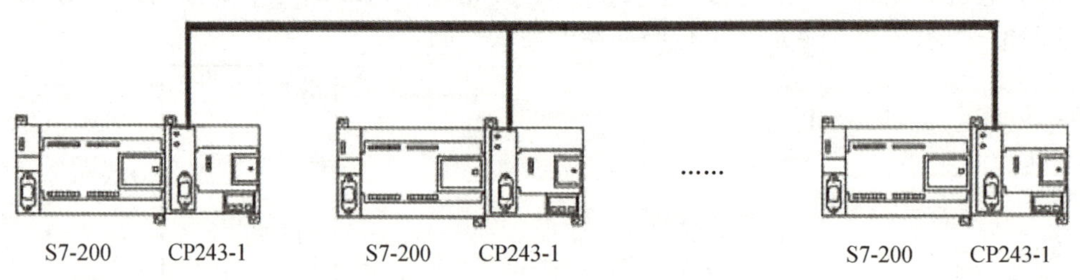

图 2-44　由多台 PLC S7-200 组成的以太网络

2. 客户机的配置

将一台 CP243-1 以太网模块配置成客户机的步骤如下：

(1)指定 CP243-1 模块所在的扩展位置。

(2)设置 CP243-1 模块的 IP 地址、子网掩码。

(3)基于扩展 I/O 点的地址分配规则，为 CP243-1 模块指定一个字节的 Q 存储空间。

(4)为服务器与客户机之间的连接配置双方的传输地址。

(5)在服务器与客户机之间的连接下面配置数据传输事件。一个连接下面最多可以配置 32 个传输事件。

3. 以太网通信指令

(1)ETHx_CTRL 指令

图 2-45 所示为 ETHx_CTRL 指令,该指令用于初始化和监控 CP243-1 模块,指令中的"x"表示模块所处的位置,数值范围为 0~6。PLC 应该在每个扫描周期的开始调用一次 ETHx_CTRL 指令,才可确保对于 CP243-1 模块的监控。

CP_Ready:当 CP243-1 模块准备就绪时,CP_Ready 输出能流。CH_Ready:由 CP243-1 模块返回的 8 个连接通道的状态。Error:由 CP243-1 模块返回的错误代码。

(2)ETHx_XFR 指令

图 2-46 所示为 ETHx_XFR 指令,该指令通过指定的客户机连接通道号和传输事件号,命令 CP243-1 和远程连接之间进行数据传送。

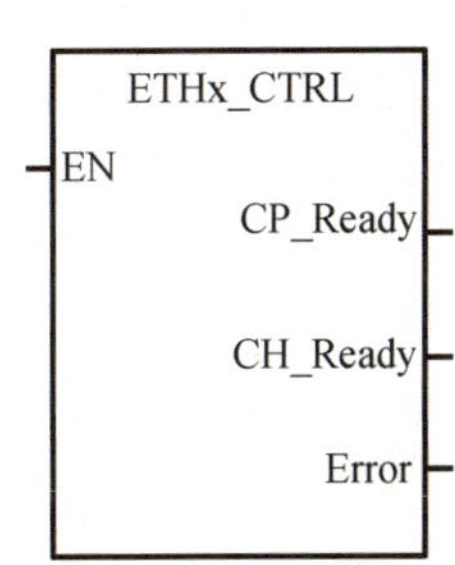

图 2-45　ETHx_CTRL 指令

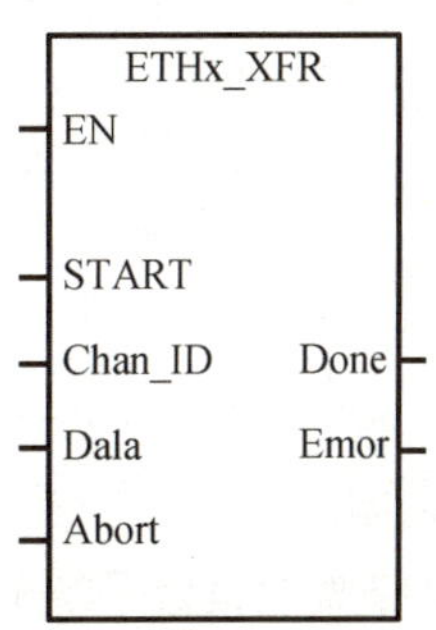

图 2-46　ETHx_XFR 指令

在每个连接通道中,一次只能有一个 ETHx_XFR 指令被激活。在传输事件被执行的过程中,必须保证一直有能流流入 ETH_xXFR 指令的 EN 端,传输事件完成后,可断开 EN 端,以便启用另外一条 ETHx_XFR 指令,激活另外一个传输事件。

START:当有能流流入时,如果 CP243-1 模块不繁忙,则 ETHx_XFR 指令会在每个扫描周期均发布读写命令至 CP243-1 模块。ChanID:指定客户机中连接通道的符号名。Data:指定客户机中连接通道下的传输事件的符号名。Abort:命令 CP243-1 模块停止在指定连接通道中的指定传输事件的数据传送。Done:CP243-1 模块完成数据传送时,Done 输出能流。Error:CP243-1 模块返回的错误代码。

拓展强化

一、选择题(请扫码作答)

任务 2.4

二、简答题

1. 船舶常用串行通信口有哪些?
2. 串行通信可分为哪两类?
3. 请简述以太网通信原理。

育德润心

"蝴蝶破蛹"的思考

项目3 船舶机舱监视报警系统

项目描述

本项目介绍了机舱监视报警系统的基础知识。着重阐述了机舱监视报警系统监测信号、组成和基本功能，介绍了典型机舱监视报警系统实例；介绍了曲轴箱油雾浓度监视报警系统、油水分离器系统及火灾报警系统。本项目的主要任务是掌握机舱监视报警系统的基本概念、结构组成和原理，掌握机舱监视报警系统所具有的功能；熟知典型机舱监视报警系统的结构组成、操作及故障分析处理；掌握曲轴箱油雾浓度监视报警系统的组成、检测原理及典型实例；了解油水分离器系统组成和工作原理；熟知火灾监视报警系统的基础知识，掌握火灾探测器的类型、特点及应用场所，掌握火灾监视报警系统典型实例。

通过本项目的学习，应达到以下学习目标：

知识目标：

- 了解机舱监视报警系统的参数类型、特点及监测方式；
- 知悉机舱监视报警系统的组成、基本功能，尤其是典型机舱监视报警系统的结构组成、操作及特点；
- 知悉曲轴箱油雾浓度监视报警系统的组成、检测原理及典型实例；
- 知悉油水分离器系统的组成及工作原理；
- 掌握离子感烟探测器、光电式探测器、感温式探测器的工作原理，掌握火灾探测器的接线形式、终端电阻及应用实例。

能力目标：

- 掌握机舱监视报警系统的基本操作，能对机舱监视报警系统的常见故障进行分析及处理；
- 能对曲轴箱油雾浓度监视报警系统常见故障进行判断和分析处理；
- 通过学习，会对油水分离器系统进行油分浓度检测装置的维护和试验；
- 通过学习，会进行火灾探测装置的功能试验。

素质目标：

- 培养笃学求实、严谨致用、精益求精的工匠精神；
- 增强职业安全、规范与环保意识；
- 提升良好沟通协作能力、数智化素养与创新能力；
- 厚植家国情怀，涵养进取品格，践行使命担当。

项目实施

项目实施依据岗位工作内容之间的逻辑关系，遵循学习规律，由浅入深，从基本概念理解到具体系统实例学习，再到常见故障分析处理，使学生知识体系逐渐建立，技能水平不断提高。项目分成以下6个任务完成。

任务3.1　机舱监视报警系统认知

任务分析

机舱监视报警系统是实现无人机舱的基本条件，它能准确可靠地监测机舱内各种动力设备的运行状态及参数。一旦运行设备发生故障，能自动发出声、光报警信号并进行报警打印记录，提示轮机员有故障需要处理。本任务的学习目标是了解机舱监视报警系统的基本概念，熟知机舱监视报警系统的基本结构、原理及功能，掌握典型机舱监视报警系统的组成、报警流程及常见故障操作处理。

任务实施

在自动化机舱中，设备的运行状态、运行参数值及故障报警状态都最终集成到集控室的监视屏和控制柜上，设备管理人员在集控室就能了解到所有机舱设备的运行状态及其参数值，从而减轻轮机员的劳动强度，改善工作条件，确保及时发现设备的运行故障，提高设备运行的可靠性。对于无人机舱，监视报警系统能把报警信号延伸到驾驶台、公共场所、轮机长及值班轮机员住所。

一、参数类型及特点

微课3.1　监视报警系统认知

机舱中各监测点的参数分为两类：一类是开关量，另一类是模拟量。

开关量是指只有两个状态的量。这两个状态通常表示为开关的断开和闭合。开关的形式可以是机械开关，也可以是继电器触点。在船舶机舱中，开关量可以反映设备的运行状态，例如，阀门是开启状态还是关闭状态，设备是运行状态还是停止状态，设备是正常工作状态还是故障状态等。监视报警系统能对这些开关量进行显示，设备故障或参数异常则发出声、光报警。

模拟量是指连续变化的量，例如，温度、液位、压力和转速等。监视报警系统应能对这些模拟量进行实时显示。如果参数超过预定的范围，则应发出越限声、光报警。越限报警分为上限报警和下限报警。通常，温度参数的报警为上限报警，压力参数的报警为下限报警，而液位参数的报警既有上限报警也有下限报警。

二、监测方式

监视报警系统的种类很多，所采用的监测方式通常有两类：一类是连续监测，另一类是扫描监测。

1. 连续监测

连续监测是指机舱中所有监测点的参数并行送入监视报警系统,并对所有监测点的状态及参数进行连续监测。单元组合式监视报警系统采用连续监测,系统中的核心部件是报警控制单元,它由各种测量和报警控制电路组成。每一个监测点需要一个独立的电路进行测量并产生报警信号,测量结果和报警信号送至公共的显示和报警电路。在设计时通常将多个同类参数的电路制作成一块电路板。

连续监测的方法中,由于每个监测点采用单独的电路,因此各监测点之间的相互影响较小,当某些监视点通道发生故障时,不会影响其他通道的工作,监视点的数量增减原则上不受限制。但所需硬件较多,造价较高。

2. 扫描监测

扫描监测也称为巡回监测,这种方法是以一定的时间间隔依次对各监测点的参数和状态进行扫描,将监测点信息逐一送入监视报警系统进行分时处理。因此,数个监测点的监测任务可由一个测量和报警控制单元完成。

巡回监测可通过常规集成电路或微型计算机来实现。由于微机具有采样速度快、检测精度高、体积小、数据处理功能强大、显示手段先进等优点,大多数船舶均采用基于微机技术的监视报警系统。此外,计算机网络技术的成熟应用已经使得监视报警系统朝着完全分布式网络化的方向发展。

三、监视报警系统的组成

一个完整的监视报警系统由三大部分组成:①分布在机舱各监视点的传感器;②安装在集中控制室内的控制柜和监视屏或监视仪表;③安装在驾驶台、公共场所、轮机长和轮机员居室的延伸报警箱。某船舶集控室如图 3-1 所示,驾驶室如图 3-2 所示。典型机舱监视报警系统的组成及分布如图 3-3 所示。

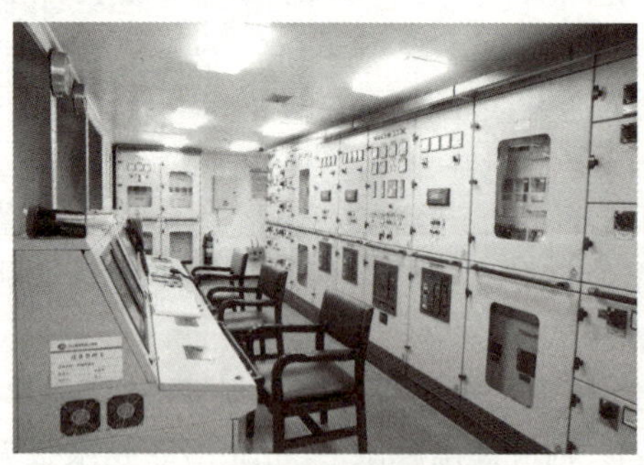

图 3-1　某船集控室

图 3-2　某船驾驶室

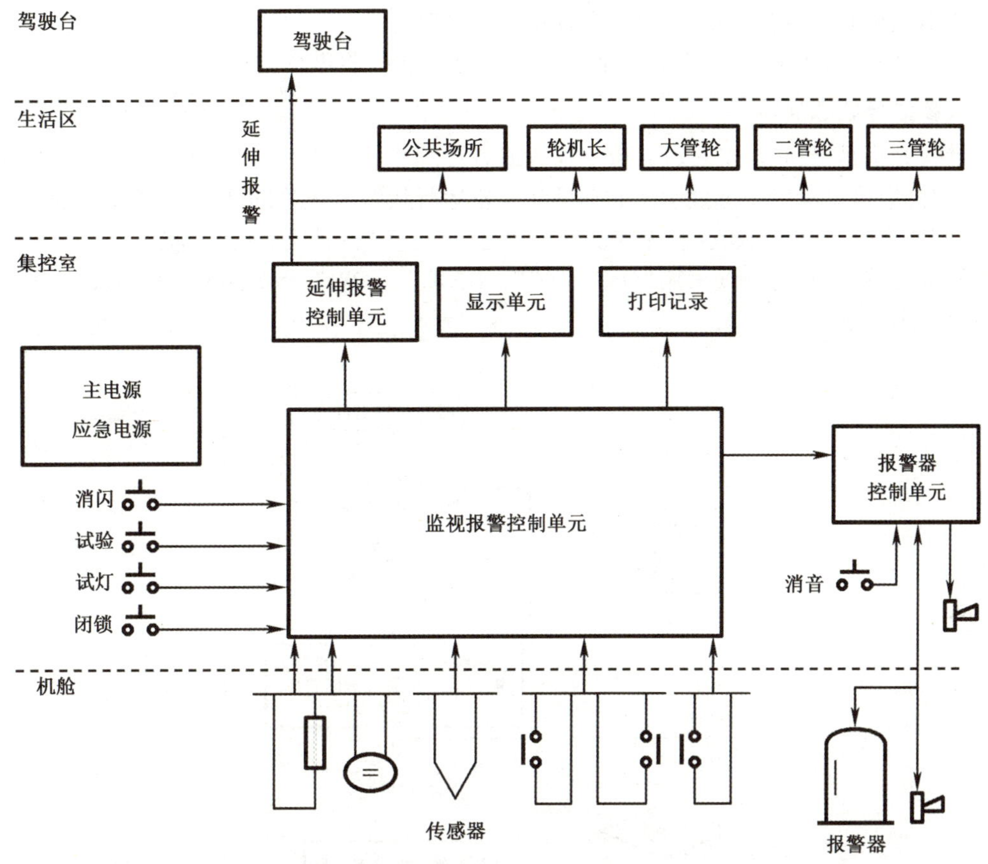

图 3-3　典型机舱监视报警系统的组成及分布

四、监视报警系统的功能

不同的监视报警系统，由于实现手段不同，在功能上略有差异，但通常都具有如下功能：

1. 声光报警

声光报警是监视报警系统最基本的功能，只要监测点的状态发生异常或者出现参数越限，系统就应该发出声响报警和相应的灯光报警，即为声光报警。以此提醒轮机员及时处理问题。大多数导致报警发生的原因均无法在报警发生之后自行消失，只有进行了相应的处理才能使状态恢复正常，这类报警称为长时报警或常规报警。对于某些具有主/备切换功能的设备，当主用设备出现故障并发出报警时，备用设备将自动运行，故障往往由于运行参数恢复正常而在短时间内自动消失，这类报警称为短时报警。监视报警系统对这两种情况一般采用不同的处理方法，图 3-4 所示为监测点报警处理流程。

在正常运行期间，监视报警系统不会发出报警指示和声响报警。当被监视点发生异常时，若该监视点未被闭锁，则系统立即发出声响报警，同时相应的报警指示灯(或屏幕文本字块)快速闪烁，指示报警内容。报警发生后，要求值班人员按消音按钮进行消音(一般情况下，消音按钮对于所有报警都是共用的)和报警确认(按确认按钮或点击闪烁文本)。报警确认后，报警指示灯由闪烁转为平光(或者闪烁文本转为高亮)。当监视点状态或参数恢复正常时，报警指示消失，即报警灯熄灭(或者高亮消失)。

当出现短时报警时，系统也会立即发出声光报警，往往由于监测状态在短时间内自动恢复正常，报警指示将由“快闪”转为“慢闪”，但声响报警还将继续，直到按下消音按钮。

2. 参数与状态显示

参数显示是指通过模拟仪表、数字仪表或者计算机屏幕对所有监测点的运行参数进行显示，即模拟量显示。状态显示指的是反映设备运行状态的开关量显示，通常采用绿色指示灯（灯泡或发光二极管）表示系统或设备正常运行，红色指示灯表示报警状态。对于采用计算机屏幕的系统，则还可以采用“ON”“OFF”“HIGH”“LOW”“NORMAL”和“FAIL”等文本来进行状态显示。

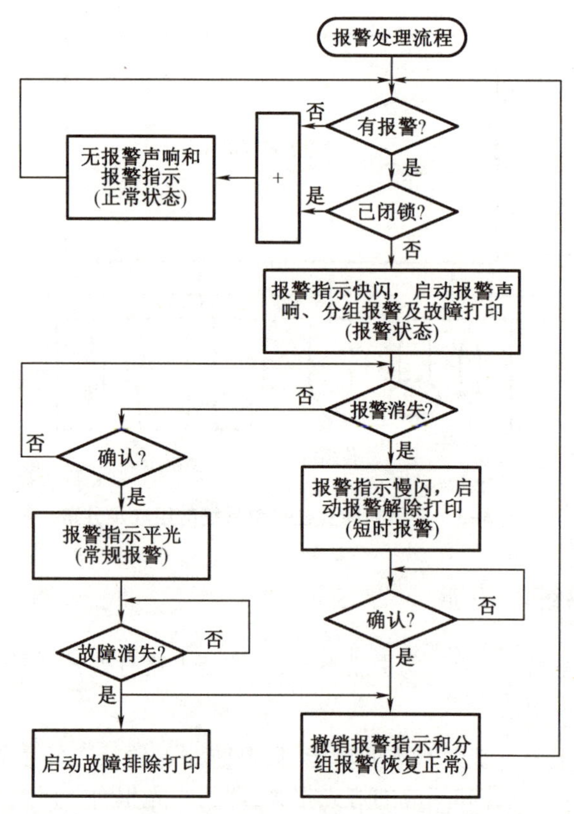

图 3-4　监测点报警处理流程图

3. 打印记录

打印记录一般有参数打印和报警打印两种。参数打印又可分为定时制表打印和召唤打印。定时制表打印是打印机以设定的时间间隔自动将机舱内需要记录的全部参数打印制表，轮机员只要将打印纸整理成册，即可作为轮机日志。召唤打印是根据需要，随时打印当时的工况参数，可对监测点参数进行全点或选点打印。报警打印是由系统自动进行的，只要有报警发生，系统就会把报警名称、报警内容和报警时间进行自动打印输出。而报警解除时，则自动打印报警解除。

许多监视报警系统的软件功能还具有“事件(event)”记录和打印功能。当对系统进行设置、组态或上下限报警等参数的修改时，这些操作都会以“事件”的形式在数据库中进行记录或进行打印输出。

4. 延时报警

在报警装置中，一般均设有延时报警环节，以免发生误报警。根据所监测的参数不同，其延时有长延时和短延时之分。例如，在液位监测时，由于船舶的摇摆，容易反复造成虚假越限现象，导致频繁报警。类似这些情况可采用 2～30 s 的长延时报警，在延时时间之内越限不报警。另外，在运行期间，某些监测开关的状态会由于环境干扰的原因而发生瞬间变化，例如，船舶在激烈振动时，某些压力系统的压力波动容易使报警开关发生抖动。为避免误报警，可采用延时 0.5 s 的短延时。

5. 延伸报警

延伸报警功能是为无人值班机舱设置的。在无人值班的情况下，必须将机舱故障报警信号传送到驾驶台、公共场所、轮机长及值班轮机员住所的延伸报警单元。延伸报警通常按照故障的严重程度来分组，可将全部监测点的报警信息分为四组：主机故障自动停车报警、主机故障自动减速报警、重要故障报警和一般故障报警。有时为了简化延伸报警，在值班轮机员住所延伸报警单元上仅设置重要故障报警和一般故障报警两个故障指示灯。

6. 失职报警

在无人值班的情况下，监视报警系统在发出故障报警的同时，还会触发 3 min 计时程序。若值班轮机员未能在 3 min（大型船舶为 5 min）内及时到达集控室完成确认操作，即使已在延伸报警单元上进行过确认，仍将被认为是一种失职行为，系统会使所有延伸报警单元发出声光报警信号。触发失职报警后，只能在集控室进行消音，复位 3 min 计时程序后才能撤销失职报警。

7. 报警闭锁

报警闭锁就是根据动力设备不同的工作状态，封锁一些不必要的监测点报警。例如，船舶在停港期间，主机处于完车状态，主机的冷却系统、燃油系统、滑油系统等均停止工作，与这些系统相关的参数相对主机运行时都会出现异常。因此，有必要对与这些系统有关的监测点进行报警闭锁。报警闭锁可以手动实现，也可以自动实现；可以成组闭锁，也可以单点闭锁。

8. 值班呼叫

值班呼叫功能主要用于轮机员交接班时进行信号联络。例如，大管轮与三管轮进行交接班时，大管轮只要在集控室把“值班选择”开关指向“三管轮”位置即可。这样，系统就会撤销大管轮的值班信号，而向驾驶台、公共场所和三管轮居室的延伸报警箱发出三管轮值班呼叫声响信号，值班指示灯闪烁。应答后，报警声消失，值班指示灯从闪烁转为平光，表示三管轮进入值班状态。此后，监视报警系统会把报警信号传送到三管轮居室的延伸报警箱，而不再送到大管轮居室。

9. 轮机员安全报警

轮机员安全报警又称 DEAD MAN 报警。在无人机舱船舶上，轮机员在进机舱工作前可开启轮机员安全报警设置。即在集控室开启该项报警功能（其本质是一种计时程序功能），并设置定时时间。机舱内一般会设置数个定时复位按钮。轮机员在机舱工作时必须在一定时间内就近进行复位操作，使计时程序清零而重新开始计时。如果超过定时时间未进行复位操作，将触发轮机员安全报警而通报全船，以提醒其他人员前来救人。新型的轮机员安全报警功能为避免机舱人员安全状态下忘记复位操作而导致触发不必要的 DEAD MAN 报警，一般增设一个预报警时间，该时间可设置得比报警时间稍短些（如小于 3 min），预报警时间到后仅触发机舱内报警，提醒轮机员及时进行复位操作。

为避免机舱轮机员在安全状态下忘记复位操作而导致触发不必要的 DEAD MAN 警报，一般增设一个预报警时间，预报警时间可设置得比报警时间稍短些，预报警时间到达仅机舱内触发该项警报，提醒轮机员及时进行复位操作。

10. 功能测试

在集控室的操纵台上，一般都设有试灯按钮和功能测试按钮。按下试灯按钮，所有指示灯都将处于常亮状态，不亮的指示灯需要更换。按下功能测试按钮，所有检测点均应进入报警状态，而未报警的监测点及其相应通道则有故障发生。测试功能可协助进行故障定位。

11. 自检功能

监视报警系统正常工作的前提是系统本身没有故障。为了确保监视报警系统本身工作的可靠性，对诸如输入通道、电源电压和保险丝等重要环节应具有自动监测功能。出现异常时，系统将自动发出相应的系统故障报警。

12. 备用电源的自动投入

要使监视报警系统在全船失电的情况下能正常工作，就必须配备相应的备用电源。在主电源失压或欠压的瞬间，系统能自动启动备用电源，实现不间断供电。

还有一个报警回差概念，当采样值在报警点附近波动时，为了防止仪表不断进入和退出报警状态，这样输出触点会经常跳动，产生频繁报警，导致外部联锁装置产生故障。对于上限和上上限报警，若报警限设为 80，报警回差设为 5，当采样值大于等于 80 时触点动作，仪表报警；若输入减小，采样值小于 80，仪表不会马上退出报警状态，而是直到仪表采样值小于等于 75 后，仪表才退出报警状态。

同样，对于下限和下下限报警，若将报警限设为 45，报警回差设为 5，当采样值小于等于 45 时，触点动作；当输入增大，采样值大于 45 后，仪表不会马上退出报警状态，而是直到仪表采样值大于等于 50 后，仪表才退出报警状态。

拓展强化

任务 3.1

一、选择题（请扫码作答）

二、简答题

1. 机舱监视报警系统的功能有哪些？
2. 机舱监测点报警处理流程是什么？

任务3.2 单元组合式监视与报警系统

任务分析

在采用连续监测方法的监视与报警系统中，每个监视点都需要一个独立的监视与报警控制单元。整个系统由各个监测点的监视与报警控制单元组合而成，因此称为单元组合式监视与报警系统。本任务的学习目标是了解单元组合式监视与报警单元的特点和组成，掌握报警控制单元的故障报警原理。

任务实施

单元组合式集中监视与报警系统，同时连续监测机舱中所有监视点。由传感器所检测的每个监视点的状态和参数值都是相对独立地送到集中控制室的，集中监视与报警系统将单独处理每个监视点的工作状态。这样，一个监视点或几个类型相同的监视点都要制成一块满足集中监视和报警控制功能要求的印刷电路板。因此，在集中控制室的集中监视与报警控制柜中，这样的印刷电路板有很多块。该印刷电路板可提供显示监视点参数值的信号，当监视点运行设备发生故障或运行参数越限时，能提供故障报警和打印信号。同时，报警信号还能延伸送至驾驶台、公共场所、轮机长及值班轮机员住所。因此，轮机管理人员要管理好集中监视与报警系统，除要管理好所有传感器，使其处于完好的工作状态外，对于多块印刷电路板(报警控制单元)的维护也是十分重要的。

报警控制单元有开关量报警控制单元和模拟量报警控制单元两种，它们的工作原理基本相同，只是越限报警值的调整方法不同。开关量报警控制单元的输入信号是开关状态，一般由温度开关、压力开关、液位开关等传感器来检测，调整越限报警值往往是在传感器上，通过调整其幅差来实现。模拟量报警控制单元的输入量是运行参数的模拟量，其越限报警值是通过调整印刷电路板上的电位器来进行的。

一、单元组合式监视与报警单元的特点和组成

1. 开关量报警控制单元

开关量报警控制单元是由输入回路、延时环节和逻辑判断环节所组成的，其逻辑原理框图如图 3-5 所示。其中，输入回路用于接收开关量传感器送来的输入信息(即触点是闭合还是断开)，并且在输入异常时发出报警信号；同时还可接受“试验”信号，当输入试验信号时同样输出报警信号，以模拟监视点的设备故障。延时环节用于对报警信号产生适当的延时，实现延时报警功能，以避免误报警。逻辑判断环节用来完成逻辑运算、状态记忆和报警控制。

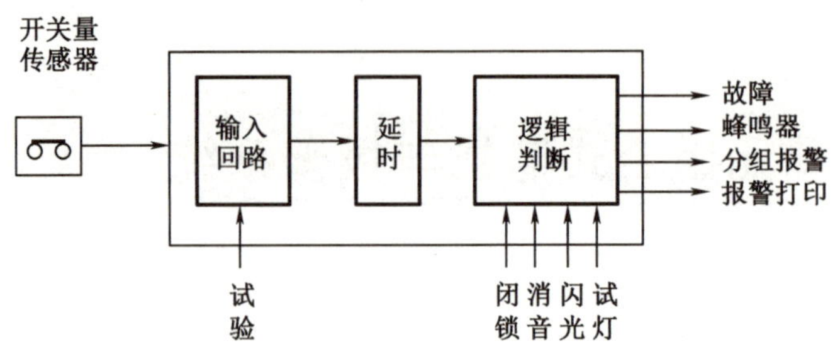

图 3-5　开关量报警控制单元的逻辑原理框图

在监视点参数处于正常范围时，开关量传感器的触点闭合，输入回路不输出报警信号，因此，报警指示灯处于熄灭状态，也不启动声响报警、分组报警和故障打印。当监视点的运行设备发生故障，或其相关参数越限时，传感器触点断开，输入回路送出报警信号 V_F，经延时环节和逻辑判断环节后发出报警。报警内容通常包括：①控制报警指示灯，使之快速闪亮、慢速闪亮、常亮或熄灭；②启动公共报警系统，向集控室和机舱发出声光报警；③输出分组报警信号至延伸报警单元，进行归类分组后控制延伸报警箱实现分组报警；④启动报警记录打印机，记录故障发生时间和报警内容。逻辑判断环节除了接收报警信号外，还接收闭锁、消闪、闪光和试灯信号。每个信号的功能将在后面结合实例介绍。

根据持续时间的长短，报警可分为长时报警和短时报警。长时报警是指报警长时间存在，而短时报警则是指发生报警后，短时间内外部输入信号恢复正常，报警自行消失。

在发生报警时，值班轮机员首先应按“确认”(acknowledgement)按钮(也称消音按钮，意即报警已被确认，声响可以停止)，以消除声响，然后按消闪按钮。若是长时报警，则逻辑判断环节将使报警指示灯从快速闪亮变成常亮，以指示故障状态。此时，轮机员应进行相应的报警处理措施。待故障排除后，监视点参数恢复正常，传感器触点又重新闭合，报警指示灯由常亮变为熄灭。若在尚未按下确认按钮时，监视点参数已自行恢复正常，传感器触点已重新闭合，逻辑判断环节将使指示灯从快闪转为慢闪，进入短时故障报警状态。这时，先按下消声按钮进行消声，再按下消闪按钮，指示灯将从慢闪转为熄灭。有些监视报警系统还设有失职报警功能，在发出延伸报警的同时启动失职报警计时器，若值班轮机员在 3 min 内到达集控室进行报警确认，则计时器复位，否则计时满后将发出失职报警。

开关量报警设定值是由开关量传感器来实现的。例如，采用压力继电器作为压力传感器时，其上限报警设定值为继电器的下限设定压力与幅差之和，而下限报警的设定值就是其下限设定压力。

2. 模拟量报警控制单元

模拟量报警控制单元主要是由测量回路、比较环节、延时环节和逻辑判断环节组成的，其原理框图如图 3-6 所示。图中，测量回路用于把传感器送来的模拟量信息转换成相应的电压信号，以作为监视点参数的测量值 U_i，并在模拟量传感器发生短路或开路时，向自检单元发出传感器故障信号。比较环节用于故障报警鉴别，它将测量值 U_i 与电位器整定的报警设定值 U_L 进行比较，若参数越限则输出报警信号至延时环节。在功能试验时，比较环节接收到“试验”信号，若能输出被监视点参数越限的报警信号，则说明控制单元工作正常；否则，说明单元有故障。延时环节和逻辑判断环节的作用与开关量报警控制单元中的环节完全相同，故不再介绍。其中延时环节不是所有的模拟量报警控制单元都设置，而只适用于需要延时报警的监视通道中。

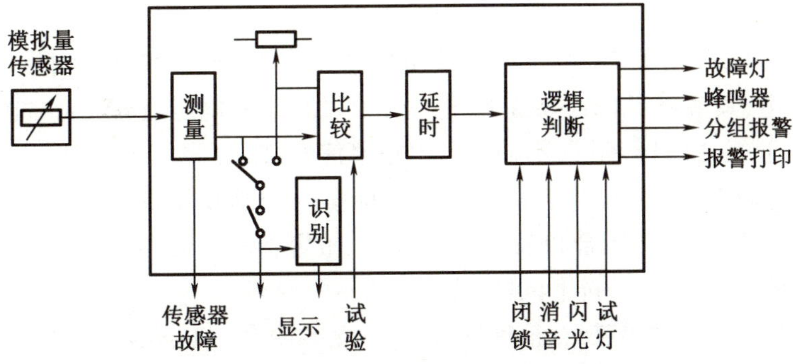

图 3-6　模拟量报警控制单元的逻辑组成框图

二、监视报警控制单元的工作原理

1. 继电器构成的监视报警控制单元

图 3-7 所示为采用继电器构成的监视报警控制单元电路，它以继电器为基本控制元件，每块插件板可同时安置 6 个相同的报警控制电路，其电路工作原理如下。

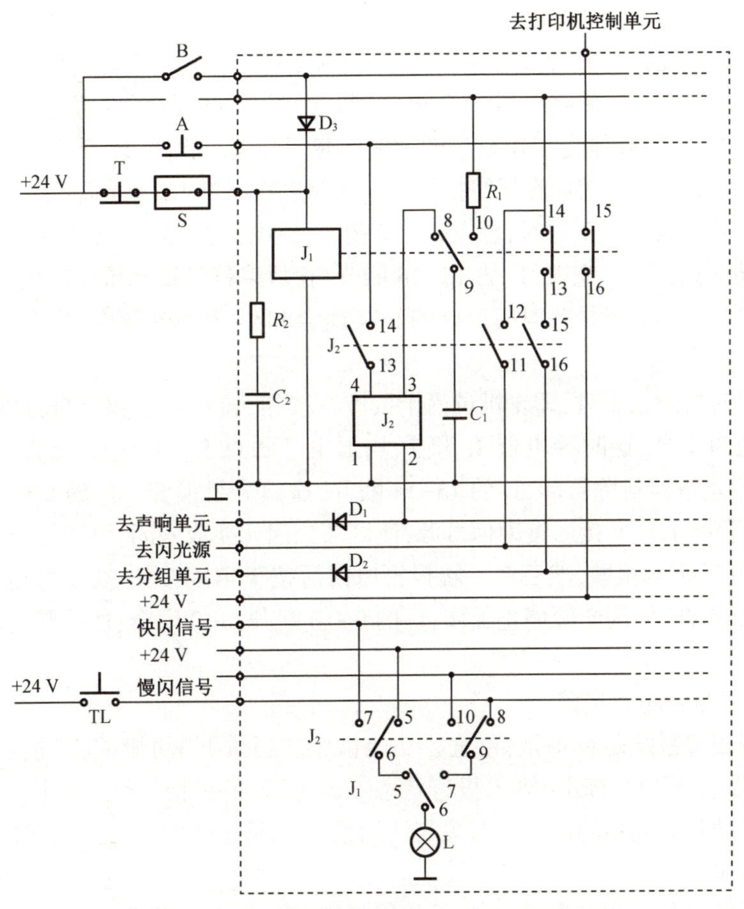

图 3-7　继电器构成的监视报警控制单元电路

(1)报警控制

在正常情况下,开关量传感器的触点 S 闭合,在未按功能试验按钮时,触点 T 闭合。于是继电器 J_1 通电,其触点 J_1 的 8-9 断开,闭合于 9-10,24 V 电压经电阻 R_1 向电容 C_1 充电,为报警做准备;J_1 的 13-14 断开,不输出分组报警信号;J_1 的 15-16 断开,不输出故障打印启动信号。继电器 J_2 断电,其触点 J_2 的 13-14 断开,无自保作用;J_2 的 11-12 断开,闪光源停止工作。另外,J_1 的 6-7 闭合和 J_2 的 8-9 闭合,报警指示灯 L 经试灯按钮 TL 与 24 V 电压相连,因此,正常时灯不亮,按下试灯按钮后,指示灯应亮。

当发生运行设备故障,监视点参数越限时,触点 S 断开。在无闭锁报警时,闭锁开关 B 断开,D_3 截止。此时电容 C_2 经 R_2 和 J_1 放电实现延时报警功能。待 C_2 放电到 C_2 电压降到一定大小时,延时时间到,使继电器 J_1 断电,J_1 的触点 8-9 闭合,电容 C_1 上的电压经双绕组继电器 J_2 的 2-3 绕组、二极管 D_1 和声响报警控制单元放电,使继电器 J_2 通电,同时启动声响报警。J_2 通电后其触点 13-14 闭合自保,以保证 C_1 放电结束后,继电器 J_2 继续保持通电。这时,J_1 的 13-14 闭合,J_2 的 15-16 闭合,二极管 D_2 导通,输出分组报警信号至延伸报警控制单元。J_1 的 15-16 闭合,使故障打印控制电路产生一个正脉冲信号,启动打印机将故障打印记录下来。J_2 的 11-12 闭合,接通闪光源的电源,使闪光源单元投入工作,输出快闪和慢闪两种闪光信号。J_1 的 5-6 闭合和 J_2 的 6-7 闭合,报警指示灯 L 接通快闪信号源,使指示灯快闪。

在系统发出声光报警时,值班轮机员应立刻到达集中控制室进行消声应答,消除声响报警,然后按下消闪按钮 A,使继电器 J_2 断电,其触点 13-14 断开解除自保。J_2 的 11-12 断开切除闪光源的电源,使其停止工作。J_2 的 15-16 断开切除分组报警信号。J_2 的 6-7 断开,5-6 闭合,将 24 V 电压直接加在报警指示 L 灯上,使它从快闪切换成常亮。

当故障排除参数恢复正常时,触点 S 重新闭合,继电器 J_1 通电,其触点 J_1 的 9-10 闭合,电源经电阻 R_1 向电容 C_1 充电,J_1 的 15-16 断开,在故障打印控制单元产生一个负脉冲,自动启动打印机打印出故障排除时间。J_1 的 6-7 闭合和 J_2 的 8-9 闭合,报警指示灯 L 熄灭,撤销报警信号。

当出现短时故障报警时,即轮机员尚未按应答按钮,监视点参数已自行恢复正常,使触点 S 由断开变为闭合,这时继电器 J_1 和 J_2 均通电。触点 J_1 的 9-10 闭合,C_1 充电;J_1 的 15-16 断开,启动故障排除打印;J_1 的 13-14 断开,撤销分组报警。J_1 的 6-7 闭合,J_2 的 9-10 仍闭合,报警指示灯 L 接通慢闪信号源,使灯从快闪切换成慢闪。这时,值班轮机员先按下消声按钮,切除声响报警,然后在了解报警原因后按下消闪按钮 A,使继电器 J_2 断电,触点 J_2 的 11-12 断开,使闪光源停止工作;J_2 的 9-10 断开、8-9 闭合,使报警指示灯从慢闪切换成熄灭。

(2)功能试验和闭锁报警

为了检查报警系统是否正常,可进行功能试验。当按下“功能试验”按钮时,其触点 T 断开,使继电器 J_1 延时后断电,进入报警状态。这时,若报警指示灯不能快闪,则说明该报警控制电路有故障。利用功能试验开关与消闪按钮的配合操作,可进行长时故障报警或短时故障报警试验。

在被监视的设备停止工作时,可接通报警闭锁开关 B,使二极管 D_3 导通,保证继电器 J_1 在触点 S 断开时能继续保持通电,从而闭锁了该通道的报警。

2. 集成电路构成的监视报警控制单元

在采用集成电路构成的单元组合式监视报警系统中，其控制单元主要采用运算放大器和门电路等集成器件构成。下面分别介绍开关量和模拟量监视报警控制单元的工作原理。

(1)开关量监视报警控制单元

图3-8所示为某典型的开关量监视报警控制单元的电路图。其电路工作原理是：在监视点参数正常情况时，触点S闭合，端子30为低电平，这时P点为“1”信号，不发声光报警。当参数越限时，触点S断开，A_1反相端变换成高电平，则A_1输出“0”信号，经Y_1反相为“1”信号，向延时环节的电容C_2充电使A_2同相端电位不断升高，当升高到略大于A_2反相端设定的电位时，A_2翻转输出“1”信号，这段报警延时时间可通过W_2来调整，调整范围为2~30 s。端子10在没有闭锁信号时为高电平，于是与非门Y_2输出“0”信号，即P点为“0”信号，经端子8输出分组报警信号至延伸报警单元，同时由端子7输出故障打印信号。与非门Y_3输出“1”信号，由C_3和R_3组成的微分电路产生一个正的尖峰脉冲，经非门Y_4输出一个负的尖峰脉冲，G点出现的负尖脉冲，一方面经端子9输出声响启动信号至警报器控制单元，另一方面使RS触发器发生翻转，Q为“1”，打开与非门Y_6，由端子13送来的闪光信号经Y_6到达H点，使I点的电位高低交替变化，致使晶体管T_1和T_2间断导通，报警指示灯L闪光，并由端子6输出到外接的报警指示灯。

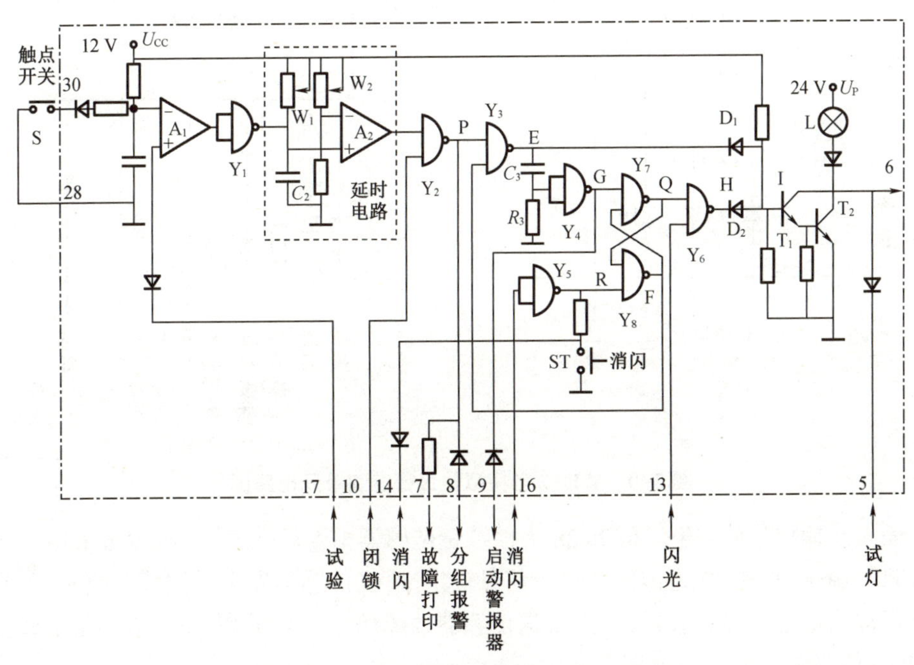

图3-8 开关量监视报警控制单元电路图

当值班轮机员按下“消声”按钮后，消除声响报警。按下“消闪”按钮后，从端子14送来低电平信号至触发器的R端，使触发器的Q端置“0”而封锁Y_6，于是从端子13来的闪光信号不能通过Y_6，H点为“1”信号，使I点保持高电位，晶体管T_1和T_2始终导通，报警指示灯转为常亮。若用一个确认按钮完成消声和消闪，按下确认按钮后，一方面消除声响报警，另一方面从端子16送来高电平信号可消闪。

当故障排除、参数恢复正常状态时,传感器触点又闭合,端子 30 为低电位,A_1 输出“1”信号,经 Y_1 反相为“0”信号,因 A_2 同相端电位低于反相端而输出“0”信号,经 Y_2 输出“1”信号,P 点的正阶跃电平通过端子 7 输出故障排除打印信号,同时 Y_3 的输出 E 点为“0”信号,使 I 点保持低电位,T_1 和 T_2 均截止,报警指示灯 L 熄灭。

若要进行功能试验,则按下“试验”按钮,此时端子 17 出现低电平,A_1 输出“0”信号,它相当于参数越限,可试验报警功能和检查报警系统能否正常工作。

若需实现报警闭锁,只要接通闭锁开关,端子 10 就出现低电平,使 P 点始终为“1”信号,从而闭锁该通道的报警。

(2)模拟量报警控制单元

WE-2 型模拟量报警控制单元电路图如图 3-9 所示。图中延时环节和逻辑判断环节的原理与上述开关量报警控制单元相同,关于其输入、输出信号的作用大多数与开关量报警控制单元相同,下面仅对不同之处予以说明。

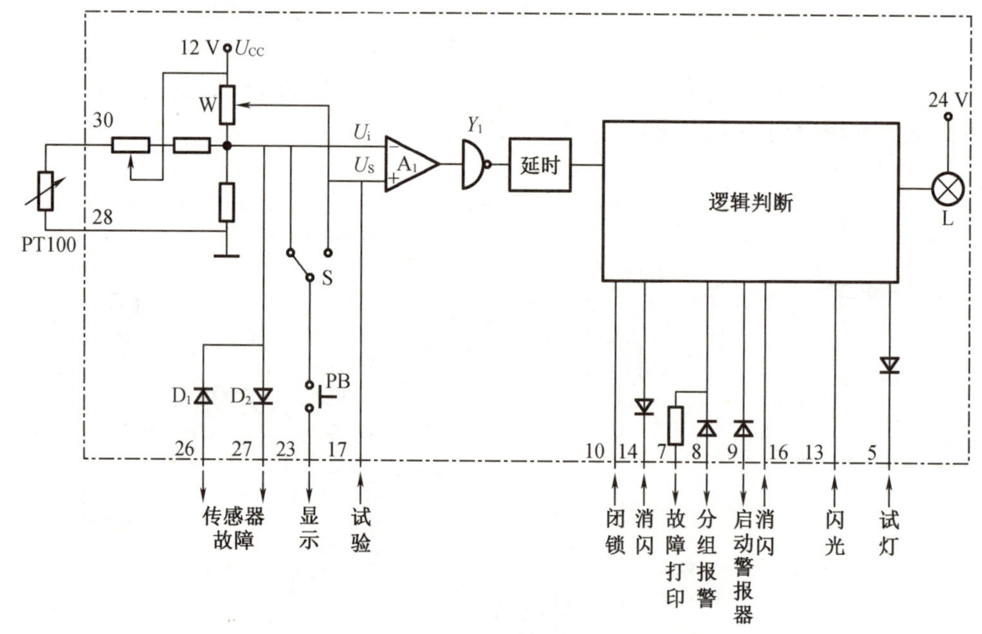

图 3-9 WE-2 型模拟量报警控制单元电路图

①输入及输出信号:端子 30 和 28 为模拟量传感器信息输入端,传感器可采用 PT100 型铂热电阻。端子 26 和 27 为传感器故障信号输出端,当传感器发生短路或开路时,因其测量值超过正常测量范围,故向自检单元发送传感器故障信号。端子 23 是参数测量值或报警设定值(极限值)输出端,送至显示单元。

②工作原理:模拟量传感器给出的信息经测量回路转换成电压信号 U_i,又送至比较器 A_1 的反相端,并从端子 23 送至显示单元。电位器 W 的中间抽头电压 U_S 为上限报警设定值,送至 A_1 的同相端。当监视点参数超限时,其测量值大于报警设定值,即 $U_i>U_S$,使比较器 A_1 翻转输出故障信号“0”,经 Y_1 反相为“1”信号送至延时电路,经延时后送至报警逻辑电路。延时电路和报警逻辑电路的动作过程与开关量报警控制单元相同。功能试验时,端子 17 出现低电平,使比较器 A_1 输出故障信号“0”,以模拟监视点参数越限。

拓展强化

任务 3.2

一、选择题(请扫码作答)

二、简答题

1. 什么是单元组合式监视与报警系统?

任务3.3　网络型监视报警系统

任务分析

随着现场总线技术的不断完善,越来越多的船舶采用网络型机舱监视报警系统,其布线少,可靠性高。本任务的目的是了解网络型机舱监视报警系统的基本概念,熟悉网络型机舱监视报警系统的特点、组成及其网络结构,了解网络型机舱监视报警系统的基本操作,会对网络型机舱监视报警系统的常见故障进行分析处理。

任务实施

一、网络型监视报警系统的特点

目前,船舶机舱监视与报警系统基本上都采用计算机实现。根据计算机监控系统的结构特点,船舶机舱监视与报警系统可分集中型系统、集散型系统和全分布式系统。

集中型系统采用单台计算机的结构形式,可靠性较差,一旦计算机发生故障,则整个系统完全瘫痪。集散型系统采用集中和分散相结合的系统结构,将监视任务合理地分散成由多台微机分别进行监视的子系统,各个子系统与上层计算机进行通信连接,以便集中管理和信息共享。

初期的集散型系统在各子系统内部大多采用模拟信号传输,即在子系统计算机与机旁仪表之间使用模拟量进行信号传输,所以在机旁和子系统计算机之间需敷设大量的电缆。另外,模拟信号长距离传输所引起的干扰也较严重。典型子系统如西门子公司的 SIMOS32 型集中监视和报警系统。

后来,一些公司应用传统控制网络技术对子系统进行了改造,即在控制对象附近放置现场处理单元来实现模拟信号的收发,而现场处理单元与子系统计算机之间则通过 BITBUS、RS485 等网络进行数据交换。这种改造虽然起到了一定的效果,并已成为一个时期内船舶监视与报警系统的主流,但由于传统控制网络的固有缺陷,所以未能实现真正意义上的全分布式控制。而且各公司所建控制网络的封闭性,也阻碍了船用现场控制设备间互换与互操作的实现。这类系统的典型代表有西门子公司的 SIMOS IMA32C 系统和 NORCONTROL 公司(KONGSBERG 公司的前身)的 Data Chief 1000 系统等。

进入20世纪90年代后，随着现场总线技术的不断完善，在新造船舶中，越来越多地采用内置有微处理器的现场测控仪表，这些仪表具有数字计算和数字通信能力，能独立完成对机舱设备的监控。多个现场测控仪表通过现场总线互联成底层控制网络，通过网关与上层局域网形成全分布式的网络型监控系统。

本任务先以KONGSBERG公司的DataChief C20（简称DC C20）系统为例介绍网络型监控系统的结构和功能特点，然后简要介绍DC C20的改进型产品K-Chief 600监控系统。

二、DC C20监视报警系统的组成及其网络结构

微课3.3 K-Chief600网络监视报警系统组成

DC C20是一个完全基于微处理器的分布式网络监视报警系统，其组成如图3-10所示。主要组成包括分布式处理单元（data processing unit，DPU）、远程操作站（remote operator station，ROS）、移动式操作站（mobile operator station，MOS）、现场操作站（local operator station，LOS）、以太局域网、控制器局域网（controller area network，CAN）现场总线网、网关（SGW和dPSC）、值班呼叫系统（watch calling system，WCS，包括WBC和WCU）不间断电源等。

可见DC C20采用CAN现场总线和以太网相结合的网络结构形式，并且均采用双冗余结构。系统中的主要设备介绍如下。

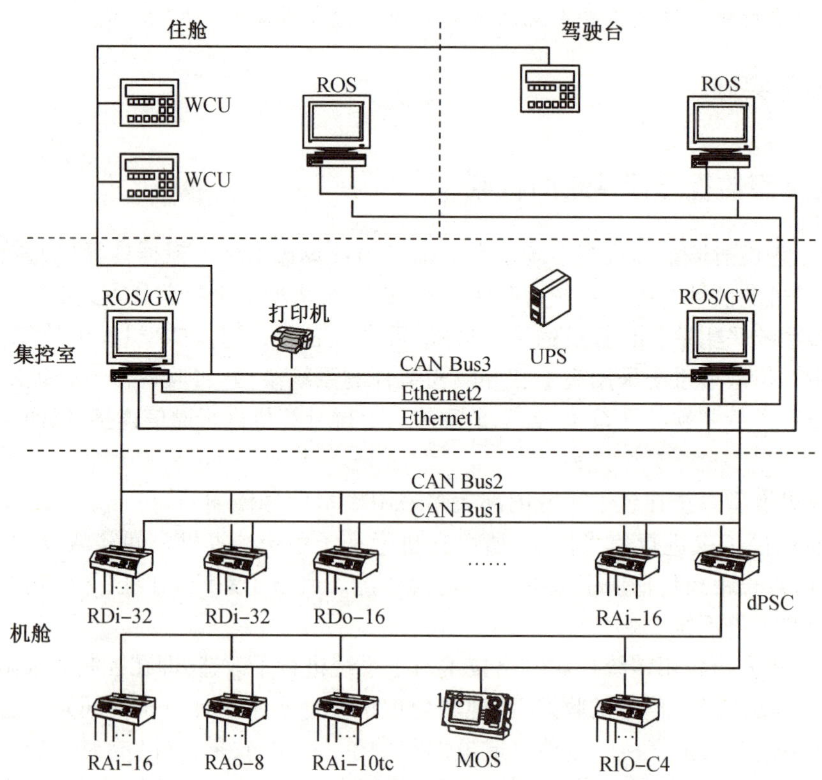

图3-10 DC C20网络型监视报警系统的组成

1. DPU

图3-10中的RDi-32、RDo-16、RAi-16、RAo-8、RAi-10tc和RIO-C1～C4等DPU模块

与 KONGSBERG 公司生产的 AC C20 主机遥控系统中所使用的 DPU 模块互为通用。它们分布在机舱各处,一方面作为传感器和执行器的 I/O 接口,直接与传感器和执行器相连;另一方面通过 CAN 总线与上层网络相连,从而实现上层网络对机舱设备的监视和控制。连接 DPU 的两套 CAN 总线分别标识为 CAN Bus1 和 CAN Bus2。这两套 CAN 总线总是互为热备份,当主用网络出现故障时,备用网络自动切入工作,充分保证系统工作可靠性。

DC C20 所用到的 DPU 模块包括开关量输入、开关量输出、模拟量输入、模拟量输出等通用模块,与 KONGSBERG 公司生产的 AC C20 主机遥控系统中所使用的 DPU 模块完全一致,互为通用。在此仅介绍本系统还用到的混合模块 RIO-C1~C4。

这里说的混合模块是指单个模块中既有输入通道,又有输出通道。

(1)RIO-C1

RIO-C1 具有模拟量和开关量的输入、输出及脉冲输入功能,表 3-1 所示为模块所包含的通道类型、通道数量和相应的功能特点。

表 3-1　RIO-C1 的通道类型

通道类型	通道数	功能描述
模拟量输入(AC 电压)	2	单相交流电压输入,Max. 30 Vrms,50/60 Hz
模拟量输入(AC 电流)	1	交流电流输入,Max. 1 A,50/60 Hz
模拟量输入	4	同 RAi-16
计数脉冲输入	2	24 V(DC)计数脉冲输入,检测磁脉冲转速探头
开关量输入	4	同 RDi-32
模拟量输出	2	4~20 mA 电流输出
开关量输出	6	Max. 3A(电阻性负载),直接驱动电磁阀或继电器

从表 3-1 可以看出,RIO-C1 的模拟量输入通道可直接测量单相交流电的电压和电流信号,通过测量或计算,可以获得船舶电站系统中发电机和电网电压、发电机输出电流、发电机和电网频率、发电机和电网电压之间的相位差、电网的有功功率和无功功率;2 个计数器输入通道可分别接收来自 2 个磁脉冲传感器的脉冲信号,从而计算出回转设备的转速;输出通道可分别输出模拟量指示信号和开关量控制信号。因此,RIO-C1 特别适用于对发电机组的监测和控制,同时也适用于船舶主机或辅机的安全保护系统。

(2)RIO-C2

RIO-C2 包含 8 个开关量输入和 8 个开关量输出通道,每个通道均设有 LED 进行输入和输出的状态指示。其输入信号可以是自由触点或 24 V 交直流电压,输出为继电器触点输出,特别适用于泵和阀门的控制。

(3)RIO-C3

RIO-C3 专门用于船舶发电机的安全保护,其输入、输出通道设计成可与各种电流、电压变换装置以及配电板设备进行连接,具有短路、过流、逆功率自动脱扣和有功功率、功率因素计算等功能。

(4)RIO-C4

RIO-C4 也是专门用于船舶电站系统的发电机监控模块,其主要功能包括发电机并车、发电柴油机自动启停、发电柴油机转速定值控制、发电机功率计算、机组间负荷分配、主配电板仪表驱动、柴油机预润滑控制(可选)、燃油选择控制(可选)和发电机电压定值控制(可选)等。RIO-C4 是 RIO-C1 的升级产品。

2. ROS

ROS 由 PC 机、操作控制面板 OCP(或普通 PC 机键盘)、鼠标、显示屏和打印机组成,PC 机采用 Windows NT 或 Windows XP 操作系统。ROS 通常设置在集控室、驾驶室和甲板舱室,常见的配置是集控室 2 台,驾驶室和轮机长房间各 1 台,其他舱室是否设置可根据需要而定。其中,集控室的 2 台是必备的,其他场所为可选安装。各 ROS 均配置双网卡,形成双冗余的以太网络,在图 3-10 中分别标识为 Ethernet1 和 Ethernet2。

集控室的 2 台 ROS 还兼有 SGW(system gate way)的功能,使得局域网中的各个 ROS 能够通过 SGW 与 CAN 总线相连。通过 SGW 和 CAN 总线,ROS 一方面可以接受各个 DPU 单元送出的机舱现场信息,另一方面还能向 DPU 发送操作指令、控制参数和程序包。

3. WCS

按照无人机舱的基本设计原则,DC C20 系统在驾驶室和轮机员舱室及公共场所设有延伸报警装置。驾驶室的延伸报警装置称为 WBU(satch bridge unit),而舱室及公共场所的延伸报警装置则称为 WCU(watch cabin unit)。WBU 和 WCU 通过 CAN 总线(在图 3-10 中标识为 CAN Bus3)与 ROS 进行通信连接,形成 WCS。

4. 其他辅助设备

其他辅助设备包括不间断电源(uninterruptible power supply, UPS)、以太网集线器(ethernet hub, HUB)、现场操作站(local operator station, LOS)和移动式操作站(midi operator station, MOS)。

UPS 确保在短时间失电的情况下能够继续给系统提供 220 V(AC)和 24 V(DC)电源。HUB 用于以太网内各个 ROS 联网。

LOS 用于在机舱现场对各个 DPU 模块进行操作,在 LOS 面板上可以选择和访问挂在同一 CAN 总线上的任意 DPU,例如查看 DPU 中的过程变量、对所辖设备的现场操作、参数调整和模块自检操作等。

MOS 是一个特殊设计的移动式操作站,通过 MOS 面板可以方便地实现各种操作站功能,可用作 LOS、ROS 或驾驶台值班监视系统的显示单元。

DC C20 是一个全微机的分布式网络型监控系统,其结构在最大程度上保证了系统的安全可靠和管理维护上的方便。

5. 系统网关(SGW)

DC C20 是一个网络型监控系统,在不同网络类型及不同网段之间需要有一个专门设施来转换网络之间不同的通信协议或在不同数据格式之间进行数据翻译,这一设施称为网关。在 DC C20 系统中,共有两种网关,即系统网关(system gateway, SGW)和 CAN 总线双处理器网段控制器(dual processing segment controller, dPSC)。

SGW 是 CAN 总线网和以太网之间的网关,采用双冗余设计,实现 CAN 与以太两种网络之间的冗余连接,进而实现 DPU 和 ROS 之间的双向信息传输。其主要任务是:

(1)接收来自 CAN 总线的信息,对 ROS 进行刷新;

(2)管理从 ROS 发送到 DPU 或 LOS 的操作指令、参数和程序。

所有必需的组态和软件安装均通过以太网完成。通过执行简单的网络管理协议还可以通过以太网进入 SGW 和 CAN 的故障诊断数据库。

三、DC C20 监视与报警的主要功能

监视与报警是 DC C20 最重要的功能之一,这一功能使系统能够对机舱设备的运行状态和参数进行连续监视,并在发生异常时进行报警。

1. 监视与报警功能

(1)模拟量监视和报警

模拟量是指那些连续变化的量,例如温度、压力、液位和转速等。在处理模拟量报警时,DC C20 具有以下特点:

①高限(high)报警,当监测点参数的测量值高于设定的报警值时发出报警,适用于温度、转速和液位等参数;

②超高限(high-high)报警,当监测点参数的测量值高于某一超高限设定值时发出报警,此时系统将发出自动停机指令;

③低限(low)报警,当监测点参数的测量值低于设定的报警值时发出报警,适用于温度、压力和液位等参数;

④超低限(low-low)报警,当监测点参数的测量值低于某一超低限设定值时发出报警,此时系统将发出自动停机指令;

⑤线路故障报警,当输入线路发生故障,例如传感器断线或短路时,系统将发出相应测量点的线路故障报警;

⑥为避免报警状态的波动(即频繁报警),系统采取了三种技术手段:从报警状态向正常状态恢复时设有不灵敏区;对输入参数设置有可调的滤波因子;报警状态的触发和消失均设有延时。

(2)开关量监视和报警

开关量信号的监视和报警功能只监视输入信号的两个状态,即输入点是断开还是闭合。输入信号来自反映设备状态的继电器触点、位置开关、温度开关、液位开关和压力开关等。通过正确调整开关量的动作值,系统也能实现测量点的高限和低限报警。为避免报警频繁,开关量报警也设有延时功能。

(3)报警闭锁

在船舶机舱中,有些报警属于条件报警,当满足某种特定的条件时,即使监测点的状态不正常,也不应该发出报警。例如,当船舶在港时,与航行无关的报警都将被闭锁。DC C20 的这一功能是通过对某一报警点或者报警组定义一个报警抑制信号来实现的,当条件满足时,抑制信号有效。

(4)接受其他系统的报警信息

许多辅助设备的控制系统都有自带的监视和报警功能,例如分油机控制系统、曲柄箱油雾浓度监视与报警系统、燃油黏度控制系统等。这些控制系统一般都定义有各种不同的报警状态,当报警发生时,除了在自身控制面板上发出报警之外,还可将报警信号送至 DC C20,并由 DC C20 进行统一的报警处理。

此外,船舶火灾报警系统往往是一个独立的监视与报警系统,但只要火灾报警控制箱设

有和其他设备的数据接口,便可以通过 RS422 串行接口与 DC C20 的 CAN 网络相连,并在 ROS 上以 Mimic 窗口的形式显示各层甲板的火灾探头分布及报警情况。

(5)报警确认

当报警发生时,DC C20 可以在 Mimic 显示、分组显示和汇总显示等各种情况下对屏幕上所出现的单个报警或整个报警分组进行报警确认。

(6)柴油机排气温度监视

排气温度监视系统除了监视各缸实际排烟温度之外,还将计算各缸排烟温度的平均值和偏差值。其中,偏差值是指单缸排烟温度和平均温度之间的差值,当超过允许范围时将发出排温偏差报警。偏差允许范围是根据柴油机的负荷大小连续计算的,柴油机负荷越大,允许的偏差报警带就越小。由于低负荷时,各缸排温会相差较多,因此当平均温度低于某一设定值时,偏差报警自动封锁。

(7)历史参数曲线监视

这一功能不仅可以显示出过程参数的当前值,而且可以显示参数的历史状态,并以曲线的形式形象地反映出参数随时间的变化过程和发展趋势。DC C20 最多可以显示 5 个历史曲线页面,每个页面可包含 8 个参数的变化曲线,以不同颜色和标签进行区分。

(8)油耗经济性监视

在 DC C20 中,可通过 DPU 采集燃油流量、燃油温度、柴油机转速、轴输出功率和航速等信息。这些信息通过网络发送至 ROS,由 ROS 进行处理和计算,就可以实现对柴油机的油耗信息进行实时监视,据此可进一步对各种操作的经济性进行评估。

这一功能是通过安装在 ROS 上的专门软件实现的,计算程序输出的性能参数包括:

①柴油机瞬时油耗,包括单台主机瞬时油耗和总瞬时油耗(对多主机)(kg/h)。

②船体效率(kg/n mile)。

③柴油机效率(g/(kW·h))。

④单机轴功率和总轴功率(对于多主机船舶)(MW)。

⑤燃油消耗总量和输出功总量按照航次累计,累计信息包括:

a. 航行时间(h);

b. 航行距离(n mile);

c. 航次总油耗(t);

d. 航次输出总功(MW·h)。

油耗经济性监视窗口通过 OCP 功能键激活,一般在每个航次结束时进行复位清零,复位操作将激活打印机输出一份航次报告。

(9)设备运转计时监视

为了便于掌握设备的运行时间,DC C20 提供了设备运行计时监视功能,对各种指定的设备,如空压机、泵、风机和发电机等,进行运行状态跟踪计时。轮机员通过 OCP 功能键可随时调出计时统计窗口,或进行打印输出,统计结果可作为制定设备维修计划的重要参考。每当对某个设备进行维修之后,应对其进行计时清零,以便重新计时。

2. 综合控制功能

利用 DPU 模块的输入输出功能和软件设计,DC C20 除了对机舱设备的状态和参数进行监视与报警之外,还可实现对设备的控制。与设备控制有关的各种数据采集、信号处理和控制功能均由与设备相连的各个 DPU 完成。这一解决方案使得 ROS 出现故障时能够确保进行有效的机旁操作。归纳起来，DC C20 的控制功能包括以下几个方面：

(1)泵的控制

泵的控制功能包括：

①泵组顺序启动。与某一管系操作相关的两个或几个泵可以按照事先规定的顺序自动启动。

②主备用切换。当主用泵的出口压力低于设定值时，备用泵自动启动。

③失电自动启动。某些重要泵能够在全船失电后恢复供电时进行泵组自动启动，启动顺序由泵的控制逻辑决定。

④启动禁止。有两种情况需要进行启动禁止：一是在泵的出口压力建立期间，二是当主机或发电原动机停机等外部逻辑条件满足时。

⑤报警功能。当泵的控制系统发生下列情况时，将发出相应的报警：

a. 备用泵自动启动；

b. 泵自动启动失败或跳闸；

c. 备用异常报警，即当某一停止的泵不在备用状态时也将发出报警提示。

实现泵自动控制的传感器可以是开关量传感器，也可以是模拟量传感器。若采用模拟量传感器，则泵的启停极限值由 DPU 内部的数据库确定，否则由压力开关进行设定。

泵的逻辑控制程序及其启停极限值数据通过 ROS 下载并存放于各个 DPU，其中数据库还可通过 ROS 或 LOS 进行修改。泵的控制可在 ROS 上的 Mimic 图上通过轨迹球或鼠标进行遥控操作，方便快捷。由于程序和数据存放于 DPU，因此即使 ROS 停止运行，也能保证泵的逻辑控制正常进行。

(2)阀门遥控

阀门遥控是指对船舶各种管系当中的阀门进行远距离控制，通常是在专门的操作台上根据管路模拟图和具体作业需要，通过操作手柄控制相关阀门的开启或关闭，进行特定的连通路径组态，以实现压载水调驳和燃油驳运等操作任务，对于液货船，则还可以进行装卸货操作。

在 DC C20 中，阀门遥控是通过 DPU 和 ROS 实现的。阀门控制操作程序存放于 DPU 内，DPU 与 ROS 进行通信。在 ROS 的 Mimic 窗口中，可通过 OCP 对管路系统中的相应阀门进行操作，操作命令传送至机舱现场 DPU 模块，并通过执行机构指挥阀门动作，同时反映阀门位置的状态信息则通过传感器送至 DPU 作为反馈信号。根据阀门的控制原理，系统可包含以下几种阀门类型：

①单作用阀门。单作用阀门的控制只需要 1 个开关量输出通道和 1 个或 2 个开关量输入通道。开关量输出通道控制阀门的动作(阀门的复位由弹簧动作)，开关量输入通道用于检测阀门的位置。

②双作用阀门。双作用阀门的控制需要 2 个开关量输出通道分别用于控制阀门的开启和关闭。另外，还需 2 个开关量输入通道，用于检测阀门的开关状态。

③带阀门定位器的双作用阀门。对于带阀门定位器的双作用阀门，需要 2 个开关量输出通道分别用于控制阀门的开启和关闭，开关量输出采用脉冲输出方式。另外，需要 1 个模拟量输入通道用作阀门开度的连续反馈。这种阀门适用于需要对阀门开度大小进行控制的场合。

④带阀门定位器的单作用阀门。带阀门定位器的单作用阀门采用模拟量输出进行控

制,并通过模拟量输入来检测阀门的实际位置,因此需要一个模拟量输出通道和一个模拟量输入通道。这种阀门也适用于需要对阀门开度大小进行控制的场合。

(3)PID过程反馈控制

PID控制器是ROS中的一个软件模块,其控制规律通过软件算法实现。PID软件模块可以下载到与控制回路相关的DPU中,这些DPU通过模拟量输入通道输入被控量测量值,在DPU内部与设定值比较形成偏差,经控制算法计算后,再由模拟量输出通道送至执行机构,形成闭合的控制回路。

PID控制器的调试可在ROS或者LOS上进行,由于控制器以软件模块的形式存在,因此可以方便地对这些模块进行组态,形成各种复杂控制系统,例如一个控制器的输出送至另一控制器的输入端,形成串级控制。

通过ROS的操作面板,可以对控制器软件进行各种设置,主要设置功能如下:

①调节器作用强度参数调整,包括比例带、积分时间和微分时间。

②被控量设定值调整。

③输出模式设定,即自动控制和阀位手动控制设定。

④调节器作用规律类型设定,通过切除积分或者微分作用,可以方便地得到P、PI、PD或PID控制规律。

⑤输入输出信号类型设定,输入可以设定为电流、电压或电阻类型,输出可以是电流或者是电压类型。

(4)辅助设备的控制

若在CAN网络上挂接必要的DPU,并配置相应的软件模块,DC C20系统还可以实现对空压机、分油机和辅锅炉等辅助设备进行自动控制。来自设备的各种开关量和模拟量通过DPU的输入通道采集,经控制程序处理后,再由输出通道输出开关量信号对设备进行逻辑控制或输出模拟控制量进行参数反馈控制。

①空压机自动控制。空压机的自动控制功能包括空压机的自动启停、遥控手动启停、失电重起和自动放残等。

②分油机自动控制。DC C20的分油机控制程序专门针对ALFA LAVAL分油机设计,通过DPU的输出通道可以控制分油机进油温度、分油机起停和密封水电磁阀和排渣水电磁阀等。在ROS上可以显示分油机系统的Mimic图,在Mimic图上对阀门进行手动操作即可进行管路组态,选择单机运行、串联运行或并联运行等分油模式。当串联运行时,第一台分油机被默认为分水机,而第二台则可设定为分水机或分杂机。

③辅锅炉自动控制。辅锅炉自动控制包括点火时序控制、PID反馈控制和报警显示等,所控制的设备包括燃油备用泵、燃烧器马达、燃油加热器、喷油设备、点火时序、风门挡板和蒸汽泄放阀等,这些设备均与DPU相连接并由DPU输出的控制信号进行控制。DPU通过网络与ROS通信,将锅炉控制系统的各种状态参数送往ROS,分别为监视报警系统和辅锅炉控制系统Mimic软件提供数据。

(5)电力管理系统

DC C20的电力管理系统(power management system,PMS)涵盖了电站自动控制的所有功能,包括全船电力的生产、配送和安全保护等。

对于基本型电力管理系统,每台发电机组配置一个DPU,用于单台发电机组的自动控制。DPU与ROS相连,在ROS上可以对各个DPU的监控功能进行初始化设置。控制系统适用于不同类型的发电机组,如柴油发电机组、透平发电机组和轴带发电机组等,但根据发电原动机类型的不同,DPU 的配置和控制策略也不同。

对于复杂的电站管理系统,一般通过 dPSC 将 PMS 扩展为一个独立的局部 CAN 网络(local CAN bus),这一局部 CAN 网络再通过全局 CAN 总线(global CAN bus)与 ROS 通信。图 3-11 所示为 PMS 的典型结构,电站包含三台柴油发电机组,每台机组分别配置两个 RIO-C1 模块,其中 DSS(diesel engine start,stop & safety)为柴油机起停控制和安全保护模块,GMC(generator monitoring & control)为发电机监控模块,根据发电机和电网信息控制主开关动作并通过向柴油机发送 INC/DEC(增加/减少)指令进行调频调载。RAi-16 模块用于检测发电柴油机是否具备遥控条件,若遥控条件不具备,则将发出相应的报警指示并禁止 Loc/Rem(机旁/遥控)切换。Rio-C2 则用于重载启动管理,当电站总功率不足时将禁止重载设备启动。由于 RIO-C1 模块本身具有发电机组的综合管理能力,因此可以将 DSS 和 GMC 合并为由一个 RIO-C1 实现,并把这一 RIO-C1 模块称为 DGC(diesel generator monitoring & control)。此时,RIO-C1 与发电机组的逻辑连接如图 3-12 所示。

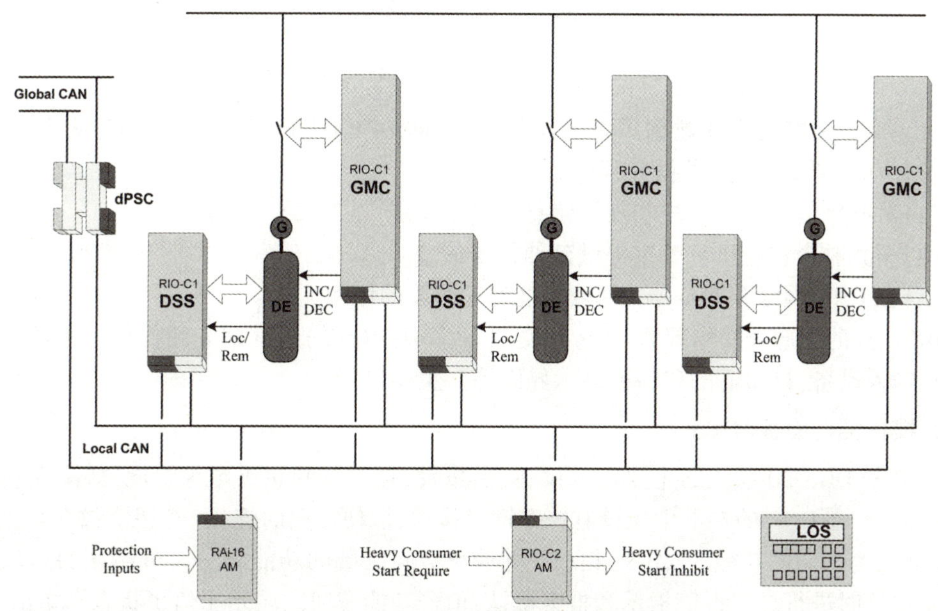

图 3-11　DC C20 的电力管理系统典型结构

以上介绍了远程操作站 ROS 及系统的主要功能。在实际中,不同船舶可根据需要对上述功能进行选配。例如,有些船舶采用了其他厂家的电力管理系统,则在 DC C20 系统中就没有 PMS 方面的内容,而对于液货船,还可以包含液货装卸系统等。

四、DC C20 监测与报警的界面操作

ROS 是 DC C20 系统的重要组成部分,一个 ROS 由主计算机(micro computer unit,MCU)、显示器(visual display unit,VDU)、打印机、操作控制面板(OCP)或普通的 PC 键盘和鼠标构成,在系统的监视报警和控制过程中完成以下任务:

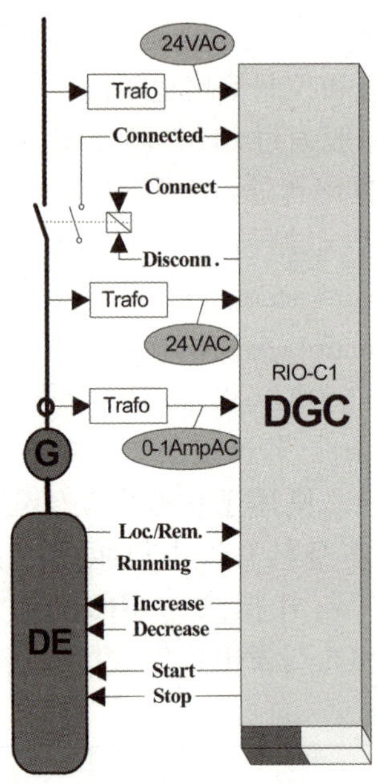

图 3-12　RIO-C1 与发电机组的逻辑连接

(1)和 CAN 网络中的数据采集或控制设备(即 DPU)进行双向数据通信,从 DPU 收集数据或向 DPU 传送指令、数据和程序。

(2)对报警信息进行监控和报警信息的确认功能。

(3)向驾驶台和轮机员舱室提供延伸报警信息。

(4)在 CAN 网络和 Ethernet 局域网之间起网关的作用。

DC C20 的大部分操作都和 ROS 有关,下面仅从 ROS 的角度来介绍操作。人机交互接口包括输入设备、打印输出和各种显示界面等。主要包括:

1. 操作控制面板(OCP)

OCP 是 DC C20 系统的主要输入设备,由按键、指示灯和轨迹球等组成,如图 3-13(a)所示。此外,在 OCP 的左下角还设有一个键盘接口,以便需要时连接 PC 机。按照功能的不同,OCP 分为不同的功能区,图 3-13(b)所示为不同区域的功能划分。分组报警区域用于在发生报警时进行分组报警指示和报警确认;值班功能按钮区域用于值班状态的指示、值班切换和值班呼叫;Mimic 功能按钮用于各种系统的 Mimic 模拟图的显示和操作;数字键区域用于在需要时输入各种数值,并提供屏幕的翻页和方向键功能;报警控制按钮用于报警确认、消音、报警汇总显示(显示当前存在的所有报警)和历史报警显示(分页显示最后发生的 2 000 个报警,每页 26 个);轨迹球和轨迹球按键相配合完成光标移动、光标定位和相应的操作功能;其他功能按钮的具体功能依实际情况不同而异。

如果系统没有配置 OCP 硬件,则可在主计算机上连接标准键盘和鼠标。按 F1 功能键,将在显示屏上调出 OCP 模拟图,可用鼠标进行点击操作。模拟 OCP 的功能与硬件 OPC 类似。

2. 显示界面

显示界面是计算机监控系统重要的信息输出手段,DC C20 的软件系统在 ROS 上提供了丰富的显示界面,与 OCP 相配合可以实现各种复杂的人机交互功能。ROS 上的显示见面大致包括以下几种类型:

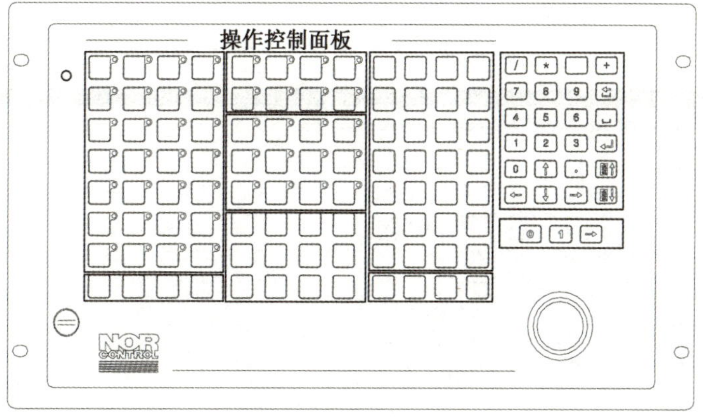

(a)

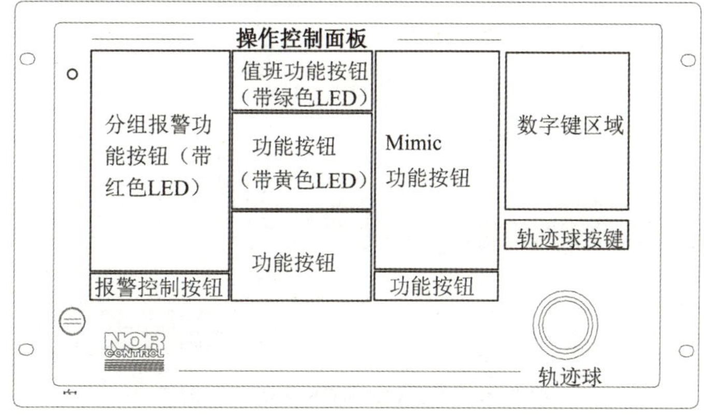

(b)

图 3-13 OCP 功能结构图

(1)文本显示界面

文本显示界面用于输出报警信息和监视机舱设备运行的实时状态或实时参数,分为报警显示窗口和监视窗口。其中,报警显示窗口包括:分组报警窗口,按分组类型显示当前报警状态;报警汇总窗口,显示当前存在的所有报警;历史报警窗口,分页显示最后发生的2 000个报警,每页26个。

监视窗口类型包括:分组显示窗口,显示同一报警组中所有测量点的状态清单;选点显示窗口,显示预先选定的各个测量点的状态清单;测量点属性窗口,显示某一测量点的详细信息,如测量点名称、报警限等(在计算机编程时,通常用一被称为“标签(tag)”的变量来保存测量点的属性,因此测量点属性也称为标签属性)。

图 3-14 给出了一个文本显示界面的例子,显示内容为主机分组显示窗口。

(2)图形显示界面

图形显示界面包括机舱主要系统的 Mimic 模拟窗口、柱状图窗口和设备状态窗口等,主要包括:管路系统 Mimic 窗口;柱状图窗口,如各缸排烟温度及其平均温度柱状图窗口;备用泵汇总显示窗口;控制器和阀位状态汇总窗口;参数曲线趋势图窗口;电站管理窗口;主配电板和发电机窗口。

这些窗口实时显示设备的工作状态,例如阀门的开闭状态、设备的起停状态、液位或其他参数的高低等。图形显示界面具有可交互的性质,即在图形界面上可以对实际设备进行操作和控制。

Group Display Alarm Group 2

page 1 of 2

31.07.98
10:31:13

Tagname	Tag description	Func	Value	Eng.unit	Alarm	Low lim.	High lim.
DEV.2 CYL. 1	DEVIATION TEMP. ME2 CYL. 1		0.0	DEG.C		-62.0	62.0
DEV.2 CYL. 2	DEVIATION TEMP. ME2 CYL. 2		0.0	DEG.C		-62.0	62.0
DEV.2 CYL. 3	DEVIATION TEMP. ME2 CYL. 3		0.0	DEG.C		-62.0	62.0
DEV.2 CYL. 4	DEVIATION TEMP. ME2 CYL. 4		0.0	DEG.C		-62.0	62.0
DEV.2 CYL. 5	DEVIATION TEMP. ME2 CYL. 5		0.0	DEG.C		-62.0	62.0
DEV.2 CYL. 6	DEVIATION TEMP. ME2 CYL. 6		0.0	DEG.C		-62.0	62.0
DEV.2 CYL. 7	DEVIATION TEMP. ME2 CYL. 7		0.0	DEG.C		-62.0	62.0
DEV.2 CYL. 8	DEVIATION TEMP. ME2 CYL. 8		0.0	DEG.C		-62.0	62.0
DEV.2 CYL. 9	DEVIATION TEMP. ME2 CYL. 9		0.0	DEG.C		-62.0	62.0
EA2445	ME2 24 VDC POWER FAILURE	XA	CLOSED				OPEN
EA2455	ME2 BROKEN WIRE ALARM	XA	CLOCED				OPEN
LAH2312	ME2 GO INJECTION PIPE LEAKAGE	XA	CLOSED				OPEN
LAL2212	ME2 LO LEVEL	XA	CLOSED				OPEN
ME2 AVER.TMP	AVERAGE TEMP ME2 CYL. 1 - 9		219.9	DEG.C			400.0
ME2 CL.D.F.	ME 2 FAIL TO AUTO DISENGAGE CLUT	H	NORMAL				ALARM
ME2 CL.E.F	ME 2 FAIL TO AUTO ENGAGE CLUTCH		NORMAL				ALARM
ME2 START F.	ME 2 AUTO START FAIL		NORMAL				ALARM
ME2 STOP F.	ME 2 AUTO STOP FAIL		NORMAL				ALARM
PDAH2211	ME2 LO FILTER DIFF. PRESSURE	XA	CLOSED				OPEN
PDAH2311	ME2 GO FILTER DIFF. PRESSURE	XA	CLOSED				OPEN
PI2402	ME2 CHARGE AIR PRESSURE	PI	3.0	BAR			
PIAL2101	ME2 HT WATER PRESSURE	PIAL	3.6	BAR		1.3	
PIAL2105	ME2 LT WATER PRESSURE	PIAL	3.7	BAR		1.5	
PIAL2301	ME2 GO PRESSURE	PIAL	9.0	BAR		2.0	
PIAL2405	ME2 STARTING AIR PRESSURE	PIAL	12.0	BAR		8.0	
PIAL2406	ME2 CONTROL AIR PRESSURE	XA	CLOSED				OPEN

DEV.1 CYL. 2 DEVIATION TEMP. ME1 CYL. 2 HIGH
DEV.1 CYL. 3 DEVIATION TEMP. ME1 CYL. 3 HIGH
DEV.1 CYL. 6 DEVIATION TEMP. ME1 CYL. 6 LOW
DEV.1 CYL. 9 DEVIATION TEMP. ME1 CYL. 9 HIGH

图 3-14 DC C20 ROS 分组显示窗口

(3)访问控制界面

为了安全考虑,系统可以通过访问密码来设置对系统进行操作和控制的权限,包括报警限修改在内的参数调整以及对系统所进行的其他所有操作均以事件记录的形式进行保存。

3. 打印设备

ROS 可以配置打印设备进行必要的打印输出。通过设置,打印设备可以按定时或者即时召唤的方式打印各种记录。记录内容包括报警或者事件的名称以及报警或事件发生的具体时间等。报警信息还包括报警消失的时间。

五、K-Chief 500 监测与报警系统的界面操作

K-Chief 500 监视与报警系统是 DC C20 系统的升级产品,其结构组成和系统功能与 DC C20 基本相同,只是在操作面板和屏幕操作界面上做了改进。本任务介绍 K-Chief 500 的结构组成,然后给出一个 K-Chief 500 的系统实例。

1. K-Chief 500 的结构组成

K-Chief 500 主要由操作站(operator station,OS)、便携式操作站(midi operator station,MOS)、集控室操作面板(control room panel,CRP)、值班呼叫系统(watch calling system,WCS)和分布式处理单元(distributed processing units,DPU)等组成。

(1)操作站(OS)。K-Chief 500 的操作站(OS)在 DC C20 的 ROS 基础上进行了改进,主要体现在操作面板和操作界面方面。

①操作面板。K-Chief 500 的操作面板比 DC C20 在设计上更为简洁,省去了分组报警功能、值班功能和 mimic 图形等大量的功能按钮,而是把这些操作功能设计成显示窗口的菜单键。在硬件上只保留了报警控制按钮、操作权控制按钮、数字/字母小键盘和轨迹球等基本部件。操作面板的结构如图 3-15 所示,图中标明了各个按键的名称和功能。

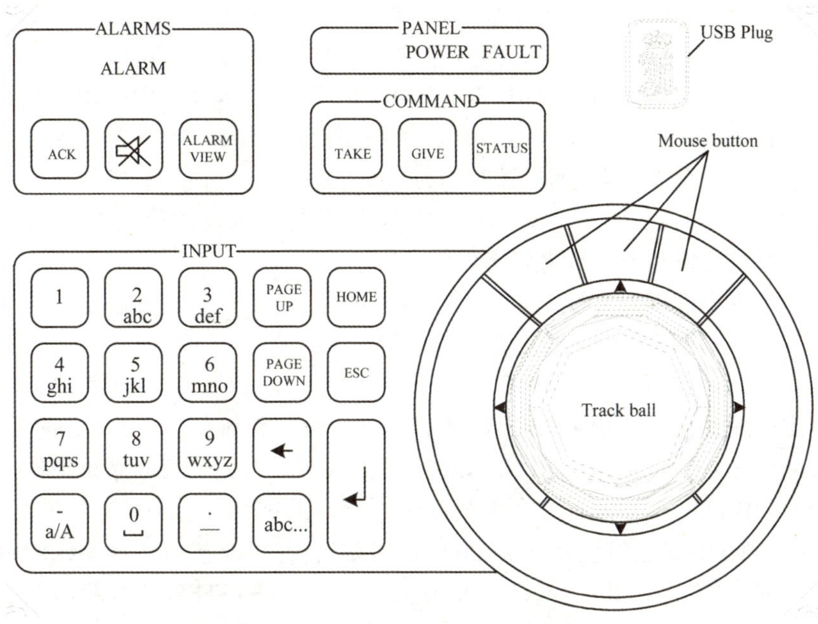

图 3-15　K-Chief 500 操作面板

②操作界面。K-Chief 500 采用 Windows XP 作为操作系统,系统开机后将自动进入一个叫作浏览器(Navigator)的主界面。浏览器主要由各种软件按钮组成,图 3-16 所示为浏览器的一个典型样例。针对不同的船舶,可以设置不同的按钮数量和定义不同的按钮功能。

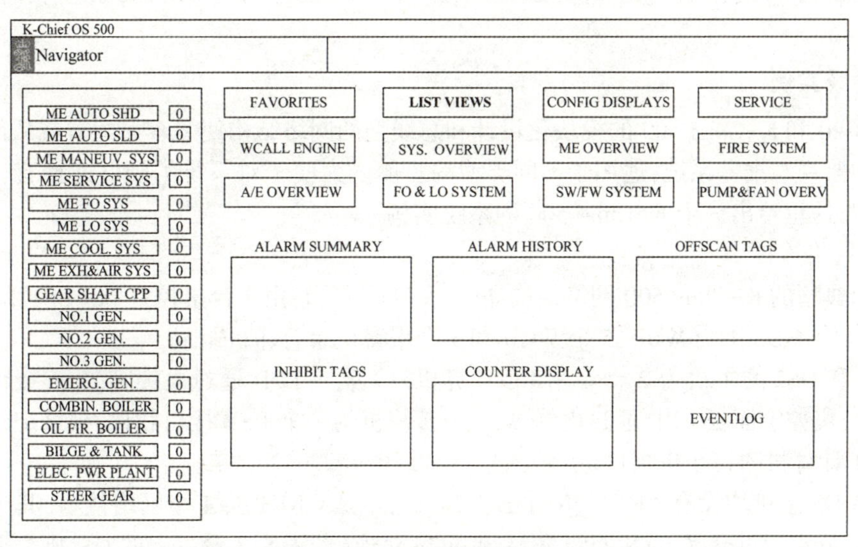

图 3-16　K-Chief 500 主界面

浏览器分为 2 个操作区域,左侧区域为报警浏览器,右侧区域为图形显示浏览器。在报警浏览器中,可对报警进行分组操作和显示。图中当前分组内容分别为“主机自动停车(ME AUTO SHD)”“主机自动降速(ME AUTO SLD)”“主机气动操纵系统(ME MANEUV. SYS)”“主机日用系统(ME SERVICE SYS)”“主机燃油系统(ME FO SYS)”“主机滑油系统(ME LO SYS)”“主机冷却水系统(ME COOL. SYS)”“主机排气和空气系统(ME EXH&AIR SYS)”“轴系和调距桨(GEAR SHAFT CPP)”“1 号发电机组(NO. 1 GEN.)”“2 号发电机组(NO. 2GEN.)”“3 号发电机组(NO. 3 GEN.)”“应急发电机组(EMERG. GEN.)”“组合锅炉(COMBIN. BOILER)”“燃油锅炉(OIL FIR. BOILER)”“污水柜和液舱(BILGE & TANK)”“应急电源装置(ELEC. PWR PLANT)”以及“舵机系统(STEER GEAR)”,按钮右侧的数字显示各个分组的报警总数(当前的报警数均为 0)。点击每个分组按钮即可显示相应分组的参数和报警状态,例如,点击“ME AUTO SHD”将显示与主机自动停车有关的各个参数名称、参数值、报警设定值和当前报警状态等信息。

图中右侧上方小按钮为主按钮组,下方大按钮为二级按钮组。在主按钮组中,点击“收藏夹(FAVORITES)”可进行值班轮机员的个性显示及其管理,点击“列表查看(LIST VIEWS)”可以列表的形式查看监视参数,点击“显示配置(CONFIG DISPLAYS)”可对各种显示进行自定义配置,进入“服务(SERVICE)”菜单可显示系统信息、说明书查阅、背景亮度调节和报警测试等,进入“值班(WCALL ENGINE)”菜单可对值班呼叫系统操作,进入“系统总览(SYS. OVERVIEW)”可查看整个系统的网络布局及网络工作状态(若采用了 AC C20 主机遥控系统,则在这里还将显示 AC C20 的网络结构,并可对主机遥控系统的参数进行设置),“主机总览(ME OVERVIEW)”“火警系统(FIRE SYSTEM)”“发电机总览(A/E OVERVIEW)”“燃滑油系统(FO & LO SYSTEM)”“海淡水系统(SW/FW SYSTEM)”和“泵与风机总览(PUMP&FAN OVERV)”等则以 mimic 图的形式显示相应系统的工作状态。

二级按钮组的内容与当前激活的主按钮相对应,若二级按钮指向的目标为列表或 mimic 图,则该二级按钮将以所指向的列表或 mimic 图的缩略图形式显示。

(2)其他组成

K-Chief 500 的其他组成部件,如 MOS、WCS 和 DPU 等均与 DC C20 完全相同,这里不再赘述。

2. 系统实例

DC C20 和 K-Chief 500 的模块化设计和总线型的网络结构使之容易配置成从简单到复杂的各种监视与报警系统,适用于不同类型的船舶。为便于对系统的硬件连接有一个更深入的认识,这里给出一个 K-Chief 500 的系统实例。

(1)网络连接

一个典型的 K-Chief 500 网络结构如图 3-17 所示,它由 2 台集控室 OS(OS1 和 OS2)、7 个 DPU、1 个 MOS、1 个 WBU、5 个 WCU 和 1 个报警记录打印机组成。

OS1 和 OS2 的主机为 2 台专用 PC 计算机,19 英寸 LCD 通过电缆 W29 连接计算机的 DVI 接口,集控室面板 CRP 通过电缆 W30 与计算机的一个 USB 接口相连,报警记录打印机连接 OS1 计算机的打印机接口。

两台 OS 主机均设有 NET A、NET B、NET C 和 CAN NET 共 4 个网络接口,其中 NET A 和 NET B 分别通过交叉 LAN 网线 W24 和 W25 对连(若需要 3 台以上的 OS,则需要通过集线器 HUB 连接,并采用直通 LAN 网线);NET C 和 CAN NET 分别通过直通 LAN 网线 W20

和 W40 接至“Terminal module”模块的 RJ45 插口 U20 和 U40，经 ETHER/CAN 转换后连接 2 组 CAN 总线接线端子 U20 和 U40，其局部连接关系如图 3-18 所示。

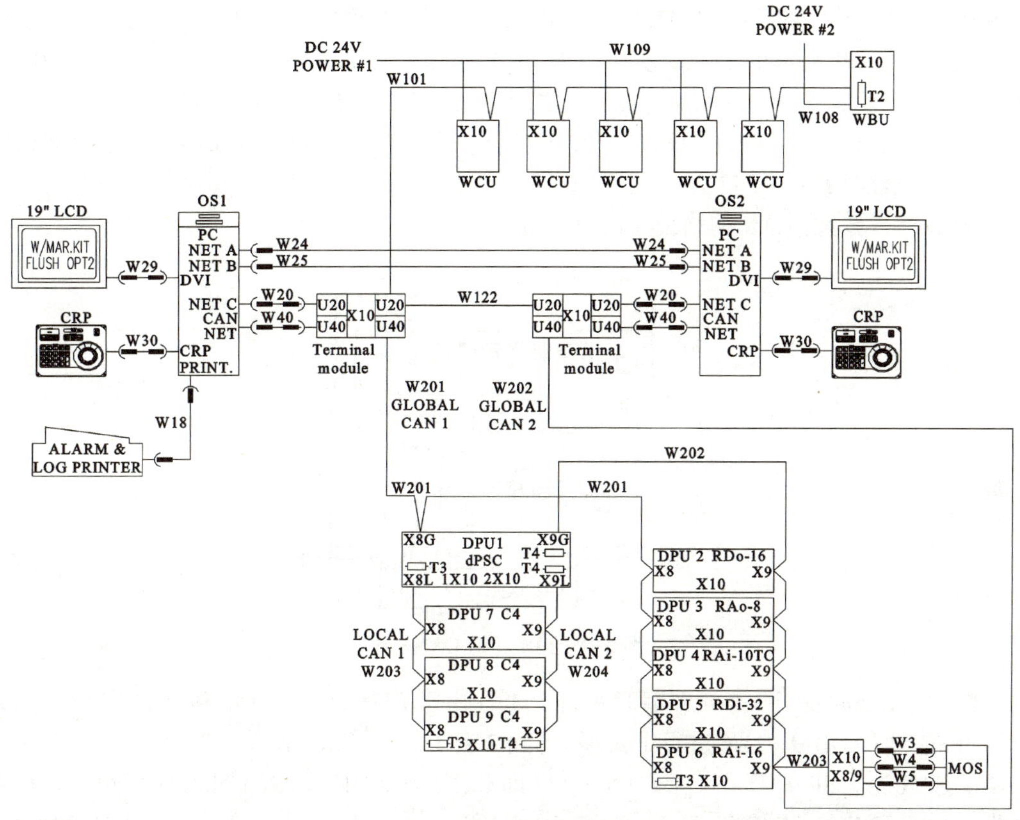

图 3-17 K-Chief 500 系统实例

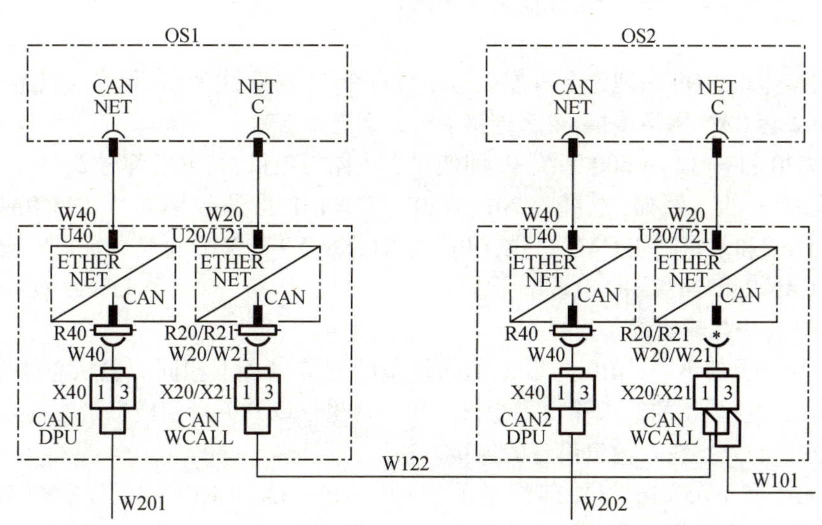

图 3-18 ETHERNET/CAN 转换局部接线图

来自 2 台 OS 的 CAN 端子 U20 通过双绞线电缆 W122 并联对接，并通过双绞线电缆 W101 连接 WBU 和 WCU，为值班呼叫系统提供 CAN 网络通信；OS1 的 CAN 端子 U40 经双绞线电缆 W201 连接 GLOBAL CAN1 网络的各个 DPU 模块,OS2 的 CAN 端子 U40 经双绞线电缆 W202 连接 GLOBAL CAN 2 网络的各个 DPU 模块,形成两套互为冗余的 CAN 总线。

DC C20 和 K-Chief 500 的 DPU 都至少有 2 个 CAN 接口(即 CAN1 和 CAN2),如图 3-19 所示。每个接口设置 4 个接线端子,CAN 1 的端子名称为 X8,编号为 X81~X84,X81 和 X83 连接网络中相邻的上一个模块,X82 和 X84 连接相邻的下一个模块,若模块为网络中的最后一个模块,则必须在 X82 和 X84 之间接入一个 120 Ω 的终端电阻;CAN1 的端子名称为 X9,编号为 X91~X94,用法与 CAN1 类同。CAN1 和 CAN2 与 DPU 的连接参见图 3-19,应特别注意 CAN1 和 CAN2 是相向布线的,这种布线方法可以确保网络中任意一个节点出现故障时均能使 CAN 网络覆盖所有 DPU。

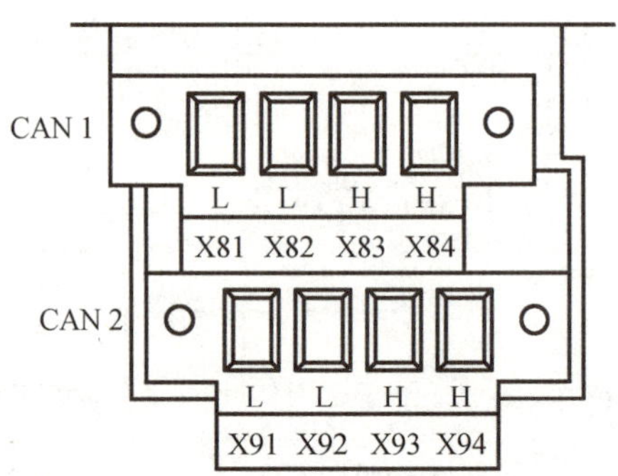

图 3-19 DPU 的 CAN 接口

本系统中还配置了一个电站管理系统 PMS。由于 PMS 是一个相对独立的子系统,因此采用 dPSC 对 GLOBAL CAN 进行了扩展,得到 2 套 LOCAL CAN 网络(即 LOCAL CAN 1 和 LOCAL CAN 2)。dPSC 具有 4 个 CAN 接口(即 CAN1~CAN4),CAN 1 和 CAN 2 分别对应接线端子 X8G 和 X9G,连接 GLOBAL CAN;CAN 3 和 CAN 4 分别对应接线端子 X8L 和 X9L,连接 LOCAL CAN。LOCAL CAN 挂接了 3 个混合 DPU 模块 C4,分别对 3 台发电机组进行控制和管理。

便携式操作站 MOS 在理论上可连接至任意一个 CAN 总线节点,但必须注意的是 MOS 不能同时与 2 套 CAN 网络连接,要么连接 X8,要么连接 X9。

在 DC C20 和 K-Chief 500 系统中,即使对于不同的项目,其电缆编号及 DPU 端子名称和编号都是统一的。例如,电缆 W201、W202 和 W101 总是分别对应 GLOBAL CAN 1、GLOBAL CAN 2 和值班呼叫 CAN 总线;DPU 的 X1、X8、X9 和 X10 总是分别对应输入输出接口、CAN 1、CAN 2 和 24 V DC 电源端子。

(2)DPU 与输入输出设备连接

根据模块种类的不同,DPU 与输入输出设备的连接也各不相同。但从总体来看,开关量的输入输出和模拟量的输入输出占绝大多数。这里仅以开关量和模拟量的输入输出模块为例说明 DPU 与外部输入输出设备的连接方法。

①RDi-32 和 RDo-16 与外部设备的连接。RDi-32 和 RDo-16 分别是 DC C20 和 K-Chief 500 系统中典型的开关量输入和输出模块,图 3-20(a)和(b)分别给出了 RDi-32 与输入开关的连接和 RDo-16 的开关量输出接线方法。

RDi-32 共有 32 个开关量输入通道,每个通道对应 2 个接线端子。端子编号为 3 位数,个位为端子号,十位和百位为通道号,如 011 和 012 为第 1 通道的 1 号和 2 号端子。这种端子编号规律适用于其他所有 DPU 模块。

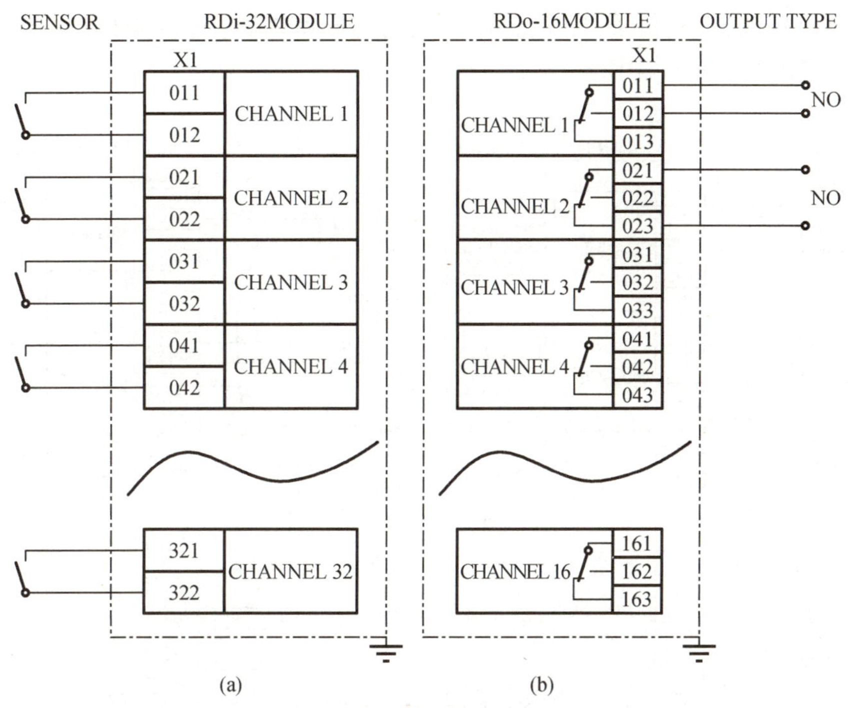

图 3-20 RDi-32 和 RDo-16 的外部连接

RDo-16 共有 16 个开关量输出通道，均为继电器触点输出，可对外部设备进行开关控制或输出脉冲信号。每个通道对应 3 个接线端，其中端子 1 和端子 2 之间为常开(normally open,NO)触点，端子 1 和端子 3 之间为常闭(normally closed,NC)触点。具体使用常开触点还是常闭触点需要根据实际应用情况确定。

②RAi-16 与传感器的连接。RAi-16 是典型的模拟量输入模块，共有 16 个模拟量输入通道和 1 个计数器输入通道。图 3-21 仅给出了 RAi-16 模拟量输入通道与外部传感器连接方法。1 个模拟量输入通道包括 4 个接线端子，端子 1 可为外部传感器或变送器提供工作电源，端子 2 和端子 3 用作测量输入，端子 4 为信号地。通过在 ROS 上对不同的通道进行软件设置，每个通道都适用于输入各种类型的模拟量，但对于不同的输入信号类型，其连接方法不同。在图 3-21 中，通道 1 和通道 2 所示分别为采用内部电源和外部电源的 ±20 mA 电流输入，通道 3 和通道 4 所示分别为采用内部电源和外部电源的±1 mA 电流输入，通道 5 和通道 6 所示分别为采用内部电源和外部电源的±10 V 或±1 V 电压输入，通道 7 为热电阻输入，通道 8 为电位器输入，通道 9 为带断线检测功能的开关量输入，通道 10 为 4~20 mA 电流输入，通道 16 为干触点开关量输入。其中，通道 9 和通道 16 输入的虽然是开关量，但其开关状态是通过检测在开关的不同状态下所输入的模拟量大小来判断的。应当指出的是，图 3-21 的接线方法只是一个示例，各个通道接入的信号类型可根据实际需要确定。另外，模拟量信号容易受到电磁环境的干扰，因此信号电缆必须采用屏蔽电缆，并确保电缆屏蔽层与机壳的可靠连接。

③RAo-8 与外部设备的连接。RAo-8 模块专门用在需要模拟量输出的场合，其输出类型包括 0~10 V DC 或 2~10 V DC 的电压信号和 0~20 mA 或 4~20 mA 的电流信号。RAo-

8 共有 8 个模拟量输出通道,1 个通道包括 3 个接线端子,其中端子 1 输出电压信号,端子 2 输出电流信号,端子 3 为信号地。图 3-22 中的通道 3 和通道 5 所示分别为电流输出和电压输出直接驱动外部设备的例子,通道 1 所示为经过电压隔离器进行的电压输出,通道 7 和通道 8 为经过隔离器的电流输出。

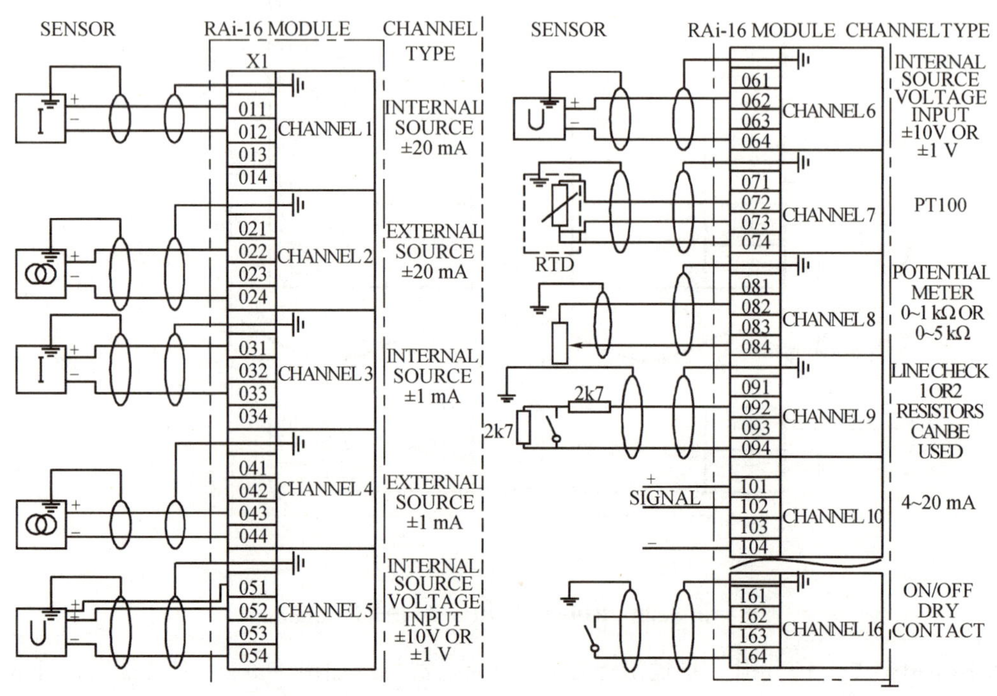

图 3-21 RAi-16 与传感器的连接

以上介绍的是几个通用模块的输入输出接线方法,对于一些混合模块(如 RIO-C1、C2、C3、C4、DGU 和 ESU 等),在单个模块上同时设有不同的输入和输出通道,其接线方法和通用模块相应的输入输出通道类型相同。

六、K-Chief 600/700 监测与报警系统概述

K-Chief 700 监视系统操作员手册

K-Chief 600 是 K-Chief 500 的升级版本,两版本的网络结构形式、组成和功能基本一样,主要区别在于操作面板和操作界面。

K-Chief 700 是 K-Chief 600 的进一步升级。

K-Chief 700 监测和控制的船载功能包括电力、机械、流体、货物和推进器管理。其基本功能包括:过程控制;现场设备比如阀门,电动机和泵的遥控;处理过程和系统监测;记录的过程变量历史;事件及报警监测;记录事件和报警历史等。主要应用包括:功率管理;推进器控制;冗余性和关键性评估系统;货物和压载控制;延伸报警比如轮机员呼叫和轮机员安全报警系统(死人报警)。

K-Chief 700 硬件部分和应用软件模块可以由船舶特定需求来组成,可以作为一套独立系统来操作或者可以无缝整合到其他的 K-line 系统来作为大型船舶管理系统的部分。K-line 系统举例如下:安保系统(K-Safe);动力定位系统(K-Pos);位置系统(K-Pos DPM);推进控制系统(K-Thrust);通导系统(K-Bridge);测量系统(K-Gauge)。整合后的

系统使得各系统可以拥有同一控制功能，比如一台推进器的操作可以从 K-Chief 700、K-Thrust 和 K-Pos 系统进行。

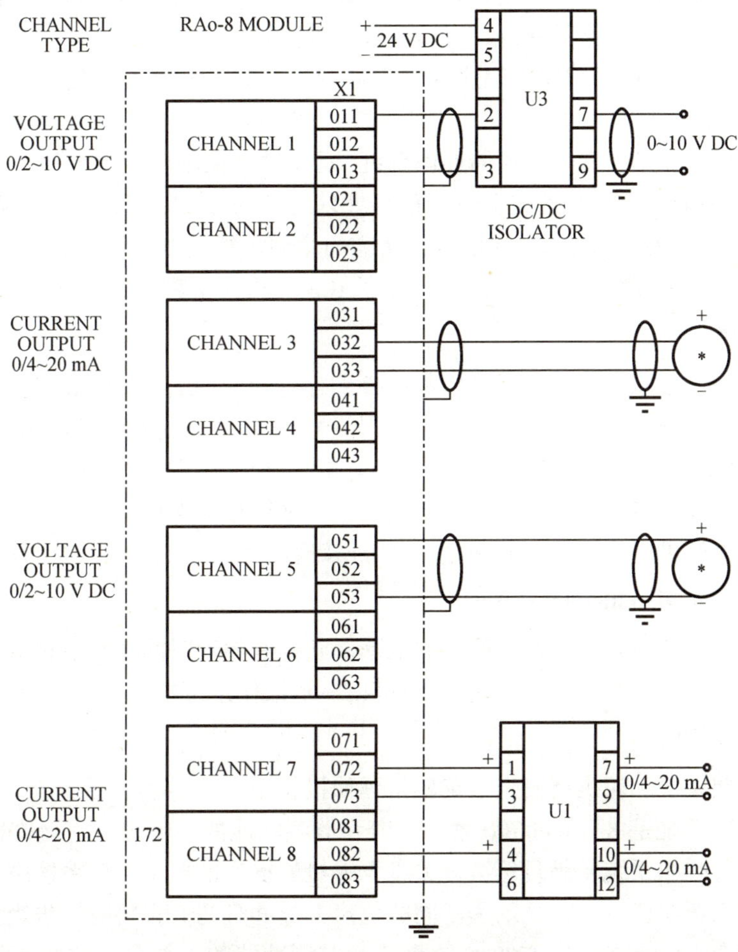

图 3-22 RAo-8 的外部连接

K-Chief 700 主系统组成包括：

1. 操作员站 OS

K-Chief 700 的操作员站 OS(operator station)提供了人机界面，从而可以让你和 K-Chief 700 互动。不同控制区域可以有一台或者多台操作员站，诸如中央控制室(CCR)、集控室(ECR)和驾驶室(Bridge)。过程控制系统由只能远程控制器和输入输出模块组成，它们通过可冗余的高速处理总线 RBUS 相互通信。所有的监测和自动化功能都由远程控制单元 RCU 完成。输入输出模块很多模拟量和数字量的通道，每个通道可以单独配置以匹配不同的设备。

操作员站 OS 是操作员和信息处理的主交互界面。一套操作员站有三个重要组成件：一台彩色显示器；一块有按键和轨迹球的操作员面板；图形控制器(电脑)。这些部件的安装有不同方式，比如可以装载在标准的 K-Chief 700 台子上，或者作为散件嵌入式安装或者台上安装。超过一台操作员站的通常都装一套 K-Chief 700。操作员站安装地方一般是驾驶室、中央控制室和主机控制室/集控室。

2. 现场采集站 ICS

现场采集站由现场接口模块和处理单元组成。他们提供了 ICS 和其他现场设备的接口。一台现场采集站和现场设备的特定部件有联系。它还包括了连接到其他的现场设备的软件描述。通常现场采集站放在现场设备和仪表的附近。

远程控制单元 RCU 处理应用程序的过程处理系统和不同总线的接口。它有两个网络接口,就是为了冗余 RCU 配置。

分布式处理 ICS 是一套分布式的处理系统,因为过程控制功能在本地的现场采集站完成,而不是集中在 OS。因为 OS 是独立于信息处理之外的,所以可以放置在船上任何地方。任何 OS 都可以控制任何过程,只要取得了所需命令组的控制权,并且操作员可以有足够的操作权限。每一套 OS 都有一块硬盘,其包含了 ICS 的软件安装文件。

3. 通信网络

通信网络是一个双冗余的局域网内部连接到操作员站、历史工作站和现场采集站。操作员和被控设备之间的通信都发生在该局域网。AIM(高级集成多功能系统)网络包括了分布式单元,其是由安装在柜内的网络交换机或者集线器单元组成来处理网络信息。每个分布式单元包括了一个或者多个交换机或者集线器。网线接线面板作为可选可以提供。操作员站和历史工作站可以作为外网的部分,其中连接有其他的系统或者网络打印机。

4. 历史工作站 HS(history station)

一台历史工作站就是一台连到船网的电脑。它拥有随着时间存储过程变量的历史数据库。这个时间序列主要是系统本身调用,还可以显示操作系统的历史趋势和报告。

5. 延伸报警系统

轮机员呼叫系统和轮机员安全系统就是延伸报警系。

轮机员呼叫系统是 K-Chief 700 系统报警和监测功能的一部分。它允许机舱运行在无人模式。轮机员呼叫系统要满足船级社关于无人机舱操作的要求。该系统由安装在船上不同地方的一些面板组成。它还显示了不同的值班人员并且当有报警时警告当值人员。

轮机员安全系统是 K-Chief700 系统报警和监测功能的一部分。它的面板分布在机舱和货舱,通常该系统也可称为死人报警和巡视人员报警系统。

七、DC C20/K-Chief 系列监测与报警系统的维护管理

1. 分布式微机监控系统的管理

DC C20/K-Chief 系列监测与报警系统是一个集监视报警和控制功能于一体的分布式全微机系统,不论是进行日常的操作还是进行管理维护,都需要有一定的计算机基础知识和操作经验,而且还要熟悉被控对象的控制原理。

分布式微机监控系统几乎都具有相似的系统结构,即以一台高性能的微机作为上位机,进行集中管理,为提高可靠性,有的系统设有两台。而以其他分布式处理单元或多台微机进行现场参数检测以及作为控制报警一显示信号的延伸管理。对于这样的系统,由于微处理器的应用,一般均具备完善的自检功能,可以对系统核心部件的工作状况进行即时监视,一旦出现异常就会发出故障警报或指示,而大部分外围部件如各种输入、输出接口板,A/D、D/A 转换器等均实现了模块化,因而给使用和维护带来极大的方便。

如果保养、维护工作做得很周到,故障出现的概率要低得多。实践证明,尽管如此故障还是可能会出现的。对于分布式微机监控系统来说,根据实践经验,在平时管理工作中还应该注意以下问题。

(1)关于后备电池的情况

有些微机集中监控系统中,设有后备电池,以便在发生失电情况,在一定时间内可以对内存中的内容起到保护作用。这些内容可涉及系统程序、日期时间、参数设定值等。系统工作若干年后必须及时更换电池,否则一旦发生断电故障,就会导致内存中数据丢失。在更换电池的时候要注意:参照有关说明书,对设有后备电池的使用寿命、更换周期都要做出统计和记录,定期进行查阅;更换电池之前,应对系统的所有参数设定值进行一次核查,并留出备份;更换电池尽量在不断电情况下进行,以避免 RAM 中数据丢失;更换以后,还必须对各有关参数设定值逐一进行核对。

(2)关于通信电缆的连接情况

分布式微机监控系统通信网络的设计形式通常有:总线结构、环形结构、星形结构、混合式结构。但是不论系统通信采用哪一种结构,轮机管理人员必须对其网络连线给予特别注意。一旦通信线路发生故障,例如某处接线松动,将影响整个系统不能正常运行,严重时甚至会使系统瘫痪。

这里以总线结构为例,先来看一下网络连接线是如何安排的。在总线式结构中,网络两端都设有终端电阻(终端反射器),如连接用的网线采用不同型号,那么这个终端电阻的大小应该是不一样的。如采用双绞线,一般取成 100 Ω。如果选用同轴电缆,则要取成 75 Ω、93 Ω 等几种。在工作过程中,只要有一个电阻损坏或连接不好,就会使整个系统无法正常工作。因此,有必要定期对其进行查看,杜绝发生松脱现象。

(3)关于“软脱离”

在系统通信故障的情况下,有些微机监控系统中的各个微机允许从网络上实现“软脱离”,以独立进行工作。在这种情况下,会有部分功能受到影响或不能实现,但是可以避免整个系统瘫痪。实现“软脱离”也需要进行一定的操作,具体步骤要严格按照说明书的要求进行。

(4)关于存储器

大多数的微机监控系统都设有 ROM 或 EPROM、EEPROM 以及 RAM 等形式的存储器,一般来说,ROM 或 EPROM 中存放的是系统软件,EEPROM 中存放的是用户数据,系统利用 RAM 临时存放其赖以正常工作的软件和数据。因此,当系统出现与各类存储器有关的故障时要区别对待。如果 RAM 有故障,则只需按其型号购买适用的备件即可,而如 ROM 或 EPROM、EEPROM 故障,则不能随意替换,必须向专门设备厂购买,且需注意软件版本的正确。

检修时,要严防带电进行印刷线路板(PCB)的插拔操作。

(5)印刷线路板的更换须知

①系统设备中有很多印刷线路板,比较多见的有接口板、变换板等。各种接口板一般都有各自的地址。在更换同类型印刷线路板的时候,要强调严格遵照说明书中的具体规定和说明进行操作,例如应检查印刷线路板上的跨接线是否一一对应,线路板上各个编码开关是否都设定正确。

尽管有一些印刷线路板的型号、备件号一样,但是由于用在系统不同环节,印刷线路板上的跨接线接法可能完全不同,不同的跨接线实现该板不同的输入、输出功能。因此,一定要引起充分注意。

②在更换线路板之前,要切断电源,更换线路板的操作结束以后,才能重新接通电源。

③在更换备件时应注意不能用手直接接触插件板上的芯片,尤其是芯片的片脚,以防损坏芯片。

2. ROS 的管理维护

(1)熟悉系统

ROS 的软件系统具有内建的在线测试和程序自诊断功能,只要与 ROS 相连的内部或外部设备出现故障,多数情况都可以在屏幕上显示出故障代码。因此,必须充分熟悉说明书,以便在需要时能够快速查阅故障代码所对应的可能的故障原因及其排出方法。

(2)定期进行系统测试

说明书推荐每周进行一次系统测试,以确定系统本身是否工作正常。对于 DC C20 系统,测试方法如下:

①按下 OCP 上的“报警测试(alarm test)”按钮,“系统故障(system failure)”指示灯闪光,蜂鸣器响;

②按下“报警确认(alarm acknowledgment)”按钮,“系统故障(system failure)”指示灯变为平光,蜂鸣器停响;

③再次按下“报警测试(alarm test)”按钮,“系统故障(system failure)”指示灯熄灭。

对于 K-Chief 500 系统,则可在系统的主界面(navigator)上进行。方法是点击“SERVICE”主按钮,在随后出现的二级按钮组中点击“TEST”二级按钮。如果测试不成功,则应参照设备说明书所述步骤进行故障诊断。

(3)ROS 的系统设置

ROS 运行的是 Windows NT 或 Windows XP 操作系统,为使系统能够正常工作,要进行各种系统设置,特别是网络设置和 CAN 节点设置。这需要比较专门的知识,但系统调试好之后,如果没有进行设备的更换和维修,除非系统崩溃,一般不需要进行特别的操作。因此,为防患于未然,必须对 ROS 软件进行必要的备份。

(4)ROS 的停机操作

某些时候,例如对系统进行电气维护时,有必要对 ROS 进行停机。为避免系统故障,说明书规定了严格的停机操作步骤,因此停机操作必须严格按照规定的程序进行。

3. DPU 的管理维护

所有 DPU 模块均采用统一的金属外壳密闭式封装,在内部电路上采用智能化设计,因此不存在任何用户可维修的部件,也无须进行任何的跳线设置。

当 DPU 模块出现异常时,在 ROS 屏幕上将出现模块“通信错误(communication error)”报警,根据报警显示信息可确定相应模块所在的物理位置。所有 DPU 模块均设有 5 个状态指示灯,根据指示灯的不同状态组合可以分别采取模块断电重启或从 ROS 对模块进行重新加载等措施,若故障依然存在,则应考虑更换模块。更换 DPU 模块时需要考虑以下问题:

(1)模块更换要按说明书规定的步骤进行,更换完毕要对新模块进行初始化设置。

(2)一旦由于某种原因导致两个 DPU 的节点 ID 发生冲突,则会使系统出现严重问题。此时,应首先把其中一个从 CAN 总线断开,对另一个进行断电复位,并在 ROS 上利用

RioLoad 工具软件对节点 ID 进行更正。

(3)若诊断结果显示只是 DPU 模块中个别通道出现故障,则可考虑启用同一模块的空闲通道,而不必更换整个模块。如果同一模块内的空闲通道不足,则还可以考虑采用其他模块的空闲通道。但无论哪种情况,都需要对所涉及的模块进行重新设置。

八、DC C20/K-Chief 系列监测与报警系统的故障诊断与处理

1. 故障诊断的基本概念

所谓系统的故障诊断,概括地说就是指及时发现和排除故障,其中包括判定故障所在部位以及对有关环节实施修复的全过程。这个故障诊断的全过程通常可以被分解成 3 个基本组成部分,即鉴别故障现象、确定故障所在部位、正确隔离和排除故障。

(1)鉴别故障现象

以集中监测系统为例,当出现故障报警信号时,首先要判断有没有误报警或漏报警的情况,以防造成错觉,多走弯路。在机舱发生报警或参数出现异常情况的时候,轮机主管人员应对该设备工况立即进行检查,以判别是有故障还是误报警,其中包括判定参数的检测结果是否有虚假。例如,"曲轴箱油雾浓度"发出报警信号,就应该对该编号的检测结果进行故障鉴别,因为采样管路上的问题、测量管的污染问题、接点开关的错误动作等,都会造成误报警。只有在故障被确认以后,才应进一步查找和排除故障。

以上实例说明:正确鉴别故障,是与轮机主管人员对设备是否熟悉密切相关的。又例如,在集中监测系统的控制箱内,有比较多的印刷线路板,在控制箱内外还有一些指示灯,这些指示灯在不同的工况下,显示状态会有相应变化。管理人员平时就应该注意和记录这些变化。一旦系统出现故障,就可以根据指示灯显示状态的变化,对故障进行初步判别,缩小查找故障的范围。

(2)确定故障所在部位

在故障得到确认以后,核心问题是故障发生的部位,要带着问题来观察设备报警的一些表象。显然,要确定系统内某一故障的部位,同样要求对系统各功能环节有充分了解,要着手对故障部位进行有针对性的检测,把所获得的检测结果集中起来,通过逻辑分析,依照"从大到小,由粗到细,先易后难"的思路进行排查,就可以确定故障所在的大体位置。有的设备还可以借助模拟测试装置、故障显示指示灯来查找故障。

实践证明,监测系统故障有 80%以上发生在检测元件、传感器及变送单元部位,即使是微机为核心的监测系统,其故障也大多出现在它的外设部分,即相关的检测元件、传感器等等,所以需做好系统外部设备的维修保养工作。具体地说,就是做好全部测试点的保养、检测工作,这是一项非做不可,而且必须做好的基础工作。

(3)隔离和排除故障

对已经被确定的故障部位,要充分加以审定,找出原因。有的故障可以用船上的条件加以排除,有的故障船上无法解决,需要获得岸上的支持,但是轮机主管人员必须设法采取隔离措施,避免扩大故障影响范围。例如某船监视报警系统出现系统故障报警,经过查找分析,判断是电源模块中的电压监视回路有问题,其他功能均正常。而系统中还有其他部件的电压监视信号与它串在一起,为避免系统其他部件电压监视受到影响,应立即向公司申请备件或安排修理;并将该故障回路从整个系统故障监视回路中隔离开来,使其他监视子回路恢

复正常工作。

无论哪一种监视报警系统，都会存在某些不足之处，在运行过程中难免出现故障。轮机管理人员要及时处理故障，缩小故障的影响范围，尽快排除故障。这就要求管理人员熟练掌握设备的特点和弱点，经常对有关技术资料进行消化、分析，从而找出其具有规律性的东西，有针对性地做好预防性的定期检测、调整和保养等工作，不断总结和积累经验。

2. 故障诊断的有效手段

在对微机监测系统进行故障诊断时，一般采取两个步骤。第一步是分析故障、确定故障所处部件，然后用备件进行替换，使系统恢复正常。所用备件的型号要一样，而且其中可调参数的工况也必须与运行中的部件保持一致。如果没有可用的备件，则应采取暂时将故障部件从系统中隔离开来，使它不至于影响其他部件的工作。第二步是在条件许可的情况下，可以进一步确定故障部件中具体的故障部位。一般来说查找故障部位较难，排除故障相对容易。

在船上实用的查找故障部件的基本方法有以下两种。

(1)拔插法

拔插法最适合于诊断系统死机及无任何显示等各类故障。

出现这类故障时，可利用插拔法将故障尽可能缩小到最小范围内。例如拔掉打印机电缆，即可排除因打印机引起的故障。拔掉打印卡、串行通信卡、内存扩充卡等，再逐一观看故障现象是否有变化，以求排除由这些部件引起的故障。对于微机系统来讲，只剩下主机和电源，它仍然能够进行自检。如果自检功能没有问题，说明故障位于拔掉的部件中，否则可怀疑的部件就只剩下主机板和电源了。

(2)交换法

交换是用相同的插件、部件有目的地进行交换。也就是说两块完全相同的印刷电路板(PCB)或设备可以相互交换，两块完全相同的可拔插的芯片也可以互换。通过替换的办法观察故障现象的变化。如果故障消失，则说明换下来的部件是有问题的。故障未消失，说明可能在其他部位存在待查的故障。

综合运用上述两种方法，一般就可以确认故障部件。要注意部件之间都是相互关联的，切忌孤立地看问题。

拓展强化

任务 3.3

一、选择题(请扫码作答)

二、简答题

1. 网络型机舱监视报警系统的特点是什么？
2. 试述 DC C20 监视报警系统的组成及其网络结构。
3. DC C20 系统的控制功能有哪些？

任务3.4 曲轴箱油雾浓度监视报警系统

任务描述

柴油机曲柄箱装有油雾浓度监视报警器，当油雾浓度超过正常标准时，能及早发出声光报警，同时使主机自动降速或停车，防止曲柄箱发生油气爆炸事故。本任务学习目标是掌握典型的曲轴箱油雾浓度检测系统的组成、原理及功能，熟悉光电油分检测原理，掌握曲轴箱油雾浓度监视报警系统的保养及故障诊断。

【事故案例】

2022年6月，全球最大集装箱航运公司地中海航运MSC旗下一艘名为MSC Rachele的老船，在从意大利那不勒斯前往法国马赛的航程中，在法国土伦附近海域发生机舱火灾。据有关消息，在本次事故中有至少3名海员受伤。

据报道，本次事故主要是因为船舶发动机的曲轴箱爆炸，并引发了随后的火灾。

案例启示：柴油机装有曲柄箱油雾浓度监视报警器，当油雾浓度超过正常标准时，能及时发出声光报警，同时使主机自动降速或停车，防止发生爆炸事故。因此，需做好曲轴箱油雾浓度监视报警系统的维护和保养工作，确保在曲轴箱油雾浓度过高时能够起到安全保护作用。

任务实施

曲柄箱油雾浓度监视报警器是保证柴油机安全运行的重要装置之一。众所周知，在高温时滑油会产生油气，这些油气在曲柄箱中与70 ℃左右的较冷空气混合形成油雾，当油雾浓度超过正常标准时，可能会引起曲柄箱的爆炸事故。柴油机装有曲柄箱油雾浓度监视报警器后，一旦油雾浓度超过正常标准，即可及时发出声光报警，同时使主机自动降速或停车。

船上所采用的油雾浓度监视报警器种类繁多，早期有Graviner Mark 4型油雾浓度探测器，其特点是以机械运动部件及分立元件为主，设备本身体积比较大，容易出现故障。随后设计了以单片机为核心的Graviner Mark 5型油雾浓度探测器，该探测器体积减小，取消了许多机械旋转部件，大大提高了监视报警器工作的可靠性，同时，它采样准确、执行速度快，并有较强的自检功能。Graviner Mark 6型油雾浓度探测器是随着网络技术的发展及传感器技术的不断进步而发展起来的，它采用CAN总线把传感器及控制单元连接起来，从而可以使系统中的检测点数目增加，一台油雾浓度探测器可以监视多台柴油机。

上述系统反映了技术的不断进步与发展，但从检测方法上来看大同小异，相同的是检测上都是采用光学方法，不同的是前两种产品通过检测透光度反映油雾浓度的大小，Mark 6型油雾浓度探测器通过检测散射光强确定油雾浓度的大小。

一、曲柄箱油雾浓度检测原理

下面以 Graviner Mark 5 型油雾浓度探测器为例说明油雾浓度检测原理。

各曲柄箱油雾气样采集与测量单元的工作原理如图 3-23 所示。该单元共有 11 个两位三通电磁阀,其中有 10 个电磁阀分别采集各曲柄箱的气样,该系统最多可检测 10 个缸的气样,如果是 6 缸柴油机,只用其中的 6 个电磁阀,空 4 个不用。另一个是清洗空气电磁阀,压缩空气通过该电磁阀清洗测量装置。系统在正常运行期间,单片机轮流使各采样点电磁阀通电,通电的电磁阀(如图所示采样点 1 的电磁)左位通,该缸曲柄箱油雾气样在抽风机作用下流经测量室,其他点的采样电磁阀断电右位通,曲柄箱气样在抽风机作用下经旁通管路直接排出而不经测量室。

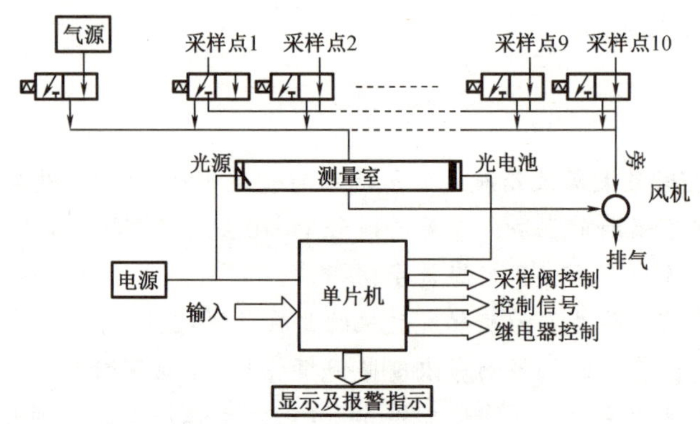

图 3-23　气样采集及测量原理图

测量部分由测量室、光源和光电池组成。光源接通电源以后将发射一束光强不变的平行光并照射在光电池上,当流经测量室的待测气样油雾浓度变化时,其气样的透光程度发生变化,即照射到光电池的光强也发生变化,光电池输出的电流大小与接收到的光强成一定的函数关系,该电流信号经电流/电压转换并经变增益放大后送至模数(A/D)转换器,把与油雾浓度相对应的电压信号转换成数字量送入单片机。单片机先把所测量到的各缸曲柄箱气样油雾浓度值加在一起除以缸数,得到一个平均浓度值并存入 RAM 中。以后每检测一个缸的曲柄箱气样油雾浓度值,就与平均浓度相比较得到一个偏差浓度值,并用新的浓度值取代原先所检测到的该缸气样的油雾浓度值,算出一个新的平均油雾浓度。这样每检测一个缸的曲柄箱气样,就能得到两个值,即偏差浓度值和平均浓度值,单片机再把这两个值与报警设定值相比较,不管是平均浓度值达到平均浓度报警值,还是偏差浓度值达到偏差浓度报警值,都将在液晶显示器上显示(显示值为 100%),并发出声光报警,同时向主机的安全保护系统送一个故障降速或故障停车信号。

在正常运行中,单片机定时使清洗空气电磁阀通一次电,电磁阀通电后左位通,来自气源的压缩空气经该阀左位进入测量室。该压缩空气一方面对光源、光电池及测量室进行清洗,防止光源和光电池被油雾污染而影响测量精度,另一方面,压缩空气对测量单元还能起到冷却作用,提高光源和光电池的使用寿命,也能防止光电池因温度升高而产生的特性漂移。除此之外,测量单元要检测一次空气的油雾浓度,该值此时应该为零,如果不是零,则看一下与原零点偏差有多大,若偏差不大,则以新得到的浓度值为相对零点并取代原零点,若偏差较大，系统则认为光源或光电池污染严重，清洗无效，OPTICAL FAULT 灯亮，发出报警并终止采样。

二、Mark 6 曲轴箱油雾浓度监视报警系统典型实例

Mark-7 油雾监测器安装、运行、维护保养手册

故障初期的轴承表面可产生高于 200 ℃的高温，导致快速产生高温油气，高温油气遇到曲柄箱内相对低温的空气会凝结成细雾，细雾直径的典型值为 0.5~5 μm。当密度达到 30~50 mg/L(取决于油的品种)时就有爆炸的危险。采用光学测量技术，可以测量小到 0.05 mg/Ld 的油雾浓度。油雾浓度探测技术已经用于监视曲柄箱的工作状态，系统从曲柄箱各部位通过管路将油雾样品抽取出送到传感器进行光学密度分析，这项技术行之有效并随着技术的发展取得了很大的改进。Mark 6 型油雾浓度探测器最主要的改进设计是取消了采样管路，每个检测点用一个传感器进行检测，并通过通信总线连接起来，大大降低了扫描时间，提高了检测速度。Mark 6 保留了 Graviner 建立的差动测量系统，使系统有高灵敏度，最大限度地降低了误报警的发生概率。该系统仍然使用光学传感测量方法，但用散射光测量取代了透明度的测量，从而实现传感器的小型化，通过标准的接口安装固定在机器上，各个采样点独立且不用采样管路，传感器内部多光源的设计使得当一个光源损坏时传感器仍能正常使用。模块化设计使得在很短的时间内就能完成故障探头的更换。

1. Mark 6 曲轴箱油雾浓度监视报警系统的组成

Graviner Mark 6 OMD 系统可以安装多达 64 个分布于八台柴油机上的探头。在没有报警的正常情况下全系统扫描时间为 1.2 s。

传感器电缆直接连接安装于柴油机上的接线盒，然后通过两根电缆(通信电缆和电源线)分别连接到位于集控室的控制单元及显示单元或其他合适的地方。该系统采用数字传输技术，这意味着显示及控制部分可以安装在位于集控室的控制单元内，在有报警发生时没有必要到现场进行操作。系统由传感器(探头)、接线箱及控制单元三部分组成，如图 3-24 所示。

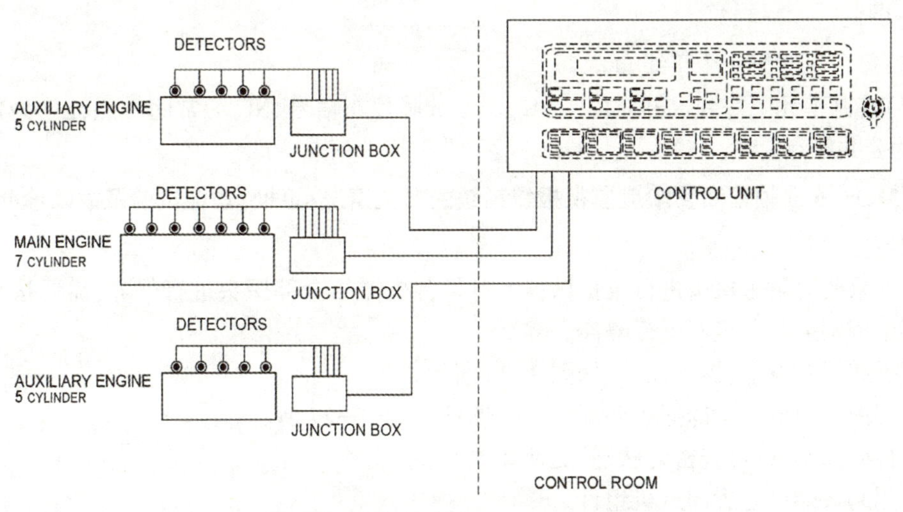

图 3-24　Mark 6 系统结构框图

每个传感器要连续不断地监视它所连接的曲柄箱内部的油雾浓度,其本身也要进行自检。控制单元将按顺序扫描传感器内以数字量形式存储的各种信息,包括传感器的地址码。控制单元根据这些信息分别处理每台机器,计算油雾浓度平均值及相对于平均报警值的偏差值,再与预设的平均报警值及偏差报警值进行比较。

控制单元配有 LCD 显示器显示每台机器的平均油雾浓度,在报警状态下根据需要自动显示报警点的油雾浓度值及相应机器的油雾浓度平均值。

油雾浓度探测器可以通过软件设置使之适应二冲程机或四冲程机或其组合,软件菜单提供各种功能的实现方法,它有三个操作级别:用户、工程师及服务商。

用户级别的操作只能实现查询功能,不能进行报警设定及系统设定。工程师级别的操作受密码保护,输入密码后可以完成很多设置,但不可以对事件及历史记录进行更改及复位。服务商级别的操作受密码保护,但不同于工程师级别的菜单,允许进行所有操作,这种操作必须有厂家的授权或代理授权。

2. Mark 6 传感器及接线方式

为了安全,所有的系统控制及报警显示与输出都在控制单元实现,每个传感器上装有三个指示灯:绿色灯指示电源状态,红色灯指示报警状态,淡黄色灯指示故障状态,探头上还有设置地址码的开关。

任何一个传感器的工作都是独立的,一个传感器出现故障或者保养并不影响其他传感器的工作,任何一个传感器或者一个柴油机油雾浓度检测系统都可以被隔离,从而便于维修保养,并不影响其他部分的正常工作,探头之间及控制单元之间采用 CAN 总线连接完成彼此之间的信息交互。

Mark 6 型油雾浓度探测器系统接线如图 3-25 所示,图中安装有 14 个传感器,每个传感器有 5 根线,图中符号说明如下:

(1)每个传感器都有两根电源线,0 V 和+24 V。

(2)C+和 C-为两根 CAN 总线通信线,连接到所有传感器。

(3)ALBCKUP 为故障信号线。

(4)所有的传感器都通过接线盒再与控制单元连接,传感器之间通过 CAN 总线连在一起。

(5)每台机器配一个接线盒。

(6)控制单元中每台机器对应一个继电器故障停车信号,NC 为常闭触点,NO 为常开触点,C 为公共触点。

3. Mark 6 曲轴箱油雾浓度监视报警系统的探头清洗/更换、功能试验及故障诊断

(1)探头的清洗

①如果要对某个探头进行维护保养或对某台机器的全部探头进行保养,需要按照说明书对某个探头或某台机器进行隔离。

②拆卸探头电缆,拆下探头,如图 3-26 所示。

③用内六角扳手拆卸探头底部的两个螺丝,如图 3-27 所示。

④拆卸探头盖,检查密封状态,更换坏损件。

⑤用起拔器小心拆卸风机组件。

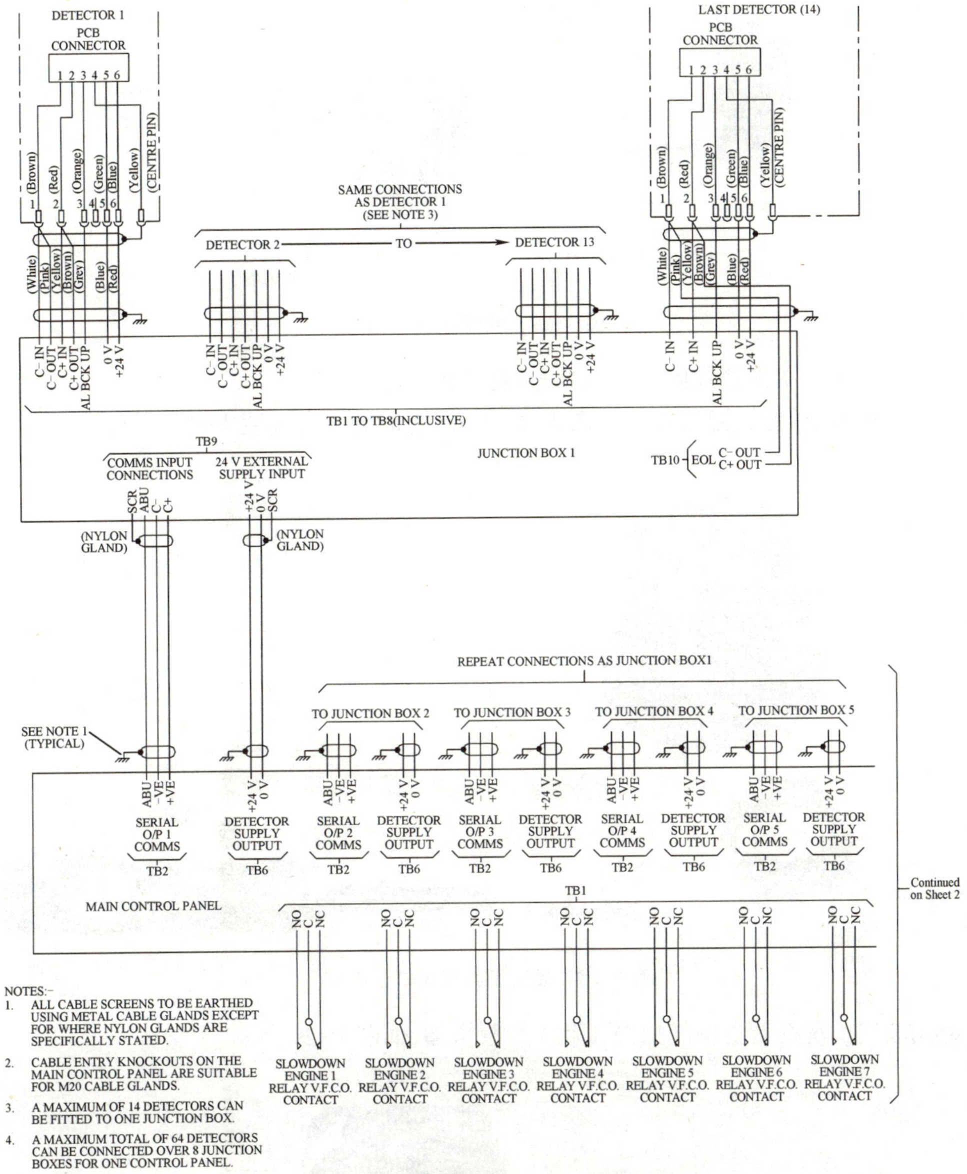

DETECTOR 1
PCB CONNECTOR
1 2 3 4 5 6
(Brown) (Red) (Orange) (Green) (Blue) (Yellow) (CENTRE PIN)
(White) (Pink) (Yellow) (Brown) (Grey) (Blue) (Red)
C− IN
C− OUT
C+ IN
C+ OUT
AL BCK UP
0 V
+24 V
SAME CONNECTIONS AS DETECTOR 1 (SEE NOTE 3)
DETECTOR 2 → TO → DETECTOR 13
LAST DETECTOR (14)
TB1 TO TB8(INCLUSIVE)
TB9
COMMS INPUT CONNECTIONS
24 V EXTERNAL SUPPLY INPUT
SCR ABU C− C+
+24 V 0 V SCR
JUNCTION BOX 1
TB10 EOL C− OUT C+ OUT
(NYLON GLAND)
REPEAT CONNECTIONS AS JUNCTION BOX1
TO JUNCTION BOX 2
TO JUNCTION BOX 3
TO JUNCTION BOX 4
TO JUNCTION BOX 5
SEE NOTE 1 (TYPICAL)
ABU −VE +VE
+24 V 0 V
SERIAL O/P 1 COMMS
DETECTOR SUPPLY OUTPUT
SERIAL O/P 2 COMMS
SERIAL O/P 3 COMMS
SERIAL O/P 4 COMMS
SERIAL O/P 5 COMMS
TB2
TB6
TB1
MAIN CONTROL PANEL
NO C NC
Continued on Sheet 2
SLOWDOWN ENGINE 1 RELAY V.F.C.O. CONTACT
SLOWDOWN ENGINE 2 RELAY V.F.C.O. CONTACT
SLOWDOWN ENGINE 3 RELAY V.F.C.O. CONTACT
SLOWDOWN ENGINE 4 RELAY V.F.C.O. CONTACT
SLOWDOWN ENGINE 5 RELAY V.F.C.O. CONTACT
SLOWDOWN ENGINE 6 RELAY V.F.C.O. CONTACT
SLOWDOWN ENGINE 7 RELAY V.F.C.O. CONTACT
NOTES:−
1. ALL CABLE SCREENS TO BE EARTHED USING METAL CABLE GLANDS EXCEPT FOR WHERE NYLON GLANDS ARE SPECIFICALLY STATED.
2. CABLE ENTRY KNOCKOUTS ON THE MAIN CONTROL PANEL ARE SUITABLE FOR M20 CABLE GLANDS.
3. A MAXIMUM OF 14 DETECTORS CAN BE FITTED TO ONE JUNCTION BOX.
4. A MAXIMUM TOTAL OF 64 DETECTORS CAN BE CONNECTED OVER 8 JUNCTION BOXES FOR ONE CONTROL PANEL.

图 3-25　Mark 6 型油雾浓度探测器系统接线图

电缆接头
探测头

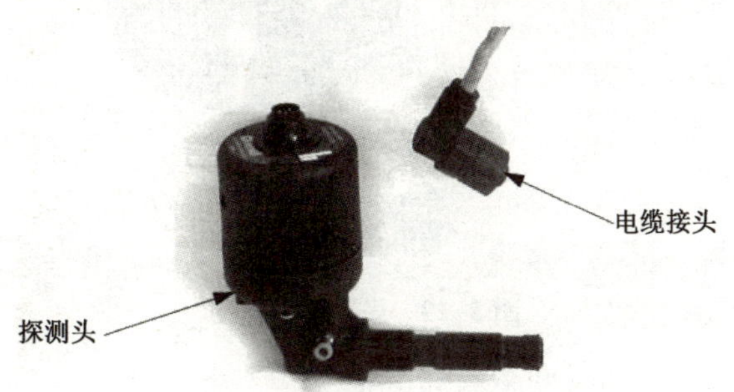

图 3-26　传感器及电缆接头

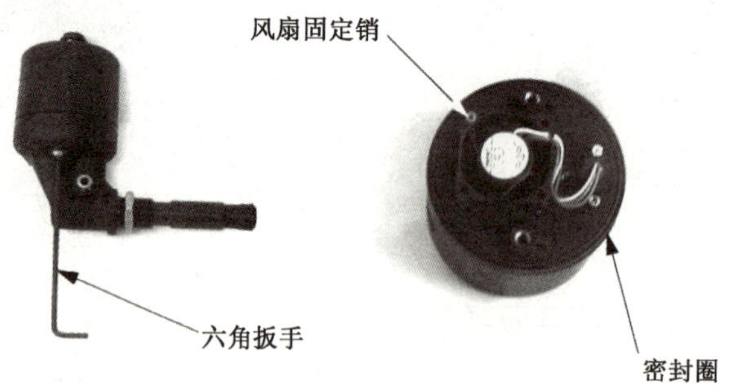

图 3-27　传感器分解图

⑥检查 4 个风机弹簧及固定销的状态,更换坏损件。

⑦检查风机空转及油污情况,如图 3-28 所示,有问题参考说明书进行操作。

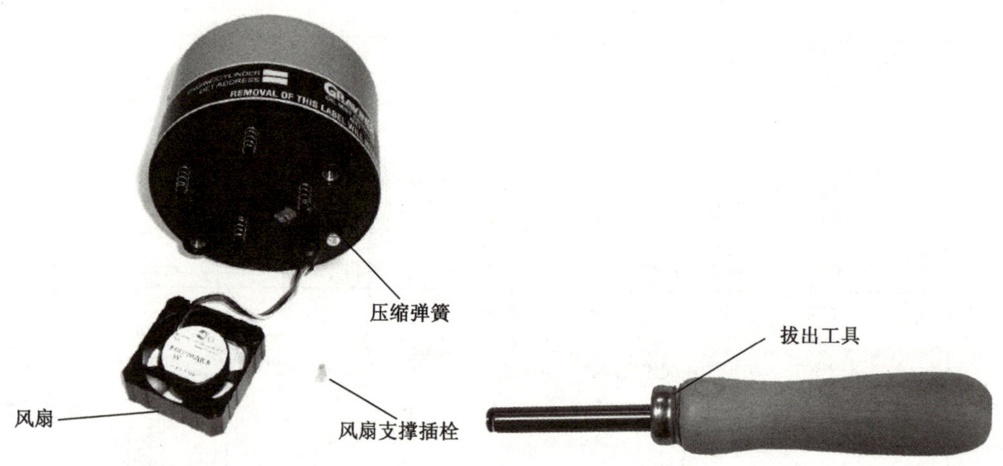

图 3-28　拔出工具与风机位置图

⑧用玻璃清洗剂清洗烟气探测孔及光导管末端,如图 3-29 所示。

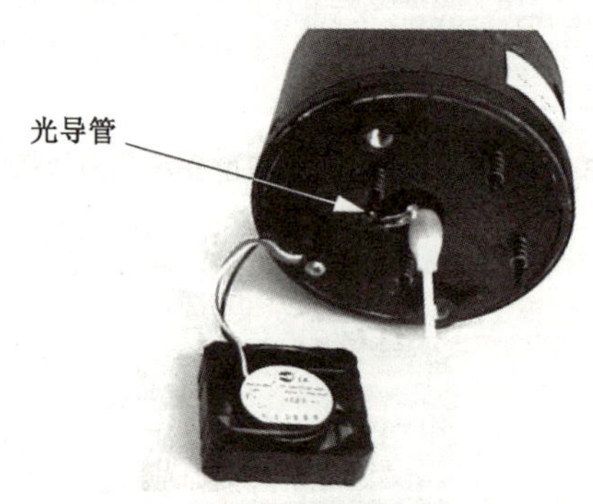

图 3-29　光导管位置图

⑨用吹灰器吹出内部杂质并吹干内部单元。

⑩检查内部腔室及采样管,必要的话进行清洗。

⑪装复风机组件。

⑫解除隔离状态。

(2)探头的更换

需要注意的是在柴油机运转过程中不要拆卸探头,以免热油从安装孔喷射出来。如果此时要拆卸的话,必须非常小心。正在使用中的探头不管什么原因,只要拆卸下来,就必须对光学组件进行清洗。更换探头按如下顺序:

①关闭电源,隔离探头。

②拆卸探头顶部电缆。

③用 4 mm 的 L 型内六角扳手拆卸探头基座固定螺丝。

④拔出探头并记录探头地址。

⑤在新探头上设置与旧探头完全相同的地址。

⑥安装新探头并固定,贴好标签。

⑦安装电缆。

⑧打开电源,启动程序进行初始化。

⑨如果该探头隔离了,要解除隔离状态,按下 MAIN DISPLAY 键返回主显示,然后复位,启动相同程序进行初始化。

⑩探头使用 5 年后要返回授权代理处进行全面检修(包括更换密封件)。

(3)探头的功能报警试验

探头安装设置好以后可用试烟器进行报警试验,试验所用到的工具如图 3-30 所示。试验步骤如下:

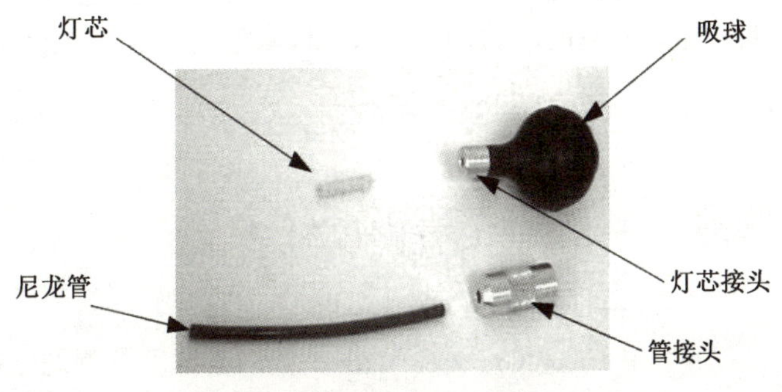

图 3-30　试验工具图

①取一段约 30 mm 长的油芯,放到带有吸球的支持器内,将尼龙管与连接头接起来。

②将尼龙管的另一端插到探头底座上的快速连接头上,如图 3-31 所示。

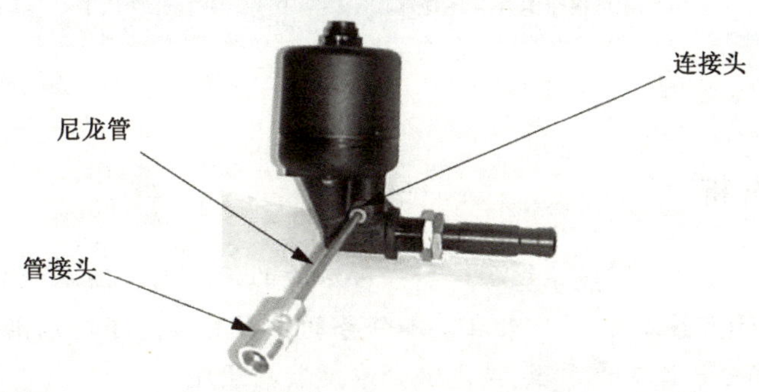

图 3-31　尼龙管与传感器快速接头的连接

③将油芯放到烟油瓶中沾一点油，然后密封油瓶。

④点燃试烟器中的油芯，然后将火熄灭，捏吸球但不用总捏，只要保持油芯有烟即可，即保持阴燃状态。

⑤将油芯插入管路接头中，同时捏吸球。

⑥探头指示灯应该由绿色变成红色指示报警状态，

⑦如果指示灯没有变成红色，可能是因为油芯没有处于阴燃状态，必要的时候重新点燃。

⑧为了将尼龙管从连接头拔出，在拔管路的同时用手压住塑料锁紧环。

⑨尼龙管拔出后妥善存放。

⑩油芯可重复使用，用后要完全熄灭。

(4)常见的故障及诊断

①控制单元电源指示灯不亮，显示器无显示：这种现象通常是电源故障，以此为主线进行故障诊断。

②设备上的探头电源指示灯不亮：可能的原因是接线箱保险丝损坏或探头故障。

③显示器上显示 COMMS FAULT：可能的原因是探头地址码设置错误、探头供电不正常及探头处于各种状态。

④显示器上显示 FAN FAULT：内部风机故障。

⑤显示器上显示 LED FAULT：探头油雾循环腔需要清洗或 LED 有故障。

⑥显示器上显示 DETECTOR FAULT：探头透光孔堵了、导光管损坏及探头故障。

⑦错误的偏差报警 FALSE DEVIATION ALARM：偏差报警设置有问题。

拓展强化

任务 3.4

一、选择题(请扫码作答)

二、简答题

1. 试述 Graviner Mark 5 型油雾浓度探测的原理。
2. 试述 Mark 6 曲轴箱油雾浓度监视报警系统的基本组成。

任务3.5 油水分离器系统

任务分析

油水分离器属于船舶防污染设备。船舶污水舱的污水因含油不能直接排放到海里，必须首先经过油水分离器分离、净化处理。本任务的学习目标是了解船舶油水分离器系统的作用、结构及油水分离器工作原理，熟悉油分浓度监测原理。

任务实施

船舶舱底水中混有各种油、淤泥、杂质和其他沉积物。这种污水，特别是含油类较多的污水如果不加处理直接排放至船外，会造成航行水域和停泊水域的严重污染。

2021 年修订的《MARPOL 公约》(国际防止船舶污染公约 International Convention For The Prevention of Pollution From Ships)规定：凡 10 000 总吨及以上的任何船舶，应装有滤油设备且当排出物含油的质量分数超过 15×10^{-6}(15 ppm)时能发出报警并自动停止含油物排放的装置。

目前，安装在船舶上的油水分离器(oil water separator)主要是利用物理处理方法，将污水中的油分离出来。它的自动控制任务包括水中含油浓度的监测、浓度超标报警、分离后满足标准的污水排出舷外以及被分离出来的污油自动排放到污油柜中等。

一、油水分离系统工作概述

动画 3.5 油水分离器系统工作原理

图 3-32 所示为某船油水分离器实物图。图 3-33 所示为油水分离器工作系统组成的原理图，该系统主要由油水分离器、舱底泵、污水储存柜、污油驳运泵、污油柜及自动检测和控制等部分组成。油水分离器多数以重力分离作为粗分离，以聚合及过滤吸附作为细分离。它由两个串联的圆柱形分离筒组成，筒内分别装有孔径不同的油滴聚合装置。污水用专用泵由污水柜经滤器驳至第一级分离筒 8，污水从分离筒上部切向进入，粗大油滴依靠比重差上浮进入分离筒顶部的集油腔而与水分离。污水不断沿油滴聚合装置自上而下、由外向里流动，使细小油滴逐渐聚合成大油滴上浮。第一级分离后的污水，从第一级分离筒的底部送至第二级分离筒的油滴聚合装置。这样，污水经两级处理后，可基本除去油分。净化了的水从第二级分离筒排至舷外。油水分离器排出舷外水的含油浓度由油分浓度监控器测定。当水中含油浓度超过标准时，监控器将发出声、光报警信号，同时关闭电磁阀 V_2，停止向舷外排水，打开电磁阀 V_3，使被处理的水回流至舱底。舱底泵把舱底水驳至污水储存柜暂存，为加强油水分离效果，污水储存柜内常设有蒸汽或电加热系统，把污水加热到 40 ℃左右。另外，油水分离器还设有清水系统，在启动油水分离器时，先打开清水阀把清水引入分离筒，然后再送进污水。当油水分离器工作时间较长时，油水分离器可用清水工作较长一段时间，用以清洗两级分离筒及聚油装置。在油水分离器工作过程中，集油腔内被分离出来的油会逐渐增多，油水分界面会下移，油水分界面由电极 S_1、S_2、S_3 检测。当油水分界面下移至某一位置时，排油控制装置将自动打开排油电磁阀，把集油腔中的污油排至废油柜，该油柜中的油或送至焚烧炉烧掉，或用驳运泵驳至岸(或接收船)上加以处理。

二、油分浓度监测报警器

在油水分离器的自动控制系统中，油分浓度监测报警器是最重要的设备。它随时检测水中含油浓度是否超过 15 ppm，如果超过 15 ppm，它会立即发声光报警并停止处理水排出舷外，此时污水在船内循环。油分浓度检测报警器可用浊度法、红外线吸收法及光散射原理制造，目前普遍采用光散射原理，其中又有各种品牌和型号的产品，这里仅介绍 OMD-2005 型油分浓度报警器。

图 3-32 某船油水分离器实物图

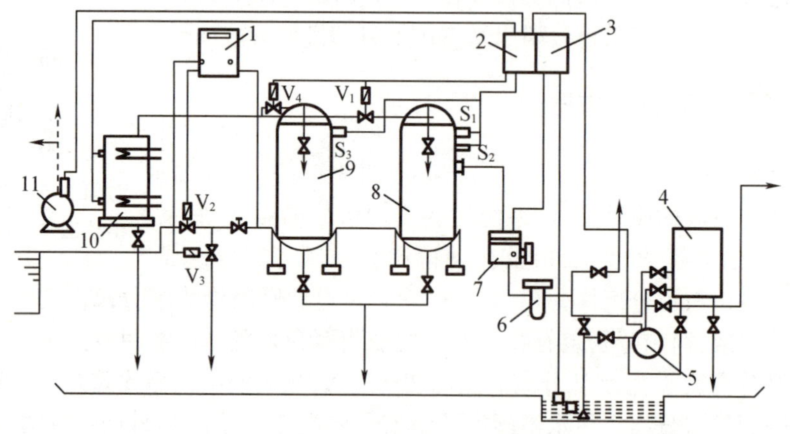

1—油分浓度监控器；2—自动排油控制箱；3—泵自动控制箱；4—污水储存柜；5—舱底泵；6—滤器；7—专用泵；8—第一级分离筒；9—第二级分离筒；10—废油柜；11—废油驳运泵；V_1、V_4—排油控制电磁阀；V_2、V_3—排水控制电磁阀；S_1、S_2、S_3—液位检测电极。

图 3-33 油水分离器工作系统组成的原理图

1. 检测原理

OMD-2005 型油分浓度报警器检测工作的理论依据是瑞利散射定律和比耳定律。

瑞利散射定律的物理意义：产生光的散射现象的原因是液体介质中颗粒物质在光波作用下产生振荡，成为产生次波的波源。在均匀介质中，这些次波叠加的结果使光只在折射方向继续传播下去，在其他方向上，因次波的干涉而互相抵消，所以没有散射光出现。但在非均匀介质中，由于不均匀粒子破坏了次波的相干性，因此在其他方向上出现了散射光。舱底污水经过油水分离器后，虽然分离出绝大部分污油，但呈乳化状的油颗粒和其他杂质粒子仍然存在于排水中，是一种非均匀介质。因此，在一定程度上，可以通过测定散射光的光强来测定水中含油量，如图 3-34 所示为散射光检测油分浓度的原理及特性。

图 3-34 中，I_1 为入射光光强度，I_0 为透射光光强度，I_Q 为散射光光强度，C 为油分浓度。由图 3-34(b)可以看出，散射光光强度与油分浓度只是在一定的范围内呈线性关系。超过一定的油分浓度，散射光光强不仅不随油分浓度的增加而增强，反而随油分浓度的增加而减弱。这是因为，油分浓度增大后，油颗粒的增多反而阻挡了散射光。当介质的浓度越高时，透射光光强越弱。

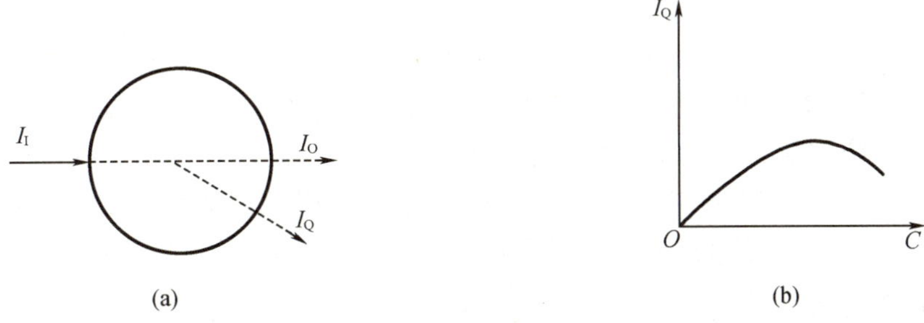

图 3-34　散射光检测油分浓度的原理及特性曲线

OMD-2005 型油分浓度报警器在电路设计上,充分利用了瑞利散射定律和比耳定律。利用瑞利散射定律,在水样传感器中获得反映油分浓度的散射光光强度,经感光元件将光强度转变成相应的电流信号送到比较放大电路,若超过设定值(15 ppm)则触发报警电路,输出报警及控制信号。利用比耳定律,当光敏晶体管感受不到透射光时,报警电路也被触发,发出污油报警。

2. 系统结构

OMD-2005 仪器由 3 个主要部分组成:控制单元、测量单元和阀门组件。如图 3-35 所示为 OMD-2005 仪表结构图。

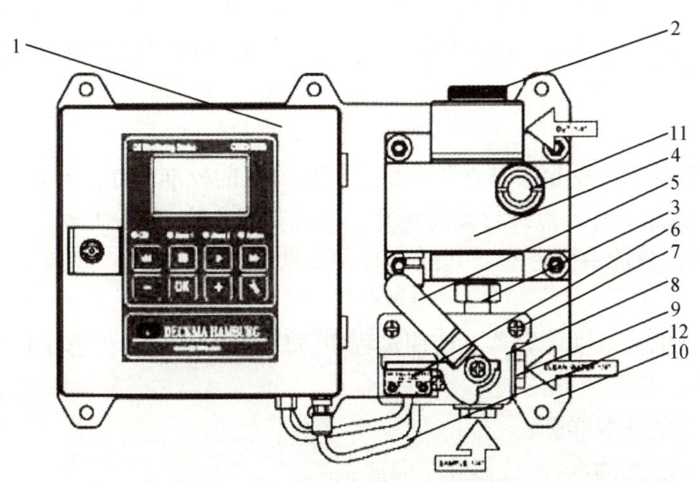

1—控制单元;2—顶部螺栓;3—接头;4—测量单元;5—手柄;6—限位开关;7—螺钉;8—阀挡板;9—三通阀;10—安装板;11—干燥剂;12—通信电缆。

图 3-35　OMD-2005 油分浓度仪表结构图

控制单元安装在环氧树脂粉末涂装的钢质机架上,如此可以更好地保护数据显示电路板上的电器元件,主电路板上具有外接端子,可以进行外部连接。

测量单元由防腐铝合金制造,装有不锈钢的进、出口。这种设计保护了光学电子器件,并通过即插式数据线与计算处理连接。

阀门组件可显示阀门的位置,并通过一个简易的操作手柄连接到测量单元,目的是在使用过程中,方便更改三通阀的状态,以切换样本和冲洗水的管路。

3. 系统控制模式

OMD-2005 油分浓度报警器有两种控制模式,分别为:报警后控制水泵停止;报警后重新打开回流。

控制水泵停止模式的报警继电器控制船舱水泵启动器线圈通电或断电，其缺点是在报警状况下，排放过程中的船舱污水停留在管道中，可能未经清水冲洗就会重新排放出去。

重新回流系统控制的报警继电器使气动电磁阀通电或断电，打开图 3-35 中的三通阀。在污染水报警的情况下，三通阀就可以从向外排放转换到舱底或船舱备用水柜。油水分离过程将会持续，在污染程度降低到报警设置点以下后，才可以转换到直接排放。

4. 系统功能测试

(1)首先使用无油水通过仪器，以清洁系统。此时通过仪器顶部的螺栓可以调整仪器通过的流速，旋出螺栓水量就会增大。

(2)启动仪器，确认 Power LED 电源灯点亮，在最初的 15 s 内，仪器显示初始化界面，随后就进入标准界面，显示实际测量数值。

(3)当无油水通过监测仪器时，显示测量值应为 0~2，状态(Status)显示为"FW"。如果显示数值变化大，则可能是由于携带入一些空气，需重新检测。

如需测试油水浓度监测报警是否正常，可人为将某不透明物体插入检测玻璃管中，如果能报警，并且能判断污水出口三通阀由排向舷外转至污水舱，则说明系统是正常的。

5. 系统管理与保养

仪表投入运行以后必须正确地使用，如果管理不当，可能引起仪表的误报警，甚至损坏仪表而失去排水监控的作用。OMD-2005 型油分浓度报警器在使用过程中应注意的事项主要有以下几点：

(1)零点调整

OMD-2005 型油分浓度报警器在出厂前已完成零点的校准工作。在使用过程中只能在编程模式(离线模式)下对零点进行重新调整。但此项操作在系统中设置有保护性权限，因此对于零点的调整，只能由服务商或其授权的人员执行。

(2)保养项目

OMD-2005 型油分浓度报警器在使用过程中，每周需对其进行保养工作，主要是清洁其内部组件，具体操作步骤如下：

①使用无油水清洗取样管；

②关断取样水和无油水，使仪器处于隔离状态；

③旋松并取下顶部螺栓；

④清洁刷插入到取样管内，上、下拉动数次，进行清洁工作；

⑤取出清洁刷，旋紧顶部螺栓；

⑥通入无油水，冲洗仪器几分钟；

⑦观察仪器显示界面，测量值应为 0~2，如果不是，再次清洗一次；

⑧重新连接仪器到油水分离器管道上取样；

⑨检查干燥剂的颜色，蓝色表示可以继续使用，如果颜色变成淡蓝色或是白色，就需要替换干燥器。

干燥器可以保证在测量单元壳体内的潮湿度低于 40%，以避免取样管上的凝水影响到测量结果和损坏取样管周围的电子器件。更换干燥剂非常方便，无须拆卸仪器，只要从面板上旋下旧的干燥器，用新的替换即可。

拓展强化

一、单项选择题(请扫码作答)

任务 3.5

二、简答题:

1. 试述油水浓度监测原理。
2. 如何检测油水浓度报警装置的好坏?

任务3.6 船舶火灾监视报警系统

任务分析

船舶是海员赖以生存的场所,船舶火灾的发生不仅会造成经济损失,更会危及生命安全,因此,一定要注意防止船舶火灾的发生,当火灾发生后应尽早发现和及时组织灭火。本任务的目的是掌握火灾探测方法及探测器,熟悉总线型火灾报警系统,掌握火灾报警系统的种类,会对火灾探测器的故障进行分析处理。

【船舶火灾案例】

案例一:2023 年 6 月 4 日 7 时 30 分左右,浙椒渔冷 87029 船在台州市椒江区九州制冰厂码头进行维修改造时发生火灾事故。

事故发生后,相关部门立即赶赴现场全力展开灭火救援,船上共发现 5 人,随后全部送医救治,其中 4 人送医不治死亡,现场明火于当日 9 时 10 分扑灭。

据调查,事故发生的原因是浙椒渔冷 87029 船维修改造时,安全措施不到位,导致爆炸起火,造成了严重的人员伤亡和船只损毁。

案例二:2021 年 11 月 12 日,佛山籍自卸砂船从东莞麻涌空载航行至东江北干流新塘坭紫水域后锚泊。船长雇佣焊工李某修船。当日李某登船开始工作,工作内容为焊接船首砂机舱内输送带两旁支撑柱。焊工李某结束当天电焊作业后,关闭了船首的电焊机电源,焊钳和焊线等工具留在船首甲板未收回,直接离开作业现场到船尾餐厅吃晚饭。随后船首出现大量浓烟并伴有明火,全船人员前往船首灭火,船上灭火器用完且尝试使用船舶消防泵灭火,但启动消防泵失败。该船船员发现火势控制不了,电话报火警 119。消防人员迅速到达现场开展灭火,不久火灾被扑灭。事故造成该船船首输送带部分烧毁、砂机舱配电板烧毁、舱内结构局部变形,所幸未造成人员伤亡。

经调查,该事故的主要原因有:

1. 明火作业产生着火源并点燃舱内易燃物

该船船首砂机舱内输送带下层甲板上存有残留的煤粉、煤渣。焊工在焊接伸缩带滚轮下方的支撑柱时,产生的高温焊渣掉落在残留的煤粉、煤渣处后发生阴燃,随后引起明火。

明火的高温致使砂机舱内 2 号发电机的塑胶输油管融化,燃油柜内燃油流出后被引燃,进一步加剧了火势的蔓延,随后明火点燃砂机舱内的传输皮带,造成船首砂机舱大火。

2. 船长未严格按照船舶安全管理制度开展明火作业

该船开展船上明火作业前未向船公司报批,未向海事机构报备;未清除作业点附近的易燃物品;明火作业人员未持有主管机关认可的资格证书,明火作业完成后未对作业现场进行检查清理。该船船长未落实主体责任,未督促船上人员严格落实船舶安全管理制度的要求,为事故的发生埋下隐患。

案例启示:水火无情电无眼,规范操作才安全。开展明火作业前,应严格执行船舶安全管理制度和有关的安全操作规程,认真做好密封舱通风及其他作业范围内的安全防范措施;作业后应对现场进行清理,防止阴燃。提高船舶火灾防范意识,定期组织船员开展船舶消防安全知识培训,使船员熟悉船舶结构和逃生通道情况,提高船员的安全意识和应急反应能力。要定期开展消防演习,提升灭火实战能力。

任务实施

众所周知,早期发现的火灾很容易扑灭,火灾造成的损失也很小。特别是在茫茫大海中航行的船舶,一旦火灾蔓延,势必孤立无援,其后果严重。在船员熟睡的夜晚,在无人值班的机舱以及无人值守的货舱,或船员离开后燃起的火灾,怎样才能及时发现呢? 于是,人们开始研制火灾监测报警装置。随着科学技术的发展,单一的火灾报警器逐渐被既能发现火灾报警,又能联动自行灭火、排烟,还能联动防火分隔等自动化程度越来越高的火灾监视报警系统所取代。

根据研究,火灾初起阶段的征兆,一般是产生烟雾、不正常的温升和火光。因此为尽早发现火灾,防微杜渐,可以通过各种火灾传感器(火灾自动探测器)将烟、热或光信号变换为电信号,然后送入报警控制单元进行信号处理,发出报警及其他控制。

在滚装船、消防船以及液化气体船等特殊船舶中,往往在某些舱室内装设可燃气体探测器,用来监测可燃气体浓度,以防止可能引起的燃烧和爆炸。

一、火灾探测方法

火灾探测是以物质燃烧过程中产生的各种火灾现象为依据的。普通可燃物质燃烧的表现形式是:首先产生燃烧气体和烟雾,在氧气供应充足的条件下才能完全燃烧,产生火焰并发出一些可见光与不可见光,同时释放大量的热,使得环境温度升高。普通可燃物质由初起阴燃阶段开始,到火焰燃烧、火势渐大,最终酿成火灾的起火过程,如图 3-36 所示,其特点如下:

1. 初起和阴燃阶段占时较长

普通可燃物在火灾初起和阴燃阶段尽管产生了烟雾,但是环境温度不高,火势尚未达到蔓延发展的程度。如果在此阶段能将重要的火灾信息(烟雾浓度)有效地探测出来,及时采取灭火措施,就可以将火灾损失控制在最低限度。

2. 火焰燃烧阶段火势蔓延迅速

普通可燃物经过足够的火灾初起和阴燃阶段后,足够的蓄积热量会使环境温度升高,并在物质的着火点温升加速,发展成火焰燃烧,形成火焰扩散,火势开始蔓延,环境温度不断升高,燃烧不断扩大,形成火灾。普通可燃物在此阶段产生的烟雾相对较少,但火灾发展所产生的足够热量会引起环境温度的较大变化,如果能将火灾引起的明显的温度变化这一火灾特征参数有效探测出来,就能较及时地控制火灾。

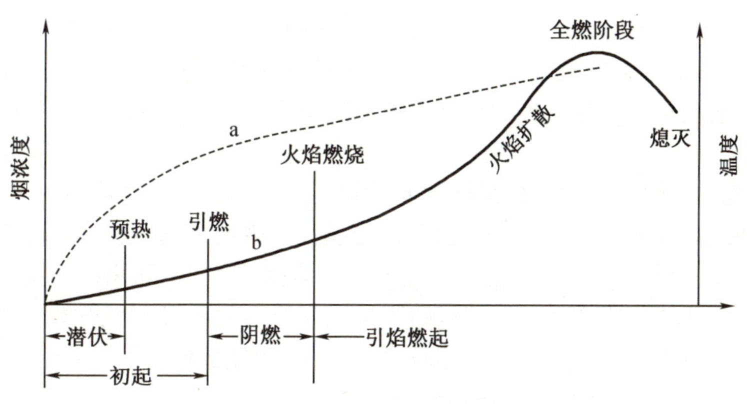

a—烟雾气体浓度与时间的关系;b—热气流温度与时间的关系。

图 3-36 普通可燃物质起火燃烧过程

3. 物质全燃阶段产生强烈火焰辐射

处于全燃阶段的普通可燃物质燃烧时会产生各种波长的光,产生的火焰热辐射含有大量的红外线和紫外线,因此,对火灾形成的红外和紫外光辐射进行有效探测也是实现火灾探测的基本方法之一。但是,对于有较长阴燃阶段的普通可燃物火灾而言,由于普通可燃物在燃烧过程产生大量烟雾,降低了光的可见度,因此会影响火焰光探测的效果;油品、液化烃等物质起火时,由于起火速度快并且迅速达到全燃阶段,会形成很少有烟雾遮蔽的明火火灾,因而火焰光探测及时有效。

因此,火灾探测是以物质燃烧过程中的特点为依据监测火源,以达到早期发现火灾的目的。分析普通可燃物的火灾特点,以物质燃烧过程中发生的能量转换和物质转换为基础,可形成不同的火灾探测方法,如图 3-37 所示。

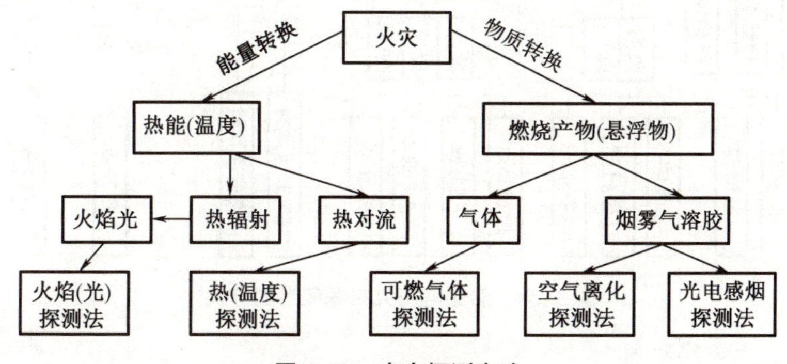

图 3-37 火灾探测方法

二、火灾探测器及接线形式

火灾探测器是火灾自动报警系统的组成部分,它至少含有一个能够连续监视,或以一定频率周期监视与火灾有关的物理、化学现象的传感器,并且至少能够向控制和指示设备提供一个合适的信号,由探测器或控制和指示设备判断是否报火警或操作自动消防设备。简而言之,火灾探测器是及时探测和传输与火灾有关的物理、化学现象的探测装置。

一般来讲,火灾探测器由火灾参数传感器或测量元件、探测信号处理单元和火灾判断电路组成。火灾信号必须借助物理或化学作用,由火灾参数传感器或测量元件转换成某种测量值,经过测量信号处理电路产生用于火灾判断的数据处理结果量,最后由判断电路产生开关量报警信号。直接产生模拟量信号的火灾探测器输出的测量信号经过信号处理电路进行数据处理后,产生模拟量信号并传输给火灾报警控制器,最终由火灾报警控制器实现火警判断的功能。

根据各类物质燃烧时的火灾信息探测要求和上述不同的火灾探测方法,可以制成各种类型的火灾探测器,火灾探测器主要有感温式、感烟式、感光式(火焰探测式)和可燃气体等四大类型,如图 3-38 所示,船舶采用的探测器均为点型探测器,陆用感温探测器有采用线型的,线型火灾探测器是感知某一连续线路附近火灾产生的物理或化学现象的探测器。由于船舶上感烟式、感温式火灾探测器使用较多,故分别介绍如下。

微课 3.61 感温式火灾探测器

1. 感温式火灾探测器

在火灾初起阶段,使用热敏元件来探测火灾的发生是一种有效的手段,特别是那些经常存在大量粉尘、油雾、水蒸气的场所,无法使用感烟式火灾探测器,只有用感温式火灾探测器才比较合适。在某些重要的场所,为了提高火灾监控系统的功能和可靠性,或保证自动灭火系统动作的准确性,也要求同时使用感烟式和感温式火灾探测器。感温式火灾探测器主要用于住舱、走廊、控制室等场所较小的火警探测。感温式火灾探测器可以根据其作用原理分为如下三大类。

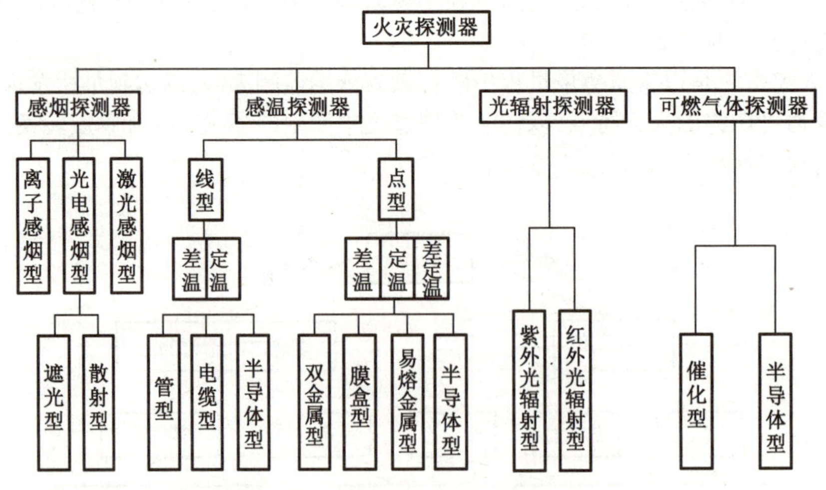

图 3-38 船舶常用火灾探测器的分类

(1)定温式火灾探测器

定温式火灾探测器是在规定时间内,火灾引起的温度上升超过某个定值时启动报警。它结构简单,可靠性高,误动作少,动作温度一般分为 60 ℃、70 ℃及 90 ℃三种。由于冬季或夏季环境温度变化,对探火的反应时间有一定影响。这类探测器灵敏度较差,一般适用于厨房、锅炉间、烘衣间等。目前,常用的定温式火灾探测器有双金属、易熔合金和热敏电阻几种形式。

(2)差温式火灾探测器

差温式火灾探测器是在规定时间内,火灾引起的温度上升速率超过某个规定值(一般是5.5 ℃/min)时启动报警。点型结构差温式火灾探测器是根据局部的热效应而动作的,主要感温元件有空气膜盒、热敏半导体电阻等。

(3)差定温式火灾探测器

差定温式火灾探测器是将定温式和差温式两种探测器组合在一起。若其中某一功能失效,则另一种功能仍然起作用,因此,大大提高了火灾监测的可靠性,在实际船舶中应用较多。差定温式火灾探测器一般多是膜盒式或热敏半导体电阻式等点型结构的组合式火灾探测器。差定温火灾探测器按其工作原理,还可分为机械式和电子式两种。

①机械式差定温火灾探测器:差温探测部分与膜盒型差温火灾探测器基本相同,而定温探测部分则与易熔金属型火灾探测器相似。

②电子式差定温火灾探测器:在当前火灾监控系统中用得较普遍。它的定温探测和差温探测两部分都是由半导体电子电路来实现的。如图3-39所示是电子式差定温火灾探测器的电路原理图。它共采用三只热敏电阻(R_1、R_2和R_5),其特性均随着温度升高而阻值下降。其中差温探测部分的R_1和R_2阻值相同,特性相似,在探头中布置在不同的位置上;R_2布置在铜外壳上,对外界温度变化较为敏感;R_1布置在一个特制的金属罩内,对环境温度的变化不敏感。当环境温度缓慢变化时,R_1和R_2的阻值相近,BG_1维持在截止状态。当发生火灾时,温度急剧上升,R_2因直接受热,阻值迅速下降;而R_1则反应较慢,阻值下降较小,从而导致A点电位降低;当电位降低到一定程度时,BG_1、BG_3导通,向报警装置输出火警信号。

定温探测部分由BG_2和R_5组成。当温度升高至标定值时(如70 ℃或90 ℃),R_5的阻值降低至动作值,使BG_2导通,随即BG_3也导通,向报警装置发出火警信号。

2. 感烟式火灾探测器

微课3.62　离子感烟式火灾探测器

感烟式火灾探测器在目前船舶中应用较普及。据有关机构统计,感烟式火灾探测器可以探测70%以上的火灾。船上常用的感烟式火灾探测器有离子式和光电式。

(1)离子感烟式火灾探测器

离子感烟式火灾探测器采用空气电离化探测火灾。根据其内部电离室的结构形式,又可分为双源感烟式和单源感烟式。

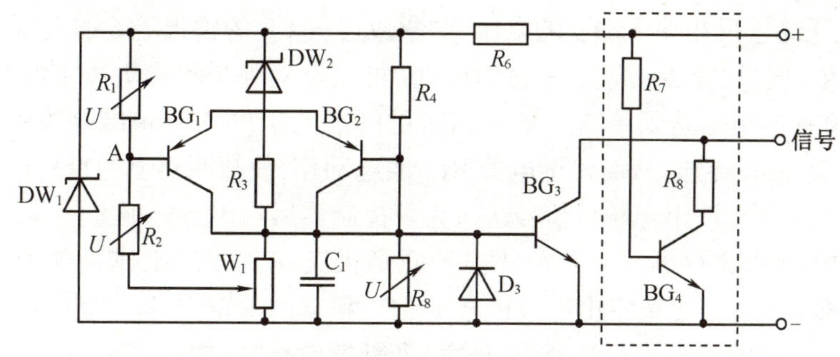

图3-39　电子式差定温火灾探测器的电路原理图

①双源感烟式火灾探测器。图 3-40 是双源式感烟探测器的工作原理图。在实际设计中,开式结构且烟雾容易进入的检测用电离室与闭式结构且烟雾难以进入的补偿用电离室采取反向串联连接,两个电离室内各放有一块放射性镅 Am241 片,不断放射出 α 粒子,使电离室内空气部分电离。检测电离室一般工作在其特性的灵敏区,补偿电离室工作在其特性的饱和区。

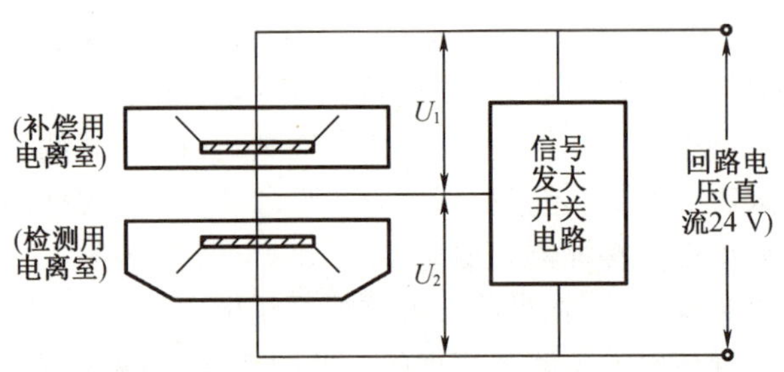

图 3-40　双源式感烟探测器的工作原理图

当有烟雾进入火灾探测器时,烟雾粒子对带电离子的吸附作用,使检测用电离室内特性曲线发生变化,从而形成电压差 ΔV,其大小反映了烟雾粒子浓度的大小。经电子线路对电压差 ΔV 的处理,可以得到火灾时产生的烟浓度的大小,用于确认火灾发生和报警。

采用双源反串联式结构的离子感烟火灾探测器可以减少环境温度、湿度、气压等条件变化引起的对离子电流的影响,提高火灾探测器的环境适应能力和工作稳定性。目前在船舶中应用较多。如图 3-41 是一个典型的双源式感烟探测器的实际电路原理图。

图 3-41 中,输入电源为 DC24 V,两个电离室的连接点电压与场效应管 Q_1 的栅极(G)点相接,其源极(S)点电压经电阻 R7 接集成运放 CP 的同相输入端 3,标准比较电压与集成运放 CP 的反相输入端 2 相接,并且可以通过电位器调节,以改变探测器的灵敏度。在正常监视状态,场效应管 Q_1 由于栅极电压较低不导通,源极电位接近于 0,使集成运放 CP 的同相输入端 3 的电压低于反相输入端 2 的电压,则集成运放 CP 的输出端 6 的电压仅为 1 V 左右,电容 C_3 被充电,但是该电压达不到单结晶体管 PUT 的峰点电压(6 V),单结晶体管无法导通,可控硅 SCR 无触发脉冲,使继电器 RL_1 不动作。此时继电器 RL_2 有电动作,使常开触点 RL_2 闭合;在有火警状态时,检测电离室内有烟雾颗粒进入,颗粒被吸附后使检测电离室内等效阻抗增大,离子电流减小,而内电离室阻抗仍保持不变,场效应管 Q_1 的栅极电压升高使之导通,于是 Q_1 的源极电位升高。当烟雾达到预先的设定值时,使集成运放 CP 的同相输入端 3 的电压高于反相输入端 2 的电压,则集成运放 CP 的输出端 6 的电压变为 12 V,电容 C_3 继续经 R_{11} 充电,经 20 s 左右的延时时间(可调节),如果检测电离室的烟雾浓度继续保持或增加,则充电电压达到单结晶体管 PUT 的峰点电压(6 V),单结晶体管导通,输出触发脉冲使可控硅 SCR 导通,从而使继电器 RL_1 通电动作,使探测器上的指示红灯亮;同时使其常开触点 RL_1 闭合,该闭合触点信号送入火警控制器后给出声光报警信号。

②单源式感烟火灾探测器。单源式离子感烟火灾探测器的工作原理图如图 3-42 所示,其检测电离室和补偿电离室由电极极板 P_1、P_2 和 P_m 构成,共用一个 $^{241}A_m\alpha$ 放射源。在火灾探测时,探测器的烟雾检测电离室(外室)和补偿电离室(内室)都工作在其特性曲线的灵敏区,利用 P_m 极电位的变化量大小反映进入的烟雾浓度变化,实现火灾探测和报警。

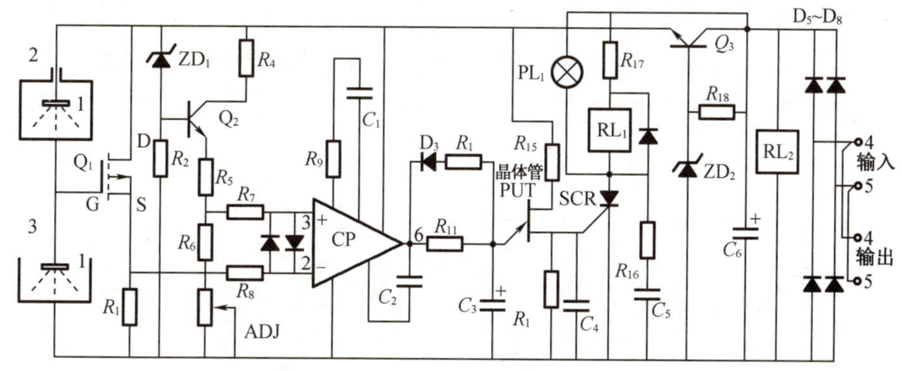

1—放射线源;2—内部(补偿用)电离室;3—外部(检测用)电离室; 4—火警警报触点;5—故障警报触点。

图 3-41　双源式感烟式离子探测器的实际电路原理图

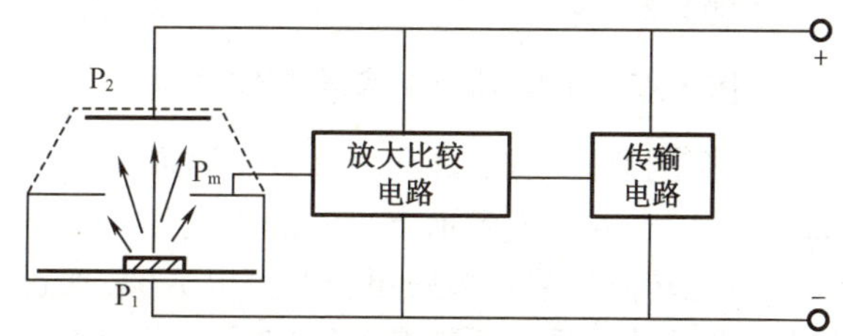

图 3-42　单源式离子感烟探测器工作原理图

单源式离子感烟火灾探测器的烟雾检测电离室和补偿电离室在结构上基本都是敞开的,两者受环境条件缓慢变化的影响相同,因而提高了对使用环境中微小颗粒缓慢变化的适应能力。特别在潮湿地区要求的抗潮能力方面,单源式离子感烟火灾探测器的自适应性能比双源式离子感烟火灾探测器要好得多,但目前双源式离子感烟火灾探测器也可以通过电路参数调整以及与火灾报警控制器的软件配合来提高抗潮能力。

在离子感烟式火灾探测器中,选择不同的电子线路,可以实现不同的信号处理方式,从而构成不同形式的离子感烟式火灾探测器。例如,选用阈值(门槛值)比较放大和开关电路的电子线路,可以构成阈值报警式离子感烟火灾探测器;选用 A/D 转换、编码传输电路和微处理器单元,可以构成带地址编码的模拟量以及智能式离子感烟火灾探测器。$^{241}A_m$ 的半衰期为 485 年。这类探测器具有灵敏度高、寿命长的优点。

(2)光电感烟式火灾探测器

光电感烟式火灾探测器利用火灾产生的烟雾改变光敏元件受光的强弱而发出警报信号。根据烟雾粒子对光的吸收和散射作用,光电感烟式火灾探测器可分为遮光式和散射光式两种类型。

微课 3.63　光电感烟式火灾探测器

①遮光式感烟探测器:如图 3-43(a)所示,进入光电检测暗室内的烟雾粒子对光源发出的光产生吸收和散射作用,使通过光路上的光通量减少,从而使受光元件上产生的光电流降低。光电流相对于初始标定值的变化量大小反映了烟雾的浓度大小,据此可通过电子线路对火灾信息进行放大比较或火灾参数运算,最后通过传输电路产生相应的火灾信号。

②散射光式感烟火灾探测器:如图 3-43(b)所示,进入遮光暗室的烟雾粒子对发光元件(光源)发出的一定波长的光产生散射作用,使处于一定夹角位置的受光元件(光敏元件)的阻抗发生变化,产生光电流。此光电流的大小与散射光强弱有关,当烟雾粒子浓度达到一

定值时，散射光的能量就足以产生一定大小的光电流，可以激励遮光暗室外部的信号处理电路发出火灾信号。显然，遮光暗室外部的信号处理电路采用的结构和数据处理方式不同，可以构成不同类型的火灾探测器。

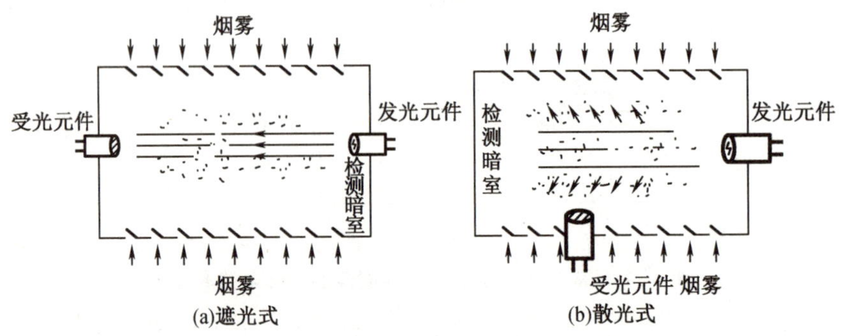

图 3-43　光电感烟式火灾探测器工作原理

散射光式光电感烟火灾探测器，实质上是利用一套光学系统作为传感器，将火灾产生的烟雾对光的传播特性的影响，用电的形式表示出来并加以利用。由于光学器件特别是发光元件的寿命有限，因此，在电光转换环节较多采用交流供电方案，通过振荡电路使发光元件产生间歇式脉冲光，并且发光元件和受光元件多采用红外发光元件砷化镓二极管与硅光敏二极管配对。

3. 感光式火灾探测器(感火焰式探测器)

感火焰式探测器是根据火灾时物质燃烧火焰的光谱特性、光照强度和闪烁特性来检测火灾。有两种火焰探测器，即紫外火焰探测器和红外火焰探测器。

但是火焰探测器对浓烟或隐燃火灾探测的有效性差，在货船上一般不单独使用，可作为辅助探测器。

4. 气敏半导体火灾探测器(感易燃气体探测器)

在易燃气体探测的实际应用中，采用气敏半导体(或称金属氧化物元件)，它是在铂金丝上涂以金属氧化物，在高温中焙烧而成的。气敏半导体品种很多，主要有氧化锡、氧化锌、氧化钻、氧化铁和氧化镍等，其中氧化锡使用较广。

气敏半导体火灾探测器结构如图 3-44 所示。气敏半导体的工作原理一般可采用势垒学说解释，其要点是：由于吸附作用，半导体的外表吸附了空气中大量的氧分子，而产生了由外向内的静电场，为了屏蔽这一外电场，半导体表面内必然形成势垒。对 N 型半导体来说，这一势垒是由多数载流子(电子)的聚集形成的，由此减少了参加导电的电子数量，引起半导体电阻值的增大。当周围存在还原性易燃气体时，被吸附的还原性易燃气体产生由内向外的电场，方向与势垒电场的方向相反，减弱了势垒对电子的束缚，使一部分电子参与导电，从而减小了半导体的电阻值。当还原性易燃气体离去时，空气中的氧分子又被吸附，再次加大对电子的束缚力，使半导体的电阻恢复到初始值。因此气敏半导体探测器是利用气体浓度升高，其电阻值减小的原理来探测的。

5. 手动报警按钮

手动报警按钮与火灾探测器的功能基本相同。探测器是自动报警，而手动报警则是人工手动报警，两者输送的报警电信号都传输给报警指示设备，发出火灾报警信号。

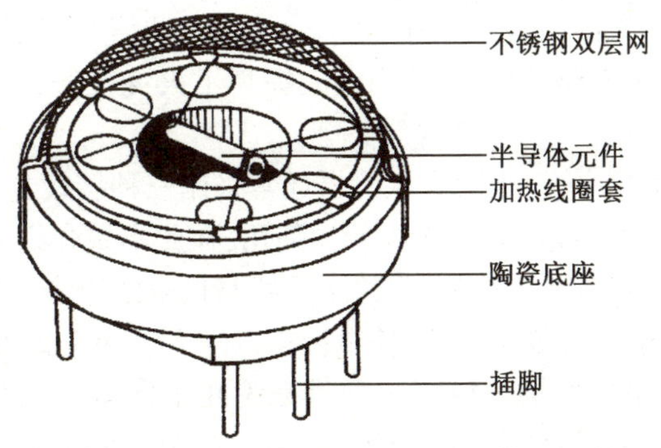

图 3-44 气敏半导体火灾探测器示意图

手动报警按钮安装于经常有人出入的通道、走廊、控制站、公共舱室等场所。当巡逻员或附近人员发现火警时,可取下小锤或用其他物体击碎玻璃,该手动报警按钮即向报警指示设备发出报警信号,同时按钮上确认灯发亮,表示信号已送出。一般来讲手动报警按钮只需击碎玻璃即自动动作,有的在击碎玻璃后需按下按钮,有的是可以反复使用的,按下后触发报警,复位后可再次使用。手动报警按钮的外形如图 3-45 所示。

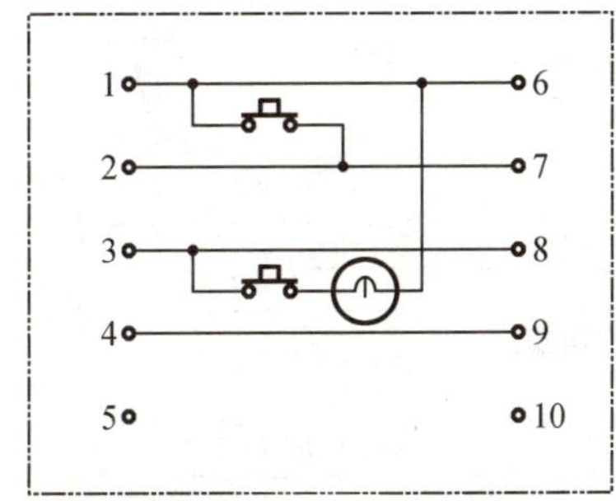

图 3-45 手动报警按钮

《SOLAS 公约》规定每一通道口应安装一只手动报警按钮。每层甲板的走廊内,手动报警按钮安装地点应便于操作,并使走廊任何部位与手动报警按钮的距离不大于 20 m。具体安装时应尽可能与应急照明灯靠近,距离甲板的高度约为 1.4 m。

6. 火灾探测器的接线形式

在实际系统中,火灾探测器和控制器的接线方式一般均采用并联方式。也就是说,若干个火灾探测器的信号线按一定关系并联在一起,然后以一个部位或区域的信号送入火灾报警装置(或控制器),即若干个火灾探测器连接起来后仅构成一个探测回路,并配合各个火灾探测器的地址编码实现保护区域内多个探测部位火灾信息的监测与传送。每一个探测回路一般均有一个终端电阻(或齐纳二极管),在正常监视状态提供一个监视电流(一般为 μA 级),火警方式时,探测器动作后产生一个报警电流(一般为 mA 级)。这里所谓"按一定关系并联",大体可以分为两种形式:①若干个火灾探测器的信号线以某种逻辑关系组合,作为一个地址或部位的信号线送入火灾报警装置,如机舱内某一区域的火灾探测。②若干个火灾探测器的信号线简单地直接并联在一起,然后送入火灾报警装置。例如采用地址编码火灾探测器,通过二总线来实现探测器与控制器的通信,以实现不同的监控功能。自 1996 年起,单片机技术的发展和新型传感器的出现,为火灾自动报警系统的智能化提供了可能,其典型的技术特点是探测器内置了 CPU,摆脱了单一“域值”报警模式,增加了环境参数变化规律的判断,设置了火灾模拟曲线,从而大大提高了火灾报警的准确性,减少了误报现象的发生。

目前在火灾报警系统中,对于火灾探测器通常采用三种接线方式:二线制、三线制、四线制,如图 3-46 所示(由于三线制在实船中较少使用,在此不做介绍)。

图 3-46(a)是二线制接线方式,此电路电源线与信号线重合,各个火灾探测器如果状态正常,则通电后其内部接线柱 6、7 闭合,使电源得以送入下一个火灾探测器。在终端探头有一终端设备(一般为电阻或齐纳二极管),使得系统在正常监视状态时有一监视电流(微安级),一旦火警发生,则相应探测器动作,使电源两端电阻急剧下降,产生一较大的动作电流(毫安级),由系统内部处理后给出声光报警;如果某一回路中一个探头故障,则其内部接线柱 6、7 不能闭合,使电源端开路,由系统处理后显示该回路开路或探头故障。图 3-46(b)是四线制接线方式,其工作原理与二线制接线方式类似,此种电路中电源线与信号线相互分开。不管采用何种方式,均要求可以实现检测探测器脱落、探测器故障失效、线路开路故障、终端电阻脱落或故障失效、火灾报警等功能。

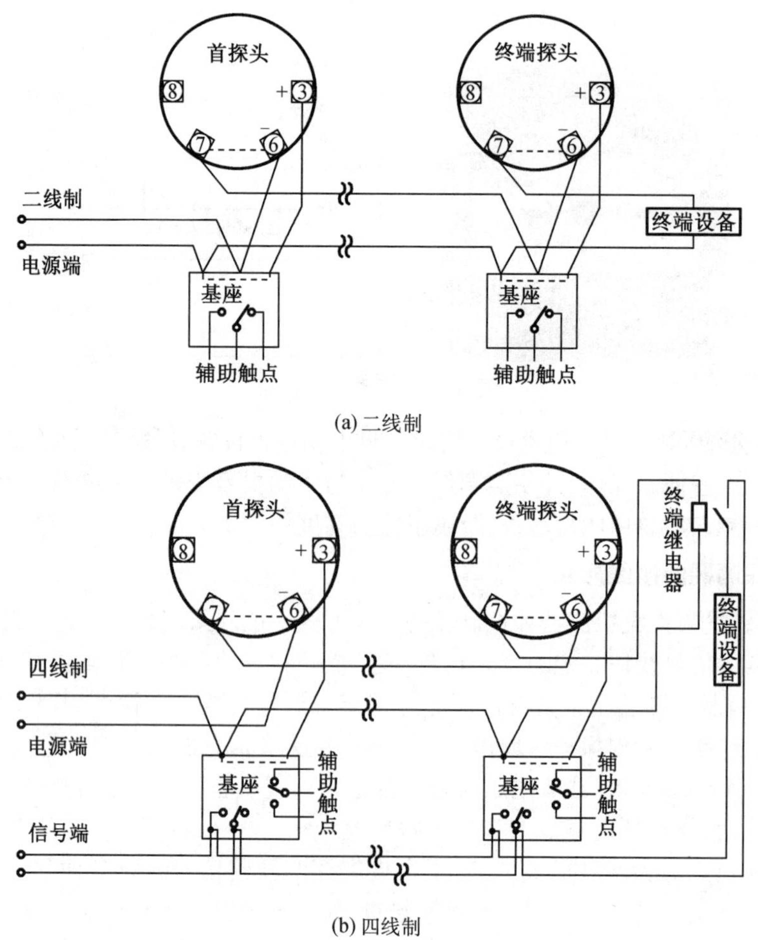

(a) 二线制

(b) 四线制

图 3-46　火灾探测器的接线方式

三、总线型火灾探测系统

火灾报警系统采用总线制编码传输技术，这种新型的集中报警系统是由火灾报警控制器、区域显示器（如集控室或生活区显示屏）、声光报警装置、感温或感烟智能探测器（带地址模块）、控制模块（控制消防联控设备）等组成的总线制编码传输型集中报警系统。

该系统采用单片机技术，安装开通方便，在使用编码底座后，可与智能型离子感烟探测器、感温探测器、编码按钮等组成火灾自动监控系统。如图 3-47 所示系统由一个中央处理单元、一个或几个控制单元、数个探测环路等所构成。

1. 中央处理单元

中央处理单元由以下几个部分组成：报警处理板、探测环路接口板、继电器板、通信接口板、开关量输入板、开关量输出板、开关量探测器接口板及电源单元。

①报警处理板：是中央处理单元的核心，具有 1 个内部串行通信口和 2 个外部串行通信口。内部串行通信口接收来自探测环路接口板的信息，控制其动作。外部串行通信口和控制单元通信。报警处理板还和继电器板完成相应的报警、控制功能，通过通信接口板实现与计算机、打印机通信，控制开关量输入输出板完成相应的功能。

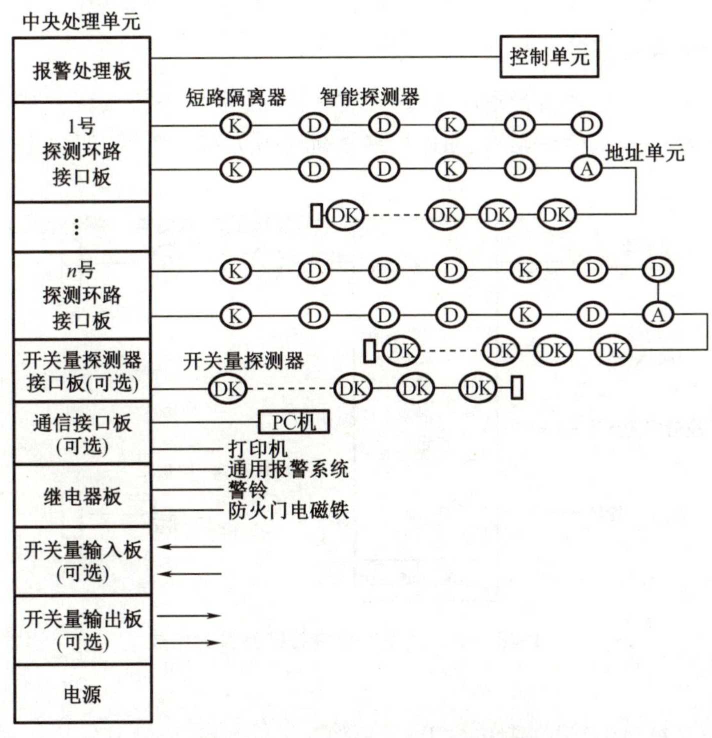

图 3-47　环路式总线型火灾报警系统图

②探测环路接口板：与探测器通信，每块板可连接 2 个探测环路，1 个中央单元可最多插入 95 块探测环路接口板。

③继电器板：受报警处理板控制，用于驱动外部报警和控制设备（如通用报警系统、警铃、防火门磁铁等）。板内有 2 路 24 V/2 A 直流电源输出，3 路 24 V/2 A 直流有源信号输

出,4 路容量为 2 A 的继电器信号输出,2 路集电极开路形式输出的信号。

④通信接口板:受报警处理板控制,用于与计算机、打印机通信。板内有 2 个 RS232 和 2 个 RS485 串行通信口。

⑤开关量输入板:受报警处理板控制,可接收 24 路光电隔离的开关量信号。

⑥开关量输出板:受报警处理板控制,输出 24 路光电隔离的开关量信号。

⑦开关量探测器接口板:用于连接开关量探测器所组成的探测分路,每块板连接 4 个分路。

⑧电源单元:含有整流电源和蓄电池,可自动切换。

2. 探测环路

在该系统中,一个中央处理单元最多可以连接 190 个探测环路,每个环路中可安装 99 个模拟量探测器或地址单元。一个环路可以覆盖船上几层甲板。因为中央单元和探测器之间的通信信号在发送和接收时受过特殊处理,所以对传输电缆要求不高,采用一般的两芯非屏蔽船用电缆即可。

四、船舶火灾报警系统的种类

根据船舶安装区域和探测介质的不同,船舶上的火灾报警系统主要分为三种:用于舱室的火灾报警系统、用于干货舱的火灾报警系统以及易燃气体探测系统。

1. 用于舱室的火灾报警系统

较完整的舱室火灾自动报警系统主要由探测器(含手动报警按钮)、中央控制单元、报警控制器、区域报警屏、联动控制器、通信广播系统等五大部分组成,如图 3-48 所示。

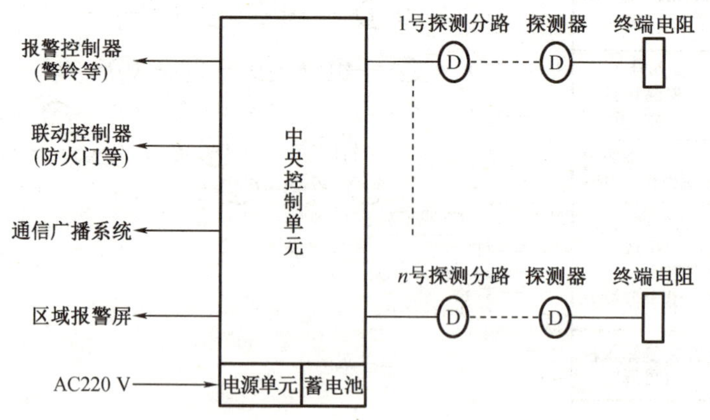

图 3-48　支路式舱室火灾报警系统的组成

(1)探测器

探测器分布在被监测环境现场,它监测环境的有关物理量,将其转换成与该物理量对应的电信号,并传递给报警控制器。手动报警按钮一般安装在人员经常出入的走廊、通道、楼梯口等明显的地方。

探测器主要有感烟、感温和火焰探测器三种。

(2)中央控制单元

中央控制单元一般安装在驾驶台或消防控制站内。在船上应用的中央控制单元有继电接触器控制、PLC 控制以及微机控制等三种。它的作用是接受火灾探测器从监护现场发送来的火灾信号,经过处理后给出声、光火警报警信号,并显示出火警的部位,以便船员及早采取灭火措施。

在中央控制单元中,主要实现以下功能:

①火警发生时给出声、光信号,并指示出火警发生的部位。声响信号可手动切除,但不得影响下一次火灾报警。

②对报警指示设备的输入输出线路进行监控,包括外部断路故障(含探测器和警铃以及线路)、系统内部故障(含主、辅助电源故障、指示灯故障、接地故障、保险丝故障)以及主控制箱的门是否打开等,均能自动发出故障声、光信号,并显示出故障部位。火警声光信号与故障声光信号有明显的区别,消声功能与火警相同。

③火警与故障信号有记忆功能,只有在火警和故障已消除,并经人工复位后方能恢复正常。

④具备手动模拟测试条件,以便检测设备是否正常。

⑤每一分路都可以切断,以便对某一分路进行检查维护,并且应有切断的光指示。

⑥主、副电源可以自动转换,保持不间断地供电。

⑦具备某些辅助功能。

⑧满足船用环境条件试验要求。

(3)区域报警屏

区域报警屏一般安装在机舱集控室内以及船员生活区走廊内。它可以接受报警控制器的信号,显示外围断路等故障信号;在火警发生时,可以指示报警部位并给出声光警报。在辅助报警屏上可以复位各种报警信号。

(4)联动控制器

联动控制器安装在消防控制站内,连接报警控制器送来的火灾信号,通过模块向有关消防设备(包括防火门、风机、油泵、水喷淋系统、CO_2 释放装置等)发出控制命令,同时查询设备的执行情况。

(5)通信广播系统

通信广播系统主体部分安装在消防控制站内,喇叭及电话分机等器件安装在现场,可自动或手动发出语音报警信号。

2. 用于干货舱的火灾报警系统

船舶在行驶中,货舱构成了一个独立的密闭舱室,一般无人员进出,因此通常采用抽烟式火灾自动报警系统。该系统由抽风机、管道、烟雾探测装置和报警指示设备等组成,如货舱发生火灾,烟气通过管道被抽吸到安装在驾驶室的烟雾探测装置,则报警指示设备发出声、光信号。此时,驾驶台值班人员便可根据控制箱屏上的相应指示,判断失火货舱,采取相应消防措施。

(1)系统的基本组成

抽烟式火灾报警系统的组成如图 3-49 所示。系统主要有以下几部分组成:

①抽风机及抽风管道:用以将各货舱火灾时所产生的烟气抽至放置在驾驶台的烟探测器。货舱采用二氧化碳/卤化物灭火系统时,一般就把二氧化碳/卤化物系统的灭火管路作为抽风管道。若货舱采用水、泡沫等其他灭火系统,则抽风管道需另行装设。抽风机应有两套,以便每套交替使用或备用一套。

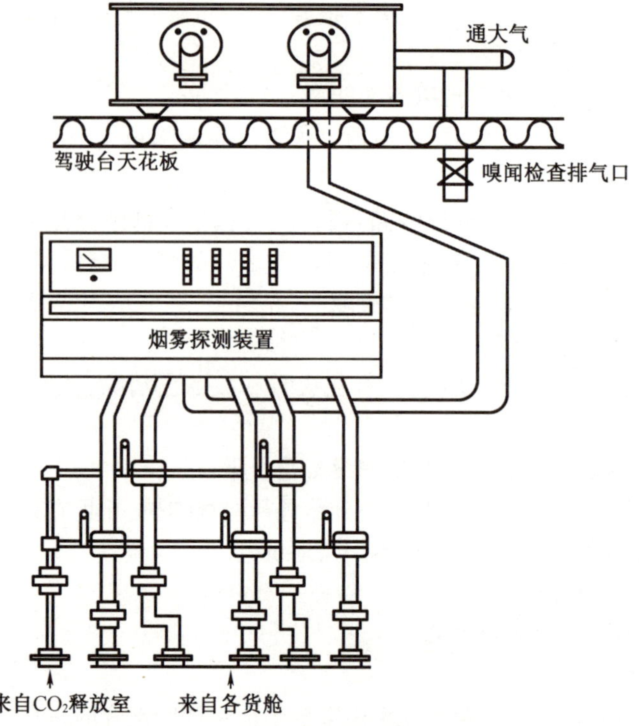

图 3-49　干货舱火灾报警系统图

②烟探测器:从抽风管道中抽吸的烟气被烟探测器感受,从而发出火灾警报。

③火灾的显示和警报设备:将烟探测器接受的火灾警报进行声、光显示,发出火灾警报。

④火灾舱位显示装置:一般采用两种,一种是内置于烟雾探测装置各舱道的旋转色标,正常工作时,该色标高速旋转,它也可用来判断各舱烟道是否堵塞。另一种是采用伺服电机,正常时逐个显示取样舱位,火警时停在报警舱位。

(2)工作原理

货舱抽烟式自动探火及报警系统中的烟探测器的感烟元件一般都由光电管组成。安置在烟探测器内的光电管,当烟颗粒进入时,光碰击颗粒,光被扩散并反射于光敏栅上,导致光敏电路做出反应。其工作原理图如图 3-50 所示。由图中可知货舱抽烟式自动探火及报警系统中的烟探测器的工作原理与用于船员舱室的烟探测器的工作原理是基本相似的。

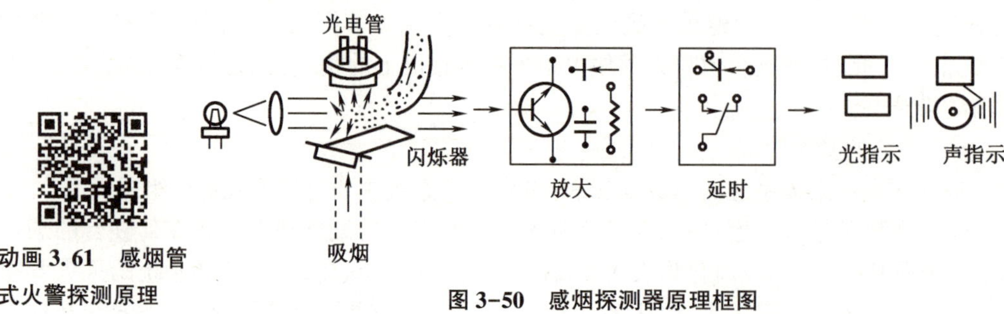

动画 3.61　感烟管式火警探测原理

图 3-50　感烟探测器原理框图

(3)系统的使用

货舱抽烟式自动探火及报警系统在国内外的现代船舶中应用是极为广泛的。该系统经常在装货完毕并盖舱后投入运转,短航程时,系统在航行中不关闭;长航程时,系统往往是间断工作的,即装货完毕并盖舱后投入运转,一至数天后停止,可在需要时再运转。对于有的货种如矿砂、谷物等,该系统可一直停止使用。这样间断工作的目的,在于减少光电管的工作时间,延长系统的使用寿命。在使用过程中应注意及时清洁透镜和光电元件表面,以避免影响使用效果。

3. 易燃气体探测系统

滚装船、渡船等往往在货舱区域需要载运车辆,消防船有时要救护油船,这些船及油船在货舱或船上某些舱室可能聚集较多易燃气体。通常易燃气体的密度较空气重,因而不容易驱散,在易燃气体的体积浓度超过爆炸下限时,遇明火即可能产生爆炸或燃烧。为了检测这些舱室的易燃气体是否达到危险浓度,在这些船上一般装有易燃气体探测系统。

根据不同的化学和物理原理,可有多种检测易燃气体的方法。

(1)化学示剂法。将气体通过装有化学试剂的玻璃管,与管内试剂成生化学反应引起颜色变化,褪色的长度就是气体浓度的测量尺度。测量结果较为精确,但显示管不能重复使用。适用于定点测量,不能进行连续监测。

(2)红外线/分光光度计/色层分离法。这些方法可进行连续精确的测量,但价格较高,只适用于专业化工业分析。

(3)催化灯丝法。气体在催化性金属丝上反应燃烧导致温度升高,金属丝电阻随可燃气浓度的变化而变化,但是催化性金属丝会受到惰性舱的惰性气体影响,不能提供可靠的读数。

(4)气敏半导体法。目前在易燃气体探测实际应用中,采用较多的是金属氧化物元件(又称气敏半导体),它是在铂金丝上涂以金属氧化物,在高温中焙烧而成的。气敏半导体品种很多,主要有氧化锡(SnO_2)、氧化锌(ZnO_2)、氧化钴(CoO_2)、氧化铁(Fe_2O_3)和氧化镍(NiO_2)等,其中氧化锡(SnO_2)使用较广。用这些氧化物制成的气敏半导体,按其性质可分为N型和P型两大类。N型气敏半导体元件在遇到易燃敏感气体时,其电阻值下降,在洁净空气时电阻值大;而P型气敏半导体元件在遇到敏感气体时,其电阻值上升,在洁净空气时电阻值小。

五、火灾探测器的故障分析与注意事项

在火灾自动监控系统的实际运行过程中,控制器(中央单元)本身很少出现故障,而且即使出现故障,由于船舶检测维修设备所限,往往也无法解决。实际上,出现故障最多的是火灾探测器以及外围接线。火灾探测器故障主要有漏报或误报两种情况。漏报指的是火灾已发展到应当报警的规模但却没有报警,误报指的是没有火灾却发出了报警信号。

1. 漏报故障分析

探测器类型选择不当是造成漏报的主要原因之一。不同的火灾探测器都只对某些火灾信号比较敏感。一般对于火灾初期有阴燃阶段、易产生大量烟和少量热、很少或没有火焰的场合,应选用感烟探测器;对于火灾发展迅速、能产生大量热的场合,应选用感温探测器;对于火灾发展迅速、有强烈火焰辐射但发烟较少的场合,应选用火焰探测器。船舶各部位的火灾特点是难以准确预料的,但可以根据模拟试验的结果进行估计。不过火灾探测器的选型

在船舶制造时就已经解决，船舶管理人员在实际维修更换火灾探测器时需考虑这一问题。

感温式、感烟式和气敏半导体探测器都是接触式探测器，只有当足够浓或足够热的烟气到达探测器所在位置时才能被探测到并做出反应。假定探测器本身及线路没有故障，那么出现漏报往往是探测器没有探测到足够多的烟气。例如目前常用的感烟探测器基本上适用于船舶各部位，其顶棚的高度一般不超过 10 m。这样当其地面附近起火时，火灾烟气可在几秒钟升到顶棚，并迅速形成烟气层，探测器能够起到及时发现火灾的作用。如果船舶的内部空间（如机舱顶层）较大、较高，烟气到达顶棚的时间必将延长，而且由于卷吸空气的稀释，烟气的浓度有所降低，等达到探测器的报警浓度时，火灾已经发展到相当大的规模，早期灭火的时机往往已被错过。但有时过于靠近天花板也不合适。例如在夏季，环境温度较高时，可造成室内顶棚下的空气温度较高。它可以导致燃烧刚产生的烟气无法到达顶棚，这通常称为烟气的热降。若探测器离顶棚过近就会漏报警。为避免热降，感烟探测器应与顶棚保持一段距离。又如当室内有通风换气装置时，形成的强制空气流动可以使烟气偏斜，以致到不了探测器位置。所有这些都应具体情况具体分析处理。

造成探测器误报有结构方面的原因，也有使用方面的原因。前一方面主要与探测器的灵敏度有关，探测器的灵敏度过低会造成报警延迟，但太高了又容易发生误报，应当选择合适的报警范围。现在通用的探测器大都将灵敏度设为若干级，如定温探测器的一级灵敏度的动作温度为 62 ℃，二级灵敏度的动作温度为 70 ℃，三级灵敏度的动作温度为 78 ℃。感烟探测器的一级灵敏度表示单位长度的烟气减光率达到 10%报警，二级灵敏度表示该减光率达到 20%报警，三级灵敏度表示该减光率达到 30%报警等。

2. 误报故障分析

根据实际使用统计，由于使用不当引起火灾误报主要有以下原因。

（1）吸烟：这是大量事实所证明的，尤其是当房间顶棚较低（如机舱集控室和船员舱室等）而探测器的灵敏度较高时更容易发生。有时一个人吸烟就可干扰探测器的工作，三个人同时吸烟足以使探测器报警。由于吸烟过程多为阴燃，生成的烟颗粒较大，故更容易使光电型探测器误报。

（2）电气焊：在使用电气焊作业时产生的大量烟雾，很容易使火灾探测器发出火警信号。在机舱工作间以及修船厂修船时应特别引起船舶管理人员的注意。

（3）灰尘：灰尘对探测器的影响与烟颗粒相同，在安装探测器的房间内应当尽量减少空气中的灰尘，如果灰尘与油污混杂起来，还容易积聚在探测器的发射或接收元件上，产生长期不良影响。这一情况在船舶中较少出现。

（4）水蒸气：当室内的湿度较大时，水蒸气可进入探测器内，干扰探测器的工作。若水蒸气凝结在有关元件上，也会影响光线的发出和接收。造成室内水分过多主要有两种情况，一是室内存在水源或汽源，如厨房、洗衣间、房间漏水等；二是季节影响，如夏季，尤其是梅雨时节，容易出现室内湿度很大的情况。现在所用的大多数探测器适用于相对湿度低于 85%的环境。

（5）小昆虫和蜘蛛网：为了让烟气进入探测器内腔，通常设置一些进烟孔，并在孔口加上丝网，其主要目的是阻挡昆虫进入。但孔口过小又会影响烟气进入。综合考虑，目前常用的丝网孔径为 1.25 mm。它可挡住大昆虫，但小昆虫和小蜘蛛难免进入。

（6）炊事：做饭时常产生大量的烟气。尤其是炒、蒸、熏时产生的烟气量更大。这种烟中往往掺杂着油蒸气，对探测器的有害影响很严重。

(7)缺乏清洁:这一因素对探测器的影响是逐渐积累的。探测器的使用时间长了,其内部总会积聚污染物,因此必须定期清洁。然而船舶管理人员并未重视这一问题,火灾探测器往往几年不保养,这就难免经常发生误报。

3. 火灾探测器注意事项

另外在火灾探测器维护和保养中,还需注意以下几点:

动画 3.62 火灾监视报警仿真操作

(1)探测器拧到天花板的底座上之后在报警控制器上即显示该区域报警,一般来讲,说明底座上的两条线反接了(无极性要求的探测器除外),要用万用表检查极性后换接过来。

(2)当火灾报警器显示某区域报警,但该区域并无火情时,则可能是探测器本身的故障,如场效应管输入阻抗降低、$^{241}A_m$ 片剂量较低、可控硅击穿等。应将该探测器更换。

(3)定期进行探测器试验。对感烟式探测器,若对烟雾无反应,始终不报警,可能是场效应管损坏,也可能是可控硅或稳压二极管损坏。熏烟检查可用塑料管吹入香烟烟雾,用专用试验器检查更好。对于感温式探测器,可人为快速提高探测器周围温度,看是否会发生报警。

拓展强化

任务 3.6

一、选择题(请扫码作答)

二、简答题:

1. 简述火灾探测的基本方法。
2. 船用火灾探测器的类型有哪些?
3. 火灾报警系统的种类有哪些?

育德润心

“七下西洋”伟大航海家——郑和

项目4 船舶主机自动控制系统

项目描述

现今,船舶常用推进动力装置主要包括柴油机动力装置、燃气轮机动力装置、电力推进装置等。随着环保要求的提高和新能源技术的发展,新型推进动力如混合动力、燃料电池等逐渐得到应用。这些新型推进动力在降低船舶碳排放、提高能效等方面具有明显优势,也是船舶动力发展的重要方向。本项目介绍了主机遥控系统的组成与功能,主机遥控常用气阀元件、车钟系统、主机遥控逻辑控制、电/气转换和执行机构、气动主机遥控系统、微机控制的主机遥控系统、现场总线式主机遥控系统以及电控柴油机控制系统等。通过学习,重点掌握主机遥控系统的组成与功能,主机遥控系统换向、启动、制动等控制逻辑实现,主机转速和负荷的控制与限制;熟悉气动式、微机型、现场总线型主机遥控系统以及电控主机系统等应用实例;会分析典型主机遥控系统的过程原理及常见故障。

通过本项目的学习,应达到以下学习目标:

知识目标:

- 掌握主机遥控系统的分类、组成和功能;
- 掌握气动主机遥控系统基本阀件及车钟原理;
- 掌握主机遥控之换向、启动、制动逻辑条件及控制实例;
- 掌握主机转速和负荷的控制与限制的作用及原理;
- 掌握主机数字式调速器的功能和调速原理;
- 掌握主机安全保护与应急操纵;
- 掌握遥控系统的信号电/气转换、电/液伺服器的原理。

能力目标:

- 能正确分析逻辑阀件、时序阀件、比例阀件的原理和用途;
- 能正确分析管理主机遥控系统的基本理论和能力;
- 会正确判断启动逻辑程序、自动重复启动程序、程序负荷、逻辑回路。

素质目标:

- 培养笃学求实、严谨致用、精益求精的工匠精神;
- 增强职业安全、规范与环保意识;
- 提升良好沟通协作能力、数智化素养与创新能力;
- 厚植家国情怀,涵养进取品格,践行使命担当。

项目实施

项目实施遵循岗位工作内容与适任能力培养,按由浅入深、由表及里、循序渐进规律,将船舶主机遥控系统分成以下10个任务完成。

任务4.1　主机遥控系统认知

任务分析

主机遥控系统认识是对主机自动控制系统的分类、组成及主要功能等系统概念的学习与掌握。实现轮机员或驾驶员在集控室或驾驶室通过遥控操作,使主机达到期望的运行状态。本次任务是了解主机遥控系统的基本概念,掌握主机遥控的分类、组成和主要功能。

任务实施

目前,较多船舶仍使用柴油机作为推进动力。它具有功率范围广、热效率高、结构紧凑、工作可靠、维护方便等优点。我们把直接驱动螺旋桨推动船舶的柴油机称为主柴油机。主柴油机通常可在机旁、集控室和驾驶台三个部位进行操作和控制。操作人员离开机旁,在集控室或驾驶台对主柴油机进行远距离操纵的控制系统,称为主机遥控系统。

通过主机遥控系统,应能对主机进行停车、换向、启动等逻辑控制和对主机的转速进行闭环控制,同时还应能对主机的转速和负荷进行必要的限制,并具有必要的安全保护功能。主机遥控系统不仅能改善轮机人员的工作条件,改善船舶的操纵性能,而且还能提高船舶航行的安全性以及主机工作的可靠性和经济性,是船舶自动化的重要组成部分,也是现代化船舶实现无人机舱的必要条件之一。

随着柴油机制造技术的发展,在船上已经开始采用无凸轮轴的电控柴油主机(也称智能柴油主机),其控制系统与常规的凸轮轴式柴油机有较大的区别。本任务主要针对传统凸轮轴式柴油机介绍主机遥控系统的基本概念,电控柴油机的控制系统参见其他项任务。

一、主机遥控系统的类型

根据所采用的遥控设备及实现方式的不同,主机遥控系统可以分为以下几种类型。

1. 气动式主机遥控系统

气动式主机遥控系统主要由气动遥控装置和气动驱动机构组成,并配有少量的电动元件,如电磁阀和测速电路等。它的主要特点是驱动功率大,工作可靠,结构简单、直观,便于维护管理,但是存在压力传递滞后的现象。因此,控制距离受到限制,并且对气源供气质量要求高,气动元件容易出现漏气、脏堵及磨损现象。

2. 电动式主机遥控系统

电动式主机遥控系统的遥控装置与驱动机构均由电动元件构成。它的主要特点是结构紧凑、遥控距离不受限制、控制性能好,可以较灵活地实现各种功能,但执行机构的驱动功率小、对管理人员技术要求较高。电动遥控系统又可分为有触点继电器式和无触点集成电路式两种。

3. 电-气式主机遥控系统

电-气式主机遥控系统的遥控装置主要由电动元件构成,而驱动机构则由气动元件构成。这种结构充分发挥了电动式和气动式两种遥控系统的优点,是较完善的遥控系统。

4. 电-液式主机遥控系统

电-液式主机遥控系统主要由电动式主机遥控系统的遥控装置与液压执行机构组成,它具有驱动功率大、可控性好、便于远距离控制等优点,但结构复杂,需设置液压油回收系统,并且容易出现漏油、渗气现象。

5. 微机控制的主机遥控系统

微机控制的主机遥控系统主要由 PLC 或微型计算机及其接口电路组成,只有驱动机构采用气动或电动元件。遥控系统的功能主要由软件实现,具有应用灵活、功能强大、适用性强和可靠性高的特点。近几年下水的船舶几乎全部采用微机控制,并朝着分布式和网络化的方向发展。

6. 现场总线型主机遥控系统

现场总线型主机遥控系统是计算机网络化技术在船舶上广泛应用的产物。在现场总线型主机遥控系统中,控制系统的各个组成部件采用分布式的计算机节点控制,各个控制节点采用现场总线互联,大大地减少了连接电缆长度,降低了布线成本,安装维护极为方便,同时也提高了系统的可靠性。严格意义上说,现场总线型主机遥控系统同时也属于微机控制的范畴。

二、主机遥控系统的组成

主机遥控系统的组成主要包括遥控操纵台、车钟系统、逻辑控制单元、转速与负荷控制单元、包括遥控执行机构在内的主机气动操纵系统以及安全保护系统六大部分,如图 4-1 所示为主机遥控系统的组成图。

1. 遥控操纵台

遥控操纵台设置在驾驶台和集控室内,分别与驾驶台盘面和集控室盘面形成一个整体。操纵台主要安装有车令手柄、辅助车钟、车钟记录装置、指示灯、控制面板以及显示仪表等;集控室操纵台上主要包括车钟回令兼换向手柄、主机启动与调速手柄、操作部位切换装置、指示灯、控制面板以及显示仪表等。此外,在主机旁还设有应急操纵台,包括机旁应急车钟和机旁应急操纵装置。

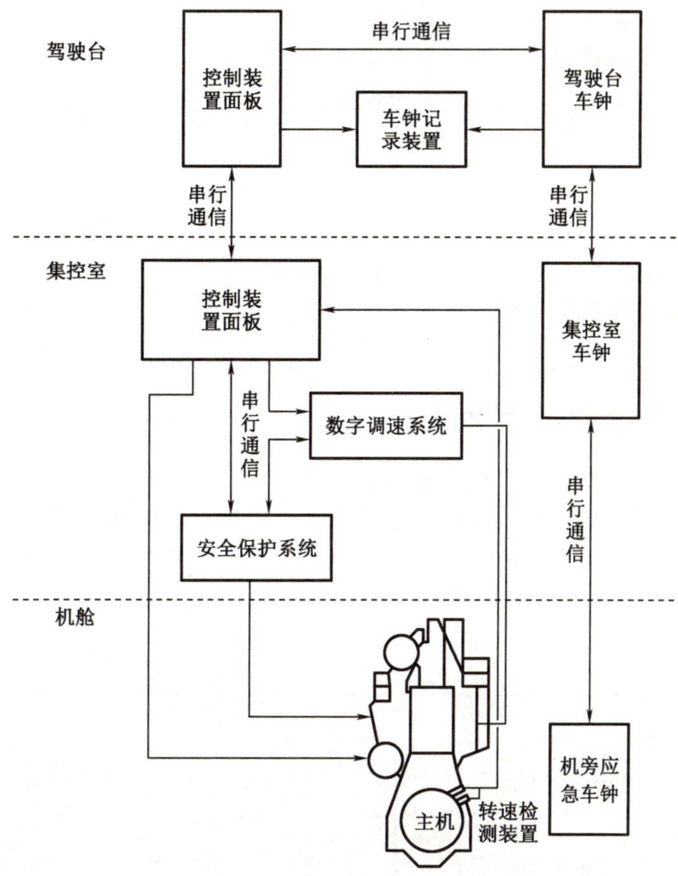

图4-1　主机遥控系统的组成图

2. 车钟系统

车钟系统是实现驾驶台与集控室、驾驶台与机旁之间进行车令传送与应答的重要设备，由驾驶台车钟、集控室车钟和机旁应急车钟组成。车钟系统一般有两种工作模式：一种是操控模式，另一种是传令模式。操控模式对应于在驾驶台遥控主机的情况，此时驾驶台车钟直接通过逻辑控制单元和转速控制单元对主机进行自动遥控。传令模式对应于在集控室或机旁应急操作的情况，此时驾驶台车令通过车钟首先传递到集控室或机旁，轮机员进行车令应答(回复)后，再对主机进行相应的操作。

3. 逻辑控制单元

逻辑控制单元是自动遥控系统的核心，它根据遥控操纵台给出的指令、转速的大小和方向、凸轮轴位置以及主机的其他状态信息，完成对主机的启动、换向、制动、停油等逻辑控制功能。

4. 转速与负荷控制单元

转速与负荷控制单元，一方面通过闭环控制使主机最终运行在车令手柄设定的转速，另一方面在加、减速过程中要对加、减速速率以及主机所承受的机械负荷和热负荷进行必要的限制，以确保主机运转的安全。

5. 主机气动操纵系统

主机的启动、换向、制动和停车等操作的逻辑控制通常都是以压缩空气作为动力源的，对于采用液压调速器的主机,其转速给定环节也是通过气路来实现的。主机气动操纵系统就是为实现上述功能而设置的一套气动逻辑回路,通常由主机厂家随主机一起提供,是主机遥控系统的重要组成部分。通过气动操纵系统,可以在集控室对主机进行手动遥控和在机旁进行应急操作。

6. 安全保护系统

安全保护系统用来监视主机运行中的一些重要参数。一旦某个重要参数发生严重越限,安全保护系统应能通过遥控系统使主机进行减速,或迫使主机停车,以保障主机的安全。安全保护系统是一个不依赖于遥控系统而相对独立的系统,即使遥控系统出现故障,也应能正常工作。

三、主机遥控系统的主要功能

尽管不同生产厂家生产的主机遥控系统在实现方案和实现手段上不尽相同,但各厂家都必须共同遵守相关船级社所规定的船舶建造和入级规范。总体上讲,主机自动遥控系统的主要功能应包括五个方面,即操作部位切换功能、逻辑程序控制功能、转速与负荷控制功能、安全保护与应急操作功能以及模拟试验功能,如图4-2所示,下面分别进行具体介绍。

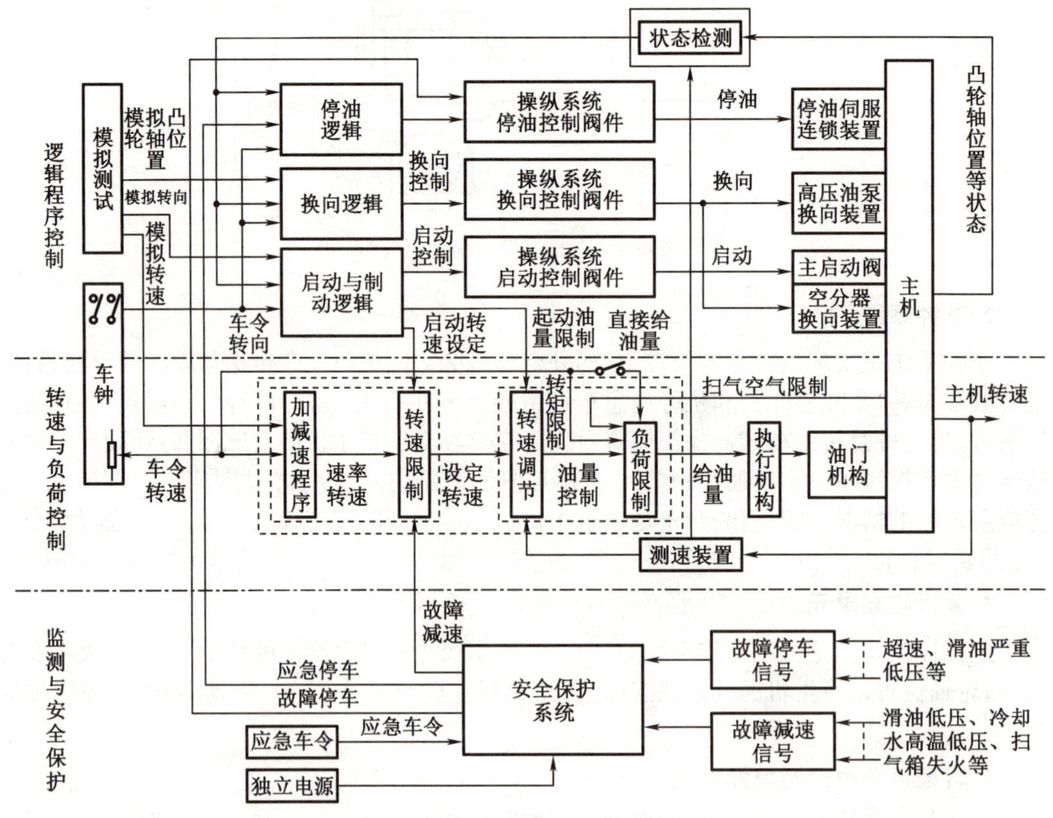

图4-2 主机自动遥控系统的主要功能

1. 操作部位切换功能

出于安全考虑,主机遥控系统在设计上必须保证在驾驶台自动遥控失效时能切换到集控室进行操纵,而集控室失效时能切换到机旁进行应急操纵。因此,遥控系统必须在机旁和集控室提供操作部位切换装置。机旁一般设有“机旁(Local)”和“遥控(Remote)”转换开关,而在集控台上则设有“集控室(ECR)”和“驾驶台(BR)”转换开关。只有在机旁转换开关转至“遥控(Remote)”位置时才能在集控室或者驾驶台操作,是在集控室还是驾驶台操作由集控室转换开关进行选择。在三个操作部位中,机旁的操作优先权最高,自动化程度最低;集控室的操作优先权和自动化程度均其次;驾驶台的操作优先权最低,但自动化程度最高。在进行操作部位切换时,高优先级的操作部位可以无条件地获得操作权;反之则不然。

2. 逻辑程序控制功能

(1)换向逻辑控制

当有动车车令,即车钟手柄从停车位置移至正车或倒车位置的某一位置时,遥控系统首先进行换向逻辑判别,即判断车令位置与实际凸轮轴的位置是否一致。当车令位置与实际凸轮轴位置不符合时,便自动控制主机换向,将主机的凸轮轴换到车令所要求的位置。换向完成后,遥控系统转入启动逻辑控制(如车令位置与实际凸轮轴位置相符,则省去上述换向过程,直接进入启动逻辑控制)。如在规定的时间内,主机凸轮轴未能换到车令所要求的位置,遥控系统将发出换向失败报警信号,同时禁止启动主机。

(2)启动逻辑控制

换向逻辑控制完成后,遥控系统紧接着进入启动逻辑判断,也就是对启动条件进行鉴别。

当满足启动主机所需的各项条件时,控制空气分配器投入工作,打开主启动阀,启动空气将进入主机进行启动,在主机转速达到发火切换转速时,自动完成油气转换(对油气并进的主机可提前供油),停止启动。这时若启动成功,自动转入主机加速程序。

(3)重复启动程序控制

若主机在启动过程中发生点火失败,遥控系统将自动进行第二次启动。若第二次启动又发生点火失败,则自动进行第三次启动。无论第二次或第三次中哪次启动成功都将自动转入主机加速程序。当出现第三次启动失败时,遥控系统将自动停止启动,同时发出启动失败报警。当故障排除后,需将车钟手柄拉到停车位置,对三次启动失败信号复位,方可对主机进行再启动。

(4)重启动逻辑控制

在应急启动、倒车启动或有重复启动的情况下,为了提高主机启动的成功率,遥控系统将自动增大启动供油量或者自动提高启动空气切断转速,对主机进行重启动。

(5)慢转启动逻辑程序

当主机停车时间超过规定时间(一般为30~60 min可调)以后,或在停车期间发生断电,再启动主机时,遥控系统将自动控制主机先进入慢转启动,即让主机缓慢转动1~2转,随后再转入正常启动。若慢转启动失败,将发出报警信号并且封锁正常启动。

设置慢转启动的目的,一方面使主机各主要摩擦面建立起润滑油膜后再转入正常启动,以减少磨损;另一方面当慢转启动失败后,可以通过检查发现主机的故障,避免发生启动事故。

(6)主机运行中的换向及制动逻辑程序控制

当船舶全速航行遇到紧急情况时,若把车钟手柄拉到停车位置,遥控系统会发出停油动作,由于船舶的惯性很大,船舶的滑行距离很长,主机转速也会因为螺旋桨的水涡轮作用而保持相当长的时间,这对紧急避碰来说是极为不利的,为了解决这个问题,现在的主机遥控系统一般都设有主机运行中的换向与制动功能。

当主机在正车(或倒车)运行中车钟手柄突然从正车拉到倒车位置(或相反)时,遥控系统将自动执行“停油—换向—制动—倒车启动—倒车加速”过程。有的主机换向需要有转速限制,即转速降到一定数值才允许换向,而且换向转速分为正常换向转速和应急换向转速(应急换向转速比正常换向转速大)。制动的前提是换向完毕。制动分为能耗制动和强制制动。有的遥控系统只设置强制制动(主要用于大型低速柴油机)。有的遥控系统先进行能耗制动,然后再进行强制制动(主要用于中速柴油机)。所谓能耗制动,是在应急换向完成后,只让空气分配器工作,主启动阀关闭,这时主机是正车转向,而凸轮轴是倒车位置。因此,当某缸活塞上行(压缩冲程)时,空气分配器使此缸的气缸启动阀开启,气缸内的气体经气缸启动阀到主启动阀后被截止,使主机起着压缩机作用,消耗其能量,降低其转速,实行能耗制动。能耗制动是主机转速较高且制动力矩较小时的制动方式。而强制制动是让空气分配器工作,且主启动阀开启。此时,高压启动空气在各缸的气缸启动阀前等待,当某缸活塞上行时,空气分配器控制此缸的气缸启动阀开启。于是,高压启动空气进入气缸,强行阻止活塞运动,使主机转速迅速下降为零,实行强制制动,当主机转速下降为零后,则按倒车的启动控制逻辑来启动主机,使主机倒转,并按倒车加速程序将主机转速调节到车令设定转速。

3. 转速与负荷控制功能

(1)转速程序控制

当对主机进行加速操纵时,应对加速过程的快慢有所限制,转速(或负荷)范围不同对加速过程的限制程度就不同。因此,加速过程控制有两种形式:发送速率限制和程序负荷限制(也称负荷程序)。其中,发送速率指的是主机在中速区以下的加速控制,加速速率较快,而程序负荷指的是高速区的加速控制,特别强调慢加速。这是因为在高负荷时加速太快,会使主机超热负荷,严重影响缸套、活塞和缸盖等燃烧室部件的寿命。因此,有了发送速率和程序负荷这种控制功能,驾驶员可按实际情况把车钟手柄扳到任一速度挡,而不必考虑是否会损害主机。当车钟手柄从停车扳到正车(倒车)全速时,主机先进行启动操作,启动阶段完成以后,主机的加速过程就会按预先设定好的加速速率进行加速,当主机定速后,主机转速控制系统就会按设计好的程序负荷继续给主机加速,最后一直到车钟手柄所设定的正车海上转速。由此可见,转速给定值是变化的,而且变化规律是确定的。因此,在主机启动完成到转速稳定这段时间内,主机转速控制系统实际上是在完成一个转速程序控制过程。

实际上不仅有加速程序负荷,还有减速程序负荷,只不过减速程序负荷比加速过程快得多,往往被忽略,除遇到应急情况外,主机在从海上转速降速时进行一段减速程序负荷控制,对延长主机使用寿命和降低故障率都是十分重要的,因此,部分主机转速控制系统还设有减速程序负荷。

(2)转速-负荷控制

主机的转速与负荷控制回路是一个综合控制回路。在正常航行工况下,控制回路主要通过调速器对主机转速进行定值控制。控制回路的作用就是克服各种扰动,把主机转速控制在车钟手柄所设定的转速上。但是,当船舶在恶劣海况下航行时,螺旋桨可能会频繁露出水面,转速升高,若此时仍采用转速定值控制,调速器为了维持主机运行在设定转速上,不得不频繁地大幅度调节主机供油量,这就有可能导致主机超热负荷。一旦调速器调节机构减油不及时,主机就会发生飞车而使主机超机械负荷。这时,主机转速控制系统常采用负荷控制方式或死区控制方式来保障主机的安全运行。

(3)转速限制

为了保证主机安全、可靠及有效地运行,车令设定的转速值必须符合主机自身特性的要求,因此,遥控系统将对进入主机调速器的设定转速进行最小转速限制、临界转速自动避让、最大转速限制以及轮机长手动设定的最大转速限制。

①最小转速限制:当车令设定转速值小于主机最低稳定转速时,为了防止主机不稳定运转或熄火停车,遥控系统将自动地把设定转速限制在主机最低稳定转速上。

②临界转速自动避让:当车钟设定转速处于临界转速区时,为了保证主机不在临界转速上运转,遥控系统将自动地把设定转速限制在临界转速区之外,并在设定转速经过临界转速区时,自动地控制其快速通过临界转速区,以确保主机安全运转。

③最大转速限制:当车令设定转速值大于主机所允许的最大转速时,为防止主机超速,遥控系统将自动地把设定转速限制在主机所允许的最大转速范围内。由于主机倒车运行工况较正车差,故有些遥控系统还设置了数值上较正车小的最大倒车转速限制。

④轮机长手动设定的最大转速限制:在非应急运转工况下,当车令设定转速值大于轮机长手动设定最大转速值时,遥控系统将对其车令设定转速值进行限制,以确保主机转速不超过轮机长所设定最大允许转速。

(4)负荷限制

主机转速控制系统在对主机转速进行转速自动控制时,主机的供油量是由调速器根据偏差转速大小来控制的。调速器为了把主机的转速快速调节到设定转速,有可能使主机因供油量太大而超负荷。为此,遥控系统应对主机的供油量进行限制。负荷限制主要包括如下几个方面。

①启动油量的设置:若要使主机顺利且平稳地启动起来,就必须在主机启动时供给适量的燃油,为了使启动油量不受车令设定转速的影响,实现定油量启动,遥控系统在主机启动期间自动阻断车令设定转速,给出一个最佳启动转速及最大允许启动油量,以确保主机安全、平稳、可靠地启动。

②转矩的限制:为了保证主机的安全运行,延长运行使用寿命,遥控系统一般都设置转矩限制功能,原因是主机在某一转速下运行时,如供油量过大就有可能使主推进轴的扭矩超过允许的机械负荷。此时,遥控系统将自动地限制主机的供油量,即根据车令设定的转速或主机的实际转速给出一个相应的允许供油范围,从而将主机的转矩限制在安全的范围内。

③增压空气压力限制:主机从低速开始加速时,油量会突然增加很多,而此刻增压器输出的增压空气压力较低,这样就会出现油多气少的现象,导致燃烧不充分而冒黑烟。为了防止主机在加速过程中出现冒黑烟现象,遥控系统将自动地根据增压空气压力的高低来限制主机的供油量,以保证喷入气缸的燃油充分燃烧,同时也可防止主机受热部件的过热现象。

④螺旋桨特性限制:主机与螺旋桨的配合是按螺旋桨推进特性工作的,即功率与转速成三次方关系。转矩与转速成平方关系,而前述的各种限制方式都是在某一负荷范围内的直线限制特性。有的遥控系统设置了按螺旋桨的特性来限制主机的供油量,用来修正原有负荷的限制特性,使之接近螺旋桨推进特性曲线形状,以满足螺旋桨吸收功率的需要。

⑤最大油量的限制:在主机供油量超出轮机长所设定最大供油量时,遥控系统将自动地将主机供油量限制在轮机长设定的最大供油量上,以实现主机的最大负荷限制。

4. 安全保护与应急操纵功能

(1)安全保护

安全保护是遥控操纵中为保护主机而设计的一个功能系统,当主机在运行过程中有重要参数越限异常时,它能使主机自动减速或自动停车,并发出报警信号且显示安全系统动作的原因,以保护主机的安全。譬如:

①主机超速、主机滑油系统压力低、增压器滑油压力低、凸轮轴滑油压力低、推力块高温等严重异常情况。

②主机燃油系统、冷却系统的一些流量、温度出现异常,主机排气温度过高,曲轴箱内油雾浓度或温度过高越限等异常情形。

上述重要参数的安全保护情况有两个:一个是主机故障自动停车(shut down),另一个是主机故障自动减速(slow down)。当出现安全保护装置动作且故障排除后,需要对故障复位才能进行启动和加速。

(2)应急操纵

在应急情况下,为了保证船舶的安全,需要对主机进行以下三个方面的特殊操纵。

①机旁应急运行

在主机遥控系统失灵的情况下,为了保证主机仍然继续运行,只要将主机操纵部位从驾驶台或集控室直接切换到机旁,即可实现机旁手动应急操纵。

②应急运行

在运行中的全速换向操作一般在紧急避碰中使用,属于应急运行。它包括应急换向、应急启动及应急加速。应急换向指的是主机在应急换向转速下的换向。应急启动除了采用重启动外,还将自动取消慢转启动与时间启动。应急加速主要指的是取消负荷程序进行快加速,同时还自动取消某些限制(如增压空气压力限制、转矩限制等)。船在锚地走锚后所进行的应急启动、应急加速也是一种应急运行。还有当安全保护系统动作后,使主机减速和停车,但从整个船舶的安全看,又不允许停车和减速,这时应采取"舍机保船"措施,取消自动减速和自动停车信号,迫使主机带病运转。但对一些严重的故障停车信号(如主机滑油低压和超速)一般是不能强迫运转的。有的船上只能在有自动减速信号时才可采取应急运行的强迫运转方式,而对所有故障停车信号都不能采取强迫运转方式。

③手动应急停车

当车钟手柄扳回到停车位置时,由于遥控系统出现了故障,不能使主机停油,应按下"应急停车"按钮,通过应急停车装置使主机立即断油停车,同时发出报警。若要重新启动主机,必须对应急停车信号进行复位。

5. 模拟试验功能

各种主机遥控系统几乎都设置了相应的模拟试验装置。它主要用于显示遥控系统的运行工况,如电磁阀的状态、主机凸轮轴的位置以及启动过程等;测试和调整遥控系统的各种参数;检查遥控系统的各种功能是否正常,若有故障,可利用模拟试验来查找和判定故障部位。

掌握正确的模拟试验方法对轮机管理人员来说是十分重要的。尽管有各种各样的模拟试验装置和多种试验方式,但其中最基本的试验方式是在主机停车时利用车钟(实际车钟或模拟车钟)和模拟转速旋钮配合操作,使遥控系统完成一系列动作。因为遥控系统对主机的实际转速和模拟转速是没有辨别能力的,所以其把模拟转速同实际转速同等对待。正是利用这一点,使之达到检查遥控系统各种功能和判断故障的目的,按设计要求完成各种动作。在用实际车钟和模拟转速的试验中,除了主机因主启动阀关闭而不能转动以外,遥控系统的各种阀和部件都可以动作。因此,在进行模拟试验前要做好相关的准备工作。

拓展强化

任务4.1

一、选择题(请扫码作答)

二、简答题

1. 主机遥控系统的主要组成和分类是什么?
2. 主机遥控系统的主要功能有哪些?

任务4.2　主机遥控系统的主要气动阀件与气源

任务分析

主机遥控系统的控制逻辑主要由逻辑阀件、时序阀件和比例阀件三大气动控制元件构成,用于对主机控制信号进行分配。本任务目标是了解控制气源装置的组成和功能;掌握主机遥控逻辑阀件、时序阀件和比例阀件的逻辑符号、结构及基本原理;了解控制系统的基本要求。

任务实施

主机遥控系统中,气动元件是常见的基本组成要素,尤其是对于气动操纵系统而言,更是如此。常用的气动阀件可分为逻辑元件、时序元件和比例元件等。它们工作的气压信号是由气源提供的,主机控制信号的气源压力通常为0.7 MPa。

一、气动逻辑元件

逻辑元件实际上就是开关元件。根据某些逻辑条件,其输出端或者通气源压力信号(简称输出为1),或者输出端通大气(简称输出为0)。逻辑元件包括二位三通阀、二位四通阀、二位五通阀、三位四通阀、双座止回阀和联动阀。

1. 二位三通阀

(1)机械动作的二位三通阀

动画4.21　机械式两位三通阀动作原理

机械动作的二位三通阀的结构原理及逻辑符号图如图4-3所示,它有两个位置三个通路。该阀的用途是在受机械动作时,工作接口2通入压缩空气(此时接口4为压力口)或使接口2排气(此时接口1为压力口)。其工作原理是当控制端有机械动作时,通过滚轮杠杆 6 作用于顶杆 7，顶杆 7 首先与阀芯 5 接触，从而切断接口 2 和接口 1 之间的通路，然后顶杆将阀芯 5 从阀座 3 上向下顶开，使接口 2 和接口 4 接通，在逻辑符号图上相当于上位通。若控制端有机械动作取消，顶杆在弹簧作用下回到其初始位置，而复位弹簧 8 就会将阀芯重新压回至阀座 3 上，这样接口 1 和接口 2 接通，而接口 4 截止，在逻辑符号图上相当于下位通。

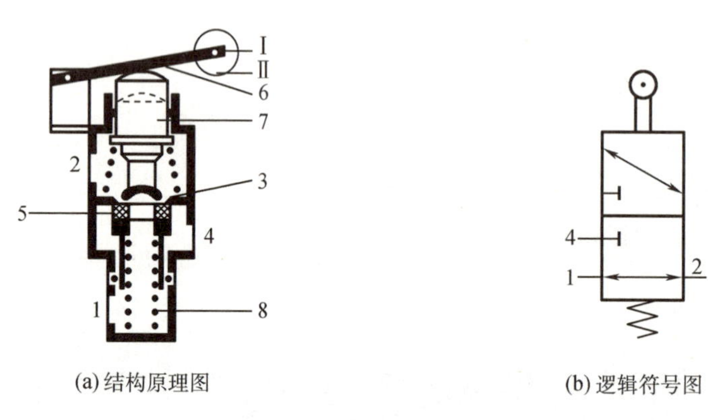

(a) 结构原理图　　(b) 逻辑符号图

1，2，4—接口；3—阀座；5—阀芯；6—滚轮杠杆；7—顶杆；8—复位弹簧。

图 4-3　机械动作的二位三通阀的结构原理及逻辑符号图

若将气源接到接口 1 上，该阀就为常通式二位三通阀。若将气源接到接口 4 上，该阀就为常断式二位三通阀。

(2)气动二位三通阀

如图 4-4 所示为气动二位三通阀的结构原理及逻辑符号图。该阀的用途是当控制口 Z 有压力信号时，可使工作口 A 通入压缩空气(P_1 为压力口)，或使工作口 A 排气(P_2 为压力口)。其工作原理是若控制口 Z 有控制压力信号，则活塞 1 克服弹簧 2 的弹簧力而向下运动在顶杆 3 随之一起向下运动的过程中首先使口 A 与口 P_2 的通路截断，然后使阀芯 4 从其阀座上向下离开，从而使口 P_1 与口 A 相通，在逻辑符号图上相当于上位通。如果控制口排气，活塞 1、顶杆 3 和阀芯 4 均在复位弹簧作用下复位，则有接口 A 和 P_2 接通，而接口 P_1 截止，在逻辑符号图上位于下位通。

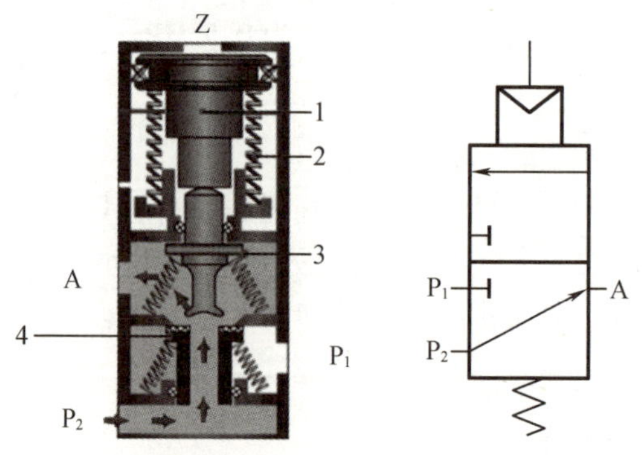

1—活塞；2—弹簧；3—顶杆；4—阀芯。

图 4-4　气动二位三通阀的结构原理及逻辑符号图

若将气源接到接口 P_2 上，该阀就为常通式二位三通阀。若将气源接到接口 P_1 上，该阀就为常断式二位三通阀。

根据动作阀芯力的性质不同,也就是控制信号 A 的种类不同,二位三通阀又可分为机械动作的、手动操作的、气动的、双气路控制的及电动的等,如图 4-5 所示为各种二位三通阀的逻辑符号图。

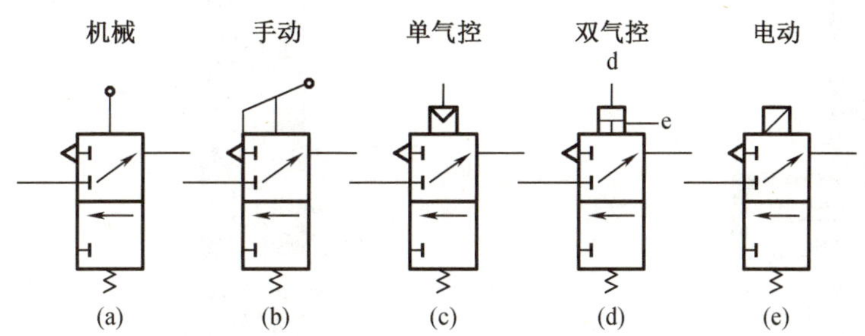

图 4-5　各二位三通阀逻辑符号图

2. 二位四通阀

气动二位四通阀的结构原理及逻辑符号图如图 4-6 所示,该阀的用途是当控制口被加压后,同时使一个工作口通入压缩空气,而使另一个工作口排气。其工作原理是当控制口 2 被加压后,阀芯 5 被向上移动,阀芯 5 是克服弹簧 6 的弹簧力而向上移动的,阀芯 5 下方的台肩使工作口 1 和排气口 E_1 之间的通路截断,而且使工作口 1 和压力口 4 相通,阀芯 5 上方的台肩使工作口 3 和排气口 E_2 相通。控制口 2 失压后,利用弹簧的弹簧力而使该阀复位。气动二位四通阀可以安装在任意位置。

3. 二位五通阀

二位五通阀的结构原理及逻辑符号图如图 4-7 所示,该阀的用途是使两个工作口之一与压力口相通的同时而另一个工作口和排气口相通。其工作原理是若扳动手柄 1 可使顶杆 2 克服弹簧 3 的弹簧力向下运动,从而使压力口 P 与工作口 A 相通,工作口 B 与排气口 S 相通,排气口 R 截止。如果手柄回到其初始位置,则弹簧同样使顶杆回到其初始位置,这时口 P 与口 B 相通,口 A 与排气口 R 相通,排气口 S 截止。

二位五通阀可以被安装在任意位置上,松开螺钉 4 可根据需要调节手柄的初始位置。使用时应防止排气口被水和污物阻塞。

4. 三位四通阀

在遥控系统中,三位四通阀常作为双凸轮主机的换向阀。如图 4-8 所示为三位四通阀的结构原理及逻辑符号图,它由阀体、左和右滑阀及弹簧组成,口 A 和口 B 分别为正车换向和倒车换向输出口,口 E 接连锁信号,只要有连锁信号,该阀就被锁在中位通的位置,此时气源口 P 截止,口 A 和口 B 均通大气,该位置是不允许进行换向操作的。连锁信号撤销(口 E 通大气)后,若 C 端通控制信号,D 端通大气,该阀右位通,口 B 输出 1,口 A 输出 0,气源经口 B 进入倒车换向油缸进行倒车换向。若 D 端通控制信号,C 端通大气,该阀左位通,口 A 输出 1,口 B 输出 0,气源经口 A 进入正车换向油缸进行正车换向。换向完成后,口 E 通连锁信号,三位四通阀立即被锁在中间位置。

动画 4.22　三位四通阀结构原理

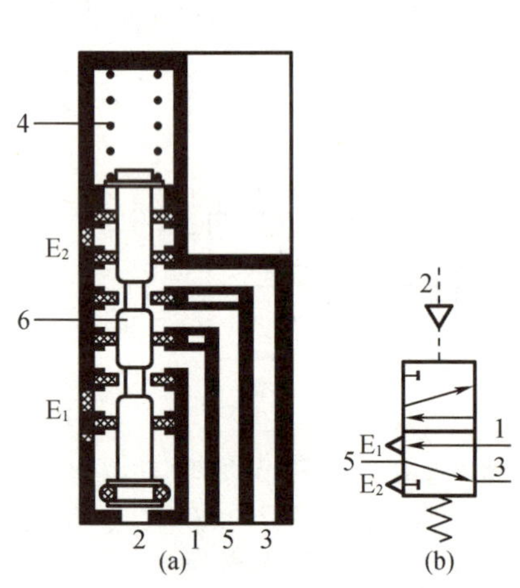

1,3,5,E_1,E_2—工作接口;2—控制口;4—弹簧;6—阀芯。

图 4-6　二位四通阀结构原理及逻辑符号图

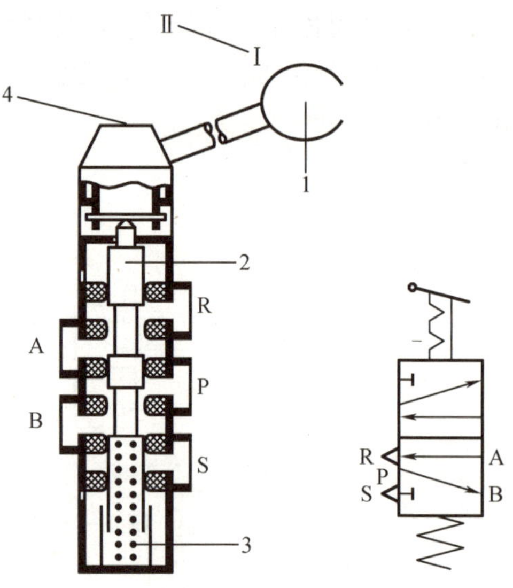

1—手柄;2—顶杆;3—弹簧;4—螺钉;

A,B—工作口;P—压力口;R,S—排气口。

图 4-7　二位五通阀的结构原理及逻辑符号图

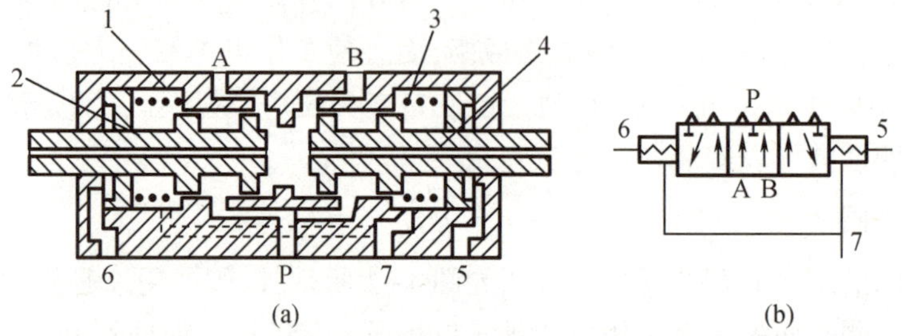

1—阀件;2—左滑阀;3—弹簧;4—右滑阀;5,6—控制端或通大气;7—连锁信号;A,B—工作口;P—压力口。

图 4-8　三位四通阀的结构原理及逻辑符号图

5. 双座止回阀

双座止回阀是“或门”阀,俗称梭阀,双座止回阀的结构原理及逻辑符号图如图 4-9 所示,它有两个输入端 P_1 和 P_2,一个输出端 A,其逻辑功能是 $A=P_1+P_2$。该阀的用途是用于控制有共同工作口的两个压力口的转换。其工作原理是当两个压力口之一(口 P_1 或口 P_2)进气时,小球将第二个压力口关闭并使压缩空气到达工作口 A。当两个压力口同时进气时,具有较高压力的压力口与工作口相通。在安装上要求水平布置。

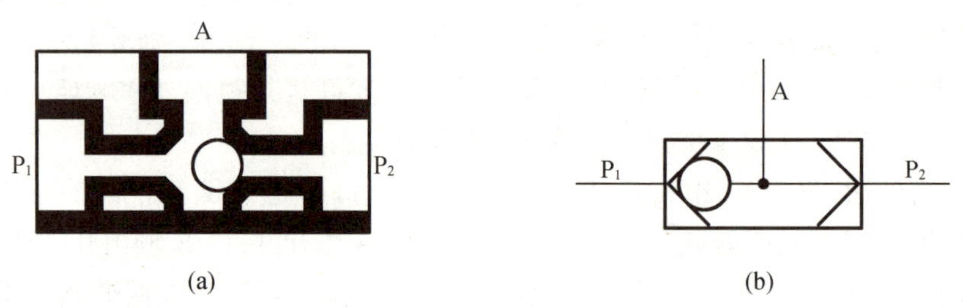

图 4-9　双座止回阀的结构原理及逻辑符号图

6. 联动阀

联动阀是“与门”阀，俗称双压阀，联动阀的结构原理及逻辑符号图如图 4-10 所示，它有两个输入端 A 和 B，一个输出端 C，其逻辑功能是 C=A·B。

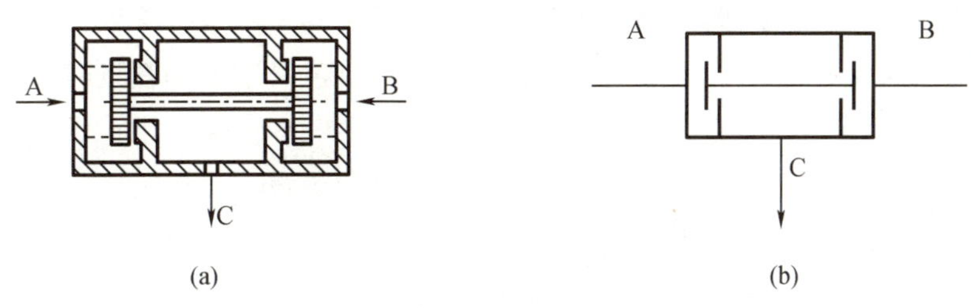

1—阀盘；2—阀杆。

图 4-10　联动阀的结构原理及逻辑符号图

二、时序元件

时序元件在气路中，一般对气压信号的变化起延时作用，它包括单向节流阀、分级延时阀及速放阀。

1. 单向节流阀

单向节流阀的结构原理及逻辑符号图如图 4-11 所示，该阀的用途是可以在一个方向上对气流进行节流调节，而当气流以相反的方向流过时不能被节流。其工作原理是当从接口 2 进气时，碗形密封圈 3(预应力大约为 0.04 MPa)被从阀座上打开，气流不被节流地流到接口 1。当从接口 2 排气时，碗形密封圈被关闭，并且接口 1 的排气只能通过节流口 4，节流口可以通过调节螺栓 5 来改变。向右拧动，减少过流面积，延长排气时间；反之向左拧动，增大流通面积。安全环 6 用于防止将节流口完全关闭。另外，还用两个具有 20 μm 孔隙的过滤器来防止污物进入节流口。节流阀可以被安装在任何位置上，但在安装时必须注意信号流动方向。

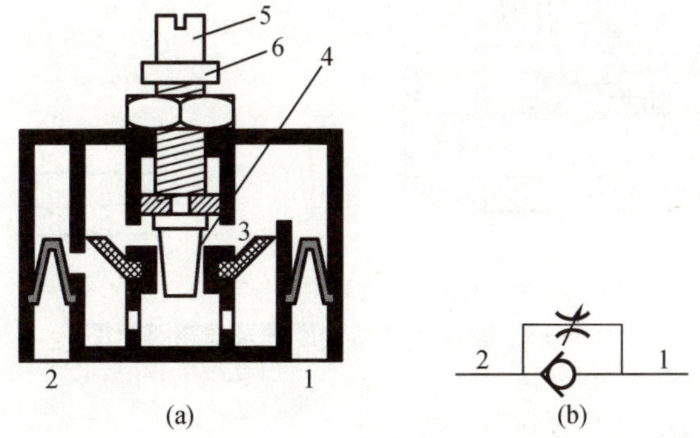

1，2—接口；3—碗形密封圈；4—节流口；5—调节螺栓；6—安全环。

图 4-11　单向节流阀的结构原理及逻辑符号图

2. 分级延时阀

分级延时阀的结构原理及逻辑符号图如图 4-12 所示。当输入口的压力信号较低时，在弹簧作用下，活塞 3 下移。阀盘 2 离开阀座，由口 1 输入的气压信号经气口 4 直接达到输出口 6，不进行节流延时，当输入口 1 压力信号增大到一定值时，活塞 3 克服弹簧张力上移使阀盘 2 压在阀座上，输入的气压信号必须经气口 7，再经节流孔 5 达到输出口 6，进行节流延时。转动调整螺栓 A，可改变弹簧的预紧力，即可调整开始进行节流延时的输入信号的压力值；转动调整螺栓 B，可改变节流孔的开度，即可调整延时时间。当输入的气压信号降低或撤销时，在弹簧作用下，活塞连同阀盘一起下移，输出口 6 直接与输入端相通，不进行节流延时。

动画 4.23 分级延时阀动作原理

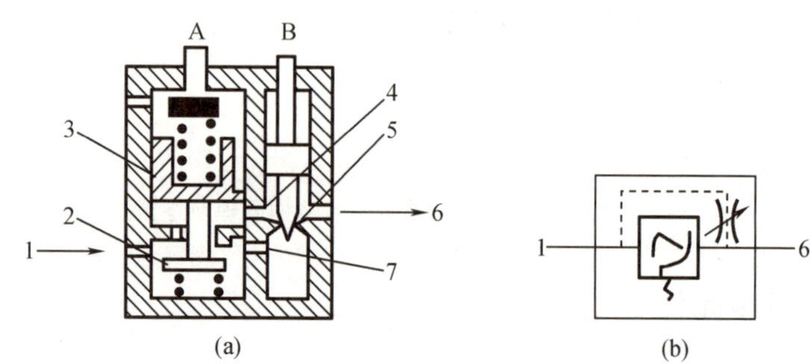

1—输入口；2—阀盘；3—活塞；4，7—气口；5—节流孔；6—输出口；8—阀座。

图 4-12 分级延时阀的结构原理及逻辑符号图

3. 速放阀

速放阀的结构原理及逻辑符号图如图 4-13 所示。A 端为输入端，B 端为输出端。当输入端 A 有气压信号时，橡胶膜片 2 被顶起封住通大气气口 4，使输出端 B 的气压信号立即等于 A 端；当输入端 A 的气压信号撤销时，橡胶膜片 2 下落封住输入端，同时打开通大气气口 4，使输出端 B 的气压信号就地泄放，而不必经输入端 A，再经较长的管路泄放，这就避免了信号泄放的延时。

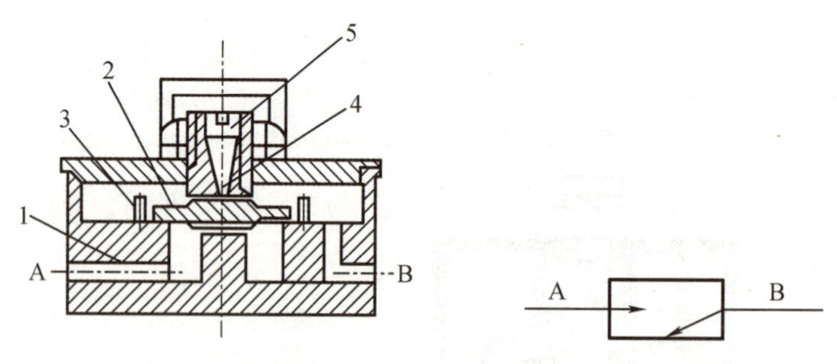

1—阀体；2—橡胶膜片；3—导程销；4—气口；5—空心螺栓。

图 4-13 速放阀的结构原理及逻辑符号图

三、气动比例元件

1. 减压阀

减压阀的结构原理及逻辑符号图如图 4-14 所示。减压阀的作用是将较高的输入压力（通常称为一次压力）降低至一个较低的输出压力（通常称为二次压力）。其工作原理是经过预压的调压弹簧 3 通过顶杆 7 使阀芯 6 打开，压缩空气从 V 口经过这个打开的阀口流向压力较低的 Z 口，在这同时压缩空气也到达膜片 4 的下方，随着 Z 口压力的升高，会使带顶杆的膜片和阀芯一起克服调压弹簧的弹簧力向上运动，直到 Z 口压缩空气作用在膜片上的力(Z 口压力×膜片的有效面积)与通过调节螺栓 1 调节的弹簧力相平衡为止，这时阀芯与阀座 5 接触，从而使 V 口与 Z 口之间的通路截止(截止状态，即输入与排气均被截止)。

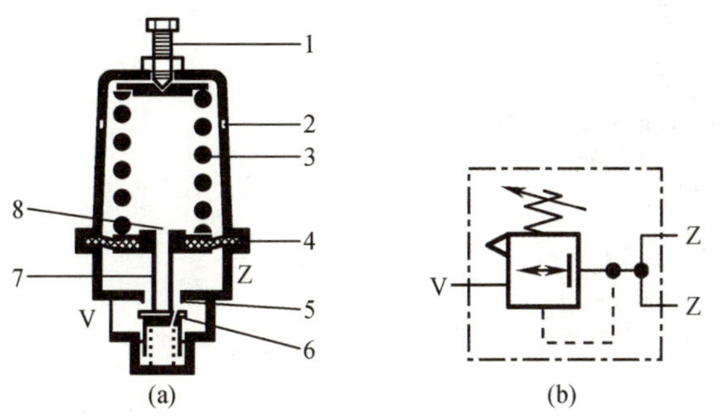

1—调节螺栓；2—气孔；3—调压弹簧；4—膜片；5—阀座；6—阀芯；7—顶杆；8—通孔。

图 4-14　减压阀的结构原理及逻辑符号图

如果二次压力口的压力下降到低于与调压弹簧的弹簧力相对应的值，则膜片向下运动，并通过顶杆使阀芯 6 打开阀口，直到重新达到与调压弹簧的弹簧力相对应的压力值为止。如果二次压力值超过与调节弹簧的弹簧力相对应的压力值，则膜片带着顶杆脱离阀芯 6，使 Z 口的一部分压缩空气通过通孔 8 排出，当 Z 口的压力达到期望值时，膜片向下运动，使排气口关闭，这样重新达到该阀的截止状态。减压阀可以被安装在任何位置上，但应为阀安装固定和该阀的操纵预留足够的空间。

2. 转速设定精密调压阀

动画 4. 24　转速设定精密调压阀动作原理

在气动遥控系统中，转速设定精密调压阀用于设定主机转速，其输入信号是车钟手柄的位移，输出是与车钟手柄设定的转速所对应的气压信号。转速设定精密调压阀的结构原理及输出特性曲线如图 4-15 所示。滚轮 1 与车钟手柄下面所带动的凸轮相接触。当车钟手柄向加速方向扳动时，经滚轮使顶锥 2 下移，克服弹簧张力使上滑阀 3 下移，进、排气球阀 4 中的下球阀仍压在下滑阀 5 的阀座上，封住通大气口。上球阀会离开上滑阀 3 的阀座。气源经上球阀与阀座之间的间隙与输出端 B 相通，输出气压信号增大。该增大的压力信号一方面作为转速设定信号输出，另一方面经反馈孔(图中虚线所示小孔)进入膜片 6 的上部空间，压缩弹簧 7，使下滑阀连同球阀一起下移。当下滑阀的下移量(弹簧 7 被压缩量)与顶锥 2 的下移量相等时，上球阀又被压在上滑阀 3 的阀座上，截止气源，使输出端 B 压力不再增加。可见，输出压力是与弹簧 7 的压缩量，亦即顶锥 2 的下移量成比例。当车钟手柄向减速方向扳动时，在弹簧 8 的作用下，顶锥 2 和上滑阀连同进、排气球阀一起上移，下球阀会离开阀座，使输出端 B 与大气口 C 相通，输出压力降低，经反馈孔使膜片 6 上部空间压力降低，靠弹簧 7 的张力使下滑阀上移，直到下滑阀的上移量与上滑阀的上移量相等时，下球阀又封住通大气口，使输出压力稳定在比原来低的数值上。

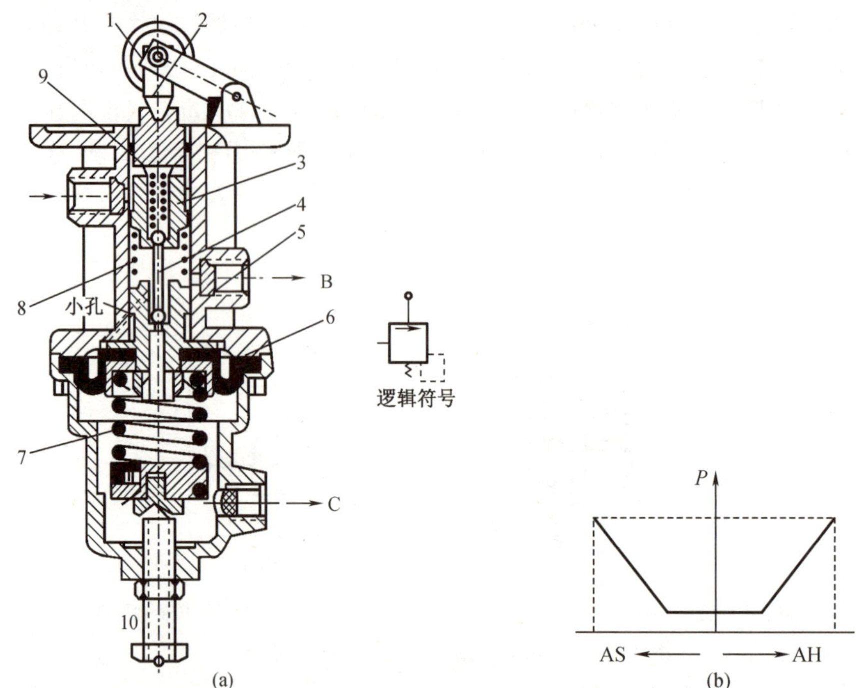

1—滚轮;2—顶锥;3—上滑阀;4—进、排气球阀;5—下滑阀;6—膜片;7,8,9—弹簧;10—螺栓。

图 4-15　转速设定精密调压阀的结构原理及输出特性曲线

图 4-15(b)示出了该阀的输出特性曲线。由于车钟手柄下面所带动的凸轮的正、倒车边是对称的,所以正、倒车转速设定的特性是一样的。其输出压力的变化范围一般为 0.05~0.5 MPa,其中 0.05 MPa 对应于最小设定转速值,0.5 MPa 对应于最大设定转速值。最小设定转速值的调整是通过转动螺栓 10 改变弹簧 7 的预紧力来实现的,即可上、下平移输出特性曲线,若旋紧螺栓 10 使弹簧 7 的预紧力增大,则最小设定转速增大,即向上平移输出特性曲线;反之亦然。最大设定转速值的调整通过转动下弹簧座,改变弹簧 7 的有效圈数(即刚度)来实现,从而改变输出特性曲线的斜率。若有效工作圈数减少,会使刚度增加,则最大设定转速值增大,输出特性线的斜率增大;反之亦然。

在主机遥控系统中,利用上面介绍的气动阀件可组成启动、换向、制动以及转速和负荷限制等各种逻辑回路和控制回路。因此,掌握这些阀件的工作原理,特别是掌握其逻辑符号图,对分析和理解一个复杂的遥控系统是很重要的。

四、主机遥控系统气源的标准及要求

在气动主机遥控系统中,常用压力为 3.0 MPa 的压缩空气作为换向和启动的动力气源,用压力为 0.7 MPa 的压缩空气作为其遥控气源。压力为 0.7 MPa 的遥控气源可由空气瓶的压力为 3.0 MPa 的压缩空气减压而获得,也可由单独的气源设备供给。但无论采用哪一种方式,为了保证气动主机遥控系统能正常工作,遥控气源必须是稳定而洁净的。它首先需经过净化处理,以滤去空气中的灰尘杂质,去除水分及油污,然后再经过稳压(减压)处理才可使用。如图 4-16 所示为遥控系统气源装置,因遥控气源的重要性,图中的过滤器和减压阀常成双配备,并由气源选择阀 5 来选用。

图 4-16 中,两个空气瓶 1 内的压力为 3.0 MPa,压缩空气经各自的截止阀 2 和单向止

回阀 3 引入过滤器 4,由过滤器 4 初步净化后送到气源选择阀 5。气源选择阀 5 的两个输出气口上接有两个具有同样过滤器 6 和减压阀 7 的气路,过滤器 6 将压力为 3.0 MPa 的压缩空气进一步净化后由减压阀 7 减至压力为 0.7 MPa,最后再经各自的单向止回阀 8 送到遥控系统中,作为遥控气源。气源装置的四种工况由气源选择阀来选定。

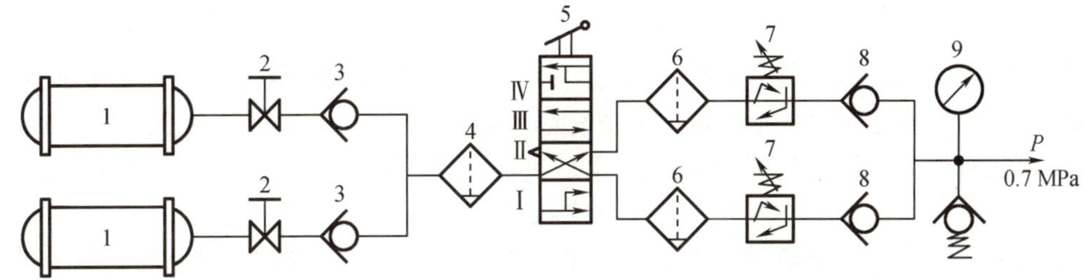

1—空气瓶;2—截止阀;3,8—单向止回阀;4,6—过滤器;5—气源选择阀;7—减压阀;9—压力表。

图 4-16 主机遥控系统气源装置

气源选择阀切换到Ⅳ位,由过滤器 4 来的压力为 3.0 MPa 压缩空气截止,上、下过滤减压支路均通大气(不工作),无气源输出,遥控系统不工作,因此,该工况用于停泊状态。气源选择阀切换到Ⅲ位,上支路通大气,下支路投入工作,输出压力为 0.7 MPa 遥控气源。气源选择阀切换到Ⅱ位,下支路通大气,上支路投入工作,输出压力为 0.7 MPa 遥控气源。可见,Ⅱ位和Ⅲ位都是单路工作(一路工作,另一路备用),因此,适用于海上航行状态。在海上航行中若工作支路故障或需清洗滤器,可切换到备用支路。气源选择阀处于Ⅰ位,上、下支路同时投入工作。它主要用于进、出港时供气,以满足进、出港时主机操纵频繁、耗气量大的要求,确保进、出港时的主机操作安全。

拓展强化

任务 4.2

一、选择题(请扫码作答)

二、简答题

1. 主机遥控系统的主要气动元件逻辑元件、时序元件、比例元件分别有哪些?

2. 简述主机遥控系统气源的标准及要求。

任务4.3 主机遥控系统的逻辑控制

任务分析

换向操作指通过换向机构将主机的空气分配器、燃油泵和进、排气凸轮从原来的位置转换到车令要求的位置上,实现主机的正、反转变换。换向逻辑回路的功能:当有开车指令时,根据车令和凸轮轴实际位置,进行换向鉴别逻辑判断,如果需要换向操作,再进行换向条件的逻辑判断,符合换向条件,输出换向信号,控制主机换向。换向完成后,自动取消换向信号,并输出换向完成信号。本任务目标是掌握主机遥控的换向控制逻辑和启动控制逻辑,了解重复启动和启动故障连锁回路工作原理。

任务实施

船舶用主柴油机有不可逆转和可逆转两种类型。采用不可逆转柴油机作为主推进装置的船舶前进或后退通常是通过变距桨或离合器进行换向的,而柴油机本身不需要换向;采用可逆转柴油机作为主推进装置的船舶是靠柴油机本身的换向功能来实现船舶前进或后退的。下面仅叙述可逆转柴油机换向逻辑及控制过程。

主柴油机的换向系指通过改变空气分配器、燃油及排气凸轮轴的位置将主机的转向从正车换到倒车,或从倒车换到正车。主机的换向操作有两种情况:一种是在停车状态下换向;另一种是在运行过程中换向。前者是指主机遥控系统在启动主机前,首先鉴别主机的凸轮轴位置是否与车钟指令一致,如不一致,其换向控制回路就会通过换向执行机构将主机的凸轮轴位置换到车钟指令所给定的转向上,并在换向过程中禁止主机启动,直至换向成功。后者是指主机在某一转向运行时,如突然改变车钟指令转向,遥控系统将自动按停油、凸轮轴换向、制动及反向启动程序控制主机改变运行转向。

一、换向控制逻辑

由于主机的凸轮轴换向装置不同,故换向控制的逻辑条件也有所不同,下面,以双凸轮换向控制为例来说明主机换向的逻辑条件,然后以一个实例说明换向控制原理。

1. 换向逻辑

换向逻辑主要解决两个问题,即要不要换向和能不能换向。所谓要换向就是要有换向操作指令,主机遥控中的换向操作指令是由换向逻辑控制回路在满足换向鉴别逻辑条件时自动生成的。有了换向操作指令后主机能不能换向还取决于是否满足停油和换向转速条件,只有在满足上述条件情况下换向逻辑控制回路才能进行换向,从而使主机遥控系统能按主机的操作规律准确无误地完成换向操作,以确保主机的操作安全。

(1)换向逻辑鉴别

换向逻辑回路应具有逻辑判断和识别能力。当有开车指令时,根据车令与凸轮轴的实际位置,首先要判断是否需要换向操作。如果需要,就会自动输出一个换向信号,对主机进行换向操作。换向完成后,自动取消换向信号,并为后续的逻辑动作提供换向完成信号。

当有开车指令时,换向逻辑回路首先要鉴别车令与凸轮轴位置是否一致。只有车令与凸轮轴位置不一致,才满足换向的逻辑鉴别,允许输出换向信号。如果用 I_H 和 I_S 分别表示正车车令和倒车车令;用 C_H 和 C_S 分别表示凸轮轴在正车位置和倒车位置;用 Y_{RL} 表示换向逻辑鉴别,并注意 $C_H=\overline{C_S}$,$C_S=\overline{C_H}$,则换向逻辑鉴别表达式为

$$Y_{RL}=I_H C_S+I_S C_H=I_H\overline{C}_H+I_S\overline{C}_S$$

若 $Y_{RL}=1$,说明车令与凸轮轴位置不一致,满足换向逻辑鉴别,允许换向;若 $Y_{RL}=0$,说明车令与凸轮轴位置一致,不能进行换向操作。

(2)停油逻辑条件

主机在换向过程中必须停油;主机在运行中完成换向后,其车令与主机转向不一致,也必须停油。尽管这两种停油情况分别属于两个逻辑回路,即为换向停油和制动停油,但在实际遥控系统中,它们往往是通过同一逻辑部件输出停油信号到停油伺服器,把油门推向零位。因此,这两种停油情况是密不可分的,如果用 Y_{RT} 表示停油信号,用 R_H 和 R_S 分别表示主机在正车方向运行和在倒车方向运行,则停油条件的逻辑表达式为

$$Y_{RT}=(I_H\overline{C}_H+I_S\overline{C}_S)+(I_H\overline{R}_H+I_S\overline{R}_S)=I_H(\overline{C}_H+\overline{R}_H)+I_S(\overline{C}_S+\overline{R}_S)$$

$Y_{RT}=1$,说明已满足停油条件,油门已被推向零位。$Y_{RT}=0$,说明已解除油门零位连锁,允许对主机供油。另外,把车钟手柄扳到停车位,或安全保护系统送来停车信号时,也必须停油。在上式中没有反映这些停油条件,出现这些停油指令的停油过程将在后面叙述。

(3)转速条件

主机在运行中需要换向时,要待主机转速下降到允许换向转速 N_R 或下降到应急换向转速 N_{ER} 时,方可进行换向操作。比如主机在全速正车运行时,突然把车钟手柄从正车方向扳到倒车某速度挡。这时,遥控系统首先对主机进行停油操作,主机转速下降,待转速下降到 N_R 就可进行换向操作。在改变车钟手柄方向的同时,又按了应急操作按钮,见主机转速下降到比 N_R 较高的转速 N_{ER},即可进行换向操作。

(4)顶升机构抬起条件

对于双凸轮换向的主机,特别是四冲程中速机,为便于移动凸轮轴,需要把进排气阀的顶杆抬起,使顶杆下面的滚轮离开凸轮轴,换向完成后,顶杆下落、使其滚轮落在另一组凸轮片上,因此双凸轮换向的主机还需要满足顶升机构抬起这个条件。

若用 D_{UP} 表示顶升机构抬起条件,则 $D_{UP}=1$,表示顶升机构被抬起,可移动凸轮轴换向;$D_{UP}=0$ 表示顶升机构未被抬起,不可以移动凸轮轴进行换向。

以上列出的换向逻辑条件应该是与的关系,其逻辑表达式为

$$Y_R=Y_{RL}\cdot Y_{RT}\cdot(n_R+n_{ER})\cdot D_{UP}=(I_H\overline{C_H}+I_S\overline{C_S})\cdot Y_{RT}\cdot(n_R+n_{ER})\cdot D_{UP}$$

$Y_R=1$,表示满足换向逻辑条件,对主机进行换向操作;$Y_R=0$,表示不满足换向逻辑条件不能对主机进行换向。应注意的是,不同机型换向逻辑条件不尽相同,比如采用单凸轮液压差动换向的大型低速柴油机,在运行中换向时对其转速要求并不严格,D_{UP} 也不是必备条件。但是,换向的鉴别逻辑和停油条件是所有机型换向的必备条件。

2. 换向控制回路

如图 4-17 所示为采用单凸轮液压差动换向装置的换向控制回路。主机的换向操作不受换向转速的约束,只要车令与主机凸轮轴位置不一致,即可控制凸轮轴换向,使凸轮轴相对曲轴转动一个差动角。若在主机运行中换向,则在车令改变的同时,还能控制主机停油。由于这一遥控系统的换向控制较简单,柴油机的操纵系统中已具备了换向及停油控制逻辑功能。因此,用于这种换向装置的电动遥控装置中无换向逻辑判断回路,仅设置了用于车令信息与操作系统中的正、倒车电磁阀驱动电路,如图 4-17(a)所示。为了分析该系统的换向控制,图 4-17(b)给出了操作系统中的换向、停油控制回路。在图 4-17(b)中 25D 为正车电磁阀,25C 为倒车电磁阀,I_H 和 I_S 分别为驾驶台正车和倒车车令,I_{ST} 为停车车令。

动画 4.31　单凸轮液压差动换向装置的换向控制回路原理

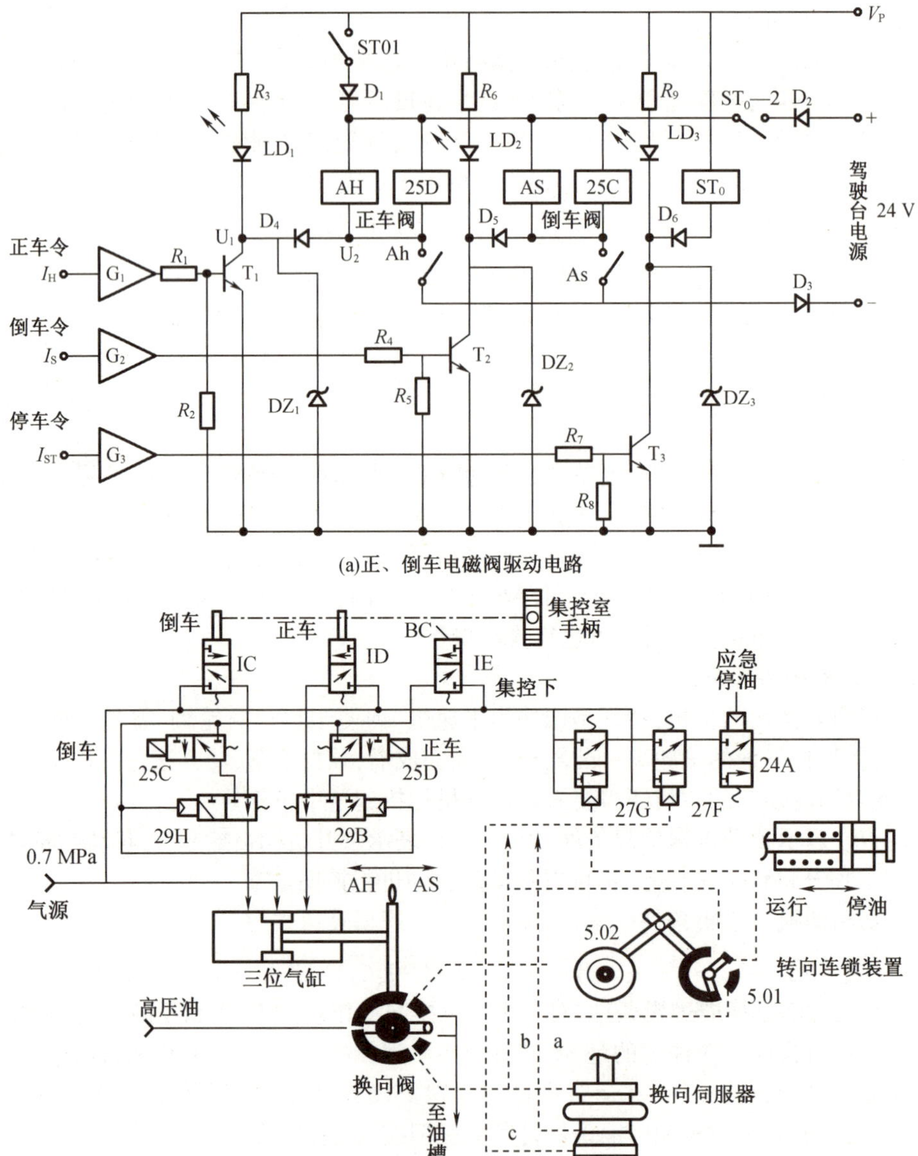

(a)正、倒车电磁阀驱动电路

(b)换向与停油控制气路

图 4-17　采用单凸轮液压差动换向装置的换向控制回路

1. 主机启动前的换向

当车钟手柄置于停车位置时，$I_{ST}=1$，经驱动器 G_3 使晶体管 T_3 导通，停车发光二极管 LD_3 亮。同时，停车继电器 STO 通电，其常闭触头 STO-1 和 STO-2 均断开，切断电路的电源，则正、倒车电磁阀 25D 和 25C 均断电。在驾驶台遥控主机时，其操纵部位转换阀 IE 已转到“驾控”位，阀 IE 上位通，压力为 0.7 MPa 的控制空气经 IE 的上位，一方面成为电磁阀 25D 和 25C 的气源，另一方面作用于阀 29B 和阀 29A 的控制端，使其分别为右位通和左位通，则集控室车钟手柄控制的正、倒车控制阀 ID 和 IC 的输出分别被截止在阀 29B 的右位和阀 29A 的左位，此时，集控室车钟手柄是不能进行正、倒车换向操作的。此时因驾驶台车钟手柄是在停车位置，电磁阀 25D 和 25C 断电，则阀 29B 和阀 29A 的输出均经阀 25D 和阀

25C 放大气。三位气缸中活塞处于中间位置,换向阀被拉到停车位置。正、倒车换向的油压信号 a 和 b 均泄放于低压油槽,换向伺服器无油压信号,故 C 管也无油压信号。阀 27F 控制端为 0 信号上位通,无应急停车信号使应急停车阀 24A 下位通,则停油伺服器(停油气缸)活塞右边的空气经应急停车阀 24A 下位、阀 27F 上位放大气,在弹簧作用下,停油活塞右移把油门推向零位,使主机停油。

停车前,如果凸轮轴在倒车位置,现把驾驶台车钟手柄扳到正车某速度挡,则 $I_H=1$,I_S 和 I_{ST} 输出均为 0。由于 I_{ST} 输出为 0,晶体管 T_3 截止,LD_3 熄灭,停车继电器 STO 断电,触头 STO-1 和 STO-2 均闭合,接通电路的电源。I_H 输出为 1,晶体管 T_1 导通,正车发光二极管 LD_1 亮,同时电磁阀 25D 和正车继电器 AH 由 V_p 经 STO-1、D_1、D_4 和 T_1 均通电。正车继电器 AH 通电,其常开触头 Ah 闭合,接通 24 V 驾驶台电源的负极,由于 $U_1 \geqslant U_2$,二极管 D_4 截止,使继电器 AH 和继电器 25D 由驾驶台电源直接供电而保持通电状态,不必经过导通的晶体管 T_1,可防止长时间流过 T_1 较大的电流而把 T_1 烧坏,此时,流过 T_1 的仅是使 LD_1 发光的很小的电流。电磁阀 25D 通电右位通,气源经阀 25D 右位和阀 29B 右位送至三位气缸中活塞的右侧空间,左侧空间仍通大气,活塞左移把换向阀的换向杆拉至正车位置 AH,阀芯逆时针转过一个角度,使正车油路 a 通高压油,倒车油路 b 仍通低压油槽。正车油路 a 的高压油进入换向伺服器,使凸轮轴相对曲轴转动一个差动角而至正车位置。换向完成后,换向伺服器输出的油路 c 通高压油,于是,阀 27F 控制端为 1 信号下位通,气源经阀 27G 下位(车令与转向一致,其控制端有高压油信号)、阀 27F 下位、阀 24A 下位送至停油伺服器活塞的右侧空间,停油活塞左移,解除油门零位连锁,允许向主机供油。倒车换向过程与上述相同。

2. 主机在运行中的凸轮轴换向

主机在正常运行期间,若驾驶员把车钟手柄从正车运行位扳至倒车位,或者从倒车运行位扳到正车位,主机要在运行中进行换向。例如,在把车钟手柄从正车运行位扳至倒车位的过程中,必定经过停车位置,停车指令 I_{ST} 由 0 跳变为 1,再由 1 变为 0。当 $I_{ST}=1$ 时,继电器 STO 通电,常闭触头 STO-1 和 STO-2 均断开,切断电路的电源,正、倒车继电器 AH 和 AS 及正、倒车电磁阀 25D 和 25C 均断电。使三位气缸中活塞回到中间位置,换向阀被拉到停车位置,通过停油伺服器使主机停油。再当 $I_{ST}=0$ 时,继电器 STO 断电,常闭触头 STO-1 和 STO-2 均闭合,接通电路的电源。当车钟手柄扳到倒车位时,I_S 为 1,而 I_H 和 I_{ST} 均为 0,晶体管 T_2 导通,倒车发光二极管 LD_2 亮,同时倒车电磁阀 25C 和倒车继电器 AS 都通电,对主机进行倒车换向。但是,凸轮轴换向完成后,主机转向与车令是不一致的,因此,必须保持对主机的停油。此时主机仍在正车方向运行,倒车油路 b 的高压油被转向连锁装置中的阀 5.01 封住,阀 27G 控制端的高压油经阀 5.01 和正车油路 a 通入低压油槽,使阀 27G 上位通,停油伺服器保持停油。当主机转速降到制动转速时进行强制制动,待转速下降到零时进行倒车启动,这时车令与主机转向一致,阀 5.01 的阀芯将逆时针转过一个角度,封住正车油路 a 的通路,接通倒车油路 b 的高压油送至阀 27G 的控制端使其下位通。气源才能经阀 27G、27F、24A 的下位送至停油伺服器活塞的右侧空间,解除油门零位连锁,可以对主机供油。

综上所述,换向逻辑回路的停油条件是:车钟在停车位置;或凸轮轴位置与车令不一致;或主机转向与车令不一致;或有应急停车指令。只要满足停油条件中的任一条件,停油伺服器就会将主机油门杆顶在零位,使主机停油。

二、主机启动逻辑控制

启动逻辑控制回路是主机遥控系统各种逻辑和控制回路之一。它的基本功能是：当有开车指令时，能自动检查是否满足启动的逻辑条件；当所有的启动条件均得到满足时，能自动输出一个启动信号去开启主启动阀，对主机进行启动。当主机达到发火转速时，能自动撤销启动信号，关闭主启动阀结束启动，使主机在供油状态下运行。主机启动逻辑控制包括主启动逻辑控制、重复启动逻辑控制、重启动逻辑控制及慢转启动逻辑控制。

（一）主启动逻辑控制

主启动逻辑控制是主机遥控系统完成遥控启动功能的最基本控制，它能检查启动条件是否得到满足，这些条件包括启动准备逻辑条件及启动鉴别逻辑条件。

1. 启动准备逻辑条件

启动准备逻辑条件多数是在“备车”时完成的，方便起见，可用字母和符号来表示各种准备逻辑条件，大致如下：

TG—盘车机脱开信号，脱开为 1，未脱开为 0；

V_M—主启动阀位置信号，在自动位置为 1，不在自动位置为 0；

P_A—启动空气压力信号，压力正常为 1，太低为 0；

P_C—控制空气压力信号，压力正常为 1，太低为 0；

P_L—滑油压力信号，压力正常为 1，太低为 0；

ES—遥控系统电源信号，电源正常为 1，不正常为 0；

PS—操纵部位转换信号，转换完成为 1，未转换完成为 0；

TS—模拟试验开关位置信号，在工作位置为 1，在实验位置为 0；

$\overline{ST}$—故障停车复位信号，已复位为 1，未复位为 0；

$\overline{F_3}$—三次启动失败信号，无三次启动失败为 1，三次启动均失败为 0；

$\overline{T_M}$—启动限时信号，未到限时时间为 1，达到启动限时时间为 0；

n_I—发火转速逻辑鉴别信号，主机转速低于发火转速为 1，高于发火转速为 0。

不同机型启动准备逻辑条件不完全相同，有的多一些，有的少一些。但是，启动准备逻辑条件必须全部满足，故它们之间应该是与的关系，其逻辑表达式为

$$Y_{SC}=TG\cdot V_M\cdot P_A\cdot P_C\cdot P_L\cdot ES\cdot PS\cdot TS\cdot \overline{ST}\cdot \overline{F_3}\cdot \overline{T_M}\cdot n_I$$

Y_{SC} 为 1，表示满足启动准备逻辑条件；Y_{SC} 为 0，表示不满足启动准备逻辑条件，不能对主机进行启动。

2. 启动鉴别逻辑条件

启动鉴别逻辑是指能自动判定车令与凸轮轴位置是否一致。有开车指令时，只有车令与凸轮轴位置一致才允许启动；否则是不准发出启动信号的。用 I_H 和 I_S 分别表示正车车令和倒车车令，用 C_H 和 C_S 分别表示凸轮轴在正车位置和倒车位置。用 Y_{SL} 表示启动的鉴别逻辑，其逻辑表达式为

$$Y_{SL}=I_H\cdot C_H+I_S\cdot C_S$$

$Y_{SL}=1$，表示车令与凸轮轴位置一致，满足启动鉴别逻辑条件；$Y_{SL}=0$，说明车令与凸轮轴位置不一致，不满足启动鉴别逻辑条件，不准发出启动信号。

3. 主启动逻辑回路

主启动逻辑回路发出启动信号,必须满足启动准备逻辑条件,还要满足启动鉴别逻辑条件,这两者为与的关系,其逻辑表达式为

$$Y_{SO}=Y_{SC}\cdot Y_{SL}$$

$$=TG\cdot V_M\cdot P_A\cdot P_C\cdot P_L\cdot ES\cdot PS\cdot TS\cdot\overline{ST}\cdot\overline{F_3}\cdot\overline{T_M}\cdot n_I\cdot(I_H\cdot C_H+I_SC_S)$$

$Y_{SO}=1$,表示满足所有的启动逻辑条件,主启动阀正在开启,对主机进行启动。当主启动转速达到发火转速时,n_I 为 0,$Y_{SC}=0$,Y_{SO} 立即变为 0,关闭主启动阀,停止启动。如果从发出启动信号($Y_{SO}=1$)开始,在规定的时间内,主机仍然达不到发火转速,$\overline{T_M}=0$,要终止启动,发出启动失败的声、光报警信号。一种启动失败信号情况是,在启动时,主机能达到发火转速,n_I 为 0,但撤销启动信号($Y_{SO}=0$)后,主机转速立即下降,以至下降到 0,使 n_I 由 0 又变为 1。第一次启动失败后,间隔一段时间自动进行再启动。但是,当第三次启动仍然失败时,$\overline{F_3}$ 为 0,将终止启动,发出启动失败的声、光报警信号。$\overline{ST}$ 是故障停车复位信号,如果主机由于某些故障而自动停车,或三次启动均失败,$\overline{ST}$ 为 0,不允许启动主机,待故障排除后,必须把车钟手柄扳回到停车位置,使$\overline{ST}$ 由 0 变为 1,这个过程叫作故障停车复位。只有复位后才允许启动,这就避免了在排除故障期间主机突然动车而造成的危险。*TS* 是模拟试验开关位置信号。主机遥控系统一般都有一块模拟试验板,可检验主机遥控系统的各种逻辑功能。一般模拟试验是在停车状态下进行的,必须把模拟试验开关转至“试验”位置。在这个位置是不允许动车的。做完试验后,须把该开关转至“工作”位置方可启动主机。*ES* 是遥控系统电源信号,在备车时必须先接通遥控系统电源,这样,一些状态指示灯才能亮。同时,即便是气动遥控系统,也需要少量的电磁阀,电源不正常,电磁阀也不能按要求通、断电,主机遥控系统有关的逻辑回路是不能正常工作的,更不用说电动遥控系统了。*PS* 是操纵部位转换信号,只有在操纵部位转换装置指定的部位方可启动主机,在其他部位是不能动车的。比如,把机旁操纵部位转换阀转至“自动”位,把集控室操纵台上的操纵部位转换阀转至“驾控”位。这时,只有在驾驶台遥控主机,*PS* 才为 1,而在其他部位操作主机,*PS* 则为 0。其余的启动逻辑条件显而易见,这里不再详加说明。

4. 电动主启动逻辑控制回路

如图 4-18 所示为电动主启动逻辑回路,设有主启动控制回路、时间启动控制回路、重复启动逻辑回路及启动故障检测与连锁回路,其中,设置时间启动控制回路是该遥控系统与其他主机遥控系统的重要区别之一。时间启动是相对正常启动而言,在正常启动中,何时停止启动是以主机转速为依据的。时间启动是以设定的启动时间为依据的。在时间启动过程中,从主启动阀开启的瞬间就进行计时,设定时间达到,不论主机是否达到发火转速,即关闭主启动阀停止启动。一般设定的启动时间较短,主机还未达到发火转速就停止启动。试验表明,热车时间启动的成功率可达 85%~90%,这在机动操作中可节省大量启动空气。图中与非门 G_4 是启动逻辑回路,用于判别启动条件,它有 8 个输入端,只有这些输入信号均为 1,即满足主机遥控系统的重要区别之一。时间启动是相对正常启动而言,在正常启动中,何时停止启动是以主机转速为依据的。时间启动是以设定的启动时间为依据的。在时间启动过程中,从主启动阀开启的瞬间就进行计时,设定时间达到,不论主机是否达到发火转速,即关闭主启动阀停止启动。一般设定的启动时间较短,主机还未达到发火转速就停止启动。

试验表明热车时间启动的成功率可达 85%~99%，这在机动操作中可节省大量启动空气。图中与非门 G_4 是启动逻辑回路，用于判别启动条件的，它有 8 个输入端，只有这些输入信号均为 1，即满足所有的主机启动逻辑条件，与非门 G_4 才输出 0，允许对主机进行启动。这 8 个输入信号是：

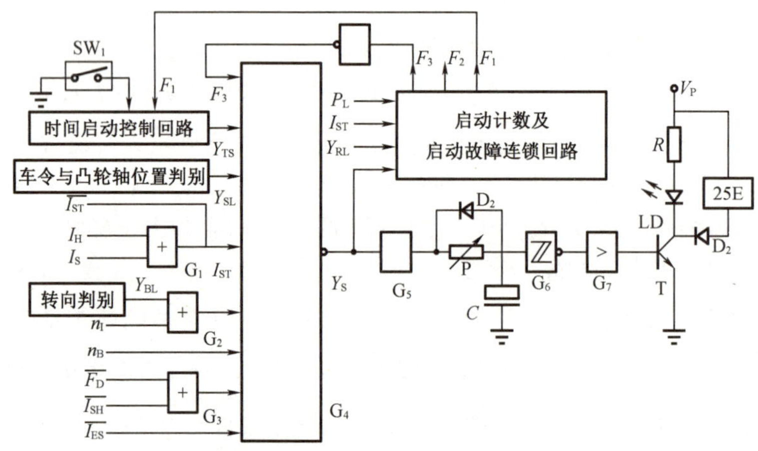

图 4-18　电动主启动逻辑回路

(1) $\overline{F_3}$：没有启动故障连锁信号，$\overline{F_3}$ 为 1。在启动过程中，如果重复启动回路检测到图 4-18 主启动逻辑回路三次启动均告失败，或一次启动时间太长，即主启动阀打开较长时间主机仍达不到发火转速，或启动空气压力太低等，都作为启动故障连锁信号，使 $\overline{F_3}$ 为 0，封锁启动回路终止启动。

(2) Y_{TS}：没有时间启动信号，或有时间启动信号，但在时间启动计时时间之内，Y_{TS} 为 1。有时间启动信号且超过时间启动计时时间，Y_{TS} 为 0。在时间启动失败后，将撤销时间启动信号，使 Y_{TS} 为 1，允许进行正常启动。

(3) Y_{SL}：启动鉴别逻辑条件。车令与凸轮轴位置一致，Y_{SL} 为 1；不一致，Y_{SL} 为 0。该信号表明，只有换向完成才能发出启动信号；否则不允许启动主机。

(4) I_{ST}：车钟手柄不在停车位置 I_{ST} 为 1。该信号表明，要启动主机必须有开车指令，或者有倒车指令 I_S 为 1，或者有正车指令 I_H 为 1。车钟手柄在停车位置为 $I_{ST}=0$，不能启动主机，

(5) Y_{BL} 和 n_I：即制动鉴别逻辑和发火转速。当车令与转向不一致，Y_{BL} 为 1，车令与转向一致，Y_{BL} 为 0。主机转速小于发火转速时，n_I 为 1；高于发火转速时 n_I 为 0。

(6) n_B：当主机转速下降到低于制动转速时，n_B 为 1；高于制动转速时，n_B 为 0。

实际上是将制动鉴别逻辑 Y_{BL} 与发火转速 n_I 和制动转速 n_B 配合起来完成对主机进行强制制动、启动和停止启动的逻辑判别。主机在运行中完成换向后，Y_{SL} 为 1，Y_{BL} 为 1，或门 G_2 输出 1。此时，由于车令与转向不一致，主机停油降速，当主机转速下降到低于制动转速时，n_B 为 1，满足启动条件，实际上是对主机进行强制制动。当主机转速下降到 0 以后进行正常启动时，虽然 Y_{BL} 为 0，但只要主机转速低于发火转速时，n_I 为 1（一般 $n_B>n_I$），仍满足启动条件。当主机达到发火转速时，G_2 输出 0，封锁启动回路，停止启动。

(7) F_D：测速装置的故障信号。它是用来检测主机的转向和实际转速的，该装置无故障

$\bar{F}_D$ 为1,有故障时 F_D 为0, $\bar{I}_{SH}$ 是故障停车信号,该信号来自安全保护系统。无故障停车信号 I_{SH} 为1;有故障停车信号 I_{SH} 为0。只有这两个信号均为1,G_2 输出1,才允许启动。

(8)I_{ES}:应急停车信号。无应急停车信号 I_{ES} 为1,当驾驶台按应急停车按钮后,I_{ES} 为0。尽管车钟手柄不在停车位置也不能启动主机。

在启动逻辑条件全部得到满足后,G_4 输出 Y_S 为0,G_6 为1,经放大器 G_7 输出1使晶体管T导通。发光二极管LD亮,表明主机在启动过程中,同时电磁阀25E通电上位通,如图4-19所示为强制制动和启动控制回路,压力为0.7 MPa的控制空气经阀25E上位、阀29D上位(驾控时控制信号为1)、阀27C上位(换向完成时其控制信号为1)、阀30B上位(有开车指令,油管a和b必定有一个为1信号),使启动控制阀8.18上位通,压力为3.0 MPa的启动空气进入启动系统,对主机进行强制制动和启动。当主机达到发火转速 n_1 为0,G_4 的输出 Y_S 为1,G_5=1经电阻 R(图4-18中可变电阻器P)向电容充电。当充电电压超过 G_6 动作的门槛电压时,G_6 输出0,晶体管T截止,启动控制阀8.18复位,启动空气被截止,启动系统空气放大气,结束启动。在启动系统的管路上装有一个压力开关 SW_1,在启动过程中该开关闭合,向启动逻辑回路送去一个"时间启动"信号。R 和C组成的延时电路的作用是:撤销启动信号后,延时关闭主启动阀,提高主机启动成功率。这对在启动过程中采用油-气分进的主机来说,同时可获得较短的油-气并进时间。该延时时间可根据主机的启动工况来进行设定。

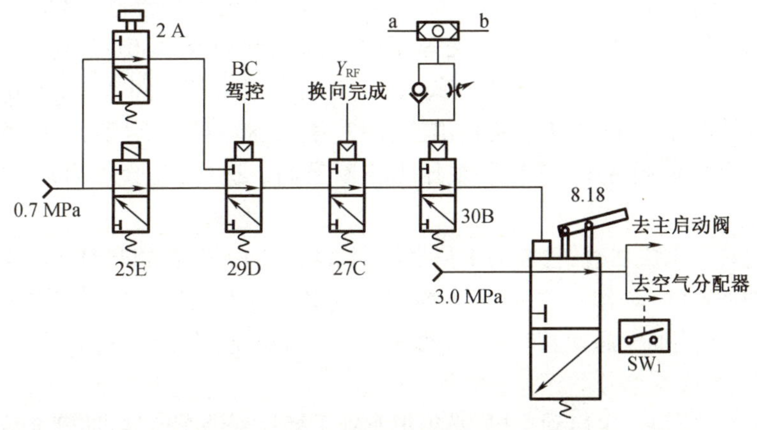

图4-19　强制制动和启动控制回路

(二)重复启动逻辑控制

重复启动是指主机启动失败后,对主机所进行的再次启动。在重复启动中,总的启动次数一般选定为三次。启动失败有两种情况:一是在启动过程中,主机一直达不到发火转速,即 n_S 保持为1;二是主机能达到发火转速,但停止启动后,主机转速又降回到0。重复启动的逻辑功能是,当满足启动逻辑条件时,发启动信号,若启动成功,则撤销启动信号,终止启动,主机由启动状态转为在供油下的正常运行状态。若启动不成功,需记录启动失败次数,同时,中断几秒钟后进行再次启动,依次自动进行三次启动。如果三次启动均未成功,要终止启动,发出启动失败的声、光报警信号,说明启动回路有故障。故障修复后,要把车钟手柄扳回到停车位置,即故障停车复位后,方可再次启动主机。

根据启动失败的两种情况,重复启动逻辑回路大致有两种安排方式,即按时序逻辑方式和按时序-转速控制方式安排。

1. 按时序方式安排的气动重复启动回路

按时序逻辑控制方式安排的重复启动回路，大多数用于气动遥控系统，其中，延时环节可用节流元件与气容组成的惯性环节来实现，调整节流阀的开度，可调整延时时间。

如图 4-20 所示为气动重复启动逻辑回路。当有开车指令且车令与凸轮轴位置一致时，管 8 接通气源为 1 信号，管 12 通主启动逻辑回路，即 12 为 1 信号，打开主启动阀启动主机，管 12 为 0 信号，关闭主启动阀停止启动，在满足启动鉴别逻辑条件之前（如车钟手柄在停车位置），管 8 为 0 信号，管 12 必定通大气，气瓶 A445/1、A445/2、A445/3 均通大气，阀 A301/2、A301/3 控制端为 0 信号，复位均右位通。阀 A301/1 控制端经阀 A301/2 和 A301/3 的右位放大气，阀 A301/1 复位左位通。当满足启动逻辑条件时，管 8 为 1 信号，经单向节流阀 A406/2 向气容 A445/1 和 A445/2 充气。这个气阻和气容所组成的惯性环节对阀 A301/3 控制端压力信号的建立起延时作用。通过调整 A406/2 的节流程度，使阀 A301/3 控制端压力达到该阀的动作压力正好为三次启动总时间。管 8 的 1 信号经阀 A301/1 的左位输出，使管 12 为 1 信号，它一方面去打开主启动阀启动主机，另一方面经分级延时阀 A436/2（不经 A406/1 节流）节流向气容 A445/3 充气。启动 3 s 左右（时间可通过调整阀 A436/2 进行改变）主机仍达不到发火转速时，气容 A445/3 压力足以使阀 A301/2 动作，该阀左位通。气源经该阀左位达到阀 A301/1 控制端使其右位通，管 8 的 1 信号被截止，管 12 的 1 信号泄放。一方面中断对主机的启动，另一方面气容 A445/3 中的气压经阀 A406/1 节流放大气，经 3~5 s（主机两次启动间隔时间）气容压力可降低到使阀 A301/2 复位压力。这时阀 A301/2 右位通，阀 A301/1 控制端再经阀 A301/2 右位放大气。阀 A301/1 复位左位通，则管路 8 的 1 信号再经阀 A301/1 左路输出使管 12 为 1 进行第二次启动，并再经阀 A436/2 向气容 A445/3 充气，使阀 A301/2 控制端压力不断升高。这样，就会使启动、中断启动重复进行。

当三次启动均未成功时，管 8 的 1 信号经阀 A406/2 向气容 A445/1 和 A445/2 充气，如压力已达到阀 A301/3 动作压力，使其左位通。这时不论阀 A301/2 是左位通还是右位通，阀 A301/1 控制端均通气源使其右位通，管 8 的 1 信号截止，管 12 保持 0 信号，终止启动，发启动失败的声、光报警信号。

排除故障后，要想再次启动主机，必须把车钟手柄扳到停车位置，使管 8 放大气，为 0 信号，气容 A445/1 和 A445/2 放大气，阀 A301/3 复位右位通，才能重新启动主机。

2. 按时序-转速逻辑控制方式安排的电动重复启动回路

时序-转速逻辑控制方式是指，在重复启动回路中，主机的每次启动由转速或时序原则来控制启动的结束过程。在主机能达到发火转速的正常情况下，按转速原则来结束启动过程；若因主机启动系统气路漏气、启动空气压力低、气缸启动阀卡死、活塞咬死或拉缸、主轴瓦烧蚀等机械方面的故障，或螺旋桨缠绕异物等，使主机启动时一直达不到发火转速，则按时间原则结束启动过程。两次启动间隔时间按时间原则来控制。启动失败次数采用计数方式计数。

按时序-转速逻辑控制方式安排的重复启动回路，多用于“电-气”结合的主机遥控系统。在下列电动重复启动逻辑回路中，允许对主机进行三次启动。如果满足时间启动逻辑条件，则第一次启动为时间启动，第二次为正常启动，第三次为重启动。若不满足时间启动逻辑条件，则第一次和第二次启动均为正常启动，第三次为重启动。除时间启动外，正常启动和重启动都是以主机转速为依据的。在主机转速达到发火转速停止启动后,其转速又下降到低于发火转速时,说明启动没有成功,可间隔一段时间后再进行下一次启动。如此进行三次启动仍未启动成功,就认为启动失败,终止启动并发出启动失败的声、光报警。如果一次启动时间过长,即在设定的时间内,主机仍达不到发火转速,也认为是启动失败,发启动失败的声、光报警并封锁主启动回路,终止启动。时序-转速逻辑控制重复启动和启动故障连锁回路如图 4-21 所示。

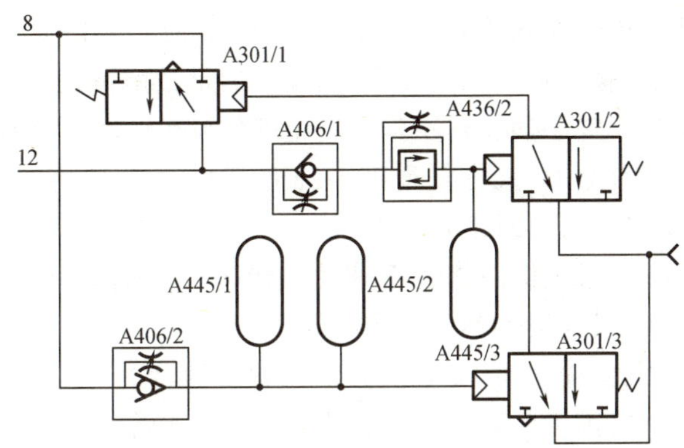

图 4-20 气动重复启动逻辑回路

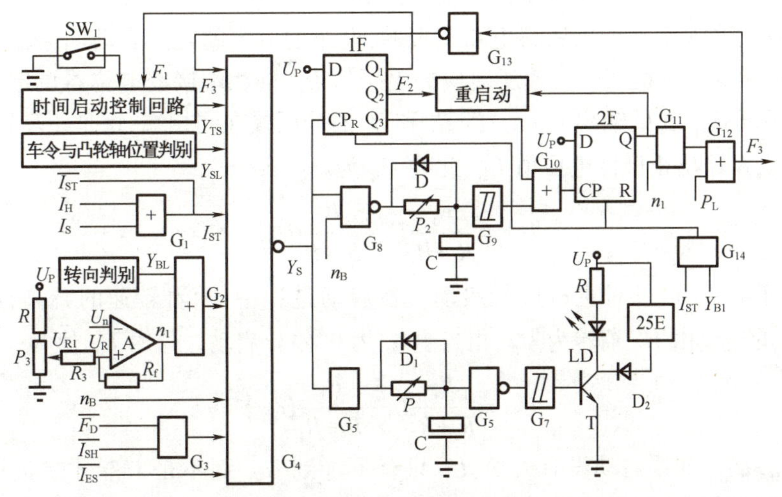

图 4-21 时序-转速逻辑控制重复启动和启动故障连锁回路

图 4-21 中 G_4 就是检测启动逻辑条件的主启动逻辑回路的与非门 G_4。当同时满足所有启动逻辑条件时,Y_S 为 0,该信号一方面送至电磁阀 25E 的驱动电路使其通电,打开主启动阀对主机进行启动;另一方面送至一次启动计时电路的与非门 G_8,使 G_8 输出 1(低于制动转速 n_B 为 1),经电位器 P_2 向电容 C 充电计时;第三路送至移位寄存器 1F 的时钟脉冲端。启动前或车钟手柄在停车位置 I_{ST} 为 0,或车令与凸轮轴位置不一致,Y_{RL} 为 0,则 G_{14} 输出 0,1F 的复位端 R 为 0,其输出 Q_1、Q_2、Q_3 均保持 0 状态。在启动中,若主机转速达到发火转速 n_I 为 0,Y_S

动画 4.32 时序-转速控制重复启动及故障连锁回路原理

为 1,电磁阀 25E 断电停止启动;$G_8=0$,电容 C 经二极管 D 快速放电,复位一次性启动时间的计时,以备下次启动再计时;移位寄存器 1F 的 CP 端由 0 跳变为 1,D 端的 1 信号送至输出端 Q_1,这时 $Q_3Q_2Q_1=001$(如第一次是时间启动,虽然主机可能未达到发火转速,但因 Y_{TS} 为 0,Y_S 也会由 0 跳变为 1,与上述情况相同)。由于 $Q_1=F_1=1$,撤销时间启动。在第二次启动且主机达到发火转速时,1F 的输出状态 $Q_3Q_2Q_1=011$。$F_2=1$,为第二次启动失败后进行第三次的重启动做准备。当第三次启动主机且达到发火转速时,1F 的输出状态 $Q_3Q_2Q_1=111$。$Q_3=1$,使 D 触发器 2F 的 CP 端由 0 跳变为 1,其输出端 Q=1。如果第三次启动又失败,即主机转速又低于发火转速,n_1 为 1,与门 G_{11} 输出 1,使 $F_3=1$,发出启动失败的声、光报警,同时 G_3 输出 $F_3=0$,封锁主启动回路,终止启动。启动故障修复后,再次启动主机前,必须对 1F 和 2F 复位,即把车钟手柄扳到停车位或让车令与凸轮轴位置不一致,使 1F 和 2F 的 R 端为 0,1F 的输出状态 $Q_3Q_2Q_1$ 又恢复到 000;2F 的输出端 Q=0,使 F_3 为 0,撤销启动失败报警信号,F_3 为 1,解除对主启动回路的封锁。

在一次启动过程中,如果主机一直达不到发火转速,G_8 的输出保持高电平,并经 P_2 持续向电容 C 充电计时。当计时时间达到设定时间(一般调整为 8~10 s),电容上的电压已升高到 G_9 动作的门槛电压,其输出为 1。2F 的 CP 端由 0 跳变为 1,Q=1,F_3 为 1,F_3 为 0,同样发出启动失败报警,并封锁主启动回路。启动空气压力正常,P_S 为 0;启动空气压力太低,P_S 为 1,也会发出启动失败报警,封锁主启动回路。

在重复启动过程中,前一次启动失败后,必须间隔一段时间才能进行下一次启动,该功能是由运算放大器 A 组成的斯密特电路实现的,电路的输出就是主启动回路输入的转速条件 n_I。A 的反相端接主机实际转速所对应的电压值 U_n,同相端接经电位器调定的对应于发火转速的电压值 U_{R1},A 的输出 $U_0(n_I)$ 经 R_f 和 R_i 的分压接在同相端,这是正反馈。停车时,$U_n\approx0$,$U_n<U_R$,A 输出正极性电压值 U_0^+,此时 U_R 为

$$U_{RH}=\frac{R_i}{R_f+R_i}U_0^++\frac{R_f}{R_f+R_i}U_{R1}$$

U_0^+ 相当于 n_I 为 1,可对主机进行启动。在启动过程中,随着转速的升高,U_n 增大,当 $U_n>U_R$ 时,A 的输出由 U_0^+ 翻转为 U_0^-,相当于 n_I 为 0,停止启动。这时 U_R 值为

$$U_{RL}=\frac{R_i}{R_f+R_i}U_0^-+\frac{R_f}{R_f+R_i}U_{R1}$$

显然 $U_{RH}>U_{RL}$,如果启动没有成功,U_n 只有下降到 U_{RL} 而不是 U_{RH} 才能进行下一次启动。这样主机实际转速所对应的电压值从 U_{RH} 下降到 U_{RL} 所需时间,就是两次启动的间隔时间。通常把 U_{RH} 与 U_{RL} 之间的差值叫作回差 ΔU。

$$\Delta U=U_{RH}-U_{RL}=\frac{R_i}{R_f+R_i}U_0^+-\frac{R_i}{R_f+R_i}U_0^-$$

式中,U_0^+ 和 U_0^- 为 A 的正、负极性的工作电压。若其工作电压极性相反,绝对值相等,则回差 $\Delta U=\frac{2R_i}{R_f+R_i}U_0^+$。可见若调整电阻 R_i 和 R_f 的值可调整回差 ΔU,即可调整两次启动的间隔时间。

(三)重启动逻辑控制

所谓重启动是指在一些特殊条件下的启动过程,目的在于保证主机启动的成功。重启

动逻辑回路必须能区分正常启动和重启动逻辑条件。在正常启动条件下,启动逻辑回路应送出正常启动油量和正常启动转速信号。在重启动条件下,启动回路送出或者增大启动供油量的信号,或者送出提高发火转速的信号。

1. 重启动鉴别逻辑条件 Y_{SH}

(1)必须满足启动的逻辑条件,$Y_{SO}=1$。因为重启动也是启动,其启动的准备逻辑条件和启动鉴别逻辑条件必须都得到满足,而 Y_{SC}、Y_{SL} 必须均为 1。

(2)有应急操作指令 I_8(在发开车指令的同时按应急操纵按钮),或者有重复启动信号 F[第一次启动为正常启动,第二次和(或)第三次启动为重启动],或者有倒车指令 1(倒车启动性能不如正车)。

(3)启动转速未达到重启动发火转速,$n_H=1$。

重启动的鉴别逻辑条件表达式为

$$Y_{SH}=Y_{SO}\cdot n_H\cdot(I_E+F+I_S)$$

在上述的重启动逻辑条件中,关于倒车启动是否采用重启动,不同机型不尽相同。有的机型正、倒车启动性能一样,在上式中可取消 I_S 这一项。有的机型是在运行中完成倒车换向后的启动采用重启动。遥控系统发出启动信号后,启动逻辑回路要能判别是否满足重启动逻辑条件,不满足重启动逻辑条件,启动逻辑回路发正常启动信号,若满足重启动逻辑条件,则发重启动 $Y_{SH}=1$ 信号。如果启动成功,则要撤销重启动信号,以备下次启动时重新判别是否满足重启动逻辑条件。

实现重启动通常采用的两种方案:一是发火转速不变,增加启动供油量。在常规的主机遥控系统中,多数采用这种方案。在这种方案中,由于启动供油量较多,有可能在启动过程中主机发生爆燃;二是启动供油量不变,提高启动的发火转速,在用微型计算机组成的主机遥控系统中,采用这种方案较多。在这种方案中,主机启动是平稳的,但要消耗较多的启动空气。

2. 电动重启动控制回路

(1)启动鉴别逻辑

如图 4-22 所示为电动重启动逻辑回路。图中左侧虚线框内电路为重启动逻辑鉴别回路,由图可知,要满足重启动鉴别逻辑条件,使 $Y_{SH}=1$,必须具备如下三个条件之一。

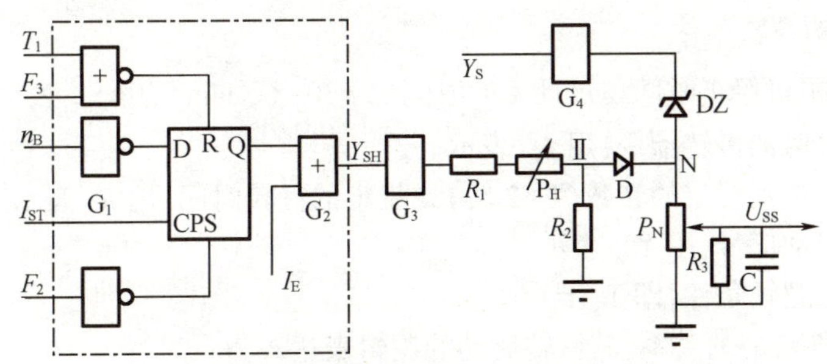

图 4-22　电动重启动逻辑回路

①有应急操纵指令,I_E 为 1,则 Y_{SH} 为 1,采用重启动。

②重复启动中的第三次启动采用重启动。第二次启动达到发火转速,F_2 为 1,$\bar{F}_2$ 为 0,它接在 D 触发器置 1 端 S,触发器输出端 $Q=1$,Y_{SH} 为 1。它为第二次启动失败,进行第三次

启动前做好供重启动油量的准备。

③主机在运行中完成换向后的启动采用重启动。当主机转速高于制动转速运行时，n_B为0，触发器输入端D=1，如果把车钟手柄从原方向扳到另一个方向，车钟手柄必定会经过停车位置，故I_{ST}会从0跳变为1，触发器输出端Q=1，则Y_{SH}为1。于是，遥控系统在控制主机完成停油、换向和制动后进入启动工况时，即运行中完成换向后的启动系统将自动采用重启动，并在第一次启动失败后的第二次和第三次重复启动中继续保持重启动。

复位重启动的逻辑条件是：①应急操作指令已复位，即$I_E=0$；②第三次启动失败后，$F_3=1$，或者由于第一次启动时间过长而使启动失败，$T_1=1$，或将车钟扳回停车位置后再进行启动操作。这是由于主机转速低于制动转速，$n_B=1$，经G_1反相后，D触发器的输入端D为0，而I_{ST}有一个从0到1的信号变化，D触发器的CP端收到此信号后，就把D=0信号锁存入D触发器，是D触发器复位，输出端Q=0，而撤销重启动信号。

(2)启动转速的设定

图4-22中右侧是启动转速的设定回路，Y_S和Y_{SH}分别为正常启动和重启动信号。在正常启动过程中，Y_{SH}为0，G_3为0，二极管D截止。因Y_S为1，而G_4输出高电平，N点电位是稳压管DZ的稳压值，经电位器P_N的分压输出的电压值U_{SS}是对应于正常启动设定转速，此时将这个正常启动设定转速所对应的电压值U_{SS}送至调速器。当满足重启动逻辑条件时，Y_S和Y_{SH}都为1，G_3和G_4都为高电平。G_3输出的高电平经R_1、P_H与R_2分压后，使H点的电平高于N点电平，二极管D导通，N点电平被抬高，稳压管DZ截止，抬高了N点的电压，再经P_N分压后输出重启动设定转速，从而提高了启动设定转速，以致增加了启动油量。改变P_N的中心抽头位置可调整正常启动设定转速，改变P_H可改变N点电压在重启动时所要提高的值，从而调整重启动时的启动设定转速。调整时应先调整正常启动设定转速，然后再调整重启动设定转速。

(四)慢转启动逻辑控制

慢转启动是指主机长时间停车后，再次启动时要求主机慢慢转动1~2转，然后转入正常启动，这样才能保证主机在启动过程中的安全，同时，对相对摩擦部件起到“布油”作用，慢转启动逻辑回路应能区别正常启动或重启动要求。在遥控系统发出启动指令时，首先要检查是否已形成慢转启动指令，若已形成慢转指令，则要进行慢转启动，慢转启动完成后，自动转入正常启动。如果有重启动指令，则取消慢转指令，直接进行重启动。

1. 慢转启动的逻辑条件

(1)启动前，主机停车时间超过规定的时间(为30~60 min)，用S_{Td}表示。

(2)没有应急取消慢转指令，用I_{SC}表示。

(3)主机没有达到规定的转数(1~2转)或规定的慢转时间，用R_1表示。

(4)没有重启动信号，用Y_{SH}表示。

(5)满足启动逻辑条件，即$Y_{SO}=1$。

以上逻辑条件是与的关系，其慢转启动的逻辑表达式为

$$Y_{SLD}=S_{Td}\cdot\overline{I_{SC}}\cdot\overline{R_1}\cdot\overline{Y_{SH}}\cdot\overline{Y_{SO}}$$

当满足慢转启动逻辑条件时，$Y_{SLD}=1$，遥控系统自动进入慢转启动控制方式。

2. 慢转启动控制方案

在实际应用中，慢转启动的控制方案基本上有两种：控制主启动阀开度的方案和采用

主、辅启动阀的方案。

(1)控制主启动阀开度的方案

如图 4-23 所示为控制主启动阀开度实现慢转启动图。当形成慢转指令时,电磁阀 V_{SL} 通电右位通。当有启动指令,Y_{SO} 为 1,阀 V_A 下位通,主启动阀上面的控制活塞被启动空气压下,限制主启动阀的开度,进入启动系统的启动空气压力较低,流量较少,主机只能慢慢转动。主机转过一转或两转后,撤销慢转信号,电磁阀 V_{SL} 断电而左位通,控制活塞上面的气压信号经阀 V、下位放大气,主启动阀全开,进行正常启动。主机达到发火转速时,$Y_{SO}=0$,撤销启动信号,阀 V_A 上位通,关闭主启动阀,停止启动。

(2)采用主、辅启动阀的方案

如图 4-24 所示为采用主、辅启动阀控制实现慢转启动的工作原理图。当形成慢转指令时,电磁阀 V_{SL} 通电下位通。当有启动指令时,Y_{SO} 为 1,阀 V_C 右位通,输出气源信号。该信号使阀 V_A'右位通,打开辅启动阀 V_A。气源信号被截止在阀 V_{SL} 的下位,阀 V_B'控制端经阀 V_{SL} 下位放大气而右位通,关闭主启动阀 V_B。因流过辅启动阀 V_A 的启动空气量较少,主机只能慢慢转动,转过一转或两转后,撤销慢转启动指令,电磁阀 V_{SL} 断电而上位通。阀 V_B'左位通,全开主启动阀 V_B 这时,主、辅启动阀均打开,进行正常启动。当主机达到发火转速时,Y_{SO} 为 0,阀 V_C 左位通气源被截止。阀 V_A'控制端气压从阀 V_C 的左位直接放大气,阀 V_A'左位通,辅启动阀全关闭。而 V_B'的控制端气压需经过单向节流阀 V_D 的节流孔后放入大气,这样主启动阀要延时一段时才能关闭,目的是提高主机启动的成功率。延时的长短要根据主机的启动工况来设定。

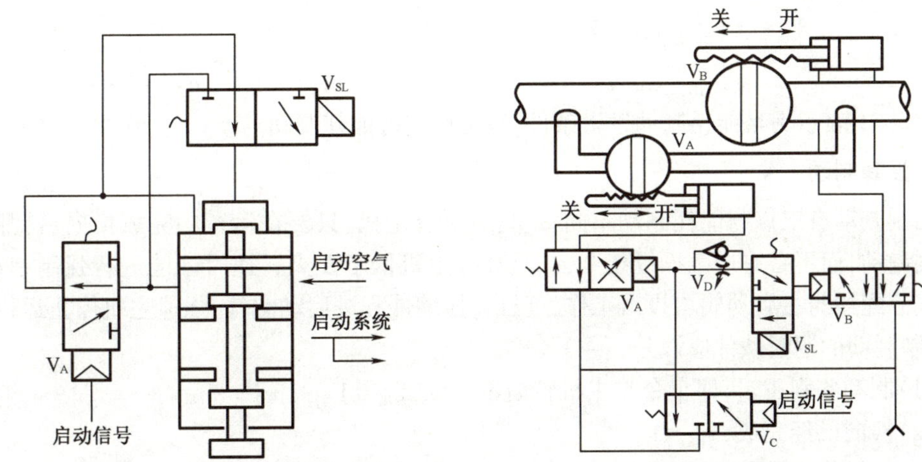

图 4-23　控制主启动阀开度实现慢转启动图　　图 4-24　采用主、辅启动阀控制实现慢转启动图

三、制动逻辑及其控制

制动是指主机在运行中完成换向后,为使主机更快停下来并进行反向启动所采取的操作措施。实践证明,主机停油后,从高转速能较快地下降到较低的转速。但是,船舶的惯性造成的螺旋桨水涡轮作用,使转速下降得越来越慢,需很长时间主机才能停下来,显然进行反向启动就要等待较长的时间。这一点,在一艘实船的操作试验中看得更为清楚。主机以 75 r/min 的转速运转,船舶航速为 15 kn 左右,若不采用制动措施,从主机停油到主机停下

来需 12.5 min,船舶滑行时间为 17 min,滑行距离为 1.4 n mile;若采用制动操作,仅需时间为 0.7 min,主机就能停下来,船舶滑行时间为 3.1 min,滑行距离仅为 0.4 n mile。从这一组数据可以看出,主机采用制动操作,对提高船舶操纵的机动性和实时性都具有重要意义。因此,在遥控系统中均设有制动逻辑回路,主机制动方式有两种:能耗制动和强制制动。

1. 能耗制动

能耗制动是指主机在运行中完成换向后,在主机高于发火转速情况下所进行的一种制动。因此,能耗制动常常是在应急操纵情况下进行的。能耗制动的功能是保持主启动阀处于关闭状态,让空气分配器投入工作。这时空气分配器控制处在压缩冲程那个缸的气缸启动阀打开,柴油机相当于一台压气机,消耗柴油机运动部件的惯性能,使主机能较快降速。能耗制动的逻辑条件是:

(1)制动的鉴别逻辑。当车令变化时,制动逻辑回路能判断车令与主机转向是否一致,只有车令与转向不一致才满足制动的鉴别逻辑。用 Y_{BL} 表示制动的鉴别逻辑,其逻辑表达式为

$$Y_{BL}=I_H\cdot R_S+I_S\cdot R_H \text{ 或 } Y_{BL}=I_H\cdot\overline{R}_H+I_S\cdot\overline{R}_S$$

(2)换向已经完成,$Y_{RF}=1$。

(3)已经停油,$Y_{RT}=1$。

(4)转速高于发火转速,$\overline{n}_I=1$。

(5)有应急操纵指令,$I_E=1$。

这些条件应该是“与”的关系,其逻辑表达式为

$$\begin{aligned}Y_{BRO}&=Y_{RF}\cdot Y_{RT}\cdot Y_{RL}\cdot\overline{n_1}\cdot\overline{n_S}\cdot I_E\\&=(I_H\cdot C_H+I_S\cdot C_S)\cdot(I_H\cdot\overline{R_H}+I_S\cdot\overline{R_S})\cdot Y_{RT}\cdot\overline{n_1}\cdot\overline{n_S}\cdot I_3\end{aligned}$$

$Y_{BRO}=1$ 表示满足能耗制动逻辑条件,对主机进行能耗制动。

2. 强制制动

强制制动有三点与能耗制动不同:一是对所有主机,只要在运行中完成换向后,都能进行强制制动,而不必有应急操纵指令;二是只有主机低于发火转速时才能进行强制制动;三是空气分配器与主启动阀均投入工作,气缸在压缩冲程进启动空气,强迫主机停止运行。这样,强制制动的逻辑条件应该是:

(1)制动鉴别逻辑,即车令与主机转向不一致,$Y_{BL}=1$。

(2)换向已经完成,$Y_{RF}=1$。

(3)满足停油条件,$Y_{RT}=1$。

(4)主机转速低于发火转速,$n_I=1$。

这些逻辑条件应该是“与”的关系,其逻辑表达式为

$$Y_{BRF}=Y_{BL}\cdot Y_{RF}\cdot Y_{RT}\cdot n_I$$

$Y_{BRF}=1$ 表示满足强制制动逻辑条件,对主机进行强制制动。

从强制制动的逻辑表达式可以看出,它与启动的逻辑表达式相似。其中,换向完成信号 Y_{RF} 就是启动的鉴别逻辑 Y_{SL},即 $Y_{RF}=Y_{SL}$。在强制制动的逻辑条件下,我们强调了转速条件 n_I,实际上,它应当满足启动的准备逻辑条件,即 $Y_{SC}=1$。这样强制制动逻辑表达式可改为

$$Y_{BRF}=Y_{BL}\cdot Y_{SL}\cdot Y_{SC}\cdot Y_{RT}$$

可见，强制制动是在车令与转向不一致且在停油下的启动。强制制动在遥控系统中不是独立存在的，它附加在启动回路上，并且用启动回路的功能来达到强制制动的目的。

应当指出，能耗制动是在较高转速条件下的一种制动方式，对主机较快的降速效果是明显的。此时如果采用强制制动，其效果并不明显，且要消耗较多的启动空气。在较低的转速范围内采用强制制动，对克服螺旋桨水涡轮作用，使主机更快地停下来是很有效的。在中速机中，往往是采用能耗制动和强制制动相结合的制动方案；在大型低速柴油机中，主机从停油到换向完成，其转速已经降到比较低的范围，可只设强制制动而不必设置能耗制动逻辑回路。

3. 制动及换向控制过程

(1)具有能耗和强制制动功能的换向过程

如图4-25所示为具有能耗和强制制动功能的主机换向过程波形图。图4-25中曲线Ⅰ为应急换向曲线，曲线Ⅱ为正常换向曲线。在应急换向过程中，当主机在全速正车运行时，若在t_1时刻将车钟手柄扳到倒车位置，同时按下应急运行按钮，出现车令转向与主机转向不符情况。主机首先停油($Y_{RT}=1$)，当主机停油后转速下降到应急换向转速时($n \geqslant n_{ER}$)，即t_2时刻，满足应急换向逻辑，控制凸轮轴换向，使主机凸轮轴从正车位置(C_n)换到倒车位置(C_s)。在换向到位后的t_3时刻，因已符合能耗制动逻辑，所以控制空气分配器投入工作($V_D=1$)，主启动阀关闭($V_M=0$)。主机进入能耗制动工况，转速迅速下降。当转速降到等于或低于发火转速(启动空气切断转速)后的t_4时刻($n \leqslant n_I$)时，因能耗制动逻辑已不再满足，而符合强制制动逻辑，所以遥控系统自动转为强制制动，开启主启动阀($V_M=1$)，继续使空气分配器工作($V_D=1$)，于是主机转速进一步迅速下降。当主机转速降到零后的t_5时刻时，虽然强制制动逻辑不再满足，但已满足启动控制逻辑，所以主启动阀继续打开，空气分配器继续工作。因这时主机转向已与车令转向和凸轮轴位置一致，所以主机处于倒车启动工况，转速逐渐上升。对油气并进的主机，在转速上升到转向鉴别回路检测到倒车转速时(这一转速通常是指可供油转速n_F)，即在$n \geqslant n_F$的t_6时刻，不再满足停油逻辑，于是停油回路撤销停油连锁控制，由调速回路设定的启动油量控制主机供油。而对油气分进的主机，只有在主机转速上升到启动空气切断转速时才进行启动供油。由于是应急换向，所以启动过程一直维持到主机转速达到重启动空气切断转速($n \geqslant n_F$)的t_7时刻，遥控系统才关闭主启动阀($V_M=0$)，停止空气分配器工作($V_D=0$)，结束制动与启动过程。若主机启动成功，则按应急加速程序把主机转速加速至车令所设定的转速。在正常换向过程中，即在改变车令转向时没有按“应急运行”按钮。那么主机停油后，必须等转速降到正常换向转速时($n \leqslant n_R$)才进行换向，换向到位后，在主机转速低于启动空气切断转速($n \leqslant n_I$)时刻，进行强制制动，使主机转速快速下降，而在转速为零后开始倒车启动，直到转速达到倒车启动空气切断转速($n \geqslant n_I$)时结束制动与启动过程，进入正常加速程序。

(2)只具有强制制动功能的换向过程

如图4-26所示为只具有强制制动功能的主机换向过程波形图。图4-26中t_1到t_2为主机凸轮轴换向时间，t_1到t_4为主机换向过程中的停油连锁时间，t_3到t_4为强制制动时间，t_4到t_5为主机第一次倒车启动时间，t_5到t_6为主机第一次启动未成功时的两次启动中断时间，t_6到t_7为主机第二次启动时间。如主机第二次启动也未成功，中断片刻后将进行第三次启动，第三次启动失败后将终止启动，发出启动失败报警。

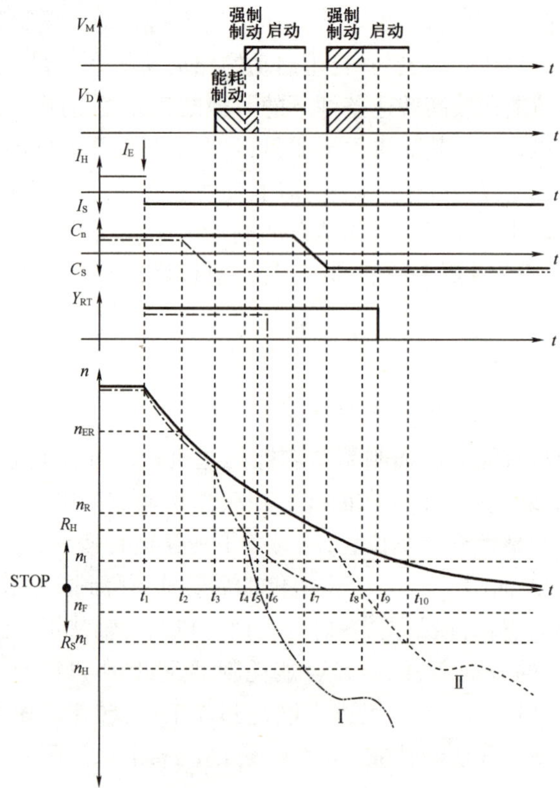

图 4-25　具有能耗和强制制动功能的主机换向过程图

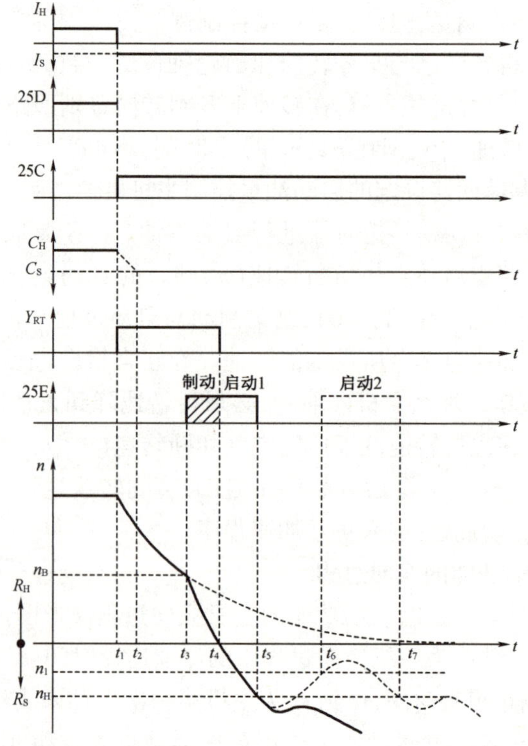

图 4-26　只具有强制制动功能的主机换向过程图

拓展强化

任务 4.3

一、选择题(请扫码作答)

二、简答题

1. 主机遥控系统换向及启动逻辑条件分别是什么?
2. 简述主机遥控系统重复启动逻辑回路的功能和原理。
3. 简述强制制动与能耗制动的不同点。

任务4.4　主机转速与负荷的控制及限制

任务分析

一般概念上讲,转速的控制属于闭环反馈控制。即根据车钟发出的转速给定值与实际转速(反馈)值进行比较,将转速稳定在给定值上。但实际上大幅度改变转速的操作,或主机工况发生较大的变化都可能引起主机的热负荷或机械负荷的严重的超负荷现象。所以为了保证主机工作的可靠和安全,在转速控制系统中,必须设置一些转速限制和负荷限制环节。此外,为了保证在恶劣的海况下,不出现主机严重过载,通常还设置负荷控制方式。本任务的目标是了解强制制动与能耗制动的基本概念,分析发火转速、重启动转速、换向转速的逻辑关系,掌握负荷限制的原理,正确画出转速-负荷联合控制方案图,并能加以说明。

任务实施

一、主机转速控制系统的组成及功能

主机的转速控制除了与其他自动控制系统一样需要考虑其品质指标外,还需要兼顾其控制后果。因为在大幅度操作主机或变工况的情况下,若只考虑控制系统的品质指标就可能造成主机的热负荷或机械负荷超指标。因此,为了保障主机的运行安全,控制中一旦出现危及主机安全的情况,转速控制系统将自动放弃某些控制指标,把主机的转速或供油量限制在其安全范围内。然而,在船舶遇到紧急情况,例如船舶在避碰操纵时,控制系统必须能采取"舍机保船"的紧急措施,应急撤销某些限制或放宽限制,实现紧急操作。由此可见,主机的转速控制与负荷控制是包括各种限制和应急操作在内的综合性自动控制,如图 4-27 所示为转速与负荷控制回路原理框图。

图 4-27 中,由驾驶台遥控车钟发出的车令设定转速 I_n,首先送到程序加减速环节,实现加速速率限制与程序负荷限制,使车令设定转速按主机的操作规律变化。即在低速区允许设定转速快速变化,在中速区则应缓慢变化,而在高速区应按时间原则程序加速,以提高主机在低速范围内的机动性,避免中速区加速过快及高速区热负荷波动过大。经程序加减速

后的设定转速再送到转速限制环节,进行临界转速的自动避让,以保证主机不在临界转速区域内运行,然后进行最小和最大转速限制,以确保主机转速不会低于其最低稳定转速或高于其最大允许转速。通过上述处理后的设定转速作为转速调节环节的转速给定值 n_S 被引到比较环节,使之与测速装置检测到的主机实际转速 n 进行比较。比较所得偏差转速(n_C)按固有的调节规律(如 PI 规律)运算后输出主机供油控制信号 F_C 至负荷限制环节。有时为了使主机的调速特性与螺旋桨的推进特性相接近,通常在调节规律运算后增加一个螺旋桨特性限制环节,或在调节规律运算中采用非线性变增益运算。调速环节输出的控制油量 F_C 除了螺旋桨特性限制外,还受到主机的增压空气压力限制、转矩限制及最大油量限制。即把经螺旋桨特性限制的转速控制油量 F_P、增压空气压力限制所允许的最大油量 F_{km}、转矩限制所允许的最大油量 F_{nm} 及轮机长手动设定的最大允许油量 F_m 都送到选小器进行选小。保证主机在运行过程中,其供油量不会超过各限制环节所限定的最大允许油量,以确保主机的运行安全。

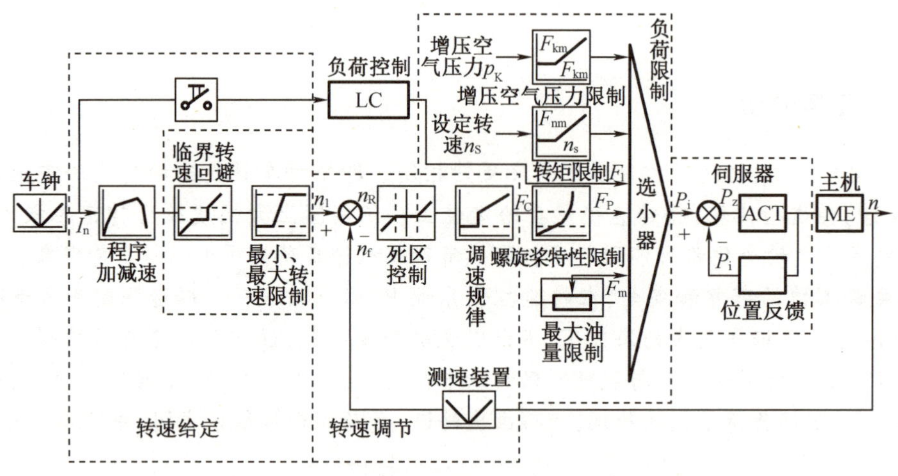

图 4-27 转速与负荷控制回路原理框图

然而,在恶劣海况下,船舶纵向摇摆严重,螺旋桨吃水变化大,调速系统为了把主机转速维持在设定转速,将频繁调节主机供油量,使主机的负荷变化可能超出主机所能承受的范围,甚至发生“飞车”现象,从而危及主机运行安全。为此,遥控系统通常采用负荷控制方法及死区控制方法来避免主机负荷变化过大及“飞车”现象。

1. 负荷控制方法

当船舶在航行中遇到风浪时,可通过操作台上的选择开关接通负荷控制开关,使主机的控制方式从转速控制切换到负荷控制。这时车钟发出的车令设定转速(I_n)经负荷控制器处理后,输出与 I_n 成比例的主机油量控制信号 F_L 并一起送到选小器,由于在正常情况下 $F_L<F_C$,所以选小器选择负荷控制输出油量(F_L),使主机的供油量仅与车令设定转速有关,因此,在车令设定转速不变时,主机的供油量保持不变,负荷也不变。但此时主机的转速无法恒定,会随着螺旋桨的吃水变化而变化。当螺旋桨下沉时,它产生的阻力矩就会大于柴油机气缸燃气所产生的驱动力矩,使动量平衡破坏,主机转速下降,以满足新的动量平衡关系;反之,主机转速就会升高。可见,负荷控制是一种定负荷、变转速的控制方式,由于它未将系统输出量反馈至输入端,而是直接由给定量来控制的,所以负荷控制是一种开环控制。

单纯的定油量控制，当螺旋桨露出水面时，主机会出现飞车现象。但在图 4-27 的控制回路中，遥控系统进入负荷控制状态时，调速回路并未停止工作。在正常情况下，由于调速回路输出 F_C 大于负荷控制回路输出 F_L，故无法输出调速控制信号。然而，当螺旋桨上翘时，主机转速逐渐升高。在主机转速上升到一定值后，偏差转速出现负值，使调速控制信号 F_C 减小，当小于负荷控制器输出 F_L 时选小器则选择 F_C 作为输出。于是控制系统又转化为转速控制方式，将主机油门关小，阻止主机转速进一步上升，从而避免主机超速。

2. 死区控制方法

在主机转速控制中的偏差转速检测后加一个死区控制。它利用控制死区范围来实现三种不同的控制方式。

(1) 刻度控制方式。这种控制方式的死区范围最大。当主机转速偏离车令设定转速的偏差未超过最大死区范围时，死区控制无输出，调速回路无调节作用，主机油门刻度位置不变，使主机的热负荷和机械负荷基本保持不变。但主机的转速将随螺旋桨负荷变化而在一个较大的范围内波动。因此，刻度控制适用于主机高负荷范围内需维持主机进油量恒定，以获得稳定的热平衡效果的场合。

(2) 正常控制方式。正常控制方式的死区范围适中，比刻度控制小得多。因此，正常控制方式能使主机的转速跟随车令设定转速，并将其偏差转速保持在正常控制方式的死区范围内。主机在稳定运行状态下，只要主机的转速波动小于正常控制死区范围，死区控制就无偏差输出，无调节作用。因此，可减小脉动转速对调速系统的影响，提高了系统的静态稳定性。但是，一旦主机转速波动超出正常控制死区，调速回路就会自动将其调节到正常控制的范围内。由此可见，正常控制是在保证所需的调节精度下尽可能减小主机油门刻度位置波动的一种控制方式。因此，它适用于主机正常运行工况。

(3) 恶劣海况控制方式。这种控制方式主要是为防止主机在大风浪运行中发生超速。在恶劣海况控制方式中，控制回路减小主机的最大供油范围，并将死区调得最小(趋于零)，以提高转速控制灵敏度。因此，当螺旋桨上翘露出水面时，调速系统就能以最快响应速度减小主机进油量，从而有效地防止主机超速。

在主机遥控系统中，常把图 4-27 所示的转速与负荷控制回路分成两部分，前半部分为转速给定部分，用来将车钟发出的设定转速经程序加减速与转速限制处理后送至调速环节，作为主机转速的设定值。后半部分为转速调节与负荷限制部分。它由全制式液压调速器或电子调速器与电/液(电/气)伺服器构成的调速系统来完成主机的转速调节和负荷限制。下面介绍启动供油转速设定及转速调节等有关内容。

3. 启动油量的设定

在驾驶台遥控主机时，驾驶员可将车钟从停车位置扳到正车(或倒车)的任何位置来启动主机。这时若仍由车令设定转速来给定启动油量，就可能出现主机因启动油量不足而不能正常发火，或因启动供油量过大而发生爆燃现象。为了确保主机在任何情况下都能安全可靠地启动成功，在启动阶段，遥控系统将自动阻断车钟所发出的车令设定转速，先由启动供油回路来控制其启动油量。这个启动油量比微速挡或慢速挡的供油量还要多一些，以实现固定油量启动，这样既可以保证有很高的启动成功率，又可以防止由于启动供油量过大而产生严重爆燃的现象。

对于不同类型的主机，其启动油量的供给方式不同，有的采用油-气并进方式，而有的采用油-气分进方式。油-气并进是指主机在压缩空气启动的同时供给启动油量，直到主机转速达到启动空气切断转速,结束压缩空气启动时,才转为车钟设定值。油-气分进是在压缩空气启动阶段不供油,而是当主机转速达到启动空气切断转速,切断启动空气的同时供油。为了保证启动的成功率,除提供适量的启动油量外,对油-气分进式还需维持数秒启动油量后才转为车钟设定值。因此,常在启动油量与车令转速切换阀的控制端设置一个由单向节流阀和气容组成的延时环节,以设定启动油量的维持时间。

二、车钟系统及操纵部位的转换

1. 车钟系统概述

车钟系统从传统意义上讲只是用来在各操作部位之间发送和接收主机操作指令及传递操作信息的装置,一般都由驾驶台车钟、集控室车钟和机旁应急车钟组成。根据所传递指令的不同性质,车钟还可分为主车钟和副车钟两种。目前,多数船舶的驾驶台主车钟还兼有主机控制信号的发信功能。

(1)主车钟

主车钟用于传送停车、换向和转速设定等主机操纵命令,一般设有停车(Stop)、前进微速(Ahead Dead Slow)、前进慢速(Ahead Slow)、前进半速(Ahead Half)、前进全速(Ahead Full)、海上全速(Navigation)、后退微速(Astern Dead Slow)、后退慢速(Astern Slow)、后退半速(Astern Half)、后退全速(Astern Full)和应急后退(Crash Astern)等挡位。驾驶台车钟和集控室车钟一般采用手柄操作,而机旁应急车钟除了早期船舶采用手柄操作外,目前,大多数船舶均采用按键操作。手柄式车钟的挡位示意图如图 4-28 所示。

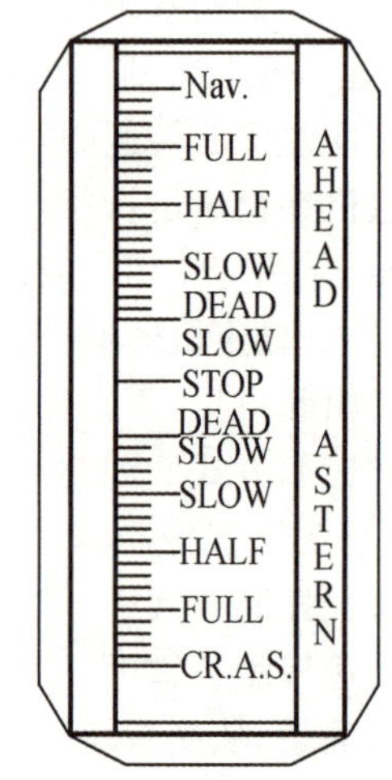

图 4-28　手柄式车钟的挡位示意图

手柄式车钟一般设有两根指针,一根指示本地手柄的位置,另一根跟踪其他操作部位的手柄位置,也称为复示指针;按键式车钟则用指示灯代替指针。手柄式车钟的指针跟踪一般采用自整角机或由电路控制的伺服电动机实现。

当驾驶台发出车令后,集控室和机旁的复示指针或指示灯将跟踪驾驶台车令,轮机员应在主机的当前操作部位进行回令,即将车钟手柄推到相应的位置,或按下按键式车钟相应的挡位按钮。回令之前,三地车钟均有声响提示,回令结束后,声响提示消失。

对于在驾驶台安装有自动遥控系统的船舶,车钟系统往往还兼有主机的控制功能,除了传送车令信息外还需能够向主机遥控系统发送主机的各种操作命令。目前大型自动化船舶所使用的车钟通常都是集传令车钟与遥控手柄于一体的指针跟踪式或指示灯跟踪式车钟,车钟系统已成为主机遥控系统的重要组成部分。

主车钟向遥控系统发送主机操作命令的发信装置通常有气动和电动两种类型。气动发信装置采用手柄的机械动作控制二位三通阀,利用二位三通阀的气压输出实现正车、倒车和停车信号的发信,并用手柄带动的凸轮控制精密调压阀的气压输出,由输出压力大小给出与手柄位置相对应的转速设定值,从而实现转速指令的发信。电动发信装置通常采用微动开关和相应的逻辑处理电路发出正车、倒车和停车信号,采用精密电位器与信号处理电路发出 0~10 V 的电压、4~20 mA 的电流或 0~5 kΩ 的电阻等信号来实现转速设定值的发信。

在不同的操纵部位操纵主机时,主车钟的工作模式也有所不同。以定距桨船舶的低速主机为例,在驾驶台操纵时,驾驶台车钟直接对主机进行遥控操作,集控室车钟和机旁应急车钟只对驾驶台车令进行复示;在集控室或机旁操纵时,驾驶台车钟只用于传令操作,轮机员回复车令后,在集控室或机旁对主机进行手动操纵。应当指出的是,集控室车钟手柄通常还兼有主机的换向控制功能,而主机的启动、停车和转速控制则由主机操纵手柄进行控制。

(2)副车钟

副车钟用于传送与主机操纵有关的其他联络信息,如备车(Standby)、完车(Finished with engine)和海上定速(Atsea)等。假设当前操纵部位为集控室,则当需要进入备车状态时,首先由驾驶台按下“备车”按钮,发出主机备车指令,车铃声响,“备车”指示灯闪光。值班轮机员在集控室按“备车”按钮予以应答,车铃声响停止,“备车”指示灯变为平光,进入备车状态。冲车和试车完毕后,可将主机的操作部位转到“驾驶台”位置。当船舶结束机动航行进入海上定速航行时,在驾驶台按“定速”按钮,车钟声响,“定速”指示灯闪光,发出海上定速航行指令。在集控室按“定速”按钮,车铃声响停止,“定速”指示灯切换为平光,进入定速航行状态,同时自动取消备车信号。当船舶停泊后不再需要操纵主机时,驾驶台按下“完车”按钮,集控室按“完车”按钮应答后,进入完车状态,“完车”指示灯平光指示。在副车钟操作过程中,备车、完车、定速这三个状态之间是互锁的。

在机旁、集控室和驾驶台上均设有应急停车按钮,当出现异常情况需要应急停车时,在任一位置按下“应急停车”按钮,都将通过主机安全保护系统可靠切断主机的燃油供给,强迫主机停车。应急停车后,需在故障排除后,将车钟手柄扳回到停车位置并按复位按钮进行复位后,主机才能再次启动运行。

2. 主车钟发信原理

(1)气动遥控车钟

如图4-29所示为气动遥控车钟的结构原理及逻辑符号图,它主要由外壳、精密调压阀和二位三通换向阀组成,具有发送转向控制信号和主机转速设定值的功能,用于控制定距桨船舶的可逆转低速柴油主机,也可用于控制通过减速齿轮箱带动定距桨的中速柴油主机。

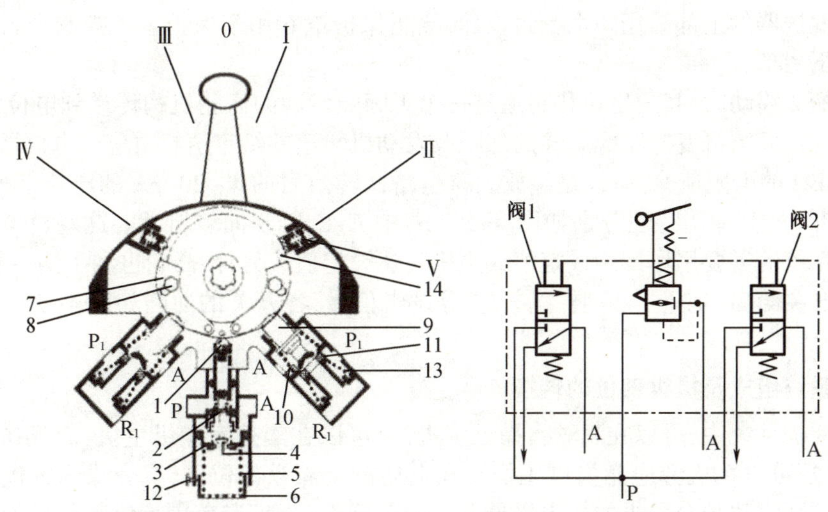

1—顶杆;2—进气口;3—调节活塞;4—排气口;5—调节弹簧;6—弹簧底座;7—连接板;8—螺钉;9—顶杆;10—阀座;11—阀芯;12—锁紧螺钉;13—弹簧;14—对称凸轮。

图4-29 气动遥控车钟的结构原理及逻辑符号图

在图 4-29 中,车钟外壳的上部由一个带刻度盘的保护罩组成,保护罩下面是调压阀和二位三通阀的机械控制部分。通过一个可调的摩擦锁紧装置,操纵手柄可以锁定在任意位置,在 0 位、Ⅰ位和Ⅲ位还分别带有定位槽。

当手柄位置移动时,手柄将带动对称凸轮驱动顶杆 1。若顶杆 1 下移,则会使排气口 4 关闭,进气口 2 打开,压缩空气从 P 口流向 A 口,并在 A 口处建立起一定的压力,这个压力使得调节活塞 3 克服调节弹簧 5 的弹力而向下移动,一旦作用在调节活塞 3 上的力(气压×活塞面积)和与其相对应的调节弹簧 5 的弹力相平衡,则进气口和排气口将关闭。如果这个力的平衡状态通过顶杆 1 的位移变化或 A 管路的压力下降而打破,则进气口和排气口相应地打开和关闭,直到一个新的平衡状态重新建立起来为止。手柄偏离停车位置的位移越大,顶杆 1 被压下的位移越大,使得精密调压阀的输出压力(即转速设定值)与手柄位置成一一对应关系。

手柄移动时,还通过对称凸轮 14 带动两个二位三通换向阀发送转向(前进/后退)命令。当手柄处于 0 位时,阀芯 11 在弹簧 13 的作用下压紧阀座 10,压力口 P_1 截止,接口 A 与排气口 R_1 相通,输出压力为 0;当手柄处在位置Ⅰ~Ⅱ或Ⅲ~Ⅳ时,对称凸轮 14 带动顶杆 9 移动,切断接口 A 与排气口 R_1 之间的通路,并使阀芯 11 从阀座 10 离开,从而使压力口 P_1 和接口 A 接通,输出正车或倒车换向信号。一旦手柄回到 0 位,弹簧 13 使阀芯 11 重新回到阀座 10,接口 A 重新与排气口 R_1 相通,而压力口 P_1 口截止。

(2)电动遥控车钟

电动遥控车钟种类繁多,按照不同的分类方法可分为模拟量车钟和数字量车钟,亦或分为有级调速车钟和无级调速车钟。

如图 4-30 所示为电动遥控车钟发送器结构原理及特性曲线图,其中图 4-30(a)为结构原理图,图 4-30(b)为输出特性曲线图。它可用于定距桨船舶的换向逻辑信号、主机转速设定值和变距桨船舶的螺距设定信号等车令的发信。

车钟指令发送器由透明的外壳 1 和带照明装置的刻度盘组成,操作手柄 2 在停车位置由定位槽 4 定位,并可通过摩擦锁紧装置 3 在任意位置锁紧,手柄位置由刻度盘指针 5 指示。电位器 7、微动开关 8、放大器电路 9 和接线端子 10 等电气元件安装在垂直设置的电路板上。指令发送器的上部采用防水密封设计,金属保护罩 6 用于保护装入控制台后处在控制台台面以下的部分。

操作手柄 2 移动时,其角度位移将通过一个无间隙传动的齿轮机构传递到电位器 7,而这个位移角度正好与可变螺距螺旋桨的螺距及发动机转速的给定值相对应。电位器的输出可以是 0~5 kΩ 的电阻值,也可以是经放大器电路 9 转换后的 4~20 mA 的电流信号或 0~10 V 的电压信号,其输出特性分别如图 4-30(b)中 E、C 和 D 曲线所示。这些模拟量信号可根据遥控系统的需要用作螺距设定值或主机转速设定值。另外,凸轮也和手柄一起移动,它控制微动开关给出“前进”“后退”“停止”等逻辑信号,各开关的通断如图 4-30(b)下部所示。

3. 车钟系统组成及操纵部位的转换

在主机遥控系统中,可以在驾驶台操纵主机,也可以在集控室操纵主机,而且在遥控失灵的情况下,还可以在机旁应急操纵主机。在上述三个操纵部位中,机旁操纵的优先级最高,其次是集控室,驾驶台操纵的优先级最低。为了确保安全,避免因操纵部位转换而产生扰动,在正常情况下,驾驶台和集控室之间的操纵部位转换要满足如下两个条件:

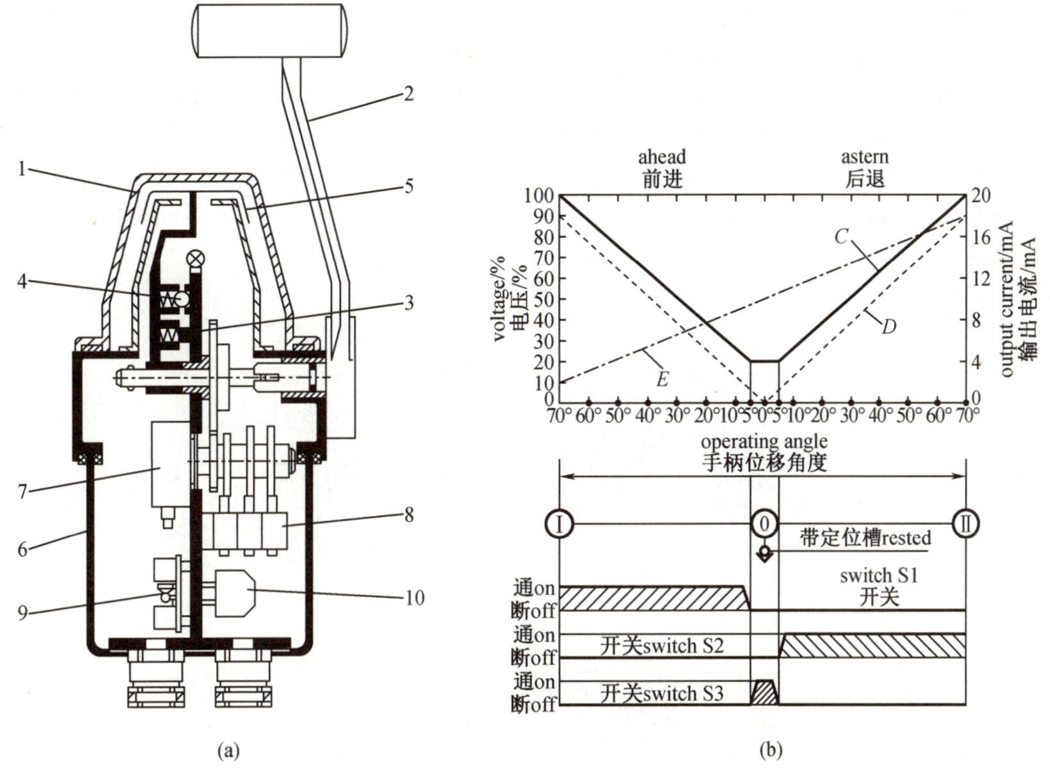

1—外壳;2—操作手柄;3—摩擦锁紧装置;4—定位槽;5—刻度盘指针;6—金属保护罩;7—电位器;
8—微动开关(凸轮触发);9—放大器电路;10—接线端子。

图 4-30　电动遥控车钟发送器结构原理及特性曲线图

(1)集控室遥控车钟发出的正、倒车或停车车令必须与驾驶台遥控车钟发出的正、倒车或停车车令一致,否则操纵部位切换阀将被连锁机构锁定而无法切换。这一条件是驾驶台和集控室之间的操纵部位转换必须满足的条件。

(2)集控室遥控车钟发出的转速设定值必须与驾驶台遥控车钟发出的相等,否则切换中因车令设定转速改变而使主机转速变化,产生切换扰动。但这一条件不是必备的条件。

这里以 AutoChief-4 型主机遥控系统的车钟系统为例说明一个实际车钟系统的结构组成及其工作原理,车钟系统结构框图如图 4-31 所示。该系统采用微机控制,由驾驶台车钟、集控室车钟和机旁应急车钟组成,相互之间通过串行通信进行信息联络。驾驶台和集控室的主车钟采用手柄操作,机旁主车钟为按键操作,三地副车钟均为按键操作。驾驶台车钟还能将车令信息发送给主机遥控系统的驾驶台控制单元,以便在驾驶台操作时,通过遥控系统直接控制主机。此外,车钟系统还连接一台车令打印机,对车令信息进行打印记录。

一般来说,驾驶员都是在驾驶台内直接通过驾驶台车钟对主机进行操作,但对于大型船舶而言,通常还需要在驾驶台的左、右舷设置侧翼操作手柄,其目的是便于船舶离、靠码头时的机动操作。侧翼操作的实现大体有两种方案:一种是在左、右舷各设置一个与驾驶台内完全一样的车钟手柄,它们可以完全独立地发送各种车令信号,具有完全独立操纵主机的功能;另一种就是像图 4-31 所示的那样,在侧翼操作台设置“Joystick”手柄(香蕉柄)。“Joystick”手柄必须通过驾驶台的车钟系统间接完成车令发送任务,它通过控制的三个微动开关的动作给出三个开关量车令信号,向前推给出“正车加速(Increase Ahead)”车令信号,向后拉给出“倒车加速(Increase Astern)”车令信号,松手回中给出维持当前转速车令信号,向左扳给出“停车(Stop)”车令信号。这三种车令信号通过伺服电机和齿轮机构驱动驾驶台车钟手柄机构向正、倒车方向转动,车钟手柄机构再带动其下设的精密转速设定电位器,实现转速调节和压动正、倒车微动开关给出正、倒车车令信号。而驾驶台转速设定电位器的实际转速设定信号被反馈到左、右舷车钟手柄操纵台上的转速设定复示表(setpoint repeator),供操作者操作时参考。应该指出的是,左、右舷车钟手柄主要是用于离、靠港时控制主机在“微速”以下的机动运行,采用“Joystick”手柄是可以有效地满足此种用车操纵要求的。

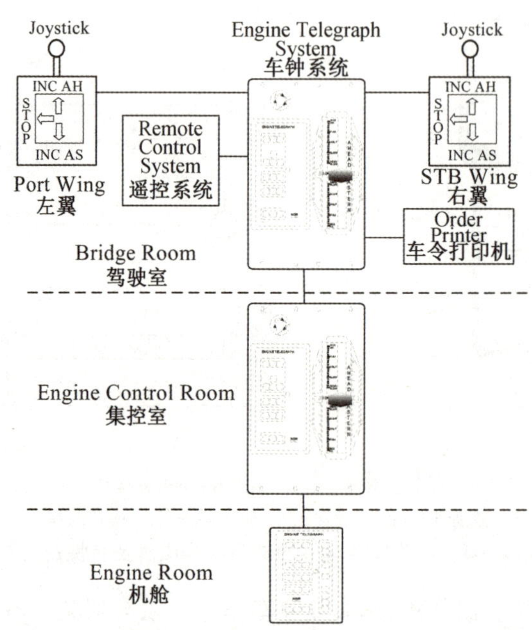

图 4-31　车钟系统结构框图

驾驶台车令转速信号的具体转换、传送过程如图 4-32 所示。从图中可以看出,转速车令发信器是一个 5.0 kΩ 的电位器(最大倒车值为 0.5 kΩ、停车值为 2.5 kΩ、最大正车值为 4.51 kΩ),也就是车钟手柄的每一个位置都将对应一个准确的电阻值,这个电阻值信号通过驾驶台控制单元的微处理器转换成 400~3 900 范围的与主机转速设定值相对应的数字信号,然后通过串行通信接口送到集控室控制单元,集控室控制单元对转速设定值进行转速限制等处理后,通过 D/A 转换器转换成 4~20 mA 的电流值,送到集控室 DGS8800e 数字调速器系统,数字调速器系统输出-10~+10 V 信号到数字伺服放大器,控制执行电机调节给油量,从而实现在驾驶台对主机转速的控制。

在驾驶台遥控主机时,主车钟除了控制主机转速外,还要能控制主机的转向,即能进行主机的换向、启动或停车操作,这些逻辑命令是通过设置在车钟内部的正车和倒车微动开关来实现的。车令手柄除了带动车令电位器外,还带动正车微动开关和倒车微动开关。这两个开关量信号经驾驶台控制单元和串行通信接口送到集控室控制单元,由集控室控制单元对主机进行相应的逻辑控制。例如,在驾驶台操作状态下,当手柄处在停车位置时,正车微动开关和倒车微动开关均断开,集控室控制单元将这一输入状态转换成主机停车命令,并通过输出接口电路实现主机停车。

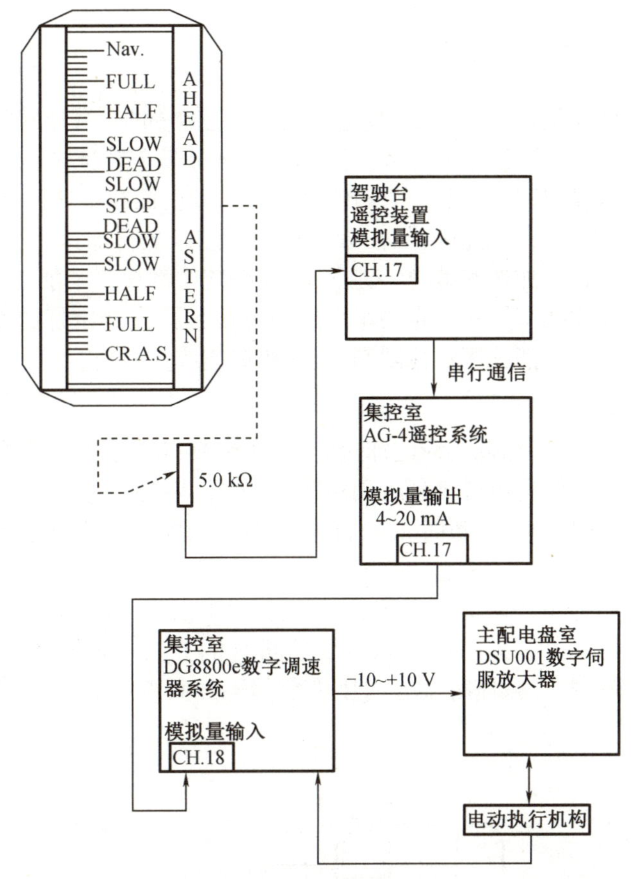

图 4-32 驾驶台车令转速信号的具体转换、传送过程

当把主机的操作部位由驾驶台转换到集控室后,这时驾驶台主车钟的遥控功能将被取消,但仍然保留有传令车钟的功能。在集控室操作状态下,驾驶台车钟的信号经车钟报警控制箱发送到集控室车钟和机旁车钟,集控室车钟和机旁车钟挡位指示灯自动跟踪到驾驶台车钟手柄位置。集控室车钟信号经车钟报警控制箱发送到驾驶台车钟,驾驶台车钟的挡位指示灯自动跟踪到集控室车钟手柄位置,并在车钟手柄位置与跟踪指示灯位置不一致的情况下,发出错位报警,直至车钟手柄位置与跟踪指示灯的位置一致为止。在集控室操作时,集控室车钟除了完成对驾驶台车钟的回令外,还兼有换向操作的功能。这一功能是靠装在车钟下面的正车和倒车气动阀件实现的,这样就可以在用集控室车钟复令的同时完成主机的换向操作。

在机旁应急操作状态下,驾驶台车钟发出的车令信号经车钟报警控制箱发送到机旁车钟和集控室车钟,机旁车钟和集控室车钟的挡位指示灯自动跟踪到驾驶台车钟手柄位置。机旁车钟信号经车钟报警控制箱发送到驾驶台车钟,驾驶台车钟的挡位指示灯自动跟踪到机旁车钟回令按钮位置,并在车钟手柄位置和车钟回令按钮位置与跟踪指示灯位置不一致的情况下,发出错位报警,直到位置一致为止。

在驾驶台遥控操作状态,驾驶台车钟信号经车钟报警控制箱发送到集控室车钟和机旁车钟,并返回到驾驶台车钟,使驾驶台车钟、集控室车钟和机旁车钟的随动指示灯自动跟踪到驾驶台车钟手柄位置。在驾驶台改变车钟位置时(驾驶台车钟的随动指示灯尚未跟上驾驶台车钟手柄位置),会发出短暂的错位报警声。

三、主机加、减速速率限制和程序负荷

主机的程序加、减速是指主机在加、减速过程中应遵循的加、减速规律。为了使车钟所发出的车令转速信号能符合主机的加、减速规律，必须对车令转速进行预处理。即在低速区，允许主机快些加速或减速，不限制车令转速的变化速度；而在中速区，对车令转速进行加速速率和减速速率的限制；在高速区，如在 70%额定转速以上再加速时，则按主机负荷变化规律，对车令转速进行程序加速和减速。为此，遥控系统中都设置了加速与减速速率限制环节和程序负荷环节，以便把车钟所设定的车令转速分段按预先调定好的速率发送出去。在应急情况下，可手动操作取消程序负荷限制，实现快加速或快减速。

1. 加速速率限制

加速速率限制是指主机在低负荷区加速时，对主机转速增加速率的限制。在气动遥控系统中，加速速率限制一般是由分级延时阀实现的，如图 4-33 所示为气动遥控系统的加速速率限制环节。当车令与转向一致时，S=1，阀 A 右位通，实现了启动油量和运行油量的切换，车令设定的转速信号经阀 A 右位、分级延时阀 B 向气容 C 充气，当设定转速低于额定转速的 30%左右时，该信号不经阀 B 的节流，直接向气容 C 充气，主机转速可迅速升高。当设定转速高于额定转速的 30%以上时，该信号要经阀 B 的节流再向气容 C 充气。这时，主机转速的增加就会稍慢一些。减速时气容内压力信号不经阀 B 节流而直接通过减小了的设定信号实现快减速。

微课 4.41 主机遥控之加、减速速率限制（加速速率限制）

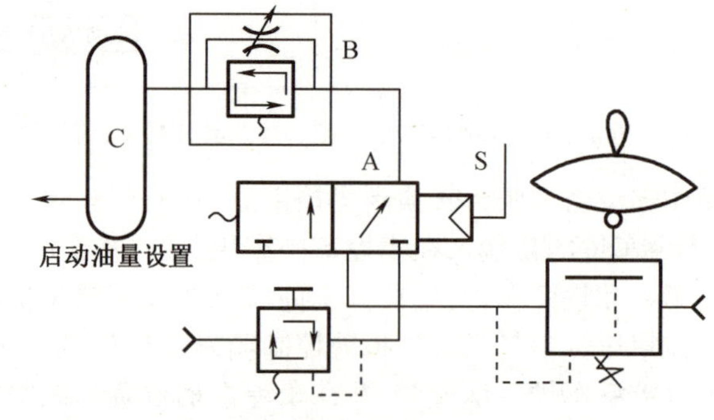

图 4-33 气动遥控系统的加速速率限制环节

动画 4.41 电动遥控系统的加速速率限制原理

在电动遥控系统中，加速速率限制环节的形式是多种多样的。如图 4-34 所示为电动无触点遥控系统的加速速率限制环节，图 4-34 中，运算放大器 A_1 接成电压比较器，其同相端和反相端分别接转速设定信号 U_{i1} 和该加速速率限制环节的输出信号 U_{01}，A_2 是接成负反馈的运算放大器，其反相端电压总是高于同相端电压 U_{01}，故运算放大器 A_2 始终输出 0 信号。在加速时，由于 $U_{i1}>U_{01}$，A_1 输出 1 信号，电子开关 SW 闭合于(1-15)，标准电压 V_R 经电阻 R_5 向电容 C 充电，电容上电压 U_{01} 按指数曲线不断增大。由于 A_1 是接成正反馈的电压比较器，A_1 在输出 1 和 0 时，A_1 同相端的电压是不同的，故使 A_1 输出状态发生变化的输入值就存在一个回差，其上、下限值分别用 U_{iH} 和 U_{iL} 表示。所以当输入 $U_{01}>U_{iH}$ 时，A_1 输出 0 信号，电子开关 SW 由(1-15)断开合于(2-15)，切断了电容充电回路。接通放电回路，随着放电的进行，U_{01} 不断降低，当 $U_{01}<U_{iL}$ 时，A_1 再翻转输出 1 信号，V_R 经 R_5 向电容 C 充电，由于 U_{iH} 与 U_{iL} 之间回差

不大，故 U_{01} 可在 U_{i1} 附近达到一个动态的平衡。减速过程与加速过程相同。调整电容 C 充放电的时间常数，可调整加、减速的速率。调整电阻 R_5 的电阻值大于 R_6 和 R_7 的电阻值，可实现慢加速、快减速。

图 4-34 中，I_{ST} 是停车指令。有停车指令时，$I_{ST}=0$，与门 G_1 输出 0 信号，U_{01} 不经减速速率限制，直接输出 0 V，这是停车限制。有倒车指令时，$I_S=1$，非门 G_2 输出 0 信号，由电位器 P 调定一个最大的倒车转速。在倒车运行时，U_{01} 是不能超过最大倒车转速的，这就是倒车最大转速限制，U_{SS} 是启动油量信号，当有开车指令时，$\overline{I_{ST}}=1$，且主机处于启动状态，因 $U_{i1}>U_{01}$，开关 SW 合于(1-15)，U_{SS} 经电压跟随器 A_3 直接向电容 C 充电，使 U_{01} 能迅速达到启动油量所对应的电压信号。启动成功后撤销 U_{SS} 信号，U_{01} 将逐渐达到转速设定值 U_{i1}。

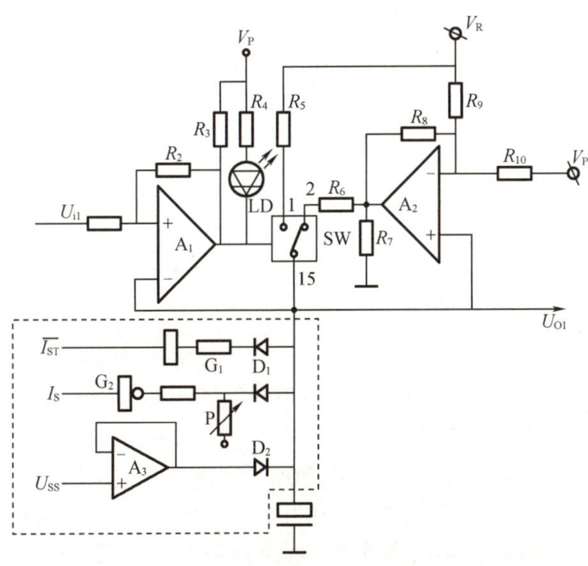

图 4-34　电动无触点遥控系统的加速速率限制环节

2. 程序负荷

(1)气动程序负荷回路

当转速达到额定转速的 70%以上时主机已进入了高负荷区，其承受很高的机械负荷和热负荷。此后的加速过程必须严格加以限制，防止超负荷。在高负荷区内，保持加速速率限制的加速尚嫌过快，故必须设置一个特殊的时间程序，使之慢慢加速，此即为程序负荷。

微课 4.42　主机遥控之程序负荷限制

动画 4.42　气动程序负荷回路原理

在气动遥控系统中，一般是通过节流元件与气容组成的惯性环节来实现的，如图 4-35 所示为气动程序负荷回路，图中阀 2 是程序负荷设定调压阀。它的最大输出是程序负荷开始转速值所对应的气压信号，当输入信号小于这个调整值时，输出与输入相等。p_i 是车令设定转速值所对应的气压信号，当该信号小于程序负荷开始的转速(如额定转速的 70%)时，只经分级延时阀 1 的节流，通过阀 2 向气容 6 充气。气容内的压力升高较快，再经比例阀 7 送至调速器转速设定波纹管，这就是加速速率限制。当车令设定转速大于程序负荷开始转速时，p_i 不仅要经分级延时阀的节流，还要经单向节流阀 3 的节流，再经节流选择阀 4 的上位向气容 6 充气。气容内压力升高较慢,如图 4-35(b)中的 c 线所示。从港内全速到海上全速大约需要 25 min,称为快程序。如果把节流选择阀 4 转至下位通,则单向节流阀 3 的输出还要经节流孔 9 的节流,这时气容内压力升高很慢,如图 4-35(b)的中 c'线所示。其程序负荷时间大约需要 55 min,称为慢程序。选择何种程序取决于操作者的要求和主机的承受能力。在应急操纵的情况下,电动二位三通阀 8 通电右位通,分级延时阀 1 输出的信号直接向气容充气,取消程序负荷,按加速速率限制可把主机的转速一直加速到海上全速,其加速过程如图 4-35(b)中的 e 线所示。在减速时,气容内的气压信号经速放阀 5 就地泄放,因不经阀 1 和 3 的节流,实现快减速,如图 4-35(b)中斜线 d 所示。

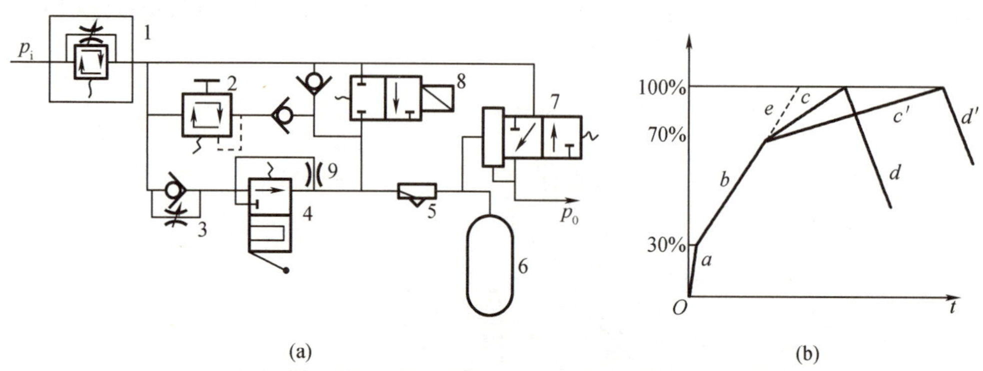

1—分级延时阀;2—调压阀;3—单向节流阀;4—节流选择阀;5—速放阀;
6—气容;7—比例阀;8—电动二位三通阀;9—节流孔。

图 4-35　气动程序负荷回路

(2)电动程序负荷回路

程序负荷主要用于离港时从港内全速(70%)到海上全速(100%)的加速控制,以及进港时从海上全速到港内全速的减速控制。如图 4-36 所示为电动主机遥控系统的程序负荷原理框图。它与其他遥控系统不同,程序加、减速控制需借助于离港与进港按钮方可实现,但实现方法与其他电子遥控系统一样,采用计数式程序负荷控制。图 4-36 中,频率控制回路根据进港与离港信号来选择时钟脉冲发生器的定时回路,以控制其输出相应频率的脉冲作为程序计数器的计数脉冲。程序计数器在加、减速控制回路的控制下,在加速时做减数计数,在减速时做加数计数。而程序计数器输的二进制计数值还需经 D/A 转换器转换成相应的电压 U_{LP},然后再由选小器将 U_{LP} 与车令设定转速 I_n 进行选小,使主机的设定转速在离港或进港时按预先调定的程序负荷速率加速或减速。

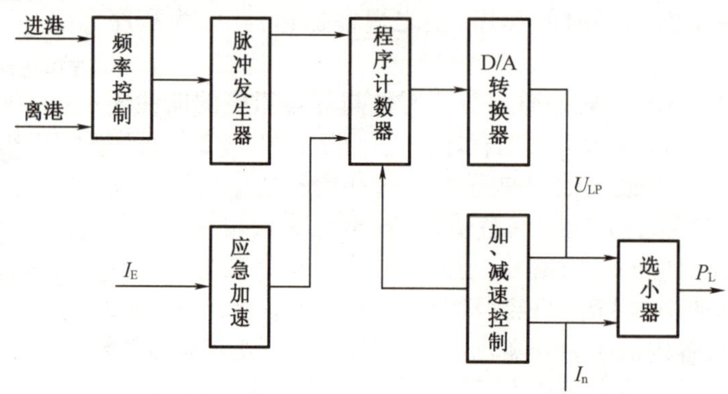

图 4-36　电动主机遥控系统的程序负荷原理框图

四、转速限制

微课 4.43　主机遥控之转速限制

转速限制是指对送到调速器的转速设定值进行限制，以此来限制主机的运行转速。设置转速限制的目的是使车钟发出的车令设定转速能符合主机的操作要求，保证主机不在临界转速区域内运行，不在低于最低稳定转速以下运行，以及不在高于主机最大允许转速上运行。

1. 最大转速和最低稳定转速等限制

(1) 轮机长最大转速限制

轮机长最大转速限制是指正常运行时，自动将主机的最大运行转速限制在轮机长所设定的最大允许转速值，并在应急情况下，可通过应急操纵指令取消限制。

轮机长最大转速限制回路如图 4-37 所示，图中 A_4、A_6 和 R_5 构成一个选小器；P_3 为轮机长最大允许转速设定电位器；U_S 为车令设定转速值；I_E 为应急操纵指令。在正常运行时 $I_E=0$，G_1 输出低电平，A_6 输入由 P_3 与 R_7 分压后得到最大允许转速值 U_m。当车令设定转速值小于最大允许转速值时，即 $U_S<U_m$，则选小器选择车令设定转速作为输出，即 $U_0=U_S$，无限制作用。当车令设定转速值大于最大允许转速值时，即 $U_S>U_m$，选小器选择轮机长设定的最大允许转速值作为输出，即 $U_0=U_m$，从而将主机转速限制在轮机长所设定的最大转速值。调大 P_3 的电阻值，主机的最大允许转速值 U_m 会减小。有应急操纵指令时 $I_E=1$，G_1 输出高电平，使 A_6 的输入电压 U_m 提高到近似电源电压，选小器选择车令设定转速 U_S 作为输出，从而取消限制。

(2) 最低稳定转速限制

最低稳定转速限制是指当车钟手柄设定的转速在最低稳定转速以下时，能保证主机在最低稳定转速上运行，防止主机运行不稳定，甚至停车。

最低稳定转速限制回路如图 4-38 所示，图中，A_9、A_{10}、R_{14}、R_{15} 和 D 构成一个选大器。电位器 P_5 可调整最低稳定转速限制值 U_{min}。该限制回路的输入 U_0 来自上述选小器的输出，就是车令设定转速值。当 $U_0>U_{min}$ 时，A_9 工作在电压跟随器状态，输出 $U_{i1}=U_0$。这时，因为 A_{10} 输出电压小于 U_{i1}，所以二极管 D 截止，使 A_{10} 工作于电压比较器状态，输出为 0。选大器选择 U_0 作为输出，无限制作用。当车令设定转速小于最低稳定转速限制值时，即 $U_0<U_{min}$，则 A_{10} 输出增大，使 D 导通。于是 A_{10} 从电压比较器状态转为电压跟随器状态，使 $U_{i1}=U_{min}$。此时，A_9 的同相端输入电压小于反相端电压，其输出减小。因为 A_9 与 A_{10} 为推挽输出运算放大器，而且 A_9 输出经电阻 R_{14} 与 U_{i1} 相连，所以，A_9 输出的电压全部降在电阻 R_{14} 上，使 A_9 的负反馈作用消失，由电压跟随器转为电压比较器。U_{i1} 将受到 A_{10} 的钳位作用而保持在 U_{min} 值，从而将主机转速限制在最低稳定转速上。

(3) 最大倒车转速限制

最大倒车转速限制是防止因倒车车令设定转速值太大而使倒车转速太高的限制，由于螺旋桨倒转时的阻力大于正转阻力，主机倒转时，如仍将其转速调整在正转最大转速，就会导致主机超负荷。为了保证主机的安全，主机遥控系统都设有最大倒车转速限制功能。详见图 4-34 示出的电动无触点遥控系统的加速速率限制环节。

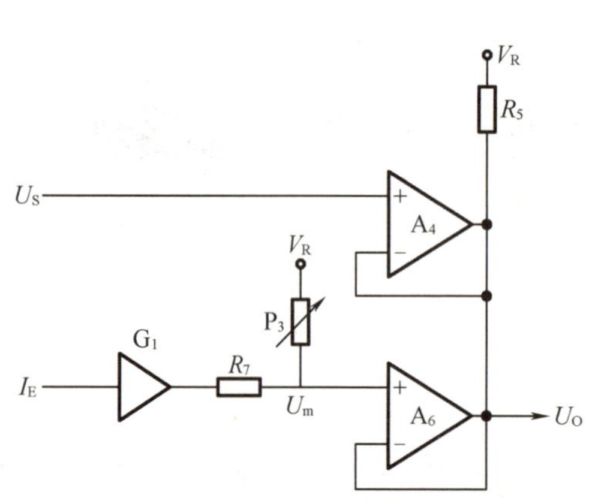

图 4-37　轮机长最大转速限制回路

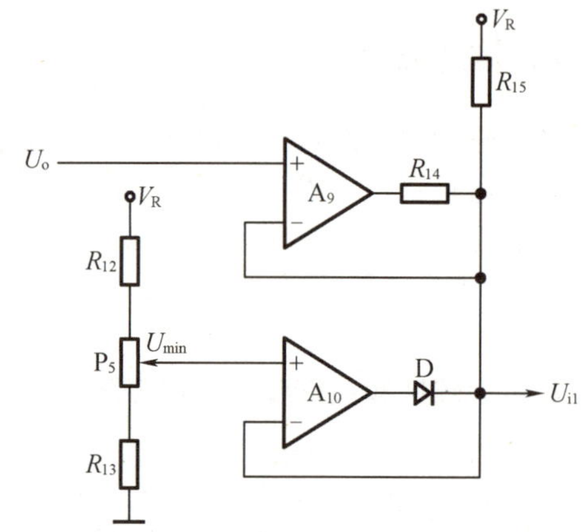

图 4-38　最低稳定转速限制回路

(4)故障降速转速限制

故障降速转速限制是指当主机发生某些故障时,主机降速到所允许的低转速值。在有应急操纵指令时,将取消故障降速功能,不允许主机降速。

2. 临界转速的回避

柴油机轴系都有其固有的自振频率,当外界强制干扰频率(主机转速)与其自振频率相同时,将引起共振。在柴油机全部工作转速内可能有两个或两个以上共振区,其中最大的共振区称为临界共振区,所对应的主机转速叫临界转速。主机在临界转速区工作时,产生的扭转振动应力将超过材料的允许应力,造成曲轴的扭伤或折断,或者造成组合式曲柄组合件的相对滑移。因此,柴油机在运行期间必须避开临界转速区。其原则是,不在临界转速区内运行及快速通过临界转速区。临界转速自动回避的方式有三种:一是避上限,当车令转速设定在临界转速区时,遥控系统能自动使主机在临界转速的下限值运行;二是避下限,当车令转速设定在临界转速区时,遥控系统能自动使主机在临界转速的上限值运行;三是避上、下限,加速时避下限,减速时避上限,但有些遥控系统正相反,即加速时避上限,减速时避下限。在实际应用中,为使该环节结构简单,多采用避上限方式。

(1)气动临界转速回避回路

动画 4.43　气动临界转速回避回路原理

在气动遥控系统中,临界转速的回避是用气动阀件组成的逻辑回路实现的,如图 4-39 所示为气动临界转速回避回路,其工作原理如图 4-39(a)所示。图中阀 1 和 3 是调压阀,输入信号小于调定值时,输出等于输入。当输入信号大于调定值时,其输出保持调定值不变。阀 1 调定值为临界转速的下限值 p_{a};阀 3 调定值是临界转速的上限值 p_{b};阀 2 是双气路控制的两位三通阀;p_{S} 是转速设定值。

该回路是按避上限方式工作的。当转速设定值小于临界转速下限值时,阀 1 输出 p_{S},阀 2 上位通。p_{S} 经阀 1、阀 2 上位和速放阀 4 输出,$p_{\mathrm{o}}=p_{\mathrm{S}}$,如图 4-39(b)中临界转速回避特性的 a 线所示。当转速设定在临界转速区时,$p_{\mathrm{S}}>p_{\mathrm{a}}$,阀 1 输出 p_{a} 不变,阀 2 上位通不变,$p_{\mathrm{o}}=p_{\mathrm{a}}$,主机在临界转速下限值运行,如图 4-39(b)中 b 线所示。当设定转速 p_{S} 大于临界转速上限值时,阀 2 下位通,输出 p_{o} 由临界转速下限值立即跳变到大于临界转速上限值的 p_{b},可快速通过临界转速区,然后输出随 p_{S} 而变,如图 4-39(b)中 c 和 d 线所示。同理,在减速时,当 $p_{\mathrm{S}}>p_{\mathrm{b}}$ 时,阀 2 下位通,$p_{\mathrm{o}}=p_{\mathrm{b}}$。而当 $p_{\mathrm{a}}<p_{\mathrm{S}}<p_{\mathrm{b}}$ 时,即转速设定在临界转速区时,阀 2 上

位通，p_S 截止，$p_o=p_a$。$p_S<p_a$ 时，$p_o=p_S$。所以在减速时也是避上限，且可快速通过临界转速区。

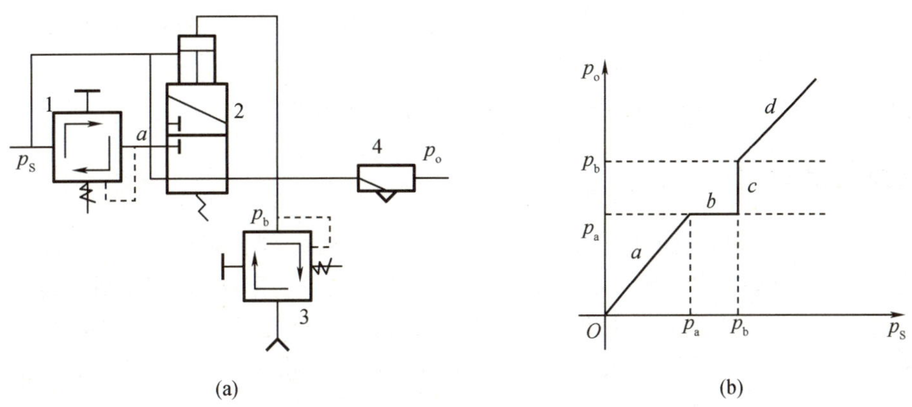

1,3—调压阀；2—二位三通阀；4—速放阀。

图 4-39　气动临界转速回避回路

（2）电动临界转速回避回路

如图 4-40 所示为电动临界转速回避回路，它主要由电压比较器和选小器组成。图 4-40(a) 中 A_3、A_4 和 R_5 构成一个选小器；A_1 为电压跟随器；A_2、A_5 为电压比较器；电位器 P_1 设定在临界转速的上限值 U_{P1}，P_2 设定在临界转速的下限值 U_{P2}。U_S 是车令设定转速值，一路送入 A_4 的同相端选小，另一路经 A_1 缓冲后送到 A_2 的同相端，与临界转速上限值 U_{P1} 进行比较。

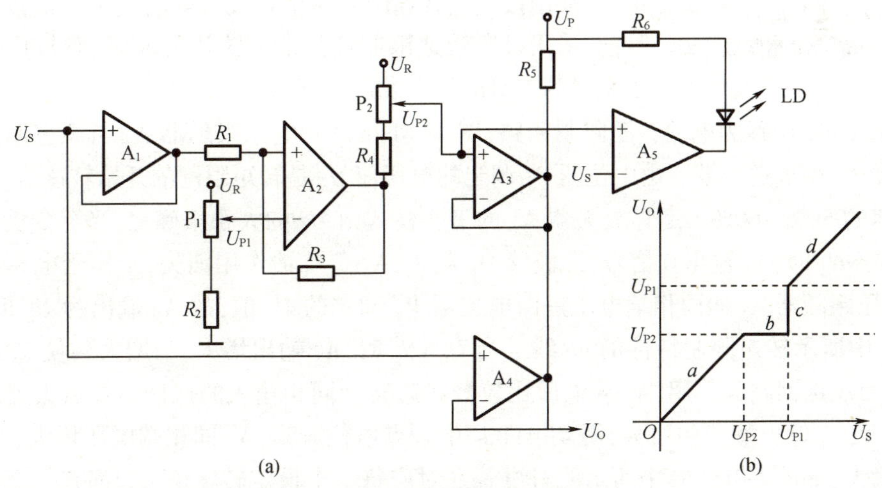

图 4-40　电动临界转速回避回路

当车令设定转速小于临界转速下限值时，$U_S<U_{P1}$，则 A_2 输出 0。使 P_2 与 R_4 分压后得到一个相当临界转速下限值的电压 U_{P2}，送 A_3 的同相端选小。这时，因为 $U_S<U_{P2}$，所以选小器选择车令设定转速值 U_S 作为输出，如图 4-40(b) 中临界转速回避特性的 a 线所示。同时，A_5 输出高电平，临界转速限制发光二极管 LD 不亮。当车令设定转速处于临界转速区，$U_{P2}<U_S<U_{P1}$，U_S 仍小于 U_{P1}，A_2 保持输出 0。这时由于 $U_S>U_{P2}$，因此选小器选择临界转速下

限值 U_{P2} 作为输出，即 $U_O = U_{P2}$，把主机转速自动限制在临界转速的下限值，如图 4-39(b) 中 b 线所示。因 $U_S > U_{P2}$，所以 A_5 输出低电平，使临界转速限制发光二极管 LD 点亮。当车令设定转速大于临界转速上限值时，使 $U_S > U_{P1}$，A_2 翻转输出高电平，将 U_{P2} 提高至接近电源值 V_P，使它大于 U_S，于是选小器又选择车令设定转速 U_S 为输出，使选小器输出从临界转速下限 U_{P2} 立即跳变到上限 U_{P1}，快速通过临界转速区，然后输出随 U_S 而变，如图 4-39(b) 中 c 和 d 线所示。于此，A_5 又输出高电平，使发光二极管 LD 熄灭。

五、负荷限制

负荷限制用来限制主机的供油量，防止主机超负荷，故又称燃油限制。由于主机转速控制系统是根据偏差转速来控制主机供油量的，当螺旋桨吸收功率增加，使主机转速降低，或给定转速增大时，为了快速地把主机转速调节到给定转速，有可能使主机供油量增加过多或过快，造成热负荷与机械负荷过大。为此，必须对主机供油量进行限制，以确保主机安全。负荷限制包括转矩限制、增压空气压力限制和最大油量限制等。

负荷限制实现的方法根据调速器类型的不同而异，对于 PGA 等液压调速器，负荷限制的功能均在调速器内部实现；对于数字调速器，均由软件实现；对于采用集成电路的电子调速器，则采用电路实现。前面两种情况在此不予讨论，下面介绍采用电路实现的各种负荷限制方法。

1. 转矩限制

微课 4.44　主机遥控之转矩限制和最大油量限制

转矩限制的目的是限制主机的机械负荷和热负荷，防止主机超负荷运行。主机的转矩过大是由主机在某一转速下的喷油量过多造成的。因此，转矩限制普遍采用通过转速来限制油量的方法。在实际中，常采用按设定转速限制油量和按实际转速限制油量两种方法。目前，采用设定转速限制油量的方法用得较多，它按设定转速的大小来限制主机的最大允许供油量。

如图 4-41 所示为电动转矩限制回路，图 4-41(a) 中，电压跟随器 A_2 与调速回路的运算放大器 A_3 构成选小器。由电位器 P_1 调定的电压值 U_a 是转矩限制的开始转速值，一般为额定转速的 50%~60%。运算放大器 A_1 的工作模式由 U_S 的大小来确定，当车令设定转速值 U_S 小于 U_a 时，A_1 输出 0 信号，二极管 D_1 截止，A_1 负反馈作用消失，工作于电压比较器状态，电压跟随器 A_2 的同相端电压是由电位器 P_1 调定的 U_a 值，故 A_2 输出为 U_a 值，如图 4-41(b) 中所示转矩限制特性的 ab 线。当 $U_S > U_a$ 时，A_1 输出增大，当增大到使二极管 D_1 导通时，负反馈回路起作用，A_1 从电压比较器状态转为同相输入的比例运算放大器。随着 U_S 的增大，A_1 输出按比例增大，图 4-41(a) 中 a 点电位升高，A_2 同相端电压增大，A_2 输出也随之增大，如图 4-41(b) 中所示的斜线 bc。对应每一个设定转速值 U_S，都有一个对应的最大允许供油量限制值 U_{NM}。因此，转矩限制的作用是根据设定转速的大小来限制主机的最大允许供油量。调速回路输出的控制信号是 U_C，主机在加速过程中，只要调速回路输出 $U_C > U_{NM}$，选小器就选择 U_{NM} 作为输出。调整电位器 P_2 可调整比例运算放大器 A_1 的放大系数，若调整 P_2 使其电阻值增大，则放大系数增大，对应某一设定转速，允许的最大供油量会增大。

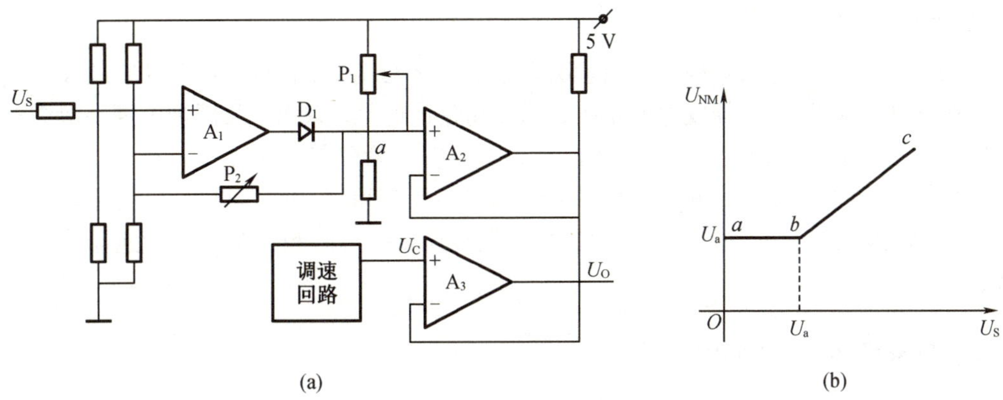

图 4-41　电动转矩限制回路

2. 增压空气压力限制

在加速时，由于增压器的滞后效应，增压空气压力增加往往不够及时。若主机喷油量增加过快，就会造成油多气少，燃烧不完善，导致主机的排气温度过高，热负荷超过允许值。因此，为避免主机加速过程中出现的冒黑烟现象，防止超热负荷，必须按增压空气压力的大小来限制主机的最大允许供油量。

微课 4.45　主机遥控之增压空气压力限制

如图 4-42 所示为增压空气压力限制环节，采用和转矩限制环节类似的方法，由运放器输出一个如图 4-42(b)所示的增压空气压力限制环节输入输出特性电压，送至选小环节参与选小。只要调速器输出电压高于限制曲线，选小环节最大只能输出当前增压空气压力所对应的最大允许供油量。图 4-42(b)中，U_K 是与增压空气压力成比例的电压值，U_{KM} 为增压空气限制环节的输出，U_M 为最大启动油量限制所对应的电压值。在启动期间，增压空气压力 U_K 较低，限制不起作用，只是最大启动油量限制起作用。启动成功后，U_K 会增大，但只要 $U_K<U_N$，U_M 保持不变。当增压空气压力 $U_K>U_N$ 时，U_{KM} 也按比例增大，主机的允许供油量也随之增加。

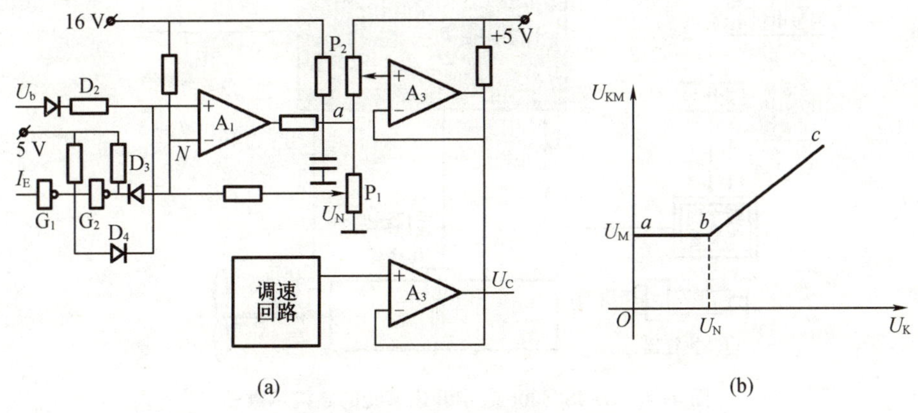

图 4-42　增压空气压力限制环节

在应急情况下，为了使主机快速地加速，电路中通常还应设置相应的取消限制功能，当按下应急操纵按钮时，将 U_{KM} 提高到最大值，从而取消了增压空气压力的限制。

3. 最大油量限制

最大油量限制是指轮机长根据海面状况和主机的运行情况,手动限制主机的最大供油量,防止在驾驶台遥控时,可能发生的主机超速和超负荷现象。最大油量限制范围一般为额定油量的 50%~100%。在应急操纵情况下,可取消最大油量限制。

最大油量限制的实现电路和轮机长最大转速限制环节相似,所不同的是最大油量限制所限制的是调速器输出的油量信号,而轮机长最大转速限制所限制的是送入调速器转速设定值信号。

六、DGS8800e 数字调速系统

DGS8800e 数字调速系统是由计算机控制的全数字式调速系统,它具备全制式液压调速器的所有功能,能满足低速长冲程柴油机的所有调速任务,既适于定螺距系统(fixed pitch propeller,FPP),又适于可变螺距系统(controllable pitch propelle,CPP)。

DGS8800e 数字调速系统有两个不同版本,分别对应于曼恩(MAN)B&W MC 机型和瓦锡兰 Sulzer RTA 机型,两者略有不同,这里介绍的是面向 MAN B&W MC 机型的版本。

(一)DGS8800e 数字调速系统结构组成及原理框图

1. 调速系统的结构组成

DGS8800e 数字调速系统主要由 DGU8800e 数字调速单元、DSU001 数字伺服单元、TRAFO001 变压器单元、ELACT001 执行电动机、转速检测装置和扫气压力传感器等部分组成。如图 4-43 所示为 DGS8800e 数字调速系统的结构示意图。

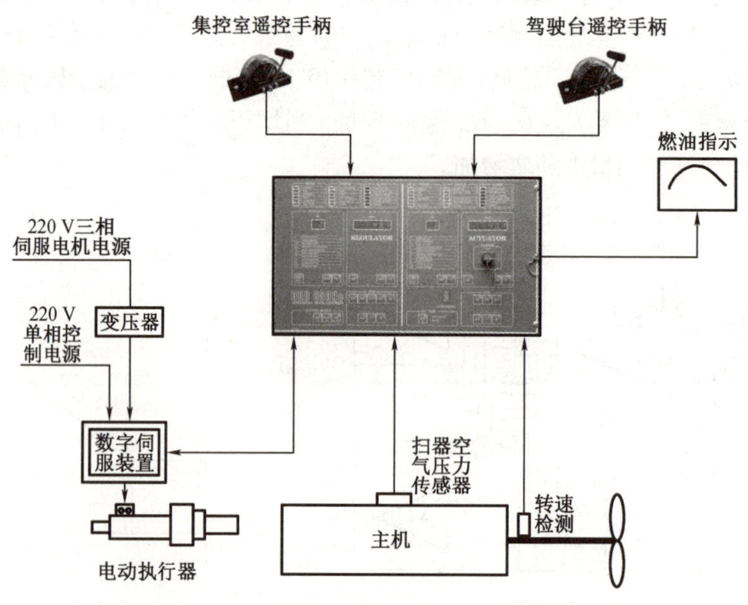

图 4-43 DGS8800e 数字调速系统的结构示意图

(1)DGU8800e 数字调速单元

DGU8800e 数字调速单元一般镶嵌于集控台的立面上,它包含两个独立完整的微机子系统,分别用于主机转速调节和执行机构的输出定位。两个子系统共用一个控制面板,如图

4-44 所示为 DGU8800e 数字调速器面板。面板的左半部分(REGULATOR)显示调速器的相关状态和参数,通过按钮操作可对调速器进行参数修改和其他操作;右半部分(ACTUATOR)则为执行机构提供显示和操作接口。

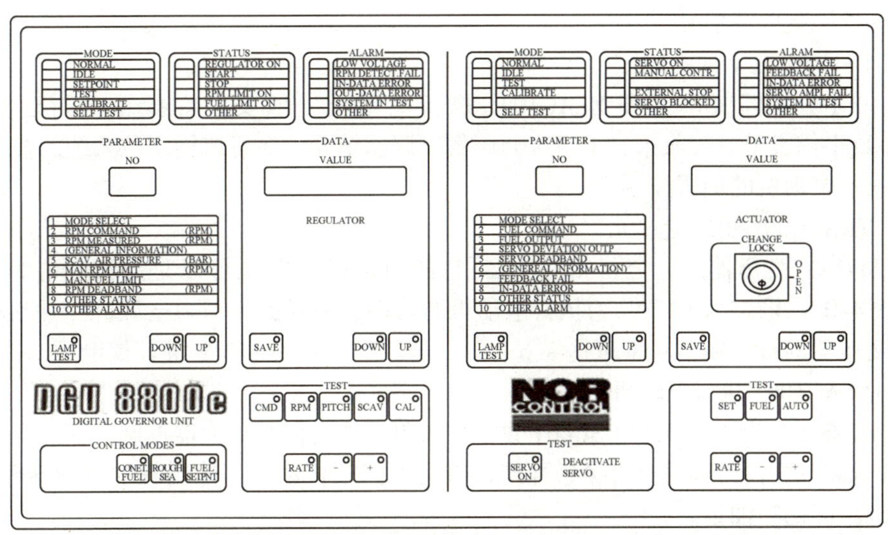

图 4-44　DGU8800e 数字调速器面板

调速系统根据设定转速和实际测量转速由控制算法程序计算出主机供油量(即燃油齿条位置),并把这一目标供油量通过数字通信方式送给执行机构定位系统,改变主机供油,实现转速控制。

执行机构定位系统将来自调速系统的目标供油量(齿条位置)作为设定值,并根据齿条位置的当前测量值计算控制量,由 DSU001 数字伺服单元和 ELACT001 执行电动机操纵油门拉杆,直到齿条实际位置与调速系统给出的目标位置一致为止。

调速系统和执行机构定位系统均分别由一个 Intel8088 微处理器控制,信号的输入和输出通过计算机接口电路实现,其主要的外界输入/输出信号主要包括:

①输入/输出数据通道

a. 来自两个测速探头的飞轮转速信号。

b. 来自遥控系统或集控室手动设定手柄的两个车令速度输入信号,信号类型可以是数值为 4~20 mA 的直流电流、数值为 0~10 V 的电压或数值为 5 kΩ 的电位器信号。

c. 一个扫气空气压力输入信号,数值为 4~20 mA 对应 0~0.4 MPa。

d. 螺距反馈信号,5 kΩ 电位器或数值为-10~+10 V 电压信号(限 CPP 系统)。

e. 两个燃油刻度指示(负荷指示)输出信号,电流数值为 4~20 mA 或直流数值为 0~10 V 电压。

f. 变负荷润滑(LCD)开关信号。

g. 可变喷油定时(VIT)及其报警信号。

h. 柴油发电机启动信号(轴带发电机运行且命令转速降低时激活)。

②逻辑输入信号

a. 来自安全保护装置的停车信号。

b. 来自安全保护装置的减速信号。

c. 车令位置选择信号(遥控系统设定或集控室手动设定)。

d. 操纵命令数量选择(1 个或 2 个,遥控系统设定和集控室手动设定)。

e. 遥控系统电源故障(冻结最新设定转速)。

f. 备用转速(适用于可变螺距系统)。

g. 各类限制取消信号。

(2)DSU001 数字伺服单元

DSU001 数字伺服单元和 ELACT001 执行电动机一般安装在操纵台附近的机旁,DSU001 数字伺服单元接收来自 DGU8800e 数字调速单元中执行机构定位系统的控制信号,实现对执行电动机的伺服控制。

(3)TRAFO001 变压器单元

TRAFO001 变压器是一个三相变压器,它的原边输入电压可以是交流数值为 220 V、230 V 或 440 V,输出为 135 V,为执行电动机的功率放大器提供动力电源,控制伺服电动机转速。变压器的持续输出功率可达 3.6 kVA。若原边输入为 110 V 等其他电压,则需定制。

(4)ELACT001 执行电动机

ELACT001 执行电动机受 DSU001 数字伺服单元中的伺服放大器控制,经减速后带动执行器输出轴转动,输出轴通过夹紧锥面连接带动油门拉杆动作。输出轴的不同转角即代表主机气缸不同的喷油量。

(5)转速检测装置

转速检测装置采用感应式接近开关原理,有 A、B 两套转速检测装置。每套有两个感应式接近开关,可以将接近开关水平或垂直地安装在飞轮的轮齿附近,间隙要求为 2.5±0.5 mm。可检测主机的转速和转向,A、B 两套检测装置测得的信号供调速器择优选用,也可互为备用。

(6)扫气压力传感器

扫气压力传感器(GT7 或 GT100)的作用是将主机扫气空气总管内的压力成比例地转换成数值为 4~20 mA 的电流,该电流信号经 A/D 转换后供调速器软件用于增压空气压力限制。

2. 调速系统的原理框图

如图 4-45 所示为 DGS8800e 数字调速系统功能原理框图,它描绘了调速系统各个组成环节之间内在的本质联系,完整地刻画了整个系统的工作原理。

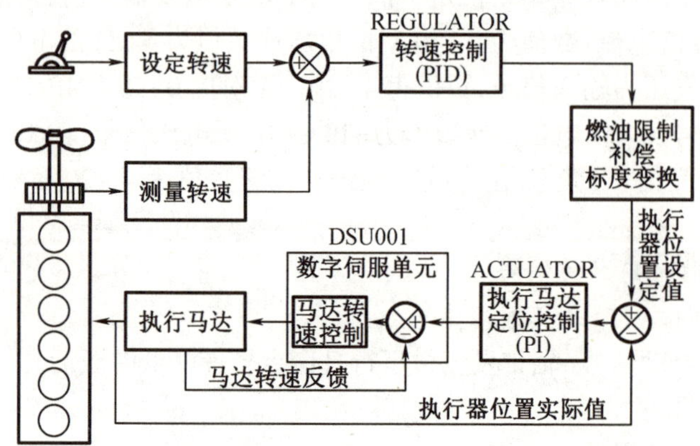

图 4-45　DGS8800e 数字调速系统功能原理框图

从图 4-45 可以看出，DGS8800e 数字调速系统具有三个闭环控制系统：一个是由DGU8800e 数字调速单元中的调速系统构成的主机转速控制回路，它根据设定转速与测量转速的偏差按 PI 或 PID 调节规律经过计算的控制量输出，经各种负荷限制（燃油限制）、非线性补偿和标度变换（将计算得出的控制量数值转换为具有物理单位的执行器位置刻度值）后作为执行器位置设定值送给下一个闭环；下一个闭环是由 DGU8800e 数字调速单元中执行机构定位系统构成的执行器位置闭环控制回路，它根据执行器位置的设定值和实际值偏差，按照 PI 调节规律，计算出执行电动机的设定转速，送给 DSU001 数字伺服单元；最后一个闭环是由 DSU001 数字伺服单元、执行电动机以及电动机转速测量环节构成的电动机转速闭环控制回路。为便于描述，一般将上述三个闭环分别称为外环、中环和内环。

（二）调速器

图 4-44 已经给出了 DGU8800e 数字调速单元整个控制面板的结构，其左半部分为调速器（REGULATOR）区域，右半部分为执行机构（ACTUATOR）区域。执行机构（ACTUATOR）区域设有一个钥匙开关（“修改锁 CHANGE LOCK”），供两部分公用。下面阐述调速器（REGULATOR）控制面板的功能及其相关操作。

1. 调速器控制面板

调速器控制面板由上、中、下三部分组成，顶部为三组工作指示灯，中间部分为参数显示与调整区，底部为操作按钮区。

（1）工作指示灯

控制面板的顶端是调速器的工作指示灯，按类型分为三组，分别为运行模式（MODE）、运行状态（STATUS）和报警（ALARM），如图 4-46 所示。

①运行模式（MODE）指示灯

运行模式指示灯共有 6 个，用于指示调速器的当前运行模式，分别为“NORMAL”“IDLE”“SETPOINT”“TEST”“CALIBRATE”“SELFTEST”。其含义将结合调速器的运行模式进行阐述。

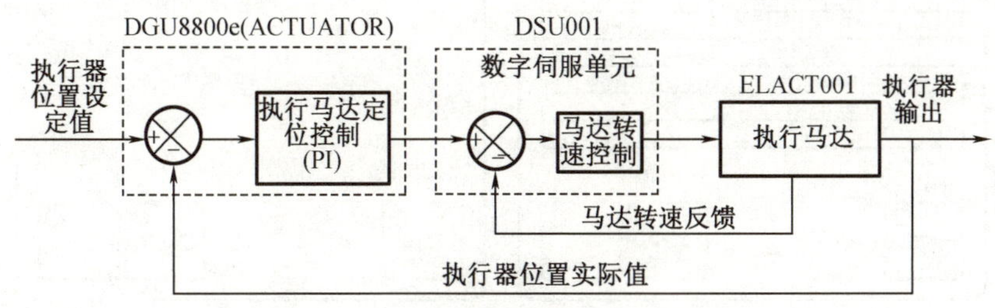

图 4-46 调速器控制面板工作指示灯

②运行状态（STATUS）指示灯

a.“REGULATORON”——调速器运行指示，灯亮表示主机供油量受调速器控制。

b.“START”——主机启动指示，灯亮表示调速器输出启动供油量。

c.“STOP”——主机停车指示，灯亮表示车令转速设定值为 0。

d.“RPMLIMITON”——转速限制指示，灯亮表示至少有一种设定的转速限制值在起作用。例如，手动转速限制、临界转速限制等。

e.“FUEL LIMITON”——油量（负荷）限制指示，灯亮表示至少有一种负荷限制值在起作用。例如,手动给油量限制、程序负荷加速限制、扫气空气限制等。

f.“OTHER”——系统其他状态指示,灯亮表示在“参数显示与调整区域”通过 9 号参数查询系统的其他状态。

③报警(ALARM)指示灯

a.“LOW VOLTAGE”——低电压指示,灯亮表示+5 V、+15 V、-15 V、+24 V 电源中的某种电源电压太低,相应适配器电路板上的 LED 指示灯再分别指示。

b.“RPM DETECT. FAIL”——转速检测装置故障指示,详细信息见有关适配器电路板上的发光二极管(LED)指示灯。

c.“IN-DATA ERROR”——数据输入错误指示,灯亮表示转速设定值或扫气空气压力模拟量输入信号故障。

d.“OUT-DATA ERROR”——数据输出错误指示,灯亮表示调速器电路板与执行机构电路板之间的数据通信有错误。

e.“SYSTEM IN TEST”——系统测试指示,灯亮表示系统工作在试验或校验模式。

f.“OTHER”——系统其他报警指示,灯亮表示在“参数显示与调整区域”通过 10 号参数查询系统的其他报警。

(2)参数显示与调整区域

面板中部为参数显示与调整区域,左右各有一个液晶显示器显示窗口,“PARAMETER NO”窗口显示参数代码,“DATA VALUE”窗口显示相应的数值或状态,如图 4-47 所示。

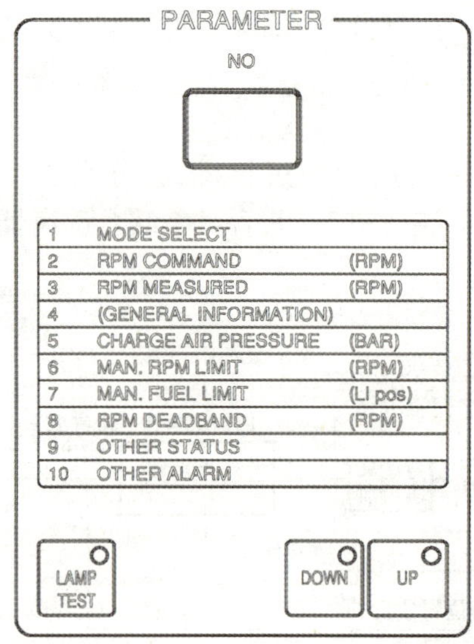

图 4-47 调速器参数显示与调整

“PARAMETER NO”区域列出了 10 个常用的参数名称及其代码,通过区域内的“DOWN”和“UP”按键可选择和显示参数代码,“DATA VALUE”区域显示与该代码相对应的数值或状态。根据参数性质的不同,有些参数是“只读”的,如 3 号参数(RPMMEASURED,测量转速)和 5 号参数(SCAV. AIR PRESSURE,增压空气压力),它们只能显示,不能修改;有些参数是可以修改的,如 6 号参数(MAN. RPMLIMIT,手动最大转速限制)、7 号参数(MAN. FUEL LIMIT,手动最大油量限制)和 8 号参数(RPM DEADBAND,转速死区)等。对于可修改的参数,可通过该区域的“DOWN”和“UP”按键进行修改。

修改参数要配合使用“修改锁 CHANGE LOCK”和“服务密码 SERVICE CODE”。修改参数或使用某些按钮功能时，必须将授权的钥匙插入“CHANGE LOCK”并将钥匙转向“OPEN”位置，对某些重要参数的修改还必须输入服务密码。参数修改后，若按下“DATA VALUE”区域左下方的“SAVE”按钮，则修改过的参数将在 EEPROM 存储器中保存起来。任何参数的修改都将立即生效，但如果未经保存，则断电后系统重启时，参数将恢复到修改前的状态。“PARAMETER NO”区域左下角的“LAMP TEST”按钮用于面板试灯和计算机系统的内存自检。

(3)操作按钮

面板的底端是调速器的控制模式选择按钮和测试按钮，如图 4-48 所示为调速器控制模式选择按钮，如图 4-49 所示为调速器测试按钮。控制模式选择按钮包括恒定油量“CONST. FUEL”模式按钮、恶劣海况“ROUGH SEA”按钮和燃油直接控制“FUEL SETPNT”按钮，用于选择调速器的控制模式；测试按钮包括命令转速按钮“CMD”、实际转速按钮“RPM”、螺距按钮“PITCH”、扫气按钮“SCAV”和校验按钮“CAL”，以及增加按钮“+”、减少按钮“-”和增减速率按钮“RATE”，用于在模拟试验时产生模拟信号。

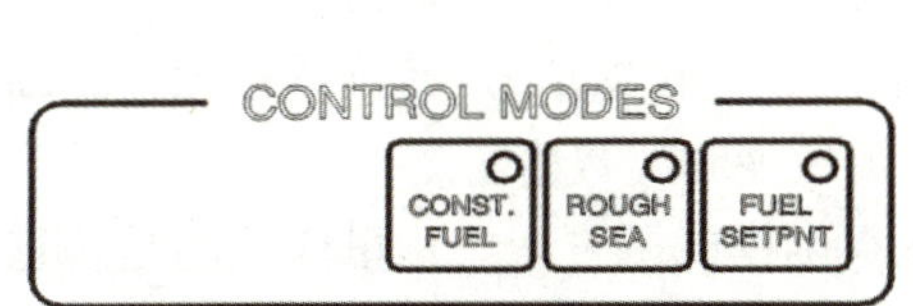

图 4-48　调速器控制模式选择按钮

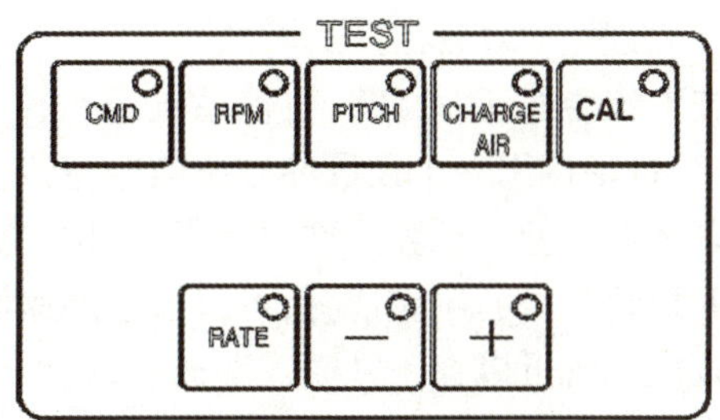

图 4-49　调速器测试按钮

2. 调速器的运行模式

如上面所述，控制面板上的模式(MODE)指示灯分别指示 6 种不同的运行模式。在同一时刻，系统只能有一种运行模式，分别阐述如下：

(1)正常(NORMAL)模式

“NORMAL”指示灯亮，表示系统在正常模式下工作。在主机处于备车完成后的停车状态下，只要操纵手柄离开“停车”位置，系统便自动进入正常模式，“NORMAL”指示灯亮。

(2)空闲(IDLE)模式

车钟手柄放在停车位置时，系统自动进入空闲模式，“IDLE”指示灯亮。在空闲模式下，可对系统进行模拟试验、内存自检和系统校验等操作。

(3)设定值(SET POINT)模式

设定值模式又称燃油直接控制模式，车钟手柄发出的转速设定信号既不通过加、减速速率限制等转速限制环节的限制，也不通过调速器的运算和调节，而直接发送到电动执行机构前的选小环节，从而实现直接控制主机油门开度。这种操作模式比以往的机旁应急操作更加方便、快捷和舒适，通常在主机遥控系统发生故障或对执行机构进行校准时才使用。

将修改锁(CHANGE LOCK)打开，并且按下“FUEL SETPNT”按钮，系统自动进入设定值模式，“SET POINT”指示灯亮。这时调速器的转速设定限制功能和 PID 转速调节功能都将失效，只是通过车钟手柄直接调节供油量，实现的是转速的开环控制。手柄的“微速”挡和“海上全速”挡分别对应燃油齿条的零刻度和满刻度位置。

(4)试验(TEST)模式

试验模式的功能是通过产生相应的模拟信号临时代替原有I/O接口电路采集进来的真实信号,以便对系统进行测试。当人为改变这些模拟信号的大小时,根据系统的反应可以了解系统的工作情况,还可为确定故障范围提供参考。

调速器测试按钮可以提供命令转速“CMD”、实际转速“RPM”、螺距“PITCH”、扫气“SCAV”和校验信号“CAL”等5个模拟信号。只要按下其中某个测试按钮,即可让调速器进入试验模式。例如,短时间按下“SCAV”按钮,使按钮内的指示灯闪光,表示该按钮的模拟输入功能被激活,并可通过“+”“-”按钮增、减模拟信号的大小。通过选择相应的参数编号(PARAMETER NO),在数值显示器(DATA VALUE)上可读取该数值的变化情况。数值增、减的速度有快、慢两挡,当按下试验区域的速率RATE按钮时,数据变化的速率将加快。长时间按下被激活的模拟按钮,指示灯熄灭,信号源将恢复为传感器信号。

需要注意的是,在正常模式(NORMAL)运行时,不能对实际转速“RPM”进行模拟;否则会影响系统的正常运行。另外,在5个模拟信号中,校验信号“CAL”比较特别,参见校验(CALIBRATE)模式。

(5)校验(CALIBRATE)模式

按下校验按钮“CAL”,将使系统进入校验模式,“CALIBRATE”指示灯亮。在校验模式下,系统自动调用一个预设的方波信号与转速测量值叠加,并且不经过转速限制环节,直接参与调速器的偏差运算。这时相当于对系统施加了一个扰动信号,通过测量和计算调速器对输入扰动信号的响应情况,可以校验调速器的灵敏度和调节精度。

该模式既可以在正常模式下进入,也可以在空闲模式下进入。这里介绍的是从正常模式下进入的情况,关于空闲模式下进入的情况涉及的操作较多,可参阅调试说明书。

(6)自检(SELFTEST)模式

自检模式是一个专门用于检测计算机存储器的模式,该模式必须在空闲模式才能进入。方法是先将1号参数“MODE SELECT”的数值设为5,然后按下“LAMP TEST”按钮,“SELF TEST”指示灯亮,CPU运行存储器检验程序。如果检验结果正常,将显示“REGUP”,如果发现存储器有故障,将显示“ERROR”。系统在运行这种检验程序的时候不再运行其他应用程序,不对其他设备进行控制。

在进行存储器检验的同时,必然检验了微处理器CPU的功能,因为检验程序必须通过CPU才能运行,同时,存储器检验的结果还通过I/O接口电路影响控制面板上指示灯的亮、灭状态,因此也可以间接检验指示灯的好坏。

3. 调速器的3种特别控制模式

在一些特殊的工况下,调速器为用户提供了3种特别有效的控制模式,以获得主机更好的运行性能。这3种特别的控制模式是恒定供油量(CONST. FUEL)控制模式、恶劣海况(ROUGH SEA)控制模式和燃油设定值(FUEL SETPNT)直接控制模式。

(1)恒定供油量(CONST. FUEL)控制模式

恒定供油量控制模式是一种当主机转速维持在预设的转速死区限制(RPM DEADBAND LIMIT)范围内时,燃油供油量维持恒定不变的控制模式。引入这种控制方式的目的主要是减少调速器的频繁动作。在正常海况海上定速航行时,可按下“CONST. FUEL”按钮,其发光二极管灯亮,进入恒定供油量控制模式。此时,若主机转速在预定的死区范围内时，调速器保持恒值输出，高压油泵齿条的位置将不发生变化，调速器和齿条机构工作更加稳定。恒定供油量控制模式下的死区偏差默认值为±2 r/min。应该说死区值越大，调速器工作越稳定，但对主机转速和船速的要求放低了。死区值越小，调速器灵敏度越高，工作越不稳定。

(2)恶劣海况(ROUGH SEA)控制模式

在正常海况海上定速航行时，调速器采用PI调节规律调节，并按正常的PI参数运行。在恶劣海况(大风浪天气)航行时，按下“ROUGH SEA”按钮，调速器将进入恶劣海况转速控制模式运行。该模式主要采取以下3大举措：①减小PI调速器的比例带，即加强调速器对偏差的反应力度，以抑制因大风浪使螺旋桨部分露出水面而引起的主机转速过大波动。②在PI调节规律中引入微分作用(D作用)，以便在主机螺旋桨开始露出或潜入水面时，调速器的微分作用给出一个超前调节，使主机转速相对稳定，不会因螺旋桨的露出或潜入引起主机转速波动过大或飞车。③DGS数字调速系统还兼有极限调速器的功能，即当主机转速接近“超速”转速时，自动切断燃油供给，主机转速将下降；当主机转速下降到复位转速时，恢复燃油供给，主机的转速慢慢地恢复到先前的转速，这是一种双位式幅差控制。

(3)燃油设定值(FUEL SETPNT)直接控制模式

在调速器或转速检测装置等发生故障时，可以将执行机构面板中右方的修改锁用钥匙把开关扳向开(OPEN)的位置，然后按下“FUEL SETPNT”按钮，调速器的基本功能和转速反馈信号都将被切除，车钟手柄给出的车令信号直接控制电动执行机构及燃油齿条位置。燃油设定值直接控制模式是一种撇开调速器和转速反馈环节的开环转速控制系统。在这种控制模式下，各种燃油限制仍然起作用，所以主机不会超负荷，但是主机容易超转速，所以在这种模式下的加、减速操车速度不能太快。

4. 调速器参数的查询与修改

(1)调速器参数及参数类型

数字调速器软件中使用了大量的系统参数，而显示器的位数有限，因此，将参数分为3大类，分别用3种不同的参数类型代码(Op. Code)来区分，即Op. Code0、Op. Code1和Op. Code2。

①Op. Code0参数。Op. Code0参数用于正常操作中常用参数的设置和查询，是系统供电时默认参数显示类型。Op. Code0参数又分为用户1参数和用户2参数。

用户1参数(USER1 Parameters)的编号为01~10，参数名称及其代码已在“PARAMETERNO”区域列出，这些参数是最常用的，且对用户完全开放，用户可以随时根据柴油机的运行工况，对这些参数做相应的调整。

a. MODE SELECT(参数类型选择，参数编号窗口选择“1”，数值窗口选择“0”为Op. Code0类型，选择“1”为Op. Code1类型，选择“2”为Op. Code2类型)。

b. RPM COMMAND(车令设定转速数值，只读)。

c. RPM MEASURED(实际测量转速数值，只读)。

d. GENERAL INFORMATION(公共报警信息常数，由参数编号14选择，范围为0~8，只读)。

e. SCAV. AIR PRESSURE(扫气空气压力数值，只读)。

f. MAN. RPM LIMIT(手动转速限制数值)。

g. MAN. FUEL LIMIT(手动给油量限制数值)。

h. RPM DEADBAND(转速死区限制数值)。

i. OTHERS TATUS(其他状态)。

j. OTHER ALARM(其他报警)。

用户 2 参数(USER2 Parameters)编码为 11~21,参数名称可查阅说明书。这些参数为受保护参数,对其查询或修改时需要先把修改锁打开。

②Op. Code1 参数。Op. Code1 参数用于描述主机的特性和定义系统的功能性参数,如柴油机型号、气缸数量、额定转速、额定负荷、飞轮齿数、执行机构动作行程等机械特性和启动转速、加速速率限制、负荷限制、临界转速、VIT 参数、调节规律作用强度(比例带、积分时间和微分时间)等决定系统工作的功能性参数,具体情况参阅说明书。Op. Code1 参数的修改受到服务密码的保护。

③Op. Code2 参数。Op. Code2 参数均为基本 I/O 参数,用于定义各个模拟量和开关量输入通道的特性,如工程量的高、低限参数和标度变换参数等,具体情况参见说明书。

(2)参数修改实例

现以把手动转速限制(该参数属于 Op. Code0 类型,参数编号为 NO. 6)从当前值 82RPM 修改为 80RPM 为例,说明参数修改方法和服务密码的使用。

①选择"密码"。将修改锁用专用钥匙转到开(OPEN)的位置,此时,参数编号显示器上显示的必定是 Op. Code0 参数,通过"DOWN"和"UP"按钮选择参数编码"99",则数值显示器上会显示为"授权密码表"中的一个随机数,该数可能是厂家提供给用户的若干密码中的一个。滚动"授权密码表",选择系统交付使用时厂家为本船设定的密码,如某船数字调速单元设定的密码是"86"。

②转换 Op. Code 类型和参数调整。将修改锁从开(OPEN)转到锁(LOCK)的位置,在参数编号显示器上调出"1",在数值显示器上调出"0"(此时可有 0,1,2 共 3 种 Op. Code 的选择代码可选择)。选定 Op. Code 代码后,再将修改锁转回到开(OPEN)的位置。然后,在参数编号显示器上调出"6",并将数值显示器的数值调整为"80"。

③复位"密码"和保存调整结果。参数调整完毕后,还需对密码进行复位,复位方法是再进入 Op. Code0 显示状态,99 号参数的数值修改成密码(如"86")以外的任何其他数值,并按"SAVE"按钮,保存修改后的参数值,最后再将修改锁转到锁(LOCK)的位置。

应该指出的是,如果在参数调节完成之后,不复位"密码",则下次只要打开修改锁开关,无须密码就可以进行参数修改,有可能导致某些参数的非授权修改,引发重大故障。

(三)执行机构

执行机构子系统由执行电动机定位控制环节、DSU001 数字伺服单元、电动机转速及转角传感器等组成,接受转速控制环节送来的执行电动机位置命令,并根据命令位置与电动机实际转角位置的偏差进行 PI 调节,实现执行电动机的定位控制。

1. 执行机构控制面板

执行机构控制面板与调速器部分的布局相似,也由上、中、下 3 部分组成,即顶部的 3 组工作指示灯、中间部分的参数显示与调整区和底部的操作按钮区。

(1)工作指示灯

执行机构(ACTUATOR)控制面板工作指示灯如图 4-50 所示。

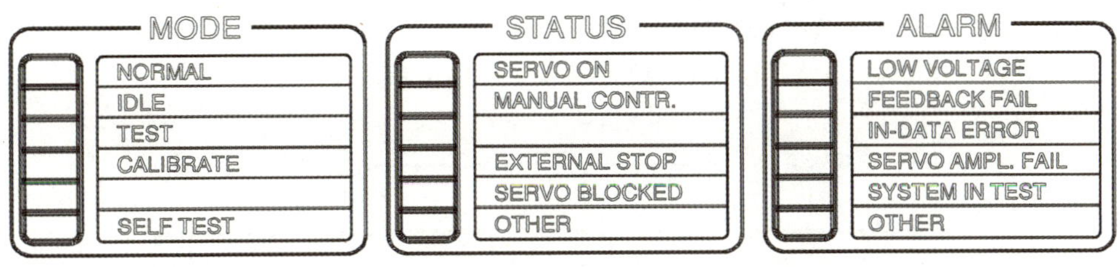

图 4-50 执行机构(ACTUATOR)控制面板工作指示灯

①运行模式(MODE)指示灯

运行模式指示灯共有 5 个,用于指示调速器的当前运行模式,分别为“NORMAL”“IDLE”“TEST”“CALIBRATE”和“SELF TEST”。

a.“NORMAL”——灯亮表示执行机构正处在正常的实时输入、输出数据处理及供油调节过程中。

b.“IDLE”——灯亮表示执行机构正处在“运行就绪”状态,对所有的输入数据或信息进行监视,一旦发现某种能引起模式转换的信号输入,比如,某处车钟手柄给出了动车车令信号,则调速器和执行机构都将自动进入“NORMAL”模式等。

c.“TEST”——灯亮表示执行机构处在“测试”或“模拟试验”模式,可从控制面板输入模拟数据以代替实际传感器的信号输入。

d.“CALIBRATE”——未使用。

e.“SELF TEST”——灯亮表示执行机构正处在“自检”模式,微机系统自检程序被激活。按下 ACTUATOR 面板“PARAMETER”区域右下方的“LAMP TEST”按钮,系统进入该模式。

②运行状态(STATUS)指示灯

a.“SERVO ON”——伺服电机正常工作时亮。

b.“MANUAL CONTR.”——故障时,开锁,用“+”和“-”按钮手动操作时亮。

c.“EXTERNAL STOP”——由于应急运行、故障停机和超速而引起的强制停机时亮。

d.“SERVO BLOCKED”——因严重的系统故障而引起执行机构阻塞时亮。

e.“OTHER”——其他系统状态标志,通过选择有关参数可显示附加信息。

③报警(ALARM)指示灯

a.“LOW VOLTAGE”——低电压指示,灯亮表示+5 V、+15 V、-5 V、+24 V 电源中的某种电源电压太低,相应适配器电路板上的 LED 指示灯再分别指示。

b.“FEEDBACK FAIL”——反馈信号故障指示,即执行机构位置测量装置故障。

c.“IN-DATA ERROR”——数据输入错误指示,由输入数据自检程序检查到的一组故障,可通过选择适当的参数编码来显示进一步的附加信息。

d.“SERVO AMPL. FAIL”——伺服放大器系统故障指示。

e.“SYSTEM IN TEST”——系统测试指示,灯亮表示系统工作在“试验”模式。

f.“OTHER”——系统其他报警指示,可通过选择适当的参数编码来显示进一步的附加信息。

(2)参数显示与调整区

如图 4-51 所示为执行机构(ACTUATOR)控制面板参数显示和调整区。执行机构的参数查询与修改方法与调节器完全相同。在参数区标注有 10 个参数编码及参数名称。其中,可读(readable)参数主要有:油量命令值(FUEL COMMAND)、油量输出值(FUEL

OUTPUT)、伺服机构偏差输出(SERVO DEVIATION OUTP.)等;可修改(Adjustable)参数主要有:伺服死区(SERVO DEADBAND)、反馈故障(FEEDBACK FAIL)等。

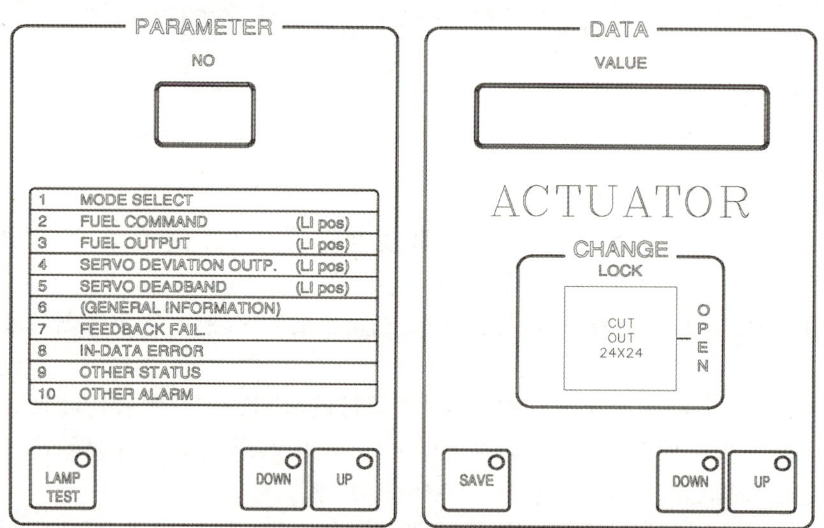

图 4-51 执行机构(ACTUATOR)控制面板参数显示和调整区

(3)伺服机构操作按钮

如图 4-52 所示为伺服机构操作按钮,在 ACTUATOR 面板的左下方“TEST”区域有一个伺服机构操作按钮(SERVO ON),按钮内含工作状态指示灯。灯亮表示伺服机构在工作状态,灯灭则表示相反状态。SERVO ON 指示灯的状态可以自动转换,当车令手柄离开停车位置时,系统将自动进入 NORMAL 模式,且 SERVO ON 灯亮。而当手柄处在停车位置时,系统将进入 IDEL 模式,且 SERVO ON 灯灭。此外,伺服器的工作状态还可以通过按钮手动切换。

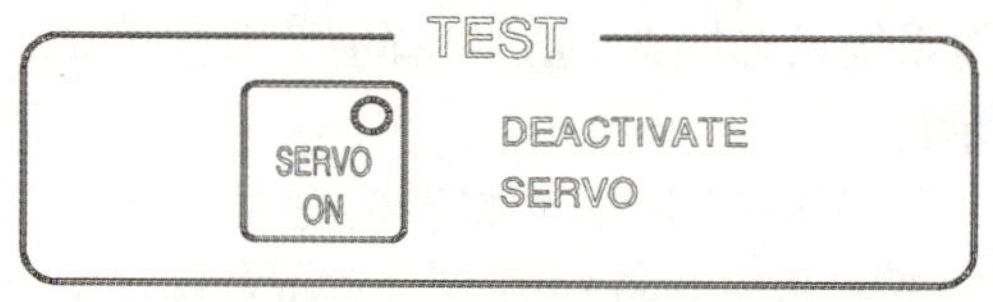

图 4-52 伺服机构操作按钮

(4)试验按钮

如图 4-53 所示为试验按钮,在执行机构面板的右下方试验(TEST)区域设有“SET”“FUEL”“AUTO”3 个试验功能按钮,这些按钮可以在多种有关系统试验的模式(如“TEST”和“CALIBRATION”等)下操作,各自的功能如下。

①“SET”——油量手动设定按钮,用它可以改变油门位置,也就是改变油门 PI 反馈定位系统的给定值,可以检查该闭环系统中的 PI 调节器、油门位置反馈装置及电机是否正常,可以进行手动校验,所以,按下按钮“SET”,运行模式方框中试验和校验指示灯都要亮。油量给定值的大小由增“+”和减“-”按钮来手动调定。

②“FUEL”——油门调节按钮,用它直接控制伺服电机来调节油门,可以检查伺服电机及其驱动电路是否正常工作,可以在集控室进行手动控制,所以,按下按钮“FUEL”,运行模

式方框中试验和运行状态手动控制(MANUAL CONTROL)指示灯都要亮。油门量的大小也是由增“+”和减“-”按钮来手动调定。

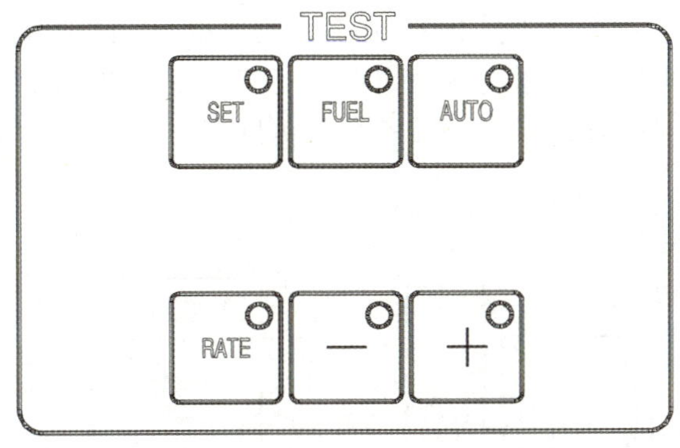

图 4-53　试验按钮

③“AUTO”——自动校验按钮,按下按钮“AUTO”,将启动一个执行机构的“自动校准”程序(包括零点和量程),对执行机构进行自动校验。此时,运行模式(MODE)方框中试验和校验指示灯都要亮。

注意:在操作上述三个按钮之前,都要将修改锁开关用专用钥匙扳向开(OPEN)的位置,同时,要按下执行器面板的左下方试验区伺服机构运行按钮“SERVO ON”。

2. 执行机构定位系统

如图 4-54 所示为执行机构定位控制原理框图。应当明确的是,执行机构的定位功能是由 DGU8800e 中的 ACTUATOR 部分完成的,它送给数字伺服单元的信号实质上是一个电动机转速的设定值,伺服单元中的伺服放大器(SBS)根据实际转速和设定转速的偏差控制电动机转速,进而控制其输出轴的转速,直至输出轴转速为 0。这种控制方案有利于电动机的平稳运转,当执行器位置偏差较大时,电动机能以较快的转速运转,随着偏差的减小,转速也在降低,直至偏差为 0。系统的工作原理前面已经阐述,这里不再重复。下面简要介绍一下 DSU001 数字伺服单元、ELACT001 执行电动机、旋转变压器和旋转编码器。

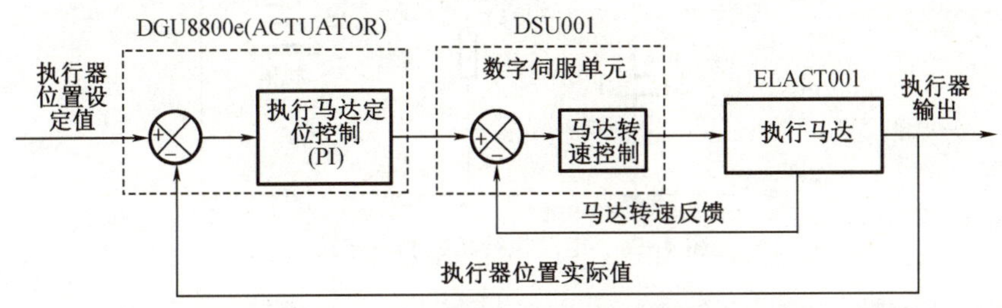

图 4-54　执行机构定位控制原理框图

(1)DSU001 数字伺服单元

DSU001 数字伺服单元控制箱由两路电源供电:一路是由三相数值为 220 V 交流输入、数值为 135 V 交流输出的变压器(TRAFO001)供给的三相伺服电机动力电源,变压器输出功率是 3.6 kVA;另一路是由数值为 220 V 单相电源提供的控制电源。控制箱内包含一个 ABS 电源、SBS 伺服放大器和一个为 DGU8800e 供电的数值为 24 V 的直流电源。关于伺服驱动器原理,这里不予展开阐述。

(2)ELACT001 执行电动机

ELACT001 执行电动机由无刷伺服电动机、减速装置和角度传感器组成,执行电动机外形图如图 4-55 所示。伺服电动机受 DSU001 数字伺服单元中的伺服放大器控制,经减速后带动执行器输出轴转动,输出轴通过夹紧锥面连接带动油门拉杆动作。对齿条位置(即喷油量)的测量是通过安装在输出轴另一端的角度传感器实现的,输出轴不同的转角即代表不同的喷油量。

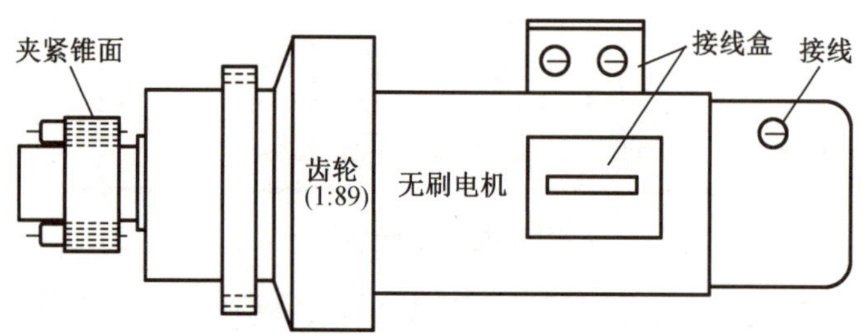

图 4-55　执行电动机外形图

ELACT001 执行电动机是 ELACT 产品系列中的一个,另外两个型号分别是 ELACT002 和 ELACT003,它们的区别主要在于输出功率上的差别,型号越大,功率越大。ELACT 执行电动机具有体积小、功率大和可靠性高的优点。装置不含电刷且没有电子器件,使用球形长寿润滑轴承,转速范围宽,转矩波动小。

伺服电动机具有内建的自动防故障装置,一旦出现系统故障或系统失电,电动机能够停留在原来的位置,确保主机保持原有转速不变,电动执行机构刹车电路如图 4-56 所示。正常情况下,刹车控制触点断开,数值为 24 V 的直流电源始终对数值为 220 μF 的大型刹车电容充电。出现系统故障或系统失电时,刹车控制触点闭合,电容向电磁刹车线圈供电,强力刹车,使执行机构将保持燃油齿条在当前位置上。

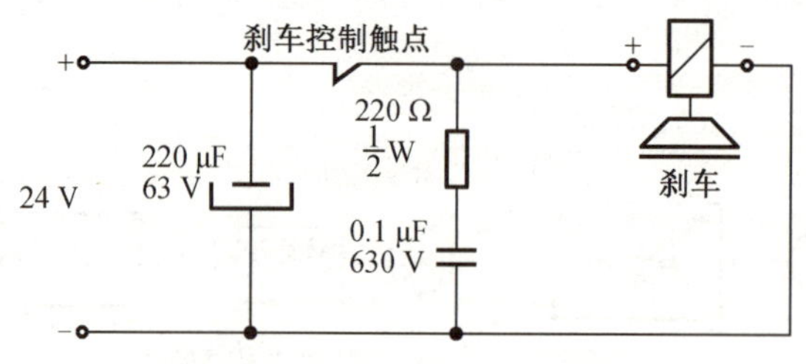

图 4-56　电动执行机构刹车电路

(3)旋转变压器

伺服电机的转角位置和速度反馈机构(resolver)是一个只有电磁绕组,不含任何电子元件的旋转变压器。在电机转子位置的检测中,旋转变压器因其具有坚固耐用、能提供高精度的位置信息和可靠性高等突出优点而获得广泛应用。如图 4-57 所示为 Resolver 绕组结构原理图,它由三组旋转变压器绕组组成,即励磁旋转变压器的定子原边励磁绕组和转子副边绕组;正弦旋转变压器的转子原边正弦绕组和定子副边正弦绕组;余弦旋转变压器的转子原边余弦绕组和定子副边余弦绕组。如图 4-58 所示为 Resolver 的工作原理图。

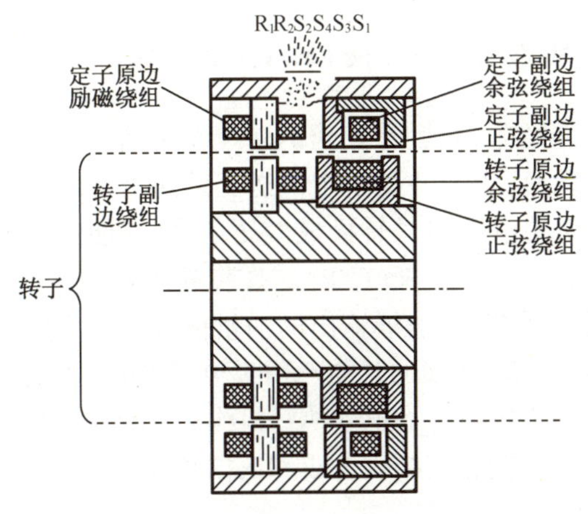

图 4-57　Resolver 绕组结构原理图

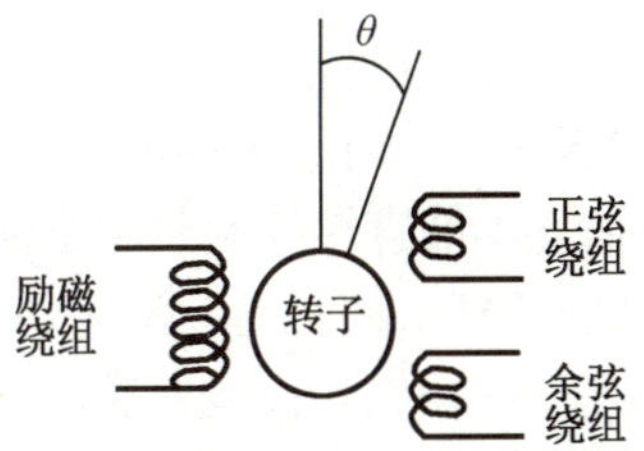

图 4-58　Resolver 的工作原理图

外部单相交流励磁电源由励磁旋转变压器接线端子 R_1 和 R_2 接到励磁旋转变压器的定子原边励磁绕组，定子原边励磁绕组产生的励磁作用在旋转着的转子副边绕组上，定子和转子之间的磁通分布符合正弦规律，因此当励磁电压加到定子绕组上时，通过电磁耦合，转子绕组产生与转子转角成正比的感应电动势，该感应电动势产生的磁势在转子磁体内耦合到正弦旋转变压器的转子原边正弦绕组和余弦旋转变压器的转子原边余弦绕组，而后又通过它们感应到正弦旋转变压器的定子副边正弦绕组和余弦旋转变压器的定子副边余弦绕组，由 S_2 和 S_4 输出余弦转角位置反馈信号，由 S_1 和 S_3 输出正弦转角位置反馈信号。这两个位置反馈信号的电压幅值严格地按转子偏转的角度呈正弦和余弦规律变化，其频率和励磁电压相同。

这些反馈信号被馈送到伺服驱动器电路，在伺服驱动器内将这些信号转换为相位、速度和位置信号，因此只要测得反馈信号电压就可知道转子转角和速度大小。

(4)旋转编码器

燃油齿条位置即伺服电机的输出位置是通过一个直接安装在伺服电机非负载端的旋转编码器实现的。旋转编码器有绝对型和增量型两种，这里指的是绝对编码器。

绝对编码器是直接输出数字量的传感器，所谓绝对就是编码器的输出信号在一周或多周运转的过程中，其每一位置和角度所对应的输出编码值都是唯一对应的。绝对编码器是依据计算机原理中的位码来设计的，譬如：8 位码(00000011)、16 位码、32 位码等。把这些位码信息反映在编码器的码盘上，圆形码盘上沿径向有若干同心码道，每条码道上由透光和不透光的扇形区相间组成，相邻码道的扇区数目是双倍关系，依次以 2，4，8，16，……编排。如此编排的结果，便是把一周 360°分为 2 的 4 次方，2 的 8 次方，2 的 16 次方，……2 的 n 次方。码盘上的码道数就是它的二进制数码的位数，位数越高，则精度越高，量程亦越大。在码盘的一侧是光源；另一侧对应每一码道有一只光敏元件。当码盘处于不同位置时，各光敏元件根据是否受光照转换出相应的电压信号，形成二进制数。这样，在编码器的每一个位置，通过读取每个码道的明、暗数，获得一组从 2 的零次方到 2 的 n-1 次方的唯一的二进制编码，称为 n 位绝对编码器。

这种编码器不用计数器一直计数，在转轴的任意位置都可读出一个固定的与位置相对应的数字码，即绝对编码器由机械位置决定的每个位置是唯一的。无须参考点，什么时候需要知道位置，什么时候就去读取它的位置。这样，编码器不受停电、干扰的影响，可靠性高。

八、主机遥控系统的电/气(E/P)转换装置和电/液(E/L)伺服器

在电动遥控和用微型计算机进行遥控的系统中,驾驶台发送的转速设定信号是电压信号,这个电压信号经各种转速限制回路的处理后,作为转速给定值送至调速器。对于采用PGA型调速器的遥控系统,必须把转速给定值的电压信号转换成气压信号,才能送至调速器的转速设定波纹管以控制主机转速,这就需要一个电/气(E/P)转换装置将电信号转换为相应的气压信号。对于采用电子调速器的遥控系统,调速器输出的油量信号是一个弱电压信号,该信号不能直接控制对主机的供油量的调节,必须通过电/液(E/H)伺服器才能拉动主机的油门拉杆。而目前广泛采用的数字调速系统所配的电动执行机构是一套交流伺服系统。下面仅就电/气转换装置和电/液伺服器分别阐述其结构组成和工作原理。

动画 4.44 电/气(E/P)转换器原理

1. 电/气(E/P)转换器

电/气转换器类型很多,如图4-59所示为常用的电/气转换器的组成和工作原理图。图4-59中,U_S 是转速给定值,接在差动输入运算放大器 A_1 的反相端;P_o 是该电/气转换器输出的气压信号,接至调速器的转速设定波纹管,同时还经压力传感器成比例地转换成电压信号,U_R 接在 A_1 的同相端;U_1 是运算放大器 A_1 的输出,若 $P_2/R_1=R_3/R_2$,则 $U_1=-\dfrac{P_2}{R_1}(U_S-U_R)$,G是脉冲信号发生器,它输出一系列幅值不大的正、负脉冲信号;A_2 是加法器,其输出 U_2 是 U_1 和 U_1' 两个电压值相加,假定 $R_4=R_5$,则 $U_2=\dfrac{R_{f2}}{R_4}(U_1-U_1')=K[(U_S-U_R)-K'U_1']$,其中,$K=P_2\cdot R_{f2}/R_1\cdot R_4$;$K'=R_1/R_2$,$U_2$ 接在触发器 T_1 和 T_2 的时钟脉冲CP端及复位端R;如 T_1 和 T_2 是D触发器,它们的输入端D均接高电平,他们的输出经功率放大器 A_3 和 A_4 分别驱动电磁阀 M_1 和 M_2。

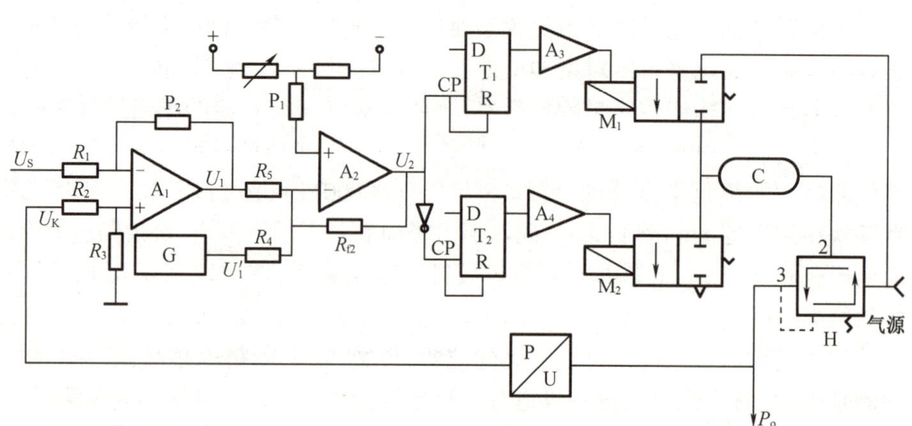

图 4-59 常用的电/气转换器的组成和工作原理图

当输出的气压信号 P_o 相当于转速给定值时,$U_S=U_R$,$U_1=0$,$U_2=U_1'$,其幅值很小,达不到触发器动作电压,触发器 T_1 和 T_2 均处于复位状态,输出低电平,电磁阀 M_1 和 M_2 均断电右位通,气源和放大气口均被截止,气容C内的气压信号不变。H是调压阀,其功能是输出端3始终与输入端2相等,故 P_o 保持不变。在快加速过程中,U_S 比 U_R 大,U_1 是幅值较大

的负极性电压值，不论 U_1'是正脉冲还是负脉冲信号，U_2 均为幅值较大的正极性电压值，触发器 T_2 保持复位状态。触发器 T_1 的 CP 端由 0 跳变为 1，T_1 输出高电平，电磁阀 M_1 通电左位通，气源向气容充气，P_o 值不断增大，U_R 也不断增大。当 U_S 与 U_R 差值不大时，U_1 负极性电压值较小，它与 U_1'负极性脉冲信号叠加后，触发器 T_1 的 CP 端保持 1 信号，T_1 输出保持高电平，电磁阀 M_1 保持通电，而与 U_1'正脉冲信号叠加后，T_1 的 CP 端由 1 跳变为 0，并对 T_1 复位使其输出为低电平，电磁阀 M_1 断电。可见，在 U_S 比 U_R 大得较多的情况下，电磁阀 M_1 一直通电，气源连续向气容充气。当 U_S 与 U_R 差值较小时，随着 U_1'正、负脉冲的变化而断续通电，气源断续向气容充气，直到 $U_S=U_R$ 为止。减速时，$U_R>U_S$，当其差值较大时，脉冲信号发生器 G 不起作用，U_2 是幅值较大的负极性电压值。触发器 T_1 复位输出低电平，电磁阀 M_1 断电右位通，气源被截止，不会向气容充气。负极性电压值 U_2 经反相后为 1 信号，使触发器 T_2 的 CP 端由 0 跳变为 1，T_2 输出高电平，电磁阀 M_2 通电左位通，气容经大气口放气，P_o 不断降低。当 P_o 减小到 U_R 与 U_S 差值不大时，U_1 与 U_1'叠加起作用，使电磁阀 M_2 断续通电，气容 C 断续放气，一直到 $U_R=U_S$ 为止。

2. 电/液(E/L)伺服器

动画 4.45 电/液(E/L)伺服器原理

在采用电子调速器的遥控系统中，调速器输出的电压控制信号必须进行信号变换才能送至控制油门杆动作的执行机构。少数遥控系统采用气动执行机构去动作油门，在这种控制方式中，需要把调速器输出的电信号转变成气压信号，再送至气动伺服器，此种工作方式这里不再介绍。绝大多数遥控系统采用液压执行机构，它需要把调速器输出的电信号转换成液压信号，经放大后去执行油量调节任务，这就是电/液伺服器。较为常用的是 Hagenuk 电/液伺服器，电/液伺服器的组成和工作原理如图 4-60 所示。

在铸铁的箱盖上面装有一台电动机 13，它带动主阀 8 高速旋转，同时带动先导泵 14、主泵 15 和平衡泵 16 三个泵工作，先导泵 14 排出的油压经滤器 23 进入由先导阀 4 控制的主阀上路油口 24 和主阀下路油口 22。当先导阀 4 处于中间平衡位置时，先导阀上、下控制边缘刚好把油口 24 和 22 打开少许，使其压力油流回低压油柜。这时，主阀 8 处于中间位置，主阀上的凸面封住 A 口和 B 口，主泵打出的高压油被封在主阀两个凸面之间。先导阀与主阀之间的动作关系是，主阀始终跟踪先导阀移动，电/液伺服器的工作过程就是依据这一动作特点进行的。

电子调速器输出的电压信号要经过电压/电流(U/I)转换器，把电压信号转换成数值为 0~10 mA 或 4~20 mA 的电流信号，送至与先导阀连在一起的力线圈 N 中，在永久磁场 M 中载流线圈会产生一个向下的电磁力。这个力与流过力线圈 N 的电流大小成比例。加速时，电流增大，力线圈和先导阀克服反馈弹簧 2 的拉力下移。关闭主阀上路油口 24，开大主阀下路油口 22，主阀上腔室油压大于下腔室的油压，主阀在这一油压差作用下跟踪先导阀下移，直到主阀上路油口 24 和主阀下路油口 22 的开度相等为止。由于主阀 8 下移，A 口与低压油箱相通，B 口通主泵打出的高压油。该压力油顶开连锁阀 T_1 的单向阀进入动力油缸伺服活塞 9 的下部空间。同时，B 口输出的高压油顶开连锁阀 T_2 中的单向阀，使伺服活塞 9 上部空间的油压经 A 口流回低压油箱，动力活塞和活塞杆一起上移，即向加油方向移动，随着活塞的上移，将增大反馈弹簧的拉力使力线圈和先导阀逐渐上移，封住主阀下路油口 22，开大主阀上路油口 24，于是主阀又跟先导阀上移。当力线圈受到向下的电磁力与反馈弹簧向上的拉力相等时,力线圈和先导阀又回到中间的平衡位置,这时,主阀也必定跟踪到中央平衡位置,主阀上的两个凸面又把 A 口和 B 口封住,动力活塞不再移动,油门就稳定在新的开度上。减速时,流过力线圈的电流减小,其向下的电磁力减小。在反馈弹簧的拉力下,力线圈与先导阀一起上移,封住主阀下路油口 22。开大主阀上路油口 24,使主阀跟踪先导阀上移,直到主阀上路油口 24 和主阀下路油口 22 开度一样为止。主阀上移 B 口与低压油箱相通,A 口通主泵打出的高压油,则动力油缸中伺服活塞 9 连同活塞杆一起下移,减小主机油门降速。活塞杆下移时,减小了反馈弹簧的拉力。当电磁力与反馈力相等时,先导阀又回到中央的平衡位置,主阀也必定跟踪到中央平衡位置,主阀上的两个凸面又封住 A 口和 B 口,动力活塞不再下移,油门开度就稳定在比原来小的位置上。

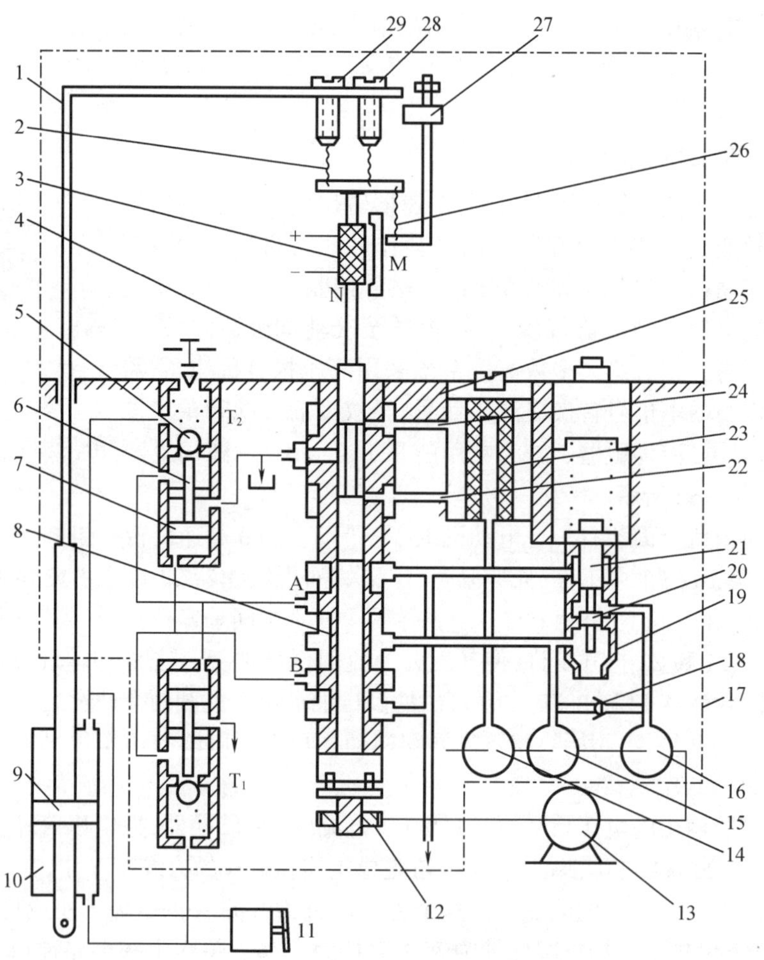

1—反馈杆;2—反馈弹簧;3—线圈;4—先导阀;5—单向阀;6—顶杆;7—活塞;8—主阀;9—伺服活塞;10—伺服油缸;11—旁通阀;12—传动齿轮;13—电动机;14—先导泵;15—主泵;16—平衡泵;17—伺服器壳体;18—单向阀;19—油压控制阀;20—活塞;21—滑阀;22—主阀下路油口;23—滤器;24—主阀上路油口;25—阀体;26—调零弹簧;27—调零螺钉;28,29—反馈弹簧调节螺钉。

图 4-60　电/液伺服器的组成和工作原理图

平衡泵的作用是补充主泵供给的压力油,起稳定压力作用。当力线圈接收一个较大的电流变化信号时,A 口和 B 口会有较大的开度,压力油会大量进入伺服活塞 9 的上部或下部空间,油压会降低。这时平衡泵打出的压力油顶开单向阀予以补充。在A口和B口开度很小或全被封住的情况下,主泵打出的油压升高。这时高压油会顶开活塞阀,使一部分油流回低压油箱。

Hagenuk电/液伺服器在出厂时已经调好,使用时不要轻易扭动有关螺钉。经较长时间使用,确实发现零点和量程不准,方可进行调整。电/液伺服器的零点是指当输入电流数值为0 mA(或4 mA)时,动力活塞所在位置应保证供最低稳定转速油量,若零点不准,可通过调零螺钉27调整调零弹簧26,改变力线圈的初始位置来调整。电/液伺服器的量程是指当输入电流数值为10 mA(或20 mA)时,动力活塞所在位置应保证供主机在额定转速下的油量,若量程不准,可通过反馈弹簧调节螺钉28和29加以调整,增大反馈弹簧的预紧力,负反馈强可增大量程;反之,量程减小。

Hagenuk电/液伺服器工作是可靠的,但要经常检查油质的变化情况,如果油中含有过量的水、杂质、氧化物等,或油温太高,都会引起运动部件的磨损,造成控制失常或转速波动等现象。最好每年对电/液伺服器清洗一次,并更换新油。换油时要注意油的品种是否正确,且把陈油除净,绝对不允许混用两种不同的油。

拓展强化

任务4.4

一、选择题(请扫码作答)

二、简答题

1. 主机遥控系统的转速限制和负荷限制分别有哪些?
2. 转矩限制的目的是什么?方法有哪几种?
3. 请画出主机转速与负荷的控制及限制原理框图。
4. 简述DGS8800e调速器结构组成和工作原理。
5. 简述主机遥控系统中电/气转换器和电/液伺服器的工作原理。

任务4.5　气动主机遥控系统

任务分析

气动主机遥控系统是主机遥控系统的重要组成部分,主机的启动、换向和停车,甚至转速设定信号的传递,最终都是依赖气动操纵系统来完成的。本任务目标是掌握主机典型气动操纵系统,了解主机典型气动操纵系统各气路。

任务实施

主机气动操纵系统是主机遥控系统的重要组成部分,主机的启动、换向和停车,甚至转速设定信号的传递,最终都是依赖气动操纵系统来完成的。主机气动操纵系统一般由主机生产厂家随主机配套提供,因此,对于不同的船舶主机,其气动操纵系统不尽相同。本章以当前比较普及的 MAN B&W MC/MCE 型主机的气动操纵系统为例介绍主机气动操纵系统的结构组成和操作原理。

MAN B&W MC/MCE 型主机气动操纵系统气路原理图见彩插图 4-61,其主要控制元件分布在集控室操纵台、机旁和专门的气动控制箱内。系统提供了对主机进行机旁手动操纵和集控室手动遥控的功能,若配上自动遥控装置,则可以实现驾驶台自动遥控。该系统要求提供压力为 3.0 MPa 的动力气源。此外,还要求提供两个相互独立的压力为 0.7 MPa 的气源,分别用作控制气源和安全保护气源。

如彩插图 4-61 所示描述的当前工况为:主机处于停车状态;凸轮机构的滚轮处于正车位置;已具备电源和气源条件;调速器连接油门拉杆的供油离合器处于"遥控"位置;机旁操纵台的"遥控/机旁"转换阀 100 处于"遥控"位置,已具备集控室操纵工作条件;盘车机已脱开;至空气分配器的气路已打开。

一、集控室操纵

1. 集控室主机操纵台

集控室的主机操纵台如图 4-62 所示,图中,A 为换向手柄兼回令车钟手柄;B 为主机操纵手柄,即"停车-启动-供油调速"手柄;73 为控制空气压力表;1 为"电子调速器供油限制取消"指示灯;79 为"电子调速器供油限制取消"开关;2 为"慢转启动"指示灯;78 为"慢转启动"控制开关;80 为"驾控/集控"转换阀(这里的序号为彩插图 4-61 中设备序号)。

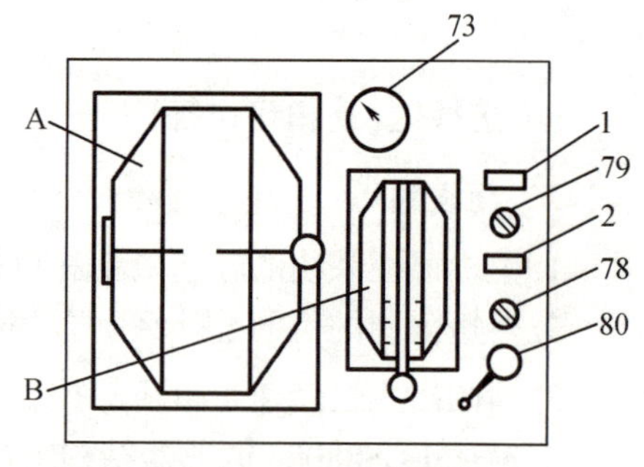

图 4-62　集控室的主机操纵台

换向手柄 A 有三个工作位置,即正车(AH)、倒车(AS)和停车(STOP)位置。它一方面通过电路给出回令信息,另一方面控制换向阀给出换向信号。手柄 A 处于正车位置时,管路 6 有气;处于倒车位置时,管路 8 有气;处于停车位置时,管路 6 和管路 8 均放气。

操纵手柄 B 也有三个位置,即停车(STOP)、启动(START)和供油区(FUEL RANGE)。手柄 B 处于停车位置时,阀 64 被压下,工作在上位,送出停车指令,管路 2 有气;同时限位开关 60 和 61 动作,分别向电子调速器发送断油停车信号和启动逻辑发出停车复位指令。手柄 B 处于启动位置时,阀 63 动作,送出启动信号,管路 5 有气;阀 64 继续保持在上位,管路 2 继续有气。此外,当进入供油区(FUEL RANGE)时,手柄 B 还带动转速设定电位器,给电子调速器送出一个与手柄位置相对应的转速设定值。

2. 集控室遥控的准备工作

在要求进行集控室遥控操纵时,事先应完成以下准备工作:

(1)调速供油离合器应置于"遥控"位置。

(2)机旁操纵台上的"遥控/机旁"转换阀 100 应置于"遥控"位置,下位通。

(3)集控室操纵台上的"驾控/集控"转换阀 80 置于"集控室"位置,上位通。

此时,压力为 0.7 MPa 的控制空气已送至以下各处:

(1)曲轴箱油雾浓度监视报警装置。

(2)盘车机连锁机构。

(3)喷油定时自动调节机构。

(4)经机旁操纵台的“遥控/机旁”转换阀 100 和 24 送至集控室操纵台,压力表 73 指示控制空气压力。由于阀 80 已经置于“集控”位置,工作于上位,因而控制空气到达阀 63 和 64,为集控室操纵做好准备。同时,压力开关 76 和 77 闭合,给控制电路提供开关量信号。

3. 集控室操纵

下面以停车、换向、启动和运行中换向启动四种情况为例,说明对主机进行集控室手动遥控的操作方法和气动操纵系统的动作原理。

(1)停车

驾驶台车钟给出“STOP”指令,集控室的操作手柄 A 和 B 都处于“STOP”位置,阀 64 被压下,工作于上位,控制空气通过,然后分成两路。

一路经速放阀 58 和单向节流阀 69 送到正、倒车换向指令阀 70,作为后续操作的准备条件。另一路经管路 2、或门阀 85 到达二位三通阀 38 控制端,来自管路 0 的控制空气通过阀 38 和 23 后再分成两路。一路使阀 25 下位通,控制空气通过阀 25 和阀 128 使高压油泵处于不可供油状态。另一路使阀 117 下位通,为启动操作提供准备条件。与此同时,限位开关 60 也向电子调速器发送断油停车信号,确保可靠停油。

(2)换向

在停车状态下,当驾驶台发出指令时,轮机员首先通过手柄 A 进行回令。当集控台指示灯指示的凸轮轴位置与车令一致时,再将手柄 B 从“STOP”位置推向“START”位置。

假设驾驶台发出的是正车(AHEAD)车令,则集控室应将手柄 A 推到“AHEAD”位置。此时存在两种情况:一是车令与凸轮轴位置一致,即“AHEAD”指示灯亮,说明满足启动逻辑鉴别条件,可直接将手柄 B 推到“START”位置,进行启动操作;二是车令与凸轮轴位置不一致,即“AHEAD”指示灯不亮,操纵系统将首先进行正车换向,必须等换向结束之后才能进行启动操作。

现假设车令与凸轮轴位置不一致,即车令为正车,而凸轮轴位置为倒车。此时,因手柄 B 停留在“STOP”位置,而手柄 A 在正车位置,故管路 6 有气,通过或门阀 87 后一路送至阀 55 等待(因空气分配器处在倒车位,阀 55 工作于左位而截止),另一路再经或门阀 29 后到达阀 10 的控制端,使之工作于左位而打开。气源经过阀 10 左位后一路经阀 9(手动阀,工作时应置于左位)到达各个高压油泵的换向气缸,进行正车换向(换向到位后,相应的磁力开关 7 动作,送出开关量反馈信号);另一路经阀 14(此时控制端无气,下位通)到达空气分配器换向气缸,推动活塞向左运动进行正车换向。换向到位后,通过机械动作使阀 55 工作于右位,阀前等待的控制空气经阀 55 和或门阀 50,使管路 12 有气。

管路 12 有气标志着空气分配器换向结束,到达阀 37 的阀前等待,为主机启动准备条件。高压油泵换向结束后,各个换向气缸上的磁力开关 7 动作,通过电路处理给出凸轮轴位置信号。这一信号用作集控室操纵台“AHEAD”指示灯的控制信号,此外,还用于自动遥控系统进行逻辑判断。

以上为操纵系统进行正车换向的过程,倒车换向过程类似。

(3)启动

当车令与凸轮轴位置一致时,将集控室手柄 B 推到“START”位置,阀 63 被压下,工作于上位,管路 5 有气;由于是油-气分进型主机,此时,阀 64 仍然处于上位,管路 2 继续有气,系统仍处于停止供油状态。管路5的控制空气,经或门阀91到达阀37的控制端,使其下位通,阀前等待的气源经过阀37、或门阀31使阀33下位通。只要盘车机是脱开的,阀115上位通,管路19有气,控制空气就将通过阀33下位使管路22有气。管路22的控制空气将产生以下逻辑动作:

①使阀14和15均工作在上位,空气分配器的位置被锁定。

②使阀26工作在右位,为空气分配器投入工作准备条件。

③使阀27工作在左位,阀前等待的气源经过阀27左位到达阀28和辅启动阀,使辅启动阀打开。阀28为慢转电磁阀,没有慢转指令时工作于右位,控制空气得以通过,使主启动阀也打开。压力为3.0 MPa的动力空气立即进入启动空气总管,一方面到达各气缸启动阀,另一方面经过手动阀118和阀26的右位,然后分成两路:一路进入空气分配器,另一路经阀117下位(停油时工作于下位)使空气分配器投入工作,指挥各个气缸启动阀按照正车的顺序开启,使主机进行正车启动。若有慢转指令,则慢转电磁阀28得电,工作于左位,启动时只有辅启动阀打开,使主机慢转。当主机慢转1~2转后,取消慢转指令,电磁阀28失电,打开主启动阀,转入正常启动。当主机转速已经达到启动转速时,将操纵手柄B从“START”推向“FUEL RANGE”区域,这时阀63和64都复位到下位通,电位器62输出转速设定电压信号。阀64的复位使管路2的停车指令立即消失,阀38复位到上位通,于是就有:

①阀25复位到上位通,各缸高压喷油泵停车气缸内的压缩空气通过阀25泄放,进入工作状态。

②阀117复位到上位通,空气分配器停止工作。管路6要经单向节流阀69进行延时泄放,有利于各缸高压油泵换向成功。阀63的复位使管路5立即失压,阀37和阀33先后都复位到上位通,管路22上的控制空气将通过阀33上位和单向节流阀32延时泄放。阀32的节流作用是使进气过程延时结束以获得约1 s的油-气重叠时间,保障主机启动的成功率。

启动供油阶段结束后,主机操纵手柄B下面的电位器62输出转速设定信号送至电子调速器,电子调速器通过执行电动机控制主机高压油泵齿条调节油量,进入正常运行阶段。

(4)运行中换向启动

驾驶台车钟给出运行中换向指令后,值班轮机员首先通过手柄A回令。此时,由于手柄B仍处于“FUEL RANGE”区域,阀63,64均工作于下位,回令车钟70不具备气源条件,尽管它已处于正车或倒车的换向状态,但是管路6或管路8上没有换向指令气压输出,因此回令操作只是使车钟产生声、光应答信号,并不执行换向操纵,主机仍然处于原来的运行状态。

接下来应对主机进行减速,将手柄B拉至低于换向转速的区域,观察转速表,当主机转速下降到换向转速时,再把手柄B拉至“STOP”位置,操纵系统执行停油动作,主机进一步降速。与此同时,回令车钟70在获得气源并通过管路6或管路8送出换向信号,进行相应的换向操作。换向结束后,再把手柄B从“STOP”扳到“START”位置,只要空气分配器换向完成,即“正/倒车启动连锁”解除,就可以使主机进入强制制动工况,而后开始反向启动。其操作过程和气路工作过程与停车启动完全一致。

二、驾驶台遥控

主机气动操纵系统均设置有与驾驶台自动遥控系统进行接口的气路。只需在集控室操纵状态下,将操纵台上的“驾控/集控”转换阀80置于“驾控”位置,则阀80工作于下位,接通停车电磁阀 84、正车电磁阀 86、倒车电磁阀 88 和启动电磁阀 90 的工作气源；同时，切断集控室主机操纵台气源，手柄 A 和手柄 B 均失去对气路的控制功能。

或门阀 85、87、89 和 91 的两个输入端分别接收来自集控操纵台和各个电磁阀的输出信号。在驾控时，自动遥控系统根据车令和主机状况进行逻辑判断，通过电信号指挥各个电磁阀动作。电磁阀的输出代替来自集控室的命令，实现对主机的各种操纵，其工作过程与集控室操纵相同。

根据需要，主机可以选配不同的自动遥控系统。自动遥控功能或因厂家而异，但一般都具有正常启动、重复启动、慢转启动、重启动、一次性限时启动、正常换向、应急换向和制动等逻辑功能，同时还可以对换向、启动失败等情况进行监视，发生故障时将给出声、光报警信号。此外，在转速和负荷控制方面，一般还有最低稳定转速限制、最高转速限制、临界转速自动回避、加速速率限制、程序负荷、增压空气压力限制以及转矩限制等功能。

三、机旁应急操纵

任何主机的气动操纵系统都必须具备机旁应急操纵功能，以便在遥控气路、调速器等发生故障或在其他某些必要情况下能够在机旁对主机进行应急操纵。进行机旁操纵时，首先要进行操作部位的切换。MAN B&W MC/MCE 型主机的机旁应急操纵台如图 4-63 所示，切换至“应急操纵”的操作步骤如下。

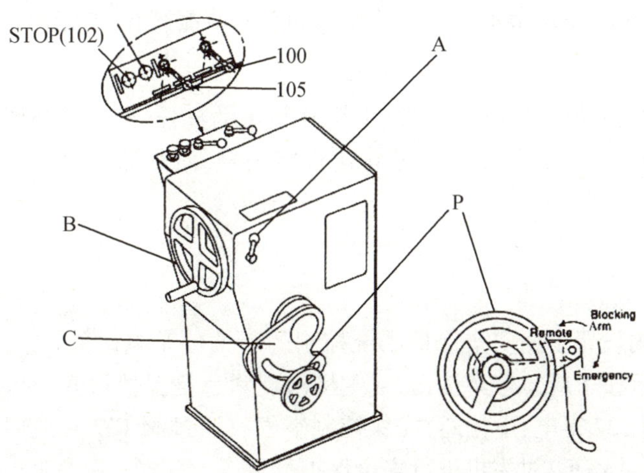

图 4-63 MAN B&W MC/MCE 型主机的机旁应急操纵台

(1)检查换向阀 105 的位置。阀 105 是在机旁操纵时的手动换向阀，切换之前应确保处于希望的位置。从图 4-63 可以看出，只有停车阀 102 被压下时，换向阀 105 才起作用。

(2)逆时针转动锁紧手柄 A，使油门调节手轮 B 处于自由状态。

(3)将锁定臂(Blocking Arm)置于“应急(Emergency)”位置。

(4)将手轮 B 转至合适的位置(参见主机说明书)，逆时针转动压紧手轮(Impact Handwheel)P，使油门拉杆从调速器输出端断开，连接到手动调节手轮 B。

(5)将操作部位转换阀 100 由“正常(Normal)”转至“应急(Emergency)”位置。

切换至“应急(Emergency)”位置后，机旁操纵台气源接通(压力开关 106 和 107 动作，送出相应的开关量信号)，可通过机旁手动阀对主机进行应急操纵；管路 24 的气源被切断，集控室和驾驶台操作失效。

机旁操作指令由停车阀102、正/倒车换向阀105和启动阀101给出,并分别通过或门阀23、29、30和31同来自集控室或驾驶台的遥控指令相“或”。由于遥控气路不工作,以上或门阀的输出只能来自机旁。

1. 停车

按下停车阀102,使其上位通,来自转换阀100的气源经或门阀103和23送至二位三通阀25的控制端,其后的停油动作与遥控操作相同。应注意的是,停车阀102不带复位弹簧,而是采用气动复位,在按下启动阀101之前,停车阀102将保持在上位(即停车位置)。

2. 换向

只有按下停车阀,换向阀105的阀前才有工作气源,因此只有在停车状态下才能进行换向操作。正车换向时,将阀105置于正车位置,阀前压力经过阀105的下位送至或门阀29,阀29的输出有气,进行正车换向;倒车时,或门阀30的输出有气,进行倒车换向。在机旁操作时,换向连锁应由操作轮机员自行判定。

3. 启动

按下启动阀101,使其上位通,输出有气并分成三路。其中,一路使阀102复位;一路经或门阀31送至阀33的控制端,进行启动操作;还有一路经或门阀103和23,送至阀25的控制端,使得在启动过程中保持停油。启动成功后,松开启动阀,靠弹簧复位,停止启动。

在机旁控制气路中,单向节流阀104的作用和单向节流阀69的作用相同。

4. 供油调速

机旁手动操纵的供油调速是通过操纵手轮B经传动杠杆、离合器和调油轴等直接控制高压油泵实现的,因此在机旁给出的不是转速设定信号,而是油量信号。此时调速器不起作用。

四、安保断油

在气动控制箱内设置了由安全保护系统控制的断油停车电磁阀127,它由独立的气路提供工作气源。一旦按下应急停车按钮,或主机出现紧急情况使得安全保护系统输出应急停车指令时,电磁阀127得电,下位通,安保控制空气将通过阀127和或门阀128送至高压油泵停油阀,实现断油停车,对主机进行安全保护。

五、喷油定时自动调节(VIT机构)

VIT机构的实质是在主机负荷变化时,能够自动调整高压油泵的喷油提前角,使主机在部分负荷时有较高的爆压,提高部分负荷下的经济性,而在高负荷运行时最高燃烧压力不超过额定值,以达到节能和保障主机性能的双重效果。

在MAN B&W MC/MCE型主机的气动遥控系统中,喷油定时自动调节是根据主机负荷变化有规律地使喷油提前或后移的一种设计,实验证明这种设计可以提高爆压,尤其是在高负荷区内可以使主机工作在最佳燃爆的状态下,降低油耗。

在气动操纵系统中,喷油定时自动调节单元是由传动杠杆、调压阀53、VIT伺服器52以及操作机构等组成的。当调速器的输出发生变化时,调油轴一方面改变高压油泵燃油齿条的位置,另一方面驱动调压阀 53 的控制杠杆动作,使之绕螺钉支点 O_1 或 O_2 偏转,如图 4-64 所示为 VIT 控制杠杆动作原理图。调压阀 53 在控制杠杆的作用下输出一个与主机负荷相关的压力信号,这一压力信号经单向阀 49 和电磁阀 40 的右位到达各个气缸的 VIT 伺服器 52。各气缸伺服器按照输入气压的大小输出一个对应的位移信号,拉动高压油泵的喷油定时调节齿条,调整高压油泵套筒的升降,使喷油定时随着主机负荷的变化而提前或后移,如图 4-65 所示为 VIT 伺服器与高压油泵定时调节齿条的连接关系图。VIT 伺服器实质上是一个定位气缸,随着输入压力的增大,其输出杆向右的位移也增加,杠杆绕支点逆时针转动,通过连接杆推动定时调节齿条向左移动,喷油定时提前;反之,若输入气压减小,则喷油定时滞后。

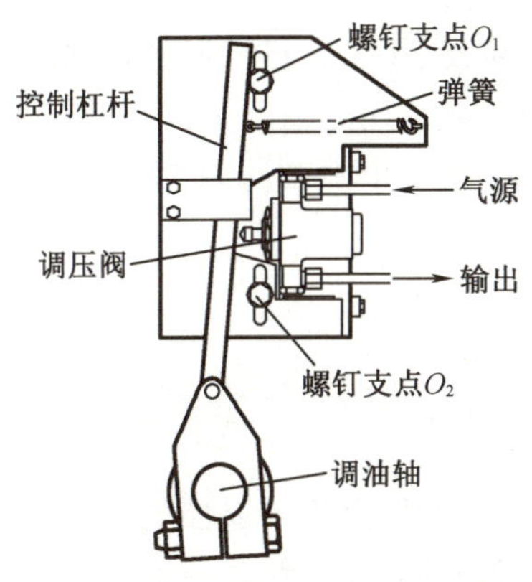

图 4-64 VIT 控制杠杆动作原理图

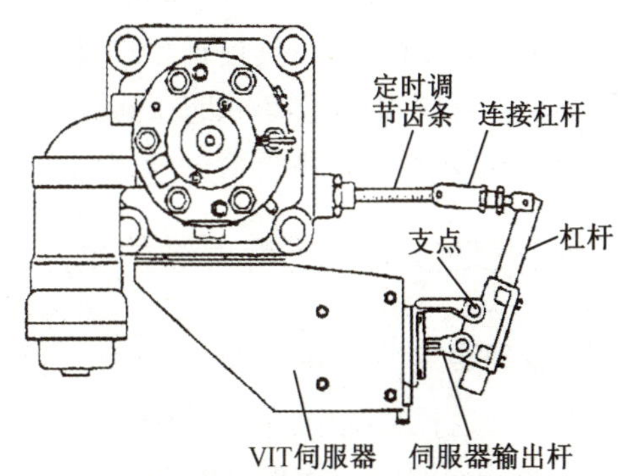

图 4-65 VIT 伺服器与高压油泵定时调节齿条的连接关系图

如图 4-66 所示为喷油定时随主机负荷变化的规律图,图中①②③④分别对应主机负荷的 4 个不同区域,分别说明如下:

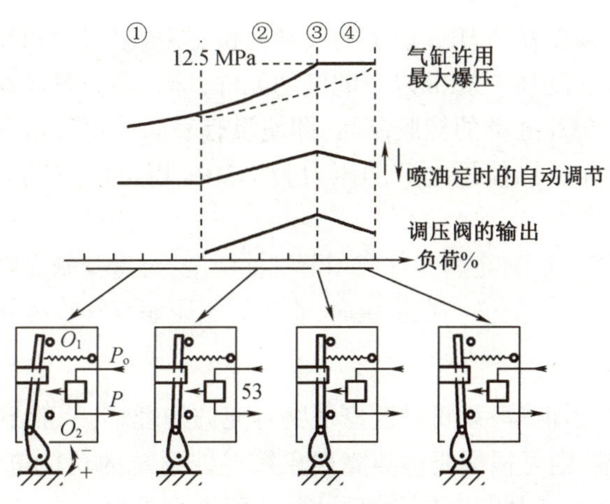

图 4-66 喷油定时随主机负荷变化的规律图

①主机在约 50%标定功率以下的低负荷区运行时,控制杠杆在弹簧的拉力作用下贴紧支点 O_1,喷油定时不受控制,喷油提前角 θ 最小,VIT 伺服器不起作用。

②当主机负荷在约 50%标定功率以上时,随着喷油量的增加,控制杠杆绕支点 O_1 转

动,压紧调压阀 53 的控制端,调压阀输出压力增加,喷油定时得以提前,爆发压力增长要比原先来的快。

③当负荷达到 80%~85%额定负荷时,控制杠杆开始和支点 O_2 接触,这时爆发压力应达到最大允许压力。如果负荷继续增加,控制杠杆绕支点 O_2 转动,调压阀 53 的输出压力开始减少,喷油提前角 θ 逐渐减小,因此,这是喷油定时调节的一个转折点。

④当负荷高于 80%~85%额定负荷时,喷油定时将随负荷增加而后移,大体保持爆发压力恒定,确保机械负荷和热应力不超过允许值。

必要时,可以对支点 O_1 和 O_2 以及调压阀的位置进行调节,调油轴传动杠杆和控制杠杆之间的相对位置一般不做调整。这就可以对定时自动调节特性曲线的起点、始点、转折点和终点进行调整,使主机获得最经济的油耗控制。

图 4-62 中的单向节流阀 49 可以在调油轴转角波动较小(即主机喷油量变化不大)时,阻断对定时控制的干扰,其设计要求是在油门开度有±2 格变化的情况下,应不影响喷油定时控制。电磁阀 40 在倒车状态下有电,向 VIT 伺服器送入一个由调压阀 59 预先调定的固定压力,喷油定时不再随负荷的变化而变化。

六、气动操纵系统管理维护要点

1. 管理要点

在气动遥控系统中,信号的传递都是以压缩空气作为工作介质。遥控气源的压力必须正常,一般压力为 0.7 MPa;操作空气要求无尘、无水、无脏物;为了使某些运动部件得到润滑,操作空气最好经过滑油雾化处理。

为了使气动遥控元件发挥其应有的效能,轮机人员必须重视气动遥控元件的定期检查保养工作。建议按以下周期进行维护、检查和调校工作。

(1)1~7 天对滤器、气瓶定期排放污水,并注意查看有关的液位情况。

(2)半年至 1 年更新空气过滤器中的过滤元件,对遥控气路认真进行漏气检查。

(3)每 2 年对压力强度在 3 MPa 以下的气动元件,如气缸等执行机构,进行维护检查。

(4)每 4 年对压力强度在 1 MPa 以下的气动元件,即大多数气动阀件,进行维护检查。

(5)4~8 年对密封垫片之类的橡胶制品,即使没有表面破损等情况,也必须予以更新。

(6)原则上经过 8 年长期使用之后的压力为 1 MPa 以下的气动元件都要求更新,以确保工作的安全和可靠。

在进行维护检查的时候,对金属零件应用清洗油清洗,对橡胶制品则应用肥皂水清洗。发现破损、老化等情况必须予以更换。在安装时,要用低压压缩空气吹净并给予必要的润滑。

2. 故障排除

如果遥控系统工作不正常,只要对遥控气路有充分的理解,一般不难查出故障并予以排除。若仍然感到有困难,则可根据具体故障现象按遥控系统的功能进行专项检查,同时,可借助说明书提供的故障表来判断定位故障原因,从而进行排除。在进行专项检查之前,首先应着手以下项目的检查。

(1)核对遥控系统高、低压气源的压力是否正常。

(2)检查管路上是否有泄漏情况。

(3)检查应急停车等应急操纵信号是否已被撤销。

拓展强化

任务 4.5

一、选择题(请扫码作答)

二、简答题

1. 请简述 MAN B&W MC 型主机气动操纵系统停车、换向和启动实现过程?

2. 请对照 MAN B&W MC 型主机气动操纵系统原理图,诊断为何换向没有完成不能进行启动?

3. MAN B&W MC 型主机气动操纵系统启动连锁装置的作用是什么?

任务4.6　微机型主机遥控系统

任务分析

AutoChief-Ⅳ(简称 AC-4)是为在驾驶台遥控低速二冲程柴油机而专门设计的自动遥控系统,采用微机作为主要控制技术手段,它将 AutoChief-Ⅲ(简称 AC-3)的设计思路和 MAN B&W 主机的运行特点作为软件的基础,具有功能丰富、维护方便和安全性强等特点,在我国前期船舶上应用较多。通过该项任务学习,让学习者掌握微机控制 AC-4 型主机遥控系统的组成结构、主要功能、工作过程、驾/集控制面板参数设置及常见故障诊断。

任务实施

一、微机型主机遥控系统概述

AC-4 是 Norcontrol 公司在 20 世纪末推出的第四代产品,它的前代产品(AC-3)是由集成电路实现的,而 AC-4 是采用微机控制的遥控系统。AC-4 主机遥控系统的结构组成和布局如图 4-67 所示。整个系统包括四大部分:①车钟系统,由驾驶台车钟、集控室车钟和机旁应急车钟构成;②AC-4 主机遥控系统,包括 AC-4 驾驶台单元和 AC-4 集控室单元,用来实现主机启、停及换向等逻辑控制;③数字调速单元 DGU8800e,用以实现主机转速控制;④安全保护单元 SSU8810,用以实现主机安全保护功能。各大部分在功能上具有完整性和独立性,既可以由这四部分组合成一套完整的主机遥控系统,也可以单独地与其他遥控系统配合使用。

AC-4 系统的以上各个组成部分都是采用以 Intel 8088 为核心的微机电路实现的。其中,驾驶台单元、集控室单元和安全保护单元各包含一套,而数字调速系统则在同一控制面板上包含了两套微机系统,分别实现调节器(regulator)和执行器(actuator)功能。此外,车钟系统和车令记录装置 OPU8810 也是由 Intel8088 微机电路控制的。

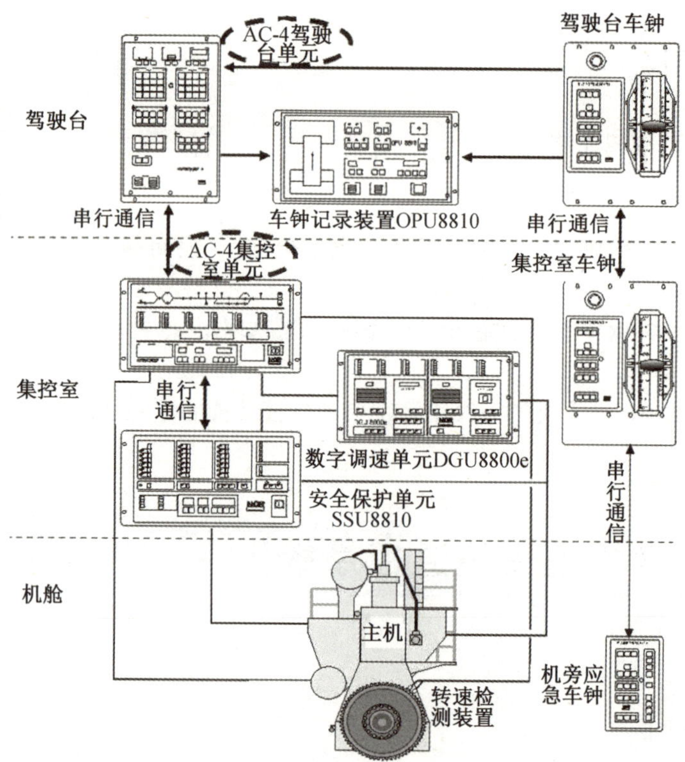

图 4-67 AC-4 主机遥控系统的结构组成和布局

图 4-68 给出了驾驶台单元、集控室单元、安全保护单元和数字调速单元的硬件结构及其相互连接关系。各单元微机系统的硬件结构大致相同，即都由 1 块微处理器主板(processor card)、1 块扩展 I/O 接口板(extension card)和最多 32 块 I/O 适配器板(adapter card)组成。微处理器主板主要由 CPU(Intel8088)、存储器(62256RAM、2864EEPROM、27512EPROM、82S137ROM 等)、可编程并行接口芯片(8255)、串行接口芯片(8251)、中断控制器(8259)、计时/计数器、ADC 和 DAC 等组成，是微机系统进行数据处理及 I/O 控制的核心；扩展 I/O 接口板连接控制面板上的指示灯、按钮和 LCD 数码显示器等，实现人机交互过程中的信息输入与输出；I/O 适配器板的任务是将外部 I/O 信号转换为标准统一的电信号，再送到微处理器主板上的 I/O 接口芯片，或将微处理器主板送出的控制信号进行转换后驱动 I/O 设备，如电磁阀等。尽管各单元的硬件组成基本相同，但由于程序存储器中存储的程序不同，因此实现的功能也各不相同，它们之间采用 RS-422 串行总线相互连接，进行信息通信，共同协调完成主机遥控的各种功能。

二、AC-4 主机遥控系统的控制面板及系统的主要功能

1. 驾驶台控制面板

AC-4 主机遥控系统驾驶台控制面板如图 4-69 所示，它为驾驶员与遥控系统提供了人机之间交互的界面。在驾驶台，可以实现对主机的遥控、状态监视，也可以实现有关驾驶台单元的参数设定。

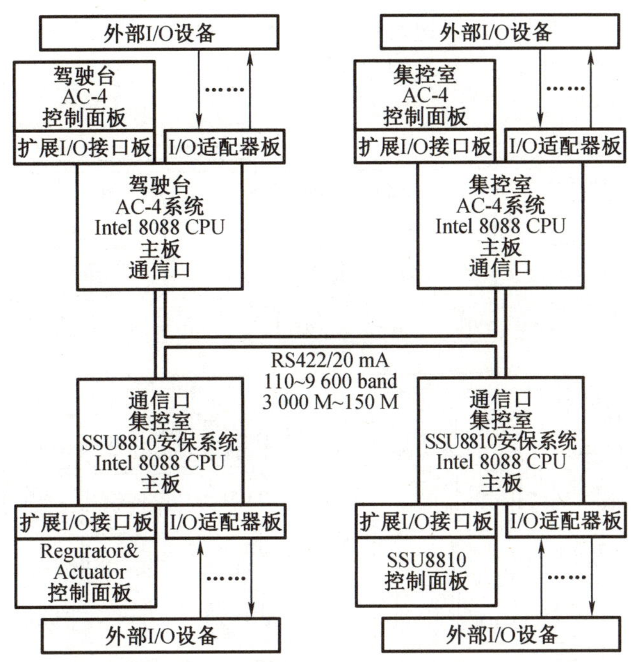

图 4-68　AC-4 主机遥控系统硬件和网络结构框图

驾驶台控制面板的上部是 3 个数码显示器,向下依次是报警指示灯、状态指示灯、取消按钮、试验及参数设定按钮、操车位置及报警声响确认按钮等。

驾驶台控制面板的主要功能包括:显示过程报警状态;显示过程参数值;显示和主机遥控系统相关的状态;接收驾驶台车钟系统的信号,如转速设定信号、正倒车信号等;接收驾驶台应急停车信号;驾驶台控制相关的参数设定。

3 个数码显示器有两种用途。正常情况下,它们分别用于显示“启动空气压力”“车令设定转速”和“主机实际转速”;在进行参数查询和整定时,它们可显示遥控系统的工作状态和报警信息,也可进行参数修改。

报警指示灯的报警内容包括安全保护和其他报警两部分。安全保护指示包括可取消的故障自动停车和故障自动减速信号,不可取消的故障自动停车和故障自动减速信号,已执行的故障自动停车和故障自动减速信号,还有超速和手动应急停车信号。其他报警指示灯有 3 个是与主机启动有关的,即主机没备妥、启动连锁和启动失败。上述 3 项的具体内容将在集控室面板介绍。其他报警还包括系统故障、集控室面板故障、安全保护系统故障、车钟故障及调速器故障等系统内部故障。

系统状态指示灯分为两部分,左边 8 个指示灯指示设定转速限制器(SET POINT LIMITER)的限制项目,右边 8 个指示灯指示主机不同的运行状态。设定转速限制器的指示项目主要有手动最大转速限制、恶劣海况限制、负荷程序加速限制、负荷程序减速限制、加速速率限制、启动设定转速限制、临界转速限制和轴带发电机运行转速限制。主机运行状态指示包括正常启动、慢转启动、重复启动、启动超时、紧急换向、启动空气低压、停车和操作手柄匹配。重复启动和启动超时将在集控室面板中详细介绍。紧急换向(CRASH ASTERN)指示灯亮代表主机在运转中换向,且将进行制动操作。紧急换向是有条件的,例如,要求车钟手柄从正车全速扳至倒车全速,而且操作时间要小于 6 s,若不满足上述两个条件,则不属于紧急换向。操作手柄匹配(HANDLE MATCH)指示灯用于主机运行时操纵部位无扰动切换,当集控室操作手柄给出的设定转速与驾驶台操作手柄给出的设定转速基本相等时,允许操纵部位从驾驶台转到集控室,或从集控室转到驾驶台。

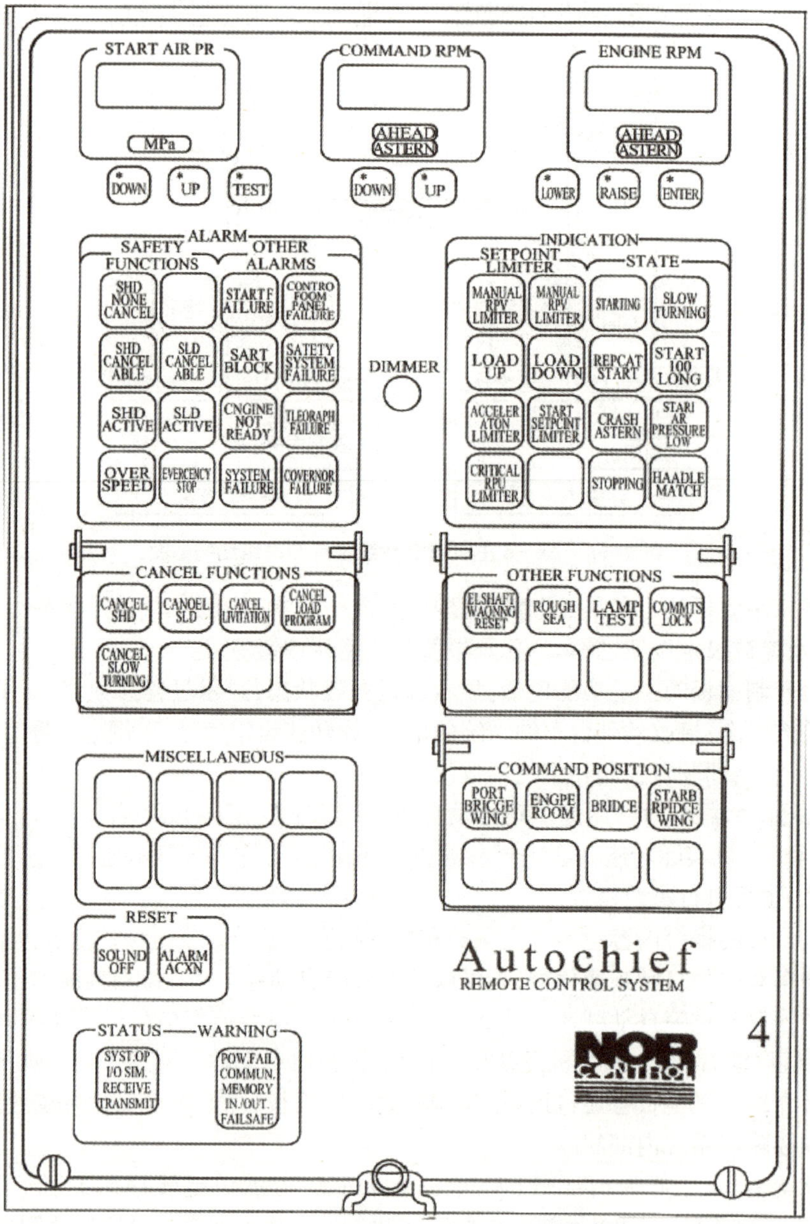

图 4-69　AC-4 主机遥控系统驾驶台控制面板

操作指示板中部有取消功能带灯按钮和其他功能带灯按钮。取消功能带灯按钮用于应急操纵,包括取消故障自动停车、取消故障自动减速、取消多种限制和取消负荷程序。这是在紧急情况下驾驶员所采取的舍机保船措施,平时一般不会使用。其他功能带灯按钮包括恶劣海况(ROUGH SEA)、试灯(具有硬件检验功能)、显示和调试功能锁定(COMMIS LOCK)3 个按钮。显示和调试功能锁定按钮用于参数显示和修改,若“COMMIS LOCK”指示灯灭,则顶部的数码显示器为正常显示状态;按下“COMMIS LOCK”按钮,指示灯变亮,则数码显示器为系统参数显示和整定状态;再次按下“COMMIS LOCK”按钮,指示灯闪光,则数码显示器为I/O通道参数整定状态。恶劣海况(ROUCH SEA)的具体含义将结合集控室的操作指示面板介绍。

主机操纵部位转换有4个带灯按钮,分别代表驾驶台内、驾驶台左舷、驾驶台右舷、集控室(或机旁)4个操纵部位。一般来说,集控室与驾驶台内的按钮转换只是通信联系,转换由专门的手柄完成,而驾驶台内与驾驶台两舷的按钮转换既是通信联系,也是直接转换。

在操作指示面板的左下方有报警消声按钮和报警确认按钮,在这两个按钮的下方有系统工作状态指示灯和系统硬件故障指示灯。系统工作状态指示灯指示计算机的运行状态,包括系统处于运行状态、输入/输出模拟试验状态、数据通信接受状态、数据通信发送状态共4个指示灯。系统硬件故障指示灯的指示内容包括电源故障、通信故障、存储器故障、输入/输出通道故障、安全保护系统线路故障共5项。

2. 集控室控制面板

集控室控制面板如图4-70和图4-71所示。同驾驶台一样,操作指示面板内部主要包括1台微处理器主板、多个I/O接口板和电源板等。它是轮机员与遥控系统之间进行人机交互的部件,可以实现系统状态监视、操作及参数修改等。

集控室操作指示面板指示主机启动、停车、换向等逻辑控制过程,面板外部分为3个区域,上部为整个主机启动过程状态图板,中部为整个主机遥控系统状态和报警指示灯及复位等按钮,下部为参数显示和修改功能区及计算机内部状态和报警指示灯。

主机遥控系统状态和报警指示部分包括主机状态指示、给定值限制器、启动失败/故障、主机未备妥、系统警告、系统故障共6个方框。主机状态指示方框有8个指示灯,它们指示主机的各种状态,包括禁止启动、允许启动、慢转启动、正在启动、运行、紧急换向、正在停车及故障停车等。系统警告方框指示遥控系统主要设备故障和某些应急操纵。系统故障方框指示测速装置失灵、电磁阀及控制位置丢失3大重大的故障。

给定值限制器方框有7个指示灯,它们分别指示轮机长最大转速限制、负荷程序、加速速率限制、临界转速、减速限制、最低转速限制和启动给定转速设定等。应特别注意的是:给定值限制器是位于车钟与调速器之间的给定转速处理环节,给定值限制器的输出才是调速器真正的转速给定值。

启动失败/故障方框包括启动失败(START FAIL)和启动故障(START BLOCK)两部分。启动失败(STAR TFAIL)指的是主机已经实施了压缩空气启动,但启动没有成功。启动失败包括两项,即由点火失败引起的三次启动失败和主机转速一直达不到发火转速所引起的启动超时。而启动故障(START BLOCK)指的是由于主机未备妥或设备故障等原因使主机启动被禁止。启动故障包括启动空气压力低、转速监测器故障、主机故障停车以及主机未备妥等。主机未备妥方框包括调速器未连接、主启动阀关闭、空气分配器阀关闭、盘车机未脱开及其他辅助设备未准备好等项目。其中,调速器未连接项目指的是调速器的执行电机输出轴未与主机燃油总轴相连或连接不到位。

主机遥控系统状态和报警指示部分有一排带灯按钮,包括复位(RESET)操纵部位转换(COMMAND POS)和调试功能锁定(COMMIS.)等按钮。复位按钮有3个,分别用于报警应答、报警声响切除和被禁止启动故障的复位。

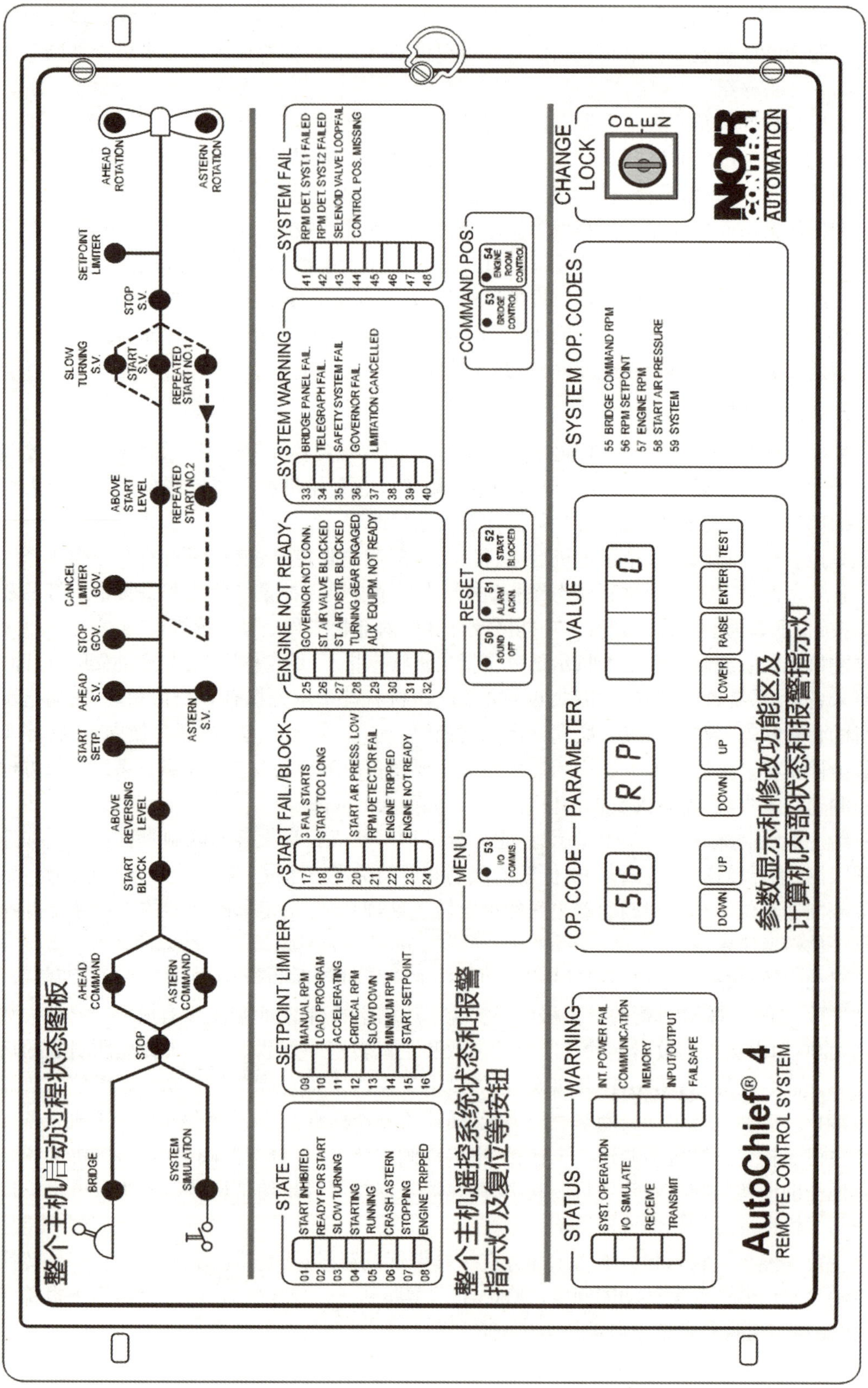

图4-70　AC-4主机遥控系统集控室控制面板1

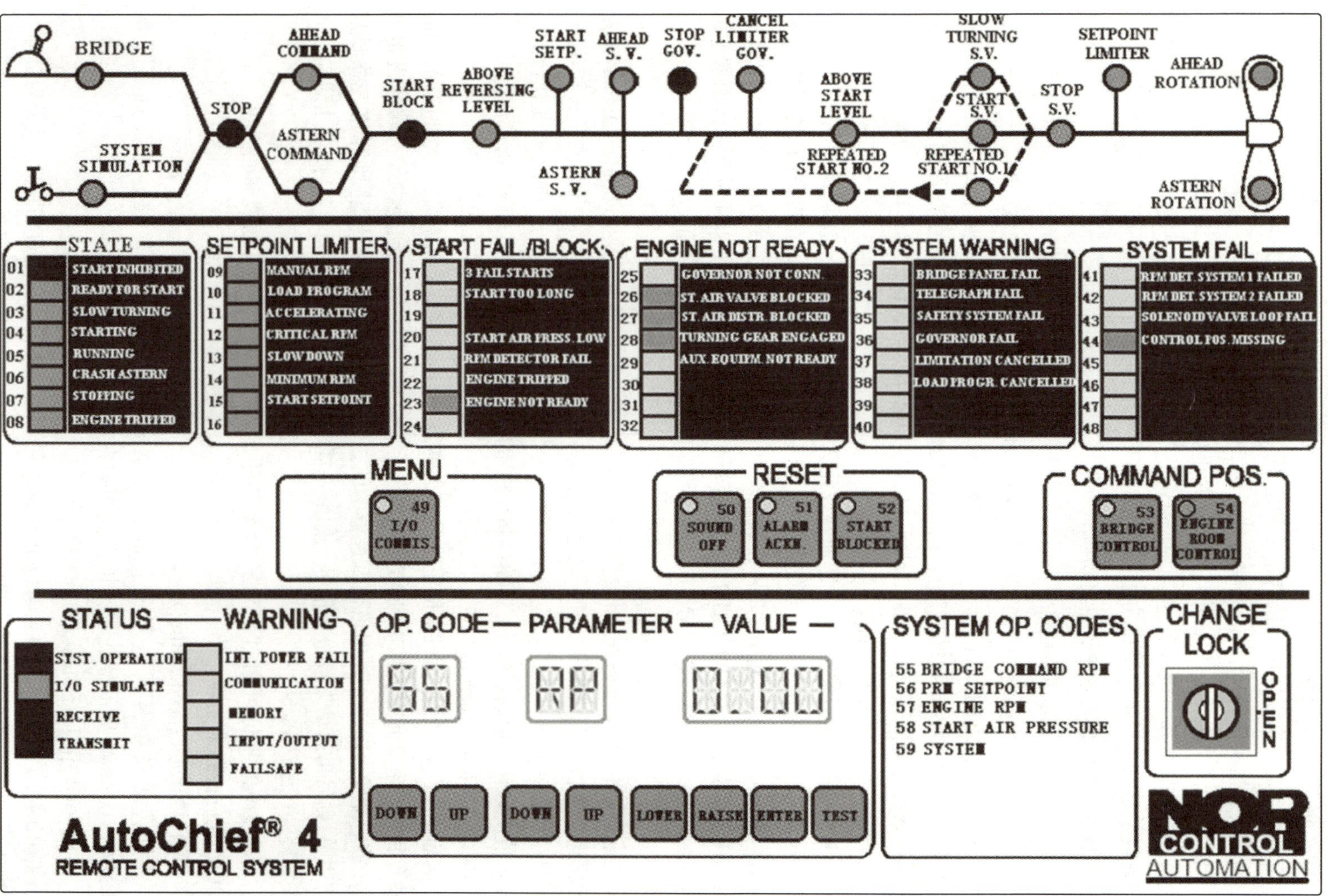

图4-71　AC-4主机遥控系统集控室控制面板2

操纵部位转换按钮有 2 个,它与驾驶台操作指示面板上的 2 个按钮是相对应的,用于驾驶台与集控室进行操纵部位转换的请求和应答,在本系统中,真正使操纵部位生效是靠主控台上的转换手柄实现的,此手柄控制的是气动二位五通阀。

显示和调试功能锁定按钮用于参数显示和修改,若"COMMIS."指示灯灭,则数码显示器为系统参数显示和整定状态,按下"COMMIS."按钮,指示灯变亮,则数码显示器为 I/O 通道参数整定状态。显示和调试功能锁定按钮需要与下部数码显示器及修改锁配合使用。

3. AC-4 主机遥控系统的主要功能

(1)启动阻塞(start block)

在启动主机时,要注意"START BLOCK"和"ENGINE NOT READY"信号。"START BLOCK"产生的原因包括:启动空气压力太低;转速检测装置故障;有应急停车命令;主机因滑油失压、超速等原因导致的故障停车。"ENGINE NOT READY"产生的原因包括:调速器与燃油齿条没连接好;启动空气阀未打开;启动空气分配器未打开;盘车机未脱开。

(2)慢转启动(slow turning)

如果主机停机超过设定的时间(通常设定为 30 min)时,则第一次启动主机时,慢转启动电磁阀动作,供给有限的启动空气到主机,使主机进行慢转。如果在设定的时间内完成慢转,则自动进入正常启动过程;如果在确定时间内没完成慢转,则集控室"SLOW TURNING FAILURE"和驾驶台"START FAILURE"报警灯亮。慢转启动功能可以通过驾驶台面板上的"CANCEL LIMITATION"或"CANCEL SLOW TURNING"按钮予以取消。

(3)正常启动(normal starting)

正常启动时,启动电磁阀动作,向主机提供 3 MPa 的启动空气,与此同时,主机遥控系统给调速器提供一个预先设定好的转速设定值。当主机转速达到正常启动的发火转速时,切断启动空气并开始供油。预先设定好的转速设定值只持续 6 s 左右,随后被驾驶台的转速设定值所取代。启动过程中,驾驶台和集控室单元面板上的"STARTING"指示灯亮。

(4)重复启动(restarting)

若启动空气切断后,主机未能正常的发火燃烧,则系统将自动进行第二次试启动,同时驾驶台和集控室单元上的"REPEAT START"指示灯亮。第二次试启动的发火转速设定值较高(重启动发火转速),同时取消调速器中的扫气空气压力限制和转矩限制。若三次试启动都失败,则发出启动失败报警信号。如果在规定时间内未达到发火转速,则发出启动时间太长报警。

启动故障的复位可通过把驾驶台车钟手柄置"STOP"位,或通过集控室的"START BLOCK"复位按钮来实现。

(5)转速设定(speed setting)

主机转速设定是通过驾驶台车钟手柄实现的。可以在驾驶台单元面板上的"COMMAND RPM"显示器上显示出来,也可以在集控室单元面板上显示出来。

(6)负荷程序(load program)

船舶出港时,主机从港内全速(full ahead)到航海转速(max ahead)的加速过程为负荷程序(load program)。此时,驾驶台单元面板上的"LOAD UP"和集控室单元面板上的"LOAD PROGRAM"指示灯亮,正常的加速过程时间是 30 min。当加速过程结束时,上述两个指示灯熄灭。

船舶进港时,驾驶台车钟手柄从"MAX AHEAD"扳向"FULL AHEAD",则系统自动进入一个降速负荷程序过程。此时,驾驶台面板上的“LOAD DOWN”和集控室面板上的“LOAD PROGRAM”指示灯亮。降速负荷程序的时间大约需要 15 min。

如果驾驶台车钟手柄从“MAX AHEAD”直接扳到“FULL AHEAD”以下时,AC-4 主机遥控系统将自动取消降速负荷程序。如果降速负荷程序结束之前,车钟手柄又扳向“MAX AHEAD”位置,则系统将从当时的转速开始负荷程序加速过程,这时的加速时间比正常时间缩短。

负荷程序可以通过驾驶台上的“CANCEL LOAD PROCRAM”或“CANCEL LIMITATIONS”按钮取消;此时,在集控室单元面板上的“LIMITATION CANCELED”和“LOAD PROGRAM CANCELED”指示灯亮。

(7)轮机长最大转速限制(manual RPM limit)

在集控室单元面板上,轮机长可以对驾驶台的主机转速设定值进行限制。如果驾驶台车令超过该限制值,则驾驶台和集控室面板上的“MANUAL RPM LIMIT”指示灯亮,同时,调速器以该限制值为转速设定值控制主机的转速。

(8)临界转速回避(critical RPM limit)

如果驾驶台转速设定落在临界转速区内,驾驶台单元和集控室单元面板上的“CRITICAL RPM LIMIT”指示灯亮。在加速过程中,主机转速将维持在临界转速下限;在减速过程中,主机转速将维持在临界转速上限。AC-4 主机遥控系统提供两个临界转速区可供使用,通常只需要一个。

(9)故障降速(slow down)

故障降速信号由安全保护系统检测和发送到 AC-4 主机遥控系统。故障降速分两种类型:可取消的故障降速和不可取消的故障降速。对于可取消的故障降速,安全保护系统首先给出故障降速报警信号,使驾驶台单元面板上相应的报警指示灯亮,经过一个预先设定的时间延时,再实际执行故障降速。此时,驾驶台单元面板上相应的报警指示灯亮。对于不可取消的故障降速,安全保护系统通常是直接执行故障降速。当故障降速执行时,主机转速即被限制在故障降速设定转速上。

(10)换向(reversing)

当驾驶台车钟手柄从停车位置扳向正车或倒车任何位置,主机将根据启动顺序自动进行换向动作。如果在制动转速以上运行时进行换向,则供给制动空气,以便尽快地完成降速换向操作。

(11)应急操纵(crash maneuvering)

当驾驶台车钟手柄从“FULL AHEAD”扳向“FULL ASTERN”时,AC-4 主机遥控系统认为这是应急操纵状态。此时,系统的工作过程为:驾驶台和集控室单元面板上的“CRASH ASTERN”指示灯亮;主机停油;应急换向和强制制动;重启动发火转速设定值、取消增压空气压力限制和转矩限制。启动成功后,切断启动空气和正常供油。

(12)恶劣海况模式(rough sea mode)

恶劣海况模式是一种可供选择的工作方式,用来防止在恶劣海况情况下,发生超速停机现象。在 AC-4 主机遥控系统驾驶台单元和安全保护系统控制面板上都设置了“ROUGH SEA MODE”选择按钮,按下此按钮,“超速”现象被特别监控,具体做法是:当主机转速达到“超速”转速时,切断燃油供给,主机转速将下降;当主机转速下降到复位转速时,恢复燃油供给,主机的转速慢慢地恢复到先前的转速。

为了得到更好的恶劣海况运行效果,该功能的动作上限值是可调整的,适当地调整这个上限值,可避免系统在“超速”/“复位”之间频繁波动。这种工作模式显然不利于发挥主机最大输出功率。

(13)轴带发电机控制模式(shaft Gen. control mode)

如果船舶装备带有定频齿轮(CFG)装置的轴带发电机时,主机遥控系统必须具有和船舶电站控制系统进行信息交流的功能,以避免在主机转速降低或故障降速时造成轴带发电机跳闸,从而导致全船失电的恶性事故发生。

三、AC-4 主机遥控系统在不同车令下的工作过程

图 4-72 是集控室单元面板上指示主机启动、停机、换向等控制过程的 Mimic 图,图中用 21 个 LED 指示灯全面地指示了主机各种控制过程的状态。下面对主机启动、停机、换向过程的状态指示分别加以说明。

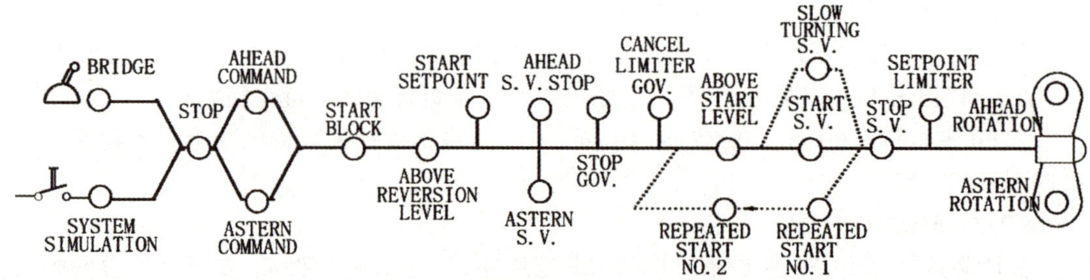

图 4-72 集控室单元面板上的 Mimic 图

1. 主机正车启动过程的状态指示

控制部位选择在驾驶台,“BRIDGE”灯亮;驾驶台车钟手柄在停车位置时,“STOP”灯亮;如果启动阻塞灯亮,说明有启动故障存在,具体是什么故障,在图 4-72 中“START FAIL/BLOCK”区域的指示灯 17 到 24 予以指示。例如:“START FAIL/BLOCK”区域中的 20 号灯亮,则说明启动空气压力低,应检查空气瓶压力和主启动阀的位置。当启动空气压力恢复正常,按动复位按钮,或将车钟手柄扳向停车位置。复位后,将车钟手柄扳向正车任何位置,正车车令、启动设定、正车电磁阀、启动电磁阀指示灯亮。

主机启动后,正车转向指示灯亮。如果设定值限制器指示灯亮,则在设定值限制器区域中的相关指示灯亮。例如设定值限制器区域中临界转速指示灯亮,表明车令设定转速在临界转速区内,同时,驾驶台上的临界转速限制指示灯亮,当车钟手柄越过临界转速区后,指示灯熄灭。

2. 主机停车过程的状态指示

驾驶台车钟手柄放在停车位置,停车指示灯亮;调速器停止工作、停车电磁阀和正车转向指示灯亮。在主机停车过程中,主机状态区域中的正在停机指示灯亮。在主机停车完成后,主机状态区域中的 02 号备车完毕指示灯亮。

3. 主机倒车启动过程的状态指示

驾驶台车钟手柄放在倒车位置,倒车车令指示灯亮。启动设定、倒车电磁阀、启动电磁阀指示灯亮。主机启动后,倒车转向指示灯亮。在主机倒车启动完成后,主机状态区域中的

05 号运行指示灯亮。

四、AC-4 主机遥控系统的参数设置

为了便于在日常使用、管理维护、故障诊断和系统调试等过程中对遥控系统的内部状态和参数进行查看和设置，AC-4 主机遥控系统的集控室单元面板上设有专门的数码显示器和操作按钮，数码显示器显示格式如图 4-73 所示。通过显示器和操作按钮进行显示或设置的参数类型有两种，即系统参数和 I/O 通道参数，可通过“COMMIS LOCK”按钮进行切换。显示器的左边两位用于显示系统参数编码（OP. Codes）或者 I/O 通道号编码（I/O Channel），并可通过其下方的“DOWN”或“UP”按钮进行编码选择。中间两位用于显示当前编码下的参数（Parameter）名称或参数性质，同样可以通过其下方的“DOWN”或“UP”按钮进行选择。右边的四位用于显示具体的参数值（VALUE），必要的情况下可通过“LOWER”和“RAISE”按钮进行修改，修改完毕按“Enter”键输入。平时，集控单元面板上的“CHANGE LOCK”修改锁一般置于“LOCK”位置，通过编码显示框下面的“DOWN”或“UP”按钮操作只能读出编码 55 至 58 的参数显示值。只有用钥匙将“CHANGE LOCK”修改锁置于“OPEN”位置时，才能将编码 1 至 59 的参数全部读出。

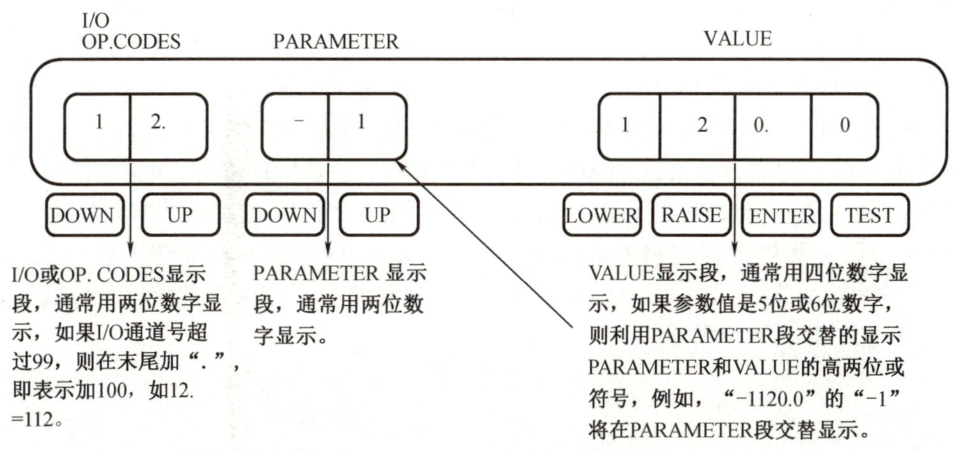

图 4-73　AC-4 的数码显示器格式

系统参数主要是指遥控系统在工作过程中的各种特征参数，如发火转速值、轮机长限制转速值、超速保护限定值、慢转启动参数和主启动空气报警参数等，系统参数的编码与集控室单元面板上的参数编码排序一致。例如，编码 9（MANUAL RPM）为轮机长转速限制参数，包括正车最大转速 P1、倒车最大转速 P2 和恶劣海况的正车最大转速 P3。在驾驶台遥控操纵中，如车钟指令值超过轮机长设定值，则主机转速达到轮机长设定值时不再上升，并给出轮机长转速限制指示（09 号灯点亮）。

如欲显示或修改正车最大转速值 P1，则首先使“Op. CODE”显示器中的显示值为 09，然后使“PARAMETER”显示器显示 P1，此时“VALUE”显示器将显示当前的正车最大转速设定值，若需要修改，则通过“LOWER”和“RAISE”按钮调整到希望的数值，并按“Enter”键。显示值闪烁两次后变为平光，说明设定的新值已被输入，修改完毕。参数修改完毕后应将修改锁置回“LOCK”位置，以防数据丢失。

I/O 通道参数是指与计算机输入/输出通道相关的设置参数或反应通道状态的状态参数,如模拟量零点和量程参数、A/D 转换值以及开关量的状态等。I/O 通道参数的意义在于可以修正模拟量信号的零值和量程、设定上下限报警值、对输入信号及传感器接线情况等进行监视,在遥控系统不正常情况下可以借助显示来对输入信号进行检查,还可以进行遥控系统控制功能的输出模拟。I/O 通道参数的显示和设置与系统参数基本相似,区别在于打开修改锁开关后,需要按一下"COMMIS LOCK"按钮(49 开关灯点亮),使编码显示切换为 I/O 通道号。

I/O 通道的编号与输入/输出通道编号(CH××)相同。其中,有些对应开关量,有些对应模拟量,具体的通道安排可查阅说明书。

开关量的典型例子如控制主机进行启动、停车、正车和倒车换向的电磁阀控制信号,它们的通道号分别为 CH65、CH70、CH66 和 CH68。以正车换向电磁阀(CH66)为例,若要查看它的输出状态,则首先按"I/O COMMIS"按钮一次,使 LED 指示灯 49 平光亮,然后选择通道号 66。此时,"PARAMETER"显示器将显示参数性质为 dO,"VALUE"显示器的显示内容与当前遥控系统所进行的逻辑动作有关。若此时车钟手柄在停车位,则"VALUE"显示器应显示"CLOS",若处在正车换向的过程当中,则应该显示为"OPEN"。如果实际显示内容与逻辑上应当显示的内容不符,则说明该路输出存在故障,如电磁阀故障或线路故障等。按同样的方法,也可以查看启动、停车和倒车电磁阀的状态。

模拟量参数的显示和可设置内容比开关量要复杂。例如,在模拟量输入电路中,传感器输出的模拟量信号可以是 0~10 V DC 或 0~±10 V DC 的电压信号,4~20 mA 或 1~5 mA 的电流信号,还可以是 0~5 kΩ 的电阻信号。这些模拟量信号经模拟量输入接口电路进行模数转换,其转换值称为数字量(Counts)。这里的 Counts 是与 A/D 输出二进制数相对应的十进制数,例如,Counts=4095,表示 12 位 A/D 转换器输出的全 1 二进制数 111111111111 所对应的十进制数。微处理器再将 Counts 标度变换(scaling)为统一标准的工程值(technical value)或称为标度值(scaled value),如压力(bar)、温度(T)等,以便于参数显示与报警等,其信号变换情况如图 4-74 所示。

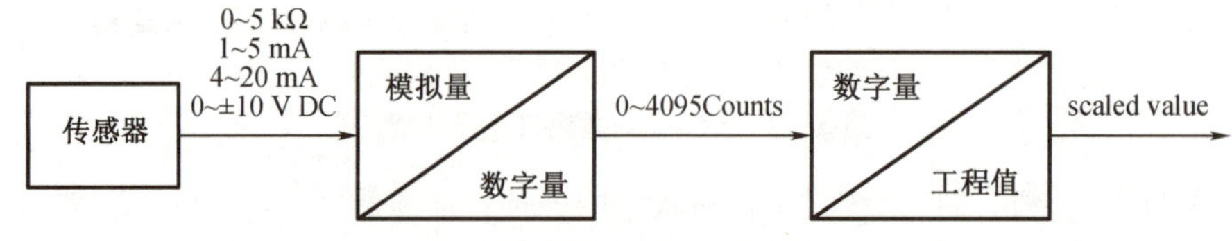

图 4-74　模拟量信号的转换过程

对应某一个通道编号,通过选择"PARAMETER"显示器中不同的参数类型可以得到模拟量电路中各种参数值,例如,若选择参数类型为 AC,则可读出这一通道的数字量(Counts);选择 AI,可读出模拟量输入工程值;选择 AP,可读出模拟量输入的百分数。同理选择 CL、CH、tL 和 tH 可分别读取数字量低限、数字量高限、工程值低限和工程值高限。

五、AC-4 主机遥控系统的装置功能试验

AC-4 主机遥控系统提供了一种在线功能试验的功能,可以在不间断运行的情况下,对系统有关硬件进行全面自检。正常情况下,系统的功能试验程序是不运行的,只有在使用驾

驶台和集控室单元上的“TEST”按钮时，试验程序才能被启动。在进行功能试验时，系统工作在试验模式（test mode）。

1. 功能试验的步骤

（1）在集控室单元上将修改锁置于“OPEN”位置。

（2）在驾驶台单元上按下“COMMIS LOCK”按钮。

（3）在集控室单元上选择“OP. CODE”为01，改变参数从“fals”变为“true”，如图4-75所示。

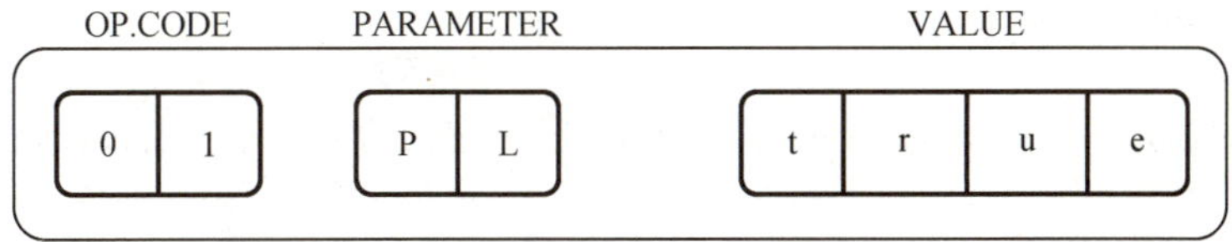

图4-75　AC-4功能试验（一）

（4）按下驾驶台单元上顶部显示器下方的“TEST”按钮。

（5）按下集控室单元上显示器下方的“TEST”按钮，则检验程序被激活，控制面板上将出现：①在显示器上显示系统软件的版本型号；②所有的报警/状态LED指示灯将同时闪烁。

（6）5 s之后，集控室单元面板将进一步出现：①所有的显示窗口将同时显示数字从0到9，每个数字显示两次；②所有的报警/状态LED指示灯将成对交替闪烁。

（7）过程（6）的显示进行两次以后，将发生下述过程：

①所有的报警/状态LED指示灯将同时闪烁，并且数码显示器的每个显示位都显示数字“1”，按下控制面板上“RESET”区域的“ALARM ACKN.”按钮，则重复上述试验一次。

②数码显示器的所有显示位都显示“0”，如图4-76所示。若有某一位或若干位显示为“1”，则表示有故障。故障信息如表4-1所示。

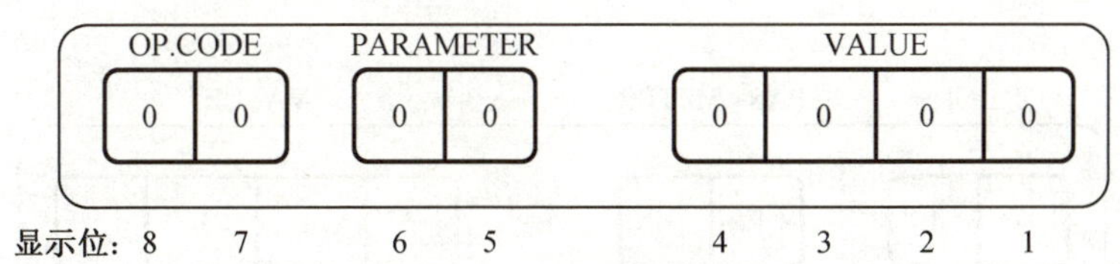

图4-76　AC-4功能试验（二）

表4-1　自检故障信息表

显示位	状态说明	
1	主计算机局部数据修改标志： 0=系统初始数据没有被修改过 1=系统初始数据通过控制面板修改过	该标志可通过主计算机命令或关掉系统电源复位
2	通信状态： 0=ok 1=parity error（奇偶校验错误）	该故障会引起多种报警。可用“ACKN.”按钮复位。检查DIP开关设置

表 4-1(续)

显示位	状态说明	
3	通信状态: 0=ok 1=overrun error(数据溢出错误)	该故障会引起多种报警。有时,这些报警可能会因噪声引起
4	通信状态: 0=ok 1=framing error(硬件装配错误)	该故障可用"ACKN."按钮复位。如果故障立即发生,则检查 DIP 开关设置
5	输入通道组状态: 0=ok 1=channel type combination illegal(不正确的通道类型组合)	可能因通道组合失配,不能正常工作。重新正确组合后,该故障将被自动复位
6	微处理器板硬件状态: 0=ok 1=processor fail(微处理器故障)	更换微处理器板(Intel 8088 微处理器板)。按"ACKN."按钮清除
7	微处理器板上 EEPROM 存储器芯片状态: 0=ok 1=EEPROM malfunction(芯片损坏)	更换 ICU05,重新初始化程序和数据。更换微处理器板
8	内部数据状态: 0=ok 1=indicates faulty processor conditions(微处理器故障状态指示)	更换微处理器板。按"ACKN."按钮清除

(8)再次按下驾驶台单元顶部显示器下方的"TEST"按钮结束试验,返回正常显示。

(9)在集控室单元上选择"OP. CODE"为 01,改变参数从"true"变为"fals",如图 4-77 所示。

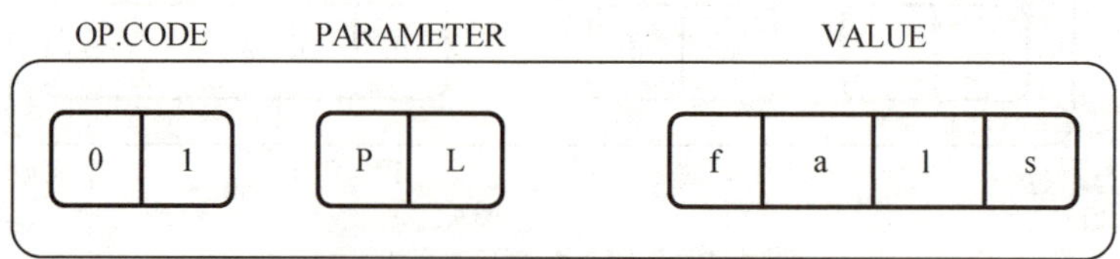

图 4-77　AC-4 功能试验(三)

(10)将集控室单元上的修改锁置于"LOCK"位置。

(11)再次按下驾驶台单元上的"COMMIS LOCK"按钮。

2. 故障诊断与分析

上述试验功能为进行遥控系统的故障诊断提供了便利的条件,当主机遥控系统出现故障时,管理人员可以从以下几方面着手进行故障分析:

(1)观察控制台和控制面板上的状态指示灯、报警指示灯以及 LCD 显示器显示的故障信息等,了解故障的大致内容和范围。

(2)根据故障的报警指示和故障信息提示,采取相应的操作试验以便区分开故障是发生在主机遥控的气动操作系统部分还是在电动遥控部分。譬如,如果不能由驾控遥控启动主机,则应该首先改为集控室或机旁试启动,如果集控室或机旁都不能启动,则首先应检查的范围是气动操作系统;反之,可以确定故障发生在电动遥控部分。

(3)在进行了(2)后,再参照(1)提供的各种指示及信息,有目的地利用遥控系统所提供的其他专用"检验/实验功能"或通过"参数检查与修改"等方法,进一步确定故障的具体部位、具体环节或具体回路。

(4)在确定了故障的具体部位、具体环节或具体回路后,就要"查找—分析—测试—判断"接线图及其环节中的"I/O 设备""导线""接线端子或针孔插件""适配器板、扩展 I/O 接口板或专用 I/O 接口板"等每个小环节的确切状况,如果发现故障,应给予相应的维修或更换备件。

(5)检修后要进行运行试验。若条件允许,则可以启动主机进行实操试验,以便验证故障是否已经消除;如果在条件不允许的情况下,也可以将启动空气和燃油总阀关闭,仅通过遥控系统模拟试验或参数监视等方法即可验证故障是否已经修复,而无须启动主机。

拓展强化

一、选择题(请扫码作答)

任务 4.6

二、简答题

1. 请根据 AC-4 主机遥控系统结构组成图描述其基本组成和主要功能。

2. AC-4 主机遥控系统集控室单元面板 Mimic 图中有 21 个 LED 指示灯,分别指示了主机启动、停机、换向等主机各种控制过程的状态,请叙述出这些指示灯的作用。

3. 请简述 AC-4 主机遥控系统常见故障诊断方法。

任务4.7 现场总线型主机遥控系统

任务分析

自 20 世纪 90 年代以来,现场总线开始应用于船舶机舱的监视报警和主机遥控等系统。它具有分布式、开放性、互联性和高可靠性等特点,既可以与同层网络互联,也可以与不同层网络(上层局域网或下层现场网络)互联,还可以实现网络数据的共享,因此现场总线技术已经广泛用于船舶自动化发展。本项任务以实船总线型 AutoChief C20(简称 AC C20)主机遥控系统为例,介绍了 AC C20 的结构组成、车钟系统、控制面板、系统控制功能及安全保护。

任务实施

现场总线(field bus)是一种应用于工业现场的计算机互联总线,只需少量的几根通信线便可将各种计算机控制的设备(如智能化仪表、控制器和执行机构等)连接起来。目前,船上应用的以 CAN 总线和 Profibus 总线为主,不同的设备厂商所采用的总线类型各不相同。譬如,西门子 PLC 构建的系统一般采用 Profibus,而 KONGSBERG(原 NORCONTROL)等公司的产品则采用 CAN 总线。此外还有一些厂商采用自己研制的现场总线,如德国的 SAM 公司等。本章以 KONGSBERG 公司生产的 AC C20 为例,介绍基于现场总线型主机遥控系统。

AC C20 主机遥控系统是由 KONGSBERG 公司开发生产的 AutoChief 系列产品,是一种集控制、报警和安全保护于一体的综合推进控制系统。AC C20 采用分布式模块化设计,分布式模块采用标准化设计,模块之间通过双冗余 CAN 总线互联。针对不同的船舶和主机类型,可以通过软件进行灵活组态,除了能适用于连接定距桨的可逆转主机外,还可用于各种连接调距桨的不可逆转主机,以及各种通过减速齿轮箱连接螺旋桨的中、高速柴油主机。此外,AC C20 还能适用于 MAN B&W ME 系列和 Sulzer RT-Flex 系列等智能型电喷主机。这里主要介绍与 MAN B&W MC 主机相配套的 AC C20 主机遥控系统。

一、AC C20 主机遥控系统的结构组成

该型主机与 MAN B&W MC 主机相配套的 AC C20 主机遥控系统主要由驾驶台操作单元(bridge manoeuvring unit,BMU)、集控室操作单元(control room manoeuvring unit,CMU)、主机接口单元(main engine interface,MEI)、数字调速器单元(digital governor unit,DGU)和主机安全单元(engine safety unit,ESU)等组成,其结构原理图如图 4-78 所示。图中按上、中、下分别对应驾驶室、集控室和机舱三个位置。

驾驶室主要安装驾驶台操作单元(BMU)和车令打印机。某些具有特殊要求的船舶要求能够在驾驶台的两侧对主机进行操纵,AC C20 系统还可配置侧翼操作单元(bridge wing manoeuvring unit,BWU),在图 4-78 中标示为 PORT WING 和 STB. WING。驾驶台操作单元包含两部分,一部分是 AutoChief 控制面板(AutoChief control panel,ACP),另一部分是单手柄复合车钟(combined leverand telegraph unit,LTU),两者组装在一起形成一个整体;侧翼操作单元包括操作手柄、指示灯按钮面板、启动空气压力表和主机转速表等;车令打印机与驾驶台操作单元相连,对车令进行实时记录。

集控室主要布置有集控室操作单元(CMU)、主机启/停与转速设定手柄(start/stop & speedset lever)和指示面板单元(indication panel unit,IPU)。集控室操作单元的结构组成与驾驶台操作单元完全一致;"主机启/停与转速设定杆"设有主机的启动、停车挡位和正、倒车转速设定区域,用于在集控室操作时对主机进行半自动操纵;指示面板单元包括反映主机运行状态的各种指示灯和辅助风机控制开关等。其中,"主机启/停与转速设定杆"为可选设备,如果不安装,则可通过集控室操作单元上的单手柄复合车钟(LTU)直接操纵主机。

机舱设有机旁控制面板(local control panel,LCP)、按钮式车钟(push button telegraph,PBT)、主机接口模块(main engine interface,MEI)、数字调速系统(digital governor system,DGS)和主机安全单元(engine safety unit,ESU)等。机旁控制面板和按钮式车钟安装在机旁

控制台上，配合机旁安装的启动、停车和换向手控气动阀以及主机油量调节手轮用于完成主机的机旁应急操纵。主机接口模块(MEI)一方面通过网络接收驾驶台操作单元或集控室操作单元发出的操作命令信号，另一方面输出控制信号控制气动操纵系统中的各个接口电磁阀，实现主机的启动、停油和换向等逻辑动作。主机安全单元(ESU)通过传感器检测主机运行状态，当发生危及主机安全的情况时，将发出自动降速或自动停车命令。数字调速系统(DGS)包括数字调速器(digital governor unit，DGU)、转速测量单元、伺服单元和执行机构四大部分，DGU 通过网络接收转速设定命令和主机实际转速，根据控制规律输出油量信号，由伺服单元控制执行机构，改变主机给油量，实现主机的转速控制。

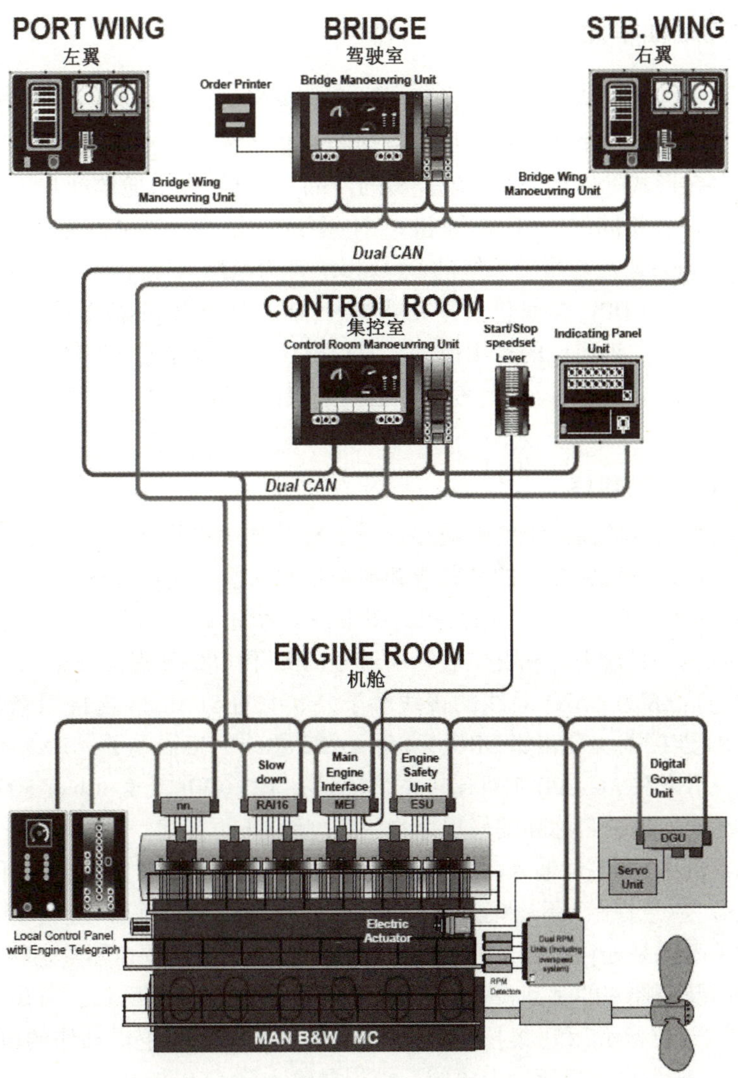

图 4-78　AC C20 主机遥控系统的结构原理图

AC C20 的上述各个组成部分都是由单板计算机控制的相对独立的子系统，各个子系统通过一种被称为控制器局域网(controller area network，CAN)的网络总线互联，形成一个 CAN 总线控制网络，CAN 网络中的每个子系统称为网络的一个节点。不同的节点可根据方便性原则安装在船舶的不同位置，甚至可以直接安装在机器设备（如主机）上，具有分布式安装的特点，因此被称为分布式处理单元（distributed process unit，DPU）。每个 DPU 均有各自的微处理器和输入、输出接口电路，能够对各种模拟量或开关量传感器输入的信号进行检测，并向不同的外围设备进行开关量或模拟量输出。DPU 在机械构造、电气特性和电路原理方面采用标准化设计，但不同的 DPU 加载不同的应用软件，用以适应不同的任务需求。

DPU 均设置有两个 CAN 总线接口，并通过两套 CAN 总线互联。正常工作时，其中一套 CAN 总线工作，另一套备用，当工作网络出现故障时能够自动进行热切换。CAN 总线的这种设计称为双冗余网络设计。AC C20 就是通过 CAN 网络中的各个 DPU 协同工作来实现主机遥控系统的各种功能的。

二、分布式处理单元

采用分布式处理的网络化设计是目前船舶自动化发展的方向之一，这种设计理念已被国内外众多的生产厂商所采用。在这种网络化的控制系统中，分布式处理单元（DPU）是系统硬件的主要存在形式。KONGSBERG 公司的产品也一样，在机舱监视与报警系统和主机遥控系统中均采用了相同的 DPU 模块和 CAN 网络结构，其 AC C20 主机遥控系统和 DC C20（或 K-Chief 500）监视与报警系统的 DPU 模块互为通用。

AC C20 所用到的 DPU 模块包括开关量输入、开关量输出、模拟量输入、模拟量输出等通用模块和专门用于主机遥控的专用模块。专用模块在机械和电气特性上与通用模块完全一致，只是在输入输出通道的设计上考虑了主机遥控的特殊需要。下面简要介绍主机遥控系统专用模块。

1. 主机接口单元（MEI）

MEI 是专门为主机遥控系统的电动部分与主机的气动操纵系统接口而设计的，模块提供了各种与气动操纵系统相接口的开关量和模拟量输入输出通道。图 4-79 给出了 MEI 在某船 AC C20 主机遥控系统中的应用实例。图中，X1 为输入输出接线端子，端子编号采用 3 位数，个位数为端子编号，十位和百位表示通道号（191 和 192 分别代表第 19 通道的第 1 和第 2 个接线端子）；X8 为 CAN1 总线的接线端子，X8 中的 81 和 83 连接网络中的上一个相邻 DPU，82 和 84 连接下一个相邻 DPU；X9 为 CAN2 总线的接线端子，与 X8 类同；X10 接入 24 V DC 电源。不论在 AC C20 主机遥控系统还是在 DC C20（或 K-Chief 500）监视与报警系统中，所有 DPU 的端子名称和编号规律均一致，此后不再赘述。

在本应用实例中，开关量输入（DI）包括各种反映主机当前操作状态的开关量信息，如当前操作是机旁“应急控制”还是“遥控”、是集控室控制还是驾驶台控制、空气分配器和主启动阀是手动关闭还是处在工作位置、高压油泵是否泄压停车、调速器输出杆与油门拉杆是接合还是脱开以及集控室的手动操作命令等 。开关量输出包括反映当前操作部位的继电器触点输出（即“驾控指示”和“集控指示”）和控制各种电磁阀逻辑动作的电压输出（VO）两大类，其中电压输出可直接驱动电磁阀。模拟量输入（AI）包括来自扫气空气和启动空气压力传感器的电流输入和来自集控室手动转速设定手柄的电位器输入。模拟量输出（AO）包括电子 VIT 控制信号和送至机旁转速表的指示信号。各个输入输出通道的详细分配情况参见图 4-80。

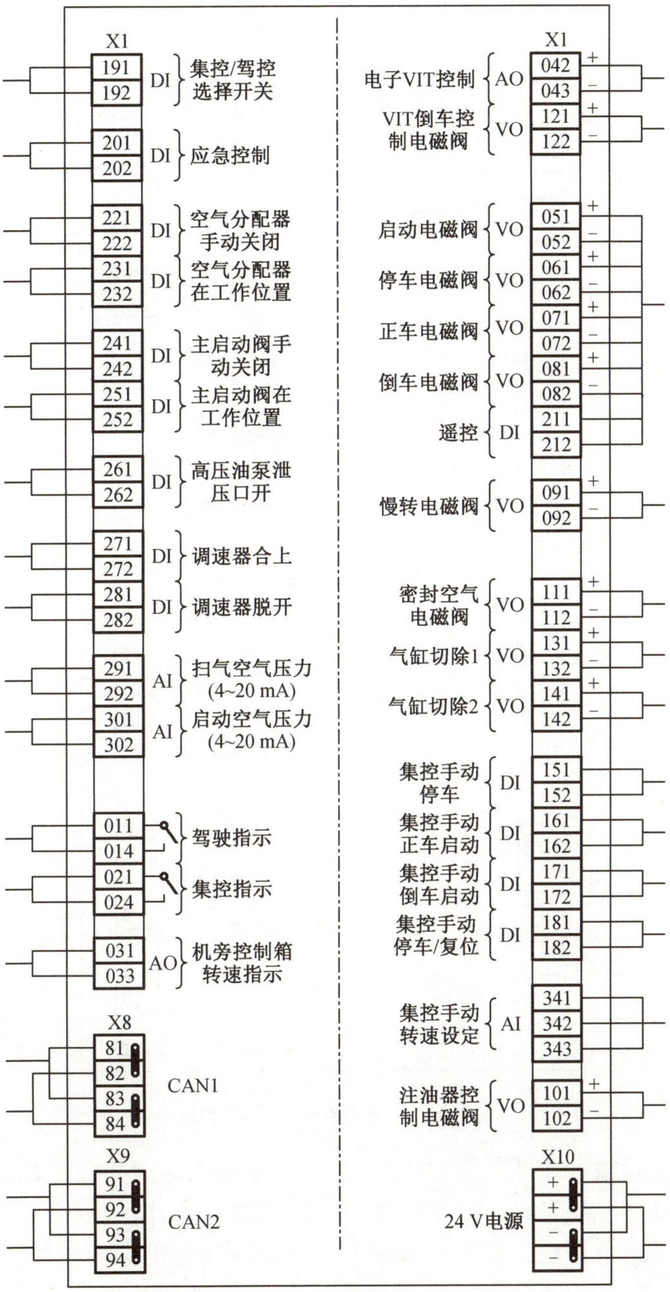

图 4-79 主机接口单元(MEI)

2. 主机安全单元(ESU)

主机的安全保护是指在出现主机超速、滑油低压或曲轴箱油雾浓度高等应急情况下对主机采取自动降速或自动停车的保护性措施。在早期的自动化船上,一般设置独立的主机安全保护系统。随着计算机技术(尤其是网络技术)在船上的普及应用,安全保护系统通常和主机遥控系统相结合,形成一个有机的整体。AC C20 系统采用一个专门 DPU 模块来实现主机的自动停车功能,主机的应急降速功能由电子调速系统实现。该 DPU 模块称为主机安全单元(ESU)。

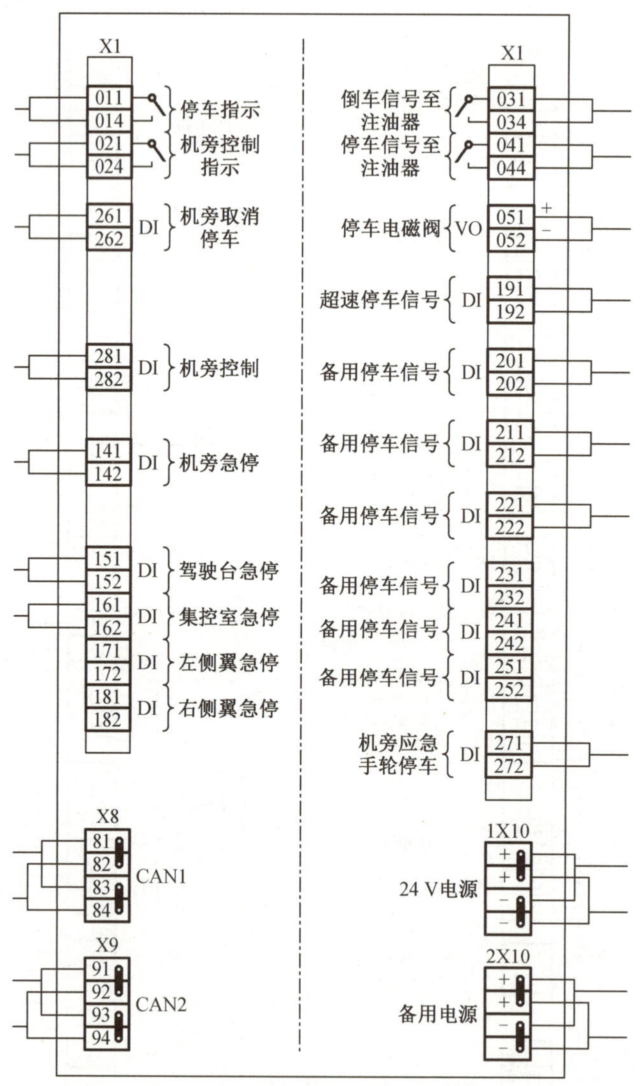

图 4-80　主机安全单元(ESU)

ESU 只有开关量输入和开关量输出通道,开关量输入通道接收主机操作部位开关、手动应急停车和自动应急停车等开关量信号;开关量输出包括向指示灯和 ALPHA 注油器送出主机状态指示的继电器触点输出和控制停车电磁阀动作的电压输出。ESU 的典型应用实例如图 4-80 所示,图中通道 1~4 为继电器触点输出,输出主机状态信号;通道 5 为电压输出,控制停车电磁阀;通道 14~28 接触点式开关量输入信号,如来自转速测量单元的超速停车信号以及来自各个操作部位的应急停车信号等。为确保应急情况下能够可靠地进行应急停车,ESU 的许多输入通道与输出通道在内部电路上直接连通,即使 ESU 故障也不会影响其自动停车功能。

3. 转速检测箱(RPMD)

在 AC C20 系统中,专门采用了 2 个 DPU 模块 RPME1 和 RPME2 对主机转速进行检测和处理,它们安装在一个转速检测箱(RPMD)内。转速检测系统分 2 组共 4 个脉冲式检测探头(NPN 输出或 PNP 输出),1 组接至 RPME1,另一组接至 RPME2,两组测速装置互为冗余。RPME1 和 RPME2 对探头输入的信号进行计算和处理后得到主机转速的测量值，一方面通过 CAN 网络送至数字调速器(DGU)和网络中的其他 DPU(如 ACP)，另一方面还以 RS422/485 通信方式直接送给 DGU。当发生主机超速时，RPMD 将输出一个开关量信号送至 ESU，在 ESU 的输出控制下进行应急停车。图 4-81 给出了 RPME 与转速传感器的连接及其与 DGU 之间的 RS422 连接关系。

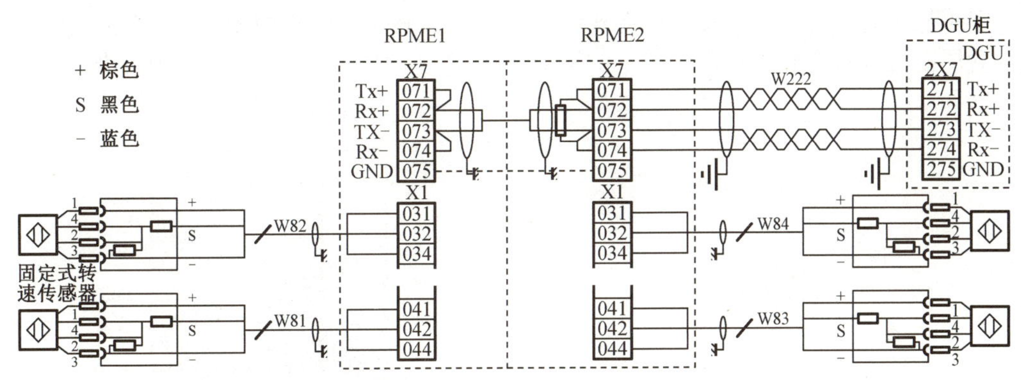

图 4-81　转速传感器的连接

4. 数字调速器(DGU)

DGU 是为实现主机的转速与负荷控制而专门设计的 DPU 模块，它包括 4 个 CAN 网络接口和 2 个 RS422/485 接口。在 DGU 的 4 个 CAN 网络接口中，2 个称为全局 CAN 网络(Global CAN Net)接口(其接线端子标示为 X8G 和 X9G)，与同层网络的其他 DPU 互联；另外 2 个称为局部 CAN 网络(Local CAN Net)接口(其接线端子标示为 X8L 和 X9L)，用于在复杂系统中进行网络扩展。在 2 个 RS422/485 通信接口中，一个连接转速检测模块 RPME，直接获取主机的转速测量值，另一个向油门执行机构的伺服单元传送调速器的油量输出信号(即油门位置信号)。

DGU 在转速控制过程中所需的所有参数命令均通过 CAN 网络获取。若在驾驶台或集控室以单手柄车钟(LTU)操作，则手柄设定值直接通过网络传送；若在集控室通过“主机启/停与转速设定杆”进行手动操作，则手柄发出的电位器输出信号经过 MEI 处理后再由网络送至 DGU。此外，在 ACP 上针对调速器所进行的各种参数设置也通过网络传送。

DGU 具有与主机调速有关的所有功能，例如加速速率限制、负荷程序限制、增压空气压力限制和自动调速等，并且可以独立工作，即使网络通信失效，也能以当前设定转速为设定值继续工作。

三、DPU 的网络连接及其与外部设备的连接

参见项目 3 任务 3.3 关于 K-Chief 500 监视与报警系统的阐述。

四、车钟系统及操作部位切换

AC C20 车钟系统的典型配置是一个由驾驶台车钟、集控室车钟和机舱应急车钟组成的三地车钟系统，如图 4-82 所示。对于有侧翼操作台的系统，则还有侧翼车钟。其中，驾驶

台车钟和集控室车钟与 AutoChief 控制面板(AutoChief control panel,简称 ACP)一起分别组成驾驶台操作单元和集控室操作单元,和 ACP 共用 1 个 DPU,而机舱应急车钟则单独使用一个 DPU。三地车钟通过 DPU 的双冗余 CAN 总线相互通信。

驾驶台车钟和集控室车钟完全相同,均为单手柄复合车钟(LTU),而机舱应急车钟则为按键式车钟(push button telegraph,PBT)。

1. 单手柄复合车钟(LTU)

单手柄复合车钟(LTU)安装在驾驶台操作面板和集控室操作面板上,所谓复合车钟是指装置同时具有传令和主机操作指令的发信功能,图 4-83 所示为 LTU 的面板结构。

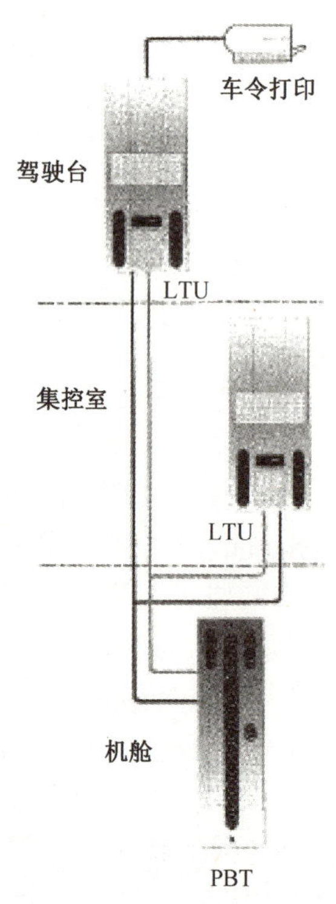

图 4-82　AC C20 车钟系统

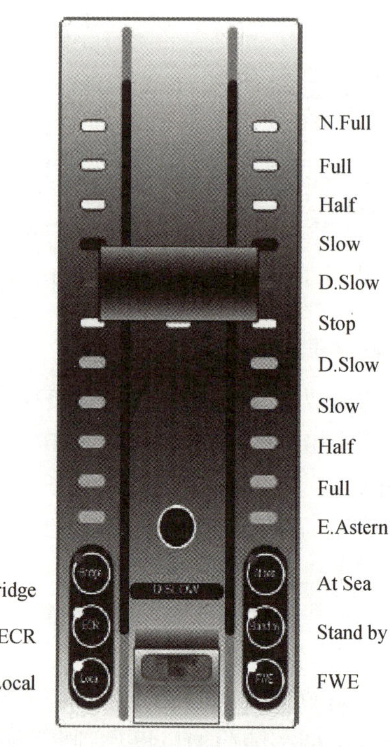

图 4-83　单手柄复合车钟(LTU)

车钟手柄共分 11 挡,包括停车(Stop)位和正、倒车各 5 个挡位。正车的 5 个挡位包括微速(Dead Slow)、慢速(Slow)、半速(Half)、全速(Full)和海上全速(Navigation Full),倒车的 5 个挡位包括微速(Dead Slow)、慢速(Slow)、半速(Half)、全速(Full)和应急倒车(Emergency Astern)。手柄两侧,对应各个挡位,分别布置有发光二极管(LED)指示灯,当手柄打在不同位置时,对应的 LED 点亮,并且手柄下方的文本显示器会显示相应的挡位名称。例如手柄的当前位置为“Slow”,则“Slow”灯点亮,其文本显示内容也为“Slow”。尽管手柄分为不同的挡位,但手柄也可以自由地移动到两个挡位之间的任意一个位置,因此可实现精细的转速设定。

车钟左下方设有 3 个带灯按钮,其上标明“Bridge”(驾驶台)、“ECR”(集控室)和“Local”(机旁)标志,用于进行操作部位的指示和切换。

车钟右下方的 3 个带灯按钮分别为“At Sea”(海上航行)、“Stand by”(备车)和“FWE”(完车)按钮,用作辅助车钟。

车钟的正下方还设有一个保护翻盖,上面的红色标示为“Emergency Stop”(应急停车)。紧急情况下,可打开翻盖,按下应急停车按钮。此时,遥控系统将触发主机安保系统发出应急停车信号,同时也将使转速控制系统的转速设定值为0,实现应急停车。再按一次应急停车按钮,并将车钟手柄回零,可实现应急停车的复位。

2. 按键式车钟(PBT)

按键式车钟位于机舱机旁控制台上,用于在机旁操作时与驾驶台或集控室进行传令联络,其面板结构如图4-84所示。按键式车钟的挡位划分与单手柄车钟完全一致,区别在于它是通过带灯按钮来进行传令操作和车令指示的。

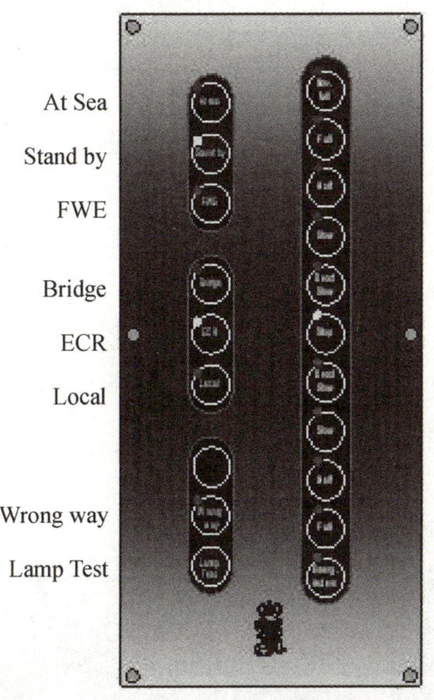

图4-84 按键式车钟

按键式车钟没有主机操作指令的发信功能,因此它只是一个纯粹的传令车钟。当在机旁进行操作时,轮机员要通过机旁的主机应急操作装置对主机进行手动操作。

按键式车钟的左侧还设有一个试灯按钮和错向报警指示。

3. 操作部位及其切换

AC C20主机遥控系统典型的操作部位包括驾驶台、集控室和机旁3个位置,主机的当前操作部位由车钟上相应的按钮灯指示。

“Bridge”按钮上的LED点亮表示为驾驶台操纵,此时主机将根据驾驶台操作手柄发出的指令由遥控系统进行自动遥控。当进行驾驶台操作时,车钟的传令功能将失效,但集控室和机旁车钟上的挡位指示灯还将指示驾驶台手柄的位置。

“ECR”按钮上的LED点亮表示为集控室操纵,此时集控室和驾驶台之间的通信联络通过车钟系统进行。当驾驶台车令发生变化时,目标挡位的指示灯点亮,同时蜂鸣器响。轮机员应首先回令(即把集控室车钟手柄移动到目标挡位,蜂鸣器停响),然后通过”主机启/停与转速设定杆”(Start/Stop & Speedset Lever)操纵主机,使主机达到车令要求的状态。

“Local”按钮上的LED点亮表示为机旁操纵,此时机旁与驾驶台之间可通过车钟系统建立通信联系。当驾驶台车令发生变化时,轮机员首先通过机旁车钟的按键回令,然后通过机旁应急操纵装置对主机进行相应操纵。机旁应急操纵装置因主机类型而异，一般为主机气动操纵系统自带的手动控制阀和主机油量调节手柄或手轮。

操作部位切换可通过带灯按钮的操作来实现。例如，从集控室转到驾驶台操作时，首先按下集控室车钟上的"Bridge"按钮，这将使集控室和驾驶台车钟上"Bridge"按钮的 LED 闪光且使蜂鸣器响，然后在驾驶台按下"Bridge"按钮，两地"Bridge"按钮的 LED 变为平光，且蜂鸣器停响，"ECR"按钮的 LED 熄灭，操作部位切换完毕。其他切换与上述过程类似，但需要注意到以下两点：

（1）对于有侧翼操作台的系统，当需要进行侧翼操作时，还需进行驾驶台与侧翼操作台之间的操作转换。具体方法这里不予展开。

（2）在机旁与集控室之间进行转换时，还需根据气动操纵系统的具体情况进行其他某些操作，例如进行气动阀件的转换操作和油门拉杆的离合切换等。

五、AC C20 控制面板

1. AutoChief 控制面板

AutoChief 控制面板（AutoChief control panel，ACP）是 AC C20 主机遥控系统的重要组成部分，它和单手柄复合车钟（LTU）一起构成驾驶台/集控室操作单元，如图 4-85 所示。ACP 由独立的一个 DPU 控制，内装嵌入式操作系统，通过 LCD 显示窗口、按键和多功能旋转按钮为用户提供了丰富的人机交互功能，操作简单便捷。

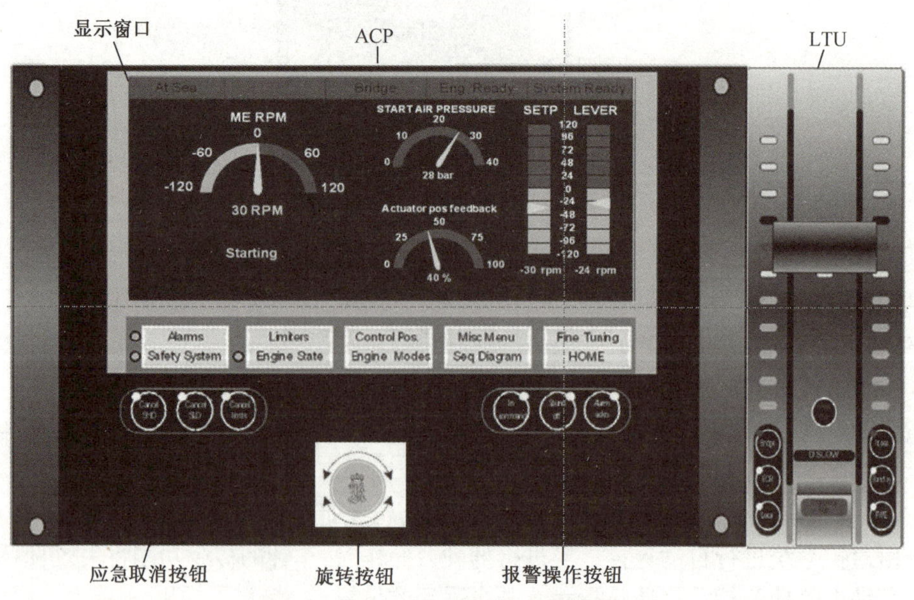

图 4-85　AC C20 驾驶台/集控室操作单元

（1）显示窗口

显示窗口有丰富的显示功能，通过菜单式软按钮能够调出各种 Mimic 显示画面。图 4-86 所示为两个常用的显示页面，窗口顶部文本显示副车令、操作部位和主机状态等，底部显示为菜单按钮，中间部位为主要显示区域，可以是文本信息、流程图或显示参数的模拟仪表和条形图等。譬如图 4-86(a)显示主机转速、启动空气压力、燃油齿条刻度、手柄设定转速

(SETP)和经过各种转速限制环节之后实际送到调速器的设定转速(ACT);图4-86(b)显示出主机当前状态(STATE)、启动失败/启动阻塞(START FAIL/BLOCK)原因和主机备车未完(ENGINE NOT READY)原因等。

AC C20的软件显示功能不仅省去了传统的硬件显示面板,而且也使显示内容更加丰富多彩。

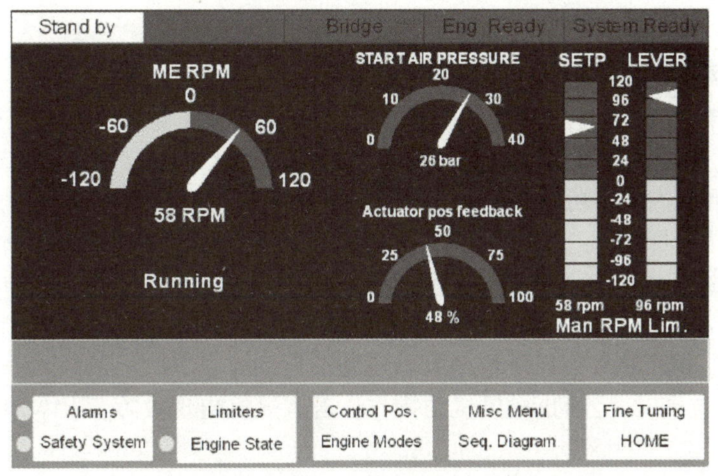

(a) 主机转速、启动空气压力、燃油齿条刻度等信息图

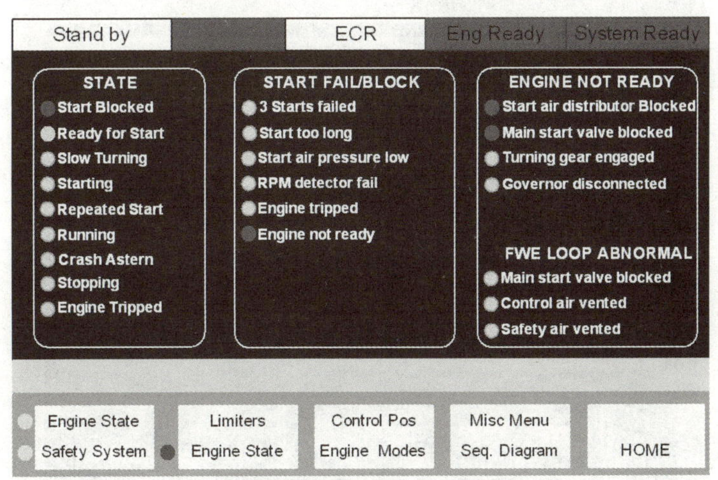

(b) 主机当前状态、启动失败/启动阻塞等信息图

图4-86　ACP显示窗口

(2)多功能旋转按钮

多功能旋转按钮相当于计算机鼠标,可用于点击显示窗口中菜单键和Mimic图中的操作对象、移动Mimic图中的虚拟手柄以及进行参数修改。通过左右旋转可对操作目标进行轮回选择(被选目标变为高亮),按下旋转按钮即可激活相应的功能。因此旋转按钮是驾驶台和集控室操作面板的重要操作工具。

(3)应急取消按钮

应急取消按钮是为紧急情况下取消遥控系统的各种限制和自动降速及自动停车功能而

设置的。“Cancel SHD”键按下时将取消被设定为可取消的自动停车项目，而按下“Cancel SLD”则可取消被设定为可取消的自动降速项目，“Cancel limits”用于取消转速和负荷限制。

(4)报警操作按钮

报警操作按钮包括“Sound off”(消音)按钮和“Alarm ackn.”(报警确认)按钮。当有报警事件时，显示窗口将出现报警信息的文本显示，可通过这两个按钮进行消音和确认，恢复正常后报警文本消失。与报警确认和消音按钮并排设置的还有一个“Incommand”绿色指示灯，灯亮表示该 ACP 具有对主机的操作权。

2. 指示面板单元

指示面板单元(IPU)位于集控室控制台，面板的结构和布局如图 4-87 所示。它由一个独立的 DPU 进行控制，其主要功能是对主机及遥控系统状态进行直接显示，另外还兼有辅助风机的控制和状态指示功能。面板上半部分指示主机及遥控系统的状态，具体内容参见面板上的各个指示灯名称；下半部分用于辅助风机的运行控制和状态显示。辅助风机的数量最多可以有 3 台，分别通过带灯按钮“START/RUN”和“STOP”进行控制和指示。运行选择开关打在“MAN”位置时可通过“START/RUN”和“STOP”按钮进行手动启停控制；打在“AUTO”位置时，风机将根据风压情况自动启动或自动停止，增加或减少运行风机的数量；而打在“STOP”位置时，将禁止对风机的操作。若有风机出现故障，则“WARNING”报警灯发出报警信号。

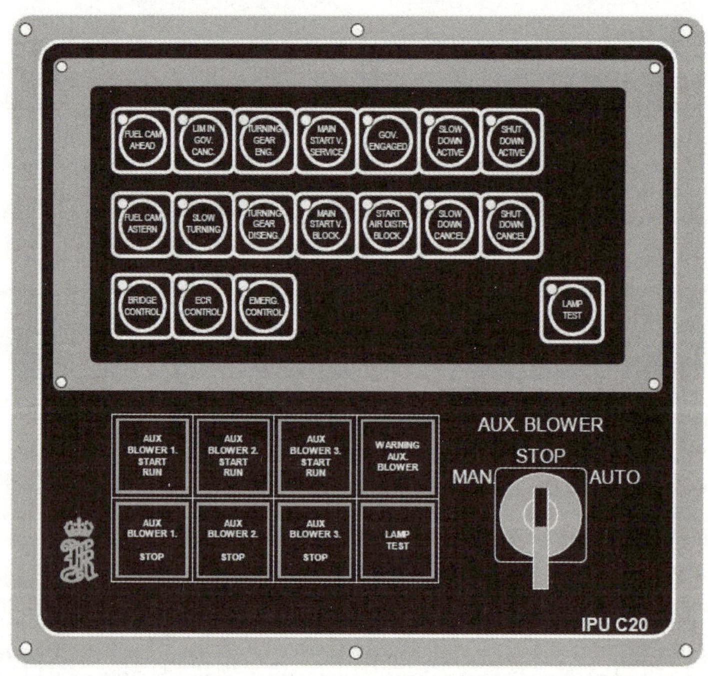

图 4-87　指示面板单元(IPU)

3. 机旁显示面板

当操作部位切换至机旁操作时，通过按键式车钟与驾驶台联络，根据驾驶台车令在机旁操作主机。此时，借助机旁显示面板能够了解主机当前运行状态、安全状态及操作部位等综合信息。显示内容包括主机转速、主机运转方向指示、主机当前操作部位指示、辅助风机运行指示、应急操作指示、自动停车指示和盘车机未脱开指示等,此外还包括一个自动停车取消按钮和试灯按钮。

六、AC C20 的控制功能

(一)逻辑控制

1. 启动封锁功能

启动封锁是指在某些特定的情况下,不允许主机进行启动的一项安全措施。在 AC C20 遥控系统中,只要出现下列任意一种情况,都将激活遥控系统的启动封锁功能。

(1)主机故障停车。当主机安保系统检测到某种严重故障而导致故障停车时,将封锁主机的启动操作。故障停车的具体原因可在通过 ACP 上的 Mimic 画面查询。

(2)启动空气压力低。为保证主机的成功启动,必须保证有足够的启动空气压力,启动空气压力的最低值可在 ACP 面板上进行设置。当空气压力低于设定压力时,将触发启动封锁。

(3)转速检测故障。转速是主机启动过程和运行的关键性参数,当转速检测系统发生故障时,主机不允许启动。

(4)调速器脱开。当进行机旁操作时,油门拉杆是人工通过气动操纵系统进行手动操纵的,油门拉杆离合器应从调速器执行机构断开,合向手动拉杆。此时,主机的启动操作也是在机旁进行的,因此不允许遥控系统发出启动命令。

(5)主启动阀封锁。出于安全的考虑,当主机停止工作时,主启动阀必须手动置于封锁位置。因此,在进行主机启动之前,必须将主启动阀置于工作位置。

(6)空气分配器封锁。和主启动阀一样,在主机停止工作时,还要封锁空气分配器。在主机启动之前,必须将空气分配器的封锁解除。

(7)盘车机未脱开。如果盘车机齿轮未从主机飞轮脱开,主机的启动是严格禁止的。

2. 主机的启动功能

在主机处于备车完毕状态下,只要将驾驶台操作手柄从停车位置扳向正车(或倒车)任意位置,主机都将自动地进行正车(或倒车)启动。

(1)正常启动

当驾驶台手柄发出启动命令时,遥控系统将通过 MEI 触发启动电磁阀动作,使启动空气按空气分配器规定的顺序进入主机气缸,推动主机启动,同时,系统将向调速器送出一个预设的"启动转速设定值"。当主机转速达到油气切换转速时,关闭启动空气,调速器送出一个预设的油量作为启动油量(该启动油量将在主机转速超过"启动转速设定值"时自动取消,切换为按调节规律输出的计算油量)。若启动成功,则主机在"启动转速设定值"下运行某一预设时间(一般为 6 s,可调)后自动切换为手柄设定转速。

(2)慢转启动

当满足慢转逻辑条件时,主机的第一次启动将自动包含一次慢转过程。若在规定时间内完成曲轴的一圈慢转,则自动进入正常启动程序;否则将在驾驶台和集控室发出慢转失败报警。慢转启动功能可在 ACP 上操作"取消限制"按钮加以取消。此外,是否有慢转功能还和主机的机型有关。

(3)重复启动

若启动空气切断后,主机未能在提供燃油的情况下持续运行(即启动失败),则系统将进行自动重复启动。第二次和第三次启动的“启动转速设定值”要比第一次启动高(重启动设定转速)。若第二次启动失败,则将进行第三次启动;若第三次启动失败,则将发出启动失败报警。

(4)重启动

在重复启动和应急倒车的情况下,遥控系统将自动提高“启动转速设定值”,调速器因此向伺服控制单元输出一个较大的油门拉杆位置设定值,使伺服控制单元给出一个较大的启动油量,提高主机启动的成功率。

(5)启动失败报警

慢转失败、一次启动时间过长和三次启动失败等3种情况均被视为启动失败,并在驾驶台和集控室的ACP上发出启动失败报警。将操作手柄扳回到停车位置可对启动失败报警进行复位。

3. 换向功能

AC C20的换向功能分以下3种情况:

(1)停车换向

当主机处在停车状态下,驾驶台将车令手柄从停车位置扳到正车或倒车位置,且车令与主机的转向控制装置位置(包括空气分配器凸轮轴位置和各个高压油泵的滚轮位置)不一致时,遥控系统将首先执行换向操作,当换向完成后再进入启动程序。

(2)运行中换向

当主机在运行状态下,驾驶台将车令手柄从正车(或倒车)扳到倒车(或正车)位置时,遥控系统将首先停油减速,并进行换向操作和反方向启动。若当前转速高于制动转速,则当转速下降到制动转速时进行换向,并进行强制制动,以加快主机反转的过程。

(3)应急倒车

应急倒车是运行中换向的一个特例,即驾驶台手柄从全速正车直接扳到应急倒车位置时的一种紧急操作。一般情况只在船舶避碰的情况下才使用,因此也称为避碰倒车(crash astern)。在应急倒车情况下,遥控系统将有如下动作:

①驾驶台和集控室ACP上显示“Crash Astern”;

②发出主机停车命令;

③主机转速下降到制动转速;

④对主机进行换向,换向结束后打开启动空气进行强制制动;

⑤重启动和取消限制命令送至调速器,进行重启动,并取消各种限制;

⑥倒车转速达到油气切换转速时切断启动空气,调速器供油。

4. 停车功能

当车令手柄扳至停车位置时,遥控系统将通过MEI控制停车电磁阀动作,各个高压油泵泄压阀动作,使主机停车,同时,停油信号还将送至调速器,使调速器输出油量为零。另外,在驾驶台、集控室和机旁控制台的车钟面板上还没有应急停车按钮,在应急情况下按下应急停车按钮,将通过主机安全单元(ESU)进行应急停车。

5. 其他辅助功能

AC C20遥控系统还提供了以下辅助功能:

(1)辅助风机控制

系统可以控制1~3个辅助风机,在主机低负荷条件和启动之前,可在集控室指示面板上通过手动或自动的方式启动或停止风机的运行。在自动模式下,风机的启停由扫气箱压力传感器控制。当扫气压力达到65 kPa时风机自动停止。

(2)燃油凸轮监控

燃油凸轮监控功能可确保在换向过程中所有的燃油凸轮都能动作到位,以便主机能按照要求的转向正确启动。

(3)电子VIT控制(可选功能)

作为一个可选功能,AC C20遥控系统可提供电子VIT控制功能,以取代MAN B&W主机的机械式VIT机构。

(4)气缸最佳润滑(可选功能)

当监测到主机负荷在相对长的时间内有明显增加时,调速器将控制气缸注油系统的一个电磁阀动作,使得注油量在原来的基础上额外增加,更好地适应主机负荷的变化。这是针对MAN B&W主机的可选功能。

(5)可变气缸切换

该功能是针对主机的低负荷和低转速情况设计的,也称气缸切除(cylinder cut out, CCO)。当主机的负荷和转速都比较低时,可将主机的工作气缸分为两组,并且只让其中一组工作,即只有一半的气缸在同时工作。其目的是保证主机在低转速和低负荷情况下的运转能够更加平稳。考虑到各缸热负荷的均匀以及避免气缸润滑油的浪费,两组气缸一般按照时间顺序进行轮流工作。但是,为保证主机的安全启动,从主机启动直至稳定运行期间,气缸切除功能将被屏蔽。另外,如果“取消限制”功能被激活,或者手柄设定转速和实际转速偏差超出预定的范围,也必须保证所有气缸同时工作。

(二)转速控制

主机转速控制是遥控系统的重要组成部分,AC C20的主机转速控制系统由测速单元、数字调速器、伺服控制单元(servo unit)和电动执行机构(伺服马达)组成,如图4-88(a)所示。

为确保测速可靠,测速单元采用了两套CAN节点式测速模块(RPME),即通过两个DPU对来自测速探头的脉冲信号进行处理,转换为主机实际转速值,并以数字信号输出。转速测量值通过两种方式送给数字调速器(DCU),一种是通过RS422/485通信接口直接连接,另一种是通过CAN总线连接,两种连接互为备用。

DCU一方面通过CAN网络和RS422接口接收转速测量信号,另一方面通过CAN网络接收操作手柄发出的手柄设定转速,其控制输出通过RS422/485通信送给伺服控制单元,由伺服控制单元进行位置反馈控制和功率放大后驱动伺服马达,对油门拉杆进行精确定位。

主机转速控制系统的逻辑结构如图4-88(b)所示。手柄设定转速经各种转速限制环节后作为转速设定值与来自测速单元的转速实际值相比较,得到转速偏差,经PID作用规律获得控制输出。PID控制的输出再经燃油限制(负荷限制)和输出补偿(如非线性补偿)得到数字调速器的最终油量输出,送给伺服控制单元。调速器的输出可以理解为燃油给定值(即油门拉杆的要求位置),而伺服控制单元实质上是一个局部的反馈控制器。伺服控制单元将油门拉杆设定值与来自伺服马达的绝对编码器所反映的油门拉杆实际位置比较后,根据偏差和控制规律驱动伺服马达带动油门拉杆动作,直到油门拉杆位置与调速器希望的位置相符为止。

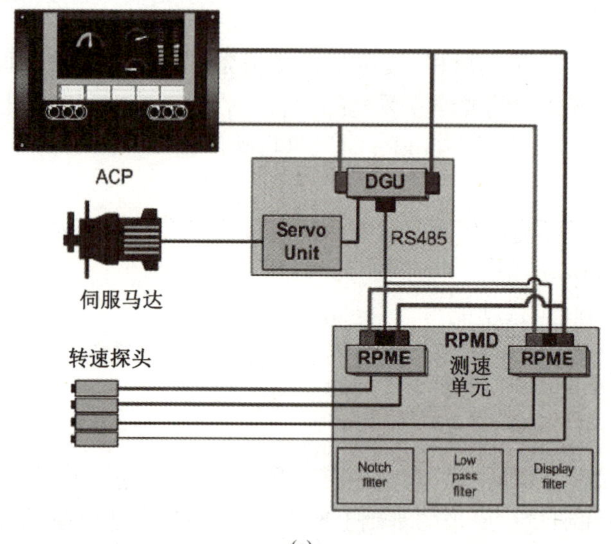

(a)

(b)

图 4-88　主机转速控制系统结构原理图

为保证主机在控制系统失电情况下仍能继续运转，调速系统的伺服控制单元设置了对伺服马达的刹车功能。一旦控制系统失电，伺服马达将被锁定在当前位置，使主机以当前的输出油量继续工作。恢复供电后，调速系统自动转入正常工作。

（三）转速与负荷限制

主机的转速与负荷限制是转速控制系统的附加功能。AC C20 主机遥控系统采用了 DPU 式数字调速器（参见图 4-88），调速器根据转速设定值和实际测量转速的偏差进行 PID 调节，实现对主机的加减速和转速定值控制。但作为转速控制对象，船舶柴油主机具有一定的特殊性，为了防止主机超负荷，AC C20 在数字调速器的软件中设有各种转速限制和负荷限制功能。

1. 转速限制

转速限制包括加速速率限制、负荷程序、最低转速限制、轮机长最大转速限制和临界转速回避等。转速限制的概念和功能已在本项目任务 4.4 中阐述,在 AC C20 系统中,以上各种限制都是通过计算机软件实现的。

(1)最大转速手动限制

通过 ACP 的菜单操作可以对主机允许的最大转速限制参数进行修改,当手柄转速设定值超过预设转速时,实际送至 PID 算法程序的转速设定值将受到限制,如图 4-89 所示。由于这一限制通常由轮机长根据主机的工作状况进行决策,因此也称为轮机长最大转速限制。

(2)负荷程序

当驾驶台手柄推到"Nav. Full"(海上全速)位置时,从"Full"(全速)至"Nav. Full"(海上全速)加速段将实行程序慢加速;同样,当手柄从"Nav. Full"(海上全速)扳至"Full"(全速)或"Full"(全速)以下时,从"Nav. Full"(海上全速)至"Full"(全速)减速段也可实行程序慢减速。程序慢加速和程序慢减速统称为负荷程序,系统进入负荷程序时,ACP 将提示"Loadup program active"或"Loaddown program active"。加速和减速速率可通过 ACP 上的菜单操作进行编辑,但一般而言,慢加速时间为 30 min,而慢减速时间为 15 min。程序负荷限制曲线如图 4-90 所示。

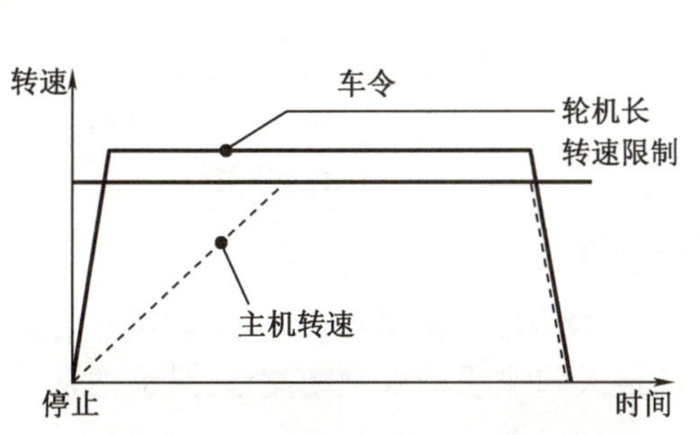

图 4-89　轮机长最大转速限制曲线

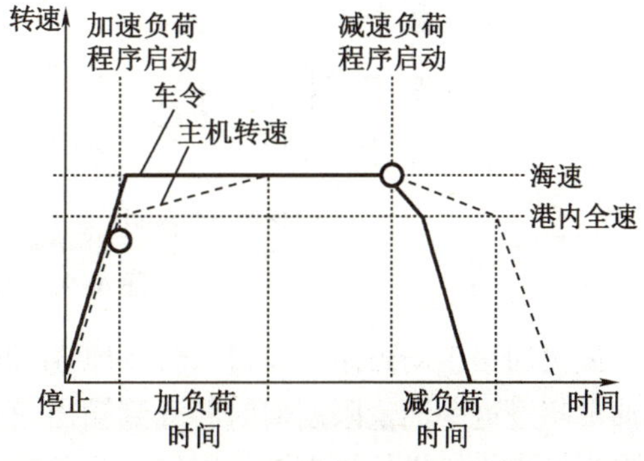

图 4-90　程序负荷限制曲线

(3)加、减速速率限制

当主机在"Full"(全速)转速以下区间进行加速或减速时,系统将进行加、减速速率限制。其加、减速速率大小通过 ACP 设定。

(4)最低转速限制

最低转速限制的转速值对应主机的最低稳定转速,当转速设定值低于这一限制时,遥控系统将以此最低转速送至调速器的 PID 算法程序,确保主机能够稳定运行。

(5)自动减速限制

当主机出现异常情况需要减速运行时,遥控系统将根据引发降速的原因,在 ACP 上显示"可取消降速"或"不可取消降速"报警。在预警时间内,对于"可取消降速",可通过"Cancel SLD"按钮取消。预警时间过后,安全单元将发出自动减速命令,主机将自动减速至预先设定的某一转速运行,即进行自动减速限制。

(6)临界转速限制

AC C20系统最多可设置两个临界转速区，均采用上、下限回避策略，即加速过程采用避上限，减速过程采用避下限。若主机在临界转速区运行的时间过长，则在ACP上产生“临界转速”报警。

2. 负荷限制

在数字调速器中，经PID控制算法得到的油量信号还要经过油量限制环节才能作为油量输出值送给伺服控制单元。这种限制是为了确保主机不超负荷而设置的，即负荷限制。在AC C20系统中，负荷限制包括增压空气压力限制、转矩限制和最大油量手动限制，均通过软件实现。

增压空气限制程序根据扫气箱压力传感器测得的扫气压力，对允许的供油量进行分段限制，如图4-91(a)所示。转矩限制是根据主机的实际转速来进行限制的，即根据测量转速值的大小对允许输出的供油量进行分段限制，如图4-91(b)所示。最终送至伺服控制单元的油量值为PID计算值和各种限制值当中的最小值。图4-91所示的曲线可根据实际需要通过ACP进行修改。

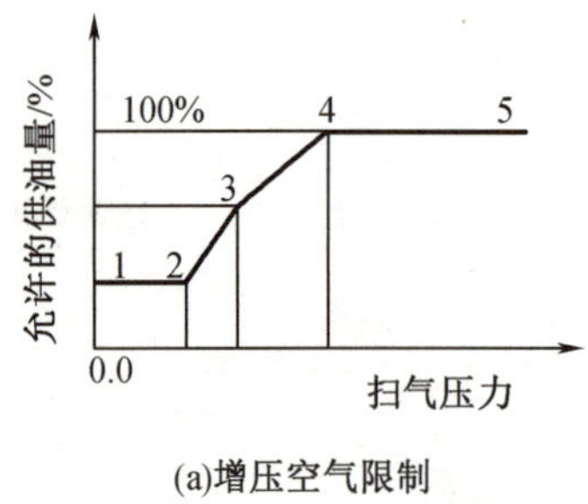

(a)增压空气限制

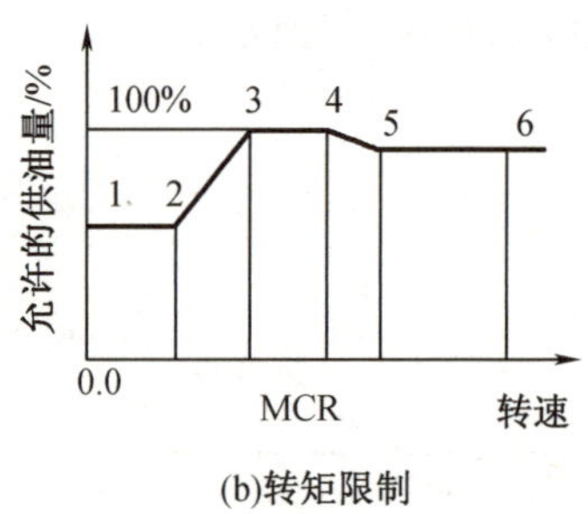

(b)转矩限制

图4-91 负荷限制曲线

最大油量手动限制是通过ACP对调速器设定一个最大输出油量值，当数字调速器的计算油量超过这一油量限制值时将受到输出限制。和最大转速手动限制相类似，最大油量手动限制也称为轮机长最大油量限制。

3. 限制的取消

当按下ACP上的“取消限制”按钮时，最大转速和最大油量的手动限制可被取消，同时增压空气压力限制和转矩限制的限制值将自动提高10%(可调)。

(四)特殊工作模式

为满足某些特殊情况的需要，AC C20的转速控制系统还提供了几种特殊的工作模式。

1. 轴带发电机模式

当轴带发电机带有恒速装置时，为避免因主机正常减速或自动降速导致全船失电，遥控系统提供了一种可选工作模式，即轴带发电机模式。主配电板上有一路反映轴带发电机并车状态的开关量信号(“轴带运行”信号)送至主机遥控系统，当轴带发电机与电网连接时，要求主机转速必须高于某一规定转速(通常为75%MCR，可调)。一旦驾驶台手柄设定转速低于这一转速，或者发生自动降速时，系统将进行以下动作：

(1)立即减速到轴带发电机要求的最低转速。

(2)驾驶台和集控室的 ACP 上显示“RPM holding”警示。

(3)向主配电板发送“柴油发电机组启动和轴带发电机解列”指令。

(4)主机继续维持轴带最低转速直至轴带发电机解列,但最长不超过 60 s(可调)。

(5)“轴带运行”信号消失后,转速降至要求的转速,即设定转速或自动降速限制转速。

以上过程同样适用于主机停车操作或应急倒车操作的情形。轴带发电模式转速控制过程如图 4-92 所示。

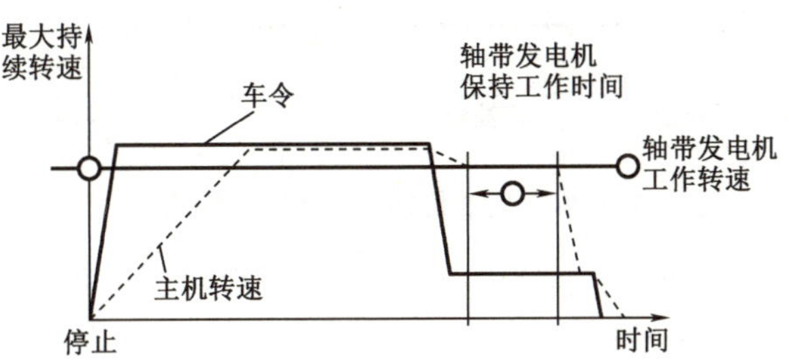

图 4-92　轴带发电模式转速控制过程图

2. 恶劣海况模式

恶劣海况模式是在风浪天航行时采用的一种可选工作模式,其目的是避免主机因超速而导致停车。在海况恶劣的航行条件下,通过 ACP 菜单操作可进入恶劣海况模式。当转速超过设定的上限转速值时,遥控系统切断燃油供应,迫使主机降速,转速下降到停车复位转速后恢复供油,然后维持该转速持续运行。此后,若想让主机再按手柄设定转速运行,则须将手柄拉回至复位转速,再推向希望的设定转速。恶劣海况模式的转速控制过程如图 4-93 所示。

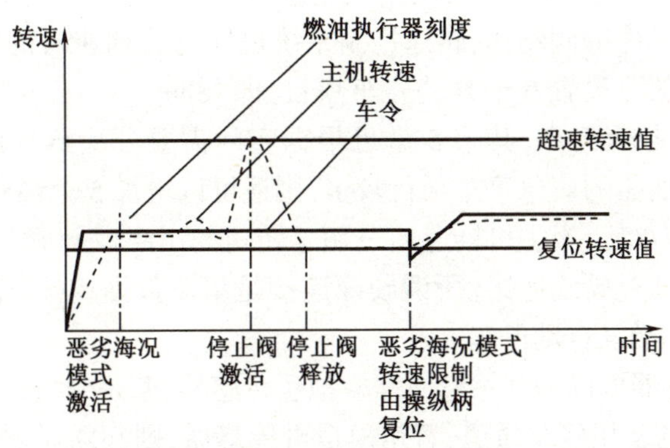

图 4-93　恶劣海况转速控制过程图

3. 定油量模式

这是 KONCSBERG 电子调速器所特有的一种控制模式。当测量转速在某一预设时间范围内保持恒定时,调速系统将在指令控制下进入定油量控制模式。此时,调速器将通过伺服控制单元锁定燃油齿条,保持恒定的主机供油量,此时转速将随外界负荷的波动而波动,但转速偏差不允许超出规定的范围。转速偏差一旦超限,系统将自动退出定油量模式,转入正常的转速控制模式。定油量模式的控制过程如图 4-94 所示。

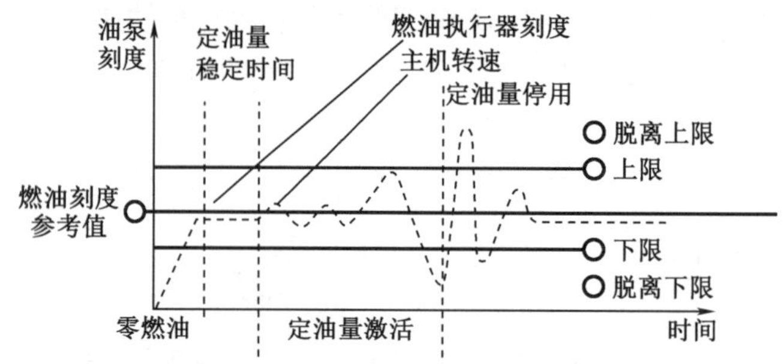

图 4-94　定油量模式的控制过程图

这种模式并不适用于低转速区间和高转速区间,因为前者有可能导致主机低于最低稳定转速,而后者则有可能使主机超负荷。通过 ACP 操作可限定此种工作模式的允许转速范围。

七、AC C20 的安全保护功能

安全保护系统的主要功能是在出现某些特殊情况时对主机进行应急停车或自动降速,确保主机的安全。

(一)应急停车

应急停车包括自动停车和手动应急停车两种情况,AC C20 的应急停车功能主要通过主机安全单元 ESU 实现。

1. 自动停车

自动停车是当测速单元(RPME)发出主机超速信号或其他专门的应急停车传感器发生作用时,ESU 将指挥停车电磁阀动作,转速控制系统也同时将调速器的输出减少至零位,使主机停车。AC C20 一般可设置 6 个自动停车项目,即“Shut down1”~“Shut down6”。其中“Shut down1”固定用作超速停车,其余 5 个可根据实际需要分配给其他应急停车传感器。在某些特殊的场合,若所需的应急停车项目较多,则还可以增加 5 个额外的定制项目。

超速信号来自测速单元,当主机转速超过额定转速的 109%(可调)时,RPME 将发出一个继电器触点信号,并通过硬线连接(所谓硬线连接是指非数据连接)送至 ESU 的第 19 输入通道(参见图 4-80),触发自动停车。

其他应急停车传感器可以是开关量或是模拟量传感器,若是开关量传感器,则可通过硬线连接直接接到 ESU 的备用停车通道,若是模拟量传感器,则必须通过 CAN 网络将应急停车指令送达 ESU。

(1)自动停车的取消

对所有的自动停车项目均可通过 ACP 屏幕操作将其设置为“不可取消(Noncancellable)”或“可取消(Cancellable)”两种类型,一般情况下超速停车应设为“不可取消”。对于不可取消的项目,只要传感器起作用就将立即触发主机自动停车;而对于可取消的项目,则可分别设置一定的延时时间,并且在延时范围内可以取消。取消方法有两种,一是在集控室 ACP 上通过屏幕操作对当前出现的自动停车项目进行选择性取消(这种方法与当前操作部位无关),二是在当前操作部位按下“Cancel SHD”按钮进行一次性全部取消。

(2)自动停车的复位

一旦发生自动停车时,必须在自动停车故障消失后,在当前操作部位将操作手柄回零进行复位操作,然后才能再次启动主机。

2. 手动应急停车

当值班人员发现紧急情况时,还可通过按下应急停车按钮来实现手动应急停车。驾驶台车钟、集控室车钟和机旁应急车钟均设有应急停车按钮,对于有侧翼操作台的船舶,则在侧翼操作台也设有应急停车按钮。按下任意一个部位的应急停车按钮,均可发出应急停车命令,且与当前操作部位无关。再按一次应急停车按钮可取消应急停车信号。

(二)自动降速

AC C20 的自动降速是由自动降速传感器和转速控制系统在网络通信的配合下完成的,最多可设置 20 个自动降速项目,对应 20 个降速传感器。降速传感器可以是开关量或是模拟量传感器,只要其中某个开关量传感器动作或模拟量传感器的测量值越限都将使调速器的转速设定值自动降低到某个预设值(一般为“慢速”挡设定值),迫使主机自动降速。此时,主机转速不会超过这一预设转速,但在最低稳定转速和该预设转速之间,手柄调速仍然有效。

和自动停车项目类似,自动降速项目也可被设置为“不可取消(Non cancellable)”或“可取消(Cancellable)”。对于不可取消的项目,只要相应的自动降速条件具备,遥控系统将指挥调速器进行立即降速;对于可取消的项目,则可分别设置一定的延时时间,并可在延时范围内取消。取消方法也有两种,一是在集控室 ACP 上通过屏幕操作对当前出现的自动降速项目进行选择性取消,二是在当前操作部位按下“Cancel SLD”按钮进行一次性全部取消。

当引发自动降速的故障现象消失时,自动降速将自动复位。只有复位以后,手柄的转速设定功能才能在正常的转速区间有效。不论是发生自动降速还是应急停车,AC C20 都将发出报警信号,并在 ACP 显示屏上显示相应的文本信息。此时,可通过 ACP 上的“Sound off”和“Alarm ackn.”按钮进行消音和报警确认。

拓展强化

一、选择题(请扫码作答)

任务 4.7

二、简答题

1. 请叙述现场总线型 AC C20 主机遥控系统的组成、功能及原理。
2. 简述 AutoChief 控制面板(ACP)各部分组成及作用。

任务4.8 电控柴油机控制系统

任务分析

随着对船舶可靠性、经济性和废气排放控制的倍加关注,20 世纪 90 年代各大船舶主机制造商相继在实验室开展了电控柴油机的研究。目前,我国船舶上应用较多的有 Wartsila 公司 Sulzer RT-flex 电控柴油机系统和 MAN B&W 公司的 ME 系列电控柴油机系统。为适任广泛应用的电控柴油机操作与维护,本任务围绕上述两类电控柴油机系统介绍了电控柴油机的系统组成、工作原理和基本维护,以运用于实践。

任务实施

一、船舶智能柴油机基本概念

随着智能控制在工业各领域的广泛应用,最先引入智能控制于船舶应用的是船舶航向自动操舵仪和航迹保持器。20 世纪 80 年代末,智能控制引入船舶主机控制是从智能调速器开始的,它把船舶主机现时的排烟中的含氧量、温度、增压器的压力、转速等信号都引入控制系统,根据现时主机的给定转速与实际转速的偏差大小,再综合现时的排烟温度、增压器的压力、含氧量等来决定燃油量,使其充分燃烧,达到经济性要求。但是,传统柴油机的燃油喷射系统绝大多数采用的是柱塞泵式或泵-喷油器式或蓄压式喷射系统,这些传统的燃油喷射系统借助于高压油泵将燃油喷射到柴油机各燃烧室。高压油泵由柴油机的凸轮轴驱动。由于采用了这种供油方式,燃油的喷油正时和喷射质量都将随着柴油机运转工况的变化而改变,做不到各种运转条件下的最佳喷射,而且喷射系统容易出现异常喷射和低速、低负荷运转时柴油机工作性能恶化等诸多缺点。所以,当时智能型调速器不能完全达到减排高效目的,只能在传统柴油机自身结构上寻求突破来提高船舶主机可靠性、经济性和降低排放。

为了更好地实现对柴油机的运转控制,人们将电子计算机控制技术应用于柴油机,形成了一种新型的电子控制式柴油机,大多数人称之为电控柴油机。它取消了传统柴油机以凸轮轴及相关的机械控制零部件来控制柴油机启动、换向、燃油喷射和气阀的启闭,将燃油喷射、气阀启闭以及柴油机的启动、换向、停车和气缸润滑等功能全部由计算机控制技术实现。它可以根据柴油机不同的工况,对相关的参数进行及时设定和调整,使柴油机始终保持在最佳状况下工作。此外,还可以对柴油机的运行工况及零部件的状况进行实时监测,并与船舶推进控制系统、报警系统等连接,对柴油机进行全方位的监控。

1993 年,MAN B&W 公司研制出试验机,在实验室中运转;1998 年首台智能型柴油机安装在挪威的 BowCecil 船上;2000 年 11 月使用智能系统船舶主机进行试航,并通过挪威船级社(DNV)等船级社认可,2002 年初 MAN B&W 公司正式推出了电子控制的 ME 系列柴油机。

在 1998 年,瑞士 Wartsila 公司首先推出了共轨式全电子控制的智能型柴油机 Sulzer RT-flex(电控等压喷射)燃油喷射系统,该系统在传统的 Sulzer RTA 型柴油机上取消了废气排气阀驱动装置(exhaust valve driver)、燃油泵(fuel pump)、凸轮轴(cam shaft)、可逆(倒车)伺服马达(reversing servomotor)、燃油连接(fuel linkage)、启动空气分配器(start air distribution)和凸轮轴驱动(cam shaft drive)等机构,如图 4-95(a)所示,而是采用共轨(common rail)装置,用来建立燃油压力;采用液压控制排气阀启、闭操作;采用容积喷射控制单元(volumetric injection control unit)控制燃油的流量和喷射时间;采用燃油供给单元(fuel supply unit)取代原有的燃油泵来提供高压燃油,由液压伺服油泵提供动力液压油;实现了无凸轮轴柴油机的燃油喷射,排气阀启、闭,启动空气和缸套润滑的全电子控制,堪称柴油机的第三次革命。其结构示意图,如图 4-95(b)所示。

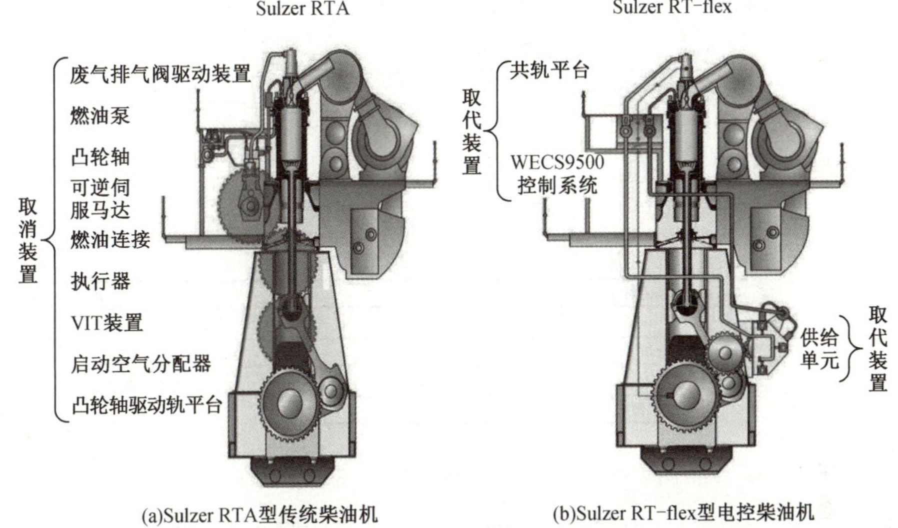

图 4-95 两种类型柴油机结构示意图

开发电控型柴油机的公司很多,主要有:美国卡特彼勒(HEUI 系统),德国(博世)RebertBoseh 公司,意大利(菲亚特)Fiat 集团(Unijet 系统),日本电装公司(ECD-UZ 系统),英国 Loucas 公司(diesel system)以及大型低速柴油机供应商 Wartsila 公司(RT-flex 系统)和 MAN B&W 公司(ME 系统)低速柴油机。我国船上所采用的比较典型的是 Wartsila 公司的 RT-flex 系统和 MAN B&W 公司的 ME 系统,本节以这两个系统做介绍。作为管理维护人员来讲,应知道其信息的流程关系,以及各现场传感器、执行器的作用,一旦这些单元发生故障,能够排除这些故障。

动画 4.81 柴油机从 RTA 至 RT-flex 结构变化

二、Wartsila 公司的 RT-flex 系统

(一)电控型柴油机的共轨技术

通过机电一体化设计对柴油机的结构进行改进,诞生了柴油机共轨技术。如图 4-96 为瑞士 Wartsila 公司研制的 Sulzer RT-flex 型船用低速柴油机电子控制共轨技术系统。从图中可以看见,该系统取消了凸轮轴装置对其喷油和排气控制,取而代之的是 WECS9500 控制系统。它给各缸的气缸控制单元(CCU)发送燃油喷射控制信号,气缸的控制单元,根据

这个指令和本缸活塞位置等来控制燃油喷射量、喷射时间、喷射方式(一次性喷射、脉冲性喷射)以及喷射油头的个数。排气阀的控制是由 WECS9500 控制系统发出指令给各气缸控制单元(CCU),气缸控制单元就根据指令给本缸的排气控制电磁阀通电,控制高压伺服油,去驱动排气阀使之排气;而柴油机的启动也是由 WECS9500 控制系统根据曲柄角度传感器送来的曲柄的位置信号来判别各缸的活塞位置,从而发出哪个缸应打开启动阀进气,进行启动。这里的启动阀也是采用电动控制电磁阀。

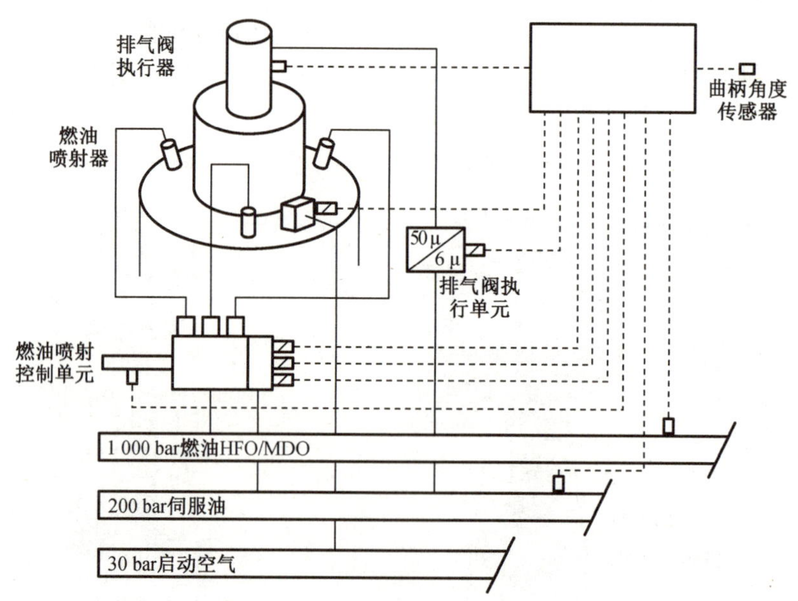

图 4-96　Sulzer RT-flex 型共轨系统示意图

从图上看,各缸的燃油压力都是一样的,各缸的液压伺服油压力也是一样的,由此而得名共轨技术,只不过各大柴油机制造商所采用的压力不同而已。如瑞士 Wartsila 公司的 Sulzer RT-flex 机型是采用 100 MPa 高压燃油压力,而 MAN B&W 的 ME 系列是采用 0.7~0.8 MPa 低压燃油压力,它需进行二次增压后才能喷射。

(二)电控型柴油机控制系统的组成和主要功能

1. 电控型柴油机控制系统组成

要实现柴油机高效率和降低废气排放量,采用传统的机械结构是无法达到的,只有通过机电一体化设计才能实现。运用电的控制手段,才能做到灵活多变,适应不同柴油机的工况要求。船舶柴油机的电控系统主要由以下各部分组成:

(1)运行模式选择程序部分。它主要由低排放控制模式、燃油经济性模式、主机运行保护模式、应急停/倒车的最优化等模式组成。电控系统可根据船舶航行的实际情况,由驾驶台或自身控制系统选择对应所需的运行模式。

(2)主机控制系统。它主要由气缸喷射油量的控制、燃油泵的控制、气缸的压力测量与分析、最大功率 P_{max} 的控制、排气阀的控制、压缩压力的控制、增压系统的控制等单元组成,它控制了柴油机各系统运行。

(3)主机工况监测、分析与管理。主机工况监测、分析与管理应能自动采集主机的各种运行参数,并通过计算机控制,使主机始终运行在最佳状态,它主要由活塞环或气缸套的工况监测、气缸压力监测、扭力和振动的监测以及柴油机智能管理等单元组成。

综上所述,电控型柴油机控制系统的组成可用拓扑图表示,如图 4-97 所示。

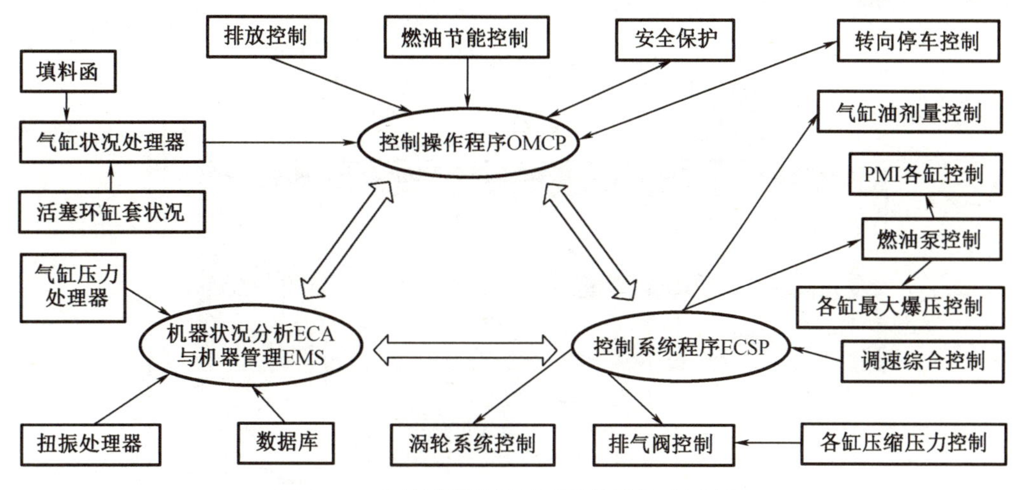

图 4-97　电控型柴油机控制系统的组成示意图

2. 电控型柴油机的主要功能

要实现电控型柴油机的各种功能,要靠现代自动化、计算机、通信等技术手段来支持。首先将检测回来的柴油机各种运行状态信号送到计算机进行处理(按照最佳的工作模式,使柴油机燃油效率最高,排放最低),处理结果对柴油机的燃油喷射系统、电子调速系统、增压系统、排气阀系统等进行控制,这就要求检测信号的传感器反应快、可靠性高,计算机运行速度快,各系统的执行机构动作灵敏和可靠。其次是对柴油机的管理维护、故障诊断等进行深层次管理,使柴油机在寿命期限内达到最大效率。它主要完成柴油机各工况监测,记录历史数据,对其进行分析,检测出磨损量,预测出检修、更换备件的时间表,同时,还能对备件进行管理,对少件或缺件自动形成申购表。通过检测回来的柴油机运行参数,对存在的故障能进行故障诊断,能实现对柴油机的全方位管理。最后,由于检测参数多,执行机构也多,用单台计算机处理控制无法满足适时性,要采用分散式控制方案,就得用多台处理器。这样,它们之间的联系是通过现场总线方式,进行交换和传递相关信息,正如每个气缸的控制单元(CCU)与主控制处理器(MCU)是通过网络总线来联系的。

电控型柴油机的控制系统结构示意图如图 4-98 所示,图 4-99 是电控型柴油机的控制系统方框图。由图 4-98 可见,集控室可用多台电脑与现场总线(双总线制互为备用)连接,柴油机由两个主机控制单元(EU)控制,它们之间也是互为备用,一个单元在运行工作,另一个处于热备用,通过集控室上的转换开关来切换,由集控室或驾驶台车钟发信器下达车令,通过数据处理送到总线上,主机控制单元(EU)接收到该车令后根据传感器(S)检测回来的柴油机现时状态信息进行处理,然后,按处理结果形成指令,通过总线送到各缸的控制器(CU),对本缸的燃油喷射控制、排气阀控制、启动阀控制、特定气缸的气缸注油器控制等。

(三)WECS-9500 控制系统

Wartsila 公司的 RT-flex 电控型柴油机控制系统的核心单元是 WECS-9500,其结构原理框图如图 4-100 所示。由图可见,它主要由主控制单元(COM-EU)和各气缸的电子控制单元(CYL-EU)等组成。主控制单元接收外界的信号,如主机遥控系统、调速器、安保系统、人机界面、控制油系统、燃油系统、液压伺服系统等信号，然后进行程序处理，把处理的结果送到各气缸控制器(CCU)，由其再去控制燃油系统的执行器、液压伺服系统的执行器等进行相应调节，使柴油机完成相应功能，达到最佳运行状态。

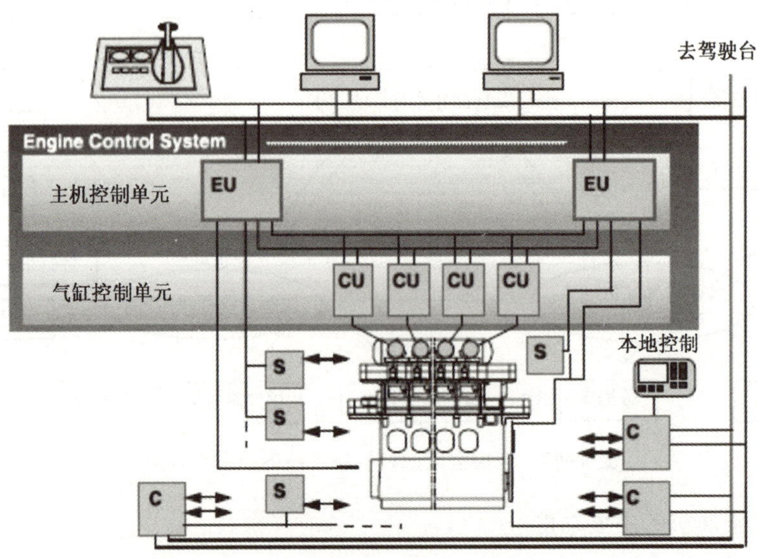

图 4-98　电控型柴油机的控制系统结构示意图

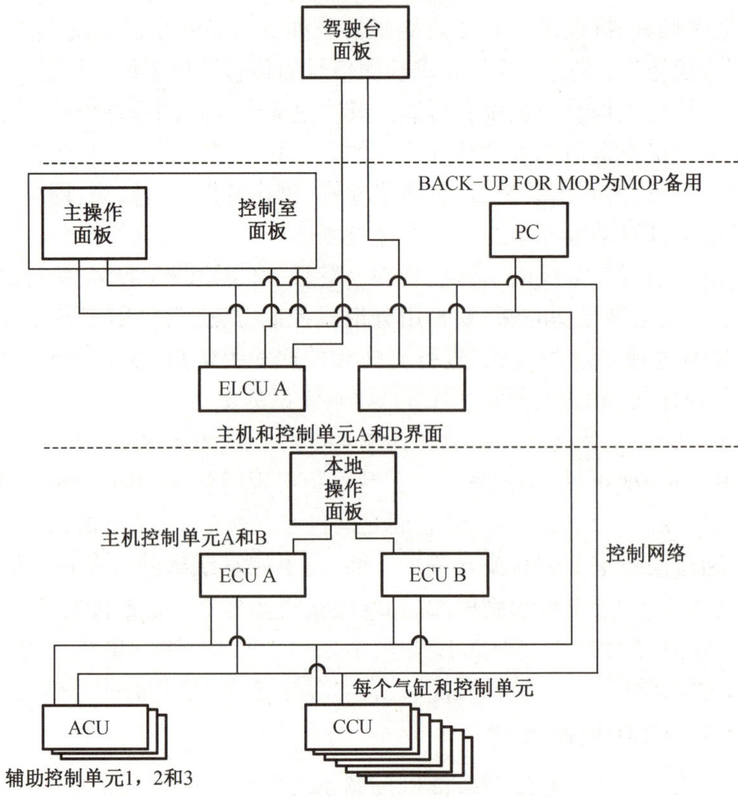

图 4-99　电控型柴油机的控制系统方框图

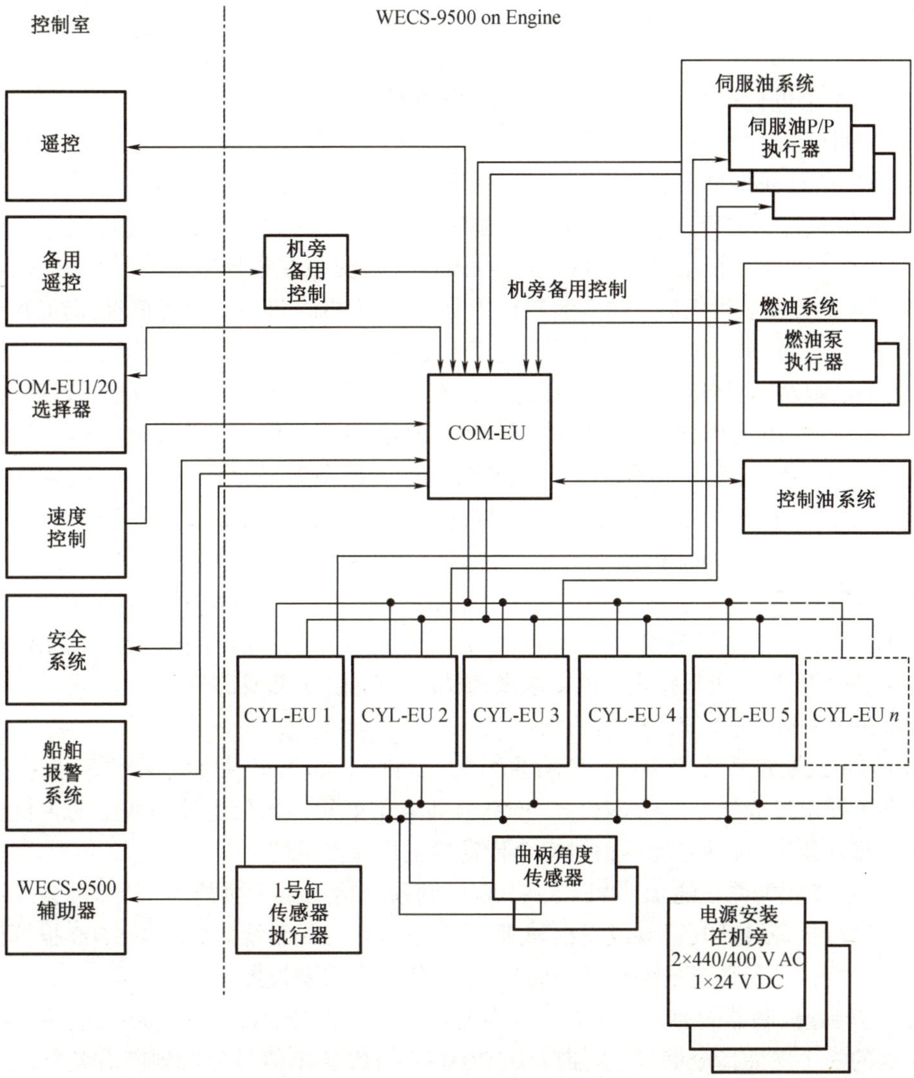

控制室
WECS-9500 on Engine
遥控
备用遥控
机旁备用控制
COM-EU1/20选择器
速度控制
安全系统
船舶报警系统
WECS-9500辅助器
伺服油系统
伺服油P/P执行器
机旁备用控制
燃油系统
燃油泵执行器
COM-EU
控制油系统
CYL-EU 1
CYL-EU 2
CYL-EU 3
CYL-EU 4
CYL-EU 5
CYL-EU *n*
1号缸传感器执行器
曲柄角度传感器
电源安装在机旁
2×440/400 V AC
1×24 V DC

图 4-100　WECS-9500 控制系统结构原理框图

WECS-9500 控制系统不仅取代了传统柴油机上凸轮轴相关的机械零部件的功能，而且能对燃油喷射、排气阀动作以及柴油机的启动、换向、停车和气缸润滑等功能的全电子化灵活控制。通过对相关参数的设定和修改，可调节主机的运行状态和性能参数，实现柴油机最佳性能。此外，还可对主机的运行情况进行实时监测，并与船上的其他控制系统、报警系统连接，将主机的运行情况直接送到各系统，各系统可直接采用该信号进行综合处理。可见，它主要的作用是对共轨的燃油压力、伺服油压力进行控制以及主机、气缸相关的功能管理，其中包括检测主机的状态、调整主机的参数以及控制气缸的喷油时间、喷油量、排气时间，使主机处于最佳工作状态，另外，还负责对外界系统的通信。WECS-9500 控制系统各功能单元的作用：

(1)公共电子单元(COM-EU)。它包括两个主控制模块 MCM，它们互为备用，一个 MCM 工作，另一个处于热备用状态，由外部的选择开关发信号给选择模块 ASM，ASM 模块根据选择开关的信号确定哪个模块处于工作，哪个处于热备用。MCM 的主要作用是对共轨中的油压控制、主启动阀的控制以及与其他系统通信，并对主机内部信号进行检测和传输。

(2)气缸电子控制单元(CYL-EU)。每个气缸都装配一个气缸电子控制单元,它安装在共轨平台的下部,对气缸的启动空气阀的启、闭进行控制,并对燃油喷射及排气阀的启、闭在时间和数量上进行控制,即 VIT、VEO、VEC 等功能控制。

(3)曲柄角度传感器(crank angle sensor)。它用于准确测量曲柄位置,该信号送到气缸电子控制单元,从而推算出气缸的活塞位置,便于对气缸的喷油和排气的时间进行控制。

(4)各缸执行器的传感器。它用于检测各电磁阀、液压伺服油缸的工作状态。

(5)WECS 的辅助控制单元(WECS assistant)。它安装在集控室,由一台计算机和一台 MAPEX-CR 的控制装置组成。这套装置作用是:显示主机的状态及报警信息,例如每个气缸的燃油、废气、延时时间,每个气缸活塞速度等状态信息显示,以及各传感器测量值、参数设定值和动态曲线显示。对各运行参数越限进行报警显示,对主机的一些参数进行设定。参数设定可分为两组,一组为操作人员,无须密码进入设定,例如,最大油耗限制,磨合模式,修改 VIT、FQS 等的参数,改变喷油的起始角度,排气阀的关闭角度等;另一组为专家,须凭密码进入,只有柴油机厂家服务人员或经过厂家授权的人员才能改定,例如:发火顺序这种关键参数。作为智能化的主机,RT-flex 机型还配备一些附加功能,如:一些特殊的参数检测、数据分析、管理维修、备件管理等,其中包括 MAPEX-TP(气缸磨损检测)、MAPEX-PR(活塞运行可靠性检测)、MAPEX-CR(燃烧可靠检测)、MAPEX-TV/AV(扭矩振动/轴向振动检测)、MAPEX-SM(备件和维修)等,用户可根据自己的要求来选择这些功能(全部或部分)。

WECS-9500 控制系统的通信功能:

(1)与主机遥控系统的通信。所有主机的运行命令如正车、换向、倒车等,依据操作人员所操车钟要求形成指令送给 WECS-9500 公共电子单元,同时,主控模块上的主机负荷和检测到的排气压力、排烟温度等信号也会传送给主机遥控系统。

(2)与船舶报警系统通信。WECS-9500 控制系统检测到主机故障信号时,会发给船舶报警系统进行报警、打印、记录或发出减速、停车信号给安保系统。WECS-9500 报警信号可分为次要报警信号和重要报警信号,如封缸报警信号为重要报警信号。

(3)与转速控制器的通信。主机调速器是独立的一部分,WECS-9500 控制系统接到主机调速器的一个燃油指令信号,主控模块(COM-EU)将这个信号分配到所有各气缸的控制模块(CEU),这就是柴油机此时的燃油给定值。如果调速器发生故障,仍可手动调节燃油命令信号,此时,主机处于备用模式运行,在该模式下,对于可调螺距的主机而言,为了防止主机超速,应把螺旋桨设为定螺距运行。

(4)与选择器的通信。与识别器进行信号交换,确定哪一个主控模块处于运行状态,哪一个处于热备用状态。

(5)与安全保护系统的通信。WECS-9500 控制系统对液压系统的泄漏进行监测、对各传感器的工作状态进行监控、对曲柄角度传感器进行监控,并把这些监控到的信号都发到安全保护系统。泄漏检测是采用在整个液压系统的外皮包装中安装多个检测开关,当系统中某个部位或子系统发生不正常的泄漏,都能被检测出来。对各传感器的工作状态监控是判断传感器送出的信号是否越过上、下限值,若超出测量范围,说明传感器工作不正常,此信号不可信,同时也显示一个测量误差信号。由于曲柄角度是极其重要的参数,对其检测采用冗余设计,把两个曲柄角度编码器安装在自由端,通过联轴器由曲轴驱动。这两个曲柄角度编码器提供绝对转角信号,两个信号都传送到各气缸电子控制单元,对这两个曲柄角度编码器的信号进行比较,出现偏差超限,说明编码器不正常或故障。若不出现偏差超限,再与飞轮端的转速传感器读数进行比较,必要时还需通过 WECS 辅助控制器进行补偿和校正。

下面主要介绍一下 WECS-9500 系统中的公共电子单元(COM-EU)和气缸电子控制单元(CYL-CU)。

1. WECS-9500 系统中的公共电子单元(COM-EU)

WECS-9500 系统中的公共电子单元的方框图,如图 4-101 所示,其中有一个模式识别模块 ASM10,是由集控室中的选择器来选中某一个主控板(MCM700)为运行板,另一个为备用板。该信号通过 ASM10 识别选中其中一个模块作为运行板,例如以 MCM7001 号为运行板,2 号就为热备用板 。这时运行主控板 MCM700 就与驾驶台或集控室的外界系统通信,根据各传感器采集回来的主机现时运行状态信息和外界指令要求,形成命令,传输给每个缸的气缸控制器,进行相应控制操作,同时,识别模块 ASM10 发出指令给燃油泵执行驱动器,使燃油泵工作,识别模块也发出指令使控制油泵工作。选中的主控板根据车钟指令也直接对启动空气阀进行控制。

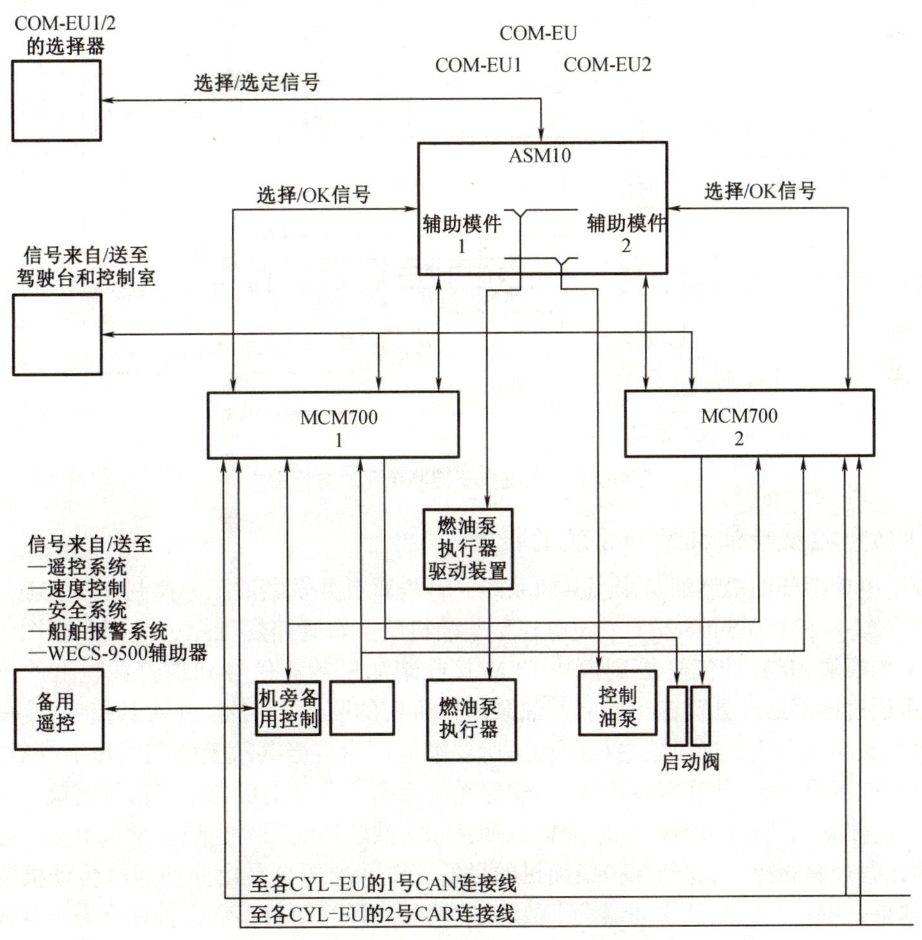

图 4-101　公共电子单元的方框图

2. 气缸电子控制单元(CYL-EU)

图 4-102 是 WECS-9500 控制系统中的气缸电子控制单元的方框图,它由气缸的控制

中心模块(CCM)和阀件控制信号放大驱动模块(VDM)组成。当气缸控制模块CCM从CAN总线上与主控制模块MCM进行通信,从冗余设计的曲柄角度编码器获取曲柄的位置,推算出气缸活塞的位置,对气缸运行状态进行控制,同时也采集燃油喷射信号及排气阀的位置信号以及三个喷射阀状态的适时信号,然后通过设定的程序进行计算处理,对各燃油喷射阀、废气排放阀、启动进气阀和液压伺服油泵的执行器进行控制。

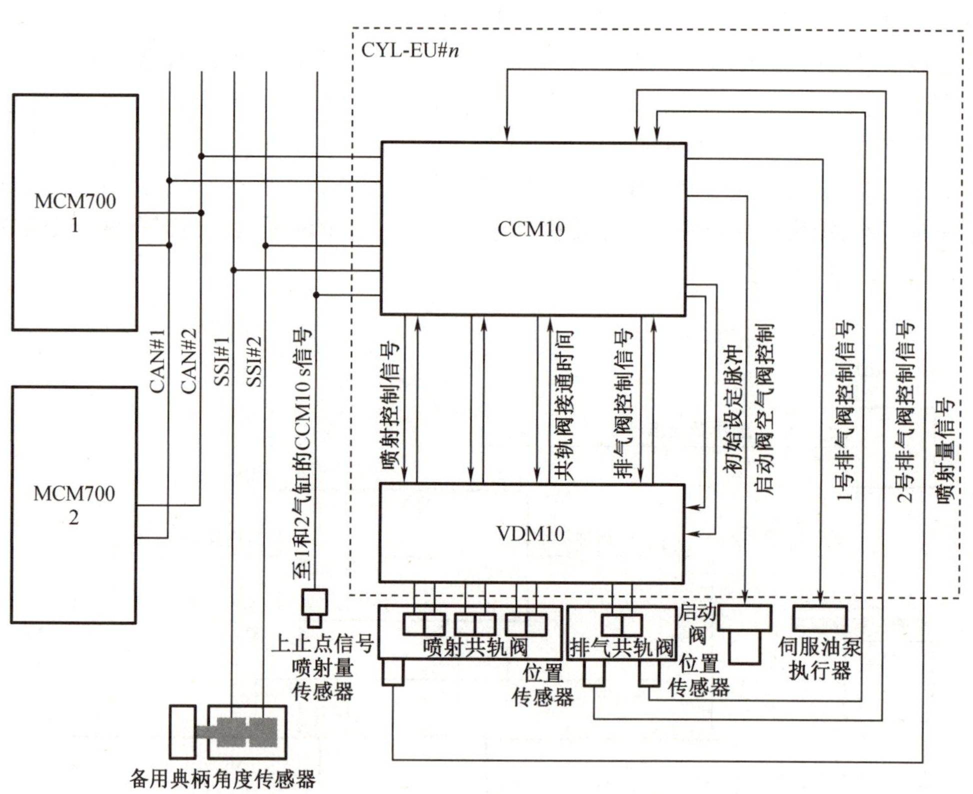

图4-102　气缸电子控制单元的方框图

(四)电控型柴油机燃油系统的控制

由于电控型柴油机燃油是采用共轨系统,所以,就有共轨燃油压力控制和各缸喷射油量的控制。图4-103为Sulzer RT-flex电控型柴油机的共轨管路燃油压力控制原理图。由图可见,主控模块MCM从气缸控制模块CCM接收柴油机转速信号和现时共轨上的压力信号,然后通过内部运算处理输出控制燃油泵执行机构的驱动器信号,并对其控制,使得燃油泵输出的燃油压力达到现时柴油机的转速所要求的压力。当共轨上的燃油压力高时,通过燃油压力控制释放阀,使其保持稳压;当安保系统检测到危及主机的故障信号时就发出关闭燃油信号,使燃油速闭阀动作,把燃油排放掉;同时,共轨燃油压力也受主轴承滑油压力控制的燃油压力控制阀控制,起到保护柴油机的目的。燃油增压泵是由曲柄通过传动机构来驱动的,如果其中一个燃油泵驱动器发生故障,它会通过弹簧使得正常连接在适当位置或移动到最高位置,变成定量泵,其余没有发生故障的燃油泵仍保持变量泵而受控。

图4-104为Sulzer RT-flex电控型柴油机的燃油喷射量控制原理图。在非喷射燃油时间段内,气缸控制模块CCM不发出喷射燃油信号,三个电磁阀无电,控制伺服油不能进入喷射控制阀的信号端,喷射控制阀下位通,共轨管路中的100 MPa的燃油通过三个喷射控制

阀下位，进入燃油喷射量油缸中，控制好量油缸中活塞位置，就量好了该气缸燃油喷射量的大小。燃油喷射量是主控模块 MCM 通过比较速度控制器中的喷射油量和燃油指令信号的要求推算出的。当 CCM 根据曲柄编码器送来的曲柄角度信号和 VIT，就可计算出喷射初始角，到达喷射初始角时刻 CCM 给 VDM 发喷油指令，使共轨电磁阀通电（这三个电磁阀是否同时通电，取决于当时柴油机的负荷和转速，如低速、低负荷时，只需一个电磁阀工作，即一个油嘴工作），这时相应的液压伺服控制油出现在喷射控制阀的信号端，使其上位通，这时共轨管路的燃油被堵塞，量油缸中 100 MPa 燃油再通过活塞驱动，形成更高压，通过喷油嘴喷入气缸进行雾化燃烧。由于各阀件启、闭是需要时间的，为了准确定时喷油，需要计算出延时时间，通常把触发信号发出时刻到有效喷射时刻之间的差值称为喷射动作滞后时间。根据之前循环的喷射动作滞后时间可计算出下一个喷射循环。喷射系统还可以采集三个喷射阀的开启时间来监测每次的循环，以保证不至于混乱。如果油量传感器损坏了，控制系统将取代主控制器 MCM 的燃油指令信号，进行定量喷射。

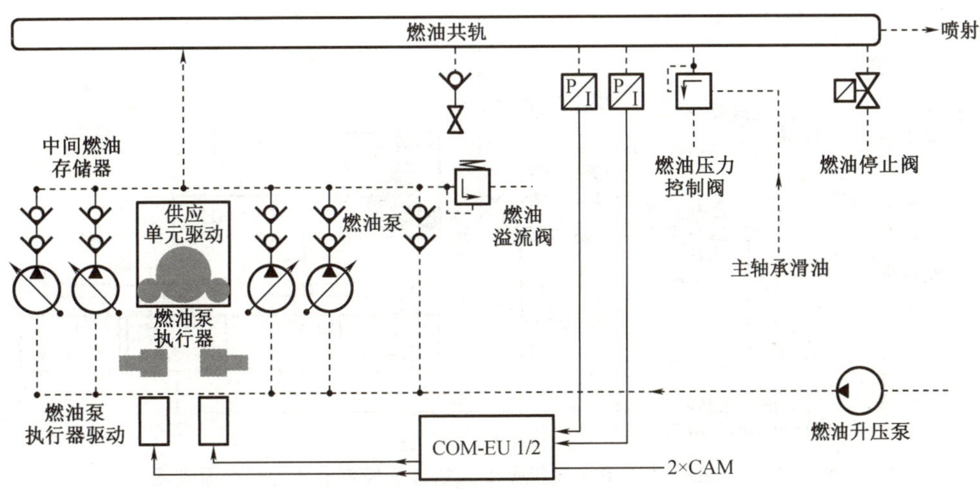

图 4-103　Sulzer RT-flex 电控型柴油机的共轨管路燃油压力控制原理图

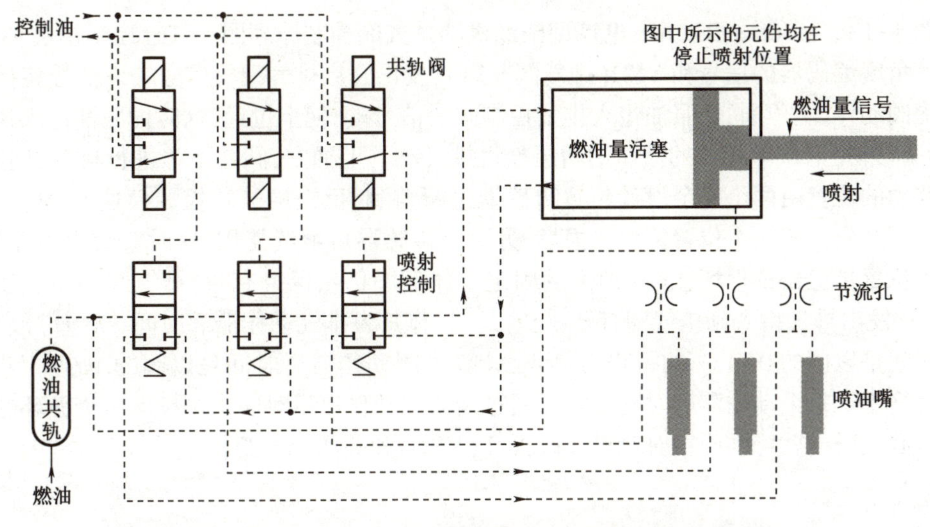

图 4-104　Sulzer RT-fex 电控型柴油机的燃油喷射量控制原理图

(五)液压伺服油压力控制

图 4-105 为 Sulzer RT-flex 电控型柴油机液压控制油压力控制原理图。主控制模块 MCM 采集控制油轨的伺服油的压力信号,与给定值 20 MPa 比较,若出现偏差,通过 CAN 总线使各气缸控制模块 CCM 去控制伺服泵输出量,从而控制伺服油轨的压力。每个气缸控制器 CCM 都输出一个指令信号给伺服泵内部的压力控制器,通常该控制信号是一个脉宽调制信号(1~2.5 A,AC),其频率为 60~100 Hz。伺服和控制油都是把润滑油再经过一次过滤后的滑油。伺服控制油共轨管路系统装了一个安全阀,还安装两个压力传感器,把共轨伺服控制油压力信号送到主控模块 MCM。控制油系统除了安装安全阀外,还装了一个稳压阀,保持控制油压力不变。

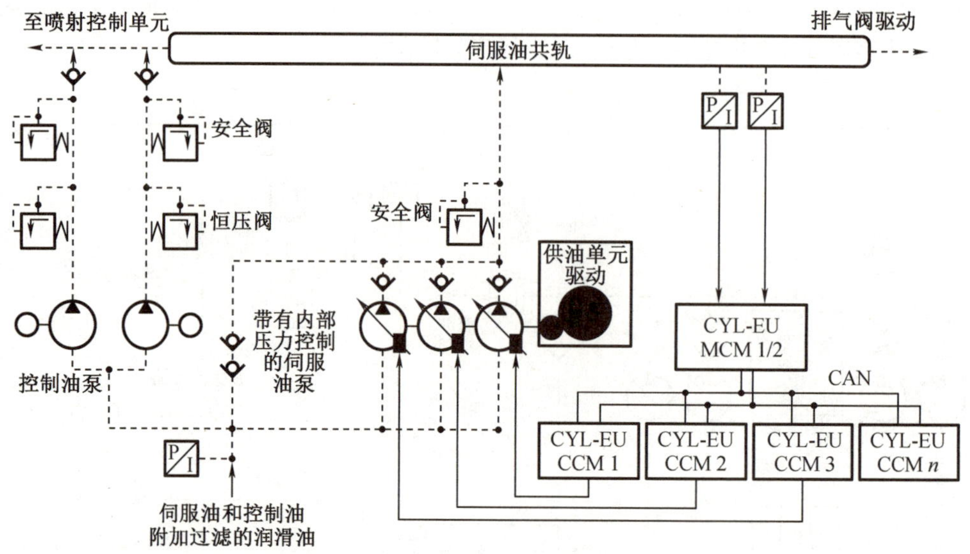

图 4-105　Sulzer RT-flex 电控型柴油机液压控制油压力控制原理图

(六)排气阀的控制

图 4-106 为 Sulzer RT-flex 电控型柴油机的排气阀控制原理图。气缸控制模块 CCM 根据曲柄角度编码器的信号和 VED(排气阀开启),发出开启排气阀的信号。该信号使排气轨道电磁阀动作,上位通,伺服油进入排气控制阀的信号端,使上位通,这时伺服油进入执行油缸,活塞移动,把 0.4 MPa 的液压油增压推入排气阀的上油室,阀芯下移进行排气;同时,排气阀移动的位置由两个冗余设计位置传感器进行监测,反馈给气缸控制模块 CCM,监视排气阀是否开启。若一个位置传感器损坏,另一个传感器可继续使用,这时会给出报警信号。若两个位置传感器都损坏,CCM 内部的固定动作程序仍然保持有效,排气阀仍能工作。同样,CCM 发出排气指令到排气阀打开,也有延时,称其为排气动作滞后时间。计算开启动作滞后时间是以阀的 0~15%的行程为终止,计算关闭动作滞后时间是以阀的 100%~15%的行程为终止。每个动作滞后时间都可以通过之前的动作滞后时间来调校下一个循环的动作滞后时间,这样,就可准确定时对排气阀打开(VEO)和关闭(VEC)控制。

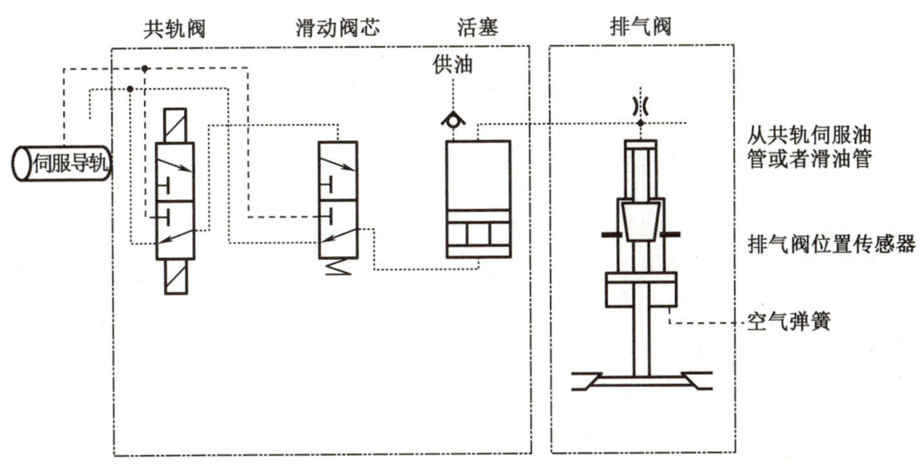

图 4-106 Sulzer RT-flex 电控型柴油机的排气阀控制原理图

（七）柴油机的转速控制

Sulzer RT-flex 电控型柴油机的转速控制是由一个独立于 WECS-9500 控制系统的转速控制器来完成的。图 4-107 为该机型的转速控制原理框图。转速控制接收到车钟的转速命令之后，与现时采集回来的主机转速进行比较，得到一个偏差值，转速控制器根据偏差值的大小、主机现时负荷状态等综合计算出需要提供多少燃油的命令给 WESC-9500 的主控模块 MCM。主控模块通过 CAN 总线将数据传给每个气缸控制模块 CCM，气缸控制模块再输出信号给燃油喷射量油缸的控制器，该控制器就可控制燃油喷射量油缸内的油量，然后等待到喷油初始角到来，CCM 就发出喷油操作，同时，喷油量的大小信号反馈给燃油喷射量油缸的控制器，再到主控模块 MAM，进行燃油量闭环控制，同时，也反馈给主机转速控制器，便于进行下一步的转速控制。

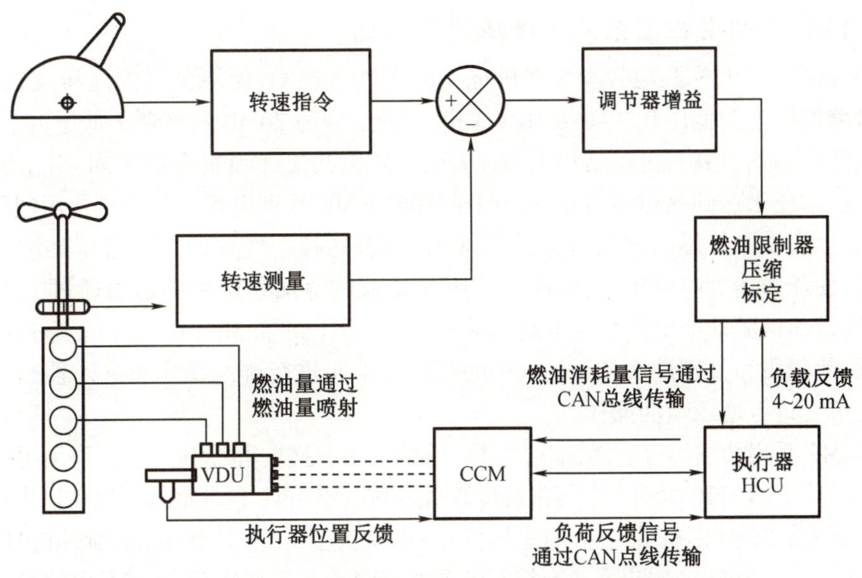

图 4-107 Sulzer RT-flex 电控型柴油机的转速控制原理框图

以上介绍了 Sulzer RT-flex 电控型柴油机控制系统的主要硬件原理，软件部分是它们的核心，属于技术保密，暂无介绍，国内对这个核心技术的研发也属于保密阶段，资料甚少，再加上篇幅有限，其软件的流程图和操作界面请参阅该机型的操作说明书。

三、MAN B&W 的 ME 系列船舶智能柴油机控制系统

2003 年，MAN 公司在其经典传统机型 MC 系列的基础上推出了 ME 系列智能柴油机。相对于 MC 系列，ME 系列柴油机取消了凸轮轴及其相关的机械控制装置，主要增设了四大组成部分：液压动力供给单元（HPS）、液压油缸单元（HCU）、电控单元（ECS）及曲轴角度编码器。液压动力供给单元（HPS）和液压油缸单元（HCU）可归结为 ME 系列柴油机液压伺服系统范畴。电控单元（ECS）和曲轴角度编码器可归结为 ME 柴油机的电控系统范畴。如图 4-108 所示为 ME 系列 12K98ME-C 电控型柴油机结构示意图。

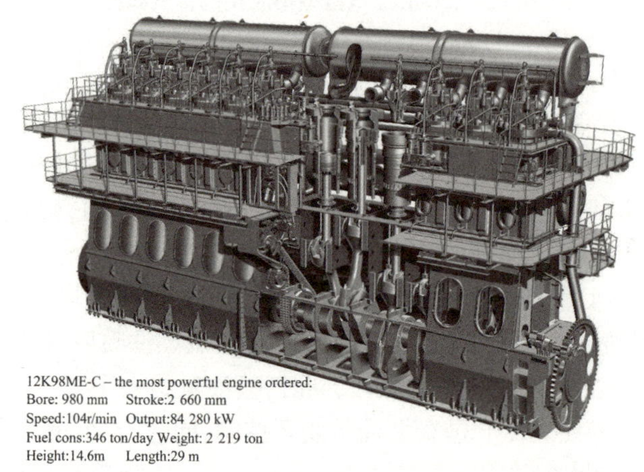

图 4-108 ME 系列 12K98ME-C 电控型柴油机结构示意图

（一）ME 系列电控型柴油机液压伺服系统

MAN 公司的 ME 系列电控型柴油机也是采用共轨技术，但不是燃油高压共轨，而是燃油共轨管路的压力为低压 0.7～0.8 MPa，伺服油的压力为 20 MPa，都属于低压力系统，能比较有效地防止漏油。其在机械结构上与 Wartsila 公司共轨柴油机有所不同，对于燃油需各缸进行二次增压来达到喷射压力要求。图 4-109 为 ME 系列电控型柴油机液压伺服共轨系统示意图，由燃油泵使燃油增压到 0.7～0.8 MPa，送到各个气缸的二次增压器进行喷射前的再增压，使压力达到喷射压力，而液压伺服油是由主滑油泵送来的滑油通过二次过滤（6 μm），再通过曲柄驱动的增压泵或电动驱动增压泵，增压到 20 MPa 送到阀箱，通过控制各缸的电磁阀，使伺服油分别进入各缸排气阀的液压缸单元进行排气操作和进入各缸燃油增压的液压缸单元进行增压喷油操作。

同样，ME 系列柴油机也有燃油喷射，排气阀启、闭和换向等控制。它也是采用计算机直接控制系统，如图 4-110 所示。它与常规计算机控制系统相似，包含输入通道和输出通道。输入通道有开关量信号、模拟量信号（有电压信号±10 V，电流信号 4～20 mA）、脉冲信号（曲柄角度编码脉冲信号）等输入；输出通道有控制各个电磁阀的开关量信号，也有继电接触器控制信号、模拟量电压（±10 V）、电流（4～20 mA）信号等去控制相关执行器，还有通信通道，与其他计

算机进行串行通信,与上、下位机进行网络通信;人机界面有一个专用通道。

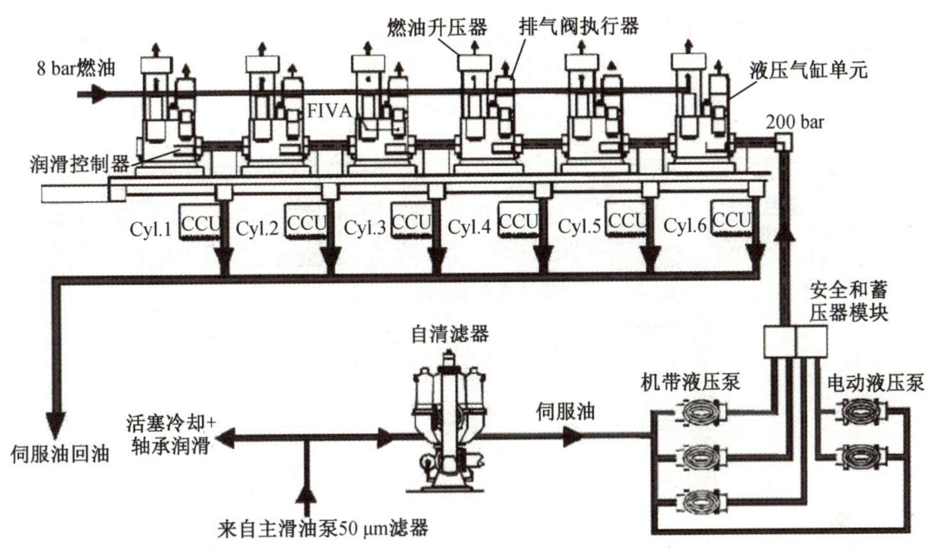

图 4-109　ME 系列电控型柴油机液压伺服共轨系统示意图

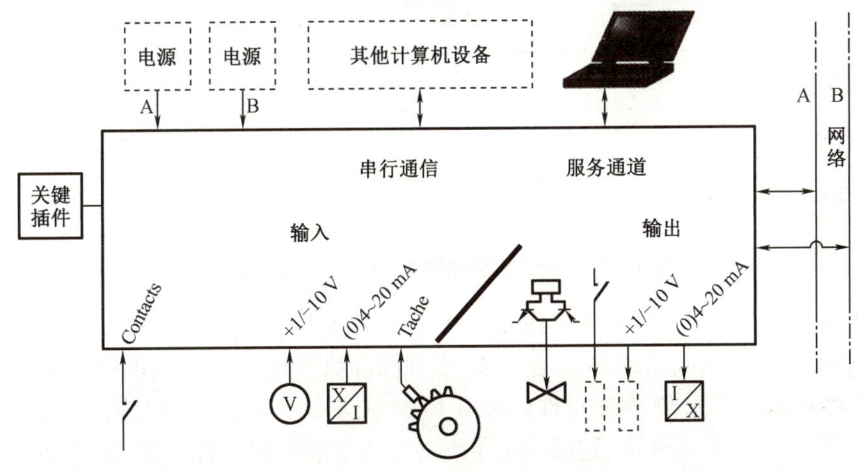

图 4-110　ME 系列柴油机计算机控制系统硬件示意图

液压动力供给单元(HPS)由自清滤器、电动液压泵和机带液压泵组成,主要为柴油机运行提供足够动力的伺服油。柴油机启动前,由电动液压泵供油;启动后,则机带液压泵供油,供油压力值由电控单元根据柴油机工况实时控制。

柴油机的喷油、排气过程主要通过液压油缸单元(HCU)实现,柴油机燃油喷射、排气过程工作原理如图 4-111 所示。液压油缸单元(HCU)主要由燃油增压泵、排气阀驱动器、FAVI 阀、气缸注油器等组成。其中,燃油增压泵用于执行燃油喷射,排气阀驱动器用于开启排气阀。

FAVI 阀的本质是一个三位五通阀,是一个非常重要也是非常精密的阀件,它接收电控单元送来的数值为 4~20 mA 的电流信号,并根据电流信号大小来控制气缸的喷油、排气过程。当 FAVI 阀收到数值为 12 mA 的电流信号时,其工作在中位,液压动力供给单元供给的伺服油截止在中位,燃油增压器和排气阀驱动器由于没有伺服油供给而停止工作,此时,柴油机既不喷油也不排气；当 FAVI 阀收到数值为 5~11 mA 电流信号时，其工作在右位，液压动力供给单元送来的伺服油经阀右位，向排气阀驱动器供油而开启排气阀，使柴油机排气；当 FAVI 阀收到数值为 13~20 mA 的电流信号时，其工作在左位，液压动力供给单元送来的伺服油经阀左位，向燃油增压器供油而实现气缸燃油喷射。

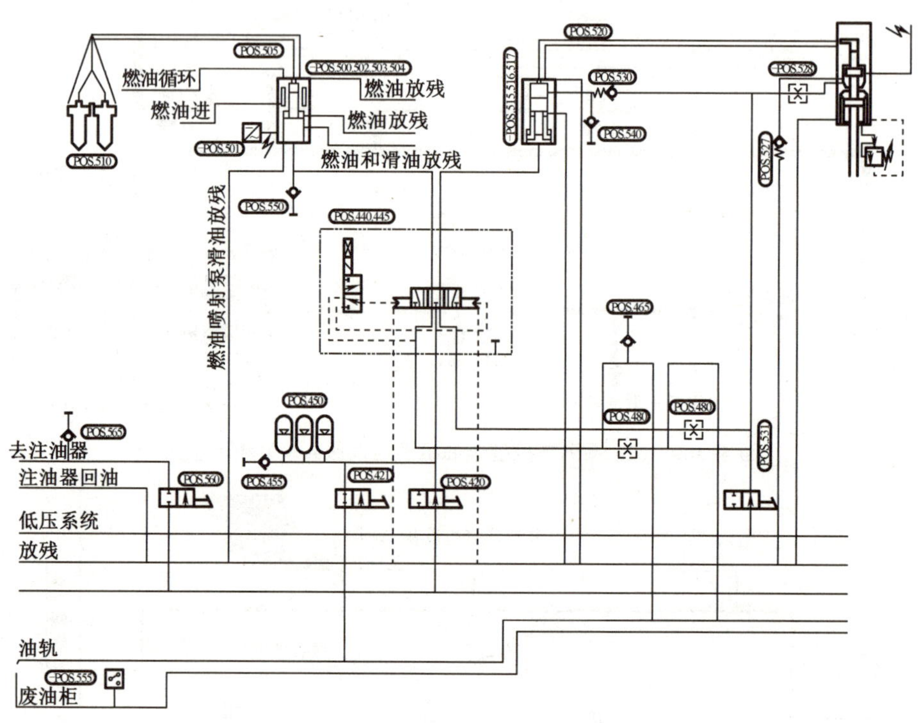

图 4-111　柴油机燃油喷射、排气过程工作原理

FAVI 阀工作在右位对排气阀实现的是开关量控制，控制排气阀开启；柴油机排气结束，FAVI 阀回到中位，排气阀驱动器停止工作，排气阀在排气阀空气弹簧的作用下自动关闭。FAVI 阀工作在左位则对喷油量实现的是比例控制，FAVI 阀收到的电流值（数值为 13~20 mA）决定了 FAVI 阀的开度，进而决定了燃油增压泵液压柱塞的行程，也就是决定了当前的供油量。为实现燃油供油量的精确控制，FAVI 阀左位的开度值还会经与阀芯联动的油量反馈装置反馈至电控单元。

（二）ME 系列柴油机的电控系统

ME 系列柴油机的电控系统主要由主机接口控制单元（engine interface control unit，EICU）、主机控制单元（engine control unit，ECU）、气缸控制单元（cylinder control unit，CCU）、辅助控制单元（auxiliary control unit，ACU）、主操作面板（main operating panel，MOP）、本地操作面板（local operating panel，LOP）等组成。主控板采用冗余结构，在集控室有两个并联冗余的主机信息控制单元 A 与 B 和两个并联冗余的控制面板（实现人机信息交换）。这两个主机信息控制单元也与驾驶台上的操作显示面板进行信息交换，在机舱里有两个主机控制单元 A 和 B，与冗余设计的双总线相连接，它与集控室中的主机信息控制单元（EICU），执行器控制单元 ACU1、ACU2、ACU3，以及与各气缸控制单元（CCU）进行信息交换（通信）。如图 4-112 所示为 ME 系列柴油机电控系统组成原理图。

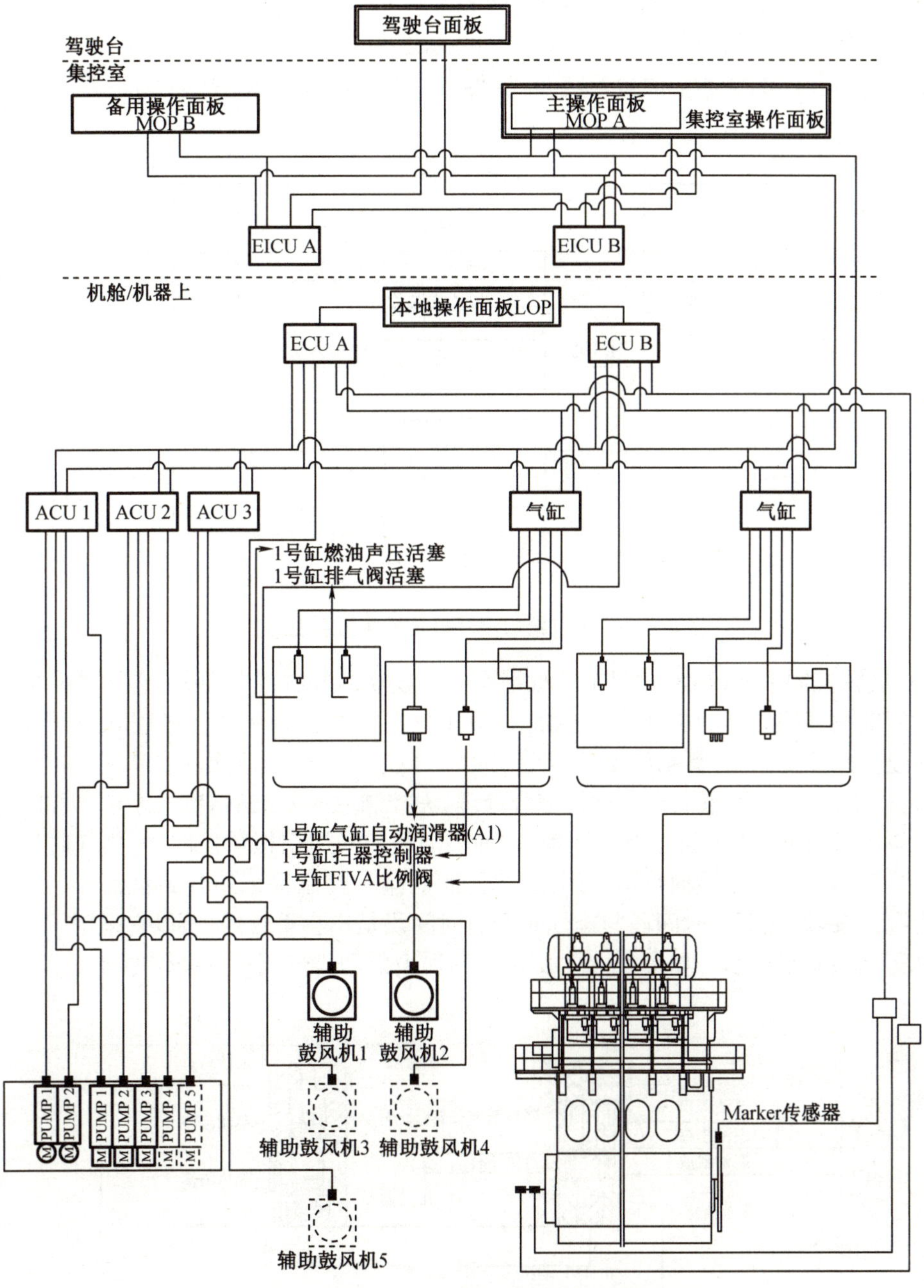

图 4-112　ME 系列柴油机电控系统组成原理图

(1)主机接口控制单元(EICU),它的标准配置数量有两块 MPC 板,即 EICU-A 和 EICU-B,两者采用冗余设计,主要为与外部系统(主机遥控系统、安保系统、报警系统等)提供通信接口并起到转换与过滤器的作用(设定某些限制条件,如转速限制),如图 4-113 所示为主机接口控制单元与外部系统通信图。

(2)主机控制单元(ECU),它的标准配置数量也有两块 MPC 板,即 ECU-A 和 ECU-B,两者采用冗余设计。ECU 是主机控制的核心,还具备调速器功能,包括启动前的准备与检查、重复启动(为3次)、启动阻塞控制、慢转和冲车;启动油门限制、扫气压力限制、转矩限制、轮机长最大油门限制及液压油油压限制、控制燃油喷射定时及循环喷油量等;控制气缸油的注入定时及注油率和柴油机运转模式(低排放和经济性要求)等。

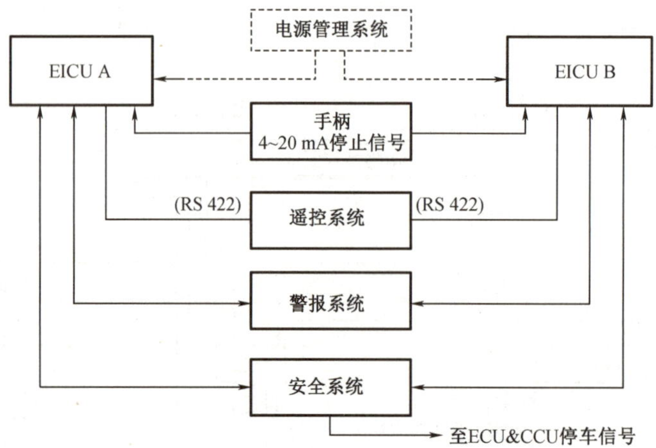

图 4-113 主机接口控制单元与外部系统通信图

(3)气缸控制单元(CCU),每个气缸都有一个独立的气缸控制单元,它接受曲柄自由端安装的曲轴角度编码器的脉冲信号,由此计算出气缸活塞位置和工作进程状态,同时,接受主机转速传感器信息,计算出活塞的运行速度信号;还采集燃油增压活塞和废气排气阀的位置信号,再根据ECU发来的指令进行综合处理,去控制主机各缸的启动、停车、喷油、排气等操作。该系统与RT-flex机型有所区别,它的燃油喷射采用模拟量控制,而排气阀控制是采用开关量控制的。对于燃油喷射采用比例阀,而对排气控制是采用开关量的开启/关闭,两者不会混乱,因燃油喷射时间段与排气阀开启时间段是不会重合的,所以它采用了一个二位三通液压伺服阀来控制。如图4-114所示为燃油喷射和排气阀液压操作原理图。

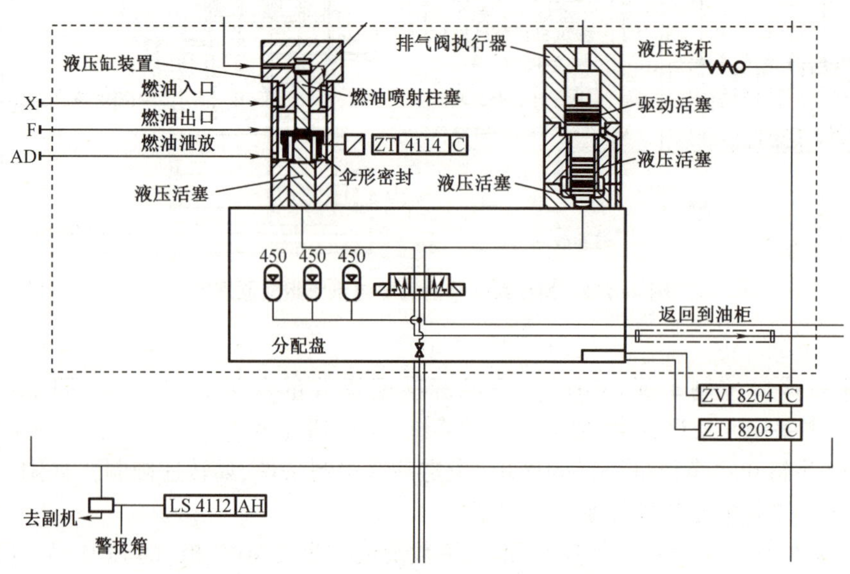

图 4-114 燃油喷射和排气阀液压操作原理图

(4)辅助控制单元(ACU),它的标准配置数量是三个 MPC 板,分别为 ACU1、ACU2、ACU3,主要作用是控制液压动力单元(HPS)的压力和根据扫气压力大小控制辅助鼓风机的启、停等。

(5)主操作面板(MOP),其实就是安放在集控室内的两台计算机的触摸显示屏,它是管理人员与柴油机之间的操作界面,即 HMI(human machine interface)。通过 MOP 操作界面,管理人员可以对柴油机及相关设备进行操作或对柴油机控制系统相关参数进行设定与修改。通常,MOP A 被安置在集控室操纵台操车位置,MOP B 被安置在 MOP A 的旁边,两者之间采用冗余配置。

图 4-112 中有一气缸自动润滑器(AL),它也是由 CCU 控制的,也是一个启、闭阀,它的通断馈给率是由喷射的频率来控制的,即燃油喷射频率高,说明主机转速高,气缸的润滑注油也要频繁,保持气缸活塞良好润滑。

(三)ME 系列电控型柴油机的转速控制

当驾驶台或集控室的车钟发生主机转速指令,通过转速协调器进行调制,按照主机的运行参数和本身特性参数对车钟的转速指令进行调制:如稳速过程,停车减速过程,最小转速、最大转速、定速航行过程,紧急停车指令、故障减速、功率与转矩最佳配合、启动时的等速速率加率、负荷程序、临界转速回避、转速微调等,这时车令的发送是不一样的,按照对应的设定程序发送车令,然后,这个车令与主机实际转速信号进行比较,得到偏差值,送到转速调节器(governor)进行比例积分微分调节或使用智能控制算法进行计算处理。所得的信号,经过主机性能指标的限制器进行相应限制,不超过限制值,把现结果输出作为当时燃油量的给定值,若超过限制值,只能以限制值输出作为当时燃油量的给定值指令,送到气缸控制单元(CCU),由它控制 FIVA 的比例阀,实现燃油量控制,使主机转速跟随车令的要求,ME 系列机型的调速控制器功能被集成在主机控制单元(ECU)中。图 4-115 所示为主机控制单元(ECU)实现调速器功能的操作界面图。

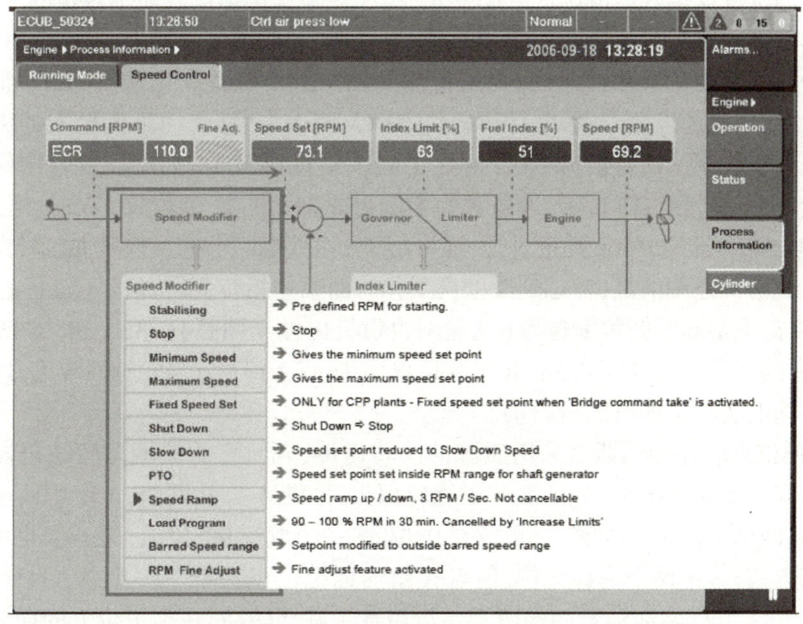

图 4-115　主机控制单元实现调速器功能的操作界面图

(四)曲柄角度编码器

ME 系列柴油机取消了传统柴油机依靠机械传动机构的相对安装位置来控制所需要的定时(ME-B 柴油机的排气阀和启动定时除外),取而代之的是在柴油机的自由端装设了两套采用冗余设计的柴油机曲柄转角编码器,即 TSA-A 和 TSA-B,每套编码系统均采用 4 组传感器;Tacho-A 包括:MMA(Marker Master A)、MSA(Marker Slave A)、Q1A(Quadratur 1A)及 Q2A(Quadratur 2A);Tacho-B 包括:MMB(Marker Master B)、MSB(Marker Slave B)、Q1B(Quadratur 1B)及 Q2B(Quadratur 2B),分别由 ECU-A 和 ECU-B 提供电源,同时将测得的转速、运转方向和曲柄的位置信号实时地发送给 ECU 和各气缸的 CCU,为精准地控制柴油机的各种工作定时并使柴油机始终处于最佳工况提供了保障,如图 4-116 所示为曲柄转角检测原理示意图。

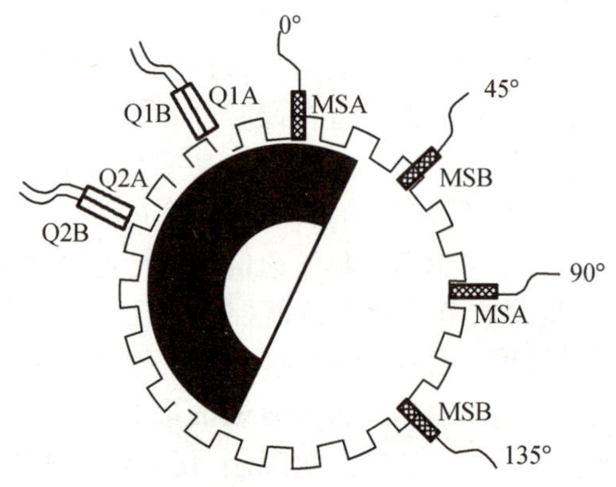

图 4-116　曲柄转角检测原理示意图

在 Tacho-A 系统中,Q1A 与 Q2A 互为冗余,用于感受齿轮的齿顶与齿谷的交替变化,将齿顶与齿谷的交替变化转换成脉冲频率变化,脉冲频率变化则代表曲轴转角的变化,这和传统柴油机上磁脉冲式转速传感器的测速原理是一致的。如果仅设置 Q1A 与 Q2A,那么只能检测曲轴转角相对变化值和转速,而无法检测曲轴的绝对位置。为配合 Q1A 和 Q2A 检测曲轴绝对角度,系统还设置了 MMA 和 MSA。MMA 和 MSA 感受的是齿轮上的磁性半圆弧位置的变化。安装调试的时候,要确保磁性半圆弧刚转到 MMA 标定位置时刚好是第一缸上止点位置(曲轴 0°角),即 MMA 刚被磁性半圆磁化即是曲轴 0°位置。MSA 比 MMA 滞后 90°曲轴转角,MSA 既是 MMA 冗余设计,还可用于校正 Q1A 与 Q2A 检测曲轴转角相对变化值的准确性。需要强调的是,考虑到柴油机工作时曲轴的扭转变形对各气缸上止点的影响,将 MSA 安装在飞轮端的同角度位置(飞轮上也设有磁性半圆弧)。TSA-B 与 TSA-A 的功能相同,两者的不同之处在于:TSA-B 安装位置比 TSA-A 滞后了 45°曲轴转角;TSA-B 中的所有传感器均安装在柴油机的自由端。

ME 系列机型转速传感器是采用磁脉冲式转速传感器,它的曲柄角度编码器与通常编码器有所不同。图 4-116 中,它有 8 个磁感应探头,分成 A 与 B 两组;A 组中两个为检测转速和方向,另两个为标记位检测,一个放在 0°位,另一个放在 90°位上,而 B 组也用两个探头检测转速和方向,其他两个为标记位,但与 A 组的标记位相差 45°,一个放在 45°位上,另一个放在 135°位上,这样,曲轴自由端驱动一个磁性半圆环转动,在标记位上的探头就会有输出电动势变化,若输出高电平为“1”,低电平为“0”,则可作出曲柄位置角度与四个探头的输出的电平高低的变化表,如表 4-2 所示。

表 4-2　四个标记位探头输出电平高低与角度的关系表

位置	0°~44°	45°~89°	90°~134°	35°~179°	180°~224°	225°~269°	270°~314°	315°~359°
MMA	1	1	1	1	0	0	0	0
MMB	0	1	1	1	1	0	0	0
MSA	0	0	1	1	1	1	0	0
MSB	0	0	0	1	1	1	1	0

用于检测转速的两个探头是正交的,在时间上相差 90°(1/4 周期)。这两组信号通过转速角度测量系统处理后送到主机控制单元(ECU)和气缸控制单元(CCU),从而推算出气缸活塞的位置,做出相应控制和操作。

(五)ME 系列电控系统参数调整概要

MOP 人机交互界面非常友好,主要包括:报警系统(Alarms)、柴油机(Engine)、辅助设备(Auxiliaries)、维护保养(Maintenance)、系统管理(Admin.)、通道进入(Access)。与电控系统参数查询或修改紧密相关的是报警系统(Alarms)、柴油机(Engine)中的过程信息(Process Information)、维护保养(Maintenance)等界面。

动画 4.82　电控主机遥控系统备车、冲车和试车仿真操作

报警(Alarms)界面主要包括报警列表(Alarms List)、报警日志(Event Log)、手动切除报警点列表(Manual Cutout List)及通道列表(Channel List)4 个子菜单。报警列表(Alarms List)显示系统目前存在的报警,具体显示报警的通道号、报警时间和具体内容。报警日志(Event Log)显示所发生过的报警历史,存储数据根据内存容量自动溢出。手动切除报警点列表(Manual Cut-out List)显示人为抑制的报警点;日常管理中,可能会遇到频繁误报警,在确定故障原因及安全的前提下可人为切除报警,故障排除后也可手动恢复切除。通道列表(Channel List)用于显示所有报警通道,在此界面可进行报警切断操作。

在柴油机(Engine)菜单中的过程信息(Process Information)子菜单中,可显示柴油机过程参数、柴油机相关参数实际值、柴油机相关参数设定值(转速设定值、油门设定值、伺服油压力设定值)、转速控制相关参数。转速控制相关参数以柴油机转速闭环控制框图形式显示,非常直观;相关限制值可通过轮机长口令进行修改。

维护保养(Maintenance)菜单包含系统查验和 I/O 试验(System View I/O Test)、输入信号抑制(Invalidated Inputs)、网络状态(Network Status)等几个子菜单。系统查验和 I/O 试验界面显示系统简单控制网络示意图,其中 ECU 和 EICU 有控制和备用之分,可人为设置,其余的控制单元之间没有任何区别。点击每个控制单元都会显示其输入、输出通道的编号、名称和状态,这些参数对系统状态的判断和某些故障的查询很有帮助。每个输入信号都可以进行锁闭,此功能主要是针对在某些误报警或传感器故障且又无备件可以恢复的情况下使用,以免系统频繁报警。输入信号抑制(Invalidated Inputs)界面显示系统所有被抑制的输入信号,方便查询和对被抑制信号的提醒。网络状态(Network Status)菜单显示系统网络运行状态。系统由 A、B 两套网络组成,互为热态备用。通过此菜单,可以显示目前两个网络的运行情况，包括所有的控制单元，如EICU A、EICU B、MOP A、MOP B、ECU A、ECU B以及所有ACU和CCU的通信连接和运行状态。如运行正常，它们相互间的信号传输状态为绿色的"√"。如果系统存在问题，通过系统自检后，会在发生问题的控制单元交叉空格中显示黄色的"！"，以便故障查询。

日常管理中，MOP是对柴油机及电控系统相关参数查询或修改的主要界面。MOP参数查询修改有三个权限等级。操作人员级为系统默认等级，不允许任何设定值修改。轮机长级可进行部分参数设定，须输入口令。服务商级的参数设定权限最高，须由厂商工程师操作。

拓展强化

任务4.8

一、选择题（请扫码作答）

二、简答题

1. 请简述Wartsila Sulzer RT-flex电控型柴油机系统的控制组成及原理。
2. 请简述MAN B&W公司的ME系列电控型柴油机系统的控制组成及原理。
3. 请简述曲柄转角编码器的检测原理。

任务4.9 主机变距桨控制系统

任务分析

主机螺旋桨是一种反作用式推进器。船舶柴油机通过轴系（推力轴、中间轴和艉轴）带动螺旋桨旋转，以克服螺旋桨在水中转动的阻力矩。螺旋桨的桨叶在旋转时给水轴向的作用力，并受到水的反作用力，该反作用力通过轴作用到推力轴承上，并经过推力轴承作用到船体上，使船舶前进或后退。但在主机和轴系转向、转速不变的情况下，为了改变推力的方向和大小，可通过驱动桨毂内的旋转机构转动桨叶，改变螺距，以适应船舶前进、后退、停止和变速等要求，该方式螺旋桨称为可调螺距螺旋桨（controllable pitch propeller，CPP，简称变距桨或调距桨）。本项任务通过介绍变距桨的结构、工作原理及特点，实现对变距桨AT2000型推进控制系统的认识与管理。

任务实施

一、螺旋桨工作特性

在船、机、桨系统中，船体是能量的需求者，主机是能量的发生器，螺旋桨则是能量转换装置。

1. 螺旋桨的结构

螺旋桨通常由桨叶和桨毂构成。桨叶固定在桨毂上，螺旋桨一般有 2~6 片桨叶，普通客货轮的螺旋桨常用 3 叶或 4 叶，大吨位、大功率的船舶，如油船常用 5~6 叶，2 叶螺旋桨多用于机帆船或小艇上。

螺旋桨与艉轴连接部分为桨毂，它一般为锥形体。为减小水阻力，在桨毂后端加装一个整流罩（毂帽），与桨毂形成一个光顺的流线体。如图 4-117 所示为螺旋桨的结构图。

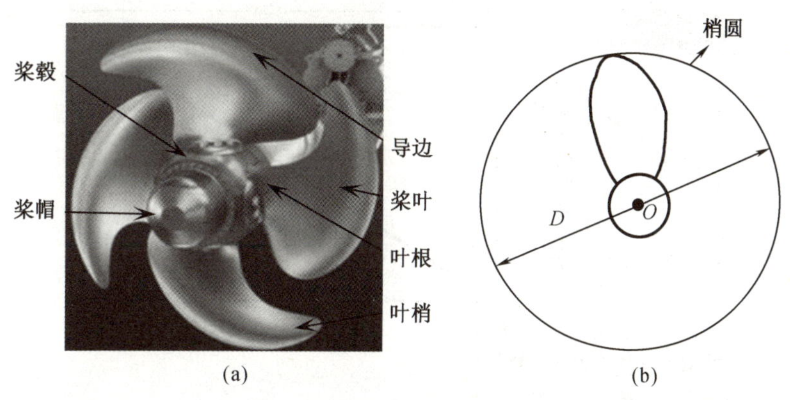

图 4-117　螺旋桨的结构图

（1）叶面与叶背：由船尾向船首看，所见到的叶片一面称为叶面（又称压力面），是一个螺旋面；其反面称为叶背（又称吸力面）。

（2）导边与随边：螺旋桨正车旋转时桨叶边缘先入水的一边称为导边；另一边称为随边。

（3）叶根与叶梢：桨叶与桨毂相连的地方称叶根，桨叶的外端称叶梢。

（4）梢圆与直径：螺旋桨旋转时（设无轴向运动），叶梢的圆形轨迹称为梢圆；梢圆的直径称为螺旋桨的直径，用 D 表示。

2. 螺旋桨的螺距、螺距角和进程比

若取与桨毂共轴的圆筒形刀切割桨叶，将切得的断面展开后所得的面称为叶素断面（桨叶切面）。半径为 R 和 $R+\Delta R$ 的两个叶素断面间的这部分桨叶称为叶素。整个桨叶的作用可以看成无数叶素作用的总和。螺旋桨在水中同时具有绕桨毂轴线的回转运动以及沿桨毂轴线的轴向运动。如图 4-118 所示为螺旋桨的螺距和螺距角示意图，桨叶上距桨毂中心半径为 R 的叶素上一点，在螺旋桨转动一周过程中的轨迹如图所示。它是一个空间螺旋线，可展开成长为平面圆周运动的周长 L，宽为轴向位移 H 的矩形。H 称为桨的螺距，L 与 H 之间的夹角即为螺距角 θ，其中 $L=2\pi r$。因此，螺距 H 与螺距角 θ 及叶素半径 r 之间的关系是：

$$H=2\pi r\tan\theta$$

显然，为了使桨叶上不同半径处的叶素具有大致相同的螺距，随着半径 r 的增加，螺距角 θ 应逐渐减小，这就是桨叶扭曲的原因。实际船舶上的螺旋桨，叶梢处的螺距稍大于叶根处的螺距。通常以 0.7 倍或 2/3 倍螺旋桨半径处的螺距代表螺旋桨的螺距，此值约等于螺旋桨的平均螺距。螺旋桨工作时转动一周，它在轴向实际前进的距离称为进程，用 h_p 表示。实际上，由于水会被螺旋桨推动后移，进程 h_p 并不等于螺距 H，其差值称为滑失 h。它们之间的关系是：

$$h_p = H - h$$

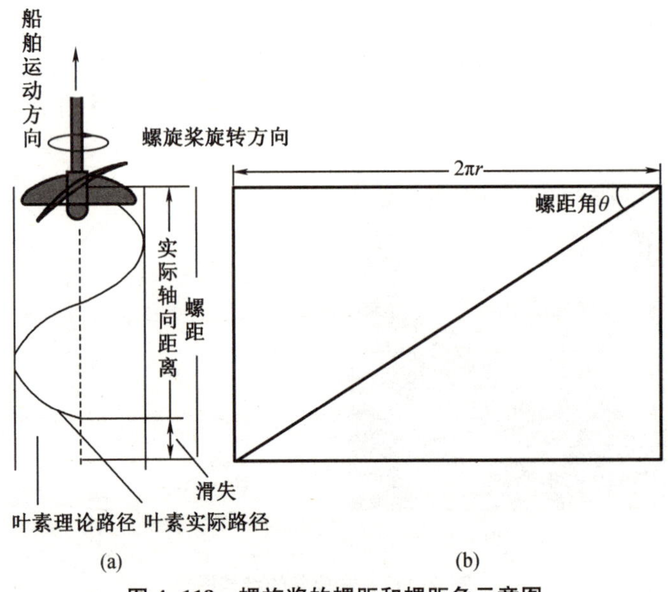

图 4-118 螺旋桨的螺距和螺距角示意图

进程与螺旋桨直径的比值为进程比 J，即

$$J = h_p / D = v_p / nD$$

式中，v_p 为船舶进速，m/s；n 为螺旋桨转速，r/s。

对于几何结构一定的螺旋桨，转速不变时，进程比 J 与船舶进速 v_p 成正比。

滑失 h 与螺距 H 的比值称为滑失比 S，即

$$S = h/H = (H - h_p)/H$$

3. 螺旋桨的工作特性

螺旋桨的推力和扭矩通常用无因次系数表示，应用无因次系数可以使螺旋桨的模型试验结果应用于几何形状相似的其他任何螺旋桨。螺旋桨的推力 T、扭矩 M、效率 η 和功率 P 分别表示为

$$T = K_1 \rho n^2 D^4 = C_1 n^2$$

$$M = K_2 \rho n^2 D^5 = C_2 n^2$$

$$\eta = \frac{T v_p}{M w} = \frac{K_1}{K_2} \cdot \frac{J}{2\pi}$$

$$P = 2\pi n M = C n^3$$

式中，K_1、K_2 为推力系数和扭矩系数；p 为水的密度，kg/m^3；J 为螺旋桨的进程比；D 为螺旋桨的直径，m；n 为螺旋桨的转速，r/s；v_p 为螺旋桨的进速，m/s；w 为螺旋桨的角速度，rad/s；C_1、C_2、C 为系数。

对于几何形状一定的螺旋桨，推力系数 K_1 和扭矩系数 K_2 都决定于进程比 J，它们之间的变化关系可由试验测得，如图 4-119 所示为螺旋桨的无因次特性曲线。

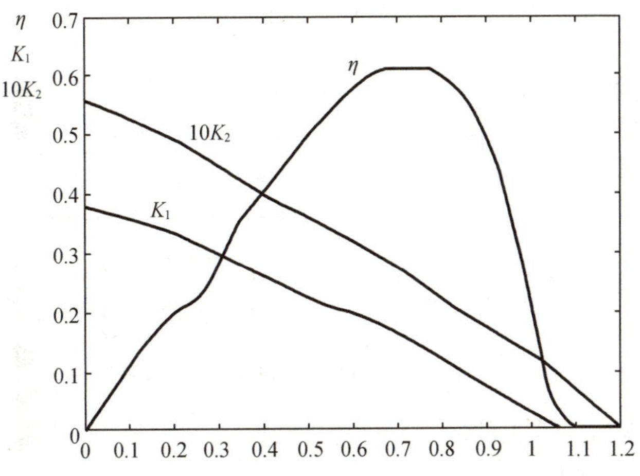

图 4-119 螺旋桨的无因次特性曲线

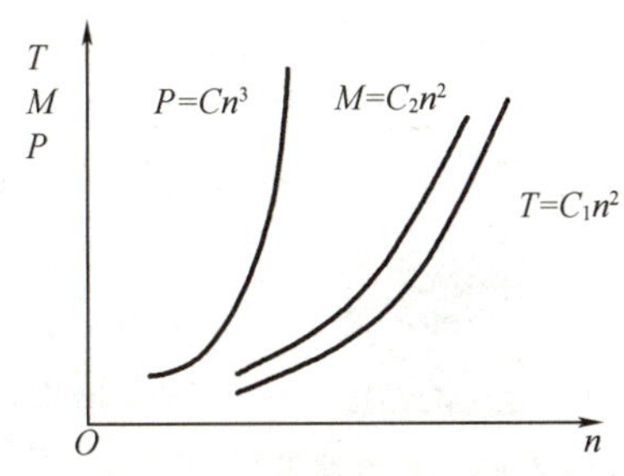

图 4-120 螺旋桨特性曲线

J 取决于船舶的航行工况，当船舶在不变的工况下稳定航行时，J 为常数，则系数 C_1、C_2、C 也为常数。此时，螺旋桨的推力和扭矩与转速的平方成正比，而它所吸收的功率与转速立方成正比，如图 4-120 所示为螺旋桨特性曲线，为依这种关系绘出的曲线。

船舶稳定航行时，J=常数，K_1、K_2 均为定值。当螺旋桨的转速不变，而 v_p 降低时（如船舶因污底、载重增加、顶风、加速等原因造成航行阻力增加），进程 h_p 减小，进程比 J 减小，系数 K_1、K_2、C_1、C_2、C 增加，推力和扭矩也都增大，应注意防止主机超负荷；反之当船舶因轻载、顺风、减速等原因使航行阻力减小时，进程比 J 增大，系数 K_1、K_2、C_1、C_2、C 减小，应注意减小油门防止主机超速。系泊工况，$v_p=0$，$J=0$，此时 K_1、K_2 达到最大值，此时应控制油门和转速，以免主机超负荷。

二、变距桨的工作原理

前面介绍的螺旋桨其桨叶和桨毂是一体的，螺旋桨螺距固定不变，这样的螺旋桨称为定距桨。可调螺距螺旋桨（简称变距桨或调距桨）可在主机和轴系转速、转向不变的情况下，通过桨毂内的调整机构转动桨叶，改变螺距，从而改变推力的大小和方向，以适应船舶的前进、后退、停止和变速等要求。根据转叶力产生的方式分为手动式、机械式、电动-机械式、液压式等。液压式变距桨装置的组成框图如图 4-121 所示，由变距桨、调距机构、液压动力单元、控制系统和操纵系统组成。

动画 4.91 可变距桨装置原理

（1）变距桨包括可转动的桨叶、桨毂和桨毂内部装设的转叶机构等。转叶机构是将往复运动转变为回转运动的机构。变距桨的传动轴一般由螺旋桨轴和配油轴组成，两者用套筒联轴器相连。这种传动轴和定距桨的传动轴不同，对于伺服油缸位于桨毂的，传动轴内有进、排油通道。

（2）调距机构包括产生转动桨叶动力的伺服油缸、伺服活塞，分配压力油给伺服油缸的配油器，桨叶定位和桨叶位置的反馈装置及其附属设备等。它的主要任务是调距、稳距以及对螺距进行反馈和指示。调距是短暂的,稳距是长期的。

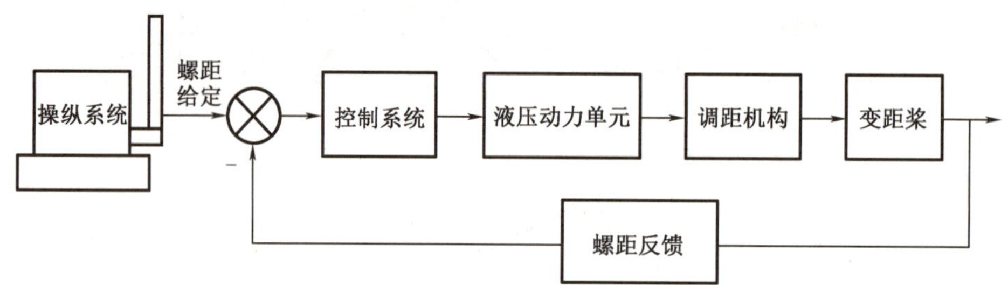

图 4-121　液压式变距桨装置的组成框图

(3)液压动力单元主要由油泵、控制阀(比例阀)、油箱和管件等组成。它的作用是为伺服油缸提供符合要求的液压油。

(4)控制系统一般由微机和输入/输出模块组成,作用是按程序调节主机的转速和变距桨的螺距,以获得所要求的工况。

(5)操纵系统由操纵手柄(车钟)、推进控制面板、螺旋桨转速和螺距指示器组成,作用是控制位置选择、备用控制选择、螺距和转速给定、工作模式设定等。

动画 4.92　变距桨液压伺服系统原理

如图 4-122 所示为变距桨液压伺服系统原理图,由驾驶台车钟发出螺距指令信号,通过遥控系统,控制比例阀左位或右位电磁阀线圈通电。液压油柜中的液压油经滤器由伺服油泵加压后,经止回阀和压力滤器后,通过比例阀和配油环中的液压锁进入伺服油缸。伺服油缸中的活塞在两侧压差作用下向左或向右移动。通过调距机构驱动桨叶回转,同时通过活塞杆和位置变送器将螺距反馈给伺服遥控箱。当变距桨实际螺距与螺距给定值一致后,调距指令取消,比例阀的电磁线圈失电,阀回中位,液压锁关闭,液压油锁闭在伺服油缸中进行稳距。另外,位置变送器将信号传送给螺距指示器,以显示变距桨螺距的大小。

工作中油压过高则由安全阀泄压,过低由压力开关发出报警信号,故障泵停止,并控制备用泵的自动启动。一般当螺距指令信号大于一定值时,为使变距桨的桨叶快速回转到给定的螺距,控制系统会使两台泵同时运行。

在泵站现场进行手动操作,可将泵站处控制箱上的旋钮置于“本地/LOCAL”位置,启动 CPP 油泵后利用控制箱上的旋钮或比例阀上的推杆来改变螺距。此外,在变距桨的液压伺服系统中还设有应急锁紧桨叶的功能,利用它可在应急情况下(例如,比例阀故障),通过应急油路将桨叶固定在一定的正螺距值上,使变距桨变为定距桨。

三、变距桨特点

当船舶阻力(进程比 J)变化引起螺旋桨特性变化时,可用改变螺距的方法去适应船舶工况的变化。对于桨径 D 一定的螺旋桨,等于改变螺距比 H/D,H/D 越大,则相同转速下的推力越大,扭矩也越大,因而当船舶阻力发生变化时,可通过调整螺距比去控制船舶的速度。变距桨在每一个螺距 H/D 下,就对应一个新的螺旋桨特性。因此,可把它视为一系列同一直径具有不同螺距比的定距桨的组合,其特性曲线是由多组类似于定距桨的工作特性曲线共同组成的。

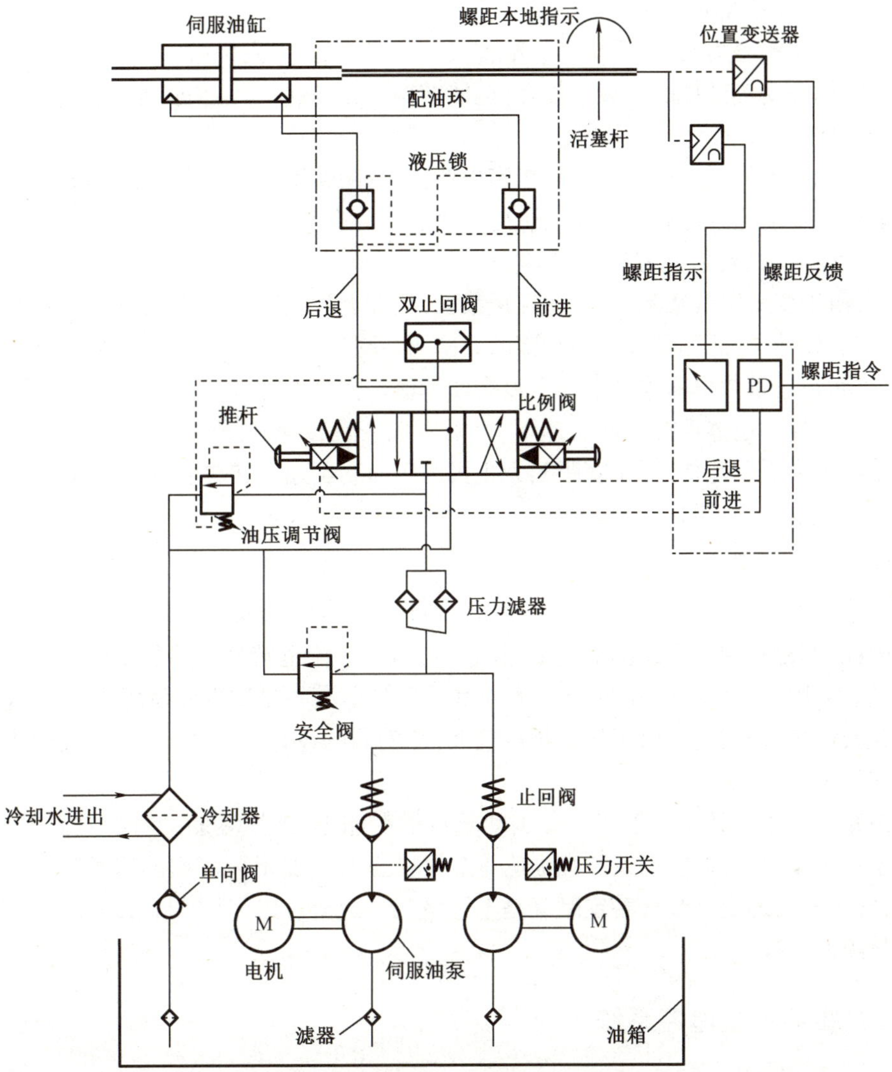

图 4-122　变距桨液压伺服系统原理图

1. 变距桨的优点

(1)对航行条件的适应性强

在航行条件变化时,通过调节螺距比 H/D,就可使螺旋桨的转矩不变,主机就可以保持原转速运转,发出原功率。这就意味着不论船舶在任何工况下,调距桨均能给予主机发出全功率的能力,因此船舶可获得较高的航速或给出较大的推力。

(2)提高了船舶的机动性

采用定距桨的柴油主机,其最低航速受柴油机最低稳定转速的限制。而变距桨可以使主机保持比较高的转速时,依靠螺距的调节,使船舶获得极慢的航速,且主机不用换向就可以实现船舶的前进、后退。此外,采用变距桨也改善了船舶的停船性能,变距桨螺距由正值变负值极为迅速,且能给出比定距桨更大的推力,故停船时间和滑行距离都比定距桨船舶要短。所以采用变距桨的船舶在靠码头及离码头、窄水道航行、紧急避让等情况下机动性大为提高。

(3)延长了主机的使用寿命

采用变距桨的动力装置,主机无须配备换向装置,减少了主机启、停次数,不但减少了运动部件的磨损和受热部件的热疲劳损坏,也使结构简化,减少了维护管理工作。

(4)便于实现遥控

液压传动技术的运用使变距桨易于实现遥控,变距桨推进装置可以由驾驶台直接操控,为提高船舶的自动化程度和实现无人机舱提供了极为有利的条件。

(5)动力装置的经济性好

通常,由于变距桨的桨毂、直径比定距桨大,故在设计工况时,定距桨效率比变距桨效率稍高,但在非设计工况下运转时,定距桨的效率明显降低。变距桨每改变一次螺距就有一条效率曲线,而每一条效率曲线都有一个最高效率值。在非设计工况下,变距桨效率比定距桨效率高。经济性好还体现在不同航速下,可以实现主机转速和螺距比 H/D 的最佳匹配,使柴油机油耗率最低。此外,由于变距桨为主机的定向和恒速运转提供了条件,所以可用主机来直接驱动发电机(轴带发电机)。

2. 变距桨的缺点

变距桨桨毂比定距桨稍大,因为桨毂需要留出空间来安装液压驱动机构,以控制桨叶的螺距。因此,变距桨和轴系的构造复杂,制造工艺高,造价也较高。桨毂中的转叶机构零件较多、空间小,因而使维护保养困难,工作可靠性降低。其一旦发生故障而损坏,船舶必须停航进坞,给营运带来损失。由于轮毂相对较大,在相同的设计工况下,变距桨的效率比定距桨的效率低 1%~3%。

变距桨大多用于经常处于变工况机动航行的船舶上,如滚装船、穿梭油船、渡船、拖船等。对于集装箱船、散装货船及原油油船等需要在正常海况下以一定船速长时间航行的普通船舶,安装昂贵的变距桨代替定距桨是不经济的。此外,变距桨控制系统比较复杂,营运中发生故障的风险更高。

四、变距桨主机遥控系统

变距桨和定距桨相比其遥控系统有两个被控量,即转速 n 和螺距 H,而定距桨遥控系统只有一个被控量转速 n。因此,变距桨主机遥控系统由两部分组成:一个是通过调速器去控制主机转速,即螺旋桨转速;另一个是通过螺距调节系统控制调距机构动作,改变变距桨的螺距。

对采用变距桨的推进装置可以采用双手柄控制,也可以采用单手柄控制。双手柄控制是指通过两只操纵手柄分别地操纵主机转速和螺旋桨螺距,这种控制方式不但操作不方便,而且也很难把工况调到最佳,甚至使运行工况比采用定距桨时还要差。单手柄控制是用一个手柄,按螺旋桨螺距与主机转速的函数关系来操纵。

目前,变距桨船舶的推进装置大多采用单手柄控制。单手柄控制的模式一般有三种,包括组合模式、分离模式和定速模式。在组合模式下,操纵手柄控制主机的转速,同时也控制螺旋桨的螺距。组合模式适合在船舶机动航行过程中采用,此时,转速和螺距的最佳配合参数是由控制系统来实现的。对于每一个操纵手柄位置(指令),自动匹配相应的转速和螺距,如图 4-123 所示为组合模式下转速和螺距与指令的关系曲线,从而保证最佳的经济性。组合模式通常在船舶主机不设轴带发电机的情况下使用。当然如果轴带发电机是可变转速

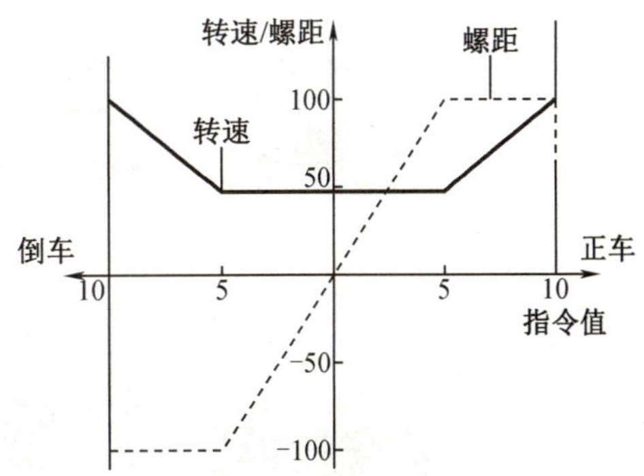

图 4-123 组合模式下转速和螺距与指令的关系曲线

型,即配备了变频器,也可以采用组合模式。柴油机与螺旋桨的最佳配合参数是理论值,船舶实际运行中,受船舶污底、海域风浪、航区变化、载重等因素影响,可能引起特性变化。因此,一些智能化程度较高的主机遥控系统,会按照最佳目标,根据实际情况变化,自动优化配置参数。在分离模式下,操纵手柄只能调节螺距,主机转速需要通过推进控制面板来单独设定,此种情况类似于双手柄控制。而在定速模式下,主机会按照预先设定的转速稳定运转,此时驾驶台或者集控室的操纵手柄仅仅控制螺旋桨的螺距。通常用于主机携带轴带发电机,且不通过变频器直接连接到主配电板的情况。转速设定值调整在电网工作频率对应的转速上,一般也是主机的额定转速。在定速模式下,若船舶航速较低,螺旋桨会处于效率较低的工况,将影响船舶运行的经济性。

1. 变距桨主机遥控系统的组成和功能

AT2000 型推进控制系统是 MAN B&W 公司经过多年改进后推出的变距桨船舶推进控制系统。部分 MAN B&W 生产的四冲程柴油机通过集成的 Alphacomm 组件可以实现主机监测系统(ACM-E)和安保系统(ACS)的功能,并将警报、指示和测量值实时地显示在推进控制系统的操作面板上。但 AT2000 型推进控制系统同时提供接口与外部系统相连,例如,使 SSU8810 实现主机安保功能。典型的 AT2000 型推进控制系统的组成如图 4-124 所示,主要包括操作面板(驾驶台、两翼、集控室)、主控制柜(程序计算机、输入/输出模块)、本地控制箱(螺距闭环控制系统 ASP12)和液压泵站。AT2000 型推进控制系统具有多种功能,包括:启动和停止主机;以三种不同模式(组合、定速和分离)操作推进系统;主机负荷控制;机舱与驾驶台之间的操纵位置的转换;驾驶台两翼控制选择和报警指示。

(1)操作面板

AT2000 型推进控制系统的驾驶台中央操作面板由螺旋桨指示面板、操纵手柄面板和推进控制面板三部分组成,如图 4-125 所示为 AT2000 型推进控制系统操作面板的组成。螺旋桨指示面板由转速表、螺距表和调光器组成。操纵手柄面板包括操纵手柄、应急停车按钮、备用控制选择按钮、控制位置选择按钮和指示器。推进控制面板的主要功能是主机的启动和停止控制、控制位置和控制模式的选择、最大负荷限制等重要参数的设置,此外还有报警指示等。集控室的操作面板与驾驶台中央操作面板基本相同,驾驶台两翼的操作面板通常只有螺旋桨指示面板和操纵手柄面板。

AT2000 型推进控制系统推进控制面板的组成如图 4-126 所示。

其功能说明如下:

①操纵位置选择和指示。

②控制模式选择和指示。

③故障停车指示和操作(取消和复位)。

④减小负荷指示和操作(取消和复位)。

⑤负荷限制取消。

⑥主机控制,比如,启动或停止主机等,通过 S1 到 S4 按键操作。

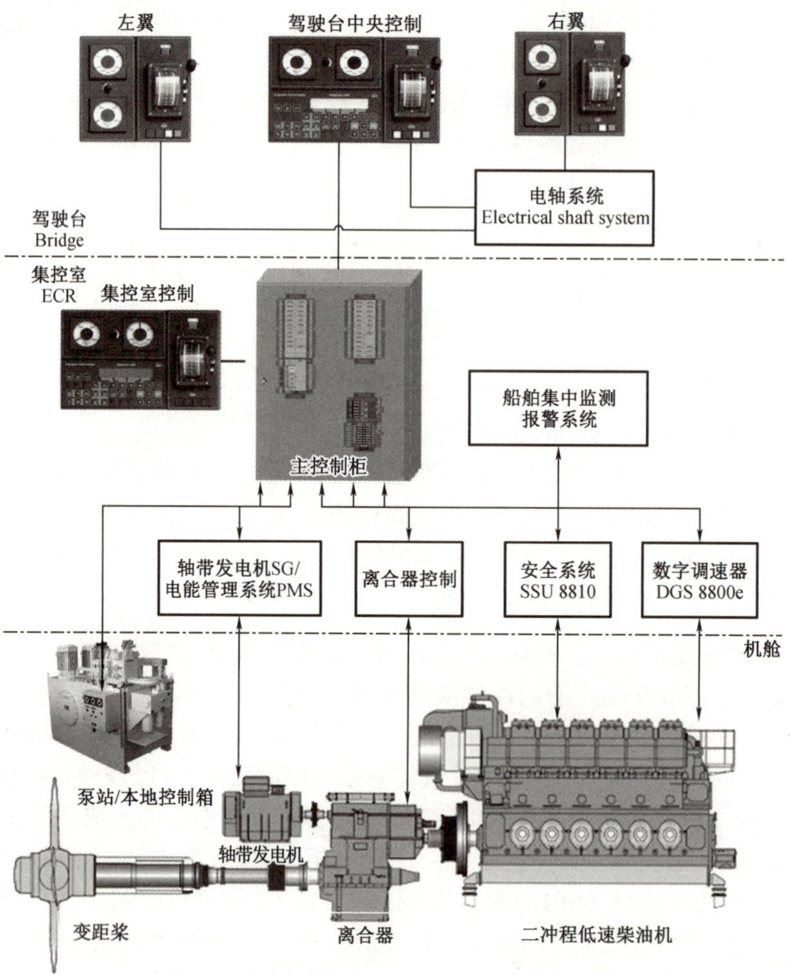

图 4-124　典型的 AT2000 型推进控制系统的组成

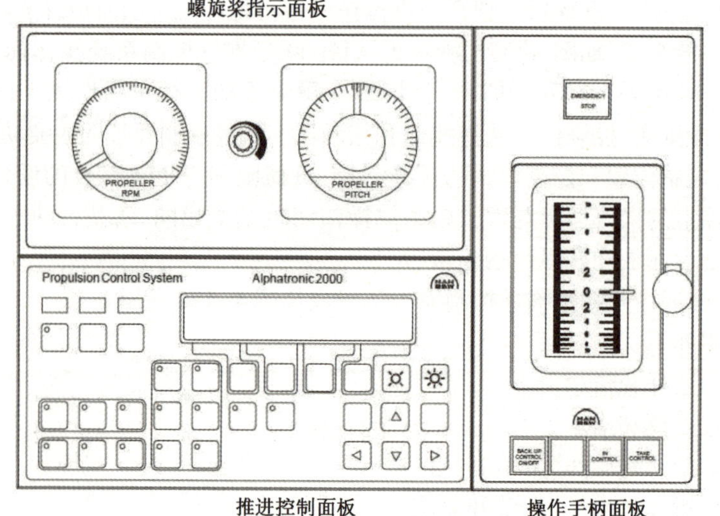

图 4-125　AT2000 型推进控制系统操作面板的组成

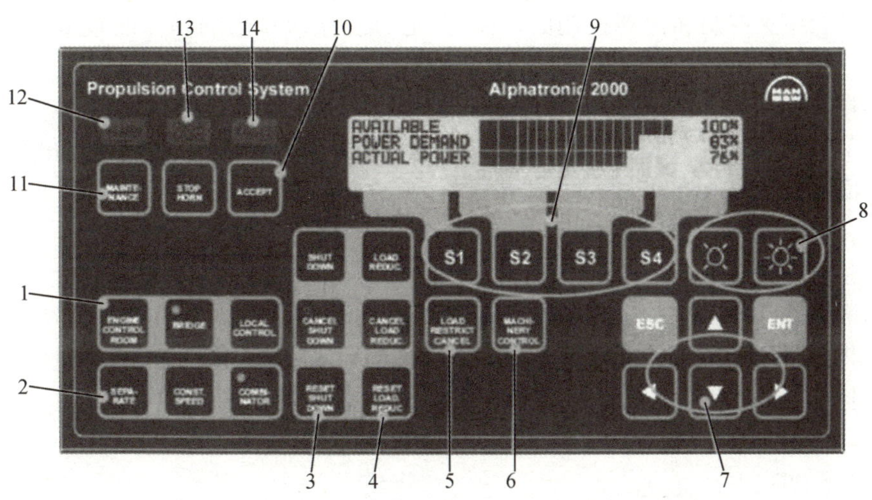

图 4-126 AT2000 型推进控制系统推进控制面板的组成

⑦用于在列表中移动和更改参数的导航键。

⑧调光。

⑨功能键。

⑩停止蜂鸣器和确认报警的按键。

⑪维护键,允许访问报警列表并调整参数。

⑫报警指示灯,当有新的报警时闪烁。

⑬主机过载指示灯,用于备用控制,此时系统无负荷控制功能。

⑭指示推进控制系统内部故障的灯。

(2)螺距控制

在本地控制箱内部有螺距闭环控制单元 ASP12。驾驶台、集控室等操纵手柄通常连接两个电位器,其中一个电位器将车令信号送到 AT2000 型推进控制系统,经过处理后(如负荷限制)产生数值为 4~20 mA 的螺距指令送到 ASP12,其与位置变送器反馈的螺距值进行比较后输出电信号到比例阀的电磁线圈,进而调节螺旋桨的螺距。在操作面板上有备用控制按键[BACKUP CONTROL ON/OFF],按下它可以旁路 AT2000 型推进控制系统,操纵手柄发出的车令信号直接通过另一个电位器送到 ASP12 单元。螺距闭环控制单元 ASP12 中有 6 个电位器,分别为 P3(AHEAD)、P4(ASTERN)、P5(GAIN)、P6(FEATHER PITCH LIMIT)、P7(ZERO PITCH)、P8(DEAD ZONE),可以用来校准螺距伺服系统对螺距给定信号和反馈信号的响应。例如,当螺旋桨螺距的反馈信号有偏差时,可以通过调整 P3 和 P4 进行校准。

(3)操纵位置

变距桨的主机遥控系统一般可以在以下三种操纵位置进行控制,分别为机旁操纵、集控室遥控和驾驶台遥控(包括左翼和右翼控制)。主机遥控系统通过这些操纵位置得到控制指令,然后控制主机各设备上的执行驱动装置,如主机的主启动阀、调速器、齿轮箱离合器的电磁阀、变距桨螺距调节机构等,保证主机安全、可靠运行。

①变距桨主机遥控系统的机旁操纵,是直接利用主机机旁操纵台的调油手柄和 CPP 液压动力单元中的比例阀来分别调节主机转速和螺旋桨螺距的。操纵时应观察转速表和螺距指示器是否达到要求的转速和螺距值。这种操纵方式是作为集控室和驾驶台遥控发生故障时应急操纵用的。

②驾驶台中央控制和两翼控制的转换，是通过在相应位置的操作面板上按下[TAKE CONTROL]按键实现转换的，并且[IN CONTROL]指示灯常亮，显示当前操纵位置。

③集控室控制转驾驶台控制，通常是在备车完成后进行的，按下集控室操作面板上的[BRIDGE]按键，请求转驾驶台控制，这时候蜂鸣器经过 5 s 的间隔时间后将发出两短声，驾驶台操作面板上的[BRIDGE]按键的指示灯将闪烁，直到驾驶台值班人员按下[BRIDGE]按钮以确认，指示灯常亮。

④驾驶台控制转集控室控制，这通常在航行中或者主机完车前进行，按下驾驶台推进控制屏上的[ENGINE CONTROL ROOM]按键，请求转集控室控制，这时候蜂鸣器经过 5 s 的间隔时间后将发出两短声，集控室推进控制屏上[ENGINE CONTROL ROOM]按键的指示灯将闪烁，这时候必须将集控室的操纵手柄推到与驾驶台一致的车令位置，再按下[ENGINE CONTROL ROOM]按钮以确认。

(4)主要功能

AT2000 型推进控制系统的基本控制功能与定距桨主机遥控系统一样，主要有主机启动、主机停车、转速控制、换向、负荷控制、负荷限制、安全保护。

主机启动包括慢转启动、启动闭锁、启动失败与重启动、应急启动。主机启动前的备车过程包括 CPP 液压动力单元的准备，通常是手动启动一台 CPP 油泵，然后另一台油泵转到自动控制。此外，变距桨主机遥控系统的启动闭锁条件除了定距桨主机遥控系统具有的盘车机未脱开、启动空气压力低、滑油压力低、应急停车按钮被按下等，通常还包括螺旋桨螺距不为零和 CPP 油泵出口压力低。

主机停车包括正常停车、紧急停车和故障停车。故障停车一般是主机超速、滑油压力低、推力块温度高、缸套水压力低、曲轴箱油雾浓度高等。一般船舶配置通常是中高速柴油机通过减速齿轮箱驱动变距桨，或者低速柴油机通过增速齿轮箱驱动轴带发电机，所以齿轮箱滑油压力低也会触发故障停车。

主机转速控制是由电子调速器或机械调速器控制柴油机每一个工作循环的喷油量来实现的。变距桨主机遥控系统也应具备临界转速避让功能。

对于与变距桨相连的主机来说，不需要具有换向功能，其换向控制是通过调节螺旋桨的螺距来实现的。

对于采用变距桨的船舶主推进装置，主机负荷的大小取决于主机的转速和螺旋桨的螺距。所以其负荷控制应该是同时控制主机转速和螺旋桨螺距。但 AT2000 型推进控制系统为防止主机超负荷而设置的负荷控制是只调节螺旋桨的螺距，即主机的转速与负荷控制器的输出无关。AT2000 型推进控制系统具有以下负荷控制函数，通过选小器作为负荷控制器的输出。

①按负荷程序慢加速和快减速，可取消。

②增压空气压力限制，可取消。

③最大负荷限制，不可取消，但可调节。

④转速/转矩限制，不可取消。

⑤减小负荷，只能用[LOAD REDUC. CANCEL]按键取消。

当可取消的负荷限制被激活时，推进控制面板上的[LOAD RESTRICT CANCEL]按键的红 LED 灯将闪烁，按下它可以取消当前的负荷限制。

主机安全保护，包括启动安全保护、自动减小负荷、手动应急停车、故障自动停车等。

2. 重要参数的设置

在 AT2000 型推进控制系统的推进控制面板上不仅可以实现主机的启动、停车等控制功能，还可以通过状态列表查看主机启动闭锁、故障停车的条件和状态、CPP 的螺距指令值和反馈值等，以及对各种参数进行设定，如主机的最大负荷限制、分离模式的转速、主机测速传感器的选择、CPP 的螺距反馈、车钟操纵杆的设定值(零螺距、100%倒车或 100%正车)。如图 4-127 所示为 AT2000 型推进控制系统面板的机械控制按键下的主要功能示意图。

MACHI-NERY CONTROL

SELECT DIRECT COMMAND:
|S| CLUTCH |1| OUT　|S| CLUTCH |2| IN　|S| START |3| ME　|S| MORE |4|

SELECT CONTROL GROUP:
|S| SEPERAT |1| RPM SET　|S| START/ |2| STOP　|S| GEAR & |3| CLUTCH　|S| MORE |4|

|S| ME |1| CONTROL　|S| STATUS |2| LIST　|S| I/O |3| ADJUST　|S| MORE |4|

SELECT CONTROL OBJECT:
|S| CPP INP |1| ADJUST　|S| CPP OUT |2| ADJUST　|S| GOV OUT |3| ADJUST　|S| MORE |4|

|S| ME |1| CONTROL　|S| STATUS |2| LIST　|S| I/O |3| ADJUST　|S| MORE |4|

CPP INPUT ADJUST
<UNSCALED VALUE>　<SCALED VALUE>
|S| ADJUST |1| ZERO　|S| ADJUST |2| 100% AS　|S| ADJUST |3| 100% AH　|S| ADJUST |4| FEATHER

SELECT CONTROL FUNCTION:
|S| LOAD |1| CONTROL　|S| FINEADJ |2| RPM　|S| TACHO |3| SYSTEM　|S| |4|

SET MAX LOAD
_MAX ENGINE LOAD　100%

ENT

SET MAX LOAD
ACTUAL ENGINE LOAD　89.3 %
MAX ENGINE LOAD　100 %
NEW VALUE: +00080.0　[50.0; 100]

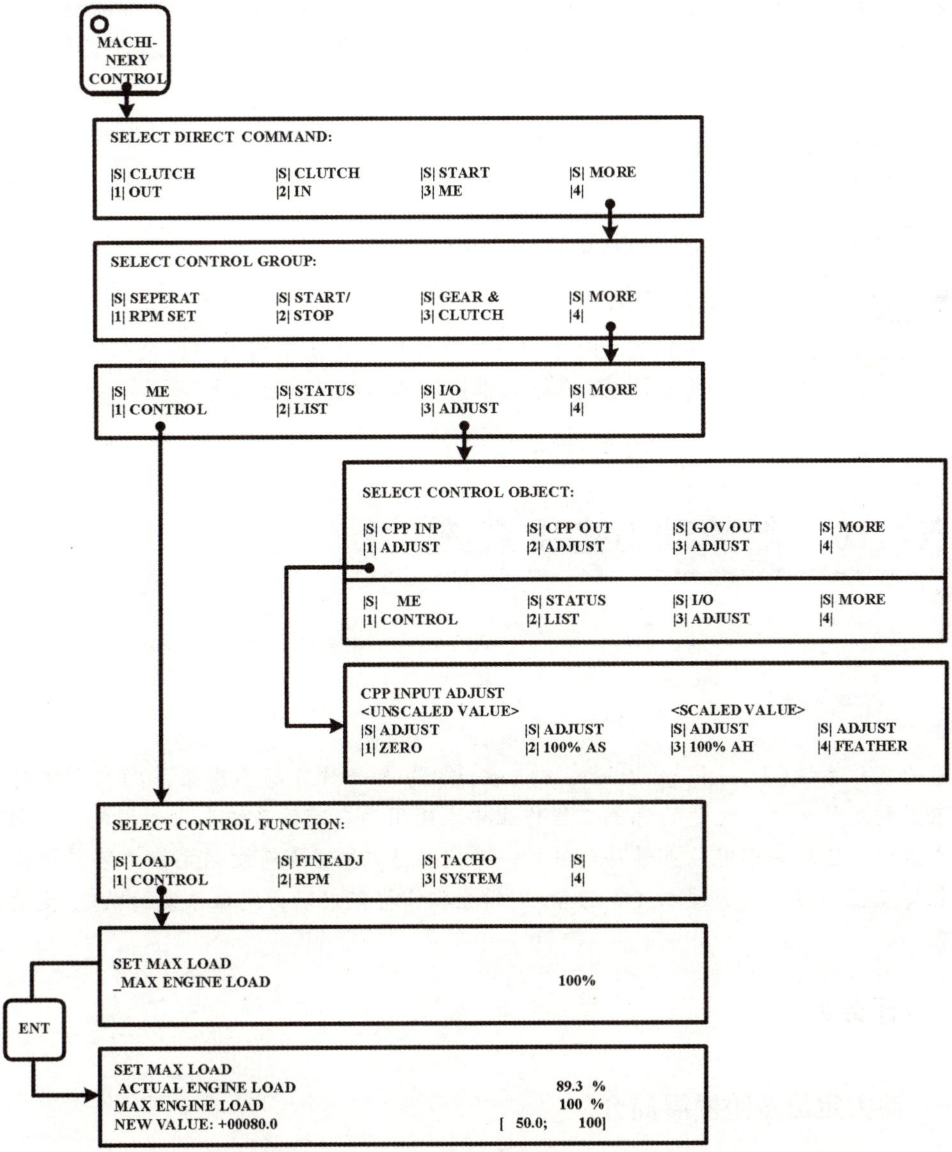

图 4-127　AT2000 型推进控制系统面板的机械控制按键下的主要功能示意图

当主机冷却系统效果不好或船舶航行条件恶劣，为防止主机热负荷过大或过载，可能轮机长会与船长沟通后将主机供油量减小。下面以主机最大负荷的设定为例，详细说明其修改的主要过程：

①按下机械控制[MACHINERY CONTROL]按键,此时4行显示屏上将列出S1~S4分别对应的不同功能。

②两次按下对应MORE的功能按键[S4],显示屏上将出现[S1]ME CONTROL功能,按下[S1]按键,此时显示屏上S1对应的是LOAD CONTROL功能。

③按下[S1]选择LOAD CONTROL功能,将进入最大负荷设置的界面。

④按下[ENT]键,此时需要输入密码。输入正确密码后,显示器将在第2行显示主机的实际负荷,第3行显示旧的最大负荷设置值,第4行输入新的设定值,并在右侧显示可以调整的最小值和最大值。通过左、右导航键可以选择第4行数值的位,上、下导航键用于设定当前位的数值。设定好新的最大负荷限制值后,按下[ENT]键进行确认,然后按下[ESC]键退出。

拓展强化

任务4.9

一、选择题(请扫码作答)

二、简答题

1. 请简述变距桨(CPP)液压伺服系统结构的组成及原理。
2. 请简述AT2000型推进控制系统的组成及原理。

任务4.10　船舶动力定位系统

任务分析

动力定位系统(dynamic positioning system,DPS)是一种可以不用锚系而自动保持水上浮动装置的定位方法。大量的海上工程作业要求使用动态定位系统来自动控制工程船舶的位置或者以慢速从一个定位点移动到另外一个定位点,通过精确控制主推力装置使得工程船舶保持船位的固定。通过本任务的学习,学生需掌握船舶动力定位系统的功能、主要构成及原理。

任务实施

一、动力定位系统发展简介

采用动力定位系统的水上浮动装置,在水上工程作业时不需要抛锚,这不仅减少了复杂的抛锚工序,而且工作的水深亦不受锚索长度的限制,甚至可以在水深大于1 000 m以上的地点进行工作。20世纪60—70年代,随着国际原油需求的不断增长,油气勘探行业得到了快速发展,动力定位技术与系统也就应运而生,其中主要应用于海洋油气的勘探或开采。世界上第一艘符合公认动力定位系统定义的船只是由1961年美国Howard Shatto为壳牌石油公司设计建造的钻井平台 Eureka 号。这艘船配备了一套最基本类型的模拟式控制系统，并与外部的张紧索位置参考系统连接。除了主推进器外，这艘船还在船首和船尾配备了推进器，其船长约为 40 m，排水量约为 450 t。20 世纪 70 年代初，出现了第二代动力定位的船舶，尽管每一艘船舶都有各自的特点，但是基本上都引入了计算机控制，位置传感器也由单一型系统发展成同时采用声学、张紧索和竖管角三种位置基准传感器的综合型系统，推进装置的功率也大幅度增加了。20 世纪 80 年代，动力定位船舶引入了多总线技术，应用领域也从钻井平台拓展到了风力发电安装船、铺管船、挖泥船、打桩船、打捞船、起重船等。近些年来，船舶动力定位系统已经发展为比较成熟的技术，随着计算机、传感器等硬件技术的发展，大量的高性能硬件装备、数据传输技术、卫星定位技术、智能控制技术等得到广泛应用，动力定位系统的应用更加广泛。

二、动力定位系统主要组成及功能

现在的动力定位船舶完全是自动推进的，船舶在作业期间对天气的变化、海况的变化都可以自主适应并灵活地做出快速反应，保持自身位置的稳定，并且可以根据作业需要，快速灵活地改变位置设置和位置定位，在作业的任何阶段都不需要拖船。而且现在动力定位的船舶具有多种功能，如跟踪、水下机器人跟踪和其他专业功能，具有工作在任何水深的能力。目前，动力定位可以描述为通过主动推力自动控制船舶位置和航向的系统，是一系列船载系统的集成，从而获得精确机动性的能力。因此，动力定位系统的功能除了保持在固定位置外，还包括精确操纵、跟踪和其他专业定位能力。动力定位系统一般以控制计算机为核心，包括 DP 控制单元(主控计算机)、位置参考系统、环境参考系统、船舶电站、航向参考系统、推进器和推进系统共六个主要部分，如图 4-128 所示为船舶动力定位系统的基本构成。

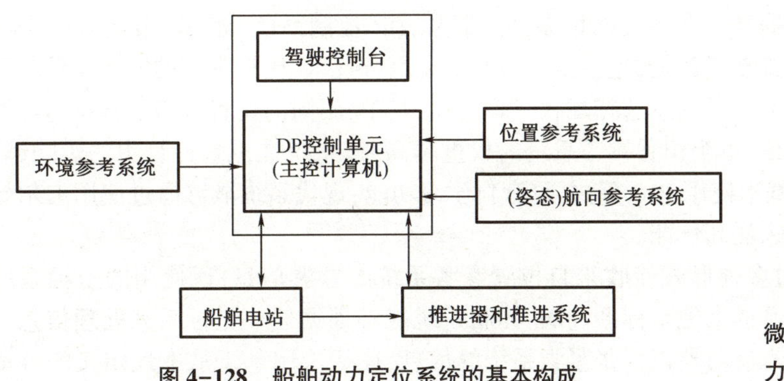

图 4-128 船舶动力定位系统的基本构成

微课 4.10 船舶动力定位系统简介

1. DP 控制单元

DP 系统的核心控制系统一般为以计算机为核心的控制网络，根据需要，有些系统需要有冗余设计，即控制计算机根据冗余级别的需要，可以单重、双重或三重配置安装，它们之间可以通过以太网或局域网(LAN)进行通信，互为备用，同时，DP 系统的各子系统之间的通信以及控制指令的传输也需要通过以太网、局域网等工业控制网络。

许多船舶的 DP 驾驶控制台并非始终位于船舶驾驶台所在的前桥上，包括大多数近海支援船的 DP 驾驶控制台都位于后桥上，朝向船尾。动力定位操作员(DPO)可以通过驾驶操控台操纵、监控整个定位系统，驾驶操控台上拥有所有控制按钮、开关、指示器、警报，如图

4-129 所示为 DP 系统控制台,所有用于控制的传感器信号汇集于此,所有的控制信号也由此发送。因此,环境及位置参考系统控制面板、推进器控制系统面板和通信装置都位于 DP 控制台附近。

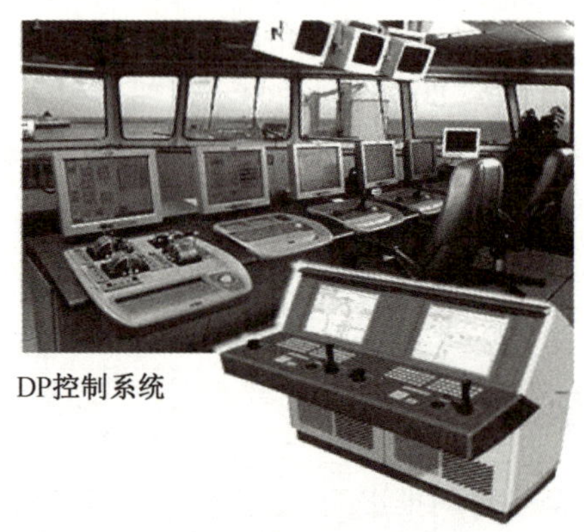

图 4-129 DP 系统控制台

2. 位置参考系统(position reference system,PRS)

所有动力定位船舶都有位置参考系统,有时称为位置监控设备(PME),它独立于船舶的正常导航系统。DP 系统一般使用多种位置参考系统。最常见的是:差分全球定位系统(DGPS)、张紧索系统、声呐系统(HPR)以及激光或微波测距系统等构成的位置参考系统。准确、可靠和连续的位置信息对于动态定位至关重要,动力定位控制系统需要不间断地读取船舶位置信息,根据设定的位置信息和实际的位置信息来做出控制,错误的位置信息会导致危及设备安全甚至人员生命的事故发生,由于上述不同的位置检测方法各有利弊,因此往往需要把它们结合起来提高整个系统的可靠性。通常,DP 控制系统"汇集"或组合两个或多个位置参考系统的位置参考数据,这里常常涉及信息融合技术,比较常用的方法是针对不同的位置参考系统监测的位置信息选择加权平均选项,其中,不同的位置参考的权重与位置数据的方差或分布成反比,单个位置参考系统的权重越高,该系统在位置计算中的影响越大。早期的 DP 控制系统基本使用 PID 算法,没有自学习功能,现代系统能够通过使用卡尔曼滤波器和人工智能算法来提高性能。

DP 系统可以通过多种形式接收来自位置参考系统的位置信息,所使用的坐标系的类型可以是笛卡儿坐标系或大地坐标系。DP 控制系统能够根据任一坐标系来处理信息。例如,对于水声系统、激光反射器以及张紧索系统的信息,往往采用基于从本地定义的直角坐标系或局部坐标系,这种类型的坐标参考系统是局部的或相对的,不是绝对的或固定的。而对于大地测量数据或全局参考数据(如 GPS),则需要采用以地球为参考对象的大地坐标系。因此,大多数现代的 DP 控制系统在操作中都可以根据需要选择所需的坐标类型,例如笛卡儿坐标、地理坐标(纬度/经度)或墨卡尔(UTM)地图投影坐标。

下面简单介绍一下常用的四种位置参考系统:

(1)差分全球定位系统(differential global positioning system,DGPS)

普通 GPS 的定位精度无法满足动力定位的需要,通过在 WGS84 球体(GPS 系统的工作球体)上的已知点建立参考站来实现对定位信息差分校正的差分 GPS 和网络 GPS 系统可以达到动力定位所需的精度,但是该精度会受到参考站的距离、地球大气电离层状况以及可用卫星的颗数的影响，同时，大型平台附近的 DGPS 精度也往往较低；差分全球定位可提供参照 WGS84 基准的纬度和经度坐标。目前，大多数海上作业都是使用墨卡尔地图投影，这样会使位置精度控制在米级范围内。

(2)声呐(水声)位置参考系统(HPR)

位置测量的原理是通过安装在船体上的水听器与接收器和一个或多个位于海床的定位应答器之间的水声频率通信进行定位的。为 DP 系统提供位置参考是水下声学技术诸多应用之一，声学定位还可以用于跟踪水下车辆或设备，标记水下特征或控制水下设备，例如，声遥测的技术。目前，声呐位置参考系统分为三种类型：超短基线系统(USBL 或 SSBL)、长基线系统(LBL)和短基线系统(SBL)。

超短基线系统(SSBL)测量的原理是从水听器发射询问脉冲，这个脉冲被海底的应答器接收，并触发其应答，根据回送的信号可确定发射/接收时间延迟以及发射与接收端的倾斜度，这些参数与距离成正比。所以，可以确定船舶的位置范围和方向。测量的角度和位置范围定义了船舶相对于应答器的位置，但是，通过测量得到的倾斜角度必须考虑船舶的横摇和纵摇情况，其测量结果需要修正或者补偿。这种方式至少需要一个由电池供电的海底应答器，可以通过从船上下线或者通过水下机器人或者简单地从船上扔入水底进行部署。采用超短基线的方式进行位置定位、部署相对容易，但也有其不足之处，其检测性能经常受到水中声学条件的限制，如推进器以及其他来源的噪声、湍流都将对测量结果造成影响。

在作业水域比较深的情况下，采用长基线系统(LBL)变得更合适。长基线系统广泛用于深水区域(水深大于 1 000 m)的钻井作业。长基线系统使用一组由三个或更多声呐应答器组成的阵列，部署在工地附近的海床上。通常，在海床上形成一个五边形阵列(由 5 个应答器组成)，钻井船位于阵列上方的中心。船上的一个水听器询问应答器阵列，因为基线距离(应答器之间的距离)已经在部署的时候进行了校准，因此此时需要得到的信息仅仅是距离的信息，而不是距离和角度的信息。位置参考是从水听器与应答器所在位置距离的几何图形中获得的，通过水听器对阵列中每个应答器依次询问所得到的信息来完成校准。如果船舶同时具有差分 GPS 或其他地理参考系统，则这种应答器阵列也可以对其他位置参考系统进行位置校准。这种定位方法的精度大约为几米，因为水中的声音传播速度约为 1 500 m/s，因此在深水中定位信息更新速度会比较慢。

短基线系统类似于长基线系统，不同之处在于沿动力定位船舶的底部分布有一组(有时可以达到 8 个)水听器，基线是它们之间的距离。因此，这种方式测量的精度可以比超短基线类型的系统更好，并且可以与水下的一个应答器工作，缺点是它仍然依赖于船舶运动校正。

目前，此类声呐系统中的水听器和应答器可以实现不同制造商的产品间互相兼容。

(3)张紧索位置参考系统

当船舶在水文环境比较平静且水深有限的作业区时，位置参考系统通常采用张紧索位置参考系统。张紧索位置参考系统通常由安装在船舶侧舷的一台恒转矩绞车(通常是一台起重机)和与绞车钢丝绳连接沉入海床的配重组成，正常工作时钢丝绳一般是垂直于水面的。在绞车起重机臂架末端安装的角度传感器可监测起重机臂架末端的钢丝绳的角度变化，如果起重机吊臂滑轮到海床的垂直距离已知，则可以根据钢丝绳长度以及钢丝绳的角度计算出船舶的位置。一般钢丝绳角度的变化需要限制在 20°以内；否则会增加拖曳水下配重的风险，造成定位失效。同时，角度传感器所检测的角度也需要根据船舶的实际的运动

(横摇或者纵摇)来进行补偿和校正。

(4)激光或微波测距系统

两种系统通过激光或者微波锁定在固定参照物上的单个目标或多个目标上,通过发送和接收光脉冲,可以测量位置变化的范围和方位。这种方法所测量位置的精度容易受到天气条件和能见度的影响。

3. 环境参考系统

海洋环境中风、浪和流会导致船舶偏离其设定点位置和/或航向。通常情况下,水流变化比较缓慢,所以在动力定位控制系统中很少采用价格昂贵的具有前馈功能的水流测量装置,大多数动力定位控制器都采用积分器来解决这个问题,通过调节积分器的时间参数,来使控制器适应潮汐等变化的环境。

对于海浪,由于海浪频率、幅度的不确定性,一般情况下在动力定位系统中不会对海浪进行主动直接的补偿,因此 DP 控制系统无法补偿船舶的侧倾、俯仰和升降运动,但必须为 DP 控制系统提供准确的侧倾和俯仰的值,通过这些参数来对位置参考系统进行补偿,例如垂直参考传感器(VRS)、垂直参考单元(VRU)或运动参考单元(MRU)(使用线性加速度计测量加速度并计算倾斜角)。对于海浪的参数测量,现在比较常用的做法是通过对船舶的航向、侧倾、俯仰和升降的监测来替代直接对环境参数(风、浪、流)的检测,目前采用比较多的方式是使用两个或更多个差分 GPS 接收器,它们的天线间隔一定距离安装,通过 GPS 定位器和运动传感器可提供船舶中的位置、航向、侧倾、俯仰和升降的数据,这能够为船舶运动中的位置、方向以及动态过程提供参考。

所有 DP 系统都配备风传感器。传感器的数据用于计算作用在船体和结构上的风力,通过控制算法,可以在风力引起作业船舶位置或航向变化之前对其进行补偿。风传感器由一个简单的传输风速计组成,通常是旋转杯型。风向对于需要上风或风标或寻找最小功率航向的船只很重要,例如,穿梭油船和浮船,它们依赖风向参数来寻找最佳航向。

风力传感器之所以重要,是因为如果不对其进行选择或屏蔽,风速或风向的较大变化可能会对定位造成重大干扰,许多 DP 控制系统在手动(操纵杆)控制功能内还具有风补偿功能。

4. 船舶电站

发电和配电是电力推进船舶可靠运营的重要组成部分。电力推进船舶的推进器基本都采用电力推进的方式,需要大量的电力支持才能完成作业需求。电力推进船舶上的推进器是用电大户,由于环境条件的变化,船舶用电的需求也会发生幅度比较大的变化,因此发电系统也就是船舶电站必须具有很强的适应能力,既能快速提供所必需的电功率,又能避免不必要的燃料消耗。船舶电站由原动机(柴油机或汽轮机)、发电机和配电盘组成。其装机容量根据船舶推进功率从几兆瓦到几十兆瓦不等,大部分采用电压为 6~10 kV 的高压电制,为了最佳调配船舶电力,其配电盘多装备有自动电源管理系统(PMS)。

为了保障 DP 控制系统免受船舶电站可能的故障影响,DP 控制系统一般会配置不间断电源(UPS),UPS 可提供稳定的电源,不受船舶交流电源的短期中断或波动的影响。它主要为计算机、控制台、显示器、警报系统、环境参考系统、位置参考系统等提供在船舶电站主要交流电源中断的情况下不少于 30 min 的供电时间。

5. 航向参考系统

动力定位船舶的航向由一个或多个陀螺仪提供,也可以从多个 GPS 接收器获得航向。

在需要冗余的船舶中，需要安装两个或三个陀螺仪。如果安装了三个陀螺仪，则 DP 系统可以使用三选二的数据对比来检测陀螺仪故障，如果出现故障，会及时向动力定位操作员发出适当的警告。

6. 推进器和推进系统

推进装置包括推进电机和推进器。推进电机可采用直流电机或交流电机，而交流电机又可使用交流异步电动机或交流同步电动机，目前，较多使用的是永磁式交流同步电动机。推进器一般分为常规推进器、导流罩式推进器和可旋转方位的推进器（吊舱式推进器是旋转方位推进器的常用类型）。诸如钻井平台等动力定位船舶一般都采用导流罩加可旋转方位的推进器（吊舱式推进器）的方式，如图 4-130 所示。吊舱式推进器是将推进电机装入一个流线型壳体内，螺旋桨置于壳体前端，操作十分方便，可以在很低转速下运行，又可作为转向装置，推进效率高于常规螺旋桨。

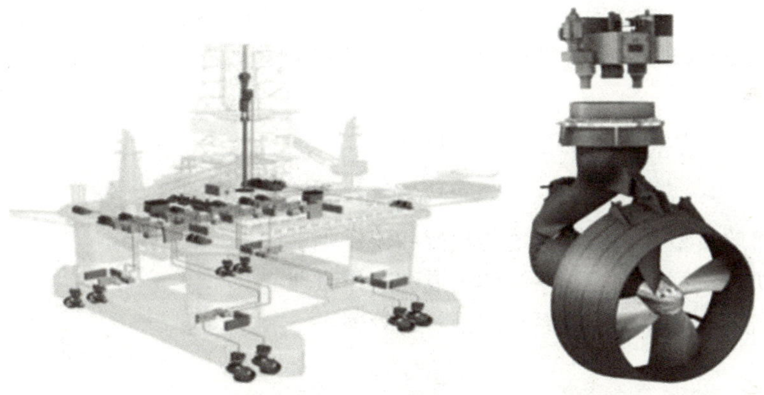

图 4-130　钻井平台与可旋转方位的吊舱式推进器

拓展强化

任务 4.10

一、选择题（请扫码作答）

二、简答题

1. 请简述动力定位系统的主要组成及原理。
2. 船舶动力定位系统采用什么作为动力推进装置？

育德润心

一代国之重器总设计师——黄旭华

项目5　船舶辅机自动控制系统

项目描述

为保障主推进动力装置安全运行，提高船舶安全性、可靠性和效率，本项目介绍了船舶机舱典型辅助机械（简称辅机）控制系统实例，围绕机舱典型辅助设备的反馈控制应用，着重阐述了机舱冷却水温度控制系统、燃油净油与供油单元自动控制系统、船舶辅锅炉自动控制系统、伙食冷库及货物冷藏控制系统、船舶空调控制系统、自清洗滤器控制系统、阀门遥控与液舱遥测系统等。通过该项目的学习，学生应掌握机舱上述典型辅机控制系统的功能、系统组成、工作原理和操作维护，了解辅助设备控制规律，运用于机舱其他控制系统，达到岗位适任目的。

通过本项目的学习，应达到以下学习目标：

知识目标：

- 掌握机舱典型辅机控制系统的功能和适任要求；
- 知悉机舱典型辅机控制系统的组成和工作原理；
- 掌握机舱典型辅机控制系统的维护与管理。

能力目标：

- 能正确分析机舱辅机控制系统实例，描述系统工作原理；
- 会对船舶辅锅炉控制系统、燃油净油单元自动控制系统、燃油供油单元自动控制系统、中央空调系统、伙食冷库及货物冷藏箱控制系统等进行参数设置与规范操作；
- 会对机舱典型辅机控制系统常见故障进行诊断与排除。

素质目标：

- 培养笃学求实、严谨致用、精益求精的工匠精神；
- 增强职业安全、规范与环保意识；
- 提升良好沟通协作能力、数智化素养与创新能力；
- 厚植家国情怀，涵养进取品格，践行使命担当。

项目实施

项目实施遵循岗位工作内容与适任能力培养，按由浅入深、由表及里、循序渐进规律，将船舶辅机自动控制系统项目按机舱典型辅助控制设备类型分成以下10个任务完成。

任务5.1 冷却水温度控制系统

任务分析

船舶柴油机在运行时,气缸套和气缸盖需要用淡水冷却,船舶定速航行时,把冷却水温度控制在给定值或给定值附近(一般是 80 ℃),对柴油机运转的安全性、可靠性和经济性十分重要。本任务目标是通过学习船舶 MR-Ⅱ型、ENGARD 型等柴油机冷却水温度自动控制系统实例,掌握冷却水温度控制系统的组成、工作原理及控制器设置方法;会进行冷却水温度自动控制系统参数设置、故障诊断和功能测试。

任务实施

一、柴油机冷却水温度控制系统概述

目前,柴油机冷却水温度控制的方法是把气缸冷却水分成两部分:一部分通过淡水冷却器,用海水冷却淡水使淡水温度降低;另一部分不通过淡水冷却器,与经过冷却的淡水混合,然后进入柴油机气缸的冷却空间。如果冷却水温度高于给定值,应减少不经冷却器的旁通水量,增大经冷却器的水量,使冷却水温度降回到给定值;反之,若冷却水温度低于给定值,则应增大旁通水量,减少经冷却器的水量,使冷却水温度回升到给定值。

新造船舶广泛使用中央冷却系统,仅中央冷却器的低温淡水采用海水冷却,海水冷却器和管路大为减少,降低了管路腐蚀且易于清洁,降低了管理成本,提高了运行可靠性。高温、低温两路淡水分别冷却不同的机舱设备,使系统适应性强,工作性能进一步提升。

二、MR-Ⅱ型冷却水温度控制系统的组成及工作原理

图 5-1 为 MR-Ⅱ型电动冷却水温度控制系统原理图。它由电动调节器 1、电机正反转控制电路 2、限位开关 3、过载保护继电器 4、三相交流伺服电机 M 及由它带动的三通调节阀 6 等部分组成,并且还需要外加电源。电动调节器是基地式仪表,它把测量、显示、调节各单元及相应的开关元件组装在一个控制箱内。

动画 5.11 MR-Ⅱ型冷却水温度控制原理

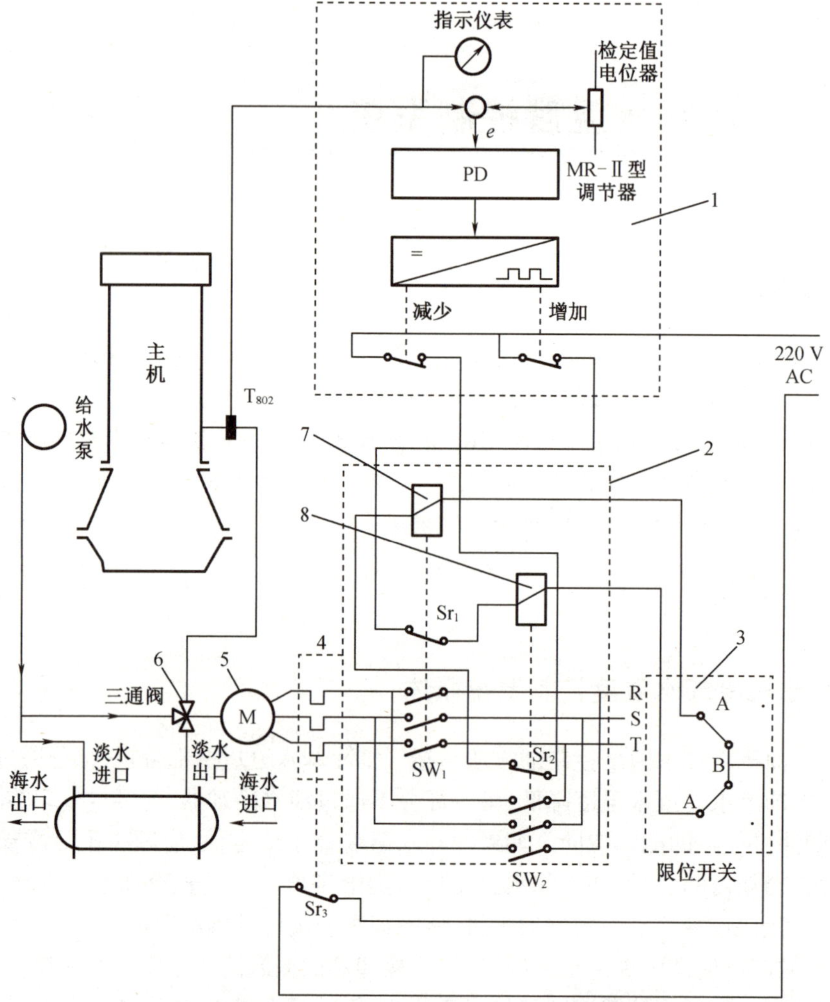

1—电动调节器；2—电机正反转控制电路；3—限位开关；4—过载保护继电器；5—伺服电机；
6—三通调节阀；7—减少输出继电器；8—增加输出继电器。

图 5-1 MR-Ⅱ型电动冷却水温度控制系统原理图

控制系统的基本工作原理是：系统控制器实现比例微分控制作用。它将测量单元热敏电阻 T_{802} 插在气缸冷却水进口管路中，T_{802} 在 20 ℃时阻值为 802 Ω，当被测温度升高时其电阻值减小，经分压器分配，就把冷却水温度的变化，成比例地转换成电压信号。这个表示冷却水温度测量值的电压信号，与由电位器调定的代表冷却水温度给定值的电压信号相比较，得到偏差值 e。这个偏差值经比例微分作用输出一个连续变化的控制信号送到脉冲宽度调制器，脉冲宽度调制器把 PD 输出的连续变化的控制信号调制成脉冲信号。若冷却水温度高于给定值，脉冲信号使减少输出接触器 7 断续通电，组合开关 SW_1 断续闭合。若冷却水温度低于给定值，其脉冲信号使增加输出接触器 8 断续通电，组合开关 SW_2 断续闭合。控制过程如图 5-2 所示。

执行机构是一个三相交流伺服电机 M，在它的轴上经减速传动装置带动两个互成 90°的平板阀。一个阀控制旁通淡水量；另一个阀控制淡水经过冷却器的流量。当 SW_1 断续闭合时，伺服电机 M 将断续正向（从操作手轮侧向电机方向看为逆时针）转动，关小旁通阀，开大经冷却器的淡水阀,使冷却水温度降低。当 SW_2 断续闭合时,伺服电机 M 将断续反向(顺时针)转动,使冷却水温度升高。这样,可保证冷却水温度稳定在给定值或给定值附近。当冷却水温度测量值等于或接近给定值时,调节器无输出,"减少"和"增加"输出接触器均断电,SW_1 和 SW_2 组合开关均断开,电机 M 停转,三通调节阀的开度不变。

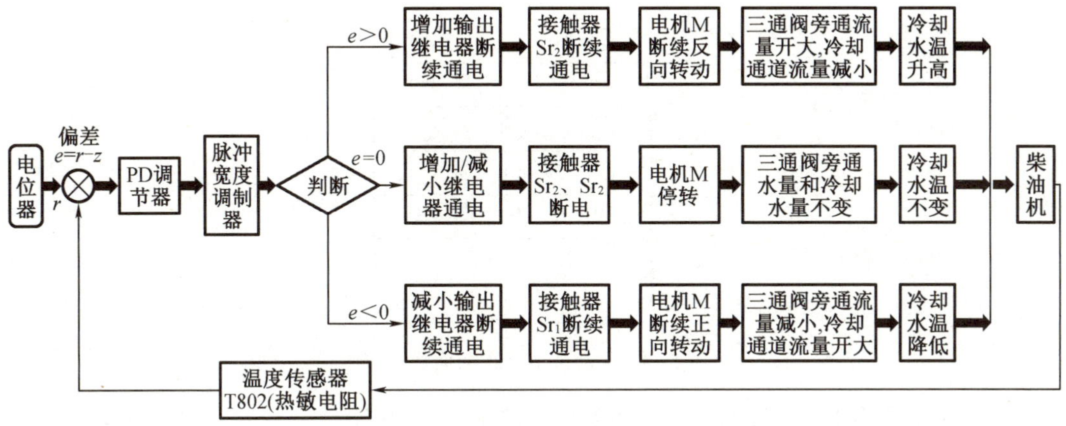

图 5-2　MR-Ⅱ型电动冷却水温度控制过程图

在减少输出接触器 SW_1 和增加输出接触器 SW_2 的电路中串联了一个限位开关 3 和一个过载保护继电器 4 控制的开关 Sr_3。若某些故障使伺服电机 M 电流过大时,过载保护继电器动作,使开关 Sr_3 断开。接触器 SW_1 和 SW_2 断电,其相应的组合开关断开,切断电机 M 电源,保护电机不会因过热而烧坏。限位开关 3 在一般情况下,其触头是合于 A,当电机 M 带动三通调节阀中的平板阀转到接近极限位置时,触头 A 断开,使接触器 SW_1 和 SW_2 断电,切断电机 M 电源,防止平板阀卡紧在极端位置,使电机 M 回行时动作不灵敏,或因启动电流过大而引起过热。在接触器 SW_1 和 SW_2 的通电回路中,分别串联了 SW_1 和 SW_2 的常闭触头 Sr_2 和 Sr_1,起互锁作用,防止接触器 SW_1 和 SW_2 同时通电。

三、MR-Ⅱ型冷却水温度控制系统的操作与管理

微课 5.11　MR-Ⅱ型电动冷却水温度控制系统

1. 操作管理要点

电动调节器正面面板的布置如图 5-3 所示,它是由一个温度表 A 和 5 块插拔式电路板组成的。

温度表 A 实际是一个电流表,它与插板 B 相连,把 0~1 mA 的变化范围按比例地转换成 0~100 ℃的刻度,用来指示冷却水温度的实际值或给定值。

插板 B 是测量电路,旋钮 1 用来整定给定值。按钮 2 是温度指示转换开关,拔出按钮,温度表 A 指示冷却水温度的测量值,按下按钮,温度表 A 指示冷却水温度的给定值。

插板 C 是比例微分调节电路。旋钮 3 和 4 分别用来整定微分时间和比例带。

插板 D 是脉冲宽度调制电路。旋钮 5 用来调整不灵敏区。旋钮 6 用来调整脉冲宽度。

插板 E 是继电器和开关电路。7 和 8 是电机 M 的转动方向指示灯。开关 9 是手操开关,当自动控制系统出现故障时,可手操扳动开关 9 使电机 M 转到希望的位置上。

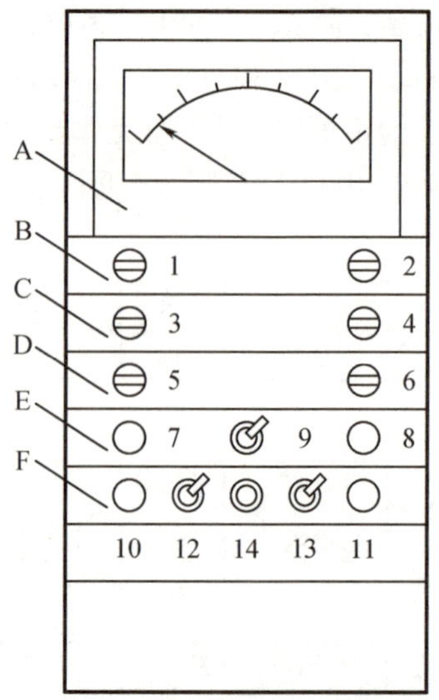

图 5-3　电动调节器正面面板布置图

插板 F 是电源和“手动-自动”切换电路。10 和 11 是保险丝。开关 12 是“手动-自动”选择开关，扳到右边是“自动”位置，扳到左边是“手动”位置。开关 13 是电源主开关，扳到右边主开关合上，扳到左边主开关断开。14 是电源指示灯。

(1)控制系统投入工作的操作

先把开关 13 扳到右边位置，接通主电源，电源指示灯 14 亮。若不亮，可拔出保险丝 10 和 11，更换烧坏的保险丝。电源正常后，按下按钮 2，转动旋钮 1，使温度表 A 指示在给定值上。再把按钮拔出，让温度表 A 指示冷却水温度的测量值，把开关 12 扳到左边位置，手操开关 9 将冷却水温度调节到给定值附近。然后把开关 12 扳到右边的自动位置，从而实现无扰动切换，自动控制系统就可投入工作。

(2)参数调整

控制系统安装以后，调节器的比例带 PB、微分时间 T_d 和脉冲宽度调整旋钮不要轻易转动。确实发现动态过程不理想(观察温度表指针向给定值方向恢复很快，或指针波动较大)，可适当调整比例带、微分时间或脉冲宽度，但每次调整量要小。每调整一次都要认真观察温度表指针变化情况，直到调好为止。

2. 故障分析

在自动控制系统工作的过程中，如果温度指示的测量值与给定值之间有较大的偏差值，而指示灯 7 和 8 都不亮，说明电机 M 没有转动。这时，必须把开关 12 立即扳到左边的手动位置，然后手操开关 9，如果此时电机 M 可按逆时针和顺时针方向转动，说明控制系统出故障，可分别抽出 B、C 和 D 板，人为地输入一个信号，观察其输出端是否有变化。哪块板输出不变化，故障就出在那块板上。换一块备件板，控制系统就能恢复正常工作，若手操开关 9 时，电机 M 仍不转动，说明自动控制系统没有故障，故障是出在执行机构中，如电机 M 烧毁或卡死；过载保护继电器动作，切断电机 M 的电源等。如果手操开关 9，电机 M 能在一个方向转动，而不能在另一个方向转动，可能的原因是“减少输出接触器”或“增加输出接触器”的线圈断路，或者它们的触头磨损、烧蚀而不能闭合，要及时检查修复。

四、ENGARD 中央冷却水温度控制系统

在现代大型船舶上,大多采用中央冷却水温度控制系统。随着计算机控制技术在船舶领域的广泛应用,船舶机舱越来越多地采用单片机等微型计算机作为冷却水温度控制系统的核心,例如 ALFA-LAVAL 公司生产的 ENGARD 中央冷却水温度控制系统,以及在船上广泛使用的各种智能控制器组成的中央冷却水温度控制系统等。本节以 ENGARD 中央冷却水温度控制系统为例进行阐述。

1. ENGARD 中央冷却水温度控制系统的组成

ENGARD 中央冷却水温度控制系统原理图如图 5-4 所示,控制系统采用由 ALFALAVAL 公司生产的 ENGARD 控制器,这种控制器采用 8032 单片机,取代了常规的电动调节器。中央冷却水温度控制系统包括海水(SW)系统和低温(LT)淡水系统,系统用海水来冷却低温淡水,再用低温淡水去冷却高温(HT)淡水。ENGARD 冷却水温度控制系统主要由中央冷却器(常用板式冷却器)、低温淡水温度调节阀 3、主海水泵组 5、主淡水泵、PT100 温度传感器 2(TT_1)和 4(TT_2)、ENGARD 控制器 1 等组成。PT100 温度传感器 TT_1 和 TT_2 分别用来检测低温淡水温度和海水温度。

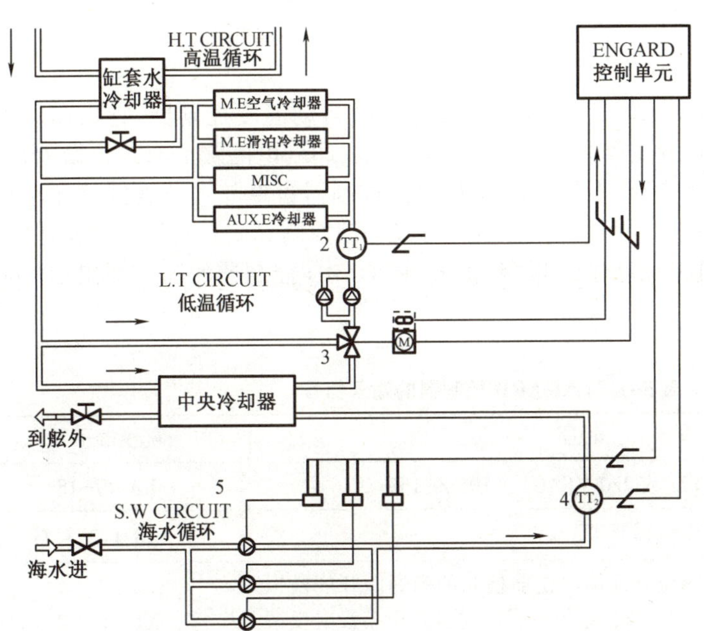

1—ENGARD 控制器;2—PT100 温度传感器(TT_1);3—低温淡水温度调节阀;4—PT 温度传感器(TT_2);5—主海水泵组。

图 5-4　ENGARD 中央冷却水温度控制系统原理图

动画 5.12　ENGARD 中央冷却水温度控制系统原理

作为系统的核心部件,ENGARD 控制器的主要任务是:(1)通过低温淡水温度调节阀实现低温淡水的温度定值控制;(2)通过控制海水泵的台数及运转速度实现冷却海水流量的控制。系统按照控制器设定的参数,通过海水流量的有级调节和调节阀的开度变化来控制低温(LT)淡水系统的温度,以达到节能的效果。如果调节阀 3 是

微课 5.12　船舶中央冷却水温度控制系统

气动作用式的，则还需要配备电/气（E/P）转换器。

海水回路的三台海水泵中，两台是单速的，另一台由双速电动机拖动、可进行变极调速（也可以是两台双速，一台单速）。三台海水泵中的任意两台泵各在50%的负荷下并联运行时，就可以达到冷却系统的最大海水流量（100%）。ENGARD控制器管理这三台泵的运行状态，根据负荷大小变化自动地控制海水泵的并联、解列和调速，以得到合理的海水流量、满足中央冷却器在不同负荷下的控制需要。由流体力学可知，水量 Q 与转速 n 的一次方成正比，水压 H 与转速 n 的二次方成正比，轴功率 P 与转速 n 的三次方成正比，因此当水量减少、水泵转速下降时，其功率要降低很多，与传统的流量节流调节或旁通调节相比，ENGARD控制器具有明显的节能效果。

ENGARD控制器具有如下特点：

（1）ENGARD控制器采用8032单片机，具有完善的自检、控制、显示、多种故障报警等功能，提高了系统的可靠性。海水泵电机与低温淡水温度调节阀通过控制系统的相关参数进行控制，具有很强的适应性和灵活性。该系统还通过RS232与上位机进行通信，便于全船动力装置的集中控制与监视。

（2）使用有级调速后，水泵电机温升明显下降，同时减少了机械磨损和维修工作量。

（3）保护功能可靠，消除电机因过载或单相运行而烧坏电机的现象。

（4）节能效果明显。譬如，100%流量时，功率为50 kW；75%～85%流量时，功率为22 kW；40%～60%流量时，功率为4 kW。

2. ENGARD控制器

ENGARD控制器是一种具有比例积分控制规律的全自动温度控制器，它由印刷电路板、固态继电器、电源滤波器、变压器和接线端子排等组成，印刷电路板上有8位微处理器、存储器（PROM、EEPROM、RAM等）及输入输出接口。控制器对冷却水温度进行比例积分（PI）定值控制，既可以自动控制，必要时经转换也可以手动控制。控制面板上有操作按钮、模式开关、数码显示器、电机工况和系统报警LED。ENGARD控制器的输入输出信号可以参考表5-1和表5-2。

表5-1 ENGARD控制器的输入信号

输入	说明	接线端子号
I10	电源100，110，115，127或220 V（AC），+10%/-15%	XA：17-18
I21	低温淡水回路PT100传感器 TT_1	X10：1，2，3，4
I22	低温淡水温度调节阀位置反馈电位器检测的旁通阀开度模拟量信号。如果是气动调节阀，需加电/气转换器，由于没有反馈电位器，则跨接X11：1和3	X11：1，2，3
I31	1#海水泵的启动反馈信号	X7：4-XC
I32	2#海水泵的启动反馈信号	X7：3-XC
I33	3#海水泵的启动反馈信号	X7：2-XC
I34 I35 I36	4#、5#、6#的海水泵启动反馈信号（系统最多可配6台海水泵）	X7：1-XC X8：4-XC X8：3-XC

表 5-1(续)

输入	说明	接线端子号
I40	海水回路 PT100 传感器 TT_2	X12:1,2,3,4
I50	扩展报警信号(气源中断、海水高温等)	X9:3-XC
IC14	遥控信号(电流回路)	X13:1-4
IC24	串行通信(RS232)	X14:1-4

表 5-2　ENGARD 控制器的输出信号

输出	说明	接线端子号
U11	控制低温淡水调节阀的开/关信号	XA:10,11,12
U21	输出到 I/P 转换器 4~20 mA 的电流信号(控制气动调节阀)	X9:1-2
U31	1#海水泵启动信号	X5:1-XD
U32	2#海水泵启动信号	X5:2-XD
U33	3#海水泵启动信号	X5:3-XD
U34 U35 U36	4#、5#、6#海水泵启动信号	X5:4-XD X6:1-XD X6:2-XD
U41	海水泵“冲洗”功能信号	X6:3-XD
UC14	遥控信号	X13:14
UC24	串行通信	X14:1-4
UA12	过程报警信号	X1:3-4
UA13	功能报警信号	X2:1-2

3. 系统工作原理

自动控制系统主要是对低温淡水温度和海水流量的控制。淡水温度在一定的范围内变化时,通过低温淡水调节阀控制流经中央冷却器的淡水量;若淡水温度的变化超出调节阀的设定调节范围,则通过海水泵的转速及台数控制实现海水流量调节。海水泵的控制不仅取决于中央冷却器的热负荷,还受海水流量、海水温度及中央冷却器的脏污程度的影响。

(1)低温淡水温度控制

温度传感器 TT_1 检测在 LT 回路中淡水泵之后的温度 T_1,T_1 被送至控制器与低温淡水设定值 T_L 相比较得到偏差 $E_L=T_1-T_L$,ENGARD 控制器对偏差进行比例积分(PI)运算后,输出控制信号给 LT 回路的调节阀。当淡水温度降低时,即 $E_L<0$,调节低温淡水调节阀 3 的旁通口开大,使流经中央冷却器的淡水量减小;反之,$E_L>0$,旁通口关小,流经中央冷却器的淡水量增多。当淡水温度超过或低于限制值时,发出越限报警。

在 ENGARD 控制器面板上有旁通阀的开度百分数显示。当旁通阀的开度信号达到海水泵的切换值时,海水流量设定值 T_{SW} 将增大或减小,ENGARD 控制器将根据 T_{SW} 发送启动控制信号给海水泵,增加或减少海水泵的台数。海水泵启动成功后,海水泵启动控制单元将一个反馈信号送回 ENGARD 控制器以确认海水泵已经启动成功,ENGARD 控制器面板有相应的信号指示,若没有接收到该反馈信号,则控制器将发出故障报警。

(2)海水泵的控制

海水泵的切换控制可以分别按照低温淡水调节阀的旁通口开度 V_1 或低温回路的淡水温度 T_1 控制,也可以同时采用 T_1 和 V_1 控制,如按 T_1 控制大容量的海水泵,同时按 V_1 控制小容量的海水泵。

若采取 V_1 控制方式,当冷却系统的热负荷增大时(需要更多的冷却淡水流经中央冷却器),低温淡水调节阀将逐步关小旁通口,当旁通口开度逐步关小到设定值时,则增大海水泵流量或启动另一台海水泵并联运行;当冷却系统的热负荷减小时,低温淡水调节阀将逐步开大旁通口,当旁通口开度逐步开大到设定值时,减小海水泵流量或退出一台海水泵。

若采取 T_1 控制方式,当冷却系统的热负荷增大时,低温淡水调节阀将关小旁通口直至全关旁通口、淡水全部流经中央冷却器,当 TT_1 测得的温度信号增大到设定值时,增大海水泵流量或启动另一台海水泵并联运行;当冷却系统的热负荷减少时,低温淡水调节阀的旁通口不断关小直至全关、低温淡水的温度会随着热负荷的减少而降低,当 TT_1 测得的温度信号降低到设定值时,减小海水泵流量或退出一台海水泵。

海水泵在自动控制方式下,在选择泵组投入运行时,如果两台泵的容量相等,则控制装置将比较两台泵的运行时间,运行时间较短的泵将优先启动。ENGARD 控制器自动实现 T_1、V_1 与冷却海水流量之间的参数匹配,避免海水泵的频繁启停和淡水温度的大幅度振荡。如果低温淡水调节阀控制旁通口开度 V_1 的变化范围在 0~5%之内,或者淡水温度偏离设定值不超过 0.5 ℃,则不需要对海水泵的流量进行调节。增大海水流量时,系统将自动启动“冲洗”功能,每隔 2 min 顺序启动海水泵一次,冲洗沉淀在海水管路内的污垢,“FLU”将在控制面板的显示窗口中交替出现。“冲洗”功能可通过参数 P12 进行设置,P12=0,取消该功能。

(3)报警与显示

ENGARD 控制器的报警分为过程报警和功能报警,前者是关于海水泵、淡水温度越限等故障的报警,后者是关于 ENGARD 控制器内部及 I/O 故障的报警。报警内容通过控制面板液晶窗口显示和 LED 指示。如果故障多于一个,先显示第一个未确认的报警,该报警确认后,再显示下一个报警。如果在 5 s 之内未复位过程报警,则触发机舱集中监视系统工作。发生功能报警时,低温淡水调节阀开度将保持原位不变。各种报警指示如表 5-3 所示。其中,P 为过程报警,F 为功能报警。

表 5-3 ENGARD 的报警信号

报警符号	报警原因		报警符号	报警原因	
TT 1	淡水高温或低温	P	A2-	控制模块错误	F
	海水泵反馈信号故障	P	A3-	“Program Mode”时间太长	F
TS	扩展报警,I/P 转换器气源中断中央冷却器后的海水温度偏高	P	A4-	电源故障	F

表 5-3(续)

报警符号	报警原因		报警符号	报警原因	
	备用泵运行	P	A5-	外部传感器接线故障	F
A1-	通信错误	P	A6-	传感器读数异常	F

4. 系统操作

(1)控制面板

ENGARD 控制面板如图 5-5 所示。

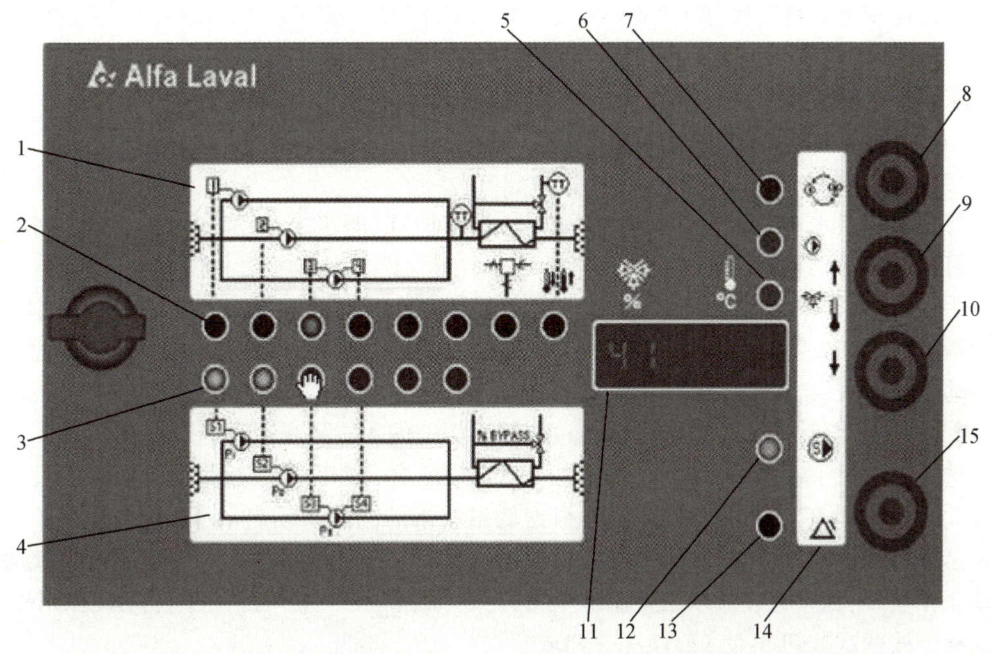

1—报警输入信号图表;2—报警输入信号 LED(红色);3—控制系统输出信号 LED(绿色);
4—控制系统输出信号图表;5—调节阀手动模式 LED(橙色);6—海水泵手动模式 LED(橙色);
7—自动控制模式 LED(绿色);8—手动/自动模式按钮;9—增加温度按钮(手动模式);10—降低温度按钮(手动模式);
11—显示窗口;12—备用泵工作 LED(橙色);13—主报警 LED(红色);14—功能符号;15—报警复位/试灯按钮。

图 5-5　ENGARD 控制面板

(2)系统投入运行的操作

①开启系统的主进、出口阀,启动低温淡水泵运行。

②开启海水泵的吸入阀和排出阀,排出海水泵内的空气。

③在海水泵控制屏上将转换开关“MAN/AUT”置“MAN”位,合上主电源开关。手动启动大容量的海水泵,用“STBY”开关选择备用泵。

④开启中央冷却器的海水进出口阀,系统开始工作。

⑤合上 ENGARD 控制器的“ON/OFF”电源开关(该开关在控制箱内部),同时复位主保险丝故障(按下按钮 15)。这时控制面板的显示器出现“d-PCU”,10 s 后,显示窗口 11 的左

边显示低温(LT)回路调节阀的开度(两位数字%),显示窗口的右边显示低温淡水温度(三位数字 ℃)。按下按钮 8 确认 ENGARD 控制器在手动控制方式下工作,并使“Automatic Operation Mode”自动控制模式 LED7 不发光。

⑥在控制面板上检查系统的工作参数,确保它们与系统的设定值相符(参数设定值列表在控制箱门的里面)。

⑦按下“Alarm Reset/Lap Test”报警复位/试灯按钮 15,至少保持 3 s 以上(若显示窗口跳出 F 参数,则 5 min 后或者多按几次按钮 15 后将恢复正常),检查控制面板上的指示灯是否有异常。

⑧待系统稳定后或按需要,将系统工作方式转为“AUT”。

系统投入自动运行的前提条件是低温淡水泵已经投入运行,ENGARD 控制系统已处于工作状态,海水泵处于手动控制方式并且已在原地启动运行。

确认条件无误后,再次按下 ENGARD 控制面板上的按钮 8,使得 LED7 亮(绿色)。最后在海水泵控制屏上将转换开关“MAN/AUT”置“AUT”位。此时,ENGARD 控制系统工作在自动状态,系统将使海水泵运行在最佳状态,并且自动调节和监测低温淡水系统的温度。

系统初次转换到自动控制状态时,首先要将海水泵的安装参数 P25~P30 设置为“On=1”,双速泵的 P 参数设置为“On=1”。

(3)手动/自动模式及切换

海水泵和淡水调节阀各有手动/自动两种操作模式,海水泵手动操作时,低温淡水调节阀仍可工作在自动状态;反之亦然。

手动/自动操作模式是通过控制面板上的按钮 8 来选择的。系统工作在自动方式时,控制面板上的 LED7 亮(绿色),此时按一下按钮 8,LED6 亮(橙色),LED7 灭,表明选择了海水泵手动工作方式;再按一下选择了调节阀手动工作方式;第三次再按按钮 8,LED7 亮,LED5 灭,则又回到了自动工作状态。可以通过控制面板上的 4 看到在运行的海水泵。

选择海水泵手动操作模式时,按下按钮 8,LED6 亮,LED7 灭。将海水泵控制屏上的转换开关“MAN/AUT”置“MAN”位,然后根据低温淡水的温度手动启动/停止所需的海水泵。根据运行海水泵的容量,淡水调节阀将自动地连续调节低温淡水的温度。若要回到海水泵自动工作模式,则首先在海水泵控制屏上将开关“MAN/AUT”置“AUT”位,再在 ENGARD 控制面板上按两次按钮 8,使 LED7 亮、LED6 灭。

选择调节阀手动操作模式,按两次按钮 8,LED5 闪亮,LED7 灭。通过按钮 9(+)和 10(-)控制低温淡水温度的增加或减小。调节阀从全关到全开,对应显示值为 2%~98%。根据淡水调节阀开度或低温淡水的温度,海水泵自动地进行流量调节。此时要回到调节阀的自动工作模式,只需按一次按钮 8 即可,LED7 亮,LED5 灭。

(4)系统工作状况检查

系统在自动方式下正常工作时,控制面板上液晶窗口 11 显示调节阀开度值和低温淡水温度值。在无报警的情况下,按下按钮 15,可以让显示器显示 F 系列参数的读数。液晶窗口左边出现“F_0”,右边显示海水温度值(℃);若窗口左边出现“F_1~F_6”中的某一个,则右边数值为对应海水泵的累计工作时间(该数值乘以 1 000 等于运行小时数)。按钮 15 被按下 5 min 后,系统将恢复到正常指示状态。

(5)报警功能

出现报警时,控制面板上的 LED2、LED13 闪亮(红色),窗口 11 显示报警代码 A1~A6

(参见表5-3)。按按钮15对报警进行确认。所有报警被确认后,LED2、LED13常亮。最后再按按钮15进行复位,LED13熄灭。只有故障消除后LED2才熄灭。

(6)停止系统工作

要对某台海水泵停车检修,必须设置与其对应的“P25~P30”中的某一参数为“Off=0”,使该泵退出控制系统,切断该泵电源,关闭其进出口阀,但必须选择一台备用泵替代它工作。

要停止整个系统的工作,首先在控制面板上选择手动操作模式,海水泵控制屏上转换开关“MAN/AUT”置“MAN”位;然后手动启动大排量海水泵工作,正确关闭系统的某些海水阀;最后打开控制器箱门,关掉里面的电源。

5. 系统参数调整及维护保养

ALFA-LAVAL公司提供有详细的过程参数表、安装参数表、备件表及接线图,放在ENGARD控制器控制面板门的后面,便于查阅。系统的主要参数如表5-4所示。

(1)参数整定

首先将ENGARD控制箱内的模式选择开关置“P”,控制面板上显示“$C_1$1”和间歇显示“Pro”。按控制面板(图5-5)下面两个按钮10和15,调整C_1-12参数值;按钮8可选择下一个被设置的参数;按上面两个按钮8和9,进入参数内容(表5-4),没有参数就显示“--”。新设置的参数在选择下一个参数时被存储,如果同时按下按钮10和15,则将存储修改以前的参数值。控制面板上显示“C_2 2”,表明过程参数设置完毕,开始设置安装参数C_2-12,方法与前面相同,当出现“End”时,安装参数设置完成。

结束参数整定,必须把控制箱内的模式选择开关置“L”或“R”,否则,10 min后将发出“Program Mode”报警(代码A_3)。

(2)淡水回路调节阀整定

首先打开ENGARD控制器箱门,将模式选择开关置“P”。根据调节阀设定参数P38(表5-4)。然后按下控制面板上的按钮8“Manual Mode”1~3次,LED5闪亮(橙色),通过按钮9(升温)、10(降温)手动改变调节阀旁通口的开度。

按下按钮10,手动操作调节阀旁通关小,关到2%开度时,设置参数P39=1。按按钮9,使调节阀旁通开大,开到98%开度时,设置参数P40=1。调节阀动作到极限位置时,留有2%的余量,防止阀卡死,动作不灵敏。通过按钮9/10操作调节阀旁通全关→全开/全开→全关,测量调节阀动作全行程所需时间,把该时间值输入参数P21。

(3)检查海水泵切换功能

在前面两项整定好的基础上,按下按钮8选择调节阀手动模式,LED5闪亮(橙色)。通过按钮10手动关小调节阀的旁通阀,控制面板上显示窗口11的左边显示2%时,观察切换到大流量海水泵的时间不超过5 s。由按钮9开大调节阀的旁通阀,显示窗口11的左边显示98%时,观察切换到小流量海水泵的时间在15 min之内。最后,将系统转换到自动模式。

(4)系统的维护保养

为了预防故障发生,每周应进行试灯和报警功能试验;每月应进行淡水温度越限报警和水泵故障报警试验;每六个月应校验一次温度传感器,如果偏差超过±1 ℃,需要换新。

6. 故障分析

系统出现故障时,将在控制面板上的“Alarm input diagram”1、“Alarm input LED”2给出报警指示,在显示窗口11中显示故障代码,故障性质参见表5-3。常见主要故障如下:

表 5-4　ENGARD 控制器的过程参数及安装参数

代码	过程参数	单位	显示	厂家设定	说明
P1	低温淡水温度设定值	℃	XX. X	36. 0	温度设定值按照系统设计和柴油机厂家推荐值整定
P2	低温淡水温度上限报警值	℃	XX. X	40. 0	
P3	低温淡水温度下限报警值	℃	XX. X	25. 0	
P4	比例(P)常数	% ℃	0x. x	1. 0	比例积分作用需要重新整定
P5	积分(I)常数	1/s	XX. X	8. 0	
P6	海水流量Ⅵ→更大流量	% ℃	XX XX. X	-40	海水流量按调节阀开度(xx)/淡水温度(xx. x)调节。P8、P9 只按阀位调节 (1)按阀位调节　(2)按温度调节 P7≤P6-5units　P7≥P6+2 ℃ P8≤P7-5units　P8≥P7+2 ℃ P9≤P8+30units　P8≤P2-2 ℃ P9>P8　P9<P8 P10≤P7+30unitsP10>P7　P10<P7 P11≤P6+30units　P10<P9 P11>P6　P11<P6 P11<P10 P11≥P1+0. 5 ℃
P7	海水流量Ⅲ→更大流量	% ℃	XX XX. X	-30	
P8	海水流量Ⅱ→流量Ⅰ	% ℃	XX XX. X	20	
P9	海水流量Ⅰ→流量Ⅱ	% ℃	XX XX. X	-50	
P10	更大流量→流量Ⅲ	% ℃	XX XX. X	60	
P11	更大流量→流量Ⅵ	% ℃	XX — XX. X	-70	
P12	海水系统的冲洗时间间隔,0=不冲洗	h	XXX	100	

表 5-4(续)

代码	安装参数	单位	显示	厂家设定	说明
P20	调节阀占空比(工作系数)	%	0xx	99	伺服电机驱动的调节阀,调节快结束时断续动作所占时间比
P21	调节阀动作全行程时间(开度%)	8	0xx	60	调节阀旁通口全开→全关或全开←全关所用时间
P22	调节阀反应的最小时间 (最小脉冲)	S	0xx	0.06	反映调节阀的灵敏程度
P23	启动延时	S	0xx	25	可以确定海水泵的启动顺序
P24	冲洗顺序延时	S	XXX	0	海水反向流动冲刷系统里的污垢
P25~P30	海水泵启动器 1-6	Off=0 /On=1	00x	1	只有海水泵退出系统时,设置 Off=0;启动器接线与代码、参数一致
P31	水泵切换延时时间	min	0xx	15	最短设定时间为 5 min
P32~P37	海水泵启动反馈信号报警延时		0xx	10	水泵启动后,控制器没有收到反馈信号,则延时 10 s 报警
P38	电动/气动调节阀	Electrical=0 Pneum. =1 Pneum. =2	00x	0	按照调节器类型设置参数,“0””电动;“1”气动(无反馈),“2”气动(有反馈信号)
P39	旁通阀 2%开度	Calibr. =1	00x	0	调节阀开度与反馈信号校准。参数为 1 时,开度为 2%或 98%
P40	旁通阀 98%开度	Calibr. =1	00x	0	
P41	通信方式	CL=0 RS232=1	00x	1	CL=0 为电流环通信方式

(1)淡水温度异常。可能是由手动操作不当、参数设置错误、流量或压力异常等原因造成。若水温过高,可能是流量或压力不足、海水温度偏高、中央冷却器阻塞、温度传感器故障或调节阀卡死在2%~5%的开度上;若水温过低,原因情况与前者相反。可参照说明书正确调整参数 P1/P2,改手动为自动模式,认真检查海水、淡水泵的流量和压力,仔细检查 PT100 温度传感器是否有断线、接地故障,检查调节阀是否卡死等。

(2)海水泵反馈信号错误。可能是参数设置错误或海水泵故障,可检查参数"P25~P30",海水泵退出系统工作时,其应为"Off=0"。

(3)备用泵启动。可能是所用海水泵没有反馈信号或备用泵控制电路故障,应按照图纸检查电源和接线是否有误。

(4)气源中断报警。只有使用气动调节阀的情况下才会出现,应检查气源减压阀和 I/P 转换器。

(5)中央冷却器后的海水温度偏高。可能是由海水流量不足、手动操作海水泵不当、柴油机负荷高等原因造成。

(6)通信故障。报警代码为 A_1,A_1-1 是电流环通信错误,检查接线是否正确;A_1-2 是 RS232 设置错误。

(7)控制单元故障。报警代码为 A_2,A_2-1 是单片机 8032 内的 RAM 故障;A_2-2 是外部 RAM 故障;A_2-3 是外部 RAM 求校验和故障;A_2-1 到 A_2-3 类故障,接通/断开控制单元的电源几次可以消除,否则只能更换芯片。A_2-4 是 PROM 错误;A_2-5 是模式开关错误;A_2-6、A_2-7 是模拟量处理故障;A_2-8 是模拟量电路板电源或频率故障,检查电路板熔丝,检查电源电压和频率范围。

拓展强化

任务 5.1

一、选择题(请扫码作答)

二、简答题

1. 请简述 MR-Ⅱ型电动冷却水温度控制系统的组成和调温过程。
2. 请简述 ENGARD 型中央冷却水温度控制系统的组成和工作原理。

任务5.2 燃油供油单元自动控制系统

任务分析

船舶柴油机燃烧做功常使用黏度大、质量差的燃油,又称重油(heavy fuel oil,HFO),为便于管路输送,气缸喷油雾化,提高燃烧效率,降低气缸积碳和运动部件磨损,因而燃油进入柴油机之前需要经过加热器加热,使其黏度降低到合适值。本任务的目的是掌握燃油供油单元自动控制系统的组成、工作原理和管理维护,学会对燃油供油单元自动控制系统进行参数设置与故障分析。

任务实施

一、燃油供油单元自动控制系统概述

ALFA LAVAL 公司生产的燃油供油单元(FCM),是新一代用于船上的燃油供给与自动控制系统,专用于燃油系统的自动监视和燃油黏度控制。控制系统中最核心的设备包括黏度传感器 EVT20、温度传感器 PT100、控制器 EPC-50B、蒸汽调节阀(或电加热供电单元)和燃油加热器,可实现燃油黏度或温度的自动控制。除此之外,系统还对供油泵、自动滤器、循环泵、“柴油/重油”自动转换实现全面的自动控制和监测,如图 5-6 所示为燃油供油单元系统图。

图 5-6　燃油供油单元系统图

视频 5.2　实船燃油供油单元运行视频

其黏度传感器和控制器的结构和工作原理都有较大的改变。黏度传感器 EVT20 和控制器 EPC-50B 均用微型计算机取代了常规的变送器和控制器。在系统中可采用 SHS 蒸汽加热器,也可采用 EHS 电加热器或两者兼用。柴油或重油经转换后,由 EPC-50B 根据选择的加热器控制加热,并同时在线测量油温和黏度,由控制器根据选择的控制方式进行温度或黏度的自动控制。

二、燃油供油单元自动控制系统的结构组成及基本工作原理

如图 5-7 所示为燃油供油单元的结构组成图,总体上可以分为供油处理系统、燃油黏度或温度自动控制系统、油泵电机和滤器自动控制系统等部分。

动画 5.21　燃油供油单元自动控制系统的组成原理-上

供油处理系统由重油日用柜、柴油日用柜、“柴油/重油”转换阀、燃油供给泵(供油泵)、燃油自动滤器、流量变送器、压力变送器、混合管(混油筒)、燃油循环泵、燃油回油管系等设备组成。燃油供给泵的压力由压力变送器 PT 检测,用于控制器分析判断供给泵的状态。供给泵的流量由流量变送器 FT 检测,用于控制器分析柴油机的耗油情况。在自动滤器的前后装有压差开关 PDS,用于滤器脏堵报警的检测,当滤器进出口压差达到设定值时控制器发出报警。

滤器排污电磁阀可执行滤器自动排污。脱气模块包括带脱气的混合管、浮子开关和脱

动画 5.22 燃油供油单元自动控制系统的组成原理-下

气阀,用于供油与加热后从主机的回油混合,并使油气分离。当气体达到一定量时,浮子开关动作,控制系统控制脱气阀打开,使油路中的气体返回日用柜 HFO。循环泵向柴油机提供油压,可以用压力变送器来检测。主机的回油通过压力控制阀和管系回送到混合管,进行脱气处理。

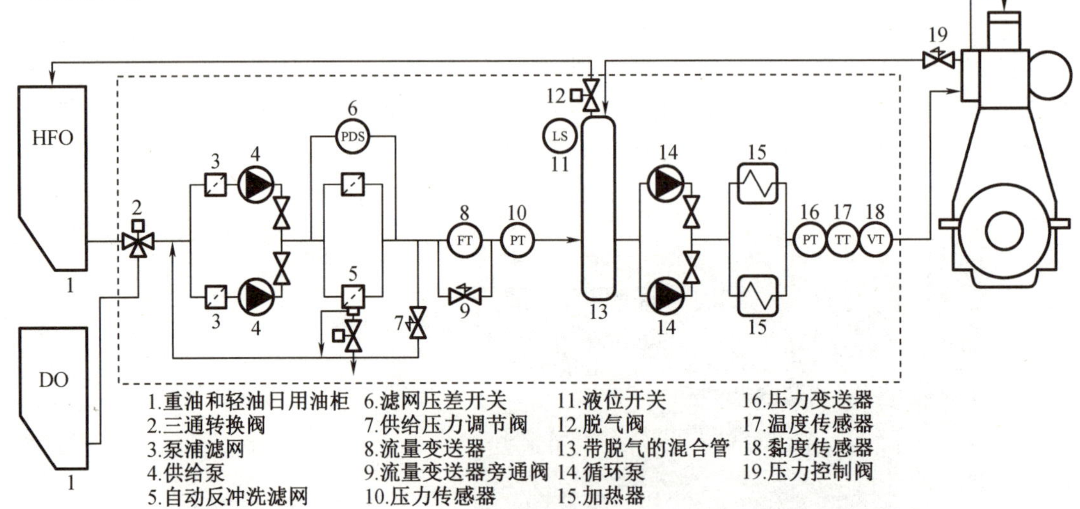

图 5-7 燃油供油单元的结构组成图

在燃油黏度或温度自动控制系统中,若采用电加热器 EHS,则由 2 个电加热供电单元分别对 2 个电加热器的燃油加热,作用有三:一是提供足够的加热量,确保燃油能够得到加热;二是可以方便地控制加热速度的快慢,需要快速加热时,两个可同时满额工作;三是两个加热器可互为备用,提高了加热的可靠性。若采用蒸汽加热,也是由两个加热器组成,电加热器 EHS 被蒸汽加热器 SHS 代替。蒸汽从外部引入,经过蒸汽调节阀送到两个蒸汽加热器,然后从本系统流出至热水井。由 EPC-50B 控制器通过继电器触点输出,控制伺服电机 M 动作,从而改变蒸汽调节阀 SRV 的开度。另外,加热器还可选择使用热油作为热源,控制方式与蒸汽加热相同,也是用调节阀来控制加热量。有的系统配置两个不同类型的加热器,典型的配置是一个蒸汽加热器和一个电加热器,既可方便控制加热,又能实现互为备用。在实际系统中除采用并联外,还常采用串联配置,如图 5-8 所示是常见的两个加热器的配置方案。

无论采用哪种加热方式,燃油温度均由温度传感器 TT(PT100)检测,由控制器 EPC-50B 按照事前设定的 PI 控制规律调节加热器的加热量,从而实现燃油温度自动控制。如果系统选择黏度控制方式,不仅需要黏度传感器 EVT20 检测燃油黏度,还需要温度传感器 TT 检测燃油温度,并由控制器按照 PI 控制规律来调节加热器的加热量,实现燃油黏度自动控制。如果执行器件是蒸汽调节阀 SRV,则控制器给出“增加”或“减小”信号去控制伺服电机动作,直到阀门开度检测信号(0~2 Ω 电阻信号)与输出要求一致;如果是电加热供电单元,则 EPC-50B 输出最多 5 挡加热控制(根据加热器容量和控制输出挡位设定决定),由温度控制系统实现温度闭环控制。另外,控制器上配有手动/自动选择操作和手动加热量增加/减小(或加热挡位选择)操作,可以在需要时通过操作面板采用手动加热控制。控制系统除了燃油黏度或温度的自动控制以外,还能对“柴油/重油”转换阀进行自动控制,为保证转换

正确可靠,实际回路中装有限位开关来检测转换阀的具体位置,并将检测信号送给控制器。

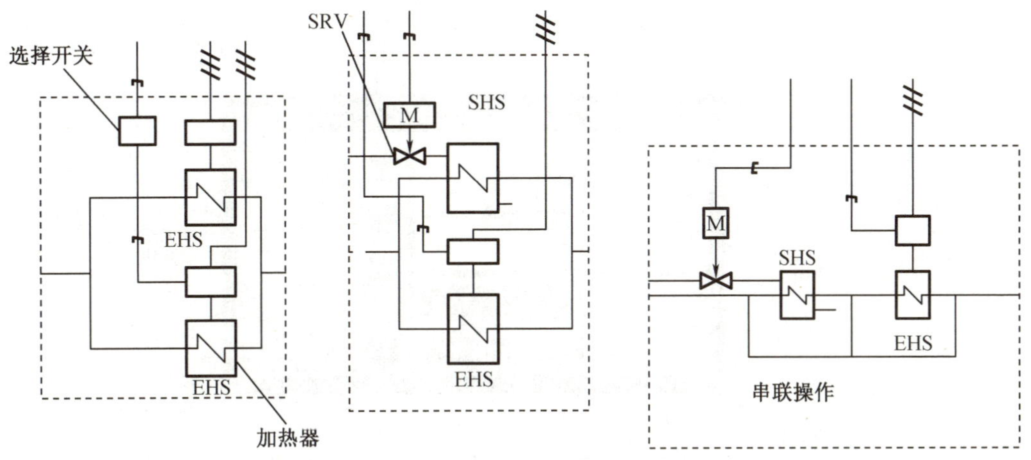

图 5-8 两个加热器的配置方案

由油泵电机启动箱实现电机的启动、停止控制,每个启动箱对应一台电机,带电源开关、电流表和指示灯。还配有选择开关安装在本地操作面板上,用于选择"Manual—Stop—EPC—Remote"。当选择 EPC 时,即油泵由 EPC-50B 控制器自动控制,两套油泵之间互为备用,可实现备用油泵自动切换运行控制。另外,自动滤器也是由本地操作面板选择操作,当选择自动控制时,由 EPC-50B 根据设定时间和压差开关 PDS 来控制滤器的自动清洗。当油泵电机或自动滤器选择"Remote"时,则由 FCM 的远程(集控室)操作面板或微型计算机进行控制。

控制器 EPC-50B 是整个系统的核心单元,由主控制板、本地基本操作面板(OP)组成,如图 5-9 所示。可选配 FCM 远程操作面板,如图 5-10 所示。

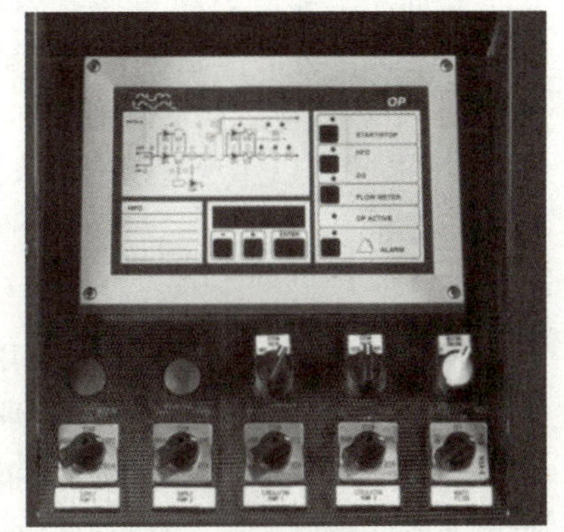

图 5-9 控制器 EPC-50B

控制器 EPC-50B 的主控制板与分油机控制中的 EPC-50 硬件上是一样的,也是微型计算机(单片机)控制系统。但是由于控制对象的不同,外围输入输出不同,输出继电器扩展板和通信扩展板因需求不同也配置不同,所以配置的软件不同,故在本系统中用 EPC-50B 来表示。另外,有 4 个不同级别的操作模块,分别为基本级、扩展级、高级扩展级和全自动级。基本级即本地操作面板,是基本配置,可实现"柴油/重油"转换控制、燃油加热控制、报警控制、油泵自动切换控制、自动滤器控制及操作面板上相关状态和测量值的信息显示等功能,其他级则扩展为可远程控制。

控制器 EPC-50B 主要分为三个部分:一是电源,由滤波装置和多输出变压器实现;二是主控制板,安装在 EPC-50B 控制箱内;三是操作面板。主控制板与操作面板通过异步串行通信实现数据交换。主控电路板接收安装在 FCM 管路上的各种变送器和传感器信号,经分析和处理后,输出控制信号使各种阀件或电器动作,实现"柴油/重油"转换控制、燃油温度或黏度控制、报警控制、油泵自动切换控制、自动滤器控制等。同时,FCM 的运行状态也可通过在主控电路板通信接口与操作面板联系,由操作面板上的一系列发光二极管及信息显示窗进行指示,实现良好的人机交互。

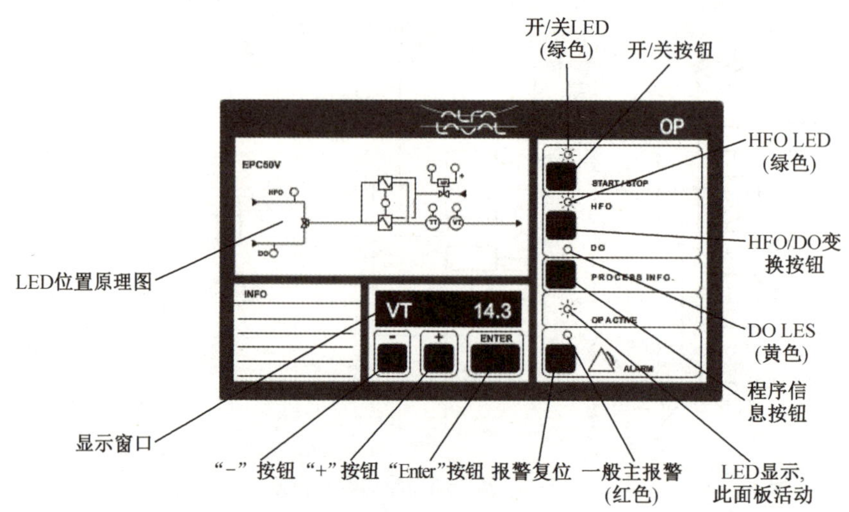

图 5-10 FCM 远程操作面板

EPC-50B 的操作面板采用单片机 P80C32 实现显示控制、按键输入处理和与主板信息交换等功能。结构上分为两块电路板:一块为单片机主板,包括 CPU、内存、字库存储器、通信接口和显示驱动模块等;另一块为专用信息显示控制器,显示需要的 LED 和字符。

操作面板右侧有四个按钮和对应的状态指示灯,第一个是启动/停止按钮,第二个按钮是“柴油/重油”转换按钮,第三个是过程信息按钮,第四个是报警复位按钮。

正面左上部是 FCM 基本状态及流程模拟图,当前基本状态可以完整显示。具体参数可以通过左侧下方的信息显示窗来显示,并可通过“+”“-”来翻看需要显示的参数值;在发生故障时,显示立即启动切换到显示当前最新故障内容;另外,还可用“Enter”翻看主要参数,配合“+”“-”可以实现参数的修改操作。

三、测黏计工作原理

FCM 中燃油黏度控制系统采用 EVT20 黏度传感器,整体上由两部分组成,一是传感器本体部分,二是含控制和信号处理的电路板。本体装在燃油输送管道内,电路板安装在 EPC-50B 主板上部。传感器本身由不锈钢制成,安装在油路中。传感器的探头及流管经过特氟龙表面特殊涂层。自带约 5 m 长的信号电缆用于与电路板之间进行连接(即传感器与电路板间布线的最长距离约 5 m)。

黏度传感器本体采用有专利的检测原理测量,工作原理是基于流动燃油的黏性对钟摆的旋转振动有阻尼作用。如图 5-11 所示,黏度传感器由一个钟摆通过一个扭力管附在底盘上组成,两套压电元件位于钟摆内部,一套驱动钟摆旋转振动,另一套作为两个检测传感器,均用来测量钟摆的振动,一个作为反馈信号来控制驱动用的压电元件,调节控制频率和幅值,以维持钟摆得以共振,另一个作为信号供系统采样计算黏度使用。振动压电元件的信号由控制板提供,电路板内的单片机 CPU 通过测量出该共振频率下两个压电元件振动信号的特定相位偏差值,从而可获得一个表示燃油阻尼性质的值,而该阻尼与黏度的平方根成比例。保护管安装在钟摆周围,保护其不受机械损伤。

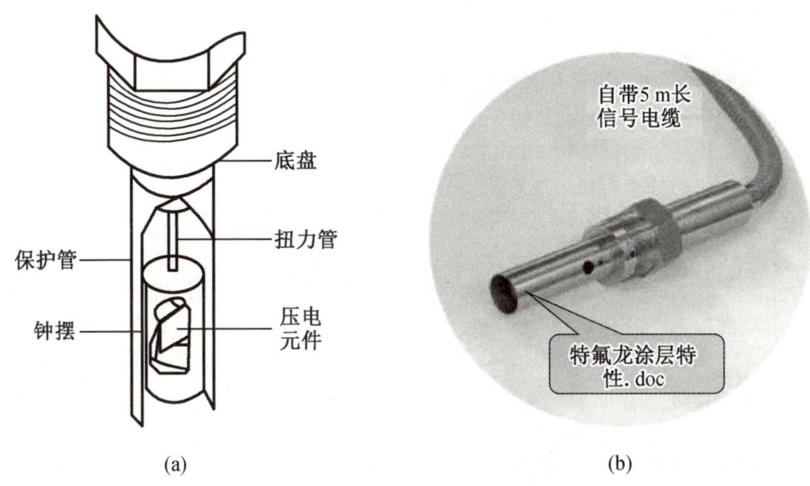

图 5-11　EVT20 黏度传感器结构原理图

在钟摆内还内置了一个温度传感器 PT100(图上未画)用于检测钟摆内的温度,供微机校正和补偿黏度测量中由温度引起的误差。

为了产生钟摆振动,需要振动源提供给压电元件,为了检测钟摆振动情况,需要对振动进行测量,所以需要一块电路板来实现控制与检测。由于该 EVT20 是第三方产品,可以单独安装,有的系统单独做在一个金属控制盒内。在 FCM 系统中,将 EVT20 的电路板安装在 EPC-50B 主控制板上,是两块单独的电路板叠放在 EPC-50B 的主板上,其中下边一块为电源板,输入双路 17 V 交流电源,通过整流滤波稳压后向黏度检测主板提供±15 V 和 5 V 电源。该控制板与黏度传感器的连线包括两对线用于检测振动的压电元件,一对线用于压电元件的振动源,还有三根线用于温度传感器 PT100,因此共需要用到电缆线中的 9 芯。电路板内采用单片机控制系统,检测转换响应时间小于 1 min,将检测到的信号转换为 4~20 mA,则对应的黏度为 0~50 cSt,瞬时误差范围为±2%。由于黏度传感器及其电路板是第三方提供,所以系统采用简便的 4~20 mA 信号实现传感器向 EPC-50B 主控制微型计算机传送。黏度传感器内的温度传感器 PT100 除自身需要黏度校正使用外,还可通过本电路板转换,选择输出 4~20 mA 供 EPC-50B 使用。

黏度传感器的电路板上有一个数码 LED 显示,用于显示传感器的状态。EVT20 电路板对指示有规定,故障和错误用闪烁数字或文字显示在数码 LED 的第 7 段上(即数码管的中间一横)。根据故障、错误或警告的类型,黏度或温度输出将为 0 mA、4 mA、20 mA 或输出保持正常(4~20 mA 与实际黏度对应)。如果没有故障、错误或警告,数码管用不闪烁的符号指示程序状态,如电源开用“-.”,正在初始化硬件用“0.”等,具体可参考黏度传感器的说明书。

电源打开后,数码管底部的小数点一直打开,当 EVT20 显示 EEPROM 时,小数点关闭。如果一个故障情况发生,通常 EVT20 电子设备将尝试重启单元直至确认故障。如果发生多个故障,则由于故障是按其重要性确定次序的,位于表格上部的故障有最高的优先级,这就意味着高级别的故障可以改写较低级别的故障,即该数码管只显示当前最重要的故障。表 5-5 是说明书中的部分重要的故障显示字符。

表 5-5　黏度传感器电路板自检故障符号表

数码管显示	故障原因	传感器电路板尝试性的反应
8.	①5 V 电源故障,电源下降到 4.65 V 以下 ②微机内 EPROM 或 PAL 缺省 ③微机注册测试失败 ④微机系统没有投入工作	监控系统复位
0.	栈溢出	自动复位
1.	外部输入/输出回路测试失败	自动复位
9.	软件故障	自动复位
d.	15 V 电源故障,电压下降低于 13 V	延迟后重试

黏度传感器在正常使用中常出现传感器本身没有问题,而是系统环境或条件发生不良状态,导致测量出现极端情况。该情况传感器本身可能没有报警,但是送给 EPC-50B 的信号出现失常。表 5-6 列明了常见故障现象、故障原因和处理方法。

表 5-6　黏度传感器常见故障现象、故障原因和处理方法

故障现象	故障原因	处理方法
黏度信号太低	空气夹杂在燃油系统中	系统排气
黏度信号保持在最大值	启动期间燃油温度太低	检查燃油管保温措施/或燃油加热器
	由于没有足够的热量,系统正常操作期间燃油温度太低	增加黏度控制器的输出信号至换热器
无黏度信号	空气夹杂在燃油系统中	排出旁通阀系统
	EVT-20 没有电源	①检查主电源 ②检查控制单元的保险丝/或电源开关 ③检查电接头的完整性
	电流接头损坏	检查 4~20 mA 电线输出信号
	EVT-20 故障	联系最近的代理商修理,更换传感器

四、燃油黏度控制系统

微课 5.2　燃油供油单元自动控制组成原理

在 FCM 的自动控制系统中,采用黏度或温度定值控制是基于同一燃油温度的变化要比黏度的变化灵敏这一事实,特别是在温度传感器经改进后,检测温度很敏感的情况下,可大大提高系统的灵敏性,改善系统的动态特性,同时,两种定值控制可以互为备用,从而也可提高系统的可靠性。燃油黏度控制系统是由黏度传感器、温度传感器、控制器 EPC-50B 和加热器构成。黏度传感器和温度传感器分别检测燃油加热器出口燃油的黏度和温度,并将黏度和温度值按比例转换成标准电流和电压信号送到控制器。控制器内置具有比例积分(PI)控制规律的软件,可以对重油的黏度或温度进行定值控制,而对柴油只能进行温度定值控制。但在控制系统开始投入工作或换油切换过程,控制器 EPC-50B 则根据燃油温升斜坡速率实现温度程序控制。系统除可现场自动控制外,还可选择遥控;在需要时,还可在本地经转换选择后,实现本地手动调节。信息显示窗可以显示系统中燃油的黏度、温度或其他需要的测量值,另外也可显示参数值和故障信息。燃油黏度或温度控制系统就是一个典型的单参数反馈控制系统。

从柴油(diesel oil,DO)转换到 HFO 并工作状态稳定后,控制器 EPC-50B 对 HFO 进行温度或黏度的定值控制。当 HFO 模式且系统处在温度控制方式时,即 Pr19=Temp,Pr30 作为温度设置点,此时的 Pr30 应为所需黏度对应的温度值。在从低温开始的加温过程中,系统控制加热量,实现按设定的温升参数 Fa30 来控制加热。当温度通过程序控制加热到设定 Pr30 减去 3 ℃的温度值后,系统开始温度定值控制。而当 HFO 模式且系统处在黏度控制方式时,即 Pr19=Visc,Pr20 作为黏度设置点,而此时的 Pr30 应为所需黏度对应的温度值减去 2~4 ℃(一般设为 3 ℃),这样,在从低温开始的加温过程中,按温升参数加热到该 Pr30 后,系统自动转为黏度控制。所以 Pr20 与 Pr30 有对应关系,在换用不同的 HFO 时,一般要求黏度不改变,但要调整 Pr30 以适应黏度控制设定值 Pr20 的需要。

在燃油黏度定值控制过程中,系统根据黏度变化按控制器内 PI 调节参数进行自动控制。系统根据加热器的不同设置有两套 PI 调节参数,参数 Fa25、Fa26 为蒸汽或热油加热的比例带和积分时间,参数 Fa27、Fa28 为电加热的比例带和积分时间。如果调节过程出现振荡,则需要增加参数 Fa25 或 Fa27,Fa26 或 Fa28,但是这些参数的增加会使得系统反应变慢,消除静差能力减小。调试过程中应综合各种需要,整定到一个既稳定又反应较快的参数。一般出厂后调试工程师整定的参数应可靠保存,以备需要时恢复原始设定。如果调节过程中出现偏差过大,包括黏度和温度的偏差,系统都将给出报警信号。

黏度/温度调节系统的输出主要是控制 SHS 蒸汽加热装置的调节阀或 EHS 电加热装置的接触器,以达到控制燃油温度或黏度的目的。采用 SHS 蒸汽加热装置时比例积分调节器输出控制信号控制蒸汽调节阀,以保持系统设定的温度或黏度。而在 EHS 电加热装置和 SHS 蒸汽加热(或热油加热)装置同时被采用的系统中,系统以蒸汽加热(或热油加热)为主,电加热装置为备用,即刚投入使用期间用 SHS 蒸汽加热装置,由增加或减少信号控制蒸汽调节阀;当来自控制器 EPC-50B 的信号指示系统需要更高加热量且蒸汽调节阀已全开时,控制器输出控制信号使 EHS 电加热装置投入工作,以继续保持系统运行在设定的参数上。当加热功率需要减少时,首先减少电加热功率直至零后,如需再降低加热功率则自动关小蒸汽调节阀。

五、燃油供油单元的综合控制

系统除上述的黏度或温度定值控制外,还有 DO/HFO 的转换控制、燃油供油泵的运行/备用控制、燃油滤器的自动控制、回油的脱气自动控制、燃油循环泵的运行/备用控制及远程控制等功能,全部由控制器 EPC-50B 来协调综合控制。

1. DO/HFO 的转换控制

作为燃油的转换控制,有两种不同的控制模式,即在控制器 EPC-50B 上设置控制模式按钮:柴油 DO 控制模式和重油 HFO 控制模式,相应的控制器 EPC-50B 有两套设置和报警参数,并有相应的 LED 指示灯显示。在进行操作时,可能出现以下几个过程:

(1)DO 控制模式

当控制器接通柴油模式 DO 时,控制器 EPC-50B 自动选择为温度控制模式,燃油温度被监控。加热程序由柴油温升参数 Fa31 控制,温升斜坡允许燃油在设定的时间内被加热到设定的温度(如果 Fa31=0,斜坡函数被禁止,控制单元直接调节使用正常的设置点和报警限制等)。斜坡函数加温期间温度控制指示 LED 灯"TT"闪烁,当燃油温度在达到温度设置 Pr35 的 3 ℃内后,温升斜坡停止,正常温度控制运行。LED 灯"TT"稳定发亮。在此过程中应注意:

①在加热控制斜坡期间,低黏度和低温报警是无效的。

②在加热控制斜坡开始阶段,设置了一个最长的启动加热斜坡持续时间,从而确保它不能运行太长时间,如果启动斜坡超过了该最长时间,则报警启动。

(2)从 OFF 至 HFO 或从 DO 至 HFO

当需要从 DO 转变到 HFO 时,操作步骤如下:

①按操作面板上右侧"DO/HFO"选择按钮。

②一个问题出现在信息显示屏上,"Change oil mode? += yes, -= no"。

③按"+"按钮开始转换。

④如果转换阀安装的是一个电动/气动转换阀,此阀将马上开始变换到 HFO。

当控制器接通 HFO 模式,或从 DO 转换为 HFO,燃油温度和黏度被监控和显示。加热运行程序由重油温升参数 Fa30 控制,温升斜坡允许燃油被加热到设定的温度。在设定的时间内,斜坡函数期间 LED 灯"VT"闪烁,如果是从 DO 转换为 HFO,则 LED 灯"TT"稳定发亮,但如果从 OFF 开始就是 HFO 模式,则 LED 灯"TT"不发光(如果 Fa30=0,斜坡函数被禁止,控制器直接调节使用正常的设置点和报警限制等)。

一旦从 DO 转换为 HFO,则控制器 EPC-50B 可检测到黏度增加,表明重油已经进入系统,那么重油将被开始加热。在加热升温斜坡期间,如果控制器检测到油黏度降低,则加热暂停。当温度已经低于重油温度设置值 3 ℃,控制器自动转到黏度调节控制。此时 LED 灯"TT"关闭,LED 灯"VT"稳定发光,切换程序完成,黏度控制开始运行。在此切换过程中应注意几点:

①在启动斜坡加热期间,低黏度和低温报警是无效的。

②在加热开始,即斜坡开始阶段,设置了一个最长的启动斜坡持续时间,从而确保它不能运行太长时间,如果启动斜坡超过了最长时间,则报警启动。

③上述过程是从 DO 转换为 HFO;反之亦然。燃油在 50 ℃时黏度被显示在瞬时值列表中,这样就可以查看燃油表,可知在通常的参考温度 50 ℃时,系统中有多少柴油转换为重油。

(3)HFO 控制加热模式

HFO 控制模式类型由参数 Pr19 决定,选择的类型由传感器 LED,即操作面板流程图上的"VT"或"TT"指示出来。如果黏度传感器 LED 灯"VT"发亮,控制器处在黏度控制类型。如果温度传感器 LED 灯"TT"发亮,控制器处在温度控制类型。

(4)从 HFO 转换为 DO

当从重油转换为柴油,控制器将继续控制燃油黏度,同时降低重油/柴油混合温度来保持黏度值,此时 LED 灯"TT"闪烁,LED 灯"VT"稳定发光。当温度达到柴油的设置值时,控制模式被自动转变为柴油模式(温度控制),然后 LED 灯"TT"变换为稳定发亮,LED 灯"VT"关闭。

(5)HFO 与 DO 间自动转换

如果加热器发生故障,有可能自动安排转换到柴油。这取决于低温限制值参数 Fa14。在加热器故障时,油温低于 Fa14 并延时 2 min 确认后,系统才能被设置为自动转换到柴油。推荐设置 Fa14 值低于低温报警限制,当设置的低温限制达到,转换倒数计时开始,靠近 DO/HFO 转换按钮的 LED 灯"DO"开始闪烁,一条信息在信息窗间断的出现,显示转换的时间。转换倒数计时器可以通过手动按"DO/HFO"按钮来中断。

在系统配置了电动或气动转换阀时,并且设置了参数 Fa17 为主机最大燃油消耗量(1/h),则在系统运行中,如出现燃油消耗量持续小于参数值 Fa16(0~100%)2 min 后,系统会自动进入 DO 的控制程序。但由于换油过程仍保持燃油黏度控制,所以一旦出现需要加温状况,系统再次回到 DO 到 HFO 的工况中,即保持加热到设定温度后,新一轮的黏度控制开始。

如果系统安装了电动切换阀,即切换阀的开度可以通过电动伺服机构来控制,则新的燃油可以被逐渐地引进系统中,通过调节参数设置转换阀从 DO 到 HFO 的时间,或从 HFO 到 DO 的转换时间。

2. 燃油供油泵的运行/备用控制(燃油循环泵的运行/备用控制相同)

在控制器 EPC-50B 操作面板上有油泵工作模式选择开关,用于选择"Manual—Stop—EPC—Remote",当选择 EPC 时,即油泵由 EPC 控制器自动控制,EPC-50B 根据内部参数 Pr1 来选择燃油输送泵的控制方式,Pr1=1(2)表示 1 号运行,2 号备用;2(1)表示 2 号运行,1 号备用;1 表示 1 号运行,2 号停止;2 表示 2 号运行,1 号停止。同理,Pr2 用于选择燃油循环泵的控制模式。备用机组启动取决于相应的压力开关和运行机组的状态,如 Pr11 为燃油输送泵的出口压力下限值,当压力低于该压力时,并经过延时时间 Fa9 确认后,备用泵自动切换工作。或运行机组故障后,备用机组自动启动。运行或故障状态在面板上相应的 LED 指示灯显示出来,并在信息窗提供相应的报警。

当设备断电后重新送电,并经过参数 Fa11 延时后,控制器 EPC-50B 能够按时间间隔(约 1 s),并根据参数 Fa10 设置来依次启动各油泵、滤器、加热器和自动控制系统,启动运行的油泵是停电前的运行机组。如果控制器 EPC-50B 正常,而发生油泵等动力电源断电后的再次恢复,控制器 EPC-50B 认为原设备有故障存在,将控制备用机组自动运行。

3. 燃油滤器的自动控制

假如滤器脏堵,燃油供油泵启动将会困难,所以即使控制器 EPC-50B 处于停止状态,滤器也应保持在自动运行模式;但是在控制器 EPC-50B 停止时,放残阀不能自动工作。在供油泵停止后,可以手动定期运行滤器,手动定期放残。

控制系统根据燃油滤器的选择开关来控制滤器冲洗,选择位置有 MAN、STOP、AUTO 三挡,当选择为自动时,滤器间隔性自动进行反冲洗。而压差开关 PDS 只起到滤器脏堵报警的检测作用。自动放残还取决于系统设定的时间间隔 Fa21,放残时间由参数 Fa22 决定。如果选择手动,则自动无效,需要定期手动冲洗,并需要时刻注意滤器的压差。

4. 脱气自动控制

混合管内将主机的回油和供油泵送来的油混合,油中混入的空气会因密度小而上升到上部,所以需要定时控制脱气阀,使空气返回日用柜(因还混有高温油)。如果上部浮子开关检测到液位低,表示混合管内空气过多,系统控制脱气阀打开,但如果 2 min 后仍然在脱气,则给出报警。

5. 远程控制

除本地基本控制级外,系统还可选配扩展级、高级扩展级和全自动级。扩展级是基本级中的操作控制和有关指示功能远传到控制室,但是没有基本级上的流程图和信息显示窗。使用时需要本地选择开关转至“Remote”(远程),实现的功能有状态指示、燃油自动转换、系统启停控制、油泵手动启停控制和报警指示;但是不能在远程站实现报警复位和油泵自动切换控制,也没有信息显示窗和操作按键。一旦出现故障或油泵停止,需要到控制器 EPC-50B 现场实现报警复位或油泵切换处理,所以扩展级与系统的连线是一般的控制电缆。高级扩展级等于是本地操作面板移到了远程,在本地面板上选择好“Remote”即可将功能全部移交远程站,包括各油泵工作模式的选择控制和信息窗内容的显示和操作。显然,除需要控制电缆线连接外,还需要串行通信(RS485 通信)电缆联系。当然要实现油泵自动遥控,需要电机启动模式选择开关处于“Remote”控制。如果选用全自动级的远程操作,则通过现场总线(可在控制器 EPC-50B 主机板上选 Profibus DP、Modbus RTU 或工业以太网)将控制器 EPC-50B 的总线接口与远程计算机直接相连,再在计算机内配置相应的通信和应用软件即可实现远程全功能操作。本地控制 EPC-50B 即成为整个分布式控制系统的一个通信节点,向上位机提供所需要的信息,并接受上位机的控制。此时远程设备与控制系统的连线就是一根通信线,不再需要控制电缆了。

六、燃油供油单元的操作与管理

(1)在系统投入工作之前,要先检查燃油和加热系统有没有漏泄或损坏的情况,各阀件是否开关正确;把控制方式选择开关打到 OFF 位置,合上主电源,观察控制器 EPC-50B 主板和黏度检测电路板指示是否正常;观察比较测量值与实际值有无异常情况;手动检测各电磁阀或电动切换阀是否正常、灵活。准备确认后,启动燃油供给泵,然后根据燃油系统具体配置情况将控制模式切换到 DO 或 HFO 位置,使用参数 Pr19 选择温度或黏度定值控制。这时可通过信息显示窗显示出燃油温度或黏度的实际测量值,系统正式投入调节控制工作。

(2)EVT20 黏度传感器的工作情况,可通过设在传感器电路板上的数码管显示内容来检查。清洗 EVT20 黏度传感器时需要特别小心,防止人员受伤和损坏传感器。首先要切断通过 EVT20 黏度传感器的供油;切断控制箱电源;尽可能排出和排空管系中燃油。把 EVT20 黏度传感器从罩壳上拆除后,再拿下 EVT20 黏度传感器,旋出两套固定保护管的螺钉,以拆下保护管。最后用一块干净的软布清洁钟摆,应防止钟摆被机械力损坏或弯曲,不要用研磨材料,如砂纸、锉刀等来清洁钟摆头。

(3)在系统新安装后或工作条件改变时,要对系统运行的参数进行重新设定和修改,以适应新的需要。对于不同的燃油,需要调整一些参数设置,尤其是重油特性相差较大时,对应的参数设置也要相应改变,以期获得最佳调节效果。重油改变时,下面的一些参数是必须改变的:

①密度参数 Pr23。对不同密度的一种重油,调整密度参数,可获得更为精确的黏度测量。

②重油温度设置点参数 Pr30。新更换的燃油需要加热到不同的温度,从而得到相同的黏度。该温度值用于黏度智能调节过程的控制。

③HFO 低温限制值 Pr32。HFO 加热温度控制不能低于该限制值。

除此之外,还需要根据油品的不同,有针对性地设置有关加热速率、加热温度、比例带和积分时间等参数。

4. 系统故障处理

报警系统是为了确保一个安全的黏度控制系统而设计。所有报警都显示在操作员面板屏幕上,大部分有发光二极管补充(LED)。报警按发生的次序显示。燃油控制系统中有两种类型的报警。

(1)报警显示在 EPC-50B 上,由普通报警输出特征输出“Axx”。例如:A40 表示黏度高。

(2)仅给出警告在 EPC-50B 上,显示“Wxx”。例如:W75 表示转换控制模式(Pr19),传感器失灵。

在发生了多个故障的情况下,需要读取历史报警列表,但控制器 EPC-50B 中的 CPU 只存储了最后的 32 次报警。通过按“Enter”键,即可进入该故障有关信息的显示,通过按“+”来翻看,每个故障的具体内容有:

报警号,如 1 号报警是最新发生的报警,2 号是上次发生的报警……。

报警时间,从报警发生后计时,小时,分钟。

报警编码,用“Axx”或“Wxx”表示,具体含义参考说明书。

复位时间,故障发生到报警复位的时间,如果复位时间=0,表示刚一发生故障就被复位了,也就是第一个复位的故障。

具体操作和分油机控制中的控制器 EPC-50 类似,指示故障采用编码形式表示,主要故障如表 5-7 所示,具体故障编号和故障原因及需要相应的处理措施参考说明书。

表 5-7　燃油供油单元自动控制系统故障一览表

故障编码	故障说明	故障编码	故障说明
A40	黏度高	A100	输入/输出通信故障
A41	黏度低	A101	OP 操作员面板通信故障
A42	黏度传感器 VT 故障	A102	OPr 通信故障
A50	温度高(xxx ℃)	A110	输入/输出板故障
A51	温度低(xxx ℃)	A111	OP 板故障
A52	温度慢反应	A112	OPr 板故障
A53	温度传感器 TT 故障	A113	加热器板故障
A54	温度传感器 TT_2 故障	A115	电脑通信板故障
A70	三通阀 CV(DO)故障	A117	远程转变 HFO/DO 故障
A71	三通阀 CV(HFO)故障	A118	参数 xx. xx 没有规定
A80	转换到 DO 模式温度低	W49	黏度传感器 VT 失效
A81	检测到无油转换	W58	温度传感器 TT 失效

表 5-7(续)

故障编码	故障说明	故障编码	故障说明
A82	调节阀 SRV 没反应	W59	温度传感器 TT_2 失效
A83	电加热器故障	W75	转换控制模式(Pr19),传感器故障
A84	模拟输入 1 故障	W79	三通阀 CV 失效
A87	电源故障	W16	IP 地址错误(xxx. xxx. xxx. xxx)

5. 系统故障测试

由于采用了与分油机控制器 EPC-50 是一样的控制器,所以故障测试功能和方法是类似的。可参照下节分油机控制系统的故障测试方法的内容。在燃油控制系统中,几乎所有的报警都可以在 EPC 运行中测试。有些情况下,EPC 必须处于 AUTO 模式。而系统的管理也要求经常性地对有关传感器、线路、执行部件、控制系统等进行有针对性的测试。同样需要注意的是在测试中,如果改变参数来触发一次报警,在正式操作前应该复位到原来的值。具体测试的测试动作、试验后的报警情况以及报警延时都可以在说明书中找到,如为测试"A42"——黏度传感器 VT 故障,可以断开接线端子 X5:5。但如果系统原来处于黏度控制中,则会引起系统的故障和动作反映。所以在做该试验前,最好将控制模式选择为温度控制模式,即设置 Pr19=Temp,Pr30 作为温度设置点,设置 Pr30 值达到要求黏度时的温度,而报警延时为参数 Fa8。这样可以在试验黏度传感器时,不影响系统的温度自动控制。

拓展强化

任务 5.2

一、选择题(请扫码作答)

二、简答题

1. 请简述燃油供油单元 FCM 系统的组成和控制原理。
2. 请简述燃油供油单元自动控制系统的启动顺序。

任务5.3 燃油净油单元自动控制系统

任务分析

船用分油机是一种专门用于分离油水混合物中的油和水的设备。它是根据机体内液体等物质密度不同,采用高速旋转的离心力作用,将油中密度较大的杂质颗粒及水分等物质分离出去的重要油处理设备。本任务的学习目标是通过燃油净油单元控制系统学习,了解分油机的结构和工作原理,掌握净油单元自动控制系统的组成、工作原理及系统输入输出信号等要点,学会燃油净油单元自动控制系统的操作和测试。

任务实施

一、分油机概述

早前，船舶常用的 FOPX 型分油机采用部分排渣法。其特点是待分油连续进分油机，在排渣期间不切断进油，每次排渣时，排渣口短暂打开，排出量一般是分离片外边缘与壳体之间容积的 70%液体物质。现今，换代后的 S 型分油机常用做燃油净油单元，如图 5-12 为某船燃油净油单元控制系统实物图，其特点是待分油在分油设定时间内可连续进油、分油，在此期间短暂打开排水口排水并保持持续分油。由于出口中的净油主要通过水分传感器检测其含水量，不再使用密度环，在净化不同密度的燃油时，由水分传感器来判断油中水分是否过多，分油机中的油水分界面是否内移，从而判断是否需要一次排水控制。分油期间，如果净油口水分传感器测到的水分超标时，则分油机控制一次排水，其排出时间可设定；如果一次排水后，水分含量仍较高，则可连续再来一次排水操作；最多可连续进行 5 次排水操作。在设定的分油时间到后，控制系统先用置换水将分离筒内的油全部挤出干净，再通过排渣口的打开进行一次彻底的排渣操作，并准备下次分油；如果是结束操作，则分油机保持无油停机，在下次分油时，分油机将净筒启动运行。另外，正式分油前，控制器 EPC-50 可以实现待分油温度定值控制，根据待分油的设定温度进行加热控制，并在温度满足要求后才开始分油程序控制。控制系统中重要的部件是水分传感器，型号为 MT50，其电路板将水分信号转换为 4~20 mA 信号送给以单片机为核心的控制器 EPC-50。本任务重点介绍 S 型分油机自动控制系统的基本工作原理。

图 5-12　某船燃油净油单元控制系统实物图

二、分油机的组成及基本工作原理

S 型分油机的分离筒由一台电机通过平皮带动力传输部件和立轴驱动。电机驱动装置配有一个摩擦联轴器，以避免过载。分离筒为盘式，由水力驱动排渣。

视频 5.3　分油机拆解视频

S 型分油机的结构原理如图 5-13 所示，分油机进出油管结构由原来的双向心泵（下部一个为净油排出，上部一个将分离出的水排出），改为下部有一个具有向心功能的固定不动的向心泵（parting disc），它能把分离出来的净油从净油出口排出。上部使用向心管（parting tube）能把分离出来的水从出水口排出。向心管是活动的，在支撑臂及弹簧的作用下将其向外张开，使其保持与水腔内的水界面接触，需要时可把水腔内水向外泵出。实际上不管是向心泵还是向心管，都是把高速旋转的液体流动能转变成压力能，这种改进使能耗降至最低。待分油从进油口连续进分油机，经旋转分离叠片组外边缘上的垂直缺口进入分离叠片组，油经分离叠片之间形成的通道上升，油在上升的过程中继续被分离,水分和渣质被离心力甩向分离叠片的外侧,净油被推向分离叠片的内侧,当净油向内离开分离叠片后,流过分配器油孔进入油腔,通过向心泵扩压,油被泵出油腔,在净油出口所接的管路上装手动背压调节阀和一台 MT50 型水分传感器,它能精确地检测净油中的含水量。当分离出来的水很少时,说明油水分界面在分离叠片外侧较远处,这时装在排水出水口管路上的排水电磁阀关闭,封住出水口不向外排水,这是正常分油过程。随着分离过程的进行,油水分界面不断向里移动,水分传感器会感受到净油中含水量的增大。当油水分界面移动到接近分离叠片外边缘时,净油中的含水量会增加到一个触发值。这个触发值将被送到 EPC-50 型监控装置,由该装置决定是打开排水电磁阀向外排水,还是打开排渣口进行一次排渣。如打开排水电磁阀排水,油水分界面会迅速外移,净油中含水量也会迅速减少,当降低到一定值时停止排水。

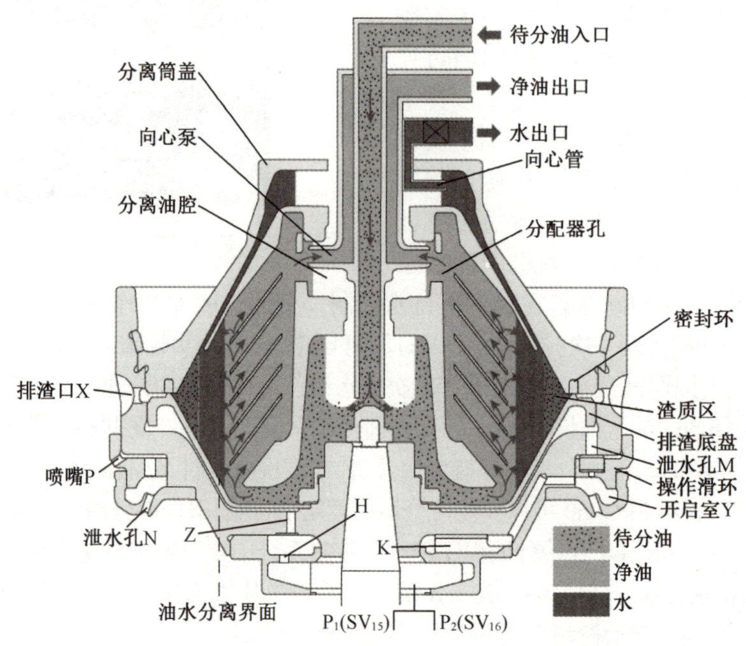

图 5-13　S 型分油机的结构原理图

当待分油中含水量极少时,从上次排渣算起,又已达到最大排渣间隔时间,而油水分界面仍离分离盘外侧较远,此时尽管净油中基本不含水分,但 EPC-50 型控制装置也要进行一次排渣操作。为减少排渣时油的损失,首先停止向分油机供待分油,在排渣前从水管的 W 口供置换水,并关闭出油阀,油水分界面会向里移动。为了使更多的油在排渣前从分油机内被排出,以减少油的损失,当出油口压力传感器检测到的压力达到 0.05 MPa 时,打开出油阀,待分离筒内的待分油已全部被水置换,净油出口中检测到水分时,或当置换水供给到量时(置换水的体积是根据分油机首次启动时对水流量标定后自动设定的),关闭置换水,打开排渣口进行排渣,以防止排渣操作中将净油也排出。如果是停机排渣,则在此后控制分油机停机时,分离筒内基本是干净的,确保不会有燃油粘连内部器件;并在下次启动时,使得分油机净筒轻载启动。

S 型分油机分离筒在结构上也有较大的改变,操作滑环取消了托顶弹簧,排渣底盘不再利用上下运动使分离筒封闭,而是靠其下部的工作水形成的压力使下部的平面部分向上变形，使其外边缘向上移动与分离筒盖上的密封环紧密接合，从而使分离筒的排渣口 X 密封。分离筒盖的锁紧由以前的锁紧螺母改为锁紧环。在正常分油期间，为了补偿工作水由于蒸发和漏泄造成的缺失，由管 P_2 断续供水，使其工作水面维持在 Z 孔附近（少量多余的工作水会经喷嘴 P 泻出），这时 P_1 断水，使滑动底盘下部仍充满工作水，保持足够的向上推力，以确保分离筒密封，此时的工作水称为补偿水。当需要排渣时，管 P_1 大量进水，持续约 3 s，水面向里移，经 K 孔进入开启室 Y，在 Y 室充满水后（由于进水量较大而喷嘴 P 来不及泄放），水压分别作用到操作滑环上下两个不同的面积上，由于上边的面积大于下边的面积，因此水压会对操作滑环产生一个向下的作用力，致使操作滑环向下移动，打开泄水孔 M，活动排渣底盘下面的工作水通过泄水孔 M 经喷嘴 P 和泄水孔 N 泄出。由于排渣底盘下面的工作水泄放出去，作用到排渣底盘下面工作水的动压头消失，这样排渣底盘下部平面部分是由具有记忆功能的特殊材料制成的，因此这时恢复常态使外边缘向下移动，打开排渣口 X 进行排渣。此时的工作水 P_1 称为开启水。这样操作滑环上面的水会很快泄完，而作用到操作滑环的下面，孔 N 径向以外的水泄不掉，仍留在开启室 Y，而且会对操作滑环产生一个向上的推力，使操作滑环上移，从而封闭泄水孔 M，然后管 P_2 连续进工作水，水经 H 和 Z 孔进入排渣底盘下部，工作水形成的压力使排渣底盘下部的平面部分向上变形，从而使外边缘上移，排渣底盘的外边缘上部与分离筒盖上的密封环再次紧密接合封住排渣口 X。此时的工作水 P_2 称为密封水。管 P_2 连续进水一段时间后恢复断续进补偿水。

三、EPC-50 分油机自动控制系统

1. 分油机自动控制系统的组成

分油机自动控制系统的组成原理如图 5-14 所示。它由控制箱 EPC-50、电机启动箱、工作水阀组、控制气动执行阀的电磁阀组、分油机和油路等组成。

动画 5.31　燃油净油单元自动控制系统的结构原理-上

动画 5.32　燃油净油单元自动控制系统的结构原理-下

系统分为燃油回路、工作水回路、气动回路、分油机、电机启动箱和控制器 EPC-50，如果系统自带电加热器，还会配有电加热控制器。燃油回路中有加热系统（heating system）、温度传感器（TT_1、TT_2）、压力传感器（PT_1）和待分油控制阀 V_1，分油机的出口还配有净油出口阀 V_4、排水出口阀 V_5。工作水回路包括置换水（有的称冲洗水）电磁阀 SV_{10}、开启水电磁阀 SV_{15}、补偿水或密封水电磁阀 SV_{16}，S 型分油机的 SV_{15} 和 SV_{16} 输出同一根水管，由于控制水量的不同，实现的作用也不同；在 P 型分油机中 SV_{15} 和 SV_{16} 是两根水管作用在分油机不同的进水部位，实现开启和关闭的作用。气动回路包括控制待分油阀的电磁阀 SV_1、控制净油出口电磁阀 SV_4 和排水管电磁阀 SV_5。分油机和待分油循环输送泵可由控制箱上的启停按钮控制运转或停止。分油机全速运行后，控制器 EPC-50 开始控制分油过程，包括控制待分油控制阀 V_1、净油出口阀 V_4 和排水阀 V_5、各工作水电磁阀等，实现密封、分油、排渣、保护停止等控制。根据自动控制的分析方法，将控制器 EPC-50 构成的控制系统分为如下几个部分：

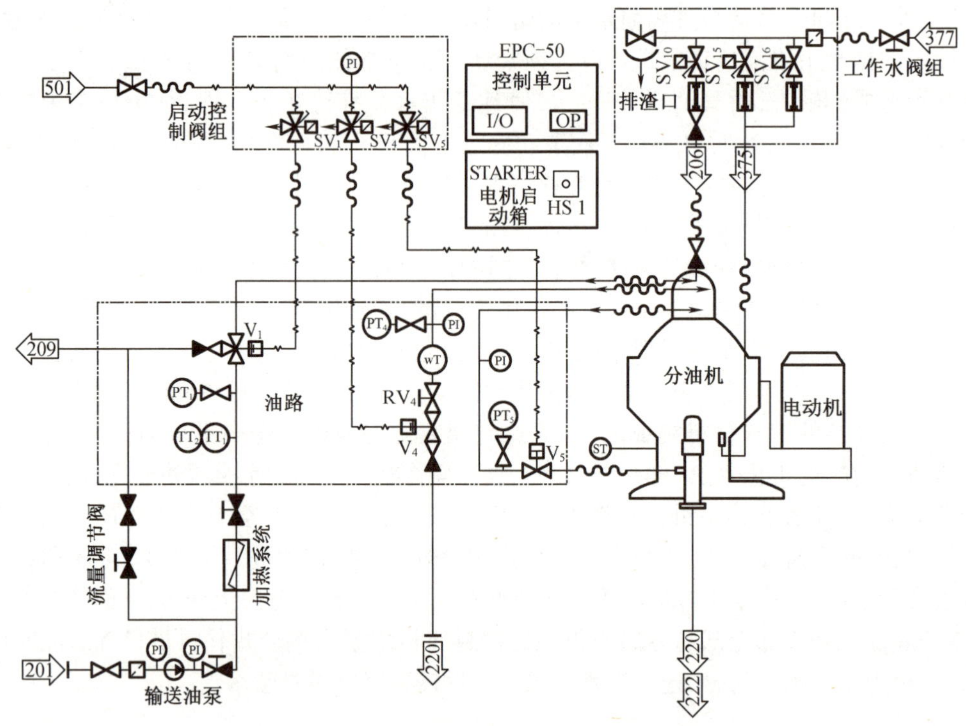

图 5-14　分油机自动控制系统的组成原理图

(1)主要的输入信号装置

在该控制系统中,输入信号和输出信号是比较多的。这些信号能准确地监视分油机的工作状态,同时也能控制分油机的各种操作。

①水分传感器 MT50。在净油出口管路上装有水分传感器 MT50,它能随时检测净油中的含水量。控制器 EPC-50 根据净油中含水量来判断是否超过设定值,另外还可判断 MT50 是否有故障,如信号小于 4 mA 表示传感器断线,而如果水分过低,可以判定净油出口油中有空气;如果水分过高,可以判断分油机内部油和水的状态,经延时后,由控制器 EPC-50 决定是打开排渣口还是开启排水电磁阀。因此水分传感器是监控系统中很重要的部件,它是由圆筒形电容器和由振荡器电路及信号调理电路组成的电路板两部分所组成。电容器实际上是两个彼此绝缘的同心圆筒,净油全部流过内圆筒,在内外圆筒的电极间电容量与油中的水分成比例。控制器 EPC-50 为水分变送器提供直流电源,它使水分变送器内部的振荡器工作,产生频率为 1 MHz 的振荡信号源。当振荡器产生固定频率及幅值的交流电信号后,流过电容器中的电流大小就完全取决于电容器的介电常数。纯矿物油的介电常数只有 2~4,而水的介电常数高达 80,因此净油中含水量的增加导致介电常数的增大,会使其流过电容器的电流也增大。MT50 的电路板通过交流电桥检测电容变化,并将信号处理后转换为 4~20 mA 的电流信号送给控制器 EPC-50。该水分变送器检测精度是比较高的,一般精度可达±0.05%,同时,控制器 EPC-50 可判断该电路板和传感器的好坏,如果故障,则需要更换。在控制器 EPC-50 中可以通过调整参数来取消该传感器功能,取消 MT50 功能后分油机将按特定程序运行,并且每隔 24 h 系统将会发出警报提醒。

②待分油压力传感器 PT_1(pressure transmitter 1)。该传感器装在燃油加热器出口,待分油控制阀 V_1 前端,用于检测循环输送泵的出口压力是否建立,是否可以进行后续的分油操

作控制以及判断加热器是否有油，是否可以进行加热控制。传感器采用扩散硅，内置信号调理电路，二线制输出给控制器 EPC-50 的信号是 4~20 mA，所以 EPC 可以判断该传感器是否有断线故障，并且控制器可以根据信号的大小判断是否断流（过低压力）或管路堵塞（压力过高）。

③待分油温度传感器 TT_1 和 TT_2（temperature transmitter 1/2）。TT_1 和 TT_2 采用 PT100 温度传感器，属于热电阻式温度传感器。这种传感器是利用金属材料电阻值随温度升高而增大，且在检测范围内它们之间保持良好线性关系的特性制造的。利用测量电桥把测温元件（金属丝）电阻值变化转换成电压信号，该电压信号与所检测的温度成比例。测量电阻 R_t，是测量电桥的一个桥臂，它是安装在所要检测的管路中，离测量电桥较远。为补偿环境温度变化所产生的测量误差，在实际测量电路中往往把“两线制”接法改为“三线制”。

PT100 温度传感器结构原理如图 5-15 所示，其在结构上与以往使用的温度传感器有所不同。检测元件 2 直接插入被检测介质中，不用壳体防护，以避免热电阻与壳体之间的空气影响传热速度。为了防止更换或检修传感器时介质外逸，采用了特殊的弹簧囊结构。若要拆下传感器 7，应先松开锁紧螺帽 6，随后可旋出传感器。与此同时，止回帽 1 在弹簧 3 和燃油压力作用下，将导向管 4 下端口盖住，从而可防止管路 5 中燃油的逸出。这种改进后的温度传感器的热惯性很小，能及时感受温度的变化。

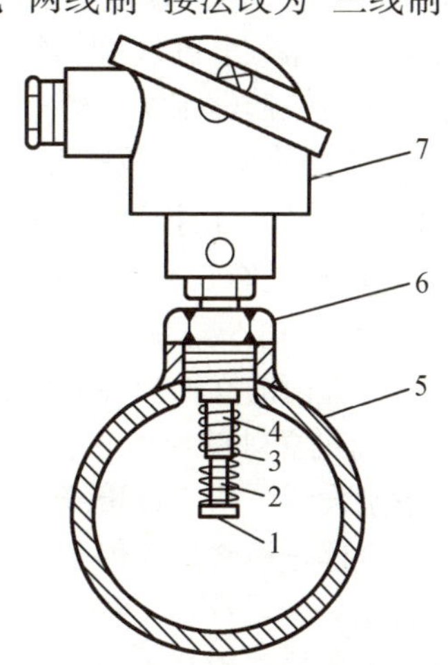

1—止回帽；2—检测元件；3—弹簧；
4—导向管；5—管路；6—锁紧螺帽；7—传感器。

图 5-15 PT100 温度传感器结构原理图

在正常运行期间，它检测燃油温度实际值，当油温超过设定上下限值时，控制器发出油温超限报警。另外，控制器能够检测温度传感器的状态，可以判断传感器是否有短路或断线故障。两个信号各有用途：一是送至控制器 EPC-50，由其中的燃油加热油温控制系统，作为温度偏差 PI 调节器的反馈信号，实现对燃油温度进行比例积分（PI）控制，把油温控制在给定值上；二是送至控制器 EPC-50 作为逻辑控制使用，除由数字显示窗显示待分油温度外，当发生油温上下限报警时，还可实现报警和保护控制。

④净油出口压力传感器 PT_4（pressure transmitter 4）。其检测原理同 PT_1，也可检测传感器本身是否故障。这种传感器装于分油机净油出口处，检测出口背压。当出现超限时，需要调整相关分油等状态，甚至需要检测分油机内部。不同时间段出现的超限还需要注意油路或水路的状态。

⑤排水压力传感器 PT_5（pressure transmitter 5）。其检测原理同 PT_1，也可检测传感器本身是否故障。这种传感器装于分油机排水出口处，检测出口压力。当出现超限时，可以判断分离盘是否正确到位，并用于控制和监视排水阀 V_5 的动作。

⑥分油机速度传感器 ST（speed transmitter）。该传感器采用磁脉冲式转速传感器检测分油机的转速，二线制送到控制器 EPC-50，通过电流检测，可以判断出该传感器是否处于故障或断线状态。如果传感器故障，一时又没有备件，可以通过修改控制器 EPC-50 内部参数取消该传感器功能，但是，这时的分油机全自动模式也进不去了。该传感器在 P 型分油

机中可以不用。其安装位置如图 5-16 所示。如转速发生下列情况之一,分油机应按一定的模式自动停止,同时发出相应的警报。

a. 转速超过设定的分油机最高转速;

b. 转速低于设定的分油机最低转速;

c. 转速控制系统经常检查速度传感器检测到的脉冲情况,当检测到异常时;

d. 分油机启动时,在设定的时间内转速达不到设定的转速范围。

⑦分油机振动传感器 VT(vibration transmitter)。这是一个可选项,该三线制传感器将信号送给控制器 EPC-50。一旦发现振动过大,控制器给出一个故障停止信号,控制分油机停止。另外,由控制器 EPC-50 可以判断传感器的好坏,如果传感器故障,一时又没有备件,可以通过修改控制器 EPC-50 内部参数取消该传感器功能,但是,这时便不能实现分油机的全自动模式了。

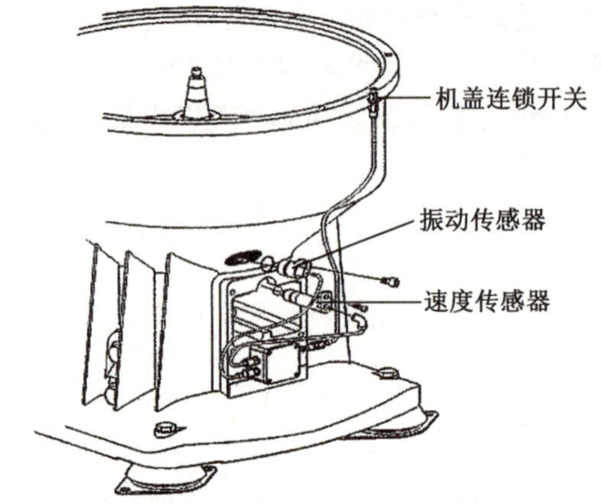

图 5-16　速度传感器、振动传感器和分油机盖的连锁开关的安装位置图

安装在分离筒的立轴旁径向位置的振动传感器(可选择)如图 5-16 所示。振动传感器用来监测分油机立轴的原始位置和运行状态,从而可监测分油机任何异常的不平衡状况。振动报警级别设置了两个报警级别,如振动超过第一级别应发出警报,振动超过第二级别,分油机按安全停止模式自动停止,因为大量振动会缩短轴承的预期寿命,因此振动应予以消除后方可启动。

⑧分油机盖的连锁开关(cover interlocking switch)。分油机盖的连锁开关(可选择)用来检测分油机盖安装是否正确,其安装位置如图 5-16 所示。在盖被关闭之后给控制系统送出信号,控制系统关闭此连锁回路,这样才允许启动分油机。

(2)输出信号装置

在控制系统中,控制器 EPC-50 输出的信号有:控制对分油机操作的各种电磁阀;显示分油机控制系统状态的指示灯及由显示器所组成的信息显示窗。

①工作水阀组。所有的电磁阀均采用 24 V 交流供电,电磁阀 SV_{16} 是用于控制进分油机补偿水和密封水的。在分油机排渣口密封期间,控制器 EPC-50 输出的信号将使电磁阀 SV_{16} 断续通电,工作水断续进分油机,把滑动底盘托起,并使滑动圈下面的工作水维持在泄水孔附近。电磁阀 SV_{15} 是用于控制开启水的。当需要排渣时,控制器 EPC-50 将使电磁阀 SV_{15} 通电打开 3 s,向分油机进开启水,滑动底盘的外边缘向下移动,打开排渣口进行排渣。在排渣口密封期间,电磁阀 SV_{15} 保持断电。电磁阀 SV_{10} 用于控制进分油机置换水,与待分油进入分油机是同一个进口,在需要排渣前,常通入冲洗水挤出分离筒内已分离的净油,确保排渣或排水操作时,不会将净油也排出。上述三个水阀组成一个整体阀组,当电磁阀通电时,电磁阀上带有旋转指示表示阀体动作,便于观察。其中进水口一个,SV_{10} 出水口一个,SV_{16} 和 SV_{15} 的出口合在一起。

②气动控制阀组。电磁阀 SV_1 是进油电磁阀,当控制该阀动作时,通过该阀,控制空气经节流控制后,送到供油阀 V_1,控制 V_1 缓慢打开供油。电磁阀 SV_4 是净油电磁阀,当控制该阀动作时,通过该阀,控制空气控制出油阀 V_4 关闭。在该阀断电或没有控制空气时,出油阀保持打开状态。电磁阀 SV_5 是排水电磁阀,通电后控制空气经过该阀驱动排水阀 V_5。随

着分油机正常分油的进行，分油机内油水分界面将不断内移。当需要向外排水时，控制器 EPC-50 将使电磁阀 SV_5 通电打开，向外排一次水。上述三个电磁阀构成一个阀组整体，控制空气为阀组的进口，三个出口分别接到对应的阀上。

③温度控制输出。控制器 EPC-50 对待分油的温度也有控制信号输出，可以根据蒸汽加热、电加热或热油加热方式来输出相应的控制信号，如果是蒸汽加热或热油加热方式，控制器 EPC-50 通过伺服机构控制加热介质阀门的开度来调节加热量；如果是配套的电加热，则须加装与电加热配套的电源单元(power unit)，由控制器 EPC-50 输出相应的控制信号到电源单元实现温度控制。

当待分油温度在正常范围内，且没有发生使分油机停止工作的故障信号时，控制器 EPC-50 控制单元一直输出一个信号使电磁阀 SV_1 通电，控制空气进入阀 V_1 的动作气缸，使三通活塞阀接通在待分油进分油机状态，切断在分油机外面打循环的回路。当分油机发生故障或停止分油机工作时，电磁阀 SV_1 断电，三通活塞阀动作气缸的控制空气从阀 SV_1 放掉，将切断待分油进分油机的通路，使待分油流回沉淀柜。

④报警及继电器控制输出。除温度控制采用继电器控制伺服电机改变阀门开度外，控制器 EPC-50 还提供多种用途的继电器触点输出，包括循环泵电机和分油机电机的停止控制、系统配置需要的触点输出、远程状态显示和报警用的触点输出等。

(3)控制器 EPC-50 的组成

在 S 型分油机中，组成其控制系统的重要设备是控制器 EPC-50。控制器 EPC-50 主要分为三个部分：一是电源，由滤波装置和多输出变压器实现；二是主控制板，安装在 EPC-50 控制箱内；三是操作面板(OP)，主控制板与显示操作板通过异步串行通信实现数据交换。主控电路板接收装在分油机待分油管路上和净油出口管路上的各种传感器信号，经分析和处理后，由输出端输出控制各种阀件或电器对分油机进行操作，同时分油机的运行状态也可通过在主控电路板通信接口与操作面板联系，由操作面板上的一系列发光二极管及信息显示窗进行指示，实现良好的人机交互。

①操作面板。如图 5-17 所示，控制器 EPC-50 的操作面板继承了其传统的布置特点，其右面有四个按钮和对应的状态指示灯。最上面的是加热器按钮，按此按钮将接通加热器电源，对待分油进行加热，待分油在分油机外面打循环。第二个按钮是程序启动/停止按钮，按一次该按钮，控制器 EPC-50 运行预定的程序，程序运行 LED(绿色)亮，它首先监视待分油的温度，当加热器把待分油加热到正常温度值时，开始对分油机进行分油、排水、排渣等操作的正常程序的运行；再按一下，停止分油程序，停止程序工作，其指示灯(黄色)点亮。第三个按钮是手动排渣按钮，按一次该按钮对分油机执行一次排渣程序。第四个也是最下面的按钮是报警复位按钮，当分油机和控制系统出现故障时，对应的总报警指示灯(红色)点亮，控制器 EPC-50 将输出停止分油机工作或停止程序运行信号。待故障排除后，须按此复位按钮才能撤销故障信号，并使程序恢复到启动前的状态。其中第四个 LED 灯是操作面板激活指示灯，表示当前显示控制器有效工作。

正面左上部是分油机基本状态及分油流程模拟图，当前基本状态可以完整显示。具体参数可以通过左侧下方的一条信息显示窗(图示显示“Standst”)来显示，并可通过“+”“-”来翻看需要显示的参数值；在发生故障时，显示立即启动切换到显示当前最新故障内容；另外，还可用“Enter”翻看主要参数，配合“+”“-”可以实现参数的修改操作。

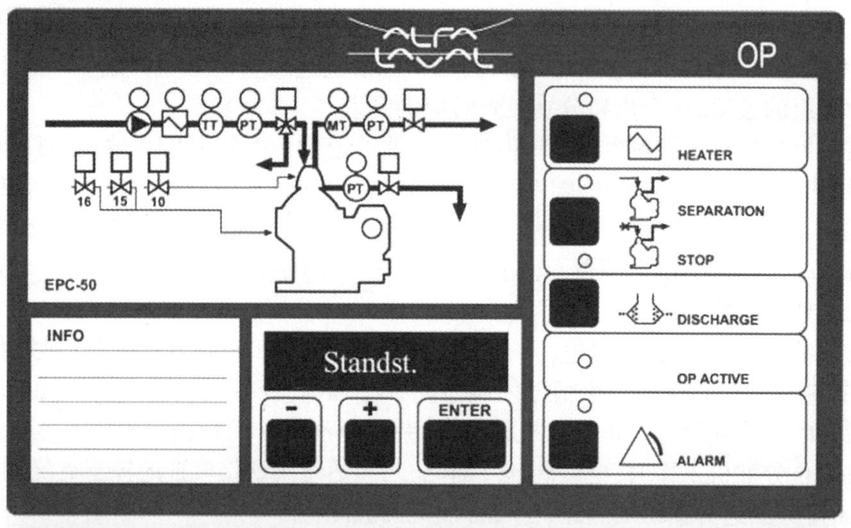

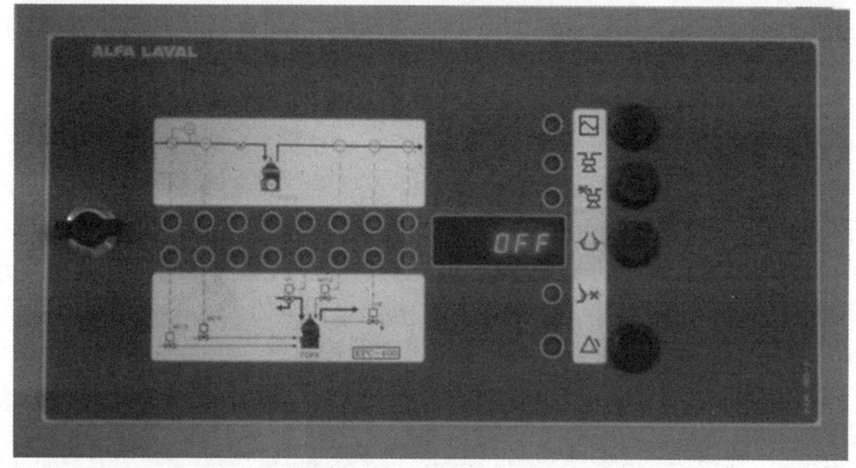

图 5-17　控制器 EPC-50 操作面板布置图及实物图

操作面板采用单片机 P80C32 实现显示控制,具有按键输入处理和与主板信息交换等功能。结构上分为两块电路板,一块为单片机主板,包括 CPU、内存、字库存储器、通信接口和显示驱动模块等,一块为专用信息显示控制器,显示需要的 LED 和字符。

②EPC-50 控制板。EPC-50 控制板位于控制箱内,由主板和扩展继电器输出板组成,主板分为电源、CPU 模块、开关量输入、模拟量输入、开关量输出、通信模块及扩展输出用总线接口。其中 CPU 模块采用金属外壳封装,内部使用 5 V 单一电源,内含 CPU、RAM、EPROM、晶振及总线接口等器件,实现一个小型化微机系统,配以外围接口电路,构成控制器 EPC-50 的控制核心。开关量输入采用光耦输入,外围电源采用单独隔离的直流电源;主板上配有多路外围开关量输入,继电器输出;模拟量输入配有多路差分输入信号源,其中有两路 PT100 温度传感器配以相应的信号处理电路作为其模拟量输入的一部分;主板还配有高速开关量输入电路,并通过 CPU 内的高速计数来测量分油机的转速;为实现与外围设备的通信,主板上配有内置双路的专用异步通信模块,其中一路通过 MAX232 转换为 RS232 通信与操作面板进行通信,交换信息。如果主板内参数选择为现场总线,则可选择另一个异步通信通道为 PROFIBUS 或 MODIBUS,并需要另外配有相应 PROFIBUS 扩展板或 MODIBUS 扩展板,通信扩展板内含相关通信软件,从而可实现现场总线通信。如果需要,可

以根据需要定制工业以太网、Device Net 或 CAN 总线接口。

③电源。控制器 EPC-50 的工作电源来自分油机启动箱。启动箱通过变压器给出 220 V 交流主电源作为控制器 EPC-50 的工作主电源。电源开关、滤波器、变压器在控制箱内控制板的旁边。要使分油机投入工作,首先要按启动箱上的循环输送泵启动按钮。等压力建立后,再按下分油机电机启动按钮,控制器 EPC-50 装置内部变压器输出 24 V、10 V、8 V、12 V×2 和 18 V 交流电,经整流稳压输出需要的直流电源,作为主控电路板和传感器信号处理电路板、信号调理器或变送器的工作电源。接通控制器 EPC-50 装置内部电源开关,就接通了主控制板和操作面板的电源。

④EPC-50 控制箱和电机启动箱。作为控制分油系统的 EPC-50 控制箱,除操作面板外,还配有循环输送泵和分油机的启动和停止按钮、应急停止按钮、分油机运行模式选择开关及相关指示灯,其中分油机模式开关分为自动、手动和 CIP 方式,其中自动是由远程操作面板操作分油机系统运行,手动控制是指在本控制箱上实现系统运行控制,CIP 是清洗分油机时使用的模式。

电机启动箱门上装有一个主电源开关、一个分油机马达电流表。启动箱内布置的是分油机及供油泵的启动电路。

2. EPC-50 分油机控制系统的控制过程

(1)待分油的温度控制

为了保证分油机的分离效果,必须对待分油进行加热。加热器可选用电加热器,也可选用蒸汽加热器或热油加热。在控制器 EPC-50 主板上有个加热器板选件来控制待分油的温度,传感器 TT_2 作为温度控制的反馈信号,TT_1 作为温度报警和保护的信号;作为反馈控制的传感器配合控制器 EPC-50 实现温度的自动控制,其中控制器 EPC-50 通过加热器板输出“+”或“-”两个继电器触点,去控制伺服电机调节阀门开度,从而控制加热量;同时可通过电位器检测开度位置,即 PT100、EPC-50 和温度调节阀构成了一个温度自动控制系统;其 PI 调节参数在 EPC-50 中,可以根据实际情况予以调整。当选用电加热器时,由控制器 EPC-50 将温度设定信号送给电加热器电源单元控制加热,电加热器电源单元单独配有检测加热待分油温度的 PT100 传感器,用于电加热器过热保护,即由 PT100、EPC-50、电加热器电源单元和电加热器构成温度控制系统。而控制器 EPC-50 配有的温度传感器 TT_1 和 TT_2 起到检测温度的作用,确保加热在正常的工作范围内。当待分油温度在正常范围内,且没有发生使分油机停止工作的故障信号时,控制器 EPC-50 根据时序控制要求,使电磁阀 SV_1 通电,控制气压源(压力为 0.5~0.7 MPa)通过 SV_1 和一个节流阀后控制三通活塞阀 V_1 缓慢打开,使待分油不冲击进油。当分油机发生故障或停止工作时,电磁阀 SV_1 断电,三通活塞阀 V_1 将切断进油通路,使待分油在分油机外面通过循环泵循环并保持加热。

(2)分油机的时序控制

刚开始投入工作时,应先按加热器按钮,开始将待分油进行加热,同时确认温度自动控制系统投入工作。当确认温度上升后,按一次程序启动/停止按钮,控制器 EPC-50 从初始化程序开始执行,首先监视待分油温度。当油温达到正常温度值时,控制器 EPC-50 将对分油机进行密封排渣口、设备自检、分油、间断排水、排渣等操作。控制器 EPC-50 增加了对设备状态的自检功能,可以根据被控制阀件的动作及相应参数变化的检测,智能地判断设备的故障,或对操作时序自动做适当的调校,以适应工况的变化。如图 5-18 所示为控制器 EPC-50 的处理程序、不校准启动及停止控制程序,如图 5-19 所示为控制器 EPC-50 的校准启动及排渣控制程序。

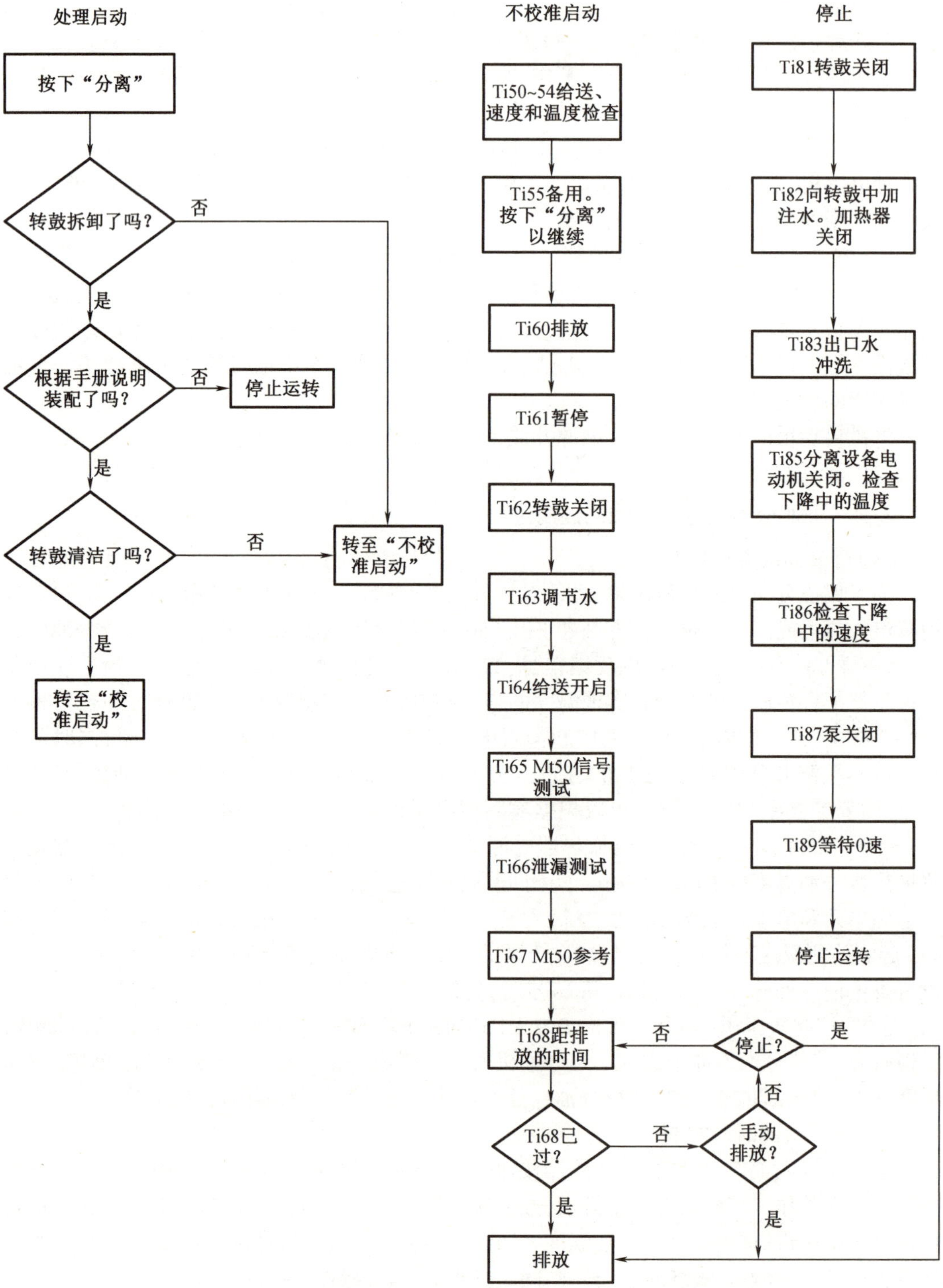

图 5-18　控制器 EPC-50 的处理程序、不校准启动及停止控制程序

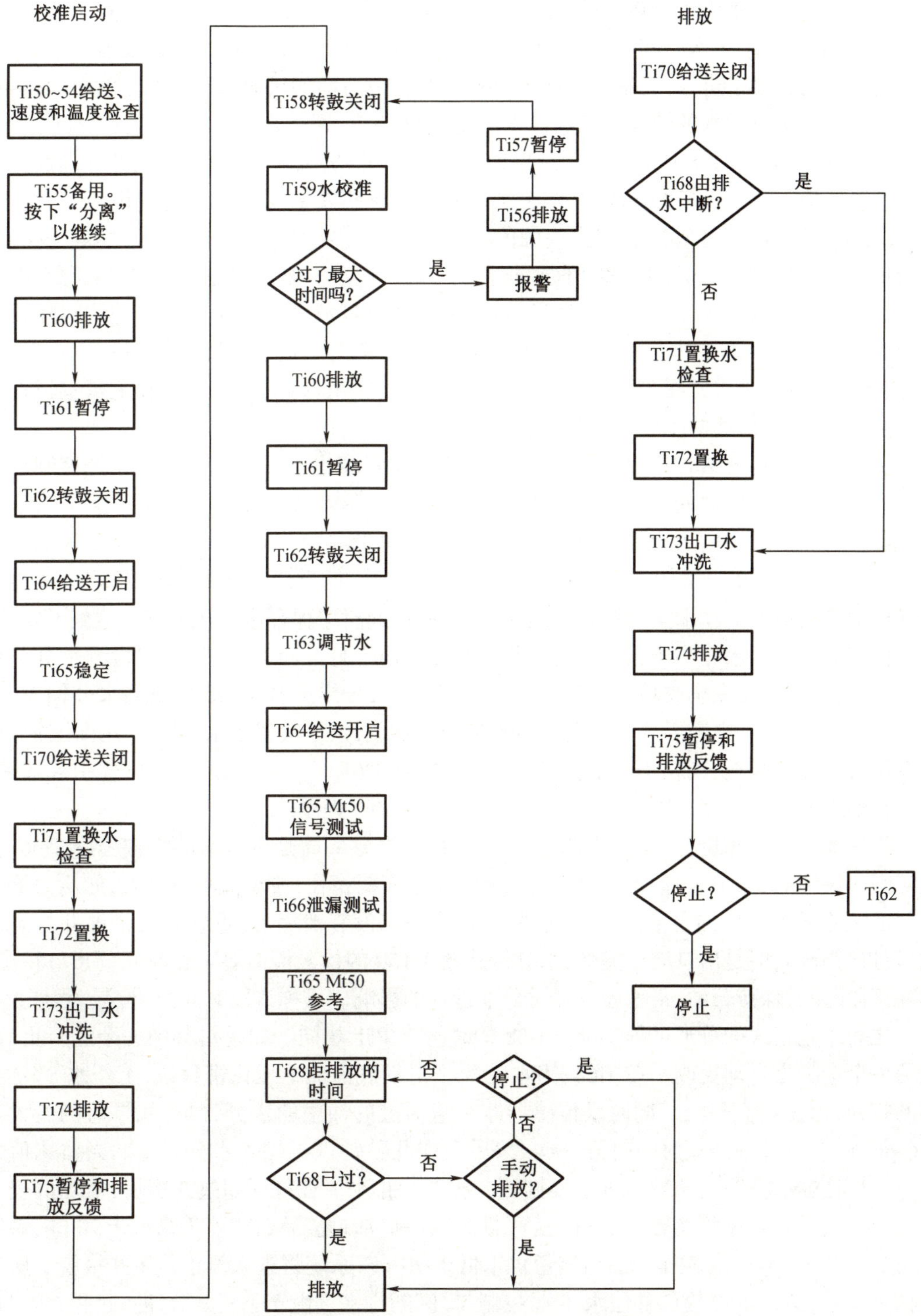

校准启动

Ti50~54给送、速度和温度检查
Ti55备用。按下“分离”以继续
Ti60排放
Ti61暂停
Ti62转鼓关闭
Ti64给送开启
Ti65稳定
Ti70给送关闭
Ti71置换水检查
Ti72置换
Ti73出口水冲洗
Ti74排放
Ti75暂停和排放反馈

Ti58转鼓关闭
Ti59水校准
过了最大时间吗？　是　报警
Ti56排放
Ti57暂停
Ti60排放
Ti61暂停
Ti62转鼓关闭
Ti63调节水
Ti64给送开启
Ti65 Mt50信号测试
Ti66泄漏测试
Ti65 Mt50参考
Ti68距排放的时间
Ti68已过？　否　手动排放？　否　停止？　否　是
是　是
排放

排放

Ti70给送关闭
Ti68由排水中断？　是　否
Ti71置换水检查
Ti72置换
Ti73出口水冲洗
Ti74排放
Ti75暂停和排放反馈
停止？　否　Ti62
是
停止

图 5-19　控制器 EPC-50 的校准启动及排渣控制程序

程序运行开始时，控制器 EPC-50 首先确认是否有过拆解保养或更换器件工作，如果通过面板操作确认进行修理后，控制器 EPC-50 会在按下“分油”后进入“校准启动”程序，在确认输送泵运转、分油机电机运转、温度控制、开机一次排渣操作，分油机空筒后，首先自动进行一次置换水的水流量计算,程序是密封操作 Ti58、置换水的水流量校准 Ti59、排渣口打开控制 Ti56、工作水排水时间 Ti57。Ti59 的最大值为 170 s,如果在此时间内没有压力响应,则说明有泄漏或无水进入,无法建立压力,系统发出警报;而如果通过建立压力的时间,可计算出置换水(SV_{10})进水的流量。依据该水流量计算,EPC 还计算出 Ti63 的设置时间(应小于 120 s),以便向分离筒中加注正确的调节水量,以便排渣后,在进行分油前,使分离筒内注满水。当选择了分离设备的规格时,与分离筒相关的数据被激活。Ti63 的预设值仅用于启动,在计算后,会自动为 Ti63 设置正确的值。该段时间主要为校准置换水量,可称"校准"。水流量校准之后,"校准启动"和"不校准启动"就一样了。系统先进行一次"排渣"操作 Ti60,用于防止在断电后,排渣间隔时间中断,引起两次排放之间的时间大于排放间隔设定时间 Pr1,并在滑动圈下建立水弹簧,使分离筒内滑动圈向上运动,关闭滑动底盘下腔排水口;接着是工作水排水时间 Ti61,设置时间的长短应确保滑动底盘、工作室和定量室工作水泄放完,其功能同前述的 Ti57。

接着开始准备分油。分油设定时间到,排渣后的程序也是回到此处。程序先控制滑动底盘下进工作水,进行"密封"操作 Ti62;之后控制 SV_{10} 加水实施分离筒"注水"操作 Ti63。

分离筒注水后,SV_1 控制供油阀 V_1 开一小段时间 Ti64 和 Ti65,SV_4 配合控制净油出口阀 V_4 在 Ti64(约 60 s)关闭,Ti65 打开。Ti64 时有进油,但出口净油关,分油机将分离筒内侧和出油管内原来的注水全部挤到分离筒外侧,所以此时应保证出口压力 PT_4 达到设定值,水分传感器检测的水分小于设定值,说明已置换。Ti65 打开净油出口,同时检测水分仍小于设定值,说明置换完全成功。Ti64 时间后,如果由水分传感器 MT50 检测到水分偏大,说明前次置换水过多,则需要减小一次置换水量的计算值,供下次置换水使用。如果出油口中没有压力 PT_4 的响应,则在 Ti64 内将发出警报;如果 Ti65 时间内水分很大,同样引起故障,系统自动进入排放程序。所以该段程序可以称为"置换"程序。

为保证系统可靠运行,在分油之前,还要进行一次分离筒是否泄漏的检查程序 Ti66,在该时间内供油阀 V_1 关、净油出口阀 V_4 关,PT_4 压力应能稳住,波动值不应过大,如压力低于 0.1 MPa,系统将会发出警报,说明有泄漏存在。确认没有泄漏后,重新开始供油并打开净油口,进行分油,但是出口流量突变,水分传感器 MT50 的检测值需要一点时间(Ti67)稳定,即在该段时间,保持分油,不考虑水分对分油进程的影响。可称该段时间为"检漏"程序。

之后才是正式的分油过程 Ti68。Ti68 的时间与 Pr1 相同。如果对其中一个进行更改,则另一个会随之自动更改。在 Ti68 期间,为保证滑动底盘向上压住密封条,工作水 SV_{16} 会间断打开,每 5 s 打开 1 s。同时水传感器监视清洁过的油中的水分含量,如果监测值大于 100 pF,则排水阀(V_5)短时间打开一次,然后会在几秒钟内再检查水分含量。当监测值低于 70 pF 时排水将停止。最多可连续打开 5 次进行排水。在打开超过 5 次后,监测值仍未低于 70 pF,系统程序将跳转至 Ti74 进行"排渣"控制,如排渣后监测值仍未低于 70 pF,系统将再次打开 V_5 排水,5 次排水后监测值仍未低于 70 pF,系统将进入停止程序并报警。所以在该过程中,SV_{16}断续提供补偿水,SV_5 控制 V_5 间断排水。由于是正常分油主过程,所以称"分油"。

分油时间 Ti68 到后,或手动按了排渣按钮,程序先进入"关油"程序 Ti70(关闭供油阀 V_1),此后由于没有进油,所以出口压力会下降;出口水分可能会增加,如果出现水分检测高于 100 pF,则需要进行一次排水操作,最多可进行 5 次排水操作,确保分离筒内的净油尽量排完。确认净油出口管内还是净油后,开始"进置换水"程序 Ti71:供油关,关闭净油出口阀

V_4,开 SV_{10} 置换水,出口压力 PT_4 应增加至少 0.05 MPa,如果没有压力反馈,则发出警报;如增加到了,则停止 Ti71 计时,说明置换阀 SV_{10} 正常。接着是"冲洗"程序 Ti72:供油关,打开净油出口阀 V_4,开 SV_{10} 冲洗水,将分离筒内和出口的进油全部排出,冲洗时间受前述水流量校准限制,即不能进太多的水,防止水冲出到净油去;之后,仅有排水阀 V_5 打开进行管路的"冲洗"操作 Ti73;整个过程可称为"冲洗"程序。

完成"冲洗"后,再打开开启水 SV_{15} 进行一次"排渣"操作 Ti74;排渣后进行工作水的排水操作 Ti75。"排渣"程序中,分离筒的转速应该会下降,但如果"排渣"后分离筒速度下降小于参数 Fa 设定转速,则发出排渣反馈故障警报。正常"排渣"后,控制器 EPC-50 根据有关置换水的参数是否人为修改过,来确定程序是进入水流量校准 Ti59 进行参数校正,还是准备再次分油,直接进入分离筒"密封"操作 Ti62。至 Ti75 后,系统完成一个工作循环。

如果发生故障或手动停止操作,则从"关油"程序 Ti70 开始到"排渣"操作 Ti75 后,程序再次自动进入"密封"程序 Ti81;"冲洗"程序 Ti82、Ti83,Ti82 后停止加热温度控制;Ti83 后停止分油机程序至结束。

3. 控制器 EPC-50 的面板操作与参数调整

控制器 EPC-50 的操作需要面板指示灯"OP ACTIVE"点亮后才能进行,该灯表明操作面板与主控制器已建立好通信联系。在循环泵和分油机的电机启动后,分油操作就可在本地控制面板上来操作或可通过远程通信来操作。在操作和参数修改过程中,用到最多的是"+""-"和"Enter"三个键,其中"Enter"键用于显示参数序号与内容切换、确认、进入或退出参数表,接收或储存参数值等。"+""-"用于翻看参数序号或修改参数使用,状态显示时,可以翻看到一直需要观察的参数。

正常运行过程中,显示当前工况和当前工况进行到的时间。当报警发生时,报警信息显示在显示窗口左侧,系统准备排渣,而到下次排渣前的时间将显示在显示窗口的右侧。正常情况下,可通过"+"键来切换显示内容,如显示"TT1 98 ℃"。系统中所有模拟量传感器的测量值都可以显示。

系统设有三种参数类型:安装参数(Inxx)、工艺参数(Prxx)和工厂设置参数(Faxx),分油时序用时间参数(分离开始、排渣、停止)列在"工厂设置参数"下,但称为"Tixx"。不同类型参数可以通过同时按"Enter"和"+""-"来切换。安装参数必须在初次启动之前且先于工艺参数进行设置。这些参数极少需要重新调整。如果要存储新的参数值,则需要浏览整个列表,并在列表结尾处确认。工艺参数可以按所需(即使在运行过程中)轻松调整,以满足运行条件的变化(如两次排渣之间的时间、油温以及报警点)。工厂设置参数可以根据实际运行过程中状态的变化来进行调整,尤其是有关分油时序的时间参数。其中"启动"对应的计时器为 50~59;"分油"对应的计时器为 60~69;"排放"对应的计时器为 70~79;"停止"对应的计时器为 80~89。参数的修改可通过按"Enter"进入。具体面板的操作和参数的修改可参考设备说明书。

水分传感器值会受温度变化影响。可以根据待分油的不同使用不同的参数对其进行补偿。具体操作步骤如下:

(1)记下传感器值,注意要进行此测试,传感器值必须稳定,并确认油中无水、无气。

(2)在正常稳定运行温度下,将温度降低 10 ℃。

(3)在稳定的新温度下,读出温度和传感器值。

例如:当温度下降了 10 ℃时,传感器测量值变化了+1(如从 82.6 到 83.6),则由于传感器值增大了,实际值未变,必须通过将 Fa34(对应 HFO)设置为负数来进行补偿。具体值为 Fa34= -(1.0×10)/10= -1.0。

由于控制系统的程序大多依赖水分传感器,所以该传感器非常重要。如果该传感器故障,但又要分油操作,可以应急设置参数 Pr4 从"on"调整为"stb",即进入分油备用控制工况,此后水分传感器 MT50 功能禁用。但程序每 15 min 进行一次"排渣",而 Pr1 分油时间设定无效;并且排渣过程不加冲洗水和置换水,即只实现简单的分油和排渣操作。

4. 控制器 EPC-50 中的报警控制与功能测试

控制器 EPC-50 在运行中如果发生故障报警,相应的总报警发光二极管和有关状态指示灯闪亮,同时在显示及操作面板中的信息窗中将会显示出完整的故障名称。故障复位需要消除掉故障后按"ALARM"按键才能复位。如果有多个故障,则当前显示为最新故障,为读取存储的警报列表,可以按"Enter"键后用"+""-"键翻看,中间可用"Enter"键查看故障号、发生故障处于当前多长时间之前,故障名称和对应的参数设置值,以及故障发生后的复位时间。

最后可再用"Enter"键回到正常显示。显示窗口中显示的内容及对应的含义如下:

Alarm no. 5:(5 号警报)警报编号;

0:13:此警报在 13 min 前发出;

Feed pressure low:(进油压力低)警报类型;

P1 60:参数 Pr1 设为 60 min;

00:02:13:2 min 13 s 后复位了该警报。

有些故障可以通过人为干预或通过设置控制器 EPC-50 中对应的参数进行测试,如传感器断线故障,电源故障,油温过高,分离盘速度过低等。需要注意的是,任何参数为了试验而修改后,当测试结束,开始正式工作前,需要恢复该参数的原始数据。表 5-8 列出了几个报警测试示例,具体其他方面的测试可参考说明书中的"功能测试"。表中出现的 Pr16、Fa10 等为控制器 EPC-50 的设置参数,即可以通过修改其内部参数,使之偏离正常值,在实际参数正常情况下模拟发生故障报警。

表 5-8 报警测试

警报消息	注释	故障 LED	试验前状态	试验方法	端子	试验结果
POWER FUILTURE	电源故障		启动	运行期间关闭/开启电源		
Feed pressure PT1-HIGH	待分油压力 PT_1-高	PT_1	启动	减少限制(Pr14)		
Feed pressure PT1-LOW	待分油压力 PT_1-低	PT_1	启动	减少限制(Pr15)		V_1 关
Feed pressure sensor PT1-ERROR	待分油压力传感器 PT_1-错误	PT_1	启动	断开传感器的连接	X5:4	

表 5-8(续)

警报消息	注释	故障 LED	试验前状态	试验方法	端子	试验结果
Oil feed-TEMPERATURE HIGH	供油-油温较高	TT	启动	减少限制(Pr16/Pr19)		V_1 关 加热关
Oil feed-TEMPERATURE LOW	供油-油温较低	TT	启动	增加限制(Pr17/Pr10)或降低 Ti53		V_1 关
Temperature alarm sensor-ERROR	温度报警传感器-错误	TT	启动	断开传感器的连接	X5:2	V_1 关 加热关
Bowl speed-HIGH	分离盘速度-快		分离	减少限制(Fa10)		停止序列
Bowl speed-LOW	分离盘速度-慢		分离	增加限制(Fa11)		停止序列
Bowl speed sensor-ERROR	分离盘速度传感器-错误		停止	在断开传感器的情况下启动分离设备	X6:1	

四、分油机控制系统的操作与管理

1. 分油机手动启动与停止

(1)检查分油机的电源是否正常,油底壳的油位是否正常,进出油管路的阀是否处于正常的位置。

(2)若以上都正常,启动分油机燃油供给泵,将蒸汽加热阀打开。从操作面板上开启加热器。

(3)待温度达到要求以后,要启动分油机,先按"SEPARATION/STOP"(分离)按钮激活控制器 EPC-50,显示窗口中将滚动出现几个问题,必须先回答这些问题才能启动分离设备。回答问题后启动分油机,待分油机的转速达到全速及油温超过低温报警设定值以后,控制器 EPC-50 将自动进入分油启动程序直到分油机正常分油。

(4)观察分油机供油以后工作是否正常,有无异常的振动或是噪声。通过控制器 EPC-50 上的显示数据,来判断分油机的状态,如果一切都正常,说明分油机开始正常的工作。

(5)如果中间发生故障或需要停止分油时,可通过按下"SEPARATION/STOP"按钮,实现停止控制。分离设备停止序列对应的黄色 LED 将开始闪烁。启动排渣。排渣完成后,停止序列 LED 将变为稳定的黄色,而分离系统运行对应的绿色 LED 将熄灭,显示"Stop"(停止)。如果加热器由控制器 EPC-50 控制,它将自动关闭。当供油温度开始下降时,进油泵将自动停止。当分离设备完全停止运转时,将显示"Standst"(停止运转)。

2. 控制系统在使用中的注意事项

开启分油机前需检查分油机运转方向是否正确。检查有无异常的振动,在启动之初当分油机通过临界转速时会有振动,这都属于正常现象,在使用中要逐渐了解振动的表现和规律。如果分油机在正常的工作中有异常的振动,那么就要立即停止分油机,并查找分油机振动的原因,在未找到故障的原因之前不能开启分油机。若是开启,由于分油机内部的高速旋转，严重时会造成分油机部件的损坏甚至伤人。在分油机刚启动时，启动电流会比分油机正常工作时的电流大很多，但是随着分油机转速升高，分油机的电流会逐渐地降低并维持在一个稳定的数值上。如果分油机的工作电流维持在较高的数值上不变，这说明分油机跑油，这种情况必要时要停止分油机进行检查。分油机正常工作以后要检查供油流量是否正常，调节出口压力为0.2 MPa。注意在没有完全停止之前不能进行拆卸工作，因为其内部高速旋转时会有伤人的危险。

在对分油机控制系统的日常使用和巡班检查时，经常检查电源是否正常，应急操作是否有效；定期检查各种传感器，检查相关的工作水、控制空气及电磁阀。定期检查分离筒的状况。

如果油渣空间中的硬油渣量不十分明显，则排渣间隔可以适当延长。但排渣间隔太长会使油渣不均匀地积聚在分离筒内，引起分油机振动。运行中注意水分传感器的变化规律，注意电机启动时转速变化情况，包括振动情况。特别是要注意跑油检测信号是否完好，排渣通道是否淤塞等。对控制板和显示板要定期检查，防止受潮或有关电线脱落等。

3. 故障处理

当分油机系统出现故障时，首先考虑的是故障对整个供油系统的影响。如果到了不能克服的状态，则需要考虑应急措施。故障可以分为传感器故障、参数越限、状态设备故障等几类，具体可通过说明书中的"Alarm and Fault Finding"查找原因和解决措施。

如果分油机因故障报警，那么在分油机的控制单元上，相应的警报指示灯就会发出红光，并不停地闪烁，机舱内同时伴有警报声。处理操作首先是先要确认警报，按下警报确认按钮。然后根据分油机的警报去查找原因，等把故障排除以后，再按一下警报确认按钮。若是故障已经解除，则分油机就可以接着正常工作。分油机的警报有很多种，而每一个警报的原因有很多，因此解决分油机报警的时候一定要细心观察，除说明书确认的原因外，有时还需要根据分油机故障时的外在表现来判断故障的原因。例如排渣失败可能原因是没有工作水或工作水很少，也可能是开启水阀 SV_{15} 问题，所以首先就需要检查供水系统，如果可以确定工作水系统没有问题，那么问题就可能是分油机内部的机械故障。因为就一般情况来说，分油机的故障也就无非是控制系统和机械故障两个部分。其中机械故障一般都是由分油机长期的工作，没有得到及时的保养，内部脏而导致的。分油机最常见的跑油故障(oil leaking from bowl)原因及处理如下：

(1)补偿水供应系统中的滤网被堵塞，处理措施是清洁该滤网。

(2)补偿水系统中没有水，检查补偿水系统并确保任何供应阀均处于开启状态。

(3)供应阀与分离设备之间的软管安装不正确。

(4)水分传感器测量误差偏大，造成控制系统频繁进行排渣动作。

(5)滑动圈中的堵头有缺陷，造成密封不严，应更换堵头。

(6)开启水管的供应阀 SV_{15} 出现泄漏情况或相应的控制回路故障，造成排渣口打开，应及时校正该泄漏情况或检查该阀的控制线路。

(7)油温低，黏度太大，造成进油慢而引起报警，通常会发生在净油机刚启动时，重新启动就可以解决。

(8)O-ring 老化或分离筒太脏，净油机长时间运转，会发生 O-ring 老化磨损，配水环、分离盘、泄水阀等脏堵，这时就需要进行解体清洁，更换 O-ring。

拓展强化

任务 5.3

一、选择题(请扫码作答)

二、简答题

1. 请简述燃油净油单元自动控制系统的组成及控制原理。
2. 请简述燃油净油单元自动控制的启动过程。

任务5.4 船舶辅锅炉自动控制系统

任务分析

锅炉是船舶较早实现自动控制的设备。它包括水位的自动控制、蒸汽压力的自动控制、锅炉点火及燃烧时序控制和自动安全保护等。本任务的学习目标是了解船舶辅锅炉基本结构、分类及系统;熟悉辅锅炉控制系统的基本组成:水位控制、蒸汽压力控制、点火时序控制、安全保护环节;掌握水位检测方法及维护;掌握火焰检测方法及故障判断;了解燃烧器组成及分类和特点;了解大型锅炉的水位控制和燃烧控制特点;正确描述辅锅炉的组成、作用和工作原理;会分析锅炉控制系统图。

任务实施

在蒸汽动力装置中,船用锅炉称为主锅炉,它所产生的蒸汽用来驱动船舶主机,如汽轮机等,它的蒸发量较大,蒸汽压力较高,对水位和蒸汽压力要求比较严格。水位和蒸汽压力不准许有较大的波动。对锅炉一般都采用带有积分作用的调节器所组成的定值控制系统加以控制。在内燃机动力装置中所使用的锅炉称为辅锅炉。其中,大型油船辅锅炉所产生的蒸汽要加热货油;驱动货油泵及其他甲板机械,其蒸发量和蒸汽压力都比较大,它的工作特点接近主锅炉。柴油机货船辅锅炉所产生的蒸汽仅用于加热柴油机所需用的燃油、滑油及船员生活。它的蒸发量小(一般小于 5 t/h),蒸汽压力低(一般低于 1.0 MPa),对水位和蒸汽压力的波动要求不严格,一般采用双位控制。

通过前面的介绍可以看出,柴油机货船辅锅炉和柴油机油船辅锅炉的工作特点具有很大的不同。本项目将分别介绍船舶辅锅炉的水位控制、蒸汽压力控制、锅炉点火及燃烧的时序控制和锅炉安全保护四个主要方面的自动控制。

一、船用锅炉的基本认识

(一)船用锅炉的用途

燃油锅炉是通过燃烧把燃料的化学能转化为热能,并将热能传给工质水,从而产生具有一定温度和压力的饱和蒸汽或过热蒸汽的特殊设备。废气锅炉是通过主机和发电机的排气加热水产生蒸汽的设备。

主锅炉:在汽轮机船上用来产生驱动主汽轮机的高温高压过热蒸汽的锅炉。

辅锅炉:在柴油机船上产生不用来驱动主机的饱和蒸汽的锅炉,一般是低压锅炉(工作压力≤2.5 MPa)。

辅锅炉的用途主要是加热燃油、滑油或满足日常生活的需要(炊用、加热水及冬季空调加热加湿等);在油船上蒸汽还用于加热货油或清洗货油舱,有的还驱动汽轮货油泵或汽轮发电机等辅机,如图 5-20 所示。

图 5-20　某船辅锅炉实物图

(二)船用锅炉的分类

按照锅炉的结构可分为烟管锅炉(火管锅炉)和水管锅炉两大类。烟管锅炉是指高温烟气在受热面管内流动,管外是水的锅炉。水管锅炉是指水或汽水混合物在受热面管内流动,管外是烟气的锅炉。烟管锅炉按管子的布置形式也可以分为立式烟管锅炉和卧式烟管锅炉。

按热源不同,船用锅炉可以分为以下四种:

(1)燃油锅炉:是指以燃油(一般为轻油和重油)为燃料的船用锅炉。

(2)废气锅炉:主机排烟温度一般都在 300~400 ℃,为了利用这些余热,在柴油机烟囱中装设废气锅炉,装设多大的废弃锅炉要根据柴油机的背压(排气管里的压力)情况而确定。用柴油机排烟余热把水加热成饱和蒸汽,这样既满足了船舶对蒸汽的需要,又提高了动力装置的效率。

(3)燃油废气组合式锅炉。将燃油锅炉和废气锅炉组合在同一炉体结构内,就构成燃油废气组合锅炉。船舶在海上航行时,利用柴油机排烟的余热通过废气锅炉部分产生的蒸汽就能满足船舶需要,燃油锅炉可不使用。如果船舶靠岸,主机停止运行时,则使用组合锅炉中的燃油锅炉部分来满足船舶需要。

(4)电热式锅炉。电热式锅炉是以电加热管组为热源,将水加热成一定压力下饱和蒸汽或饱和水的船用锅炉。

现代船舶上应用最广泛、使用最多的是燃油废气组合锅炉。

(三)船用锅炉主要参数

1. 额定蒸发量 D(额定热功率 Q)

额定蒸发量 D(一般指蒸汽锅炉)或额定热功率 Q(一般指热水锅炉)是指锅炉在额定工况下,1 h 连续工作所产生的蒸汽量(或热功率)。蒸发量 D 的单位为 t/h,热功率 Q 的单位为 kW,二者关系为 1 t/h 相当于 0.7 MW。通常额定蒸发量 D 在 10 t/h 以下的为小型锅炉,50 t/h 左右的为中型锅炉,100 t/h 左右的为大型锅炉。

2. 设计压力 P 与工作压力 P_{gz}

设计压力是锅炉及压力容器最大的工作压力,它是锅炉及压力容器强度计算的依据。设计压力应不小于任一安全阀的最高设定压力;工作压力为锅炉及压力容器正常运行时的压力。一般设计压力为工作压力的 1.1 倍。

(四)船舶辅锅炉各组成部分

1. 给水装置

给水装置用来向锅炉供给足够的干净炉水。主要装置有清水柜、电动给水泵、给水安全阀、止回阀、截止阀、压力表等。锅水使用造水机产生的蒸馏水,一般不可使用自来水,更不能使用海水。

(1)清水柜:用来存储经过过滤的清洁炉水。

(2)电动给水泵:通常每台锅炉设有两路给水管系,两台电动给水泵,一台为备用。通过自动控制及时地向炉内给水或停水。

(3)给水安全阀:保护给水管系及防止水泵机组过载之用。

(4)止回阀:防止水泵不工作而导致炉水发生倒流情况。

(5)截止阀:用来连通或截止给水管路。截止阀有两种状态,全开、全闭。不应处于中间状态,否则阀盘因受水流冲蚀而使其水密性遭到破坏。启动水泵前应先打开截止阀。

(6)水位表(水位计):水位表是指示锅炉水位高低的仪表。辅锅炉有最高工作水位、最低工作水位和最低危险水位。锅炉运行时,容许锅炉在最高工作水位和最低工作水位之间波动(双位控制)。锅炉水位低于最低工作水位称为失水。高于最高工作水位称为满水。满水,则容器空间小,蒸汽湿度大,易发生汽水共腾现象,导致大量炉水跑进蒸汽管系和蒸汽动力设备,造成机件因液击而损坏。失水,则导致受热面过热从而烧塌破裂。因此每一台锅炉一般安装两个准确可靠的水位表,并在水位表旁边安装两个到三个试水阀。当水位表损害而锅炉又不可能立即停止使用时,可开启试水阀,根据从其中放出来的是蒸汽还是水来判断炉内水位的高低,以确保锅炉安全运行。

2. 燃烧装置

辅锅炉靠炉膛中燃油燃烧来产生热量。目前,燃油锅炉燃烧常用方法是通过喷油嘴使油呈雾状喷入炉膛,通过调风器提供高速旋转的空气,使油气在风口处良好的混合,以达到完全燃烧的目的。主要装置有锅炉燃烧器及风机、调风器、点火器。

(1)锅炉燃烧器及风机:锅炉旋转杯式燃烧器包括全部燃烧系统和部分控制线路,它是一套小型的燃烧装置。在燃烧器得到启动信号后,风机开始工作(有的燃烧器带动风机和点火油泵同时工作),进行预扫气,此时由于喷油电磁阀没有打开,虽然油泵已经工作,但没有燃油喷入燃烧室,一般在喷油嘴之前与油管路之间循环。同时自行调节风门打开一定开度,燃烧室预扫气时间一般在 20~60 s,即将结束时点火变压器工作,点火电极发出火花,扫气结束,电磁阀打开,喷油嘴处燃油被雾化并由电火花点燃,如图 5-21 所示。

图 5-21　辅锅炉燃烧器

(2)调风器:控制一次和二次风量,使助燃空气与油雾充分混合,使油雾迅速汽化受热分解,利于充分燃烧。二次送风要有足够的风速,使燃烧后期有良好的混合作用。调风器根据二次送风是否旋转分为旋流式和平流式。

(3)点火器:是一个火花发生器,它是由两根耐热铬镁金属丝电极组成的,两电极端部距离为 3.5~4 mm,由点火变压器供给 5 000~10 000 V 的高压电,通电后将产生电火花点燃燃油。电点火器顶端发火部分应伸至喷油器前方稍偏一点(2~4 mm),并注意防止油雾喷到点火电极上,也应防止电火花跳到喷油器和挡风罩上。

3. 热水井

为保障锅炉节能/节水以及锅炉给水、给水温度和多余蒸汽的排放等,通常都配有热水井单元,简称热井。热井模块由热井(含凝水观察柜)和大气冷凝器组成。

热井的功能是将蒸汽冷凝水冷却到≤60 ℃,以供燃油锅炉给水以及必要时加药或配合自动水处理调整 pH 值。

锅炉凝水系统主要用于回收各处的蒸汽凝水,并防止混入水中的油污进入锅炉。各处用于加热油、水和空气的蒸汽,在加热管中放出热量后凝结为水,并经各加热设备回水管上的阻汽器流回热水井。加热油的蒸汽产生的凝水,有时有可能由于加热管的泄漏,将油分带进锅炉中。锅炉中的水含油分对锅炉的工作是很不利的。因为导热性比较差的油会黏附在锅炉受热面上或包含在水垢中,阻碍锅炉水对受热面的有效冷却,导致锅炉受热面的工作温度提高。如果受热面管子的壁长期在 500 ℃以上,管子就会爆裂。随着轮机自动化程度的提高,为了尽量减少油分含量高的水进入锅炉中,越来越多的船舶辅锅炉开始使用锅炉凝水油分浓度报警装置。油分浓度报警装置的作用是检测锅炉凝水中的油分含量不超出锅炉水样要求的含量,一般不大于 15 PPM(PPM 是英文 parts per million 的缩写,译意是每百万分中的一部分,即表示百万分之几,或称百万分率),超出这个范围就会自动发出报警信号甚至自动停炉。此时则需将热井中的水排入舱底,待查明原因并予以消除。油分浓度报警装置对于锅炉安全保护是非常必要的组成部分,一般分为报警油分传感器、油分浓度分析检测装置、声光报警三部分。

4. 加药装置

船舶辅锅炉系统中加药装置主要包括:锅炉加药泵、加药泵管系、药桶,有的还具有水质分析功能。船舶辅锅炉系统中的加药装置的功能是将炉水中的钙、镁盐类形成泥渣,再通过排污的方法把它们排除,防止结垢,另一方面,使炉水保持足够的碱性,防止发生锈蚀。需要时启动加药泵就可完成。

5. 排污阀

每台锅炉上、下各有一个排污阀。安装在锅炉融水空间的最高位和最低位。开启下排污阀,排除锅炉水中的沉淀和泥渣。开启上排污阀,排除锅炉水中的悬浮污物。为使炉水清洁,每天排污一次。排污时,炉水加足,炉火熄灭,炉内有气压,要密切关注炉内水位变化。

6. 安全阀

锅炉是压力容器,气压超过一定限度时安全阀开启,使蒸汽排入大气,保护锅炉,如图 5-22 所示。对安全阀的要求:每台锅炉本体上应装设两个安全阀,通常装在一个阀体内,蒸发量小于 1 t/h 的锅炉可仅装一个,过热器(如有)上至少装一个安全阀;安全阀开启压力可大于实际允许工作压力 5%,但不应超过设计压力,过热器安全阀开启压力应低于锅炉安全阀开启压力;安全阀开启后应能通畅

图 5-22　辅锅炉安全阀

地排出蒸汽，以保证在蒸汽阀关闭和炉内充分燃烧时烟管锅炉在 15 min 内，水管锅炉在 7 min 内气压的升高值不超过锅炉设计压力的 10%，所以安全阀不但应有足够大的直径，而且开启后应该稳定且具有较大的提升量；要动作准确，并保持严密不漏。

二、船舶辅锅炉的水位自动控制

动画 5.41　辅锅炉电极式双位水位控制停水原理

(一)货船辅锅炉水位自动控制

1. 货船辅锅炉电极式双位水位自动控制原理

动画 5.42　辅锅炉电极式双位水位控制供水原理

柴油机货船辅锅炉由于蒸发量小，蒸汽压力低，为简化其控制系统，一般对水位都是进行双位控制，当水位下降到允许的下限水位时，自动启动给水泵向锅炉供水。锅炉水位会逐渐升高。当锅炉水位达到允许上限水位时，自动停止给水泵的工作，停止向锅炉供水。因此，锅炉在工作期间，其水位是在允许的上、下限之间波动，不会稳定在某一个水位上。这种双位控制水位的检测元件常用浮子式和电极式，关于用浮子式检测锅炉水位的原理，及对锅炉水位进行双位控制过程可参照本书项目 1 中图 1-18 所示。下面介绍电极式双位水位自动控制系统原理，如图 5-23 所示。

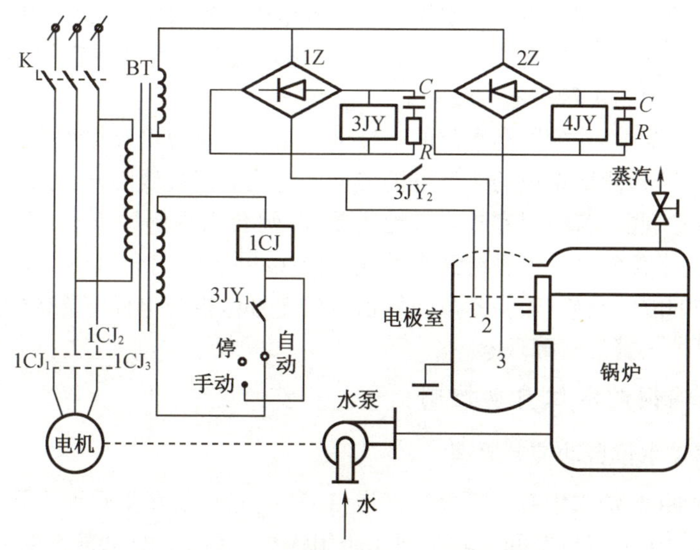

图 5-23　电极式双位水位自动控制系统原理图

电极式双位水位控制系统是在锅炉的外面装设一个电极室，它分别与锅炉的水空间和蒸汽空间相通，故电极室中的水位与锅炉水位一致。由于锅炉水有一定的盐分，所以它是导电的，电极室中插有三根电极棒，其中，电极 1，2 分别控制允许的上、下限水位；电极 3 用于危险低水位报警。1Z 和 2Z 是二极管桥式整流电路。由变压器次级绕组输出的 24 V 交流电压经 1Z、2Z 电极 1，2，3，锅炉水及电极室接地的壳体，构成交流通路，经 1Z 和 2Z 整流成直流电作为继电器 3JY 和 4JY 的电源。当水位下降到允许的下限水位时，电极 1 和 2 均露出水面，切断了 1Z 的交流通路，继电器线圈 3JY 断电，其常闭触头 $3JY_1$ 闭合，接触器 1CJ 通电动作，其常开触头 $1CJ_1$~$1CJ_3$ 闭合，启动电机并带动给水泵向锅炉供水，水位会不断升高。

由于继电器3JY的常开触头$3JY_2$已经断开,所以当水位超过电极2时,1Z的交流通路仍然是断开的,3JY保持断电,水泵继续向锅炉供水。当水位达到上限允许水位时,电极1和2均浸在水里,使二极管桥式整流电路1Z构成交流通路,继电器3JY通电,常闭触头$3JY_1$断开,接触器1CJ断电,其常开触头$1CJ_1$~$1CJ_3$断开,电机断电停转,停止向锅炉供水,水位会逐渐下降。由于继电器3JY的常开触头$3JY_2$已经闭合,故继电器3JY不会因电极1露出水面而断电,即不会马上启动给水泵向锅炉供水。只有水位下降到下限允许水位,电极2露出水面时,继电器3JY才会断电,水泵才能向锅炉供水。如果给水泵有故障,当水位下降到下限水位,电极2露出水面时,水泵不能向锅炉供水,水位会继续降低。当水位降低到危险低水位时,电极3露出水面,切断2Z的交流电通路,使继电器4JY断电,发出声光报警,同时会自动停炉。显然,通过调整电极1和2的位置可改变锅炉的上、下限水位值。一般来说,在允许波动的范围内,电极1和2之间的距离不要调整得太小;否则给水泵电机启停频繁,影响使用寿命。

2. 管理要点及常见故障分析方法

通常辅锅炉都装有两个电极室,一个工作,另一个备用。电极室由于长期使用,其中水的纯度会提高,电极及电极室壳体会结水垢,使电极及电极室的导电性能降低。因此,电极室要定期放水和清洗。清洗前,要转用备用电极室,然后关闭电极室与锅炉水空间和汽空间相通的截止阀,再打开电极室底部的放水阀放掉电极室中的水。这时可拔出电极,打开电极室上盖,清洗电极室壳体和电极上的水垢。要检查电极与电极室上盖之间的绝缘是否良好。如果绝缘不好,要更换绝缘材料。电极室装复后,打开与锅炉汽和水空间相通的截止阀,电极室的水位就与锅炉的实际水位一致了。

在水位控制系统中,若检测高水位的1号电极结垢严重或电极接线断开,则会出现锅炉满水的故障现象;若检测低水位的2号电极结垢严重或电极接线断开,则会出现水位在高水位附近波动的故障现象;若电极室外壳接地线断开,则会出现锅炉满水、停炉报警的故障现象;若检测危险低水位的3号电极结满水垢或电极接线断开,则会出现发出危险低水位报警且不能启动锅炉的故障现象;若检测危险低水位的3号电极与电极室壳体短路,则会出现锅炉失水后不能停炉报警的故障现象。

(二)油船辅锅炉水位自动控制

1. 油船辅锅炉水位自动控制原理

锅炉在运行期间,炉水中有一部分是气泡,这种气泡不断在受热面上形成,随后脱离受热面升起并进入锅炉的蒸汽空间。对于现代船用锅炉,水面下的总蒸汽量可达到全部水容积的15%~20%。水面下的蒸汽总量与锅炉的蒸发量和气压有关,蒸发量越大、气压越小,水面下的蒸汽总容积就越大,因此锅炉在稳定工况时,水位与水面下的蒸汽容积有关。锅炉在过渡工况时,水位不仅受蒸发量和给水量的影响,而且还受水面下蒸汽容积变化的影响。特别是在负荷突然变化的短时间内,水位的变动主要取决于水面下蒸汽容积的变化。这是因为锅炉在运行时,炉水温度接近于锅炉压力下的饱和蒸汽温度。假如蒸汽流量突然增大,而炉膛中的燃烧情况还未来得及随之变化,锅炉气压就要降低,蒸汽的饱和温度也随之下降,这样会使水面下蒸汽比容增大,造成水面下蒸汽总容积增大;另一方面,由于炉水变成过热水,将产生更多气泡也使水面下蒸汽容积增大。由于这种自蒸发现象,尽管在蒸汽流量大于给水量的情况下,水位却虚假地上升;反之,当锅炉负荷突然减小时,尽管给水量大于蒸汽流量,水位会虚假地下降。

(1)锅炉水位的双冲量控制

仅仅根据锅炉水位来控制给水阀开度的控制系统称为单冲量水位控制。它是连续给水自动控制中最简单、最基本的一种形式。在蒸汽压力较高、负荷变动较大、炉水容积相对小的情况下,只用单冲量水位控制会在短时间内加大蒸汽流量与给水量之间的差值。这时采用双冲量的水位控制对克服虚假水位能取得良好效果,其控制原理如图5-24所示。它的检测装置有两个:一个是检测水位变化的水位冲量信号;另一个是检测蒸汽流量变化的蒸汽流量冲量信号。这两个冲量信号都送到双冲量调节器,蒸汽流量信号是前馈信号,它与扰动变化大小成比例,控制作用在扰动发生的同时就产生,而不是等到扰动引起被控量发生波动后才产生,因此采用前馈控制可以改善控制的质量。对于双冲量给水自动控制系统,当蒸汽流量发生变化时,就给调节器发去一个信号,使给水量和蒸汽量同方向变化,因此可以减小或抵消由于虚假水位现象而使给水量与蒸汽流量相反方向变化的误动作,使调节阀一开始就向正确的方向移动,从而减小了给水量和水位的波动,缩短了调节时间,可以改善水位的控制品质。

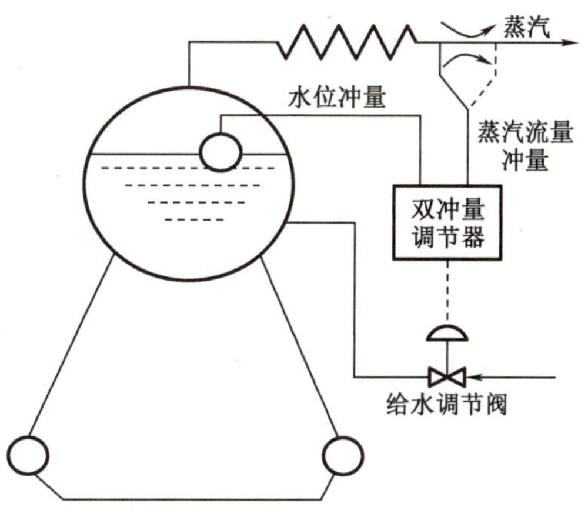

图5-24　双冲量给水控制原理图

船用水管主锅炉,常采用双冲量,甚至是三冲量(水位、蒸汽流量和给水量作为调节器的输入量)的给水调节器。而船用辅锅炉,大多数采用单冲量或双冲量水位控制系统。

(2)辅锅炉水位自动控制中的双回路给水

油船锅炉给水系统通常由汽轮机给水泵从热水井把水抽出来,经给水调节阀打进锅炉里去。控制给水量可通过改变给水阀的开度来实现。通过给水阀的给水流量 G 与给水阀的流通面积 F 和给水阀前后压差 Δp 有关,它们之间的关系如下:

$$G=\mu F\sqrt{\Delta p}$$

式中,μ 称为流量系数,给水系统选定以后它是一个常数。改变给水阀的开度实际上就是改变给水阀的流通面积 F。从上式可知,只有在给水阀前后压差 Δp 基本不变的情况下,给水流量 G 才能与给水阀的流通面积 F 成比例。但对汽轮机给水泵来说,如果蒸汽调节阀开度不变,则给水泵的排量基本不变,不管开大或关小给水阀,进入锅炉的给水量基本上是不变的,因此仅仅改变给水阀的开度往往达不到控制给水量的目的。这样,锅炉水位连续自动控制系统除了具有根据水位偏差和蒸汽流量双冲量来控制给水阀开度的水位控制回路外,还应设有维持给水阀前后压差恒定的给水差压控制回路。这样,给水量就直接与给水阀的开度成比例了。其控制原理如图5-25所示。

若锅炉水位低于给定值,锅炉输出的控制信号开大给水阀。由于给水阀开大使其前后压差减小,给水差压调节器输出的控制信号开大蒸汽调节阀,提高汽轮机给水泵的转速,使给水阀前后压差保持恒定。有的锅炉还有给水温度控制,如果给水系统用除氧器代替给水加热器,则还要有除氧器压力和水位控制。

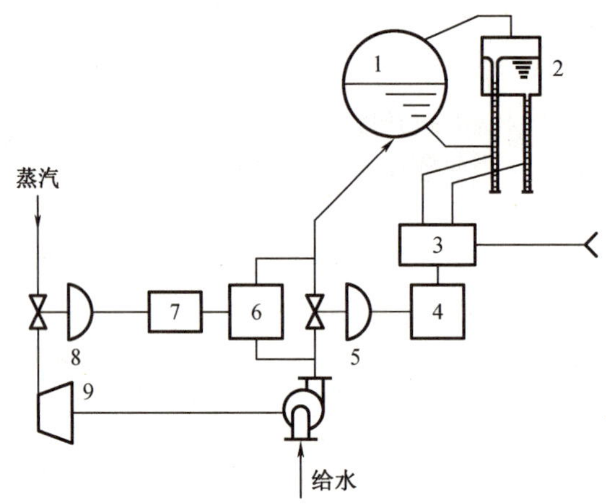

1—锅炉;2—参考水位罐;3—差压变送器;4—水位比例积分(PI)调节器;5—给水调节阀;
6—差压变送器;7—比例积分(PI)调节器;8—蒸汽调节阀;9—涡轮给水泵机组。

图 5-25 双回路水位控制系统工作原理

2. 油船辅锅炉水位自动控制系统的组成及工作原理

某油船辅锅炉给水控制采用的是双冲量水位自动控制系统,在系统中还设有给水差压控制回路,图 5-26 所示为锅炉水位自动控制系统原理图。该锅炉水位自动控制系统主要由水位差压变送器 1、水位调节器 2、气动计算器 3、蒸汽流量变送器 4、给水调节阀 5、给水差压变送器 6、给水差压调节器 7 等主要部分组成。锅炉水位的变化是由水位压差变送器 1 测量的。蒸汽流量的变化也就是锅炉负荷的变化,则由蒸汽流量变送器(气动差压变送器)4 来测量。系统中水位压差变送器 1 的作用是将锅炉水位的变化量转变成标准气压信号送到水位调节器 2 中。水位调节器 2 的作用是将水位压差变送器 1 的输出信号经比例积分(PI)的反作用处理后,送到气动计算器 3 的通道 A 中。气动计算器具有如下功能:

$$P=B+K(A-C)$$

其中,P 为气动计算器的输出气压信号;A 为锅炉水位调节器的输出信号;B 为蒸汽流量变送器的输出信号;K 为系统常数,此处 $K=2$;C 为仪表制造常数,本仪表为 50%(0.06 MPa)。

如果锅炉的负荷保持不变,则蒸汽流量变送器输出的气压信号 B 将是一个恒定值,此恒定值使给水控制阀在计算器的作用下有一个相应的开度,以保持恒定的水位。而这恒定的水位要保持在锅炉正常水位的中间值,水位调节器的输出必须是在 50% 的值上(0.06 MPa),故有 $K(A-C)=2\times(50-50)=0$。

由此可见,在锅炉负荷不变的条件下,锅炉的正常供水量仅取决于锅炉的负荷量,也就是说锅炉给水阀的开度是由蒸汽流量的大小来决定的。而在变负荷条件下,锅炉的水位是在不断变化的。若随着负荷的变化在某一时刻给水量大于负荷量,锅炉中的水位将随之上升而引起水位调节器的输出信号减小并小于 50%(0.06 MPa),在这种情况下 $K(A-C)$ 将会是负值,即有 $P<B$,也就是气动计算器的输出将逐渐减小,使给水阀趋于关小,直到建立新的平衡为止。反之,当锅炉的水位在瞬间变低时,通过水位变送器及调节器的作用,可使 $K(A-C)$ 变成一个正值,并且这个正值加上蒸汽流量信号成为气动计算器的新输出值,这个新输出值是渐渐地开大给水调节阀,以恢复正常的水位。所以,锅炉水位是由给水调节阀的开度来保证的。而当锅炉负荷变化时,控制给水阀开度的信号大小是由气动计算器根据蒸汽流量变化加上一个水位调节器的输出信号(正或负)来决定的。在使用管理过程中,如果锅

炉水位需要维持得高一些或低一些时，只要相应地改变表征给定值的设定气压信号即可。

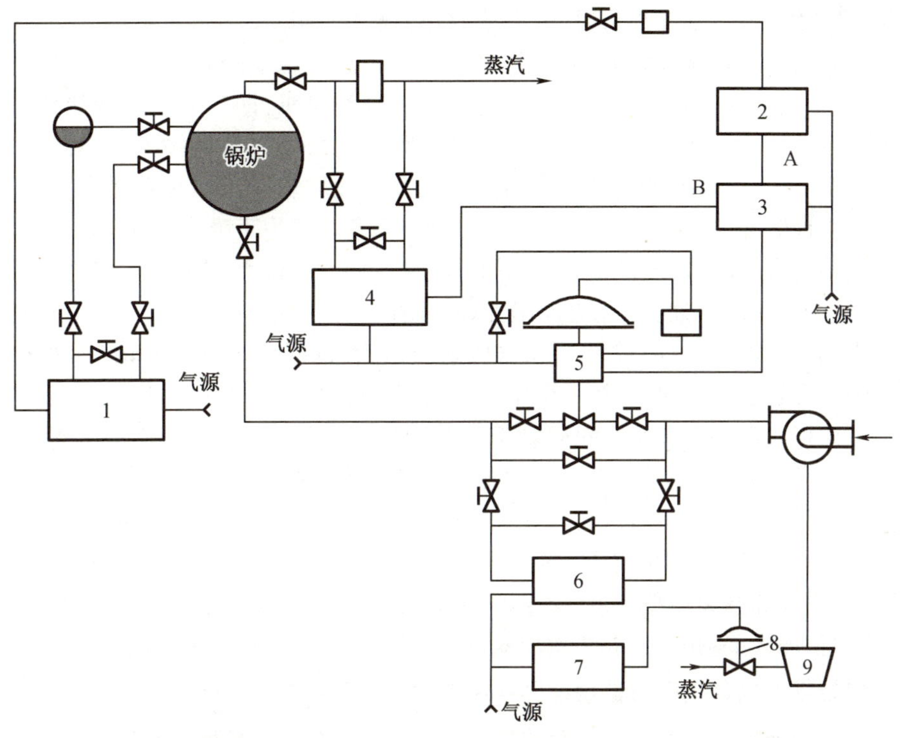

1—水位差压变送器；2—水位调节器；3—气动计算器；4—蒸汽流量变送器；5—给水调节阀；6—给水差压变送器；7—给水差压调节器；8—蒸汽调节阀；9—给水泵。

图 5-26　锅炉水位自动控制系统原理图

系统中的给水差压控制回路把给水调节阀前后的压差信号，送到给水差压变送器的测量部分，并按比例转换成气压信号。变送器输出的给水差压信号送到给水压差调节器的测量波纹管。在给水压差调节器的内部可以给定一个固定的气压信号，并将它转换成给定参数，一般相当于 0.2 MPa 的给水压差。当给水压差测量值偏离上述给定值时，给水压差调节器输出一个随时间变化的气压信号，改变蒸汽调节阀的开度及进入给水泵的蒸汽量，同时改变给水泵的转速，最后使给水差压值恢复到给定值上。

系统中水位变送器与调节器之间有一个气容和气阻构成的惯性环节，以克服和减少由于船舶摇摆而对测量信号造成的干扰。

三、船舶辅锅炉的蒸汽压力自动控制

（一）货船辅锅炉蒸汽压力自动控制

对锅炉的蒸汽压力控制，是通过改变向炉膛的喷油量和送风量，控制锅炉的燃烧强度来实现的。对柴油机货船辅锅炉蒸汽压力自动控制系统的要求是简单、可靠，对经济性的要求并不严格，因此大多数货船辅锅炉采用气压的双位控制，少数采用比例控制，并保证在锅炉不同负荷下，其送风量基本上适应喷油量的要求。

1. 货船辅锅炉蒸汽压力自动控制——燃烧的双位控制

在燃烧的双位控制系统中，锅炉的蒸汽压力不能稳定在某一值上，而是在允许的范围内

动画 5.43 辅锅炉蒸汽压力双位控制器原理（YT-1226 型）

波动。其中，最简便的方案是，在蒸汽管路上装一个类似 YT-1226 压力检测开关，如本书项目 1 中图 1-19 所示。当气压上升到允许的上限值时，压力检测开关断开，切除油泵和风机的工作，停止向炉膛喷油和送风，即自动停炉。当气压下降到允许的下限值时，压力检测开关闭合，自动启动油泵和风机，即自动启动锅炉进行点火燃烧。这种控制方案虽然简单，但由于锅炉启停频繁，对锅炉运行不利，所以很少采用。在绝大多数燃烧双位控制系统中，在蒸汽管路上装两个压力检测开关，它们动作的整定值不同。当蒸汽压力下降到允许下限值时，两个压力检测开关都闭合，控制系统自动启动风门电机使风门开得最大，它的同轴所带动的回油阀关得最小（这是采用一个油头工作的情况，对采用两个油头的锅炉是打开两个供油电磁阀使两个油头同时喷油）。这时喷油量和送风量都最大，即对锅炉进行所谓的“高火燃烧”。当蒸汽压力上升到正常上限值时，一个压力检测开关闭合，另一个压力检测开关断开，再次启动风门电机把风门关得最小。它同轴带动的回压阀开得最大（或关闭一个燃油电磁阀，使一个油头喷油工作）。这时，喷油量和送风量都是最小的，即锅炉进行所谓的“低火燃烧”。当锅炉负荷变化时，蒸气压力就在允许的下限值和正常的上限值之间波动，当锅炉负荷很小时，在“低火燃烧”的情况下，蒸汽压力仍然要继续升高。当气压升高到高压保护压力时，两个压力检测开关均断开，自动停炉，发声光报警。当蒸汽压力下降到允许的下限值时，两个压力检测开关均闭合，但必须按复位（启动）按钮才能重新启动锅炉。

2. 货船辅锅炉的蒸汽压力自动控制——燃烧的比例控制

在少数干货船辅锅炉的蒸汽压力控制系统中，采用压力比例调节器和电动比例操作器所组成的比例控制系统，其工作原理框图如图 5-27 所示。其中，图 5-27（a）是压力比例调节器的结构原理，图 5-27（b）是电动比例操作器的工作框图。蒸汽压力的变化会使划针沿着电位器滑动，改变电阻 R_1 和 R_2 的比值，于是 A 点电位就与气压信号成比例。扭动调整螺钉可改变设定弹簧的预紧力，可调整蒸汽压力的给定值。

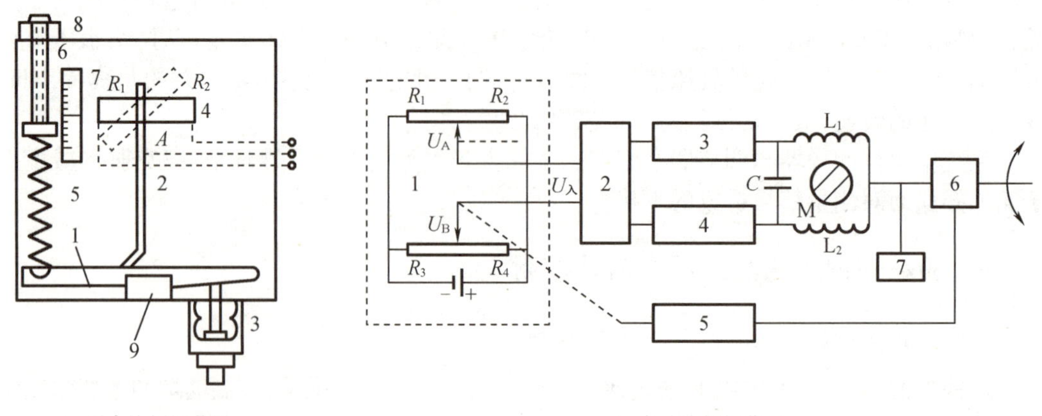

(a)压力比例调节器　　(b)电动比例操作器

（a）1—平衡杠杆；2—划针；3—弹性气室；4—电位器；5—设定弹簧；6—调节螺杆；7—刻度盘；8—锁紧螺母。
（b）1—平衡电桥；2—放大器；3，4—正、反转可控硅交流开关；5—反馈齿轮；6—减速装置；7—制动装置。

图 5-27　燃烧比例控制工作原理图

当锅炉的燃烧强度适应锅炉负荷要求时，蒸汽压力稳定在某一值上，划针的位置不变。由风门电机带动的反馈划针位置也不变，图5-27(b)所示的电桥平衡，其条件是 $R_1 \cdot R_4 = R_2 \cdot R_3$。

当蒸汽压力升高时，划针左移，R_1 减小，R_2 增大，破坏了电桥的平衡，使电桥输出一个上负下正的不平衡电压信号 $U_{入}$。经放大器放大后，去触发反转可控硅交流开关使其导通，电机M反转，关小风门开大回油阀，以降低锅炉的燃烧强度使蒸汽压力降低。与此同时，电机M同轴带动的反馈凸轮转动并推动反馈划针向左移动，使 R_3 减小、R_4 增大。当反馈划针移动到使 $R_1 \cdot R_4 = R_2 \cdot R_3$ 时，电桥又处于新的平衡状态，这时 $U_{入}=0$，电机M停转。锅炉的燃烧控制达到一个新的平衡状态，当蒸汽压力降低时(锅炉负荷增大)，划针右移，电桥输出的不平衡电压信号 $U_{入}$ 为上正下负。经放大器放大后，触发正转可控硅交流开关导通，电机M正转，开大风门关小回油阀，加强锅炉的燃烧强度，使蒸汽压力上升。同时反馈划针右移，直到 $R_1 \cdot R_4 = R_2 \cdot R_3$ 时，控制系统又达到一个新的平衡状态。

通过改变测量电位器的倾斜角度，可调整比例作用强弱。该电位器倾斜角越大，在蒸汽压力变化量相同的情况下，即划针左右移动相同距离时，电阻 R_1 和 R_2 的变化量越大，电桥所输出的不平衡电压信号 $U_{入}$ 变化量越大，电机M需要转一个较大的角度，也就是对炉膛的送风量和喷油量改变比较大，才能达到新的平衡，即比例控制作用强；反之比例作用减弱。

(二)油船辅锅炉蒸汽压力自动控制

锅炉蒸汽压力自动控制就是燃烧自动控制。它根据蒸汽压力的高低自动改变进入炉膛的喷油量和送风量，维持锅炉蒸汽压力恒定或在允许的范围内波动。由于船用主锅炉和大型油船辅锅炉的蒸发量较大，蒸汽压力较高，往往需要保持稳定的蒸汽压力，一般都采用定值控制方案。

1. 蒸汽压力控制的特点

由于燃烧自动控制系统中的被控量是蒸汽压力，所以首先要有蒸汽压力调节器，又称主调节器。它在锅炉不同负荷下接收蒸汽压力的偏差信号，并输出一个控制信号，通过伺服器控制进入炉膛的燃油量和空气量，即控制炉膛内的燃烧强度，以便保持蒸汽压力为恒定值。为完成这样的任务，主调节器一般采用比例积分(PI)调节器。

对于供应饱和蒸汽的锅炉，主调节器的输入信号管路都接在与汽包相连的蒸汽管路上。如果主调节器采用比例调节器，在零负荷时，调节器使汽包内保持额定气压；在满负荷时，因比例调节器有静差，故汽包内的压力要比额定气压低10%左右，但这对用汽设备不会有什么影响。对于供应过热蒸汽的锅炉，主调节器的输入信号管路应接在过热器后面。如果输入信号管路仍接在与汽包相连的蒸汽管路上，则在满负荷时，除由于调节器静差使气压降低10%左右外，蒸汽流经过热器管道后，气压又会降低10%左右，这对用汽设备的工作是不利的。

要保证燃油的完全燃烧，在喷油量改变的同时，必须相应地改变进入炉膛的空气量。从锅炉的热计算和热工实验中可以预先知道，在每一个喷油量下，喷油器前应保持多大的风压。因此，燃烧自动控制系统还需设有空气压力或空气量调节器，它严格地根据喷油量的变动来控制进入炉膛的空气量。这时空气量调节器得到来自蒸汽压力调节器的一个反映供油量大小的信号，即空气量调节器的给定值要根据不同的喷油量，按预先规定好的喷油量与空气量的配比关系来变化。这种控制关系与保持恒定的被控参数的定值控制不同，在控制系统分类中，称为程序控制。

主调节器也可以直接控制进入炉膛的空气量，或同时直接控制进入炉膛的燃油量和空气量。但是，燃油量与空气量的这种“程序”关系是不变的，图 5-28 所示是由实验测定的空气压力与喷油量之间的关系曲线。图中横坐标 F_0 为喷油量，纵坐标 p_B 表示在每一个喷油量下所需要的空气压力。如果空气量调节器采用比例调节器，每一个喷油量所对应的实际供气压力如图中虚线所示，虚线与实线之间的距离就是调节器的静差。

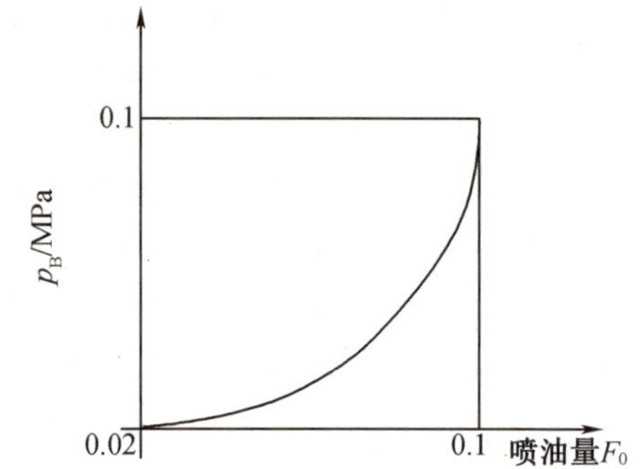

图 5-28　空气压力与喷油量之间的关系曲线

空气量调节器最终控制风门挡板或鼓风机，需要相当大的作用力，因此这种调节器都是采用间接作用式的。燃油能否完全燃烧，还取决于燃油雾化的情况，燃油压力和温度是影响燃油雾化的两个因素。为此，在燃烧控制中，还应装有燃油温度和燃油压力调节装置，这里不做详细讨论。

2. 油船辅锅炉蒸汽压力自动控制系统组成及原理

以蒸汽压力为被控量的蒸汽压力自动控制系统，要求它满足锅炉在不同负荷下，气压都能稳定在给定值上，其控制系统框图如图 5-29 所示。由图中可见，油船辅锅炉蒸汽压力自动控制系统是由两个控制回路组成的。其中一个回路是根据蒸汽压力的偏差值经比例积分(PI)的蒸气压力调节器来控制燃油调节阀的开度，即改变向炉膛的喷油量。喷油量的改变必须同时改变向炉膛的送风量(空气量可用风道与炉内之间的压差来表示)，为了保证燃油完全燃烧并得到较高的经济性，对应某一喷油量要有一个最佳的送风量(最佳的空气压力)与之相匹配，即在某一喷油量下要求有一个最佳的风油比。经实验已测定空气压力与喷油量之间是近似平方关系(即图 5-28 所示曲线)。这样，燃烧控制系统的另一个控制回路是根据喷油量对空气压力进行控制的回路。在这个回路中，空气压力的给定值是随喷油量而变化的。燃油量变送器输出的气压信号代表喷油量，函数发生器输出与喷油量平方成比例的信号，这一信号是代表该喷油量下最佳空气量的气压信号。该信号一路直接送到高压选择阀，另一路与微分控制阀的微分部分输出信号相加后再送入高压选择阀。因此，当锅炉负荷从一个平衡位置突然增加时，燃油控制阀的输入信号也随之突然增加，此时微分控制阀的微分部分也将随突然增加的燃油控制阀输入信号而有一个较大的输出信号，然后与函数发生器的输出信号相加(由于函数发生器具有一阶延迟特性，此时输出的变化量是较小的)后送入高压选择阀，高压选择阀的作用是自动地选择这两个信号中的较大者作为输出，从而使空气压力控制回路有一个突然增加的设定空气量信号。由于设定空气量信号及时调到函数发生器延迟后应输出的信号，使过量空气优先于喷油量增加而进入炉内，从而维持了稳定的燃烧。当锅炉负荷突然减小时，送到燃油控制阀的信号也突然减小，这时，用高压选择阀切除微分控制阀和函数发生器输出相加一路信号，并选用函数发生器输出信号。最后，用一阶延迟方式使它减少供给炉内空气量处于燃油量减少之后。总之，使炉内处于空气过剩状态。

送入炉膛的实际空气量是用风道与炉内的压差来反映的，经差压变送器输出一个代表送入锅炉空气量实际值的气压信号与高压选择阀送出的给定值相比较，得到空气量的偏差信号，经比例积分的空气量调节器控制风门调整机构以改变向炉膛的送风量。

该系统中使用的蒸汽压力调节器和空气量调节器的类型与水位控制系统中的调节器完全相同。蒸汽压力变送器、油量变送器及风压差变送器的工作原理、调零、调量程的方法与测量水位用的差压变送器是相同的，只是在结构上略有差异，故不再重述。

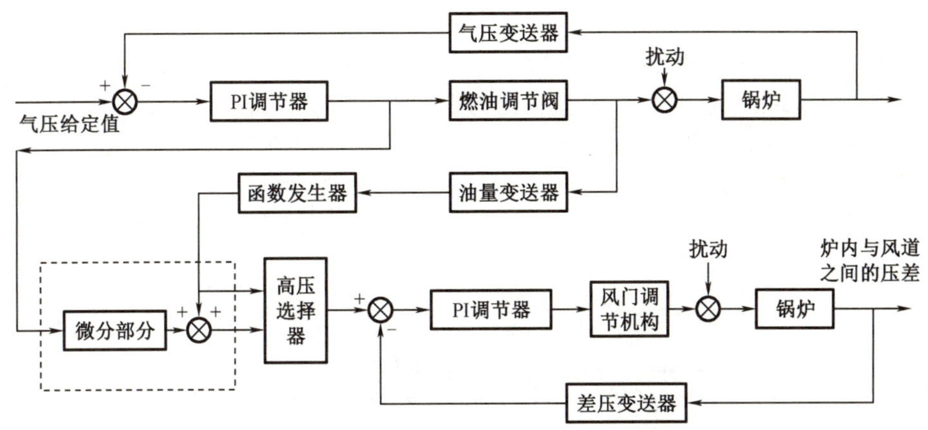

图 5-29　油船辅锅炉燃烧控制系统框图

3. 系统的其他主要元件

(1)燃油调节阀

燃油调节阀的结构和工作原理如图 5-30 所示。p_1 是由蒸汽压力调节器输出的控制信号,作为燃油调节阀的输入信号。p 是燃油调节阀输出的燃油压力,它与燃油量成比例。p_0 是燃油控制阀前的压力。假定,膜片的有效面积为 F;反馈波纹管的有效面积为 f,预紧弹簧的预紧力为 N。在稳态时,燃油调节阀的输入信号压力 p_1 与输出的燃油压力 p 之间的关系为:$p_1 \times F + N = p \times f$。在工作中,$F$、$N$、$f$ 是不变的,因此燃油调节阀输出的燃油压力 p(即燃油量)只取决于信号压力 p_1。它们之间保持良好的线性关系,而不受阀芯摩擦力、阀前油压变化等因素的影响。

(2)函数发生器

函数发生器使喷油量与送风量成近似平方关系,其结构原理如图 5-31 所示。代表喷油量实际值的气压信号 $p_入$ 送入测量波纹管,若喷油量增大,挡板靠近喷嘴,喷嘴背压升高,经气动功率放大器使输出气压信号 $p_出$ 增大,通过风门调节机构增大向锅炉的送风量,同时增大的 $p_出$ 送入反馈气室,压缩反馈波纹管使反馈杆上移,于是反馈凸轮顺时针转动,通过反馈杆件及调零弹簧限制挡板继续靠近喷嘴。函数发生器 $p_出$ 与 $p_入$ 之间的函数关系是由反馈凸轮的外形轮廓实现的,即 $p_入$ 在不同范围内变化其反馈强度不同。

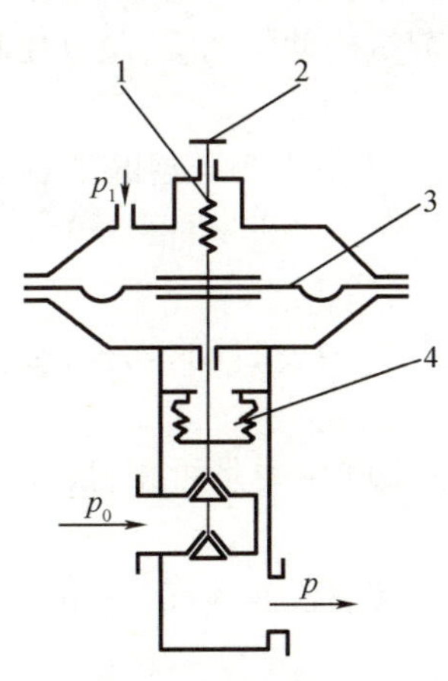

1—预紧弹簧;2—调整旋钮;3—膜片;4—反馈波纹管。

图 5-30　燃油调节阀的结构和工作原理图

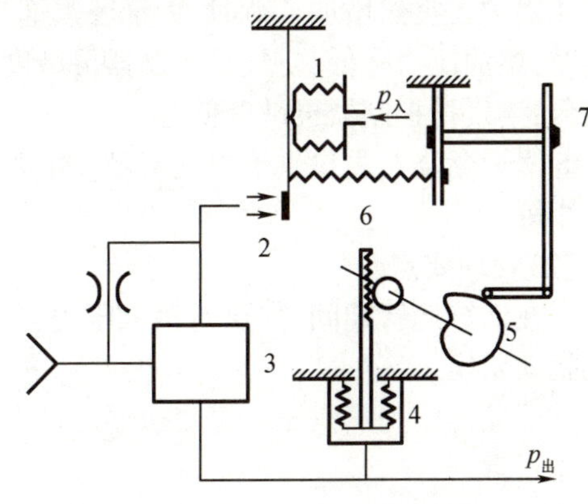

1—测量波纹管;2—喷嘴挡板机构;3—气动功率放大器;
4—反馈气室和反馈波纹管;5—反馈凸轮;
6—调零弹簧;7—量程调整螺钉。

图 5-31　函数发生器结构原理图

(3)高压选择器

高压选择器的结构原理如图 5-32 所示。它由膜片和喷嘴等组成。A 室接微分控制阀的输出,B 室接函数发生器的输出,C 室输出为空气压力控制回路的设定值。两个输入压力信号分别作用到膜片的两侧,其中高压侧将自动关闭另一侧的喷嘴,同时把高压侧压力作为输出压力。可见,高压选择器可自动地选择或设定两个信号中的高压信号,只要有 0.35 kPa 大小的压力差就能使它动作,因此过程控制信号在没有任何扰动下就能平滑地传输出去。

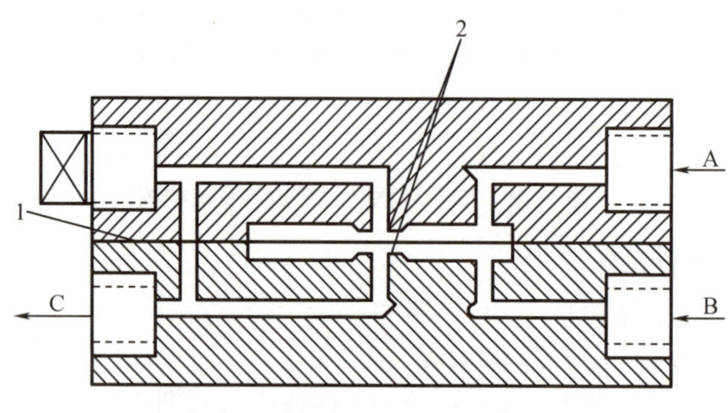

1—膜片;2—喷嘴。

图 5-32　高压选择器结构原理图

4. 控制系统常见故障分析及管理要点

(1)常见故障分析

①锅炉负荷处于稳定状态,但蒸汽压力出现振荡。主要原因可能是:燃油控制阀振荡;燃油泵输送压力振荡;蒸汽压力变送器本身振荡或节流不当;主控制器的灵敏度太高等。

②锅炉负荷处于稳定状态,但检测的蒸汽压力与设定值不符。主要原因可能是:主控制器的调整不正确或蒸汽压力变送器调整不当等。

③尽管风道和炉内压力处于稳定状态,但燃烧器前风压振荡。主要原因可能是:风门驱动装置振荡;空气差压变送器本身振荡或输出管路节流不当;燃油压力变送器或函数发生器振荡;空气差压变送器的灵敏度太高等。

④锅炉在突然增加负荷时,大量冒黑烟和燃烧不稳定。主要原因可能是:当喷油器数量增加时,燃油压力降低;空气量控制器灵敏度太高;风门调节机构动作迟缓;微分控制阀的灵敏度低;空气量控制器灵敏度低等。

⑤锅炉燃烧器进口供给空气不足。主要原因可能是:空气差压变送器的零点偏高或量程偏小等。

(2)管理要点

①在锅炉运行期间,如要对蒸汽压力自动控制系统进行“手动/自动”切换,必须注意做到无扰动切换。

②要经常检查蒸汽压力等变送器的输出信号与输入的实际压力是否相符,并检查其工作是否正常。

③要经常检查燃油控制阀动作和工作是否平稳,填料压盖有没有泄漏,它是否按设计的输入信号工作等。

④蒸汽压力等变送器和各调节器的放大器、节流部件、喷嘴、检测管吹通和清洗,每年进行一次。

四、船舶辅锅炉的燃烧时序控制

(一)辅锅炉燃烧时序控制系统的功能及常用元件

辅锅炉燃烧时序控制功能框图如图5-33所示。按下锅炉启动按钮后,自动启动燃油泵和鼓风机,关闭燃油电磁阀使燃油在锅炉外面进行循环。此时风门开得最大,以大风量进行预扫风,以防止锅炉内残存的油气在点火时发生“冷爆”。预扫风的时间根据锅炉的结构形式而异,一般是20~60 s。预扫风结束后自动关小风门,同时点火变压器打出电火花,进行预点火,时间为3 s左右。然后打开燃油电磁阀,开大回油阀,以小风量和少喷油量进行点火。点火成功后维持一段“低火燃烧”对锅炉进行预热。然后开大风门,关小回油阀,使锅炉转入“高火燃烧”,即进入正常燃烧的负荷控制阶段。在预定的时间内若点火不成功,或风机失灵,或中间熄火等故障现象发生时,会自动停炉,待故障排除后按复位按钮方能重新启动锅炉。

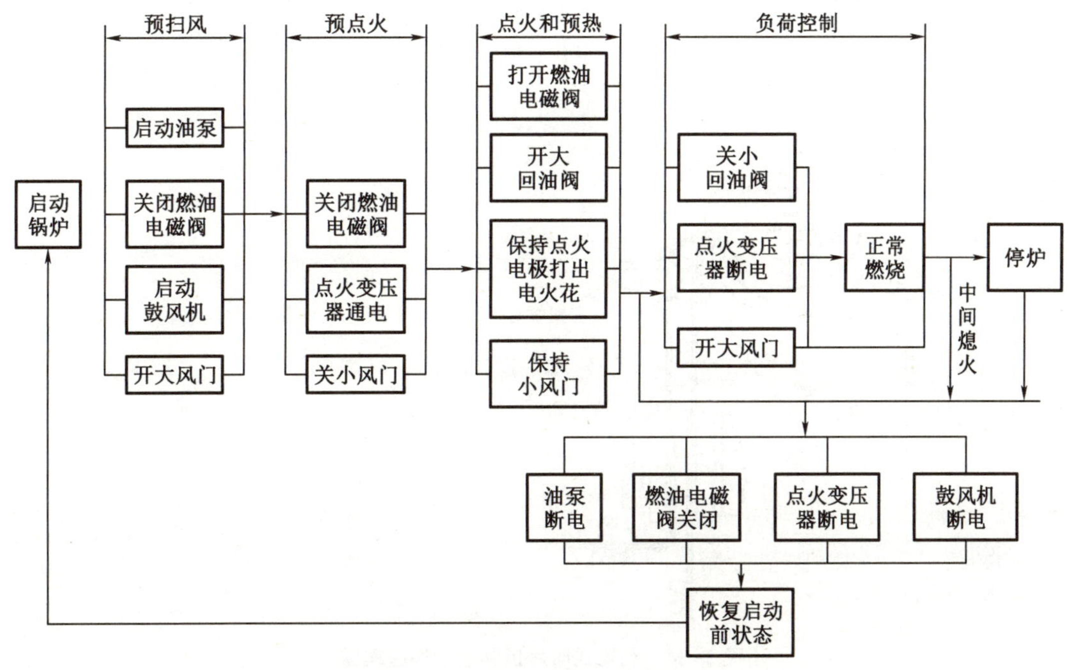

图5-33　辅锅炉燃烧时序控制框图

为实现辅锅炉的时序控制,需要采用下列主要元部件:

1. 信号发信器

信号发信器是发送各种控制信号的元件,其中包括手动信号发信器和自动信号发信器。手动信号发信器包括启动和停炉按钮、转换或选择开关等,它们的结构和工作原理简单,在此不予介绍,自动信号发信器如压力开关(YT-1226)、温度开关(WT-1226)等。

2. 时序控制器

时序控制器是辅锅炉燃烧时序控制的核心元件。它根据启动信号发信器送来的电信号,接通或切断电路,或者根据规定的时间来接通或断开电路,用以实现预扫风、预点火、点火预热及转入正常燃烧等一系列时序动作，广泛采用的时序控制器有两大类：有触点时序控制器和无触点时序控制器。

有触点时序控制器多采用凸轮式时序控制器。如图 5-34 所示给出了凸轮式时序控制器结构原理图，同步电机经减速装置带动一根凸轮轴转动，在凸轮轴上通常安装有若干组凸轮，每一组凸轮控制一个微动开关。每组凸轮由左凸轮和右凸轮构成，来控制开关触点的闭合或断开。改变左、右凸轮的相对位置可以调整开关闭合或断开的时间。定时器相当于钟表机构。

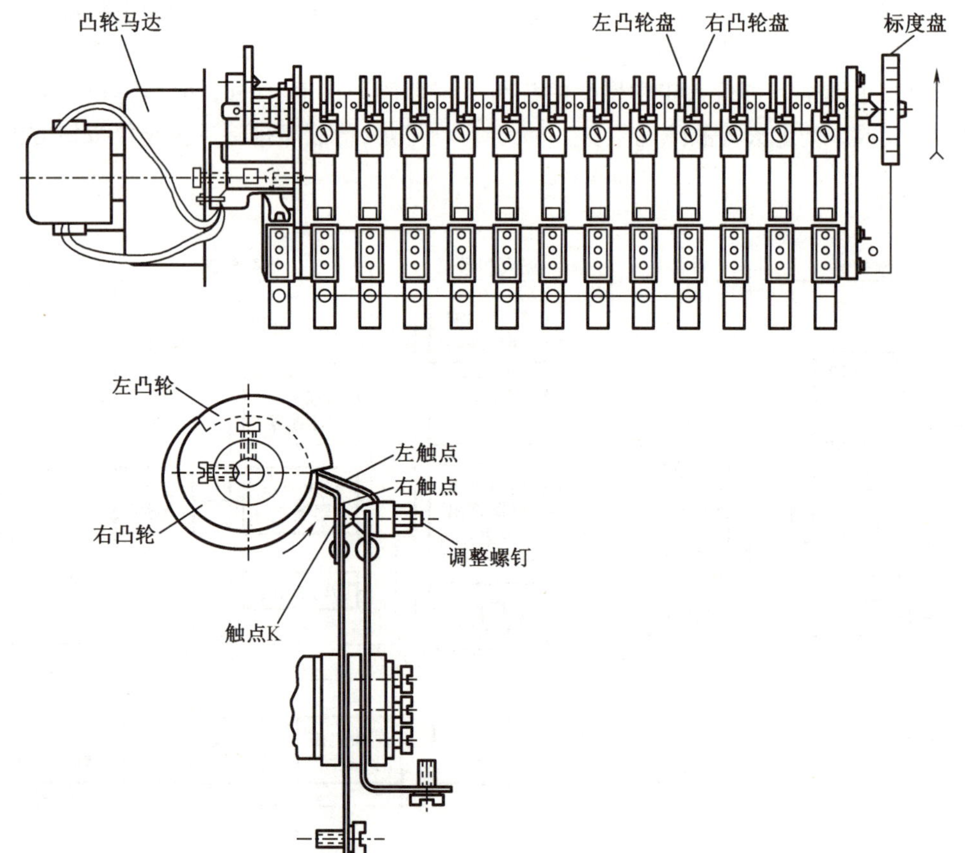

图 5-34　凸轮式时序控制器结构原理图

无触点时序控制器是利用 RC 电路延时功能实现的。通常把 RC 充放电回路加在晶体管基极电路中，利用晶体管的开关特性使继电器通电动作或断电释放，如图 5-35 所示。

图 5-35(a)为单管延时释放电路。开关 K 闭合时，电容被旁路，晶体管立即导通，继电器 J 通电动作。当开关 K 断开时，电源向电容充电。在一段时间内晶体管基极的充电电流较大，晶体管保持导通，继电器 J 保持通电。随着电容的充电，电容两端电压不断升高，充电电流不断减小，晶体管集电极电流不断减小，经 t_S 延时后继电器 J 断电释放。

图 5-35(b)是继电器延时通电电路。当开关 K 闭合时，电容 C 被旁路，晶体管立即截止，继电器 J 立即断电释放，当开关 K 断开时，电源向电容充电，起初充电电流较大，晶体管基极电流近似为零。以后随着电容 C 两端电压的升高，晶体管基极电流不断增大，经 t_S 的延时后，基极电流增大到使晶体管导通，继电器 J 通电动作。

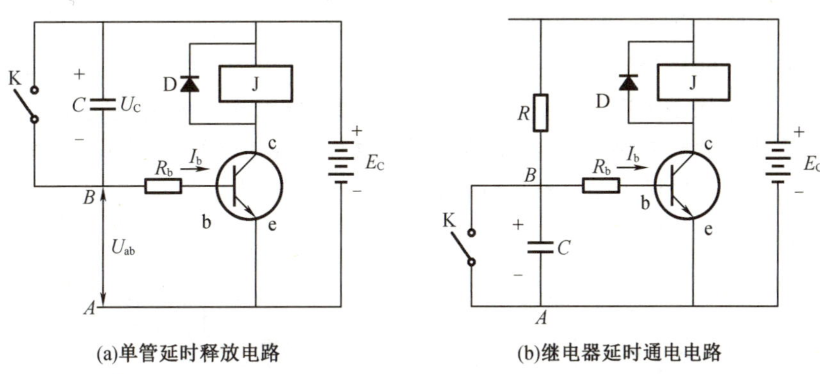

(a)单管延时释放电路　　(b)继电器延时通电电路

图 5-35　晶体管延时开关电路

晶体管延时开关电路的延时时间取决于 RC 电路的时间常数 T 及继电器的动作电流。晶体管延时开关电路的延时时间可以从 1 s 到几十秒内进行无级调整。

3. 火焰感受器

火焰感受器(也叫火焰传感器)用来监视炉膛有无火焰。当点火失败或在持续燃烧期间熄火时,为避免再向炉内喷油引起故障,要求立即关闭燃油电磁阀停止喷油,并发出声光报警。因此,自动化锅炉都装有火焰感受器来监视炉膛内的火焰。辅锅炉上常用的火焰感受器有光敏电阻、光电池和紫外线检测管等。

(1)光敏电阻

光敏电阻是由涂在透明底板上的一片光敏层,经金属电极和导线引出而制成的,如图 5-36(a)所示。光敏层由铊、镉、铅的硫化物或硒化物制成,光敏电阻的主要特性是,接受光照射时其电阻值较小,无光照射时,电阻值较大。因此,在光敏电阻两端所加电压不变的情况下,有光照射和无光照射时流过光敏电阻的电流相差很大,其伏安特性如图 5-36(b)所示。用光敏电阻组成的火焰感受器如图 5-37 所示。为了防止光敏电阻接受高温炉墙所辐射的可见光和红外光使光敏电阻动作迟延或误动作,在安装时要避免高温炉墙辐射线直接照射在光敏电阻上。此外,光敏电阻不能承受高温;否则会影响使用寿命。因此,光敏电阻火焰感受器装有散热片并用空气冷却,磨砂玻璃可阻挡红外线的透入。

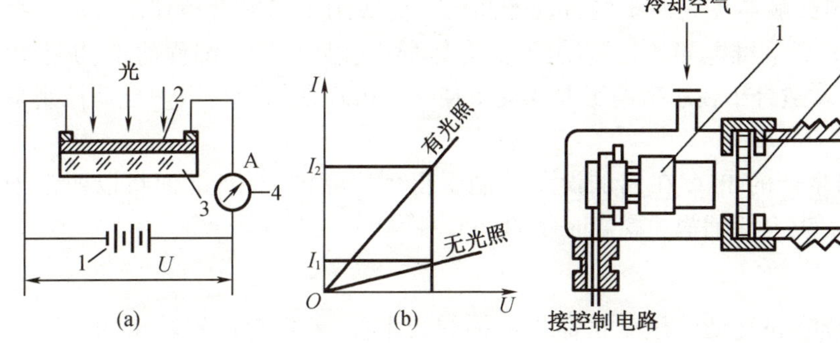

1—金属电极;2—光敏层;3—透明底板;4—电流表。

图 5-36　光敏电阻及其特性

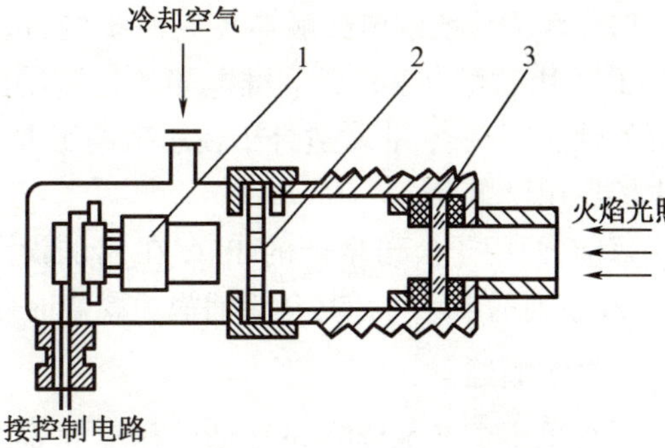

1—光敏电阻;2—磨砂玻璃;3—耐热玻璃。

图 5-37　光敏电阻火焰感受器

(2)光电池

光电池是一种半导体材料。它是利用有光照射后在两极间产生电压的原理工作的。图

5-38 为光电池的控制电路。图 5-38(a)采用 RAR 型硒光电池作为光敏元件，当它接受光照射时，正负两极之间将会产生小于1 V 的电压，经磁放大器 MV 放大后足以激励继电器 FR 动作；图 5-38(b)采用 2CRII 型光电池，当它接受光照射时，光电池两极间能产生 0.5 V 的电压，经晶体管放大器放大后，可使继电器 J 通电动作。光电池使用寿命长，而且它的光谱敏感范围仅限于可见光，而不包括红外线。这对监视炉膛内火焰是非常合适的，因此近年来使用得越来越多。

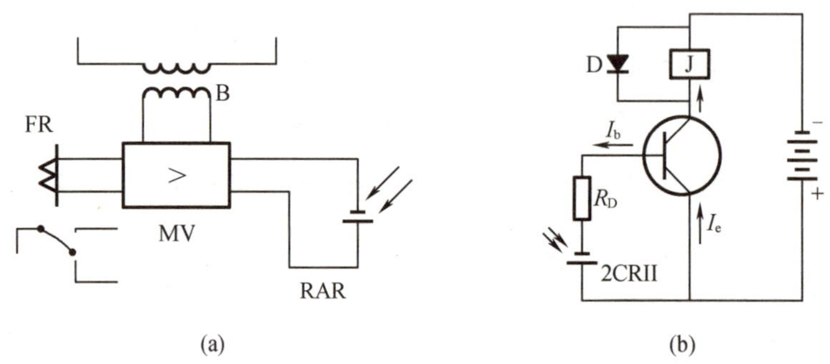

图 5-38 光电池的控制电路图

(3)紫外线检测管

紫外线检测管的结构如图 5-39 所示。管泡外壳是用能透过紫外线的石英玻璃制成的，泡内充有惰性气体，两个电极对称放置。当阴极接收到足够数量的紫外线时会发射出光电子。在外电场的作用下，光电子加速运动使惰性气体电离，管子导通；若无光照射，紫外线检测管截止。紫外线检测管的优点是不受高温炉壁辐射的影响，它的特性较光敏电阻好，且在交、直流控制线路中均可使用。

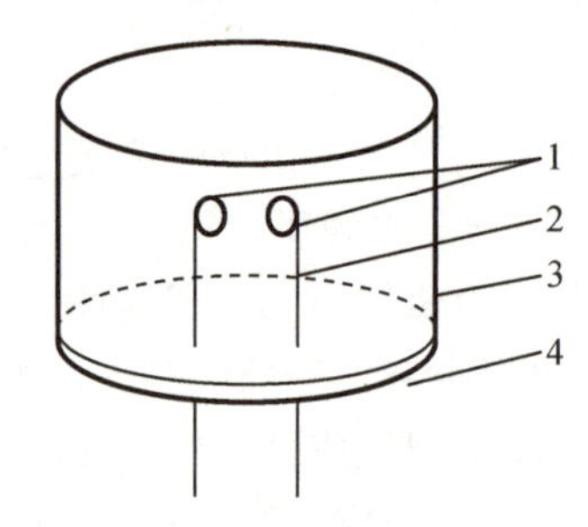

1—电极；2—引脚；3—石英玻璃外壳；4—管脚。

图 5-39 紫外线检测管结构的示意图

(二)PLC 控制的锅炉燃烧时序系统工作原理

PLC 作为传统继电接触器控制系统的替代产品已广泛应用于船舶设备控制领域。由于 PLC 采用软触点实现常规继电器的控制功能，具有体积小、组装灵活、编程简单、抗干扰及可靠性高等特点，非常适合于在恶劣的工业环境下使用。PLC 在船用辅锅炉自动控制系统中的应用已普及。

目前，西门子公司生产的 PLC 在船舶设备控制中得到广泛的应用，下面将以西门子 S7-200 系列的 PLC 为例，介绍辅锅炉燃烧时序的 PLC 控制。

1. 系统概述

系统采用参考水位罐和气动差压变送器检测锅炉的水位，差压变送器输出的 0.02～0.1 MPa 气压信号与锅炉的实际水位成正比，一路送至远距离显示仪表显示锅炉水位；另一路分别送到低水位、高水位和危险低水位三个压力开关，用于实现锅炉水位的双位控制和低水位保护。锅炉的蒸汽压力也采用压力开关实现双位控制。从燃油的循环、蓄压和加热系统管路到油头之间设有燃油电磁阀用以控制是否向炉内供油。燃烧系统采用单油头、定油量和定风量燃烧，只是在点火期间用电磁线圈控制风门挡板将风门关小。控制系统未设点火油头，而是直接用点火电极给油头喷射到炉膛内的燃油点火。火焰监视器采用光电池作为火焰检测传感器。系统设有中途熄火、危险低水位、低风压和蒸汽压力超压等安全保护环节。自动控制系统失灵时可转为手动操作。

锅炉启动前，应检查锅炉是否处于可启动状态，例如锅炉的水位、燃油系统的温度和压力等。准备就绪后，可把“手动/自动”转换开关转到“自动”位置，则燃烧时序控制系统开始自动投入工作。这时控制系统自动启动油泵和风机，关闭燃油电磁阀，并将风门开得最大，以大风量进行预扫风；预扫风过程结束后，控制系统会自动关小风门，点火变压器通电进行预点火；然后打开燃油电磁阀进行供油点火，在点火时间内要求小风量、少喷油；光电池用来监视点火是否成功，在设定的点火时间内，如果炉膛内有火焰说明点火成功，否则说明点火失败，自动停炉，待故障修复后再重新启动；点火成功后维持一段时间低火燃烧对锅炉进行预热，然后开大风门，关小回油阀，增强炉膛内的燃烧强度，使锅炉进入正常燃烧的负荷控制阶段。如果发生风机失压、水位太低、中间熄火、点火失败等现象，会自动停炉对锅炉进行安全保护。待故障排除后按复位按钮才能重新启动锅炉。

2. PLC 及其控制程序

(1)PLC 的 CPU 型号及其输入输出通道分配

本系统采用的是西门子 S7-200PLC，CPU 型号为 226。226 CPU 模块本身具有 24 路开关量输入、16 路开关量输出和丰富的定时器资源。I/O 通道的项目名称、定时器名称及其地址分配如表 5-9 所示。

表 5-9　I/O 点和定时器的名称、地址表

序号	名称	地址	注释	序号	名称	地址	注释
1	水泵停止	I0.0	转换开关	22	水泵控制	$Q_{0.0}$	输出继电器
2	水泵自动	I0.1		23	风机控制	$Q_{0.1}$	输出继电器
3	水泵手动	I0.2		24	油泵控制	$Q_{0.2}$	输出继电器
4	燃烧停止	I0.5	转换开关	25	点火变压器控制	$Q_{0.3}$	输出继电器
5	燃烧自动	I0.6		26	风门挡板控制	Q0.4	输出继电器
6	燃烧手动	I0.7		27	燃油电磁阀	Q0.6	输出继电器
7	风压低保护开关	I1.0	输入触点	28	熄火保护	Q0.7	输出继电器
8	蒸汽压力控制开关	I1.1	输入触点	29	水泵运行指示	$Q_{1.0}$	输出继电器
9	危险低水位开关	I1.2	输入触点	30	风机运行指示	$Q_{1.1}$	输出继电器
10	高水位开关	I1.3	输入触点	31	油泵运行指示	$Q_{1.2}$	输出继电器
11	低水位开关	I1.4	输入触点	32	熄火指示	$Q_{1.3}$	输出继电器
12	水泵热保护开关	I1.5	输入触点	33	危险低水位指示	$Q_{1.4}$	输出继电器
13	风机热保护开关	I1.6	输入触点	34	低风压指示	$Q_{1.5}$	输出继电器
14	油泵热保护开关	I1.7	输入触点	35	报警器控制	$Q_{1.6}$	输出继电器
15	风机油泵自动	I2.1	转换开关	36	定时器 1	T33	通电延时断开，70 s
16	风机油泵手动	I2.2		37	定时器 2	T34	通电延时闭合，60 s
17	复位按钮	I2.3	按钮触点	38	定时器 3	T35	通电延时闭合，60 s

表 5-9 I/O 点和定时器的名称、地址表

序号	名称	地址	注释	序号	名称	地址	注释
18	蒸汽超压保护开关	I2.4	按钮触点	39	定时器 4	T36	通电延时闭合,62 s
19	手动燃油电磁阀开关	I2.5	按钮触点	40	定时器 5	T97	通电延时闭合,60 s
20	手动点火按钮	I2.6	按钮触点	41	定时器 6	T98	通电延时断开,60 s
21	火焰监视器	I2.7	按钮触点	42	定时器 7	T32	通电延时闭合,10 s
				43	定时器 8	T96	通电延时断开,2 s

(2)外部接线及梯形图

辅锅炉燃烧时序控制系统的 PLC 外部接线如图 5-40 所示,系统的控制程序采用梯形图编写,如图 5-41 所示,两图为控制程序的燃烧时序控制部分。

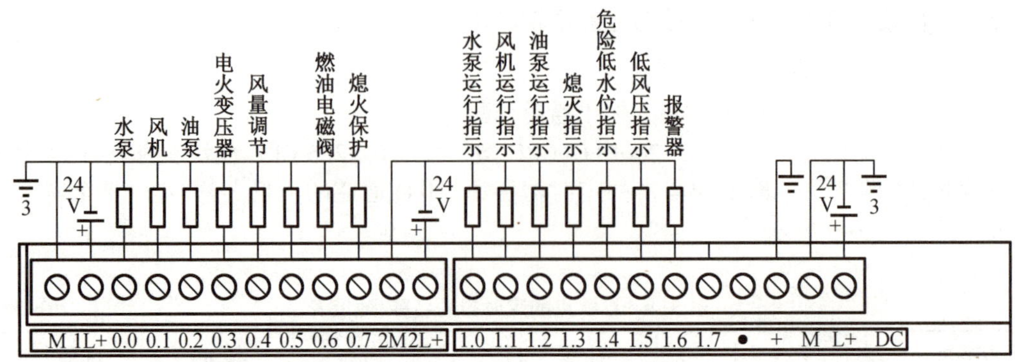

CPU 226

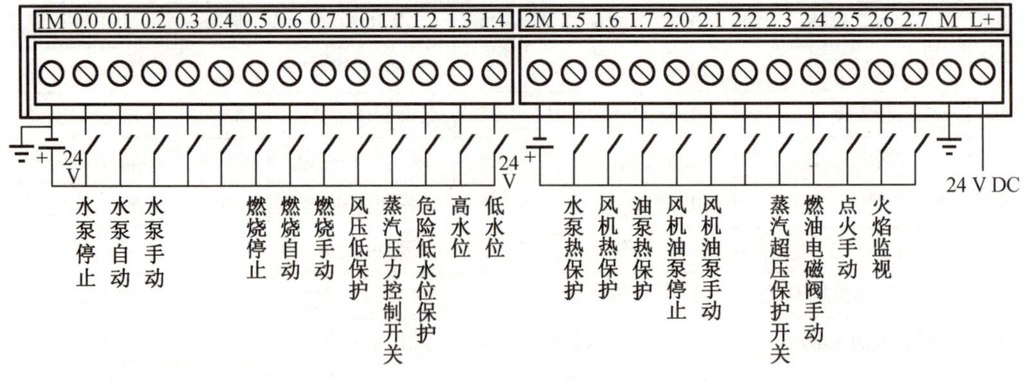

图 5-40 辅锅炉燃烧时序控制系统的 PLC 外部接线图

3. 辅锅炉燃烧时序的 PLC 控制过程

下面结合图 5-40 和图 5-41 所示阐述辅锅炉燃烧时序的 PLC 控制过程。为了阐述和阅读方便,先对梯形图做如下说明:

①梯形图中省去了编程软件自动生成的网络名称(如 Network1、Network2 等),并且手工添加了行号。

②为了与大家所熟知的继电器电路相对照,梯形图中线圈被激活时统一称为"得电";反之则称为"失电"。

③叙述中用到的触点名称直接以触点的地址表示，触点名称括弧中的数字表示行号。譬如，$I_{1.2}$(29)表示一个输入触点，对应梯形图的第29行。

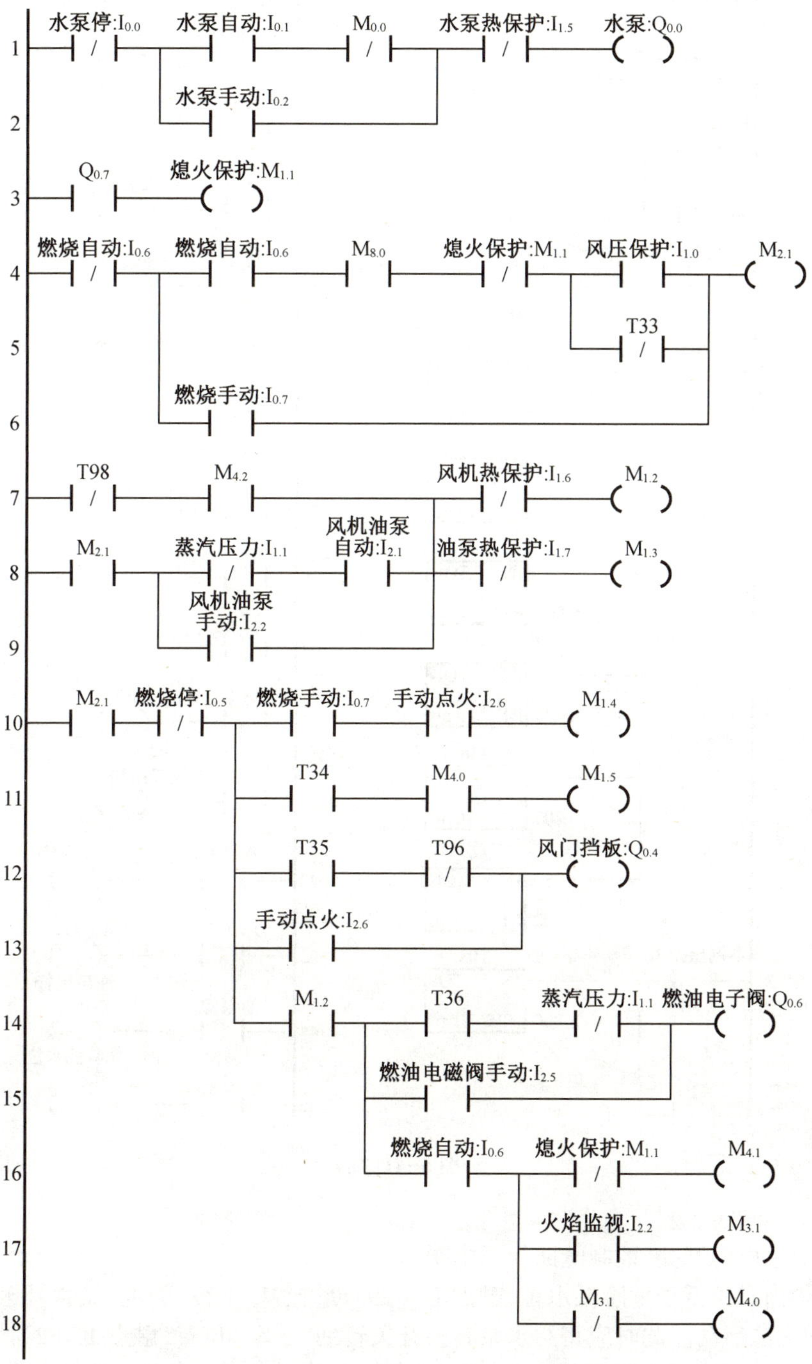

图5-41　辅锅炉燃烧时序的PLC控制梯形图

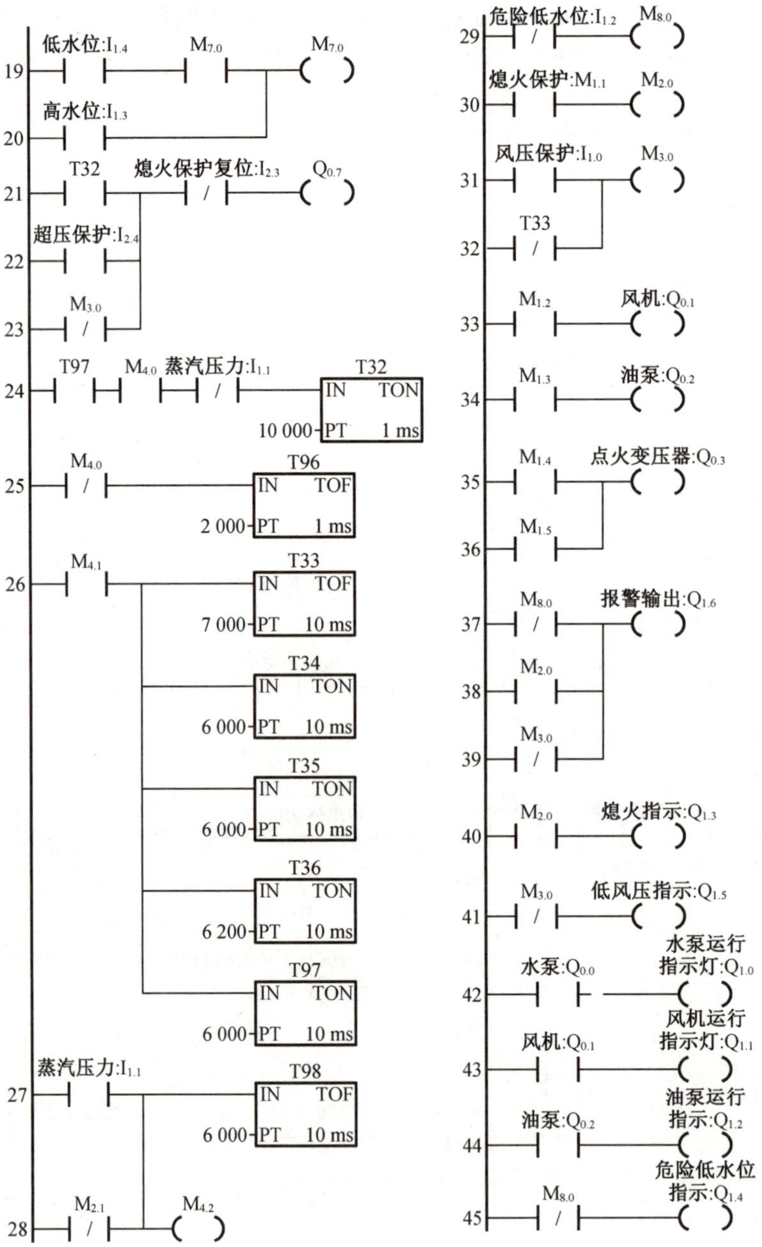

图 5-41(续)

(1)启动前的准备

①合上总电源开关,控制电路接通电源。

②若炉内水位低于危险低水位,触点 $I_{1.2}$(29)断开,$M_{8.0}$(29)失电,其常开触点 $M_{8.0}$(4)断开,锅炉无法启动。此时应将给水泵转换开关转到“手动”位置,触点 $I_{0.2}$(2)闭合,水泵控制线圈 $Q_{0.0}$ 得电,启动水泵向炉内供水。当水位上升到正常水位后,把水泵转换开关转到“停止”位置,触点 $I_{0.0}$(1)断开,$Q_{0.0}$ 失电,水泵停止工作。

③再将给水泵开关转到“自动”位置,触点 $I_{0.1}$(1)闭合,这时锅炉内水位就由高水位压力开关的触点 $I_{1.3}$(20)和低水位压力开关的触点 $I_{1.4}$(19)进行双位自动控制。当水位上升到高水位以上时,差压变送器的输出使高水位压力开关动作,触点 $I_{1.3}$(20)闭合,$M_{7.0}$ 得电,

其常闭触点 $M_{7.0}$(1)断开,$Q_{0.0}$ 失电,停止供水。当水位下降到高水位以下并在低水位以上时,虽然 $I_{1.3}$(20)断开,但由于 $M_{7.0}$(19)常开触点的自锁作用(水位高于低水位时,$I_{1.4}$ 闭合),$M_{7.0}$ 仍保持得电,继续停止供水。当水位下降到低水位以下时,低水位压力开关动作,触点 $I_{1.4}$(19)断开,$M_{7.0}$ 失电,其常闭触点 $M_{7.0}$(1)闭合,$Q_{0.0}$ 得电,开始供水。当水位上升到低水位以上并在高水位以下时,虽然 $I_{1.4}$(19)已闭合,但因为 $M_{7.0}$(19)常开触点断开,$M_{7.0}$ 保持失电,继续供水,直到水位上升到高水位以上时重复上述过程。

④将燃油加温开关转到"重油"位置,使油温自动控制系统投入工作(梯形图中未予体现)。

⑤将燃烧转换开关和风机油泵开关扳向"手动"位置,触点 $I_{0.7}$(6)和 $I_{2.2}$(9)均闭合,使 $M_{2.1}$(4)得电,$M_{2.1}$(8)触点闭合,$M_{1.2}$(7)和 $M_{1.3}$(8)得电,其常开触点 $M_{1.2}$(33)和 $M_{1.3}$(34)闭合,风机控制线圈 $Q_{0.1}$ 和油泵控制线圈 $Q_{0.2}$ 得电,启动风机进行预扫风,并且油泵也一起进行预运转。手动预扫风进行约 1 min 后,将燃烧转换开关转到"停止"位置,触点 $I_{0.5}$(4)断开,使风机和油泵均停止工作,准备自动启动。

将风机和油泵开关转到"自动"位置,触点 $I_{2.2}$(9)断开,触点 $I_{2.1}$(8)闭合;再将燃烧转换开关转到"自动"位置,$I_{0.6}$(4)和 $I_{0.6}$(16)闭合,$I_{0.5}$(4)和 $I_{0.5}$(10)闭合,自动启动过程开始。

(2)燃烧时序的自动控制

①预扫风。当将燃烧转换旋钮转到"自动"位置时,由于水位正常,$M_{8.0}$(29)得电,其常开触点 $M_{8.0}$(4)闭合。由于此时熄火保护继电器 $Q_{0.7}$ 无动作,$M_{1.1}$ 仍保持失电,$M_{1.1}$(4)闭合。此时 T_{33}(26)计时时间未到,其常闭延时断开触点 T_{33}(5)闭合,$M_{2.1}$ 得电,$M_{2.1}$(8)和 $M_{2.1}$(10)闭合,$M_{1.2}$(7)和 $M_{1.3}$(8)同时有电,$M_{1.2}$(33)和 $M_{1.3}$(34)闭合,线圈 $Q_{0.1}$ 和 $Q_{0.2}$ 通电,风机和油泵开始运转,同时触点 $M_{1.2}$(14)也闭合。但此时燃油电磁阀无电关闭,燃油从油泵排出后在管路中蓄压循环,不能进入炉内。由于 $M_{1.2}$(14)闭合,$M_{4.1}$ 得电,触点 $M_{4.1}$(26)闭合,计时器 T33、T34、T35、T36 和 T97 均开始通电计时,燃烧计时时序开始。

由于此时 T35 计时时间未到,其常开延时闭合触点 T_{35}(12)断开,风门挡板控制线圈 $Q_{0.4}$ 失电,风门挡板在弹簧作用下打开,风机对炉膛进行预扫风。

因为在 60 s 之前尚未点火,所以光电池感受不到火焰的光照,触点 $I_{2.7}$(17)断开,$M_{3.1}$ 失电,常闭触点 $M_{3.1}$(18)闭合,$M_{4.0}$ 得电,相应的触点 $M_{4.0}$(11)和 $M_{4.0}$(24)闭合,为点火变压器通电和监视炉内火燃的计时器 T32 通电做好准备。

②点火。预扫风进行到 60 s 时,T_{35} 计时时间到,其常开延时闭合触点 T_{35}(12)闭合,线圈 $Q_{0.4}$ 得电,风门挡板关小,准备点火。同时,T34 计时时间到,常开延时闭合触点 T_{34}(11)闭合,$M_{1.5}$ 得电,触点 $M_{1.5}$(36)闭合,使点火变压器控制线圈 $Q_{0.3}$ 通电,点火电极之间产生电火花进行预点火。

60 s 时,T97 计时时间到,常开延时闭合触点 T_{97}(24)也同时闭合,使得 T32 得电,启动 10 s 计时。T32 通电延时 10 s 后,其触点 T_{32}(21)将闭合,使熄火保护继电器线圈 $Q_{0.7}$ 通电。此时,实际上是对点火进行监视,为熄火保护做好准备。

62 s 时,T36 计时时间到,常开延时闭合触点 T_{36}(14)闭合。由于锅炉炉内此时是处于低压或无压状态,蒸汽压力开关触点 $I_{1.1}$(14)是闭合的,故燃油电磁阀 $Q_{0.6}$ 得电,打开油泵到喷油器的供油管路,向炉内喷油,开始点火。

如果在点火变压器开始打火的 10 s 内(或开始喷油的 8 s 内)点火成功,炉内有火焰,光电池受到光照,触点 $I_{2.7}$(17)闭合,$M_{3.1}$ 得电,使 $M_{4.0}$ 失电,触点 $M_{4.0}$(24)断开,使 T32 断电,

其触点 T_{32}(21)因未达到闭合时间继续断开,$Q_{0.7}$ 保持失电,从而维持 $M_{1.1}$ 为继续断电状态。

$M_{4.0}$ 失电一方面使常开触点 $M_{4.0}$(11)断开,点火变压器控制线圈 $Q_{0.3}$ 失电,停止点火;另一方面使常闭触点 $M_{4.0}$(25)闭合,T96 开始通电延时,2 s 后 T_{96}(12)断开,线圈 $Q_{0.4}$ 失电,风门挡板在弹簧作用下开大。

③点火失败。由上可知,预扫风进行到 60 s 时计时器触点 T_{97}(24)闭合,T32 得电开始 10 s 延时。若超过 10 s 延时,光电池仍未感受到炉膛火焰的照射,触点 $I_{2.7}$(17)仍未闭合,$M_{3.1}$ 继续失电,$M_{4.0}$ 一直得电,使 $M_{4.0}$(24)触点一直闭合,则当 T32 达到设定时间 10 s 后,触点 T_{32}(21)闭合,$Q_{0.7}$ 得电,其常开触点 $Q_{0.7}$(3)闭合,$M_{1.1}$ 得电,触点 $M_{1.1}$(4)断开,使 $M_{2.1}$ 失电。

$M_{2.1}$ 失电后,一方面使常开触点 $M_{2.1}$(8)和 $M_{2.1}$(10)断开,燃油电磁阀控制线圈 $Q_{0.6}$ 失电,停止向炉内喷油。同时常开触点 $M_{1.1}$(30)闭合,$M_{2.0}$ 得电,常开触点 $M_{2.0}$(40)闭合,熄火指示灯控制线圈 $Q_{1.3}$ 得电,熄火指示灯亮,常开触点 $M_{2.0}$(38)闭合,$Q_{1.6}$ 报警器控制线圈得电发出报警信号。

另一方面使常闭触点 $M_{2.1}$(28)闭合,使 T98 有电开始计时,且 $M_{4.2}$ 得电,其常开触头 $M_{4.2}$(7)闭合,同时由于 T98 计时未到,其常闭延时断开触点 T_{98}(7)闭合,使 $M_{1.2}$ 和 $M_{1.3}$ 继续得电,进行后扫风。T98 计时 60 s,触点 T_{98}(7)断开,$M_{1.2}$ 和 $M_{1.3}$ 失电,触点 $M_{1.2}$(33)和 $M_{1.3}$(34)均断开,风机和油泵停转。

当整个控制时序进行到 70 s 时,T33 计时时间到,常闭延时断开触点 T_{33}(5)断开。若风机运转正常,此时风压应已建立,低风压保护触点 $I_{1.0}$(4)应已闭合,使 $M_{2.1}$ 仍然得电,正常点火时序控制结束;若到 70 s 时风压仍未建立,低风压保护触点 $I_{1.0}$(4)就不能闭合,$M_{2.1}$ 就会失电,$M_{2.1}$(8)和 $M_{2.1}$(10)断开,燃油电磁阀控制线圈 $Q_{0.6}$ 失电,停止向炉内喷油。由于 T33 计时到使其常闭点 T_{33}(32)断开时触点 $I_{1.0}$(31)仍未闭合,$M_{3.0}$ 失电,其常闭触点 $M_{3.0}$(41)闭合,低风压指示灯控制线圈 $Q_{1.5}$ 得电,进行低风压指示。

$M_{3.0}$(23)闭合,$Q_{0.7}$ 得电,其常开触点 $Q_{0.7}$(3)闭合,$M_{1.1}$ 得电,$M_{1.1}$(30)闭合,$M_{2.0}$ 得电,熄火指示灯亮。$M_{3.0}$(39)闭合发报警信号。后扫风、风机和油泵的停止过程与点火失败相同。最终,锅炉自动熄火停炉。

④再次启动。出现点火失败时,必须在排除故障后先进行复位才能进行再次启动。复位方法是按下熄火保护复位按钮 $I_{2.3}$,使熄火保护继器控制线圈 $Q_{0.7}$ 失电。$Q_{0.7}$ 失电后,其常开触点 $Q_{0.7}$(3)断开,$M_{1.1}$ 失电,其常闭触点恢复闭合,具备重新启动的条件。

⑤中途熄火。在燃烧过程中,如果中途熄火,光电池失去火焰光照,触点 $I_{2.7}$(17)断开。$M_{3.1}$ 失电,$M_{4.0}$ 通电,常开触点 $M_{4.0}$(24)闭合,T_{32} 通电开始计时,延时 10 s 后,常开延时闭合触头 T_{32}(21)闭合。因此 $Q_{0.7}$ 得电,其常开触点 $Q_{0.7}$(3)闭合,$M_{1.1}$ 得电,触点 $M_{1.1}$(4)断开,使 $M_{2.1}$ 失电,同点火失败一样,先将燃油电磁阀关闭,再进行 60 s 的后扫风,然后停止风机和油泵,并发出声光、报警信号。

(3)蒸汽压力的自动控制

当蒸汽压力达到控制气压的上限值时,气压双位控制功能将投入工作。蒸汽压力开关的 $I_{1.1}$(8)和 $I_{1.1}$(14)触点断开,燃油电磁阀控制线圈 $Q_{0.6}$ 失电,停止向炉内喷油。由于常开触点 $I_{1.1}$(27)闭合使 T_{98} 有电开始计时,但由于常闭延时断开触点 T_{98}(7)仍闭合,$M_{1.2}$ 和 $M_{1.3}$ 继续得电,进行后扫风 60 s 后断电,触点 $M_{1.2}$(33)和 $M_{1.3}$(34)均断开,风机和油泵停转。此时属于正常熄火停炉。

虽然后扫风期间炉内已无火焰，$M_{4.0}$ 会得电，常开触头 $M_{4.0}$(24) 会闭合，但由于此时触点 $I_{1.1}$(24) 已断开，T32 不会得电，也就不会发出报警信号。

当锅炉的气压又降低到控制气压的下限值时，$I_{1.1}$(8) 和 $I_{1.1}$(14) 又重新闭合，$M_{2.0}$ 和 $M_{1.3}$ 通电，触点 $M_{1.2}$(33) 和 $M_{1.3}$(34) 均闭合，风机和油泵重新启动，开始上述自动点火控制控制和燃烧控制过程，使锅炉重新点火燃烧。

(4)安全保护

该系统的安全保护有危险低水位、风压过低和蒸汽压力过高自动熄火停炉保护。

锅炉在运行中，当水位下降到危险低水位时，危险低水位压力开关触点 $I_{1.2}$(29) 断开，$M_{8.0}$ 失电，常开触点 $M_{8.0}$(4) 断开，使 $M_{2.1}$ 失电，$M_{2.1}$(8) 和 $M_{2.1}$(10) 断开，燃油电磁阀控制线圈 $Q_{0.6}$ 断电，停止向炉内喷油。常闭触点 $M_{8.0}$(45) 闭合，危险低水位指示灯控制线圈 $Q_{1.4}$ 得电，指示灯亮。$M_{8.0}$(37) 闭合发出报警信号。后扫风、停风机和油泵过程与点火失败相同，锅炉自动熄火停炉。

当风压过低时，低风压保护继电器触点 $I_{1.0}$(4) 断开，$M_{2.1}$ 失电，锅炉自动熄火停炉，低风压指示灯亮，并发出报警信号。其后扫风、停风机和油泵过程与点火失败相同。

当蒸汽压力超压时，蒸汽压力超压保护开关触点 $I_{2.4}$(22) 闭合，$Q_{0.7}$ 通电，锅炉自动熄火停炉。其过程与熄火保护停炉一样。

(5)停炉

正常停炉时，可将燃烧转换开关转到“停止”位置，触点 $I_{0.5}$(4) 断开，M_2 失电，同点火失败一样，先将燃油电磁阀关闭，再进行后扫风 60 s，最后停止风机和油泵，燃烧系统停止工作，但不发出报警信号。如果锅炉水位较低，应把水泵转换开关放在“手动”位置，向锅炉供水，直到水位达到正常水位时，再把水泵转换开关放在“停止”位置上，切断控制电源开关。

(6)手动操作

在手动操作之前，应做好以下准备工作：检查锅炉水、油、电的供给情况是否正常；自动控制箱上的各个转换开关是否处于点火前的准备位置；锅炉水位应稍高于最低水位；燃烧转换开关转到“停止”位置；风机和油泵转换开关扳向“自动”位置；点火控制开关扳向“自动”位置；燃油阀控制开关扳向“自动”位置；合上控制电源总开关。

手动操作具体步骤：

①将燃油加温开关扳向“重油”位置，使油温自动控制系统投入工作。

②将燃烧转换开关转到“手动”位置；触点 $I_{0.7}$(6) 闭合，$M_{2.1}$ 得电，$M_{2.1}$(8) 和 $M_{2.1}$(10) 闭合。

③将风机和油泵转换开关扳向“手动”位置，触点 $I_{2.2}$(9) 闭合，风机和油泵投入运行，进行预扫风和油泵为燃油管路建立油压。

④预扫风约 1 min 后，按下手动点火开关，其触点 $I_{2.6}$(10) 闭合，$M_{1.4}$ 得电，触点 $M_{1.4}$(35) 闭合，使点火变压器控制线圈 $Q_{0.3}$ 得电，点火电极之间产生电火花进行点火。另一触点 $I_{2.6}$(13) 闭合，线圈 $Q_{0.4}$ 得电，风门挡板关小，准备点火。

⑤将燃油电磁阀手动控制开关打至“ON”位置，其触点 $I_{2.5}$(15) 闭合，燃油电磁阀控制线圈 $Q_{0.6}$ 得电，打开油泵到喷油器的供油管路，向炉内喷油，开始点火。

⑥从观察孔看到火焰时，即点火成功后，松开手动点火开关，终止点火变压器工作，线圈 $Q_{0.4}$ 失电，风门挡板开大，进入正常燃烧。

⑦如果手动点火失败,应立即将燃油阀手动控制开关脱开,并进行后扫风,然后将风机和油泵的转换开关扳向“自动”位置,燃烧转换开关转到“停止”位置。待查明原因并排除故障,方可再重复上述操作步骤进行重新点火。

⑧如需停炉,燃油电磁阀手动控制开关打至“OFF”位置,并进行后扫风,再将风机和油泵的转换开关扳向“自动”位置,燃烧转换开关转到“停止”位置。最后切断控制电源总开关。

(三)燃烧时序控制系统的管理维护要点和故障分析

如果辅锅炉燃烧时序控制系统采用PLC控制,由于PLC具有很高的可靠性,因此燃烧时序控制系统的日常管理与维护工作不是太多,主要是对PLC控制系统的日常管理与维护。

1. 日常维护检查的注意事项

(1)应注意系统的环境温度、湿度以及是否积尘。

(2)检查系统的供电和输入输出使用的电源是否在基准范围之内,尽量避免不必要的停电。

(3)检查外部配线螺丝有无松动,外部配线电缆是否有断裂。定期检查PLC系统的I/O(输入/输出)的接线情况。特别注意,尽量不要将灰尘、油污弄到接线端子上,引起接触不良。

(4)注意输出继电器的寿命,检查控制系统外部电气、继电器触头、滑动接触电器的状况。

(5)在PLC产品中,有些使用电池保证在停电时CPU模块内存中存储的工作参数等信息不丢失。要经常注意电池故障灯状况,一旦灯亮,就应在一周之内更换电池。对于西门子S7系列PLC,更换时应保持电源供电,即带电更换电池;而日本的一些PLC产品,如:欧姆龙、三菱和富士电机公司的产品,在更换电池时是断电更换的,这是因为在更换的过程中,有一个大电容在放电,这类PLC在更换电池时往往要求在数十秒内完成即可。电池的更换周期一般不超过5年。为防止意外,要求船上始终要存有该电池的备件。

(6)阅读系统的技术资料,接船、交船时对系统进行全面的功能测试或进行模拟试验。注意与资料对照或记录系统正常工作时的参数,注意系统正常运行时的仪表和指示灯显示,以便在维修或发生故障时进行对照。

2. 常见故障分析与排除

燃烧时序控制系统的功能是自动地根据时间顺序与过程状态和控制指令对执行机构发出控制信号,对被控制对象锅炉进行控制。在PLC时序控制系统中,各种物理量(如:风压、火焰状态、气压和水位等)都是以电气信号的形式输入到PLC,由PLC中预先输入的用户程序进行处理。当系统的功能不符合该系统的规定时,则往往是系统出现了故障。

在故障查找时,一般先看电源是否正常。如果电源正常,再看故障的影响范围,是整个系统(包括PLC设备的显示信息和被控制的设备)都瘫痪,还是局部的故障(此时,PLC模块的“RUN”LED仍然亮,PLC设备基本没有问题)。如果是局部故障,则使用提供的技术资料图纸,找到该项出问题的功能所涉及的外部逻辑条件及其所对应的具体I/O通道和具体设备,进行检查测量。

时序程序控制辅锅炉的维护保养见表5-10。

表 5-10　时序程序控制辅锅炉的维护保养

保养项目	保养内容	保养周期
程序控制器(或多回路时间控制器)	程序控制器(或多回路时间控制器)清洁,动作次序正确,接触良好	12 个月
点火变压器	绝缘良好,点火迅速,熄火及时	12 个月
点火电极	定期检查清洁,视情况换新	3 个月
光敏电阻	定期清洁,注意使用期限,及时更新	12 个月
电动比例调节器	检查电气元件是否良好,动作是否正常,活动是否灵活,整定值是否合适	12 个月
水位、压力开关	检查清洁,保持动作良好,动作准确	1 个月/6 个月
继电器、接触器	检查清洁,保持动作良好,动作准确	3 个月
风门、油门装置	检查清洁,保持良好状态	12 个月
电机	定期清洁,测量绝缘,轴承加油	3 个月
电磁阀	定期清洁,保持动作敏捷和开闭及时	12 个月
保护及信号装置	保证动作正确可靠	12 个月

下面介绍一些故障排除方法和注意事项。

(1)在进行故障判断前要熟悉系统的结构、工作原理、功能和操纵方法。熟悉操作开关的用途,显示灯的含义,熟悉各种操纵方式之间的转换方法和相互关系,系统运行的条件和结果,仔细阅读说明书。充分利用显示灯、LED 的信息,尤其是自检显示的信息。发生故障时,可以首先查看 PLC 的 CPU 模块“POWER”LED 显示,判断是否是电源故障。如果“POWER”LED 亮,再查看“RUN”LED 是否亮,如果灯灭,表示 PLC 运行停止,可能是扩展模块或外部通信连接不好所致。

(2)如果属 PLC 硬件故障,可通过换用 PLC 模块备件的方式进行解决。若硬件无故障,而系统的控制功能不符,应根据故障的具体现象,考虑其他原因。如:锅炉点着火后,但很快又出现火焰故障报警,随后停炉,则可检查火焰监测器前面的隔热玻璃是否脏污。又如,锅炉点火过程中两点火电极间不打火,则应检查点火变压器的输出,或拆下点火电极进行清洁并重新调整两电极间的间隙到合适的距离。

(3)当经过测试,输出点的 LED 显示表明系统的输入/输出(I/O)信号控制关系正常,而执行机构没有随其动作时,应根据电气原理图和接线图检查外部的继电器、电磁阀或者外部电气连接。

(4)在使用键盘修改系统工作参数或通过印刷板上的微调电位器修改系统工作参数之前,最好记录其原始数据或原始位置,以便在修改无效时,恢复初始值。

(5)拔插印刷电路板或模块时,要关闭电源。记住模块或印刷电路板的型号和在插槽的原始位。要将新模块上的可设置的拨动开关、跳线、电位器设置的与原有模块一致。

(6)还有许多注意事项,如保证系统可靠,正确地接地;避免电磁干扰(如大负载电缆靠近 PLC 系统)等。

五、船舶辅锅炉的安全保护

蒸汽锅炉是船舶机舱重要的辅助设备，其运行情况直接关系到船舶机舱用汽设备的正常工作；另外，锅炉属于压力容器，一旦发生爆炸，将对人身和财产安全造成重大事故。因此，船舶蒸汽锅炉要采取严格的安全保护措施。主要包括以下几个方面：

1. 水位安全保护

在正常情况下，锅炉的水位在控制系统的控制下将保持正常水位，对于水位连续控制的锅炉，水位能稳定在设定水位附近；若是双位控制，则其水位应该在水位的上限和下限之间波动。但在故障情况下，若出现低水位报警后，水位还继续下降，则会出现锅炉干烧的情况。为此，锅炉必须设有危险水位保护装置。当水位下降到危险低水位时，保护装置应能切断锅炉的燃烧，并发出报警。锅炉的危险水位报警和保护装置一般独立于水位自动控制系统，包括专门的浮子室、浮子开关和控制电路。

危险低水位保护装置也应该定期检查和试验。对于控制电路，可以通过短接浮子开关输出接线端子，模拟浮子的动作，试验自动停炉功能。对于浮子室及浮子开关，可以关闭浮子室的通气和通水阀，再打开浮子室泄放阀，让浮子室水位下降，测量浮子开关输出接线端子之间的通断情况。

2. 蒸汽压力保护

蒸汽压力保护的目的主要是防止蒸汽压力超过汽包的设计压力，避免爆炸事故。压力保护的手段是在锅炉上安装安全阀，一旦蒸汽压力超过安全阀的设定压力，安全阀能够自动开启，对炉内压力进行泄放。

锅炉一般安装有 2 个安全阀，通过安全阀的调压弹簧可以调整安全阀的开启压力，开启压力的大小可为大于实际工作压力的 5%，但应不超过锅炉的设计压力。安全阀在开启状态的泄压能力有相应的规范要求，这要通过设计和制造环节加以保证。从管理的角度来讲，应对其进行定期试验。试验时可关闭主蒸汽阀，对锅炉进行升火，观察压力表，确定是否能够正常开启；若不能，则需调整安全阀的调压弹簧，直到能在希望压力开启为止。

为保证应急情况下能够手动开启安全阀，必须设有远距离操作装置，必要时可通过远距离手动操作的方式将安全阀强制打开。

3. 熄火保护

熄火保护的目的是在锅炉非正常熄火时，能及时切断锅炉的燃油系统，并发出声光报警。熄火保护装置是锅炉点火时序控制系统的一部分，主要由火焰探测器及其控制电路组成。它不仅在中途非正常熄火时起作用，而且在点火过程中还用于判断点火是否成功。熄火保护装置的试验可以在正常燃烧过程中人为断开火焰探测器的接线，以试验其熄火停炉功能。

拓展强化

任务 5.4

一、选择题（请扫码作答）

二、简答题

1. 根据船舶辅锅炉水位控制系统的类型,请简述其系统组成与控制原理。
2. 根据船舶辅锅炉燃烧自动控制系统的类型,请简述其系统组成与控制原理。
3. 辅锅炉燃烧时序控制系统分为哪四个阶段?
4. 辅锅炉自动控制过程中主要保护有哪些?

任务5.5　船舶伙食冷库系统

任务分析

伙食冷库是每艘远洋船舶必备的装备,用以储存船员日常生活中食用的蔬菜、肉类等食物。现代船舶伙食冷库的制冷装置都已经实现了自动控制,能根据冷库温度、冷却水温度等条件的变化,自动控制制冷压缩机的工作及调整制冷工况,以保证制冷装置运行的安全性、可靠性和经济性。本任务的学习目标是熟悉伙食冷库系统的基本组成和工作原理,掌握冷库温度控制系统、压缩机控制系统以及融霜控制系统等子系统。

任务实施

一、船舶伙食冷库系统的基本组成及工作原理

船舶伙食冷库系统的组成如图5-42所示。该伙食冷库系统主要由压缩机、冷凝器、膨胀阀、蒸发器等组成,主要自动控制元件包括高压继电器、低压继电器、温度继电器、供液电磁阀、热力膨胀阀、蒸发压力调节阀和水量调节阀等。

动画5.51　船舶伙食冷库系统的基本原理

伙食冷库的自动控制系统主要由温度自动控制系统和制冷剂的循环使用系统(伴随压力自动控制的系统)组成。上述温度和压力控制系统通过制冷剂相互联系。当温度控制系统工作时,制冷剂的循环工作系统也伴随开始运行。

系统的基本工作原理是:由温度继电器11检测冷库(蒸发器)的温度变化,当冷库温度上升至设定温度上限值时,温度继电器的开关闭合,通过控制线路使供液电磁阀9线圈通电,阀门打开,储液器7的液态制冷剂通过回热器8和供液电磁阀9后,经热力膨胀阀节流进入低压的蒸发器里吸热汽化,吸收热量使冷库温度下降,同时压缩机1的吸气压力升高,当上升至低压继电器设定值的上限时,其开关接通,压缩机自动启动,蒸发后的低温低压气态冷剂被压缩机从蒸发器中抽出加以压缩,使其压力、温度均升高,而后经冷凝器5冷却成液体,储存在储液器7中,以便循环使用。当冷库温度下降至设定温度下限值时,温度继电器开关切断,供液电磁阀9失电关闭,制冷剂停止流入蒸发器。供液电磁阀9关闭后,压缩机的吸气压力越来越低,当吸气压力降低至设定值下限值时,低压继电器开关切断,使压缩机自动停车,从而使冷库温度控制在所要求的范围之内。

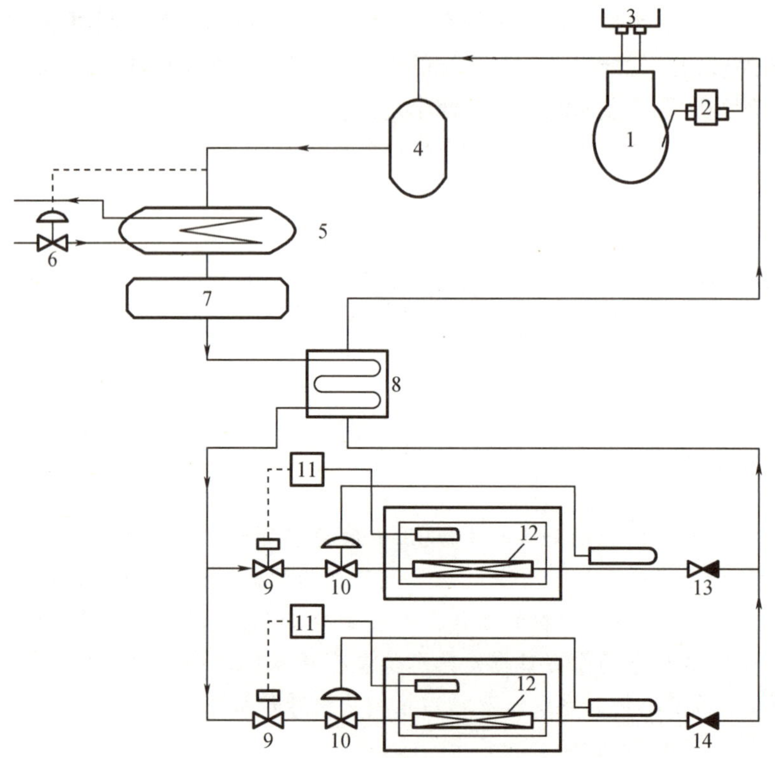

1—压缩机;2—油压差继电器;3—高、低压继电器;4—油分离器;5—冷凝器;6—水量调节阀;7—储液器;8—回热器;9—供液电磁阀;10—热力膨胀阀;11—温度继电器;12—蒸发器;13—止回阀;14—蒸发压力调节阀。

图 5-42　船舶伙食冷库系统的组成示意图

二、伙食冷库温度控制子系统

1. 冷库的温度控制原理

微课 5.51　伙食冷库控制系统组成与原理

船舶伙食冷库随冷藏不同食品而库温不同,为了保证冷藏食品的质量,要求冷库温度保持在设定的范围内,如蔬菜库温通常控制在 3~5 ℃,鱼肉库温通常控制在-18~-20 ℃,这就需要对库温进行自动调节。库温的自动控制依据不同的温度控制精度,采用与之相适应的控制方案。目前,在库温控制系统中,普遍采用温度继电器实现双位式控制。

温度继电器是一种用来控制库温的温度控制开关。在单机单库场合,可用温度继电器直接控制压缩机的启动、停止,使库温稳定在所需的范围内。在单机多库的制冷装置中,温度继电器一般和供液电磁阀配合使用,对各库的温度进行控制。当库温上升到上限温度值时,温度继电器把供液电磁阀线圈电路接通,电磁阀开启,制冷剂进入冷库蒸发器而蒸发吸热;当库温下降到下限值时,温度继电器把电磁阀线圈电路切断,电磁阀关闭,制冷剂停止进入蒸发器,从而把库温稳定在所需的范围内。

2. WT-1226 型温度继电器

WT-1226 型温度继电器结构如图 5-43 所示。当感温包 1 所感受的冷库温度达到整定值的下限时，由于主调节弹簧 8 的拉力矩大于波纹管 3 所产生的顶力矩，使杠杆 4 绕刀口支架 5 顺时针转动，通过摇臂 7 和跳簧片 9，使触点 10 与 12 断开，关闭供液电磁阀。此时因止动螺钉 21 已触及底板，$\Delta S_1=0$，于是杠杆 4 不能继续顺时针方向转动而呈水平状态，螺钉 6 与弹簧座 20 则互相脱开，因 $\Delta S_1>0$，所以幅差弹簧 19 对杠杆 4 的转动不起作用。随着库温的升高，作用于波纹管上的压力也相应加大，于是克服主弹簧的拉力，使杠杆 4 逆时针方向转动一个角度 θ_1，此时螺钉 6 接触弹簧座 20 上，即 $\Delta S_1=0$。若继续转动杠杆，则必须克服主弹簧的拉力和幅差弹簧的张力。当库温升至整定值的上限时，杠杆将转到 θ_2 角度上，杠杆 4 就通过跳簧片 9 将动触点 10 由静触点 11 转接至静触点 12，接通电路使供液电磁阀开启，冷剂重新又进入蒸发器。从温度继电器控制过程中，可以知道，在降温控制中：

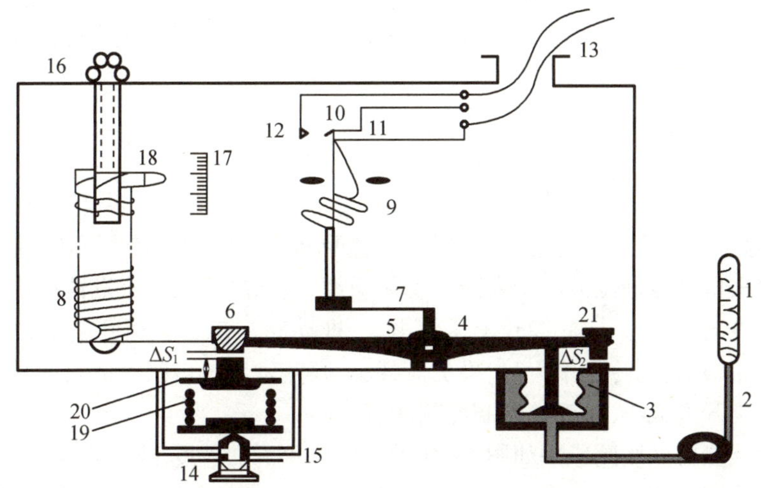

1—感温包；2—传压管；3—波纹管；4—杠杆；5—刀口支架；6—螺钉；7—摇臂；8—主调节弹簧；9—跳簧片；10—动触点；11，12—静触点；13—出线孔；14—幅差调节螺钉；15—幅差标尺；16—主调螺杆；17—主标尺；18—指针；19—幅差弹簧；20—弹簧座；21—止动螺钉。

图 5-43　WT-1226 型温度继电器结构

(1)主调节弹簧 8 拉力的大小决定了温度继电器设定的下限温度值，其数值大小可以从主标尺 17 上反映出来。当幅差弹簧 19 张力不变时，调节主调节弹簧 8，则设定温度上限跟随下限一起改变。

(2)幅差弹簧 19 的压力大小决定了幅差的大小(设定温度上限和下限的差值称为幅差)。转动幅差调节螺钉 14，改变幅差弹簧的压力就能获得不同的幅差范围。当主调节弹簧张力不变时，调节幅差弹簧只能改变设定温度上限。以菜库为例，若要求库温为 3~5 ℃，我们就把主调节弹簧调到 3 ℃，幅差范围调至 2 ℃，则当库温下降到 3 ℃时，温度继电器触头断开，电路被切断，电磁阀关闭，停止向蒸发器供制冷剂；当库温回升到 5 ℃时，温度继电器触头闭合，电路接通，电磁阀开启，恢复向蒸发器供制冷剂进行降温。

WT-1226 型温度继电器有不同的规格，以适应不同的温度控制范围。选用时还要注意毛细管所需长度以及触头的电压容量。

(3)感温包 1 应放在能正确反映冷库内空气平均温度的地方，不应过于接近冷库壁面或冷却盘管，不应置于冷库门口或热货处。在吹风冷却的冷藏库中，温包常置于接近回风口。

3. 热力膨胀阀

(1)热力膨胀阀的作用

图 5-44　热力膨胀阀实物图

热力膨胀阀实物如图 5-44 所示,通常安装在蒸发器入口,主要作用有:一是节流作用。低温高压的液态制冷剂经过热力膨胀阀的节流作用后,部分制冷剂气化为低温、低压的湿蒸汽,为蒸发器蒸发吸热准备。二是控制制冷剂的流量。进入蒸发器的液态制冷剂,经过蒸发器后,制冷剂由液态蒸发为气态,吸收热量,降低冷库内的温度。通过膨胀阀控制制冷剂的流量,实现蒸发器温度控制时出口为气态制冷剂,若制冷剂流量过大,出口含有液态制冷剂,可能使压缩机产生液击;若制冷剂流量过小,提前蒸发完毕,会造成系统制冷不足。

(2)热力膨胀阀的分类

热力膨胀阀分为内平衡式和外平衡式两种。

①内平衡式热力膨胀阀原理如图 5-45 所示。感温包内充注制冷剂,放置在蒸发器出口管道上,感温包和膜片上部通过毛细管相连,感受蒸发器出口制冷剂温度,膜片下面感受到的是蒸发器入口制冷剂压力。如果冷库负荷增加,液态制冷剂在蒸发器提前蒸发完毕,则蒸发器出口制冷剂温度将升高,膜片上压力增大,推动阀杆使膨胀阀开度增大,进入蒸发器中的制冷剂流量增加,制冷量增大;如果负荷减小,则蒸发器出口制冷剂温度减小,以同样的作用原理使得阀开度减小,从而控制制冷剂的流量。

②外平衡式热力膨胀阀原理如图 5-46 所示,膜片下面感受到的是蒸发器出口制冷剂压力。外平衡式膨胀阀与内平衡式膨胀阀原理基本相同,不同的是:内平衡式膨胀阀膜片下面感受到的是蒸发器入口制冷剂压力;而外平衡式膨胀阀膜片下面感受到的是蒸发器出口制冷剂压力。

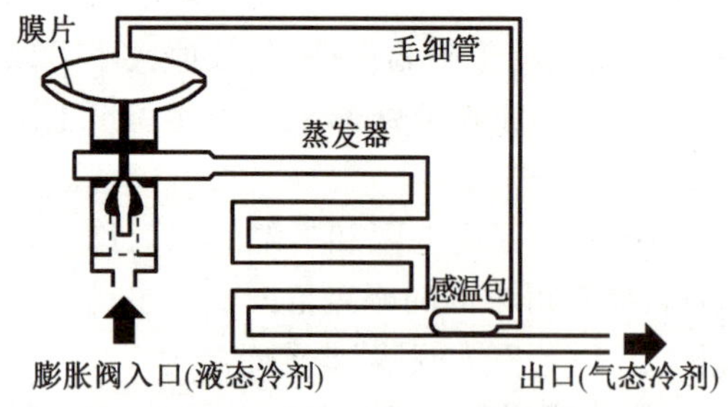

图 5-45　内平衡式热力膨胀阀原理图

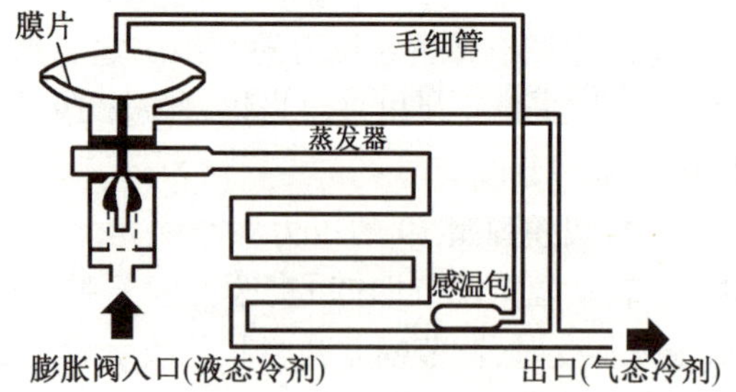

图 5-46　外平衡式热力膨胀阀原理图

4. 电子膨胀阀

电子膨胀阀按驱动方式分电磁式和电动式两类。如图 5-47 所示为电磁式膨胀阀的结构及流量特性。比例电磁线圈 7 通电前,针阀 3 处于全开位置;通电后,磁性材料制成的柱塞受电磁力吸引,克服柱塞弹簧 5 的张力升高,与柱塞 6 成一体的针阀 3 开度变小。改变线圈的控制电压(电流)可以调节针阀的开度,在阀前后压差既定时流量即接近线性变化,流量特性如图 5-47(b)所示。电磁式膨胀阀结构简单,响应快,但工作时始终需要提供控制电压。

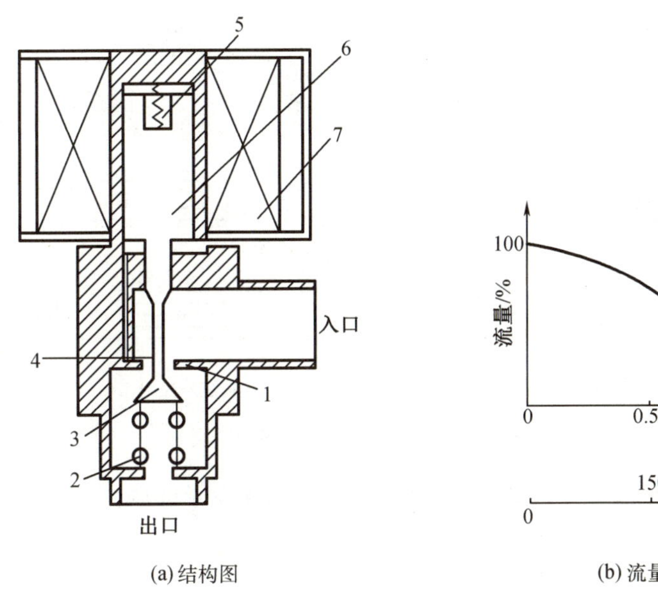

(a) 结构图　　(b) 流量特性图

1—阀座；2—弹簧；3—针阀；4—阀杆；5—柱塞弹簧；6—柱塞；7—比例电磁线圈。

图 5-47　电磁式膨胀阀的结构及流量特性

电动式膨胀阀的结构及流量特性如图 5-48 所示。它是用脉冲电动机(步进电动机)驱动，在电机定子绕组 5 上施加正、反序列的脉冲电压指令即可驱动转子 4 正、反向转动，调节阀杆 3 上、下移动，改变针阀 2 的开度。

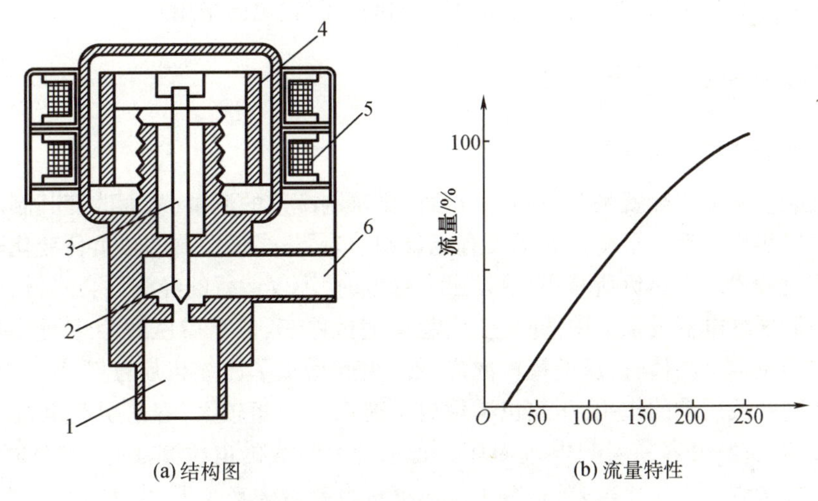

(a) 结构图　　(b) 流量特性

1—入口；2—针阀；3—阀杆；4—转子；5—电机定子绕组；6—出口。

图 5-48　电动式膨胀阀的结构及流量特性

电子式膨胀阀流量调节原理如图 5-49 所示。传感器、电子调节器、执行器(膨胀阀)分别是独立的，通过导线连接，以标准电量传递信号，对流量实施自动控制。如图 5-49(a)为按出口过热度控制，在蒸发器出口设压力传感器 P 和温度传感器 T，所测信号输入电子调节器而求得制冷剂在蒸发器出口的过热度，使之与所设定的过热度相比较，根据两者之差向执行器输出调节信号。如图 5-49(b)所示为按温差控制，在蒸发器的进、出口各设温度传感

器 T_1、T_2，以 T_1 与 T_2 的读数差来近似代表制冷剂在蒸发器出口的过热度。后一种方式只使用温度传感器，比前者简单，但由内平衡式热力膨胀阀的工作原理可知，只有在两个测量点间制冷剂压降所导致的饱和温度下降不太大时才比较准确。

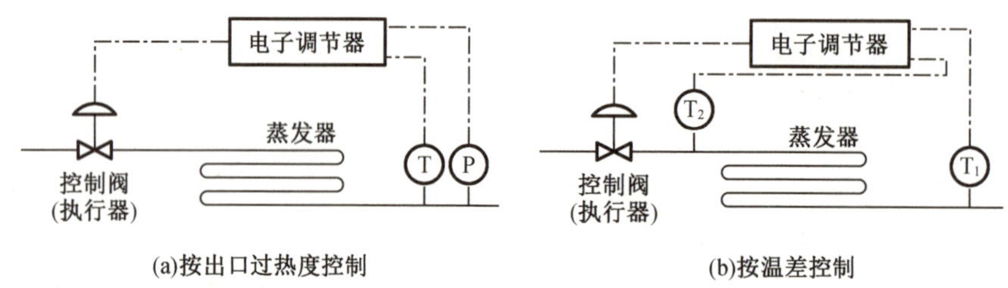

图 5-49 电子式膨胀阀流量调节原理图

电子膨胀阀越来越多地替代了传统的热力膨胀阀，是因为电子膨胀阀相对热力膨胀阀有如下明显的优点：

(1) 流量调节可以不受冷凝压力和供液过冷度变化的影响。

(2) 动作迅速灵敏、调节准确、工作稳定可靠，热负荷变化激烈也能避免振荡，因此允许将出口过热度调至很小(2 ℃甚至更低)，而且可以实现比例积分调节，使过热度变化量为零，从而提高了蒸发器的利用率。

(3) 流量特性的线性调节范围大，可适用于大制冷量范围。

(4) 电动式膨胀阀还允许制冷剂双向流动，可直接用于热泵工况和热气除霜。

基于上述优点，电子膨胀阀广泛用于要求适用不同冷藏温度、制冷量变化大、温度控制精度要求高的冷藏集装箱，有的较大船舶的空调制冷装置也已采用。

三、压缩机控制子系统

1. 压缩机的能量自动调节

压缩机能量调节实际就是调节制冷压缩机排送制冷剂的流量，从而改变其制冷量，使之与制冷装置的热负荷保持平衡。如果没有能量调节装置，当蒸发器的热负荷变化较大时，蒸发压力会变化较大。当热负荷减小、蒸发压力降低时，不仅运行的经济性会降低，而且，当蒸发压力降到低压继电器设定下限值时，会引起压缩机停车，停车后压力会逐渐升高；当升高到低压继电器设定上限值时，压缩机再次启动。由此增加了压缩机启停频率。能量调节装置还可以起到卸载启动的作用，压缩机满载启动时启动力矩较大，容易引起电机过载，既增大电网负载的波动，又容易引起电机损坏。若选用容量大的电机来工作，则又降低运行效率。压缩机能量调节方法比较多，多数可由压缩机自身机构来实现，也可以用压缩机电动机变速的方法来实现。

在压缩机工作缸数和转速不变的情况下，外界热负荷的变化必然引起蒸发压力的变化，热负荷增大时，蒸发压力相应升高；热负荷减小时，蒸发压力也相应降低。一般来说，如果没有其他因素影响，吸气压力近似等于蒸发压力，因此可以根据吸气压力的变化情况来调整制冷压缩机的能量，使之与外界热负荷相匹配。

(1) 压力继电器-电磁阀式能量调节

根据吸气压力来调节压缩机能量的方式比较多，目前在船舶中使用较多的是采用压力继电器-电磁阀式能量调节方式。根据吸气压力的变化,去控制相应电磁阀动作,以实现加载或卸载。一般而言,电磁阀通电动作后加载,失电复位后卸载。

如图 5-50 所示为 8 缸压缩机压力继电器-电磁阀式能量调节原理图,我们以此为例来分析能量调节的原理。图中,压缩机每两个气缸为一组,由一套卸载机构控制,卸载油缸内的活塞驱动气缸外侧的拉杆。其动作原理是:当油缸通压力油时推动活塞驱动拉杆,压下吸气阀片,该组气缸工作;当油缸泄油时,则吸气阀片由弹簧自动顶开,不起开、闭作用,成为空行程,该组气缸卸载。图 5-50 中仅示出推动卸载气缸的油缸,其余部分省略。该压缩机有两组气缸为基本工作缸(Ⅰ组和Ⅱ组),在运行时不能调节;中间两组(Ⅲ组和Ⅳ组)为调节气缸,分别由压力控制器 P3/4 和 P4/4 控制;这两只吸气压力控制器的差动值为 0.04~0.05 MPa。其中 P4/4 为高负荷压力控制器,其接通压力按最高蒸发压力调定,两只压力控制器定值压力差为 0.01~0.02 MPa,其能量调节范围 8 缸工作时为 100%;6 缸工作时为 75%;4 缸工作时为 50%。

基本工作缸Ⅰ、Ⅱ组卸载油缸直接与油泵出口相通,当压缩机刚启动时,油压尚未建立,油缸无油压,气缸吸气阀片被弹簧顶杆顶起,基本工作缸也被卸载,因此压缩机能处于全卸载工况轻载启动。经几十秒钟(限在 1 min 以内)后,滑油压力建立,基本工作缸便投入工作。当热负荷大于 4 缸工作的制冷量时,吸气压力上升,超过 P3/4 的接通压力 0.26 MPa,使 P3/4 接通,将电磁滑阀 1DF 吸上,压力油通过 a 孔,经 c 孔流入Ⅲ组气缸的卸载压力油缸,使Ⅲ组气缸投入运行,工作于 75%工况。若由于负荷大,吸气压力仍继续上升至 0.28 MPa,使 P4/4 压力控制器也接通,电磁滑阀 1DF 被吸上,压力油从 a 孔经 1DF 滑阀下部,孔 e、孔 b 流入Ⅳ组气缸的卸载压力油缸,使Ⅳ组气缸亦投入工作,此时压缩机处于 100%全负荷运行。

若负荷下降,吸气压力跌至 0.23 MPa,则 P4/4 断开,电磁滑阀 2DF 失电关闭(如图 5-50 所示位置),则Ⅳ组气缸断油泄压,油缸活塞被弹簧顶回,油缸中油经孔 b、g 与 d 流回曲轴箱,Ⅳ组气缸卸载,又恢复 75%负荷运行。若 4 缸工作时,吸气压力因负荷下降而跌至 0.2 MPa(表压),则低压控制器 LP 动作,将压缩机停车。停车后压力回升到 0.24 MPa,则 LP 接通,压缩机又自动启动以 4 缸 50%工况运行。若吸气压力又逐步提高,则可依靠 P3/4、P4/4 和相应的电磁滑阀,使压缩机增缸至 75%与 100%工况运行。

如需要把 8 缸压缩机调节范围增加 25%这挡(共 100%、75%、50%、25%四挡),可由三个电磁阀用三个压力控制器分别控制。此时Ⅰ组(两缸)为基本工作缸,Ⅱ组、Ⅲ组和 IV 组(三组两缸)为调节气缸。

(2)压缩机电动机变速调节

用电动机变速调节来达到压缩机能量调节的目的,效率最高,若电动机可以实现无级调速,则能在一定范围内实现连续能量调节的效果。目前,电动机调速使用最广泛的是变频调速和选用电磁式滑差电动机(可在 10%~100%范围内连续调速),但因初始投资较高使用面尚不大。

2. 高、低压继电器

目前,在船舶中普遍采用高、低压组合继电器来控制压缩机高压和低压,也有分别用单体的压力继电器来分别控制高压和低压。高、低压继电器也称压力开关,在制冷装置控制系统中用于启动和停止压缩机的电动机,高压继电器检测的是压缩机的排气压力,低压继电器检测的是压缩机的吸气压力。

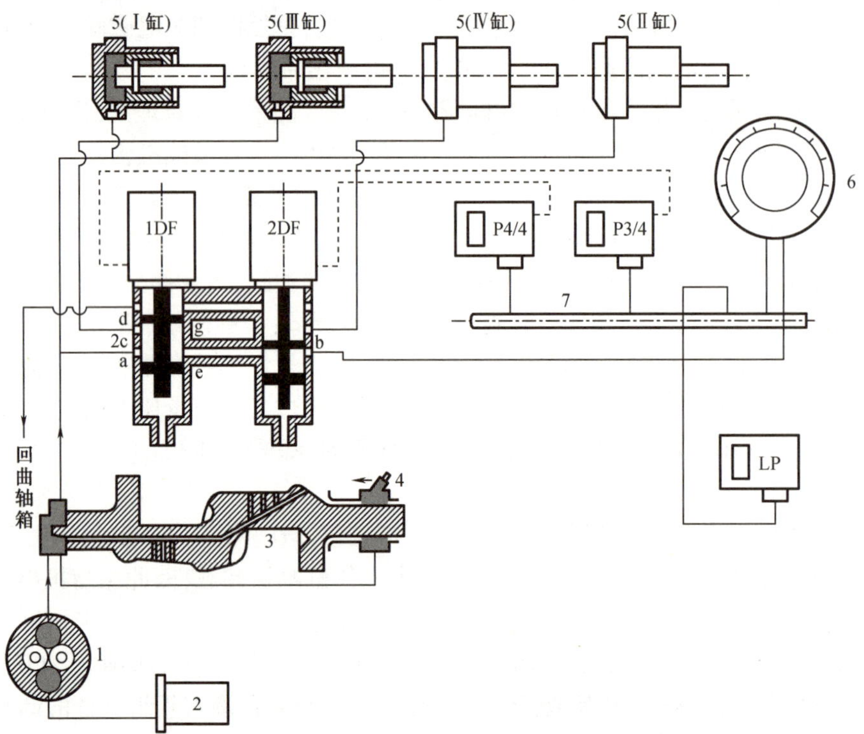

1—油泵;2—滤油器;3—曲轴;4—手动调节机构;5—卸载油缸;6—油压差表;7—吸气管;1DF、2DF—电磁滑阀;P3/4、P4/4—压力继电器;LP—低压控制器。

图 5-50　8 缸压缩机压力继电器-电磁阀式能量调节原理图

检测吸气压力(低压)主要用以控制压缩机的启动和停止。在冷库温度已经达到设定值使供液电磁阀关闭后,若压缩机继续运行,则会使吸气压力越来越低,这样就会产生两个不良后果:一是由于吸气压力很低,蒸发温度也很低,运行经济性降低,还会使储存食品的干耗增大;二是如果装置低压侧有泄漏,则会引起大量空气渗入系统,从而造成压缩机排气压力和排气温度升高,功耗增大,产冷量降低,有时在膨胀阀处还会产生“冰塞”现象。因此,压缩机的吸气压力也必须加以控制,使它保持在一定值以上。在船舶伙食冷库制冷装置中一般直接用控制吸气压力的办法来控制压缩机的启动和停止,实现库温控制。

检测排气压力(高压)主要是起到保护压缩机的目的。它是为了防止因冷凝器断水或水量供应严重不足,或者由于启动时排气管路的阀门未打开,或者制冷剂灌注过多,或者因系统中不凝性气体过多等原因造成排气压力急剧上升而产生事故。为此,使用压力继电器来控制排气压力,一旦排气压力超过给定值时,继电器立即切断压缩机电机的电源,使压缩机停车。

微课 5.52　伙食冷库控制系统之高、低压继电器原理

如图 5-51 所示为日式 DNS-D606 型高、低压继电器原理图。该元件内含两组开关:一组用于低压控制和保护;另一组用于高压控制和保护。高压开关设有手动复位机构。当压缩机吸入压力升高时,通过低压波纹管 13 使角杆 15 沿顺时针方向偏转,压缩低压主调节弹簧 10,这时幅差调节弹簧 11 因空心框下端被钩住,不妨碍角杆 15 转动,故不起作用。当压力升高到低压设定值上限时,角杆 15 的右端压动微动开关,这时动触点 1 即会在跳簧 17 的作用下迅速地由静触点 5 跳向静触点 2,使有关控制电路接通,压缩机运转。当吸入压力降低时,角杆 15 在低压主调弹簧 10 作用下逆时针偏转,触及幅差调节弹簧 11 下端的框架,要继续偏转必须克服幅差调节弹簧 11 的拉力,当吸入压力降到设定下限时,动触点 1 由静触点 2 跳向静触点 5,切断压缩机控制电路,使压缩机停机。当压缩机的排气压力高于高压设定限值时,通过高压波纹管 14 使角杆 16 沿逆时针方向偏转,使动触点 3 由静触点 6 跳向静触点 4,同时自锁,切断电路,使压缩机停转;在排气压力恢复正常后,按复位按钮解除自锁,角杆 16 顺时针方向偏转,断开静触点 4,接通静触点 6,压缩机才可以重新启动。

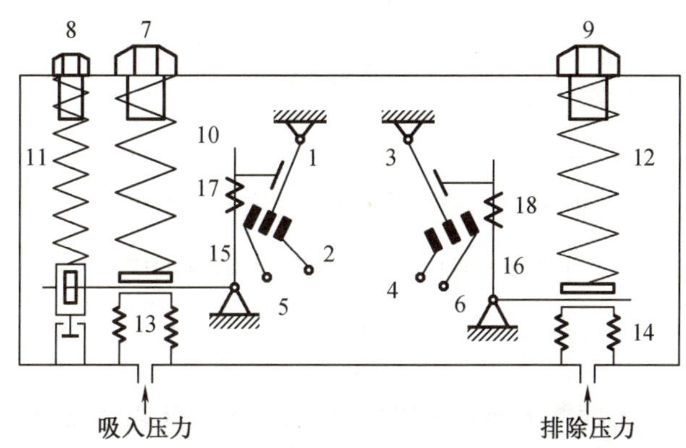

1,3—动触点;2,4,5,6—静触点;7—低压主调螺钉;8—幅差调节螺钉;9—高压调节螺钉;10—低压主调节弹簧;11—幅差调节弹簧;12—高压调节弹簧;13—低压波纹管;14—高压波纹管;15,16—角杆;17,18—跳簧。

图 5-51　DNS-D606 型高、低压继电器原理图

高、低压继电器设定值的调整:旋转幅差调节螺钉 8 可以调整低压下限设定值;旋转高压调节螺钉 9 可以调整高压上限压力设定值。

3. 油压差保护和冷凝水压力保护

(1)油压差保护环节

制冷压缩机在运行过程中,运动摩擦面需要有一定压力的润滑油进行润滑和冷却。为了保证压缩机的安全运行,采用压力润滑时,当油泵排出压力与曲轴箱压力(即吸气压力)之差降至某一额定值时,应发出信号,使压缩机停止运行。

油压差保护环节采用压差继电器来实现,油压差继电器在制冷系统中的安装示意如图 5-52 所示。它的两个感压元件接在油泵出口端与吸入端(压缩机曲轴箱)之间,检测的是两者之间的压力差值。目前,船上用于压缩机油压差保护的是自身带延时装置的压差继电器,包括国外生产的 MP55 型油压差继电器以及国产的 JC3.5 型压差继电器,两者结构与动作原理相似。MP55 型油压差继电器的结构如图 5-53 所示,图中 A-B 是时间延时触点,C-D 是滑油压差开关触点。

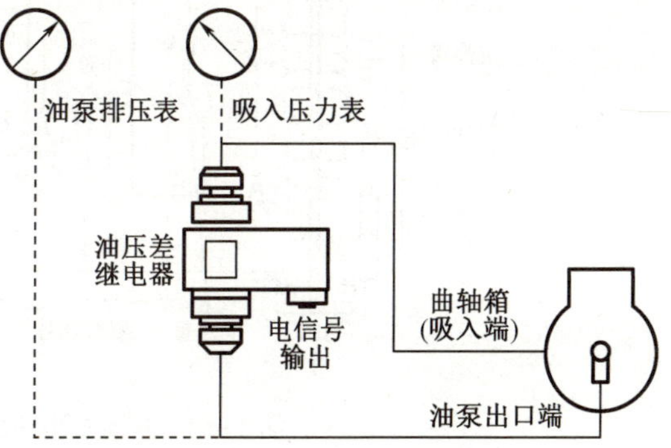

图 5-52　油压差继电器安装示意图

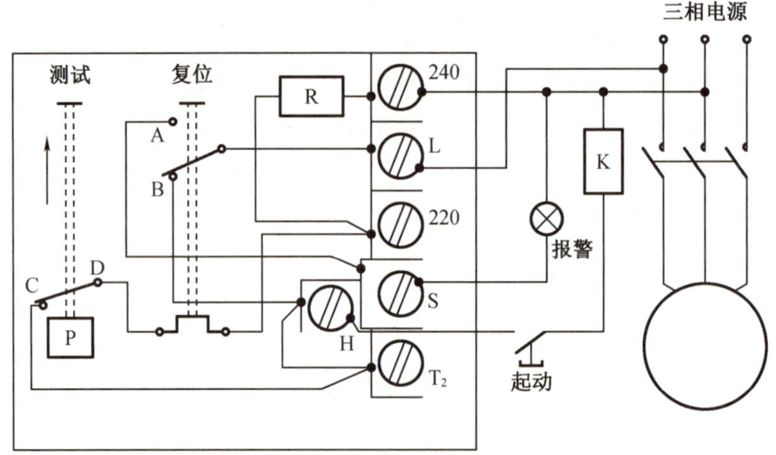

图 5-53　MP55 型油压差继电器的结构图

动画 5.52　JC3.5 型油压差继电器原理

JC3.5 型油压差继电器适用范围广、触头容量大,在船上应用较多。JC3.5 型油压差继电器的工作原理如图 5-54 所示,高压波纹管接滑油泵出口端,低压波纹管接曲轴箱,其压力差值所产生的力由主弹簧平衡。刚启动时,由于滑油压差未建立,开关 K、YJ 接通,使加热器投入工作,此时正常工作灯不亮。如果压缩机状态正常,应在双金属片动作前建立正常油压差,使压差值大于设定值,角形杠杆处于实线位置,将开关 K 与 DZ 接通,由压缩机电路的 a 点经 K、DZ 再回到 b 点,使正常信号灯亮;由 a 点经交流接触器线圈、开关 SB、X、Ksx、SX 再回到 b 点,因为热继电器、高低压继电器均处于正常闭合状态,故压缩机电机接触器 C 接通,压缩机正常运转。

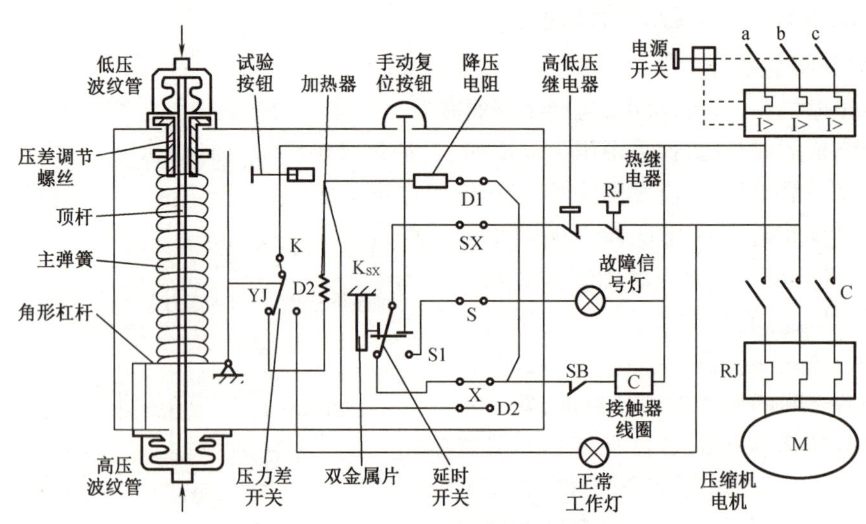

图 5-54　JC3.5 型油压差继电器的工作原理图

当压差小于设定值时,角形杠杆逆时针偏转(处于虚线位置),开关 K 与 YJ 接通,正常信号灯熄灭,电流由 a 点经 K、YJ、加热器、D_1、X、Ksx、SX 再回到 b 点,此时压缩机仍能运转,但电热器通电后发热,加热双金属片,约经过 60 s 后,当双金属片向右侧弯曲程度逐渐增大，直至能推动延时开关 Ksx 与 S1 接通，从而切断了交流接触器线圈与电加热器的电源，交流接触器脱开，压缩机停止运转，而故障信号灯亮，同时加热器停止加热。

微课 5.53　伙食冷库控制系统之 JC3.5 型油压差继电器原理

在因油压差低于设定值使压缩机停车后，虽已停止对双金属片加热，但它在推动延时开关时，其端部已被自锁机构钩住，冷却后也不能弹回，故不能自动复位启动压缩机，只有待故障排除后，按动复位按钮，使 Ksx 回复到与 X 接通的位置，使交流接触器线圈通电，才能再次启动压缩机。

需注意的是：压差继电器电路中必须有延时机构。若无延时机构，则在压缩机刚启动时，因油压小于给定值（正常油压建立一般不超过 40 s），压差继电器的开关 Ksx 会立即切断压缩机电机的电源，造成压缩机无法启动投入工作。

在压缩机启动时，在延时时间以内，虽然已经加热双金属片，但因弯曲不足，延时开关尚未动作，故压缩机在运转，故障信号灯不亮，但因开关已经脱离触头 DZ 而未和触头 YJ 相接触。所以，短时间内正常信号灯也会不亮。

在压差继电器正面装有试验按钮，供随时测试延时机构的可靠性。在制冷压缩机正常运转过程中，将按钮往左方向推动，并保持 60 s 以上模拟油压消失，强迫开关 K 合到与 YJ 接通，使加热器通电，加热双金属片，如在推动试验按钮时间内能切断电源而使压缩机停车，则说明延时机构能正常工作。

（2）冷凝水压力保护环节

若要制冷装置正常工作，希望冷凝水压力处于一个比较稳定的工作范围。冷凝水压力过高会导致压缩机功耗增大，而且还容易引起设备破损；而冷凝水压力过低，效果也不好。

冷凝水压力保护环节主要有两种：一种是利用压力控制的水量调节系统；另一种是利用温度控制的水量调节系统。如图 5-55 所示为压力控制的水量调节系统，如图 5-56 所示为温度控制的水量调节系统。

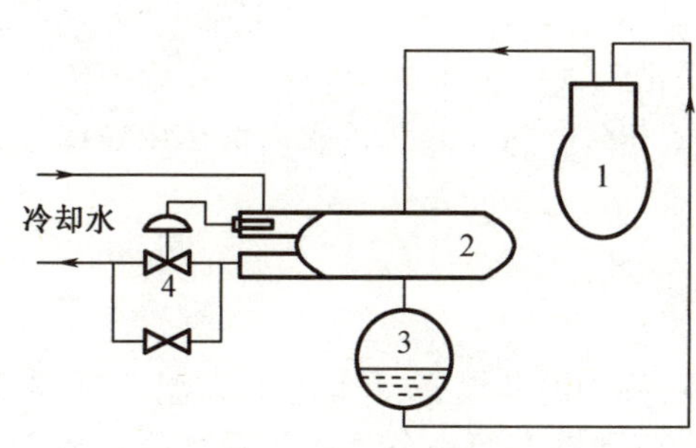

1—压缩机；2—冷凝器；3—储液罐；
4—压力控制的水量调节阀。

图 5-55　压力控制的水量调节系统

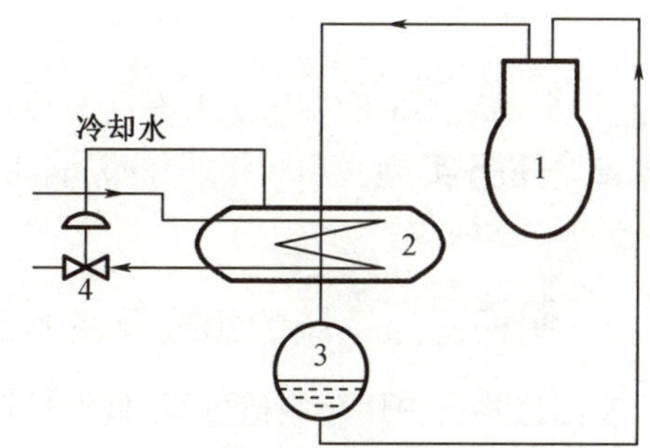

1—压缩机；2—冷凝器；3—储液罐；
4—温度控制的水量调节阀。

图 5-56　温度控制的水量调节系统

四、融霜控制

在制冷过程中，蒸发器的管外壁温度低于 0 ℃时，空气中的水蒸气就会在其表面结霜（主要是鱼、肉库，有时菜库也结霜）。由于霜层的导热系数低，蒸发器结霜后就会大大削弱它的吸热能力，从而导致蒸发压力和蒸发温度降低，装置的制冷量减少，经济性下降。此外，对空气冷却器来说,如霜层较厚,还会使管外肋片间的通道堵塞,通风量减少,甚至难以正常工作。因此,在蒸发器上结有一定厚度的霜层后(一般建议霜厚约为 3 mm 时),就必须及时进行融霜。按热源不同,融霜分为淋水冲霜、电热融霜和热气融霜。目前,船舶制冷装置越来越普遍采用的是电热融霜。电热融霜有手动和自动两种方式。自动融霜有采用固定时间间隔方式和传感器检测融霜方式。

拓展强化

任务 5.5

一、选择题(请扫码作答)

二、简答题

1. 请简述船舶伙食冷库系统的主要组成和工作原理。
2. 如何调整温度开关 WT-1226 的上、下限温度值?
3. 请简述伙食冷库 JC3.5 型油压差继电器保护压缩机的原理。

任务5.6 船舶货物冷藏控制系统

任务分析

船舶冷藏集装箱是船舶运输冷藏冷冻类产品的重要设备,为确保冷藏冷冻类产品在生产、储藏、运输、销售到消费前的各个环节中始终处于规定的低温环境,保证产品质量,冷链物流发展为以冷冻工艺学为基础、以制冷技术为手段的低温物流过程。本任务的目标是以开利(Carrier)公司 40 ft 冷藏集装箱制冷控制为例,讲述船舶货物冷藏控制系统的组成、工作原理以及货物冷藏系统的常见故障分析与处理。

任务实施

一、概述

在冷链物流中用于制造低温、低湿环境的设备,称为冷链设备,具体包括低温冷库、常温冷库、低温冰箱、普通冰箱、冷藏车、冷藏集装箱、疫苗运输车等设备。船舶货物冷藏装置中应用最广泛的是冷藏集装箱,而其自动控制系统是船舶货运自动化的重要设备。

当前,应用冷藏集装箱进行冷链货物运输已相当普遍。所谓冷藏集装箱,是专为运输要求保持一定温度的新鲜水果、蔬菜、鱼、肉等食品而进行特殊设计的集装箱,相当于一个单间的组装式冷库。有的冷藏集装箱只有风冷冷凝器,只能放在甲板上;而有的同时串联有水冷冷凝器,可放于货舱内。总体来讲,船舶冷藏集装箱有以下特点:

(1)船舶冷藏集装箱多为单蒸发器系统,其蒸发器离压缩机很近,使得冷藏集装箱具有设备少、结构紧凑、制冷量小的特点。

(2)船舶伙食冷库所藏食品品种固定,调温要求也固定,而冷藏集装箱所运货物的品种随机性很大,箱内温度的调节也因所运货物的不同而不同。如运输鲜对虾时,要求为-20 ℃;运输鲜荔枝时,要求为+3 ℃等。因此,冷藏集装箱要有很宽的调温范围,一般可保持箱温为-30~+25 ℃。通常情况下,冷藏集装箱的温度控制分为冷却、冷冻和加热三挡。

(3)冷藏集装箱需采用更多的能量调节、温度调节措施,要有很高的调温精度。如压缩机间歇工作、制冷剂热气旁通、制冷流量调节、电加热、卸缸调载、蒸发器或冷凝器风机变速及其运行风机台数管理、温控传感器及调节器的应用等,以此提高装置的制冷效果,改善调温精度,满足各种货物运输的需要。基于这类产品货物贵重,需要冷藏箱具有便于操作的温度给定值设定机构,以便管理人员根据所装货物进行操作。

(4)冷藏集装箱控制系统一般设有温度自动记录、工况自动转换、运行安全保护、故障预报显示和故障自诊断能力,全部电气设备都具有防风、防水和抗震能力,以便于维修和管理。

(5)冷藏集装箱的运行需绝对安全、可靠,装置允许的工作环境温度变化范围大,可在-30~+65 ℃环境中仍能正常工作。

二、冷藏集装箱控制系统

1. 冷藏集装箱控制系统的分类与组成

冷藏集装箱的控制系统可大致分为三大类:

(1)以机械式调节器为核心的机械-继电器式控制系统。

(2)以电子控制器为核心的电子-继电器式控制系统。

(3)以微处理器为核心,具有一定通信功能的微型计算机温度控制系统。

下面以开利公司 40 ft 冷藏集装箱的制冷及控制系统为例进行介绍,如图 5-57 所示。该制冷系统装有一台 Carrier-06DR 半封闭式 6 缸压缩机,制冷剂为 R134a,滑油使用 ROE-SW20。其控制系统由微型计算机 Micro-Link2 控制,它由计算机操作板、计算机显示器和计算机温度控制器组成。工作时,它能自动地进行冷却、停机保温、加热、融霜、除湿等控制,使冷藏集装箱保持所需要的温度。在制冷工况下,温度控制精度为±0.2 ℃;在加热工况下,温度控制精度在-0.5~+0.2 ℃。

动画 5.6　船舶货物冷藏控制系统原理

2. Carrier 冷藏集装箱运转控制方式

(1)制冷工况

压缩机排出的高温、高压的冷剂气体经排出截止阀进入排出压力调节阀,该阀最小开启压力为 0.5 MPa,停机时该阀自动关闭,防止系统中制冷剂流回压缩机,然后进入风冷冷凝器,在冷凝器中,冷剂气体被冷却和液化,被液化的冷剂经过高压侧安全阀进入储液器(兼作水冷凝器,以备气温太高在有冷却水的地方使用),再经手动截止阀进入过滤-干燥器(当箱温特别高,热力膨胀阀全开仍不足以维持蒸发器出口过热度,在合适范围时喷液热力膨胀阀自动开启向吸气管喷入少量制冷剂液体,以免压缩机吸气过热和排温过高),冷剂液体再经示液镜、热交换器、热力膨胀阀进入蒸发器。在此,冷剂吸收箱内的热量不断气化,同时使箱内温度下降,当它离开蒸发器时已呈过热状态,最后经热交换器、蒸发压力调节阀(在冷藏箱设定温度低于-10 ℃或设定温度高于-10 ℃的降温工况时,回气电磁阀有可能开启,以增加制冷量)进入压缩机的吸气端。

(2)加热工况

该系统采用电加热融霜,融霜温度传感器装在蒸发器上部,其融霜启、停间隔时间由微机控制,也可进行手动融霜。

(3)安全保护功能

如图 5-58 所示为开利公司 40 ft 冷藏集装箱电气控制原理图。下面参照此图说明系统的安全保护功能。

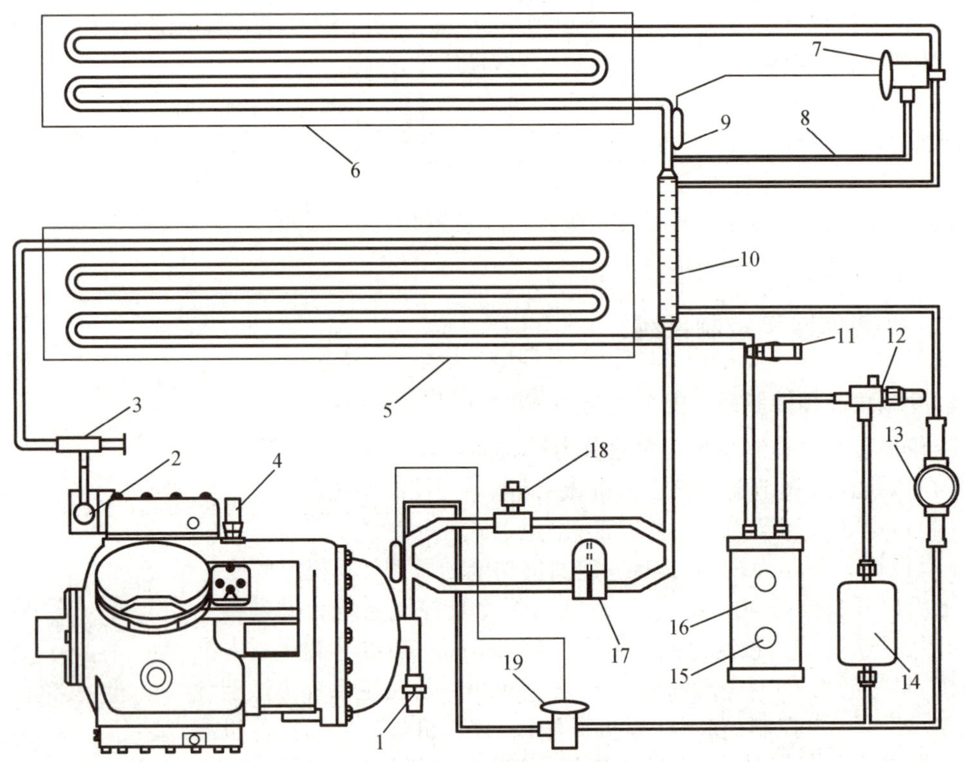

1—吸入截止阀;2—排出截止阀;3—排出压力调节阀;4—低压侧安全阀;5—风冷冷凝器;6—蒸发器;7—热力膨胀阀;8—外平衡管;9—感温包;10—热交换器;11—高压侧安全阀;12—手动截止阀;13—示液镜;14—过滤-干燥器;15—液位镜;16—储液器兼辅助水冷凝器;17—回气电磁阀;18—蒸发压力调节阀;19—喷液热力膨胀阀。

图 5-57　开利公司 40 ft 冷藏集装箱的制冷控制系统图

①电流过载:如果总电流过载,则断路器 CB1 或 CB2 跳闸;若控制电路电流过载,则保险丝 F3 熔断;若计算机电流过载,则保险丝 F1 和 F2 熔断。

②电动机过热保护:若冷凝器风机电动机过热,则其内部保护开关 IP-CM 断开,停止其工作;若压缩机电动机过热,则其内部保护开关 IP-CP 断开,停止其工作;若蒸发器风机电动机过热,则其内部保护开关 IP-EM 断开,停止其工作。当温度恢复正常时,内部保护开关自动复位,设备重新工作。

③加热器过热保护:加热器在加热时,如果达到了设定温度而 TH 没有断开,那么加热器的温度会继续升高。当达到 54.5 ℃时,加热中止温控器 HTT 断开,停止加热。

④冷剂低压保护:当冷剂压力异常低时,低压安全释放阀会动作。

⑤冷剂高压保护:当冷剂压力异常高时,冷剂高压安全开关 HPS 断开,停止压缩机的工作;若此开关没有起作用,高压安全释放阀会动作。

3. 工作原理及自控元件

参照图 5-58,下面分析开利公司 40 ft 冷藏集装箱中自动化元件及控制电路的工作原理。

(1)启动

将电源选择开关 VS 打到相应的位置(460 V/230 V),合上断路器 CB1 或 CB2,接通电源,一方面经变压器 TR 给控制电路供电;另一方面给主电路供电。若将机组开关 ST 闭合,制冷机组启动并开始温度控制。

(2)温度控制

①设定温度高于-10 ℃。

a. 冷却。在运转开始时,供风温度传感器 STS 把检测到的温度信号送给微型计算机 Micro-Link2,如果供风温度高于设定温度,则微型计算机将使计算机继电器触点 TC、TS、TN、TE 闭合。

TC 闭合,电流经过熔断器 F3、计算机连接点 KA2,一路经压缩机电动机内保护器 IP-CP、冷剂高压安全开关 HPS、触点 TC 使压缩机电动机接触器 C 通电吸合[同时,经过 KA7、RM(B)使制冷指示灯 CL 亮],其主触点闭合使压缩机电动机 CP 接通三相电源启动运转,而计算机将发出指令使蒸发压力调节阀 SMV 打开,制冷开始;另一路接到计算机连接点 KB10。

TS 闭合使回气电磁阀 SSV 开启,以增加制冷量(但为了限制压缩机的制冷量及工作电流,只有在环境温度低于 10 ℃或蒸发器回风温度低于 1. 67 ℃时该电磁阀才有可能被开启)。

TN 闭合,电流经过水压开关 WP(可选择)、冷凝器风机电动机内保护器 IP-CM、触点 TN 使冷凝器风机电动机接触器 CF 通电吸合,其主触点闭合,使冷凝器风机电动机 CM 接通电源启动运转。

TE 闭合,电流经过蒸发器风机电动机内保护器 IP-EM1、IP-EM2、触点 TE 使蒸发器风机电动机接触器 EF 通电吸合,其主触点闭合使蒸发器风机电动机 EM1、EM2 接通电源,高速运转。

当箱内供风温度达到设定温度范围时,计算机继电器触点 TI 闭合使设定温度范围指示灯 IRL 亮;TS 断开,SSV 断电关闭;蒸发器压力调节阀 SMV 的开度关到最小。

当供风温度低于设定温度 0. 2 ℃时,继电器触点 TC、TN 断开,停掉压缩机和冷凝器风机,制冷指示灯 CL 熄灭,蒸发器风机继续运行,系统进入保温状态。

b. 加热。当控制温度降至低于设定温度 0. 5 ℃时,计算机继电器触点 TH、TE 闭合。

TH 闭合,电流经过加热中止温控器 HTT、触点 TH 使加热继电器 HR 通电,其主触点闭合使加热器通电加热,从而升高集装箱内空气的温度。

TE 闭合,电流经过蒸发器风机电动机内保护器 IP-EM1、IP-EM2、触点 TE 使蒸发器风机电动机接触器 EF 通电吸合,其主触点闭合使蒸发器风机电动机 EM1、EM2 接通电源高速运转,以使空气在集装箱内循环。

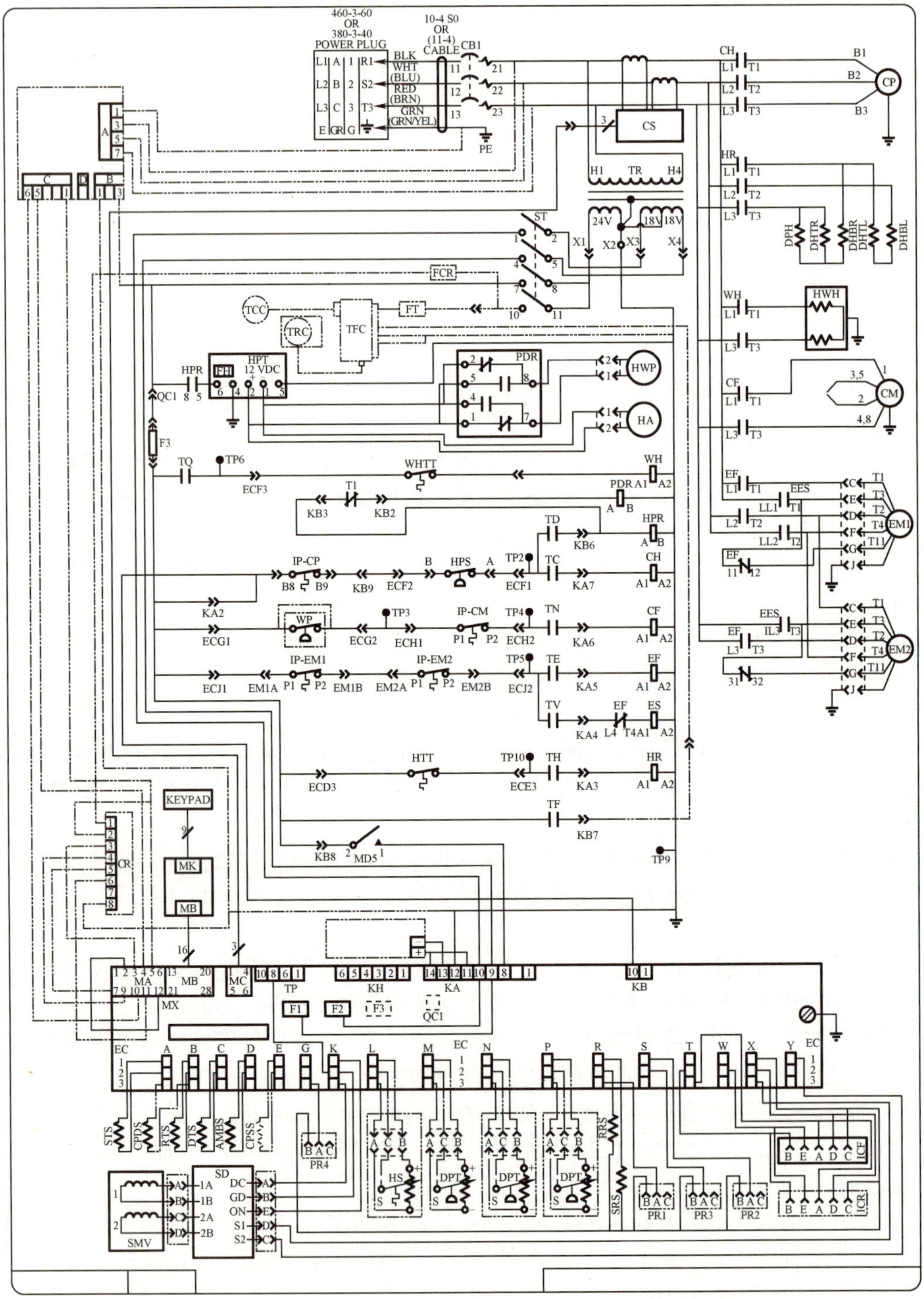

图 5-58　开利公司 40 ft 冷藏集装箱电气控制原理图

当温度升到低于设定温度 0.2 ℃时，TH 断开，停止加热，蒸发器风机继续运行，系统又进入保温状态。

c. 除湿。除湿时，机组既进行冷却，又通电加热，是上面两种情况的组合。

②设定温度低于−10 ℃。

在运转开始时,回风温度传感器 RTS 把检测到的温度信号送给微型计算机 Micro-Link2,如果回风温度高于设定温度,则微型计算机将使计算机继电器触点 TC、TN、TE、TS 闭合。以下情况同压缩机冷却工作时一样。只是 SSV 和 SMV 是全开的,以增加制冷量。蒸发器风机做低速运行。

当回风温度低于设定温度 0.2 ℃时,继电器触点 TC、TN 断开,停掉压缩机和冷凝器风机,制冷指示灯 CL 熄灭,设定温度范围指示灯 IRL 亮,蒸发器风机继续运行,系统进入保温状态。

当回风温度升到高于设定温度 0.2 ℃及提供足够停机时间时,继电器触点 TC、TN 闭合,使压缩机和冷凝器风机重新启动制冷,制冷指示灯 CL 亮。

③融霜。

符合融霜条件时可进行手动或自动融霜。当系统开始自动融霜时,计算机继电器触点 TH、DR 闭合。

TH 闭合,电流经过加热中止温控器 HTT、触点 TH 使加热继电器 HR 通电,其主触点闭合使加热器通电加热。

DR 闭合使融霜指示灯 DL 亮,同时设定温度范围指示灯 IRL 亮。此时,压缩机、冷凝器风机、蒸发器风机停止工作。

当盘管温度达到 30 ℃时,融霜中止,温控器 DTS 将温度信号送给计算机,它将发出指令中止融霜,系统又恢复了其正常的工作状态。

当手动融霜时,只要闭合手动融霜开关 MDS,计算机将发出指令进行融霜,以下同自动融霜时一样。

三、自动控制系统的操作、维护及故障处理

冷藏集装箱刚刚上船时,需要及时进行外观检查,查看箱子是否有破损;插电之后检查冷藏集装箱设定温度是否正常,冷剂液位是否正常,系统是否运转正常,并检查各项参数(如供、回风温度,压缩机进、出口压力等)。

平时航行中,一般都是通过冷藏集装箱监控系统检测冷藏集装箱的运转状况,如果有报警或者实际温度偏差太大,则需要及时检查该冷藏集装箱是否发生故障。

出现故障以后可以根据故障代码查找设备说明书,并依此检查可能出现故障的部件,必要时更换备件。

下面是几个故障案例分析。

(1)故障现象:某冷藏集装箱(设定温度为-18 ℃)从德国运往埃及期间,在航行四天的时候发现其实际温度比设定温度高 5 ℃,没有任何警报。

故障分析:通过检查,压缩机运转正常,冷凝器风扇一直工作,冷藏箱的供回风温差才 1 ℃,将高、低压表接入压缩机进、出口,发现压缩机进口压力为 0.06 MPa,出口压力为 0.56 MPa,怀疑是制冷剂不足,补充制冷剂以后进口压力为 0.01 MPa,出口压力为 1.12 MPa,供、回风温差达到 5 ℃,实际温度降到设定温度,系统恢复正常。

(2)故障现象:某冷藏集装箱在航行期间突然断电。

故障分析:打开其控制箱门,发现空气断路器跳电。合上空气断路器,系统启动自检,当压缩机接触器闭合时,空气断路器又跳电;检查接触器,未发现异常;打开变频器的保护盖,发现变频器主板烧毁。更换新的变频器主板,重新启动,系统工作正常。

(3)故障现象:某冷藏集装箱系统停止工作,同时出现报警代码 E109(经查,为压缩机吸口压力低故障)。

故障分析:将压力表接入压缩机进口,重新启动系统,压缩机运转后,发现压缩机吸口压力确实过低;打开外盖检查,发现电子膨胀阀结冰严重,怀疑是膨胀阀结冰卡死。将膨胀阀线圈拆下,清除冰块,吹干膨胀阀,密封好膨胀阀与线圈,重新供电后可明显听到膨胀阀工作的声音,压缩机压力恢复正常,系统运转正常。

(4)故障现象:航行期间,某冷藏集装箱停止工作,同时发出警报(压缩机高压保护)。

故障分析:将高压表接入压缩机出口,使压缩机运转,发现压缩机出口压力过高;检查中发现干燥器的进、出口有明显的温差,怀疑是干燥器堵塞,将干燥器进口的阀关闭,重新启动压缩机,10 s 后关闭电源,拆下旧的干燥器,重新更换一个干燥器,打开一点干燥器前的阀,检查是否有泄漏,确认装好后合上电源,系统运转后,压缩机压力恢复正常,系统工作正常。

(5)故障现象:某冷藏集装箱在船期间系统停止运转,同时发出故障报警(冷凝器电动机安全保护)。

故障分析:拆下冷凝器风扇罩后,发现冷凝器电动机表面非常热,用万用表测量发现冷凝器电动机烧坏。将新的电动机装上,系统运转正常。

在故障排查中,应尽快确认其属于机械故障还是电气故障。大部分的冷藏集装箱故障都有故障代码,一般的故障排除过程也都是根据说明书上故障代码的相关内容去进行分析、检查和修理的。

拓展强化

任务 5.6

一、选择题(请扫码作答)

二、简答题

1. 请简述开利公司 40 ft 冷藏集装箱的制冷控制系统组成及工作原理。

2. 分析开利公司 40 ft 冷藏集装箱中自动控制电路的方法。

任务5.7 船舶中央空调控制系统

任务分析

船舶航行于各海域,环境和自然条件变化很大,为了能在舱室内提供适宜、舒适的工作和生活环境,现代船舶都设有空气调节装置,该装置的主要任务是使舱室内的空气具有适宜温度、湿度、清新程度和气流速度,同时还要使室温分布均匀并限制噪声。除个别舱室外,船舶空气调节装置一般采用中央空调的形式。本任务的目标是掌握船舶中央空调装置的系统组成与基本原理,含温度控制和湿度控制的原理方法,了解湿度传感器的检测原理,能对中央空调控制系统进行基本故障分析与排除。

任务实施

一、船舶中央空调的基本原理

动画 5.7　中央空调控制系统的基本原理

如图 5-59 所示为中央空调装置的系统结构图。通常空调装置都是由夏季空调和冬季空调组成的,因此该中央空调装置主要包括两大部分:一部分是将空气进行冷却,形成“冷风”以适应热天的要求;另一部分是将空气进行加热,形成“热风”,以适应冷天的要求。

1. 冷风的形成

从图 5-59 中可以看出,高压的制冷剂由储液器出来,先进入过冷器,在过冷器中进一步受到冷却,以提高制冷效率。然后经电磁阀进入热力膨胀阀节流降压,进入冷却器的盘管中,在盘管内蒸发吸热后再进入过冷器冷却,然后送至制冷压缩机。电磁阀线圈和压缩机电动机的磁力启动器的常开辅助触点串联。当制冷压缩机的电动机工作时,电磁阀通电开启;压缩机停止运行时,电磁阀关闭。这样可以在压缩机停止工作时,避免大量液态制冷剂进入蒸发器,从而使压缩机启动时不会产生液击现象。

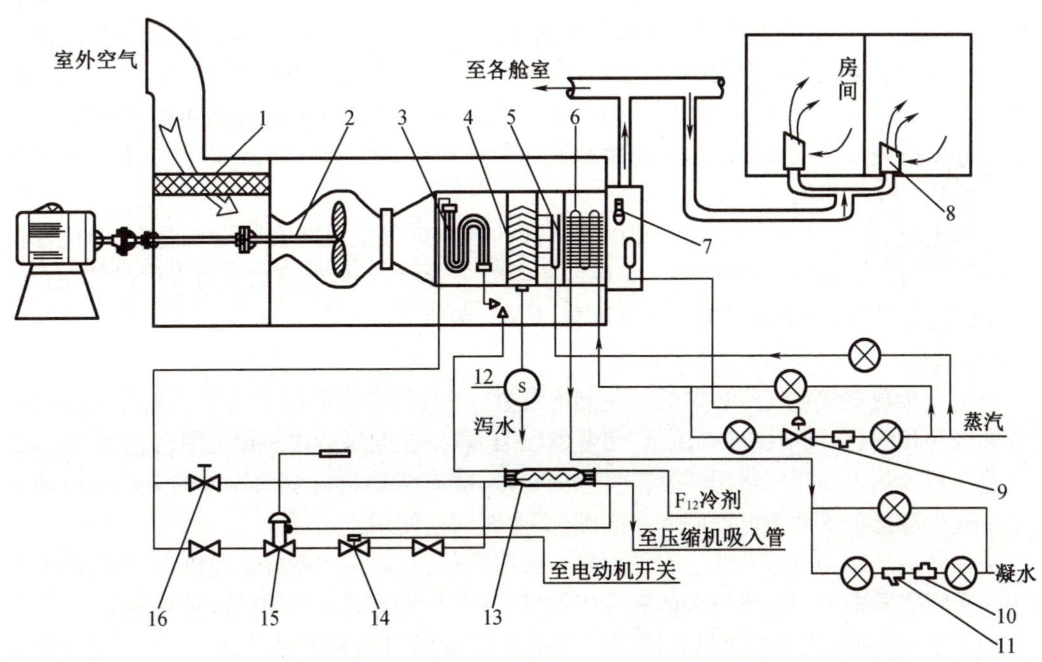

1—空气滤尘器;2—通风机;3—冷却器;4—除水器;5—喷湿器;6 一加热器;7—温度计;8—诱导器;9—温度调节器;10—阻汽器;11—凝水滤器;12—视流器;13—过冷器;14—电磁阀;15—热力膨胀阀;16—手动膨胀阀。

图 5-59　中央空调装置的系统结构图

室外空气经风管进入风箱,先经空气滤尘器清除空气中的尘埃。滤尘可使用纱布、粗孔泡沫塑料或金属网等,再经通风机将空气送入冷却器。冷却器由多组外面包有散热片的盘管所组成,管内有制冷剂流过,制冷剂的蒸发温度一般为 5~7 ℃,制冷剂从管内流过时可将管外流过的空气冷却到 16 ℃左右,经管路通道送至房间,从而维持空调器回风口温度在 27~29 ℃的合适范围。

2. 热风的形成

在冷天时,室外空气温度很低,经滤尘后,由通风机吸入,在流经加热器时被加热(通常由蒸汽加热)。为提高换热量,加热器盘管外表面具有散热片。一般来讲,加热后空气温度在 40 ℃左右,40 ℃左右的热风送至房间,即可维持房间温度在 18~21 ℃的合适范围。

除用蒸汽加热空气外,也可采用热水或电加热器来加热冷空气。空气经过加热以后,比较干燥,因此经常喷一些湿蒸汽以增加空气的湿度,人才会感觉舒适。

二、温度调节的基本方案

船舶中央空调装置的自动调节主要包括降温工况的温度调节和采暖工况的温度、湿度调节。过去曾采用过的高速送风系统风压较高,为避免同一根风管上所装的各布风器各自启闭时影响风管风压,干扰其他舱室送风,曾采用过送风静压自动调节。现今船舶多采用中速送风,风压不高,相互干扰并不明显,一般无须静压调节。

1. 降温工况的温度自动调节

降温工况用空气冷却器对空调送风进行冷却、除湿,当送风进入舱室后,按舱室的热湿比升温增湿,吸收热负荷和湿负荷,使室内保持合适的空气参数。

降温工况时空调装置的热负荷受外界气候条件的影响较大,为了保持空调舱室合适的温度,必须进行相应的自动调节。这种调节根据空气冷却器是采用直接蒸发式还是间接冷却式而不同。前者是将制冷剂的蒸发温度控制在一定范围内;后者则是控制流经空气冷却器的制冷剂的流量。显然,这样并不能完全阻止送风温度随外界空气温度和湿度的增、减而升、降,故舱室内的温度也会因送风温度和显热负荷的增、减而升、降,然而降温工况这种室温的浮动是合乎要求的。

降温工况只要能保持空气冷却器中足够低的制冷剂蒸发温度或制冷剂温度,即可保持足够低的空气冷却器壁面温度,便有足够的除湿效果,能使一般舱室的相对湿度保持在合适的范围,故降温工况通常都不对送风湿度再做专门调节。

(1)直接蒸发式空气冷却器的温度调节

采用直接蒸发式空气冷却器的空调制冷装置,一般都采用带能量调节的制冷压缩机与热力膨胀阀相配合,调节制冷剂流量,使蒸发压力、蒸发温度保持在一定范围内。

鉴于每个热力膨胀阀适用的制冷量范围有限,故有些热负荷变动较大的空调制冷装置一个空气冷却器配了两组电磁阀和膨胀阀,必要时切换使用。

现在新造船舶的空调装置已有采用电子膨胀阀的,其适用的制冷量范围大得多,因此只需用一个膨胀阀即可与能量可调的制冷压缩机匹配,与大范围变化的制冷量相适应。

如图 5-60 所示为直接蒸发式降温工况舱室温度的自动调节系统图,为了避免室内温度太低,大多数空调装置还采用控制回风(或典型舱室)温度的温度控制器和供液电磁阀对制冷装置进行双位调节,如图 5-60(a)所示。当代表舱室平均温度的回风(或典型舱室)温度太低时,温度控制器就自动关闭供液电磁阀,于是制冷装置停止工作。

此外也有装置为减少压缩机启停次数,将蒸发器分为两组,各自设有供液电磁阀和膨胀阀,如图 5-60 (b)所示。其中一组由感受新风温度的温度控制器控制,当天气不太热、外界气温不是很高时,该温度控制器断电,关闭其控制的供液电磁阀,蒸发器工作面积相应减小(压缩机能量自动调低),装置制冷量显著减小,以适应热负荷较低时的工作需要。只有当室温仍继续下降并达到调定的下限值时,才由感受回风或舱室温度的温度控制器切断剩下的另一组蒸发盘管的供液电磁阀，压缩机随之因蒸发压力降低而停车。

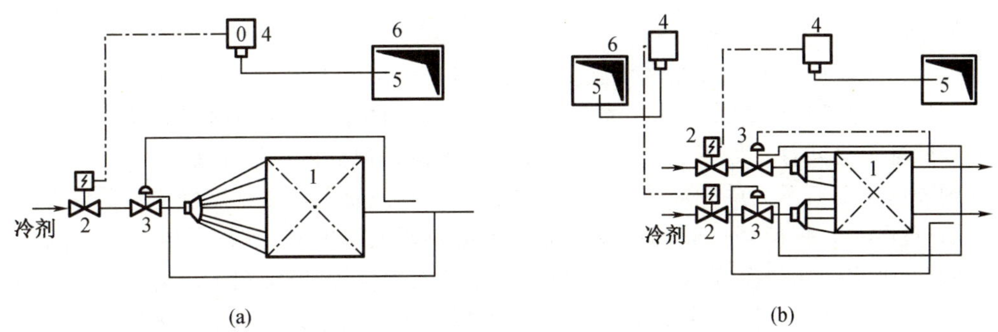

1—蒸发器；2—供液电磁阀；3—膨胀阀；4—温度控制器；5—温包；6—舱室。

图 5-60　直接蒸发式降温工况舱室温度的自动调节系统图

(2)间接冷却式空气冷却器的温度调节

间接冷却式空气冷却器一般常根据回风或典型舱室温度自动调节制冷剂流量，从而调节空气冷却器的换热量，以控制空调舱室温度。它既可以采用比例调节，也可以采用双位调节。根据回风或典型舱室温度进行自动调节滞后时间长、动态偏差较大。也可以将感温元件放在空调器的分配室内，控制送风温度，但这显然不宜使用双位调节。

如图 5-61 所示为间接冷却式空气冷却器制冷剂流量调节系统图，其中图 5-61(a)为比例调节；图 5-61(b)为双位调节；图 5-61(c)是将冷却器分为两组，只对其中的一组进行双位调节。

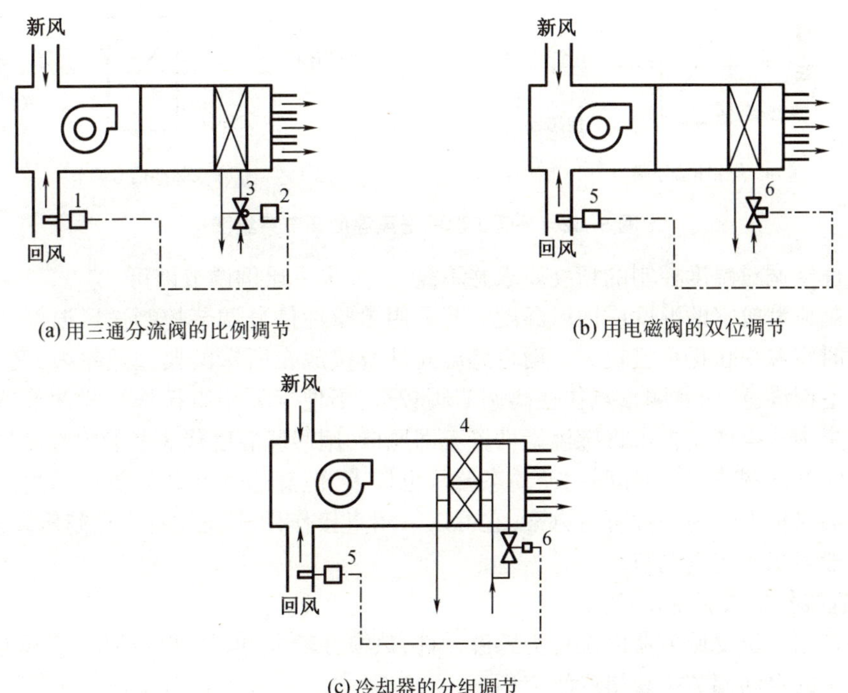

(a)用三通分流阀的比例调节　(b)用电磁阀的双位调节

(c)冷却器的分组调节

1—温度传感器；2—比例式温度调节器；3—三通分流阀；4—间接式空气冷却器；5—温度控制器；6—电磁阀。

图 5-61　间接冷却式空气冷却器制冷剂流量调节系统图

2. 采暖工况的温度自动调节

(1)调节方案

①控制送风温度。通过控制送风温度来调节舱室温度滞后时间较短,测温点离调节阀较近,可采用比较简单的直接作用式温度调节器,这是空调系统常用的调节方法,有单脉冲信号和双脉冲信号两种。如图 5-62 所示为采暖工况的送风温度调节系统图。

如图 5-62(a)所示为单脉冲信号送风温度调节系统。感受送风温度的传感器放在空调器出口的分配室内,将信号送到温度调节器。当室外新风温度变化时,送风温度也随之变化,于是调节器根据送风温度与调节器调定值的偏差发出信号,对加热工质流量调节阀的开度进行比例调节,使送风温度大致稳定。但是,外界气候变化还会使舱室显热负荷变化。仅控制送风温度不变,室温仍会产生较大的波动,所以又推出了双脉冲温度调节方案。

如图 5-62(b)所示为双脉冲信号送风温度调节方案,它有两个传感器,分别感受新风温度和送风温度,两个信号同时送入温度调节器,综合后再输出调节信号,操纵流量调节阀。这种系统在室外气温降低时相应提高送风温度;室外气温升高时相应降低送风温度,可使室温变动减小,甚至保持不变。室外温度的变化是导致室内温度变化的主要扰动量,在此扰动出现而室温尚未变化时就预先做出调节,称为前馈调节。试验表明,前馈调节能使调节的动态偏差减小,调节过程时间缩短,调节的动态质量指标得到改善。

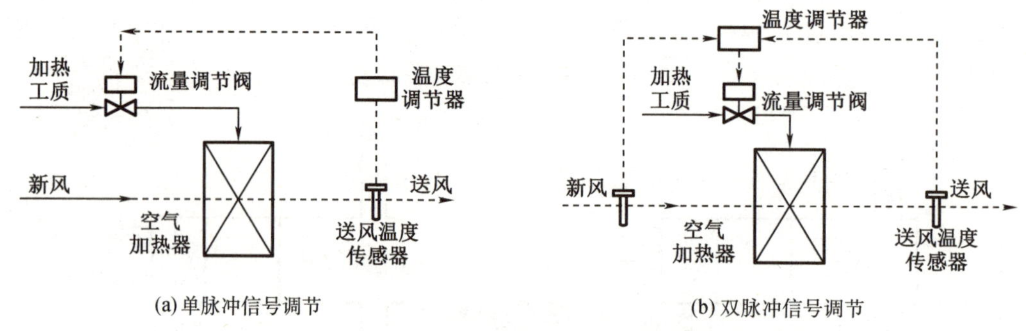

(a) 单脉冲信号调节　　(b) 双脉冲信号调节

图 5-62　采暖工况的送风温度调节系统图

舒适性空调对温度控制的精度要求并不高,一般采用比例调节即可。

②控制典型舱室的温度或回风温度。若采用单脉冲信号调节控制送风温度,则在外界气温变化时室温变化仍可能较大。而将感温元件直接放在所选的典型舱室内,又不一定能使其他舱室都满意,而且测量点往往离调节阀较远,不便于采用直接作用式调节器。因此,有回风的集中式空调装置可将感温元件置于回风口,用回风温度代表各舱室温度的平均值。这种调节方案的调节滞后时间较长,动态偏差也较大,但舒适性空调的要求不高,在采用单脉冲调节器时仍不失为一种可行方案,它可以采用直接作用式调节器。控制舱室温度或回风温度一般多采用比例调节。

(2)直接作用式温度调节器

直接作用式温度调节器以温包为感温元件,热惯性较大,但其结构简单,管理方便,故在舒适性空调的自动调节中获得广泛应用。

空调加热装置的温度调节器常采用充注甘油之类的液体温包。它利用液体受热膨胀的特性,将温包感受的温度信号转变为压力信号。液体温包的容积都做得较大,如此,毛细管和调节器本体中的液体相对就少得多,从而可减少输出压力受温包以外温度的影响。

三、采暖工况的湿度自动调节方案

人对相对湿度不十分敏感,采暖工况可根据送风温度手动调节加湿阀的开度来控制送风相对湿度,即能大致控制舱室的相对湿度。加湿管路常设有与风机连锁启闭的电磁阀。即使采用自动调节,精度也无须太高,如图 5-63 所示为加热工况湿度自动调节系统图。

1. 控制回风或典型舱室的相对湿度

如图 5-63(a)所示为控制回风或典型舱室相对湿度的双位控制图。当双位式湿度调节器 10 收到感湿元件 1 送出的湿度信号,表明回风或典型舱室的湿度已降到要求范围的下限时,双位式湿度调节器 10 立即会发出调节信号,使加湿电磁阀 11 开启,舱室内湿度随之增加;当感湿元件感受的湿度达到上限时,调节器又会使加湿电磁阀关闭,于是舱室内湿度即开始下降。这种方案大多采用双位调节,将室内空气湿度控制在 30%~50%即可。

2. 控制送风的相对湿度

如图 5-63(b)给出了控制送风相对湿度的比例控制图。感湿元件 1 放置在空调器出口的分配室内,用以感受送风的相对湿度,然后将信号送至比例式湿度调节器 2。当送风的相对湿度高于或低于调定值时,调节器会使加湿调节阀 3 相应关小或开大,开度变化与送风湿度的偏差值成比例,使送风的相对湿度控制在一定的范围内。

这种方案只要根据送风温度选取合适的相对湿度调定值,即可大致调定送风的含湿量。只要送风量和舱室的湿负荷不变,就可控制室内空气的含湿量,并在室温变化不大时保持室内相对湿度合适。不过如果舱室的湿负荷变化较大,则室内的相对湿度仍会产生较大的变化。显然,控制送风湿度的方法不能采用双位调节,一般都采用比例调节。

3. 控制送风的含湿量(露点)

按照上面的分析,如能直接控制送风的含湿量,同时控制室温,就可以控制室内的相对湿度。因为含湿量可由露点确定,故这种方案即为露点调节。如图 5-63(c)所示即为控制送风含湿量(露点)的控制图。

这种系统采用两级加热的方法,即在预热器 7 后再加设喷水加湿器 4。喷水加湿是一个等焓加湿过程,故加湿后的空气温度会有所降低,未能被吸收的水则由泄水管路泄走。喷水加湿后空气能达到的相对湿度一般比较稳定。只要用调节预热器加热介质流量的方法控制住加湿后的空气温度,即可控制送风的含湿量和露点,而无须担心加湿过量。送风的含湿量一般控制为 6~6.3 g/kg,即露点为 6~7 ℃。这种方法用温度调节来代替湿度调节,比较方便可靠,适用于采用两级加热的分区再热系统和双风管系统。

4. 湿度传感器的原理、特点及维护

中央空调系统冬季加热工况所用的各种湿度传感器的差异主要在于测量相对湿度的方法不同。目前常用的有以下几种:

(1)毛发(或尼龙薄膜)湿度传感器

这种传感器采用脱脂毛发或尼龙薄膜作为感湿元件,它们有许多微孔,在空气相对湿度变化时微孔的吸湿能力会改变,引起其弹性壁面形变,故在一定的拉力作用下长度会随相对湿度的升、降而增、减。反映相对湿度大小的位移信号可转换成电动传感器的电信号,也可以通过喷嘴挡板机构转换为气动传感器的气压信号。

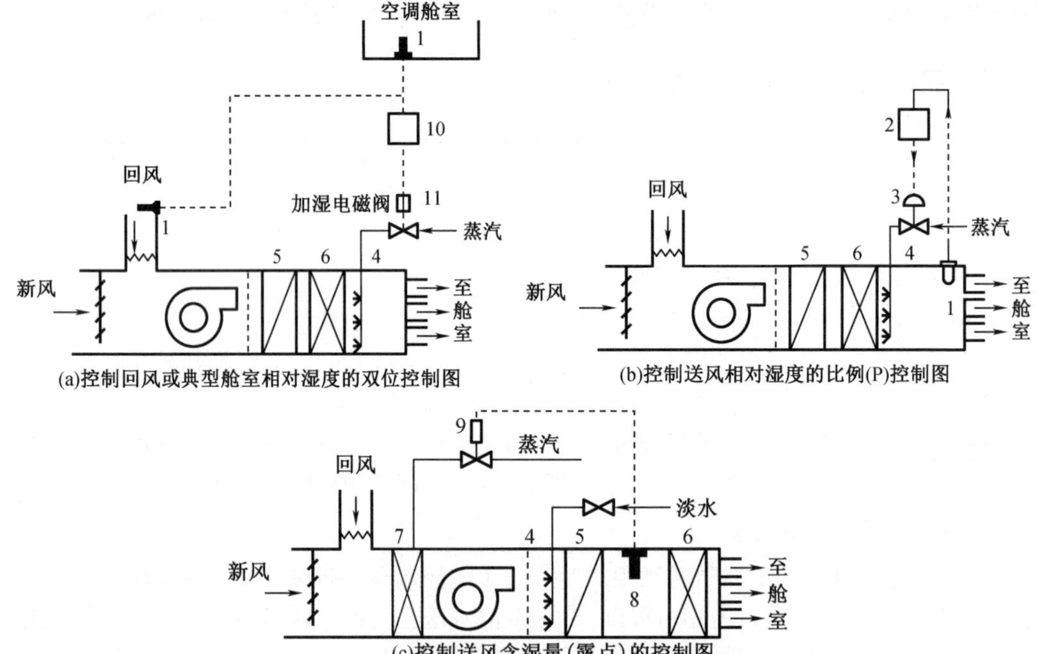

1—感湿元件；2—比例式湿度调节器；3—加湿调节阀；4—喷水加湿器；5—冷却器；6—加热器；
7—预热器；8—温包；9—直接作用式温度调节器；10—双位式湿度调节器；11—加湿电磁阀。

图 5-63　加热工况湿度自动调节系统图

毛发(或尼龙薄膜)湿度传感器结构简单、价格低廉，无须特别维护，量程(尼龙式为30%~80%；毛发式为20%~96%)和精度(为±5%)能满足舒适性空调的要求，但其灵敏度差，而且毛发与尼龙薄膜用久后易发生塑性变形与老化，会影响测量精度，故在维护保养方面，其零值和终值常需调整。

(2)干、湿球湿度传感器

干、湿球湿度传感器是利用干、湿球温差反映相对湿度的湿度传感器，它在陆地上也很常见。它利用空气干、湿球温度计的测湿原理，根据干球温度与湿球温度的差值，使电开关动作。用两个电阻式温度传感器，一个测量干球温度，一个外面包着湿纱布测量湿球温度。用电子线路将信号放大，去控制电触点动作。干、湿球温度测量中要用小风扇强制吹风，湿包测点处的风速保持为3~4 m/s。由于湿球温度测量中要用水，所以这种湿度计只能在0 ℃以上的环境测湿。

由于它需要经常保持湿感温元件外面所套的湿纱布浸水、清洁和通风，故管理及维护较麻烦，船上较少采用。

(3)电容式湿度传感器

电容式湿度传感器具有精度较高(为3.5%)、体积小、量程宽(为10%~95%)、反应快、湿性能稳定、使用寿命长、几乎无须维护等特点，被认为是当今最理想的测量相对湿度的仪器，但价格较贵。适用环境温度为0~50 ℃。

电容式湿度传感器是一对金箔制的平板电极，薄到能允许水蒸气通过。极间介质是有吸、放湿特性的聚合物薄膜，其含水量随空气的相对湿度而变。当极间介质的含水量改变时，平板电容器的电容量会产生很大变化，由检测电路转换成可反映相对湿度大小的数值为

0~10 V 的直流电压,经电路转换后对加湿阀进行双位或比例控制。

(4)电阻式湿度传感器

电阻式湿度传感器是利用氯化锂等金属盐在相对湿度变化时吸湿量改变,从而引起电阻值改变的原理来工作的。

氯化锂双位式电动湿度传感器的感湿元件是一个绝缘的圆柱体,表面平行缠有两根互不接触的银丝,外涂一层含氯化锂的涂料。当空气相对湿度变化时,氯化锂涂料的含水量随之改变,使其导电性改变,通过元件的电流即成比例地发生变化。此电信号经晶体管放大器放大后,去控制调湿电磁阀。当空气相对湿度达到调定值时,信号控制器触头断开,则电磁阀断电关闭,停止向空调器喷湿;当相对湿度低于调定值1%时,信号控制器触头闭合,则电磁阀开启,蒸汽加湿器工作。

氯化锂的电阻值除与含水量有关外,还与环境温度有关。湿度传感器上设有可改变晶体管放大器中电位器电阻值的调节旋钮,可按当时的环境温度,根据厂家提供的湿温关系曲线设置旋钮的位置。

氯化锂感湿元件反应快,精度很高(为±1.5%以内)。最高安全使用温度是 55 ℃,过高则氯化锂溶液会蒸发。其每种测头的量程较窄,应按空调的要求选用。使用直流电源会使氯化锂溶液电解,故不能用万用表测量其感湿元件电阻。用久后氯化锂涂料会脏污或剥落,故在维护保养方面该感湿元件需定期清洁和更换。

拓展强化

一、选择题(请扫码作答)

任务 5.7

二、简答题

1. 请简述船舶中央空调系统的主要组成和温度调节方案。
2. 请简述船舶中央空调系统采暖工况的湿度自动调节方案。
3. 请简述空调系统中湿度传感器的原理、特点。

任务5.8 自清洗滤器的自动控制

任务分析

自动化船舶上广泛采用自清洗滤器,以实现对滤筒自动清洗,减轻人员的工作强度。自清洗滤器有空气反冲式和油反冲式两种。本任务是以空气反冲式燃油自清洗滤器为例,介绍自清洗滤器及其控制电路的组成及工作原理。通过学习,要求掌握自清洗滤器自动控制的基本组成及工作原理,结合 Boll 自清洗滤器实例,能对自清洗滤器的控制进行故障分析。

任务实施

一、空气反冲式自清洗滤器的组成及工作原理

动画 5.8 空气反冲式自清洗滤器结构原理

空气反冲式自清洗滤器的结构原理如图 5-64 所示。该滤器由四个滤筒 1、一个旋转本体 5 及驱动电机 2 等部分组成，滤筒中装有滤网等滤清元件。在清洗时，由电机驱动旋转本体依次对准每个滤筒。在同一时间只有一个滤筒处于清洗状态，其他三个滤筒在正常工作。被清洗的滤筒由旋转本体切断进油通路。此时电磁阀 S_1 通电，控制活塞 9 上部空间通大气，下部空间通气源 P_0 经减压阀 4 送来的压缩空气，抬起控制活塞 9，打开控制阀 8 和排污阀 7。压缩空气进入冲洗滤筒，并从滤筒内向滤筒外冲洗，这与油的流动路线（从滤筒外向滤筒内）正好相反，故称空气反冲式自清洗滤器，被冲洗下来的污物经打开的排污阀 7 从排污口排出。大约冲洗 1 min，电磁阀 S_1 断电下位通，气源 P_0 经减压阀 3 送至控制活塞 9 的上部空间。由于活塞上面的受压面积大于下面的受压面积，使活塞向下的作用力大于向上的作用力，故把控制活塞 9 压下，关闭控制阀 8 和排污阀 7，停止对该滤筒的清洗，然后启动驱动电机 2 带动旋转本体 5 转动，并对准下一个滤筒进行清洗。每当滤器进出口压差高于某值（如 0.09 MPa）时开始清洗，当滤器进、出口压差低于某值（如 0.03 MPa）时，电磁阀 S_1 不再通电，停止对滤筒的清洗。

二、自清洗滤器的自动控制电路

自清洗滤器的自动控制电路如图 5-65 所示。合上电源主开关 S_1 因时间继电器 RT 还没有动作，其触头 RT(1～2)/7 断开，RT(1～3)/6 闭合，冲洗电磁阀 S_1 通电上路通，控制活塞 9 上部空间通大气，控制活塞下面的 0.3～0.4 MPa 的压缩空气把控制活塞抬起，打开控制阀 8 和排污阀 7，对一个滤筒进行清洗。冲洗 1 min 左右时间，时间继电器 RT 已达到延时时间动作，其触头 RT(1～3)/6 断开，RT(1～2)/7 闭合。电磁阀 S_1 断电下位通，控制活塞 9 上部空间通气源经减压阀 3 输出的气压信号，把控制活塞压下，关闭控制阀 8 和排污阀 7，停止清洗。

当滤器脏堵，进出口压差 Δp 大于设定值时，其压力开关 ΔP_1/3 闭合。因为 ΔP_2 是常闭的，所以接触器 C_1/3 通电动作，触头 C_1 闭合，电机 M 转动，触头 C_1/6 断开，在电机转动时，电磁阀 S_1 不能通电。电机 M 在转动时，凸轮开关 CS/5 闭合，继电器 R_1/5 通电动作，其触头 R_1/4 闭合使接触器 C_1 不会因触头 R_1(1～2)/7 断开而断电，即保持电机继续转动。继电器 R_1 触头 R_1/9 断开，时间继电器 RT 断电其触头 RT(1～2)/7 立即断开，RT(1～3)/6 闭合，为冲洗做准备。当电机驱动旋转本体转到对准下一个滤筒时，凸轮开关 CS/5 断开，继电器 R_1/5 断电，其触头 R_1/4 断开，接触器 C_1/3 断电，触头 C_1 断开切断电机 M 电源而停止转动，接触器 C_1 触头 C_1/6 闭合。此时虽因继电器 R_1/5 断电其触头 R_1/9 闭合，时间继电器 RT 通电，但它需延时 1 min 左右其触头才能动作，故 RT(1～3)/6 继续保持闭合。所以电磁阀 S_1 通电，对滤筒进行清洗。当清洗 1 min 左右时，达到时间继电器 RT 的延时时间，其触头 RT(1～3)/6 从闭合状态断开，RT(1～2)/7 闭合，电磁阀 S_1 断电停止清洗，接触器 C1 通电，再次启动电机 M 驱动旋转本体对准下一个滤筒进行冲洗。以后就重复上述动作，直到

滤器进出口压差 Δp_1 小于某一个值时,其压力开关 $\Delta P_1/3$ 断开。接触器 C_1 断电,电机 M 断电停转,$C_1/6$ 闭合为下次冲洗做准备。因电机 M 不转,开关 CS/5 是断开的,继电器 $R_1/5$ 断电,触头 $R_1/4$ 断开,而 $R_1/9$ 是闭合的,时间继电器 RT 通电,其触点状态是 RT(1~3)/6 断开,RT(1~2)/7 闭合。故滤器进出口压差 Δp_1 再增大到某个值时,电机 M 先转动带动旋转本体对准下一个滤筒后再进行冲洗。

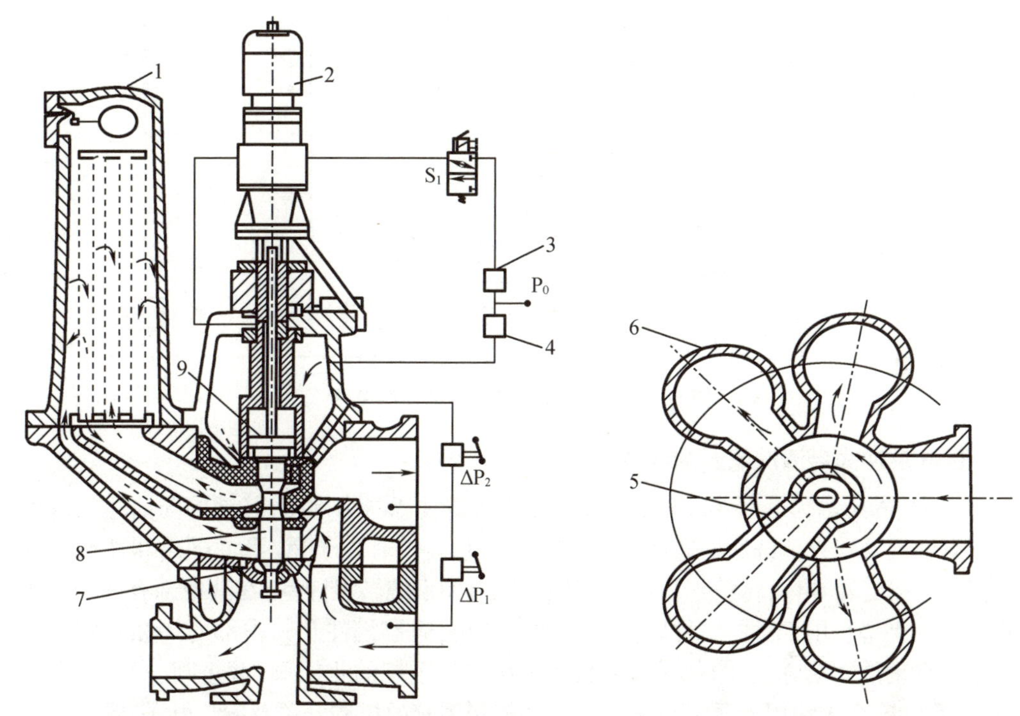

1—滤筒;2—驱动电机;3,4—减压阀;5—旋转本体;6—滤筒;7—排污阀;8—控制阀;9—控制活塞;S_1—清洗电磁阀;ΔP_1—进出口压差开关;ΔP_2—压力开关。

图 5-64　空气反冲式自清洗滤器的结构原理

如果清洗后无效果,说明滤器有故障,当滤器进出口压差大于 0.12 MPa 时,报警触头 ΔP_3 闭合,发报警信号。ΔP_2 是冲洗状态指示压力开关。在冲洗时,因冲洗腔室内压力高,使压力开关 $\Delta P_2/8$ 闭合,冲洗指示灯 L_3 亮,而触头 $\Delta P_2/3$ 是断开的,当达到冲洗时间时,电磁阀 S_1 断电,冲洗腔室内压力降低,$\Delta P_2/8$ 断开,冲洗指示灯灭,表示某个滤筒冲洗完毕,同时,$\Delta P_2/3$ 闭合,为接触器 C_1 通电做准备。图中 PB 是手动冲洗按钮开关,用于手动清洗。h 为计时器,e 为热保护继电器,L 是故障指示灯。

三、单片机控制的 Boll 自清洗滤器实例

近年来,单片机控制的燃、滑油自动清洗滤器由于其结构紧凑、工作可靠、控制灵活且维护工作量小而在船上得到了广泛应用,这其中包括 Boll 反冲式自清洗滤器,现被普遍装船,作为主、副机滑油,主机电喷系统伺服油及主机燃油滤清之用。该滤器主要有 Boll-6.33、6.34、6.50 等几种型号,它们的原理结构大同小异。下面对其结构、工作原理、控制装置和使用管理做一简单介绍。

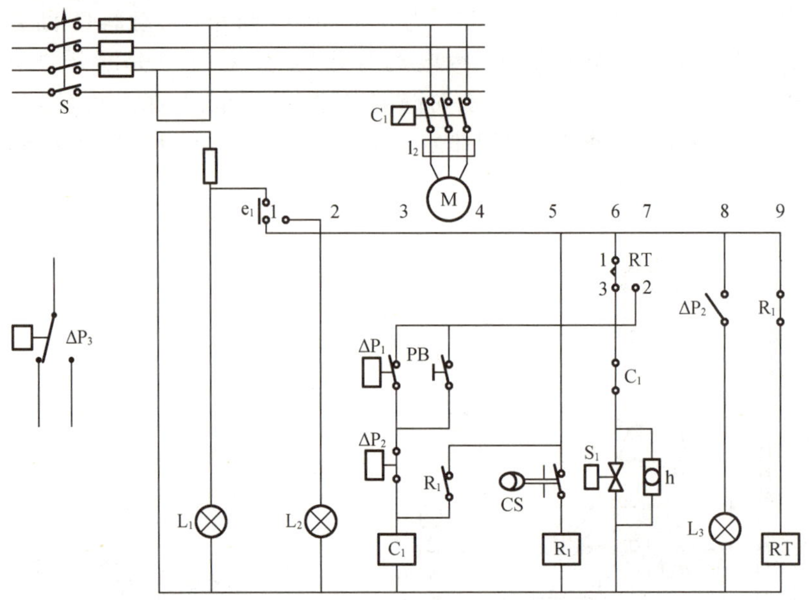

图 5-65　自清洗滤器的自动控制电路

1. Boll 反冲式自清洗滤器的组成

如图 5-66 所示为 Boll-6. 61 型空气反冲式自清洗滤器结构图,其结构与前述的继电器控制型空气反冲式自清洗滤器有相似之处,主要包括:带有用于燃、滑油进出和冲洗污油排出连接法兰的滤器本体;每组细滤器带有燃油进口的系统转换腔室,在其中部有一个用于滤器充油的截止塞和用于滤器组件转换的转动电动机;滤器组件及其内部的蜡烛型细滤器和其顶部的自动放气装置;工作空气储气瓶及工作空气系统的止回阀、截止阀、冲洗阀和压力调整阀;系统安全阀和用于显示与触发反冲洗控制系统的压差开关及限位开关;带有手动强制打开功能的冲洗排污阀和用于反冲洗程序控制的电气控制箱等。

文档 5. 8　船用 Bollfilter 自清洗滤器简介

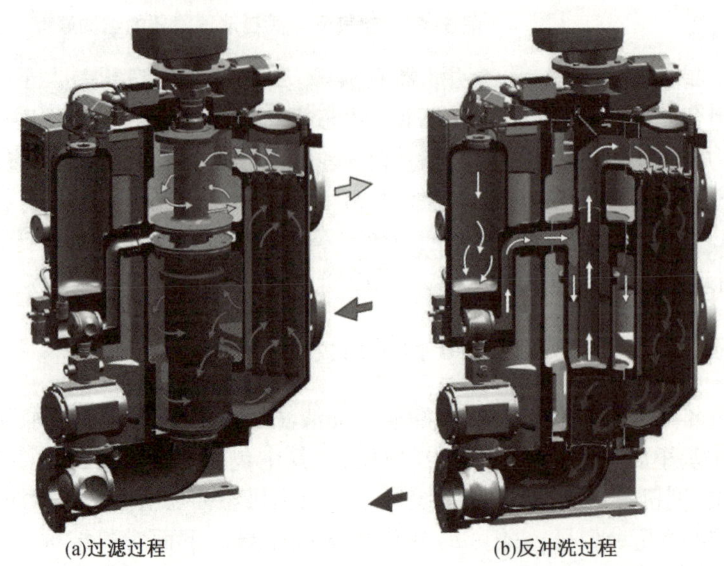

(a)过滤过程　(b)反冲洗过程

图 5-66　Boll-6. 61 型空气反冲式自清洗滤器结构图

2. Boll 反冲式自清洗滤器的基本工作过程

视频 5.8　船用 Bollfilter 自清洗滤器视频

在其工作过程中，燃、滑油经滤器本体的进口流入每组处于工作状态的细滤器，由外向里流过蜡烛型细滤器，净油通过细滤器进入燃、滑油日用系统，而油中污物被留在蜡烛型细滤器的外表面。在正常工作过程中，用于滤器反冲洗的工作压缩空气由一个保持关闭状态的电磁阀控制，储存于储气瓶内，本体下部用于污油排放的活塞保持关闭并由密封胶圈保持密封。随着停留在细滤器外表面的污物积聚，滤器前后压差也逐渐增加，当该压差增加到事先设定的反冲洗压差(一般设定为 0.06 MPa)时，压差开关发送给用于反冲洗控制的电气控制箱一个触发信号，触发反冲洗工作程序。

当反冲洗程序被触发时，转动电动机立即通电转动，将转换截止塞从一组备用于净滤器转至脏污的待冲洗的滤器组；当转换截止塞转至待冲洗滤器组时，转动电动机通过一个凸轮和限位开关的控制而停止转动，并将备用的滤器组投入系统使用，使滤器前后的压差获得一定的下降；同时，用于排污阀的电磁阀受控通电，将压缩空气通至排污阀的开启腔，排污阀打开，使得待冲洗滤器排油泄压，随后冲洗阀打开，工作空气储气瓶内的压缩空气经冲洗阀，由滤器内部向外部(沿燃油正常流向相反方向)瞬间冲洗脏污滤器，将附着在滤器外部的污物吹除，并通过排污阀排除。在排污电磁阀断电、排污阀关闭之前，反冲洗空气继续保持一段很短的冲洗时间，随后，冲洗阀关闭，冲洗空气关断，排污阀关闭，冲洗过的滤器组经充油孔向滤器内缓慢充油，直至达到正常的工作压力。至此，系统通过延时机构防止进行下次冲洗工作的电气连锁自动解除，可以在需要时进行下次的反冲洗了。

3. 电气控制箱

该设备电气控制箱的作用是进行自动滤器清洗的控制和监测，主要型号有 2100、2200 等，均为单片机控制系统。如图 5-67 所示为 2200 型控制箱实物，其具有以下特点和功能：

①有三个键的薄膜键盘；

②有两行字符显示的抗冲击显示屏；

③可显示反冲操作、反冲洗次数和错误等消息；

④有可调的过电流脱扣保护；

⑤有通过 EPROM 进行程序储存的 CPU 板；

⑥控制箱内还有输入、输出板；

⑦有主开关和连锁系统。

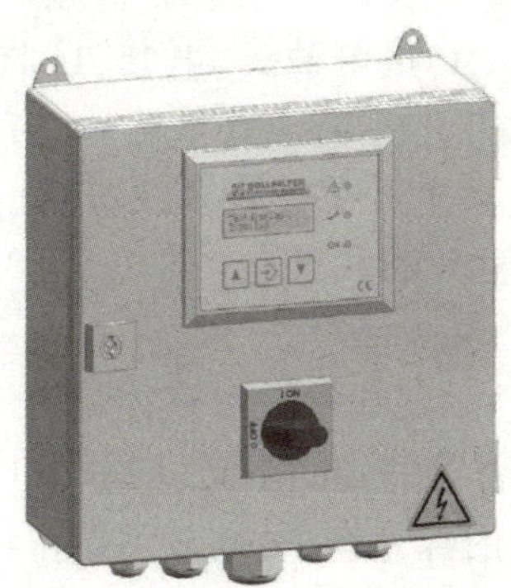

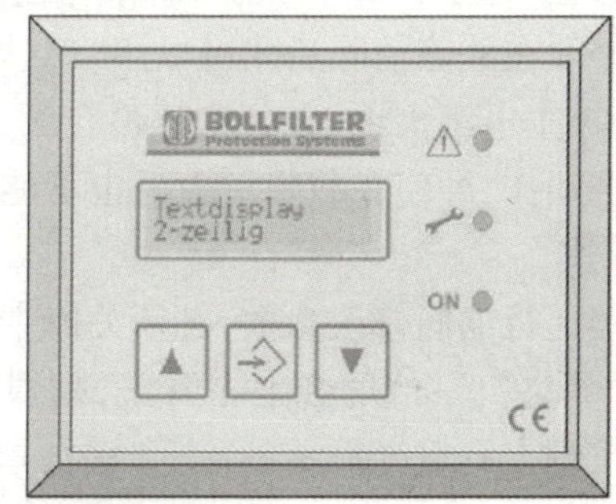

图 5-67　2200 型控制箱实物

(1)控制箱电源

Boll自清洗滤器的控制箱可以使用交流220 V、380 V、440 V与500 V的电压(偏差±10%)。在安装时一定要注意控制箱的可靠接地,并且在供电电缆1 m范围内不可有电压高于220 V的电缆。连接电源前必须检查期望的原边电压及操作电压,并且用变压器上的跳线选择电源电压,具体跳线如下:

1-31,550 V AC;1-6,500 V AC;1-5,440 V AC;1-4,380 V AC;1-3,220 V AC。

控制阀电压始终是交流220 V,频率为50/60 Hz。电源供给线是端子1,2,3。保护接地端子PE必须接地。该控制系统设计为额定电流为1 A,启动电流为3 A。系统不适用单相电源。

(2)控制版本

当主开关合闸后,电源指示灯亮并显示相关控制版本,如表5-11所示为常见自清洗滤器型号对应的控制版本。

表5-11 常见自清洗滤器型号对应的控制版本

设备型号	控制版本	设备型号	控制版本
6.61.07型	FIL-1	6.14/6.17/6.18/6.19/6.44型	FIL-6
6.61/6.61.1型	FIL-2	6.23/6.24/6.23.1/6.24.4型	FIL-7
6.61型,具有ΔP报警动作	FIL-3	6.61.07型,具有ΔP报警动作	FIL-8
6.60型	FIL-4	6.62型	FIL-9
6.60型,具有ΔP报警动作	FIL-5	6.62型,具有ΔP报警动作	FIL-10

(3)控制箱按钮操作

在控制箱的显示器下面有三个键,当控制箱门内CPU板上的选择开关置于“操作”时,按下“冲洗周期”键,显示滤器反冲洗周期的数量,此显示值具有失电保护功能;按下“冲洗”键,进行冲洗操作,同时显示SP.1;按下“确认”键,则对已恢复的故障进行复位。

(4)故障显示

显示器可以显示故障信息,均显示故障代码,主要有:Fe.0,过电流跳闸或电机未接线;Fe.1,达到最大压差;Fe.2,冲洗油筒饱和;Fe.3,ΔP报警,即“因压差至反冲洗动作”。

显示故障信息Fe.0与Fe.1时,报警触头11,12,13同时动作切换。显示故障信息Fe.2,则只进行显示,没有触头动作。显示故障信息Fe.3,报警触头14,15,16同时动作切换。所有故障信息必须在故障消除后才可以用“确认”键复位。在复位故障后,为使软件能可靠重新启动,应关掉主电源大约10 s,然后再合闸(此时主开关具有复位功能);否则,按照延时进行的反冲洗动作,即使在故障解除后也不能再自动触发了。

(5)参数修改

若要在滤器运行期间修改参数,必须关掉主开关(到0位),再将控制箱门内CPU上的选择开关置于“调整”位;然后合上主开关,则根据滤器型号的不同,显示器上出现“FIL…”并且三个操作按键上有灯光显示;若三个键在短时内都未按下,则显示器将转到显示“PA.…”,其后数字根据滤器型号的不同或为PA.或为PA.2。操作者只可以通过按键操作修改PA.2、PA.3、PA.4与PA.8等参数至需要的数值,以使其适合设备的运行条件。按下“确认”键,显示器上显示可变的数值,用“冲洗周期”键增加或用“冲洗”键减小此数值;当达到要求时,再按“确认”键即可。输入完成后,由于软件原因,应至少按下确认键两次,显示器也将转换到下一个参数显示。参数修改完毕,将CPU上的选择开关置向“操作”,则滤器控制选择的简短描述“FIL…”将出现在显示器上。

①PA.2是反冲洗动作延时的小时数,从0到59 h可调,每次按动按钮调节1 h(所有版本)。

②PA.3是反冲洗动作延时的分钟数,从0到59 min可调,每次按动按钮调节1 min(所有版本)。

③PA.4是反冲洗的时间,从0.5到100 s可调,每次按动按钮调节为1 s(除6.23/6.24/6.23.1/6.24.4版本外)。

④PA.8是冲洗频率监测,0为OFE,1为ON,用于6.60+ΔP/6.61+ΔP/6.61.07+ΔP/6.62+ΔP型。

4. 自清滤器的维护保养

在设备运行过程中,即使反冲洗有规律地进行,滤器网眼仍会在一定时间后发生堵塞,烛状元件上的杂质可用合适的溶剂手工除掉。网眼堵塞的增加会使反冲洗周期的间隔缩短,反冲洗周期的数量可在开关箱上显示器的“冲洗周期计数器”上读出。为保持无故障运行,应注意周期性地检查所有连接有无渗漏。最初500个冲洗周期后应拆检清洁烛状元件,然后在5 000个周期后清洁一次,以后每10 000个周期清洁一次。若冲洗周期的间隔突然减小,应马上检查并清洁之。若反冲洗周期的间隔突然变长,则必须检查整个烛状元件有无损坏或故障。在拆检之前,必须使自动滤器完全泄放。将控制箱上操作方式置于“手动”操作,并小心确认在拆检之前设备液位低于此元件。拆检滤器时应顺便换掉所有密封。每10 000个冲洗周期应检查油泥排放,在滤洗状态时(除冲洗周期外)没有介质可以从油泥排放管终端排出。在移动压力计之前应关掉压缩空气阀,然后启动手动反冲洗,这可以保证压缩空气存储器已经释放压力。定期检查压差开关,并进行实效功能试验,以防系统误动作。

5. 自动滤器的手动操作

出于安全考虑,在手动操作之前,应关掉主电源(否则自转手柄会造成损害),将提供的曲柄附于电机自由端,转动电机(任意方向)。凸轮盘转向下一个切换点(即下一个滤器腔室),凸轮与限位开关必须准确地成为一线,用螺丝刀直接在冲洗阀上手动启动反冲洗。此动作应持续12 s,在转换到下一个滤器腔室之前,必须等待2 min,以使反冲洗的滤器腔室注满;否则切换后有可能造成油路低压,进而发生备用油泵自动启动,甚至柴油机降速、停车的事故。

拓展强化

一、选择题(请扫码作答)

任务5.8

二、简答题

1. 电磁阀S_1通电和接触器C通电实现什么功能作用?
2. 请简述自清洗滤器的运行过程原理。

任务5.9　阀门遥控与液舱遥测系统

任务分析

随着船舶自动化程度的提高，依据国际规范中先进自动化技术要求，船舶阀门遥控及液舱遥测系统已在各类型新造船舶中广泛应用。阀门遥控系统主要用于监控船舶压载水系统、舱底水系统以及货油装卸系统等管路上的遥控阀门状态，而液舱遥测系统则主要用于监测船舶各压载舱、淡水舱液位以及船舶吃水状态。对于新造液货船舶，包括原油船、成品油船、化学品船等，为了达到密闭装卸的要求，液舱遥测系统不仅需要监测液舱内的液位，还要随时监测舱内的温度、气体压力、液货密度、质量等参数，以确保船舶装卸与航行的安全和液货质量。本任务目标是掌握船舶阀门遥控及液舱遥测系统的组成和工作原理，会进行阀门遥控及液舱遥测系统的操作与管理。

任务实施

阀门遥控系统的阀门驱动方式一般有电动、液压和气动三种。在机舱舱底、管隧等潮湿环境和油船上的危险区域，一般不采用电动方式。气动装置结构简单、造价低，即使漏泄也不污染环境，可以利用船上压缩空气系统的气源，比较适用于中小型船舶；但是由于气源压力有限，驱动器体积较大，气动遥控阀工作时有冲击性，难以保持中间开度，空气中的水分会造成气动元件锈蚀。根据船舶建造规范，油船油舱内不能使用气动驱动器，因此目前船舶阀门遥控系统主要采用液压方式。

液舱遥测系统根据船舶液舱传感器采集到的电信号，来满足所有液舱参数的测量要求。目前，用于液位测量的方法主要有压力传感器式和雷达式。为了减少安装于液舱中传感器的数量，可以根据需要选用集测量温度、压力以及液位等参数于一体的多功能传感器构成完整的液舱遥测系统。

一、阀门遥控系统的组成及基本工作原理

1. 阀门液压集中控制系统

阀门液压集中控制系统一般由液压泵站、电磁换向阀组、控制箱、液压执行机构、阀位指示器等部分组成，如图 5-68 所示。由于该类型控制系统中所有阀门的开闭均由液压泵站提供的液压油实现，采用集中控制，无论几个阀门需要开闭，都需要启动液压泵，控制管路长而且复杂，容易漏泄造成污染，如果泵站出现故障，整个系统将无法工作。对于离泵站较远的阀门由于管路中存在较大的压力损失，不利于阀门的开闭。

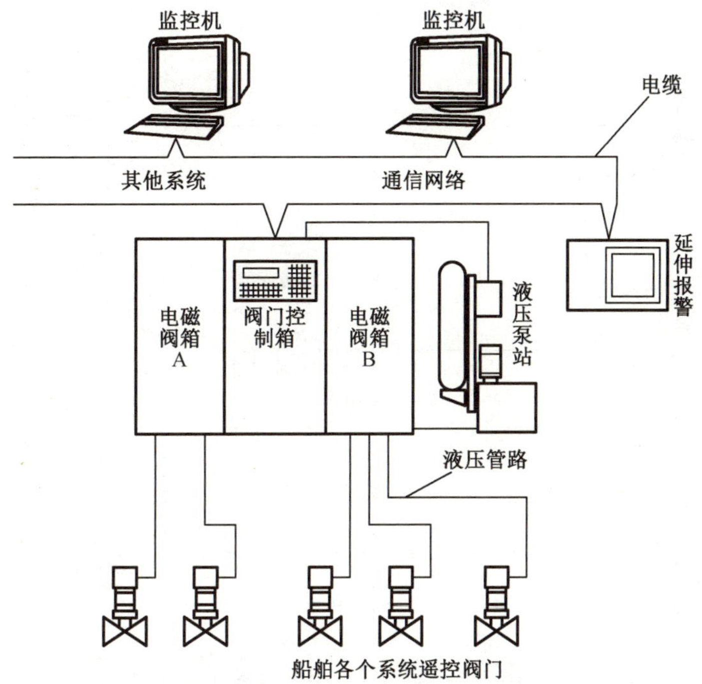

图 5-68 阀门液压集中控制系统组成示意图

液压原理如图 5-69 所示。在泵站中通常装有气囊式蓄能器,与单向阀、压力继电器构成保压回路,以补充系统的内泄漏,并且在液压泵出现故障时作为应急油源。

操作人员通过控制电磁换向阀,进而改变进入液压执行机构液压油流动的方向,达到控制阀门开闭的目的。当电磁阀两端电磁铁均断电,阀芯处在中位时,液压锁可将液压执行机构两端油路无泄漏封闭,锁住阀门。

在阀位指示器上装有两个微动开关,当阀门处在全开或者全闭位置时,阀位指示器上的摆动杆压合相应的微动开关,使电液控制箱上的阀门状态指示灯亮。

结合 PLC 技术、单片机技术以及工业组网技术,对于电磁换向阀的控制方式,可以通过继电器、单片机、PLC,甚至计算机监控站进行,阀门状态也可以在监控计算机上得到体现。随着自动化技术的发展,用 PLC 控制电磁换向阀越来越普遍。

2. 阀门电液分散控制系统

阀门电液分散控制系统是目前应用最为广泛的新型阀门控制系统。系统一般由上层控制设备(包括工控机、PLC、MIMIC 控制面板)、独立的电液驱动头、阀门等组成。上层控制设备发出控制指令,控制电液驱动头中的电机或者电磁阀,进而改变液压油流进液压执行机构的流向,达到阀门开闭的目的。同时,阀位指示器将阀门的实际状态反馈至上层控制设备,通过指示灯显示阀位状态。

电液驱动头将电机、液压泵、控制附件等集成在一起,组成小型的独立电液驱动头,装在每个遥控阀门上,由电信号直接控制电机正反转或者电磁阀通位来控制阀门的开关。

电液驱动头主要由以下四个模块组成。

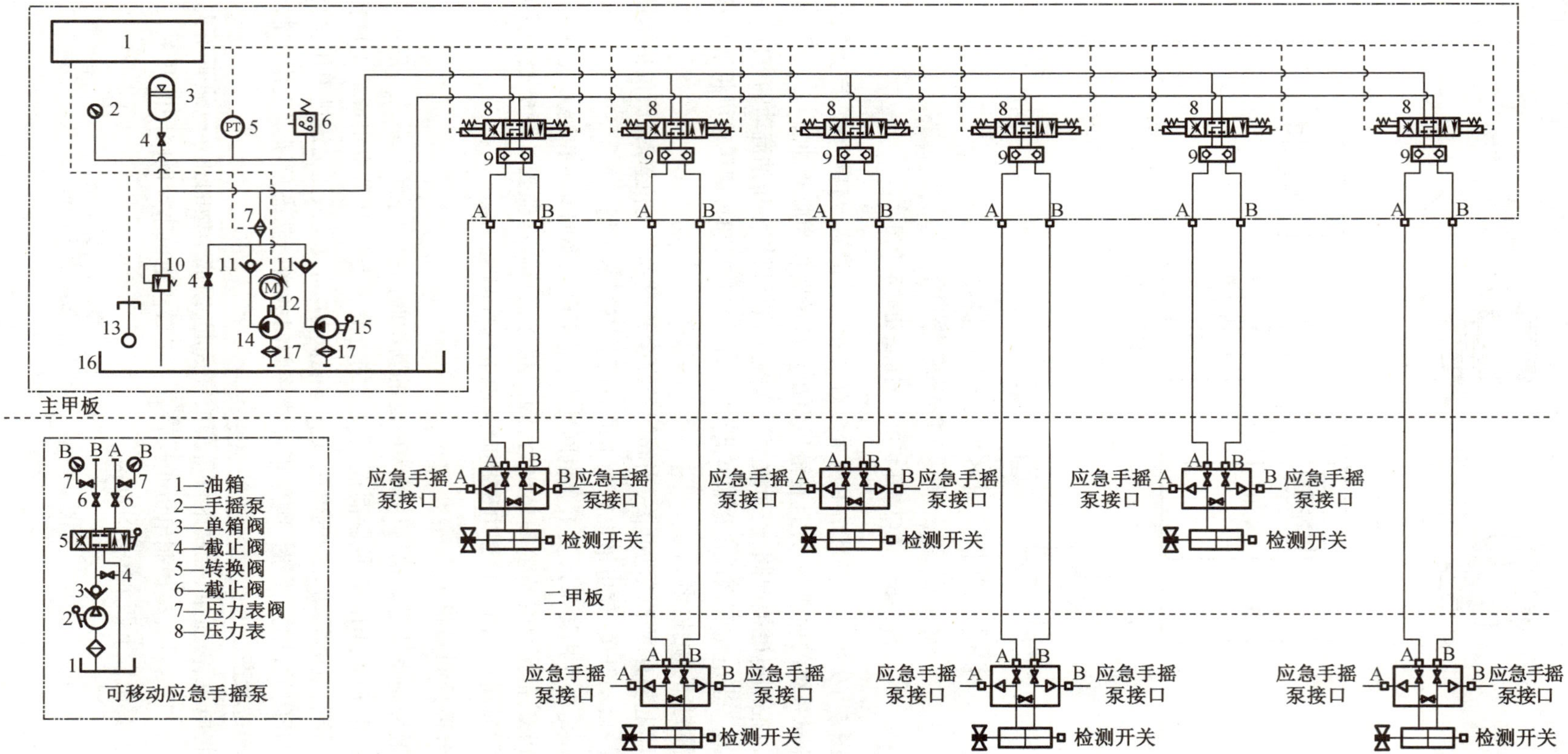
主甲板
二甲板
应急手摇泵接口
检测开关
1—油箱
2—手摇泵
3—单箱阀
4—截止阀
5—转换阀
6—截止阀
7—压力表阀
8—压力表
可移动应急手摇泵

1—控制箱；2—压力表；3—储能器；4—截止阀；5—压力传感器；6—压力继电器；7—滤器；8—电磁阀；9—单向阀；10—溢流阀；11—单向阀；12—马达；13—液位继电器；14—油泵；15—应急手摇泵；16—油箱；17—滤器。

图 5-69　阀门遥控液压原理图

(1)动力模块:包括微型电机、微型径向柱塞泵、溢流阀、单向阀、油箱。微型电机可以选择单向工作或者正反转工作。对于单向工作的,在系统中增设换向电磁阀,用于改变液压油流向,正反转工作的电机则可以省去换向阀,而通过改变电机正反转来实现油流向的改变。液压泵主要有径向柱塞式变量泵以及定量泵,变量泵可以调节液压油流量,进而改变阀门启闭的时间。油箱为全封闭式,溢流阀和单向阀组可以保证管路在油泵停止工作时也充满油液。

(2)安全保护模块:包括压力开关以及安全阀组。如果阀门卡死,则必然导致开关阀门时压力升高,达到调定压力时,压力开关动作,电机停止运转。安全阀组在压力异常升高时开启,压力油直通油箱,达到安全保护作用。

(3)液压执行机构:分两种类型,一种是普通的液压缸,产生往复运动,用于直接开关截止阀;另一种是齿轮和齿条的液压缸,可以产生旋转运动,用于开关蝶阀。此模块设有快速接头,用来在电液控制器不能工作的时候,通过快速接头和一个手动液压泵相连,用手动的方式开关阀门。

(4)阀位指示模块:包括微动开关和电流式阀位指示器。微动开关装在开关阀上,用于在到位时停止油泵,阀位指示器装在开度阀上,可以将阀门的实际开度转变为标准的电流信号 4~20 mA,用来指示阀门的开度和控制油泵。

二、液舱遥测系统

1. 系统的组成及基本工作原理

一般液舱遥测系统由信号处理单元、操作单元、显示器、打印机、压力/温度传感器(或者雷达式加上压力、温度传感器)组成,如图 5-70 所示。现在很多液货船要把燃油舱的信息传送至机舱集中控制台,则可选用分散式显示仪表显示燃油舱的液位、温度、质量、容积等,便于轮机部门及时了解燃油舱燃油消耗情况。根据要求,系统还可提供安装在甲板上的就地指示器以便装卸时就地读出。由于船舶自动化程度日益提高,越来越多的船东要求在驾驶台配置终端计算机,使当班驾驶员能在驾驶台直接了解船的实时装载、吃水、稳性等各种状态,因此系统提供了计算机网络功能,可随时连接多个终端。在当代最新开发应用的全船自动化系统中,也把测量系统能通过网络功能作为液货管理和船舶受力及稳性监测的计算机子系统,加入全船监控系统中。

(1)信号处理单元

信号处理单元由不间断电源、接口板及控制器等构成。其硬件和软件均为智能化模块设计,能与不同类型的传感器接口连接,输出各种数字和模拟信号。控制器一般采用工业用单片机或者 PLC。信号处理单元的主要功能是根据操作单元的指令,依次扫描每个舱的传感器信号,通过接口板进入控制器进行信号判别处理,计算后送入操作单元。同时,还根据采得的信号对传感器标定自检,确保送入操作单元的信号有效。如发现信号异常,则给出传感器或电缆异常的报警信号,以确保系统的安全运行。

(2)操作单元

通常操作单元为一台特制的船用 PC 兼容机或者工业 PC,配备工业键盘、鼠标和显示器。基于 Windows 操作系统和 TCP/IP 局域网络协议,安装有液舱遥测系统监控软件,人机界面采用层次化、模块化设计,切换界面可以得到所有监测数据,简单易懂,利于船上操作人员上机操作。另外,操作单元时刻与信号处理单元通信,指挥其运行,对信号处理单元送来的数据信号进行处理计算并编制成表格、图像后送至显示器和打印机。操作单元还具备网络功能，可以连接其他终端或与全船自动化系统联网。

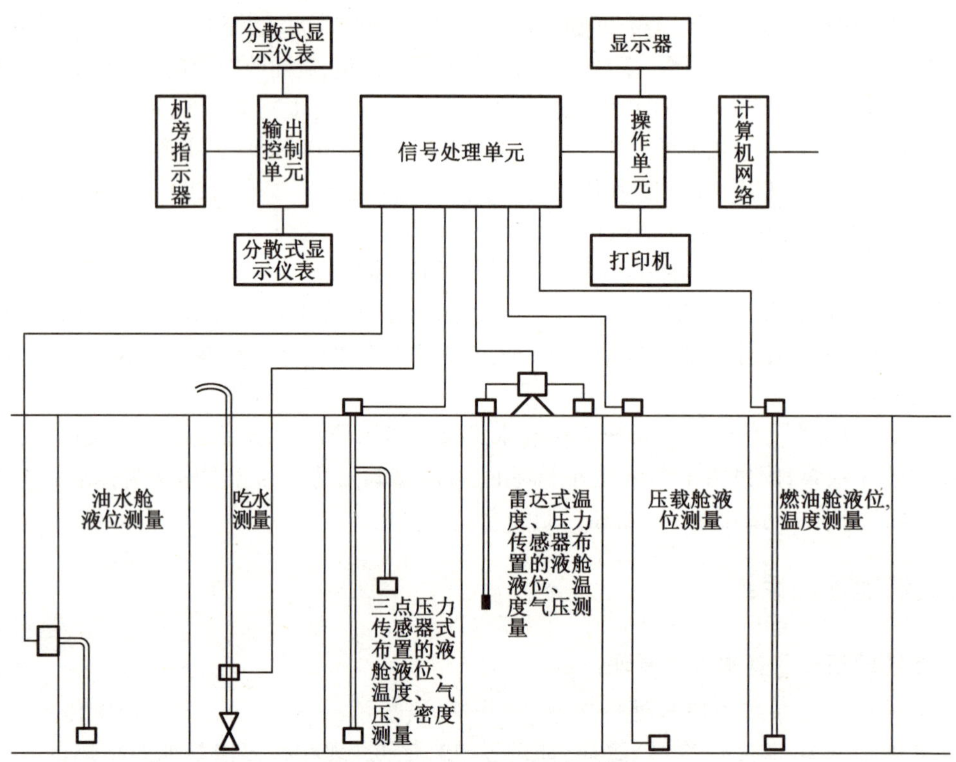

图 5-70　液舱遥测系统组成示意图

（3）显示器

显示器为高密度彩色显示器，用来显示所有的图形、数据、报表和报警等。

（4）打印机

打印机用来打印所需的数据、表格，尤其能打印各种配载方案，装卸货报表，以便归档保存。

（5）传感器

传感器是液舱遥测系统中最为基本的组成部分。根据测量参数以及测量区域不同，传感器的选型以及布置都有所不同。测量区域及参数包括压载舱的液位，船舶吃水，船舶液货舱的液位、温度、压力等。

2. 传感器的布置及安装

现在大部分船舶压载舱液位的测量都选择在压载舱底部安装一个压力传感器，而船舶吃水测量传感器则有三种安装方式，如图 5-71(a)为两点吃水测量，图 5-71(b)为三点吃水测量，图 5-71(c)为四点吃水测量。

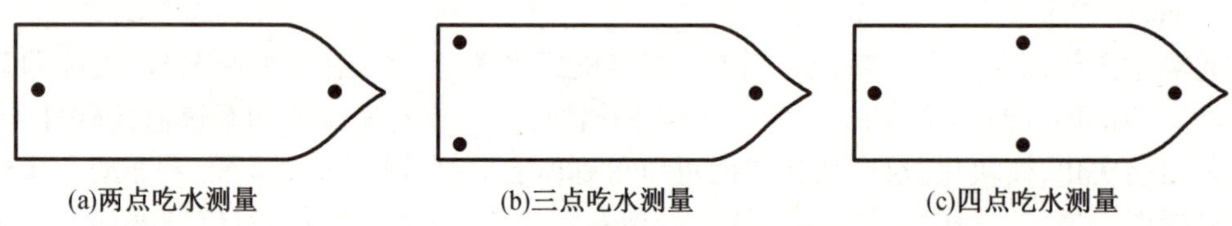

图 5-71　吃水测量传感器安装示意图

两点吃水测量即艏、艉吃水测量，能测出艏、艉吃水并算出纵倾。另外，需在系统内安装一个倾斜仪以测出船的横倾。艏吃水传感器一般装在艏尖舱内，或安装在隔离空舱或计程仪舱内。艏吃水传感器一般装在机舱后部，也有装在泵舱内的。对于型宽较小的船，如载重量2万t以下的船舶，这类布置是较多采用的。

三点吃水测量能测出艏、艉和左右吃水，并算出纵倾、横倾。艏吃水传感器安装在艏尖舱或隔离舱内、计程仪器舱内，两点吃水装在泵舱内。这类布置现在用得较少。

四点吃水测量能分别测出艏、艉和左右吃水并单独算出纵倾和横倾。艏、艉吃水传感器的安装位置与两点吃水的一样。左右吃水传感器分别安装在船中左右舷的压载舱内。载重量2万t以上的船舶几乎都采用这种布置方式。有了四点吃水测量，还能直接观察到船体的中拱或中垂现象。

液货舱由于要求监测舱内的液位、温度和气压，传感器的布置选型稍微复杂，主要有压力传感器式和雷达式这两种典型的布置方式。

(1)压力传感器方式

一个液舱内装有三个压力/温度传感器，PT100高精度温度传感器附装在压力传感器内，此三个传感器组合可测得舱内的液位、温度、气压和密度，如图5-70所示。

顶部传感器装在液舱的顶部，测量舱内的气压和气体温度。底部传感器装在液舱后壁离底部60 mm处，测量舱内的液位和温度。在船舶卸货时，由于艉倾，当液位显示"0"时，表明舱内基本达到干舱。系统能测量密度，也就能自动计算装载重量，而不像无密度测量功能的系统，在计算质量时必须人工输入密度，而且有些液货密度的温度系数很大，因此很难得到高精度的质量计算结果。

对于当代多品种化学品船，绝对不允许货品混淆，有了实际密度测量，即可在系统中设有密度报警。在装货时，一旦实际密度超过设定密度的极限即给出报警，提醒当班人员核查，以避免更严重的混装事故。

(2)雷达方式

雷达测量器装在甲板上(如图5-70所示)。如果只需测量舱内的液位，雷达式的安装工作要比压力传感式的简单。但现代液货船的船员不仅要知道液舱内的液位，还要知道温度和气压，因此除了雷达测量器外还要在舱内安装温度探头及其保护管和舱内气体压力传感器。雷达测量器须布置在离舱内的结构件如侧壁肋骨等尽量远的地方，以避免干扰波的影响，并在相应的舱底要留出约1 m直径的平整面积，以确保雷达波能直接反射至雷达测量器。

液舱传感器有多种安装方式可供选择，有舱内安装、舱外安装、舱的顶部安装或者侧边安装，安装形式如图5-72所示。

三、阀门遥控系统的操作与管理

1. 阀门液压集中控制系统的管理

液压元件及其管路是阀门液压集中控制系统最易出现故障的部分。由于控制管路长而且复杂，采用集中控制，若泵站出现故障，整个系统将无法正常工作，因此在管理中应该注意以下几点。

(1)每次启动液压泵前，应该检查油箱中的油位情况，注意油的颜色、黏度是否正常，检查阀门的开启和关闭情况是否正确，防止因阀门的误操作而损坏设备。

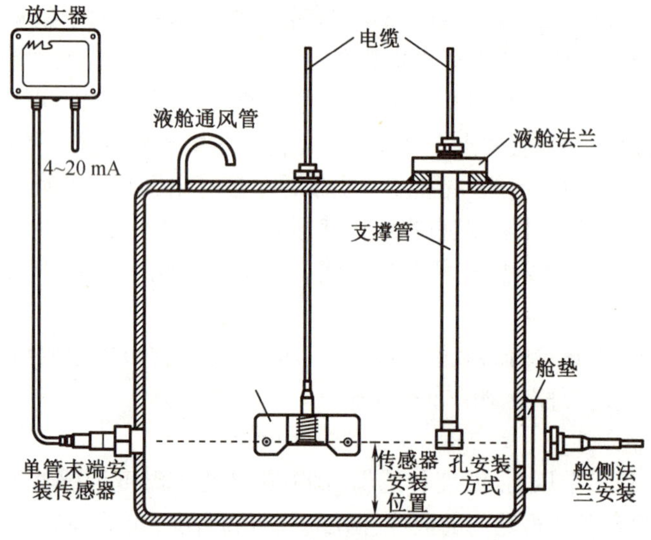

图 5-72　液舱传感器安装示意图

(2)启动液压泵后，注意倾听声音是否正常，检查油压是否正常，系统是否存在漏油，通过观察滤器压差指示来判断滤器是否脏堵。

(3)对于液压管路中的阀门应该注意操作方法，采用缓慢开、关阀门的方法，尽量减少液压冲击，从而保护液压管路。

(4)注意控制液压油的污染，滤器定期清洗，补油时应该对新油过滤后再加入油箱。

(5)对于泵站中有蓄能器的，一般每半年检查一次蓄能器的气压，当压力不足时必须及时补气。

(6)定期检查液压泵站，采用专门的油泵及清洗油对管路进行清洗。为了提高清洗质量，应该注意以下几个问题：

①管路清洗的条件。管路清洗时，应该检查系统的气密性。同时循环油柜也应该清洗干净，并且检验合格。对有关设备和较精密的元件，可以采用临时跨接管进行串联，使清洗油在管内循环流通。

②管路清洗泵及清洗油的选用。尽量不用原系统中的油泵作为清洗油泵，选用排量比系统中油泵大的油泵进行清洗，使清洗油流速大于工作油流速。

③提高管路清洗效果的措施。为了使吸附在管路内壁的机械杂质能迅速脱落，清洗时可以用木手锤对管路间断地进行敲击。此外，清洗油最好能预先加热至 45~60 ℃，从而降低清洗油的黏度，改善流动状态，还可使杂质溶解在清洗油内。如果清洗管路中有换向阀串联工作，则应该经常操作换向阀，不断改变管路中清洗油的流向，使清洗达到更好的效果。

2. 阀门电液分散控制系统的管理要点

阀门电液分散控制系统因采用分散控制，各控制单元彼此之间互不相连，一个控制单元的损坏不会影响其他控制单元的工作，克服液压集中控制形式彼此互相影响的缺点，可靠性提高。控制单元采用集成制造工艺，不存在连接管路，系统中油液较少，基本上不存在漏泄现象，工作时油液形成闭式循环，不与外界接触，有效防止灰尘、污染物、空气、化学物质侵入系统。所以阀门电液分散控制系统中的液压部分基本上不需要日常保养。集成化的模块式结构使得单元互换性强，也使系统可维修性提高，当某一个控制单元发生故障时，可以十分方便地采用备件进行更换。在管理中只需加强电气部分的保养，防止电气设备浸水或者产生过压而造成损坏。

四、液舱遥测系统的操作与管理

各个传感器能否正常工作是液舱遥测系统获得实时数据的关键，因此在对液舱遥测系统的管理中应该加强对传感器的管理。需要注意以下几个方面的问题：

(1)经常调整各传感器的零点，使显示数据更加准确，每次调整零点后要进行备份，以防止信息丢失。

(2)各舱室在装入液体物质前应经常仔细检查各传感器的连接及密封情况，防止因密封不好造成传感器不能正常工作或损坏。

(3)对于上位监控机，应该严格按照说明操作，不要按与系统无关的各功能键、组合控制键，虽然系统有很大的容错功能，但也有限度，乱操作有可能造成死机或不可预测的结果。

(4)保证至少有一套系统软件的备份，一旦系统文件丢失或出现其他事故，可以尽快恢复。

(5)在进行其他维修工作时应该注意保护通信电缆，否则会造成严重的后果。

拓展强化

一、选择题(请扫码作答)

二、简答题

1. 请简述阀门遥控液压系统的组成和工作原理。
2. 请简述液舱遥测系统的组成及工作原理。
3. 简要叙述阀门遥控系统与液舱遥测系统的日常管理。

任务 5.9

任务5.10　辅机的顺序切换控制

任务分析

为避免船舶电网失电后又复电时，各种辅助机械同时启动造成电流冲击，可使发电机主开关 ACB 跳闸，需要对各种辅机进行分级顺序启动控制，按照在紧急状况下其重要性预排先后次序，并按其启动电流大小分组，然后按顺序逐级启动，每两级启动之间的时间间隔约为 3~6 s，这就是重要辅机的顺序切换控制。本任务以主机海水泵的自动顺序及切换控制为例，简述主机海水泵顺序启动及切换控制的基本组成及工作原理。通过学习，掌握顺序启动及切换的过程并能进行故障分析。

任务实施

旨在保障船舶运行安全，为主、副机服务的燃油泵、滑油泵、冷却海水泵和淡水泵等辅助机械，通常均设置有两套机组，该机组不仅能在机旁控制，也能在集控室进行遥控；且运行中当主运行泵出现故障或非正常停止时，能实现备用泵的自动顺序启动和切换，原运行泵停止运行并发出声、光报警信号，确保主、副机等重要设备持续处于正常工作状态。

一、泵的顺序启动控制

如图 5-73 所示为主机海水泵的自动顺序启动及切换线路的主电路图，其工作原理如下。

动画 5.10　海水泵的自动顺序启动及切换控制线路原理

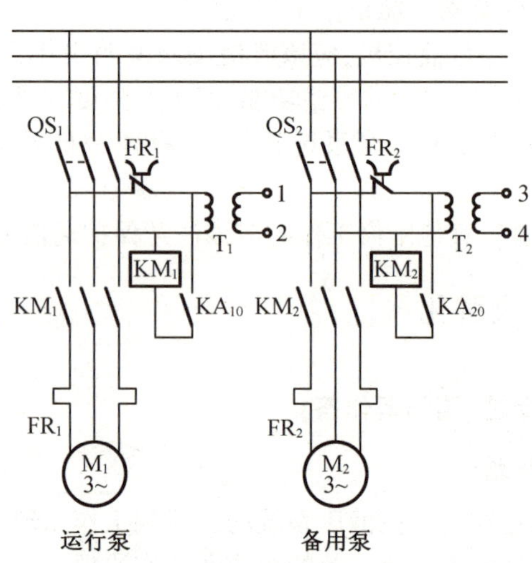

图 5-73　主机海水泵的自动顺序启动及切换主电路图

当全船跳电，电网再次恢复供电后，为迅速恢复整个电力系统的正常运行，在自动电力管理系统中可设置顺序启动（自动分级启动）环节，用于为主、副机运行服务的各种重要辅机与舵机、冰机及其他各类泵等设备的再启动，分级的目的是防止众多设备同时启动时的冲击电流可能会再次形成发电机假性短路而导致主开关跳闸，分级启动顺序按负荷的相对重要性排列，并考虑负载大小进行分组。

如图 5-74 所示为主机海水泵的自动顺序启动及切换控制电路图。该控制电路具有顺序启动控制功能：当泵处于自动状态，假设此时 1 号泵为运行状态，当全船电网恢复供电后，14 支路 KT_{11} 线圈开始得电，其 8 支路触头经延时后闭合；6 支路 KA_{13} 处于闭合状态，所以线圈 KA_{12} 也通电；3 支路触点闭合，2 支路线圈 KA_{10} 得电，KM_1 线圈得电，其主触头闭合，1 号泵电动机自动启动运转。可见 KT_{11} 的延时就是该泵的分级启动延时时间。

二、泵的自动切换控制

1. 泵的手动控制

将电源开关 QS_1、QS_2 合闸，遥控与自动选择开关 SA_{11}、SA_{21} 置于遥控位置。对于 1 号泵，按下启动按钮 SB_{12}，则继电器 KA_{10} 线圈通电，接触器 KM_1 线圈回路 KA_{10} 触头闭合，1 号泵的电动机通电启动并运行,同时 KA_{10} 触头闭合自锁。在 1 号泵正常运行时,若按下停止按钮 SB_{11} 则 KA_{10} 线圈断电,使接触器 KM_1 线圈失电,1 号泵停止运行。2 号泵的手动控制与 1 号泵的相同,且两台泵可以同时手动启、停控制,实现双机运行。

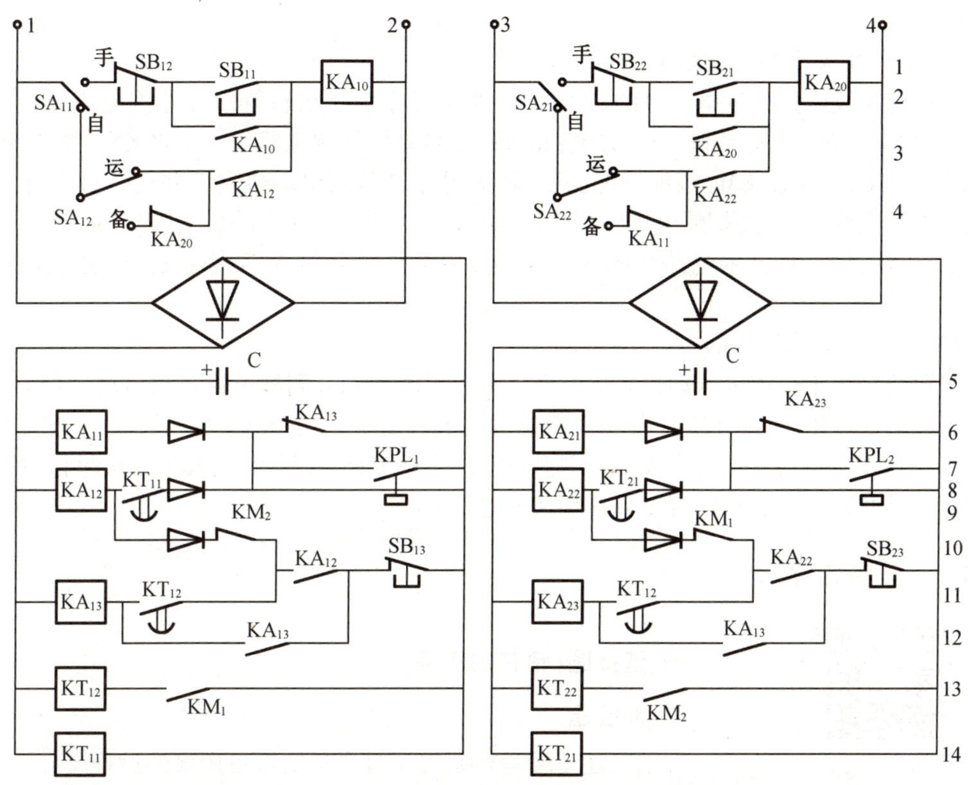

图 5-74 主机海水泵的自动顺序启动及切换控制电路图

2. 泵的自动切换控制

(1)泵的正常启动过程

以 1 号泵为运行泵,2 号泵为备用泵为例,其自动控制过程说明如下。

准备状态(即两台泵都处于备用状态):将电源开关 QS_1、QS_2 合闸,遥控与自动选择开关 SA_{11}、SA_{21} 置于自动位置。1,2 号泵的运行与备用选择开关 SA_{12}、SA_{22} 均置于备用位置,此时对 1 号泵控制电路来说,其各主要控制电气工作情况分析为:13 支路 KM_1 辅助触点断开,时间继电器线圈 KT_{12} 不得电,其 11 支路触头断开,所以线圈 KA_{13} 不得电,其 6 支路常闭触头闭合,使线圈 KA_{11} 得电,从而使 2 号泵的控制电路的 4 支路触点 KA_{11} 断开,因此 KA_{20} 线圈不得电,KM_2 线圈不得电;同样道理,2 号泵的控制电路中触头 KA_{21} 也断开,因此 KA_{10} 线圈不得电,KM_1 线圈也不得电。14 支路 KT_{11} 线圈得电,其 8 支路触头延时闭合;6 支路 KA_{13} 处于闭合状态,所以线圈 KA_{12} 也通电。因此,1 号泵的控制电路中线圈 KA_{11}、KA_{12}、KT_{11} 得电,而线圈 KA_{13}、KT_{12}、KA_{10}、KM_1 不得电。同理,2 号泵的相应线圈工作状态与之类似,即 2 号泵的控制电路中线圈 KA_{21}、KA_{22}、KT_{21} 得电,而线圈 KA_{23}、KT_{22}、KA_{20}、KM_2 不得电。

正常运行:若 1 号泵为运行泵,2 号泵为备用泵,则应将 SA_{11} 置于运行位置,SA_{22} 置于备用位置。对于 1 号泵有:3 支路 SA_{12} 和 KA_{12} 均闭合,所以 1 支路线圈 KA_{10} 得电,其电路中相应触头闭合,使 KM_1 线圈得电,从而接触器主触头闭合,1 号泵电动机启动并运转;13 支路 KM_1 触头闭合,使线圈 KT_{12} 得电;其 11 支路触头延时闭合,使 11 支路线圈 KA_{13} 得电;其 6 支路 KA_{13} 常闭触头断开,但在此之前压力开关 KPL_1 已经闭合,从而保持 KA_{11}、KA_{12} 线圈有电。同理分析可知:2 号泵仍处于备用状态,其控制电路工作状态与前述备用时相比没有发生变化。

(2)运行泵失压的自动切换控制

当运行泵故障失压时备用泵的自动切入:当 1 号泵由于机械等故障原因造成失压时其压力开关 KPL_1 断开,使线圈 KA_{11} 失电;相应的 2 号泵的控制电路中 4 支路 KA_{11} 触头闭合,2 支路线圈 KA_{20} 得电,KM_2 线圈得电,其主触头闭合,2 号泵电动机启动并运转;1 号泵的控制电路中 9 支路 KM_2 触头断开,使 8 支路线圈 KA_{12} 失电,其 3 支路触头 KA_{12} 断开;1 支路线圈 KA_{10} 因此失电,其主电路线圈 KM_1 失电,主触头断开,1 号泵停止运转,并发出声光报警。

(3)运行泵故障停机的自动切换控制

当运行泵由于热继电器动作等原因而故障停机时备用泵同样可以自动启动。当 1 号泵热继电器动作,FR_1 触点分断,1 号泵的控制线路电源 1-2 失电;KA_{11} 线圈失电,其在 2 号泵的控制线路 4 支路的触点闭合,2 支路线圈 KA_{20} 得电,KM_2 线圈得电,其主触头闭合,2 号泵电动机启动并运转。这就实现了自动切换的过程。

拓展强化

任务 5.10

一、选择题(请扫码作答)

二、简答题

1. 请简述 1 号运行泵失压时自动切换备用泵的过程。

育德润心

“中国预警机之父”王小谟

参 考 文 献

[1] 林叶锦. 轮机自动化[M]. 大连:大连海事大学出版社,2009.
[2] 胡寿松. 自动控制原理[M]. 北京:科学出版社,2007.
[3] 林志贵. 微型计算机原理及接口技术[M]. 北京:机械工业出版社,2012.
[4] 李世臣,许善林. 船舶机舱自动化[M]. 大连:大连海事大学出版社,2012.
[5] 刘江波. 轮机测试技术[M]. 哈尔滨:哈尔滨工程大学出版社,2011.
[6] 吴树雄,韩成敏. 船舶轮机自动测控技术[M]. 大连:大连海事大学出版社,2000.
[7] 赵晓玲,贾小平. 可编程序控制器应用技术[M]. 哈尔滨:哈尔滨工程大学出版社,2019.
[8] 李世臣,徐善林. 轮机自动化[M]. 大连:大连海事大学出版社,2008.
[9] 中华人民共和国海事局. 中华人民共和国海船船员培训大纲(2021)[M]. 大连: 大连海事大学出版社,2021.